Carmen Aus der Au
Theodor Fontane als Kunstkritiker

Schriften der Theodor Fontane Gesellschaft

Herausgegeben von der

Theodor Fontane Gesellschaft e. V.

Wisenschaftlicher Beirat

Hugo Aust
Helen Chambers

Band 11

De Gruyter

Carmen Aus der Au

Theodor Fontane als Kunstkritiker

De Gruyter

Die Druckvorstufe dieser Publikation wurde vom Schweizerischen Nationalfonds zur Förderung der wissenschaftlichen Forschung unterstützt.

Die vorliegende Arbeit wurde von der Philosophischen Fakultät der Universität Zürich im Herbstsemester 2015 auf Antrag der Promotionskommission Prof. Dr. Sabine Schneider (hauptverantwortliche Betreuungsperson) und Prof. Dr. Tristan Weddigen als Dissertation angenommen.

This work was accepted as a PhD thesis by the Faculty of Arts and Social Sciences, University of Zurich in the fall semester 2015 on the recommendation of the Doctoral Committee: Prof. Dr. Sabine Schneider (chairperson of the committee) and Prof. Dr. Tristan Weddigen.

ISBN 978-3-11-065259-8
e-ISBN (PDF) 978-3-11-051609-8
e-ISBN (EPUB) 978-3-11-051612-8
ISSN 1861-4396

Library of Congress Cataloging-in-Publication Data
A CIP catalog record for this book has been applied for at the Library of Congress

Bibliografische Information der Deutschen Nationalbibliothek

Die Deutsche Nationalbibliothek verzeichnet diese Publikation in der Deutschen Nationalbibliografie; detaillierte bibliografische Daten sind im Internet über http://dnb.dnb.de abrufbar.

Dieser Band ist text- und seitenidentisch mit der 2017 erschienenen gebundenen Ausgabe.

Einbandabbildung: Porträt von Theodor Fontane, Deutsches Historisches Museum Bildarchiv
Satz: Michael Peschke, Berlin
Druck: Hubert & Co. GmbH & Co. KG, Göttingen
♾ Gedruckt auf säurefreiem Papier

Printed in Germany

www.degruyter.com

Meinen Eltern

Dank

Mein herzlicher Dank gilt meiner Doktormutter Prof. Dr. Sabine Schneider. Sie hat mein Interesse für das Werk Theodor Fontanes geweckt und ihre Begeisterung für Literatur an mich weitergegeben. Ihre wertvollen Anregungen und Ratschläge waren unverzichtbar für das Verfassen der vorliegenden Arbeit.

Aufrichtig danke ich Prof. Dr. Tristan Weddigen für sein entgegenkommendes Interesse und den wertvollen fachlichen Beistand in Bezug auf kunsthistorische Fragestellungen. Seine weitsichtigen Kommentare in den Lehrstuhlkolloquien haben maßgeblich zum Gelingen der Dissertation beigetragen.

Prof. Dr. Roland Berbig und PD Dr. Ulrike Zeuch bin ich für die probeweise Lektüre, die informativen Gespräche und fachkundigen Rückmeldungen äußerst dankbar.

Lisa Hurter gebührt für das umfassende, Alice Hipp, Tanja Kevic und Sandra Schütte für das partielle sorgfältige Korrekturlesen und die treffenden Bemerkungen und Hinweise ein ganz besonderer Dank.

Der Friedrich Schlegel Graduiertenschule und vor allem Prof. Dr. Jutta Müller-Tamm gilt mein aufrichtiges Dankeschön für die Gastfreundschaft und die Betreuung während meiner produktiven Stipendienaufenthalte in Berlin.

Dr. Heide Streiter-Buscher bin ich für die ausführlichen Informationen betreffend Fontanes Quellen für die Artikelserie *Aus Manchester* sehr dankbar. Ebenso Dr. Jasper Cepl für die Hinweise zum Austausch zwischen Theodor Fontane und Richard Lucae.

Ein großes Dankeschön gilt außerdem sämtlichen MitarbeiterInnen des Theodor-Fontane-Archivs Potsdam, insbesondere Klaus-Peter Möller für seine kompetente Auskunft und Hilfe bei der Recherche.

Möglich gemacht wurde diese Doktorarbeit mit finanzieller Förderung durch den Forschungskredit der Universität Zürich und ein Mobilitätsstipendium des Schweizerischen Nationalfonds.

Inhalt

Einleitung

In memoriam Nicolai
Verhaßt ist mir alle Philisterei,
Weiß mich auch leidlich davon frei,
Nur den unbedingten Begeistrungsschritt
In Sachen der Kunst, den mach ich nicht mit, –
Hab ich's zu kalt oder hab ich's zu heiß,
So fühl ich: auch Kunst hat ihren Preis.

Italien, … das Auge wird mir hell …
Bellin, Giorgione, Raffael,
Aber wenn ich durch schreckensvolle Nächte
Gekämpft mit dem Heerwurm höllischer Mächte,
Kann ich am Morgen, um anzubeten,
Nicht weihevoll vor die »Assunta« treten,
Dann schweigen in mir alle höhren Register,
Nicolai werd ich und Urphilister,
Und tiefer als in das Grab des Busento
Versinkt mir das ganze Cinque Cento.

Fontane, In memoriam Nicolai, GBA II/1, S. 50.

Das 19. Jahrhundert ist geprägt von einer regelrechten Bilderflut, die einhergeht mit der Entwicklung technischer Errungenschaften wie der Fotografie oder Lithografie sowie neuen Präsentationsformen von Bildern wie dem Diorama. Im Zuge dessen treten Bilder in Konkurrenz zum »kulturellen Leitmedium der Schrift«[1]. In der kulturgeschichtlichen Forschung wird die Bilderfrage eng mit der Modernedebatte in Verbindung gebracht, in der mediale und semiotische Fragestellungen virulent werden. Als schriftliche Reflexion über Bildmedien stellen Kunstkritiken diesbezüglich einen aufschlussreichen Untersuchungsgegenstand dar, zumal sie die Möglichkeiten und Grenzen beider Medien ausloten. Die Literatur übernimmt die von der Philosophie wenig beachtete ›Bildkritik‹ und schafft damit die neue Disziplin der Ästhetik, »die Sinnlichkeit als eigenständige Erkenntnisform der Rationalität gleichberech-

1 Sabine Schneider, *Die Laokoon-Debatte: Kunstreflexion und Medienkonkurrenz im 18. Jahrhundert.* In: Handbuch Literatur & Visuelle Kultur, hrsg. von Claudia Benthien und Brigitte Weingart (= Handbücher zur kulturwissenschaftlichen Philologie, Bd. 1), Berlin/Boston 2014, S. 68.

DOI 10.1515/9783110516098-001

tigt an die Seite stellt«[2]. Damit verändert sich die Bedeutung der Einbildungskraft, der Fokus verschiebt sich von einer Bildbeschreibung hin zu einer produktiven Neuschöpfung, die eine »eigene, *poietisch* erzeugte, Wirklichkeit«[3] schafft. In diesem Feld ist die Kunstkritik zu verorten, die ebenso wie visuelle Darstellungen entscheidend an die Expansion von Medien wie Zeitungen und Zeitschriften gekoppelt ist. Gleichzeitig ist die Tagespresse nicht nur auf poietischer Ebene, sondern auch bedingt durch ihre Aktualität zentral für die Konstituierung von Wirklichkeit. Sie ermöglicht die Teilhabe »an aktuellen und akuten gesellschaftlichen Problemlagen und Entwicklungen«[4] und ist dadurch »so fest in der ›Wirklichkeit‹ verankert [...], daß umgekehrt die Wirklichkeit in der Presse verankert ist«.[5]

Theodor Fontane hat als Verfasser von kunstkritischen Zeitungsartikeln aktiv an diesen Prozessen teil und beschäftigt sich in seinen Kunstkritiken umfassend mit der Wiedergabe von Wirklichkeit mit darstellerischen Mitteln. Seine Reflexionen sind geprägt vom Bewusstsein der »Medialität der Realität [...], ihre[r] mediale[n] Verfaßtheit und Nicht-Unvermitteltheit«.[6] Zu diesem Verständnis tragen Fontanes eigenständige Beschäftigung mit bildender Kunst sowie die Teilhabe an der »Sehgemeinschaft«[7] um den Kreis des Kunsthistorikers Franz Kugler bei. Mit der Herausgabe des *Deutschen Kunstblatts*[8] sowie des Jahrbuchs *Argo. Album für Kunst und Dichtung*[9] beteiligt sich dieser an der von Visualität geprägten Publizistik. Dieser »auf medialen Voraussetzungen, auf Rahmenbedingungen der Beobachtung, Prozessen der Verbreitung von Beobachtungen«[10] basierende Realismus wird von der gegenwärtigen Forschung mit dem Terminus »medialer Realismus«[11] gefasst. Es ist denn auch

2 Vgl. ebd., S. 69.

3 Vgl. ebd., S. 70.

4 Rudolf Helmstetter, *Medialer (und medealer) Realismus oder Die Schwierigkeiten des Zentaurs beim aufs Pferd steigen (›Realité oblige‹)*. In: Daniela Gretz (Hrsg.), *Medialer Realismus*, Freiburg im Breisgau/Berlin et al. 2011 (= Rombach Wissenschaften, Reihe Litterae, Bd. 145), S. 18.

5 Ebd., S. 30.

6 Ebd., S. 20.

7 Gerhart von Graevenitz, *Theodor Fontane. Ängstliche Moderne. Über das Imaginäre*, Konstanz 2014, S. 40.

8 Friedrich Eggers (Hrsg.), *Deutsches Kunstblatt. Zeitschrift für bildende Kunst, Baukunst und Kunsthandwerk. Organ der deutschen Kunstvereine* 1 (1850)–9 (1858).

9 Friedrich Eggers, Theodor Fontane et al. (Hrsg.), *Argo. Album für Kunst und Dichtung*, Breslau 1857–1860.

10 Helmstetter, *Medialer (und medealer) Realismus*, S. 30.

11 Gretz (Hrsg.), *Medialer Realismus*; Rudolf Helmstetter, *Verlorene Dinge, die Poesie der Siebensachen und der Realismus der Requisiten (Gottfried Keller, Aaron Bernstein, Theodor Fontane)*. In: Christiane Holm, Günter Oesterle (Hrsg.), *Schläft ein Lied in allen*

mit Nachdruck zu betonen, dass Fontanes Verständnis von Realismus stark von der Betrachtung bildender Kunst geprägt ist, die er in den Kunstkritiken auf vielfältige Art und Weise verschriftlicht. Dennoch hat sich die bisherige Forschung meist auf die Verbindung von Bild und Sprache in Fontanes Erzählwerk konzentriert. Seine journalistischen Texte fristen demgegenüber ein Schattendasein, obwohl Fontane vor seiner späten Tätigkeit als Verfasser von Romanen jahrzehntelang als Journalist aktiv ist. Im Rahmen von Festanstellungen zunächst für die *Neue Preußische [Kreuz-]Zeitung*[12], später für die *Königlich privilegirte Berlinische Zeitung von Staats- und gelehrten Sachen*[13] und darüber hinaus für diverse weitere Publikationsorgane. Mit der Neuausgabe der Theaterkritiken in der Großen Brandenburger Ausgabe wurden nun zumindest diese journalistischen Texte aufgearbeitet. Die Kunstkritiken sind im Gegensatz dazu bisher nicht gesammelt in einem Band erschienen. Einen Versuch in diese Richtung stellen die Nymphenburger-[14] und die sich darauf abstützende Hanser-Ausgabe[15] dar. Beide bieten jedoch keinen vollständigen Überblick über das Textkorpus.

Zum geringen Bewusstsein für den Wert der kunstkritischen Schriften mag beigetragen haben, dass sie als Pressetexte erschienen sind, was auch die Sammelbezeichnung »Aufsätze« veranschaulicht, unter der in der Nymphenburger-Ausgabe sämtliche kunstkritischen Zeitungsartikel subsumiert werden. Die Editionsgeschichte scheint damit symptomatisch für die Rezeptionsge-

Dingen? Romantische Dingpoetik, Würzburg 2011 (= Stiftung für Romantikforschung, Bd. 54), S. 213–239.

12 Im Folgenden mit der Bezeichnung *Kreuzzeitung* abgekürzt. Fontane ist ab dem 30.05.1860 offizieller Mitarbeiter der *Kreuzzeitung* und bleibt ein Jahrzehnt lang für die Zeitung tätig. Er übernimmt unter anderem den sogenannten »englischen Artikel«, das ist die Korrespondenz aus London, die allerdings in Berlin verfasst und daher als »unechte Korrespondenz« bezeichnet wird (vgl. Roland Berbig, *Theodor Fontane im literarischen Leben. Zeitungen und Zeitschriften, Verlage und Vereine*, Berlin/New York 2000, S. 62f.). Zu den zwiespältigen Reaktionen auf Fontanes Anstellung bei der *Kreuzzeitung* vgl. ebd., S. 61–70.

13 Im Folgenden mit der Bezeichnung *Vossische Zeitung* abgekürzt. In Zusammenhang mit Fontanes schriftstellerischer Laufbahn ist die *Vossische Zeitung* von zentraler Bedeutung: In diesem Zeitungsorgan publiziert er Artikel, Aufsätze und Besprechungen sowie den Vorabdruck von *Irrungen, Wirrungen*. Zudem ist Fontane ab 1870 zwei Jahrzehnte lang für die *Vossische Zeitung* als Theaterrezensent der Königlichen Schauspiele tätig (vgl. Berbig, *Theodor Fontane im literarischen Leben*, S. 72).

14 Theodor Fontane, *Aufsätze zur bildenden Kunst*, herausgegeben von Rainer Bachmann und Edgar Gross, München 1970 (sog. Nymphenburger-Ausgabe; NFA XXIII/1–2).

15 Ders., *Zur deutschen Geschichte, Kunst und Kunstgeschichte*, hrsg. von Helmuth Nürnberger unter Mitwirkung von Christian Andree und Heide Streiter-Buscher, München 1986 (sog. Hanser-Ausgabe; HFA III/5).

schichte der Kunstkritiken, die mit wenigen Einschränkungen bis zur Ausstellung »Fontane und die bildende Kunst« mit zugehörigem Katalog von 1998 vernachlässigt wurden. Eine zusammenhängende Darstellung von Fontanes Kunstkritiken und die Positionierung Fontanes als Kunstkritiker stellt daher ein Forschungsdesiderat dar. Die Dringlichkeit dieser Aufgabe legt auch das Vorhaben der Theodor Fontane-Arbeitsstelle in Göttingen nahe, die kunstkritischen Schriften erstmals gesammelt zu edieren. Nachstehend werden die gesamten schriftlichen Äußerungen Fontanes zu Kunst und Kunstkritik eruiert, wobei die Analyse infolge deren beträchtlichen Umfangs auf die kunstkritischen Schriften konzentriert ist. Um der Bandbreite und den spezifischen Charakteristika von Fontanes Kritiken gerecht werden zu können, werden das Erzählwerk partiell einbezogen und Anknüpfungspunkte aufgezeigt; eine fundierte Untersuchung desselben entspricht jedoch nicht der Zielsetzung. Stattdessen wird von der Prämisse ausgegangen, dass Fontanes kunstkritische Schriften als eigenständige Arbeiten von Bedeutung sind und nicht einzig im Hinblick auf das Romanwerk. Daher werden sie auch detailliert auf ihre sprachliche Verfasstheit hin analysiert.

Fontanes Kunstkritiken sind als implizite Poetik zu lesen, weil er darin sowohl poetologische als auch semiologische Fragestellungen verhandelt. Zentral hierbei ist die oben erwähnte mediale Konstruktion von Realität, die bei Fontane an Detailverliebtheit sowie an ein zeichenhaftes Verständnis von Realismus gekoppelt ist,[16] das seinen Ursprung in Fontanes Beschäftigung mit der bildenden Kunst hat. In den Kunstkritiken finden sich diese poetologischen und semiologischen Überzeugungen elaborierter formuliert als in Fontanes programmatischen Schriften. Besonders aufschlussreich ist diesbezüglich seine Auseinandersetzung mit Kunstwerken, in denen die Loslösung vom Gegenständlichen, den Dingen, stattfindet, zumal er auch ihnen Darstellungsqualitäten attestieren muss. Fontane macht an koloristischen Kunstwerken einerseits negativ konnotierte Merkmale der Décadence fest, andererseits zeigt er sich fasziniert davon, dass in ihnen das ›Was‹ zugunsten des ›Wie‹ in den Hintergrund rückt. Über Fontanes Reflexionen zur medialen Verfasstheit lässt sich folglich in den Kunstkritiken die Gleichursprünglichkeit der Moderne in Realismus und Ästhetizismus nachvollziehen.

Die vorliegende Studie positioniert sich interdisziplinär zwischen Germanistik und Kunstgeschichte. Im Fokus steht Fontanes analytischer Zugriff: Primär interessiert seine Haltung als Kritiker, sekundär die Textsorte und tertiär werden das Publikationsorgan sowie das anvisierte Lesepublikum berück-

16 Vgl. Sabine Schneider und Barbara Hunfeld (Hrsg.), *Die Dinge und die Zeichen. Dimensionen des Realistischen in der Erzählliteratur des 19. Jahrhunderts*, Würzburg 2008.

sichtigt. Es erfolgt die Erforschung der Kunstkritiken auf ihre sprachlichen Spezifika hin, was Fontanes Bildbeschreibungen einschließt, die sich vielmehr als Bilderzählungen entpuppen. Aufgezeigt werden außerdem die Einflüsse zeitgenössischer kunsthistorischer Debatten auf Fontanes Kunsturteil. Prägend hierfür ist seine Mitgliedschaft in den Vereinen *Tunnel über der Spree*, *Rütli* und *Ellora*, in denen zahlreiche Beteiligte der sich als universitäres Fach etablierenden Kunstgeschichte verkehren. Seit etwa 1830 setzt sich gegenüber der Vitenschreibung alter Prägung in Deutschland eine wissenschaftliche Form der Kunstliteratur durch.[17] Verschiedene Grundlagen der Kunstwissenschaft werden von den Vertretern der ›Berliner Schule‹, die Fontane bei Vereinszusammenkünften trifft, erarbeitet und etabliert. So begründen Karl Friedrich von Rumohr und Gustav Friedrich Waagen das methodische Fundament für die Quellenkunde. Franz Kugler entwickelt eine Stilgeschichte und Karl Schnaase stellt Verbindungen zwischen Kunst- und Kulturgeschichte her.[18] Anders als Waagen, Kugler und dessen Schüler Jacob Burckhardt betreibt Schnaase keine empirische Forschung, sondern befasst sich mit kulturphilosophischen und kunsttheoretischen Fragen.[19] Mit der Herausbildung der Kunstgeschichte als wissenschaftlicher Disziplin geht die Popularisierung derselben einher. Ein Prozess, der sich an Publikationen wie Kuglers *Handbuch der Kunstgeschichte* (1841/42) veranschaulichen lässt.[20] Fontanes Kunstkritiken sind insofern in diesen Vorgang einzugliedern, als sie ebenfalls die Einbindung einer breiteren Gesellschaft in das Kunstgeschehen zum Ziel haben. Mit dem Erstarken des Bürgertums steigt zugleich das Interesse der Öffentlichkeit an Kunstausstellungen sowie der Absatz kunsthistorischer Publikationen.

17 Beispiele dafür sind Carl Ludwig Fernows Publikation *Leben des Künstlers Asmus Jakob Carstens. Ein Beitrag zur Kunstgeschichte des achtzehnten Jahrhunderts* (Leipzig 1806) sowie Johann David Passavants zweibändige Biografie von Raffael von Urbino und dessen Vater Giovanni Santi, die von 1839 bis 1858 erscheint (vgl. Johann David Passavant, *Rafael von Urbino und sein Vater Giovanni Santi*, 4 Bde., Leipzig 1839–1858).

18 Vgl. Henrik Karge, *Poesie und Wissenschaft. Fontane und die Kunstgeschichte*. In: Claude Keisch, Peter-Klaus Schuster et al. (Hrsg.), *Fontane und die bildende Kunst* [Katalog der Ausstellung: Theodor Fontane und die bildende Kunst, Berlin, Nationalgalerie am Kulturforum, 04.09.–29.11.1998], Berlin 1998, S. 267–278.

19 Vgl. Barbara Gaehtgens, *Die Genremalerei*, Berlin 2002 (= Geschichte der klassischen Bildgattungen in Quellentexten und Kommentaren, Bd. 4), S. 378.

20 Kuglers Handbücher erreichen stets mehrere Auflagen, »brachten ihrem Verfasser jedoch zuweilen auch die Verachtung der Fachkollegen ein« (Karge, *Poesie und Wissenschaft*, S. 270). Rumohr, Waagen und Kugler können als Vertreter der Empirie gesehen werden, während Schnaase auf der Basis des Geschichtsdenkens Hegels das Prinzip der Überschau und Synthese vertritt (vgl. ebd., S. 269f.).

Die Etablierung der Kunstgeschichte bis hin zur Schaffung erster Lehrstühle für diesen Fachbereich im Jahr 1860 ist gekoppelt an die Neuausrichtung der Kunstmuseen. In Berlin ist das durch Wilhelm von Humboldts Bildungsreform initiierte Bestreben, das Alte Museum vermehrt auf Kunstvermittlung auszurichten, ein Exempel hierfür. Die Aufteilung der musealen Räume lässt Rückschlüsse auf die Wertschätzung einzelner Kunstrichtungen zu: Quantitativ am stärksten vertreten ist – wie für die kunsthistorischen Kompendien ebenso zutreffend – die italienische Kunst, am schwächsten die zeitgenössische deutsche Kunst. Letztere wird in temporären Ausstellungen, hauptsächlich in Galerien und auf den biennalen Kunstausstellungen in der Akademie der Künste gezeigt. Sie ist der zentrale Gegenstand von Fontanes kunstkritischen Schriften. Die mit den ersten Salons ab 1667 in Paris aufkommende journalistische Kunstkritik mündet im 19. Jahrhundert ins Aufblühen entsprechender Publikationsorgane: Beispiele hierfür sind das *Deutsche Kunstblatt* sowie die *Argo*, an denen der Kreis um Kugler und mit ihm Fontane beteiligt sind. Fontanes Verhältnis zu den in den Vereinen verkehrenden Kunsthistorikern der ›Berliner Schule‹ ist bislang noch unzureichend erforscht.[21] Dies trifft selbst auf seine Berichterstattung zur *Art Treasures Exhibition* in Manchester zu, in der er sich explizit auf Waagen bezieht. Fontane und Waagen schreiben beide in Zeitungsberichten über die Ausstellung, Fontane als Journalist für die *Zeit*[22], Waagen für das *Deutsche Kunstblatt*. An Textbeispielen wird nachzuweisen sein, dass Fontanes Austausch mit den durch Vereinsmitglieder vermittelten Kontaktpersonen sowie den Mitgliedern selbst – sowohl während der Treffen als auch im privaten Austausch – nachhaltigen Einfluss auf seine Kunstauffassung, aber auch auf seine Tätigkeit als Kunstkritiker insgesamt ausübt. Neben der Analyse sprachlicher Aspekte in Fontanes Kunstkritiken soll folglich ein Beitrag zur Erforschung der Kunstkritik des 19. Jahrhunderts geleistet werden. Diese interdisziplinäre Ausrichtung ist durch den Gegenstand vorgegeben, da es sich bei den Kunstkritiken um Pressetexte respektive literarische Texte über bildende Kunst handelt. Aus kunsthistorischer Perspektive erweist es sich als wenig ergiebig, Fontanes kunstkritische Schriften auf ihren wissen-

21 Ausnahmen sind: Sonja Wüsten, *Theodor Fontanes Gedanken zur historischen Architektur und bildenden Kunst und sein Verhältnis zu Franz Kugler*. In: *Fontane-Blätter* 3 (1975), S. 323–352; Hermann Fricke, *Nicht auf Kosten des Lebens. Theodor Fontane als passionierter Kunstschriftsteller*. In: *Der Bär von Berlin* 25 (1976), S. 53–70; Henrik Karge, *Poesie und Wissenschaft. Fontane und die Kunstgeschichte*. In: Keisch, Schuster et al. (Hrsg.), *Fontane und die bildende Kunst*, S. 267–278; Graevenitz, *Theodor Fontane*.

22 Fontanes Berichte werden zudem in der *Stern-Zeitung*, der *Vossischen Zeitung* und der *Kreuzzeitung* abgedruckt. Während seine Artikel folglich ein breites Publikum ansprechen sollen, sind diejenigen Waagens an ein Fachpublikum gerichtet.

schaftlichen Wert hin zu prüfen, zumal er sich selbst dezidiert als Dilettant, nicht als Kunstwissenschaftler positioniert. Vielmehr sind seine Texte auf ästhetische Fragestellungen und subjektive Stellungnahmen ausgerichtet, einem genuinen Merkmal von Kunstkritik. Es geht folglich darum, die Bedeutung dieses Interessengebietes in den Zusammenhang des Gesamtwerks zu stellen sowie aufzuzeigen, in welchen Formen Fontane sich auf den kunsthistorischen Diskurs bezieht.[23]

Eine Eingrenzung dessen, was als Kunstkritik zu gelten hat, erweist sich mitunter als schwierig, weil in zahlreichen Schriften Fontanes bildende Kunst zum Thema wird; neben Zeitungsartikeln, echten und unechten Korrespondenzen, finden sich in den *Wanderungen durch die Mark Brandenburg*, Reiseberichten, in Briefen, Notizbüchern sowie in seinen Erzählungen diverse Kunstwerke und Künstler wieder, mit denen er sich in kunstkritischen Zeitungsartikeln befasst.[24] Außerdem sind die Tagebucheinträge und Notizbücher von Bedeutung, weil sie Rückschlüsse auf Fontanes Arbeitsprozess zulassen.[25] Der Schwerpunkt der Analyse liegt allerdings auf den Texten, bei denen es sich um Kritiken im Sinne von wertenden Kommentaren zu Künstlern, Kunstwerken und -formen handelt. Selbst mit dieser Einschränkung sind die Kunstkritiken äußerst heterogen: Die Bandbreite und Fülle von Äußerungen Fontanes zur bildenden Kunst reicht von Ausstellungskritiken über biografische Skizzen verschiedener Künstler und Rezensionen kunsthistorischer Werke bis hin zu Herausgeberschaften. Zudem erstreckt sich das Verfassen kunstkritischer Artikel über einen ausgedehnten Zeitraum: Die meisten Texte entstehen während Fontanes Festanstellungen bei der *Kreuzzeitung* sowie der *Vossischen Zeitung*. Die erste Besprechung einer Kunstausstellung wird 1852 publiziert, zahlreiche weitere folgen, wobei die Berichte zu den biennalen Berliner Kunstausstellungen

23 Hierzu befinden sich im Anhang verschiedene Abbildungen, auf die mit »Abb. xy« verwiesen wird.

24 Die Problematik der Gattungszuschreibung thematisiert Fontane im Vorwort der *Wanderungen*: »Es ist ein Buntes, Mannigfaches, das ich zusammengestellt habe: Landschaftliches und Historisches, Sitten- und Charakterschilderung – und verschieden wie die Dinge, so verschieden ist auch die Behandlung, die sie gefunden« (Theodor Fontane, *Wanderungen durch die Mark Brandenburg: Die Grafschaft Ruppin. Vorwort zur 1. Aufl.*, Große Brandenburger Ausgabe, Abteilung V, Band 1 (im Folgenden abgekürzt mit der Sigle GBA und entsprechenden Ziffern), hrsg. von Gotthard Erler und Rudolf Mingau, Berlin 1997, S. 3).

25 So nennt Fontane beispielsweise in einem Tagebucheintrag zum Besuch der Kunstausstellung in London exakt dieselben Bilder, mit denen er sich anschließend im Zeitungsbericht detaillierter beschäftigt (vgl. Theodor Fontane, Tagebucheintrag vom 10.06.1856, GBA XI/1, S. 127f.; Fontane, *Die Kunstausstellung*, NFA XXIII/1, S. 15–25).

von 1860, 1862, 1864 und 1866 besonders umfangreich ausfallen. Darüber hinaus lässt Fontane auch in die unechten Korrespondenzen immer wieder seine Kunstkenntnisse einfließen und berichtet in diesem Format beispielsweise über die Weltausstellung 1862 in London. In demselben Jahr erscheint das Lexikon *Männer der Zeit*, für das Fontane zahlreiche Biografien englischer und deutscher Künstler schreibt. Ab 1878 publiziert er vermehrt Rezensionen kunsthistorischer Werke, hauptsächlich derjenigen Wilhelm Lübkes. Gleichzeitig veröffentlicht Fontane im Rahmen der *Wanderungen* weitere Künstlerbiografien, die in engem Zusammenhang mit seiner Tätigkeit als Kunstkritiker stehen. Noch 1895 verfasst er eine Würdigung von Adolph Menzels Werk, besucht Ausstellungen und bezieht sich verschiedentlich auf Kunstwerke. Insgesamt beläuft sich die Anzahl kunstkritischer Zeitungsartikel auf über hundert Texte. Die Beschäftigung mit Kunst bildet folglich eine Konstante in Fontanes Leben und ist mit dem Ende seiner Tätigkeit als fest angestellter Journalist keineswegs abgeschlossen. Eine trennscharfe Linie zwischen journalistischem und schriftstellerischem Werk zu ziehen, wird folglich dem Gegenstand nicht gerecht, nicht zuletzt deshalb, weil Fontane Texte, wie beispielsweise den Bericht über die Londoner Kunstausstellung von 1852, 1854 in sein Buch *Ein Sommer in London* integriert. Dasselbe trifft auf Kapitel aus den *Wanderungen* zu, die zuvor als einzelne Artikel in Zeitungen erschienen sind.[26] Im Anhang sind daher in Form eines chronologischen Verzeichnisses die bibliografischen Angaben zu sämtlichen Texten aufgelistet, die im engeren Sinne mit Kunstkritik in Verbindung zu bringen sind und das Korpus dieser Studie bilden.

Aufbau

Zu Beginn erfolgt eine empirische Bestandsaufnahme und thematische Gruppierung von Fontanes Kunstkritiken, welche die Bandbreite der Texte aufzeigt. Aus der vorhandenen Textfülle werden signifikante Beispiele ausgewählt und davon ausgehend übergreifende Fragestellungen herausgearbeitet, deren detailliertere Analyse in den nachstehenden Kapiteln erfolgt. Neben den Pressetexten werden in der summarischen Übersicht der kunstkritischen Schriften auch die Romane, die *Wanderungen* sowie Briefwechsel, Tage- und Notizbucheinträge berücksichtigt. Mittels sorgfältiger Textanalyse werden hierbei die verwendeten Begriffe sowie die Schreibweise untersucht. Zugleich gilt es, den Entstehungskontext sowie vorhandene Vorlagen der Einzeltexte in die Betrachtung miteinzubeziehen.

26 Ders., *Ein Sommer in London*, Katz, Dessau 1854.

Auf die Bestandsaufnahme folgt die Aufarbeitung des Publikationskontexts, wobei die Aufmerksamkeit auf Wechselwirkungen zwischen feuilletonistischem Schreiben und der spezifischen Verfasstheit der Kunstkritiken gerichtet ist. Das Erscheinen der kunstkritischen Schriften als feuilletonistische Pressetexte hat entscheidenden Einfluss auf die Publikumsorientierung der Texte und damit auf die Themenwahl sowie die sprachliche Gestaltung. Darüber hinaus beeinflusst der Kontext der Tagespresse auch Fontanes oftmals pragmatischen Zugang, sich Wissen über bildende Kunst nicht systematisch, sondern zielgerichtet im Hinblick auf Publikationsabsichten anzueignen. Dies trifft allerdings auf Texte, die er aus persönlichem Interesse verfasst, in geringerem Maße zu.

Im zweiten Teil erfolgt die Auseinandersetzung mit den personalen, institutionellen und medialen Kontexten von Fontanes Kunstkritiken. Die kunstkritischen Schriften sind entscheidend geprägt von der sich etablierenden wissenschaftlichen Kunstgeschichtsschreibung und Kritikerkollegen. Ausgelotet wird, inwiefern die Schriften der Berliner Schule, die an der Herausbildung der Kunstgeschichte großen Anteil haben – Kugler, Lübke, Schnaase, Waagen – in Fontanes Kunstauffassung ihren Niederschlag finden. Sodann sind die Texte im von Friedrich Eggers herausgegebenen *Deutschen Kunstblatt* beizuziehen. Mittels komparativer Lektüre gilt es abzuschätzen, inwieweit sein Kunsturteil von anderen Kritikern abhängig oder eigenständig gefällt ist. Dies wird unter anderem am Beispiel von Fontanes Kollegen bei der *Vossischen Zeitung*, Ludwig Pietsch, aufgearbeitet. Berücksichtigung finden zudem die Übereinstimmungen und Diskrepanzen von Fontanes Kunsturteilen mit denen Waagens, Kuglers sowie Friedrich und Karl Eggers'. Darüber hinaus wird eine Einordnung der Texte in die Tradition der Kunstkritik vorgenommen, wobei es aufzuzeigen gilt, dass sich an den verwendeten Begriffen und Vorgehensweisen konkrete Anleihen an wissenschaftliche Herangehensweisen ausmachen lassen.

Im dritten Teil wird die der gesamten Studie zugrunde liegende Prämisse, wonach Fontanes Kunstkritiken als implizite Poetik zu lesen sind, vertieft. Dies geschieht anhand der Analyse von Fontanes Stellungnahmen zu zeitgenössischen Debatten in der Kunstszene. Geprüft wird seine Haltung gegenüber der religiösen Malerei einerseits und andererseits gegenüber Kunstströmungen wie den französischen Impressionisten und den Berliner Sezessionisten. Des Weiteren wird untersucht, inwiefern sich in Fontanes Positionierung zur Kostümfrage sein Verständnis der Wiedergabe von Wirklichkeit niederschlägt. Eine andere Thematik betrifft die Züge der Décadence, der Zeichen- und Detailverliebtheit von Fontanes Realismus, die in seinen Äußerungen zur koloristischen Malweise, aber auch zur Vermischung von Genre- und Landschaftsmalerei deutlich werden. Zugleich sollen damit die Inkonsistenzen zwischen Fontanes Realismusprogrammatik und seinen kunstkritischen Schriften aufgezeigt werden.[27] Ferner wird aufgelöst, weshalb sich die Genremalerei als bevorzugte Gattung Fontanes bezeichnen lässt. Hierfür liegt der Fokus erst auf der Genremalerei selbst. Im Anschluss werden in Abgrenzung zur Historienmalerei die Spezifika dieser Präferenz schärfer konturiert. Abschliessend liegt das Augenmerk auf den sprachlichen Aspekten von Fontanes Kunstkritiken, die als durchkomponierte literarische Texte gewertet werden. Neben der Aufarbeitung von Kunstgesprächen in den kunstkritischen Schriften wird die Lesart erläutert, dass Fontane statt Bildbeschreibungen vielmehr eigene Narrative verfasst. Er wird damit als am Wandel in der Tradition der Ekphrasis partizipierend erachtet,[28] den Helmut Pfotenhauer mit der treffenden Formulierung »weg von der Kunstbeschreibung hin zur Beschreibungskunst«[29] veranschaulicht. Fontane gilt es daher in die Reihe der im 18. Jahrhundert dominierenden ästhetischen Beschreibungen Johann Joachim Winckelmanns, Denis Diderots und Wilhelm Heinses einzureihen.[30] Allerdings ist er durch den Austausch mit den Vertretern der ›Berliner Schule‹ zugleich mit den im 19. Jahrhundert aufkommenden Tendenzen der Objektivierung durch Methoden wie Quellenkunde, Echtheitskritik und Stilgeschichte vertraut. Fontanes Texte sind folglich gerade deshalb interessant, weil sie ein exemplarisches Beispiel für die Einflüsse der Kunstgeschichte auf die Kunstkritik und *vice versa* sind. Er rezipiert und rezensiert zahlreiche der entstehenden kunsthistorischen Kompendien und eignet sich damit entsprechendes Vokabular sowie Kenntnisse an. Dennoch, oder gerade durch die Einsicht in wissenschaftliche Herangehensweisen, verortet er sich dezidiert als Dilettant und damit als genuiner Kunstkritiker.

27 Darauf hat Christian Grawe ebenfalls hingewiesen: »Am auffälligsten sind die Ausstellungsberichte für das Realismusverständnis der mittleren Jahre Fontanes, der zu dieser Zeit noch geradezu ängstlich an einer Verklärung der Wirklichkeit festhält und weit entfernt ist vom Naturalismus, dem er sich um 1890 auf so erstaunliche Weise öffnete« (Christian Grawe, [Rezension zu:] *Theodor Fontane. Werke, Schriften und Briefe. HFA III/5, Zur deutschen Geschichte, Kunst und Kunstgeschichte.* In: *Fontane Blätter* 47 (1989), S. 93). Grawe bestätigt damit implizit, dass Fontanes Verständnis von Realismus in den Kunstkritiken avancierter ist als im Romanwerk.

28 Ekphrasis bedeutet im engsten Sinne die »versuchte verbale Nachahmung eines Objekts aus dem Bereich der bildenden Kunst, in erster Linie der Malerei und der Bildhauerei« (Murray Krieger, *Das Problem der Ekphrasis. Wort und Bild, Raum und Zeit – und das literarische Werk.* In: Gottfried Boehm und Helmut Pfotenhauer (Hrsg.), *Beschreibungskunst – Kunstbeschreibung. Ekphrasis von der Antike bis zur Gegenwart*, München 1995, S. 42).

29 Helmut Pfotenhauer, *Winckelmann und Heinse. Die Typen der Beschreibungskunst im 18. Jahrhundert oder die Geburt der neueren Kunstgeschichte.* In: Boehm und Pfotenhauer (Hrsg.), *Beschreibungskunst – Kunstbeschreibung*, S. 313.

30 Vgl. ebd.

Diesbezüglich ist der Publikationskontext von Bedeutung, der die Kunstkritiken als feuilletonistische und damit ein Publikum adressierende Texte ausweist, die in der Vermittlung von Kunstproduktion und Kunstrezeption zur öffentlichen Meinungsbildung beitragen.

Forschungsstand

In Bezug auf die Veröffentlichung der Nymphenburger-Ausgabe der kunstkritischen Schriften Fontanes 1970 hält Peter-Klaus Schuster im Katalog *Fontane und die bildende Kunst* fest, dass »[d]as von ihm selbst ausgesprochene ›rege Interesse‹ an den bildenden Künsten [...] Fontane jedenfalls seitdem niemand mehr abgesprochen« habe.[31] Das Interesse allein hat jedoch nicht ausgereicht, um ihn als veritablen Kunstkritiker zu akzeptieren. Zur Marginalisierung der kunstkritischen Schriften Fontanes hat Conrad Wandreys Publikation von 1919 beigetragen, in der er Fontane die Fähigkeit zum Kunsturteil abspricht.[32] Gemäss Wandrey hat Fontane die in London gesehene Kunst in lebensgeschichtlicher, anekdotischer Hinsicht beschrieben. Wandrey hat damit Recht, erkennt jedoch nicht, dass die unmittelbare Literarisierung des Gesehenen und das anekdotische Erzählen konstitutive Merkmale von Fontanes Poetik sind, grundlegend sowohl für sein journalistisches Werk als auch für seine Erzählungen. Die damit verbundene epistemologische Dimension lässt Wandrey außer Acht. Noch 1967 bewertet Helmuth Nürnberger Fontanes Fähigkeiten als Kunstkritiker mit Geringschätzung: »Fontane war weder sachlich genügend durchgebildet, um solche Werke kritisch würdigen zu können, noch besaß er eine eigentliche Anlage dafür.«[33] Wandrey und Nürnberger messen Fontane mit einem wissenschaftlichen Maßstab, doch für den Kunstkritiker ist die Position des Dilettanten Voraussetzung. Die negative Resonanz auf Fontanes Berichte kann außerdem darauf zurückgeführt werden, dass er Kunstströmungen anders verortet, als dies üblich ist: »Nicht Frankreich, nicht der französische Impressionismus markiert für ihn den Beginn der Moderne, sondern England. Hogarth ist für ihn der Vater der Moderne.«[34] Diese Feststellung gilt es aller-

31 Peter-Klaus Schuster, *Die Kunst bei Fontane*. In: Keisch, Schuster et al. (Hrsg.), *Fontane und die bildende Kunst*, S. 11.

32 Conrad Wandrey, *Theodor Fontane*, München 1919, S. 74

33 Helmuth Nürnberger, *Der frühe Fontane. Politik, Poesie, Geschichte 1840 bis 1860*, Hamburg 1967, S. 235.

34 Peter-Klaus Schuster, *Vorwort*. In: Keisch, Schuster et al. (Hrsg.), *Fontane und die bildende Kunst*, S. 7.

dings in den historischen Kontext der Kunstszene Berlins einzuordnen und differenzierter zu betrachten.

Zu einem Umdenken in Bezug auf die negativen Einschätzungen von Fontanes Kunstkritiken tragen Hans-Heinrich Reuters 1968 und 1972 erschienene Publikationen bei.[35] In letztgenanntem Aufsatz widmet sich Reuter spezifisch Fontanes Realismus, wobei er Motive vergleicht, die sowohl in Gemälden als auch Romanen vorkommen. Er stellt dabei Parallelen her zwischen Szenen aus *L'Adultera* und *Der Stechlin* sowie Gemälden von Manet, Sisley, Monet und Renoir.[36] In demselben Sammelband arbeitet Charlotte Jolles im Aufsatz *Fontanes Studien über England* erstmals die Bezüge zwischen Fontane und Ruskin auf.[37] Einen weiteren Versuch, Fontanes Kunstkritiken für die Literatur fruchtbar zu machen, stellt Peter-Klaus Schusters Publikation *Effi Briest – Ein Leben nach christlichen Bildern* dar, an der jedoch zu kritisieren ist, dass er den Entstehungskontext und die Implikationen der verwendeten kunstwissenschaftlichen Termini nicht genügend hinterfragt.[38] Zudem ist den Kunstkritiken darin keine singuläre Stellung eingeräumt, sondern sie werden lediglich hinsichtlich ihrer Implikationen auf das Romanwerk geprüft. In Bezug auf die Auffassung des von semiologischen und darstellungstheoretischen Fragen geprägten Realismus, die für die vorliegende Arbeit bestimmend ist, sind insbesondere die Aufsätze *Fontanes ›Finessen‹. ›Kunst‹ oder ›Künstelei‹?* von Karl Siegfried Guthke sowie *Der angehaltene Moment. Requisiten – Genre – Tableau bei Fontane* von Richard Brinkmann wegweisend.[39] Zahlreiche Studien zur Kunst in Fontanes Romanen sind gefolgt, und die Kunst findet als Thema bei Fontane eine Fortsetzung im erwähnten maßgeblichen Katalog *Fontane und die bildende Kunst*, der jedoch einseitig auf die englische Kunst fokussiert bleibt. Unlängst erschienen ist Ger-

35 Vgl. Hans-Heinrich Reuter, *Fontane*, 2 Bde., München 1968.

36 Vgl. ders., *Fontanes Realismus*. In: Erich Teitge und Joachim Schobeß (Hrsg.), *Fontanes Realismus. Wissenschaftliche Konferenz zum 150. Geburtstag Fontanes in Potsdam. Vorträge und Berichte*, Berlin 1972, S. 33.

37 Vgl. Charlotte Jolles, *Fontanes Studien über England*. In: Teitge und Schobeß (Hrsg.), *Fontanes Realismus*, S. 99f.

38 Vgl. Peter-Klaus Schuster, *Effi Briest – Ein Leben nach christlichen Bildern*, Tübingen 1978.

39 Karl Siegfried Guthke, *Fontanes ›Finessen‹. ›Kunst‹ oder ›Künstelei‹?* In: *Jahrbuch der deutschen Schillergesellschaft* 26 (1982), S. 235–261; Richard Brinkmann, *Der angehaltene Moment. Requisiten – Genre – Tableau bei Fontane*. In: *Deutsche Vierteljahrsschrift für Literaturwissenschaft und Geistesgeschichte* 53 (1979), S. 429–462. Den Begriff der »Finesse« verwendet Fontane selbst in einem Brief an Emil Dominik: »Gott, wer liest Novellen bei die [sic] Hitze, wer hat jetzt Lust und Fähigkeit, auf die hundert und, ich kann dreist sagen, auf die tausend Finessen zu achten, die ich dieser von mir besonders geliebten Arbeit mit auf den Lebensweg gegeben habe« (Theodor Fontane an Emil Dominik, 14.07.1887, HFA IV/3, S. 551).

hart von Graevenitz' Publikation *Theodor Fontane. Ängstliche Moderne. Über das Imaginäre*, die der vorliegenden Studie nahesteht. Von Graevenitz widmet sich insbesondere ausführlich der Berliner »Sehgemeinschaft« Theodor Fontanes. Während sich von Graevenitz diesem Thema in äußerst umfassender Weise annähert und Fontanes Balladen sowie Romane analysiert, fokussiert diese Arbeit auf Fontanes Kunstkritiken. Die Bedeutung des *Deutschen Kunstblatts* ordnet von Graevenitz in den größeren Zusammenhang der damaligen Publikationsorgane sowie der Wissenschaftsgeschichte ein, an dieser Stelle stehen hingegen Detailanalysen einzelner Artikel im Zentrum. Außerdem werden die Einflüsse des Umkreises von *Tunnel über der Spree* und *Deutschem Kunstblatt* nicht an Fontanes Balladen, sondern an seinen Kunstkritiken aufgezeigt.

Christian Grawe schreibt über die Bedeutung von Fontanes Kunstkritiken, dass »die Kunstwerke, die Fontane beurteilt und an denen er seine Kunsterkenntnisse gewinnt, in den allermeisten Fällen unerheblich« seien. Doch sie hätten Fontane »immer wieder zu kurzen, grundlegenden Ausführungen, etwa über die damals gängige Schlachtenmalerei oder über die Präraphaeliten« veranlasst, »die für den Fontaneforscher und -leser von höchstem Interesse« seien.[40] Darüber hinaus ist auch die Art und Weise, wie Fontane über Kunst schreibt und welche Themen er auswählt, signifikant und aufschlussreich. Die besprochenen Kunstwerke sind insofern nicht unerheblich, als sie und ihre Besprechung kulturhistorische Bedeutung haben. Gerade Fontanes Aufzeichnungen zu Gemälden in Herrenhäusern der Mark sind teilweise die einzigen Belege für die Existenz der betreffenden Kunstwerke. Außerdem sind die Form- und Darstellungsfragen, an denen sich Fontane bei der Betrachtung bildender Kunst abarbeitet, auch losgelöst vom Einzelwerk als übergreifende Fragestellungen von Bedeutung, was es im Folgenden aufzuzeigen gilt. Eine singuläre Stellung wird indessen Fontanes Aussagen über die Präraffaeliten sowie William Turner beigemessen, die er entdeckt und in Deutschland einem breiteren Publikum zugänglich gemacht hat.[41] Der Fokus lag daher lange auf Fontanes Berichterstattung *Aus Manchester*, weil sein Kunstverständnis darin avantgardistisch und einzigartig scheint. Gewiss haben Fontanes Aufenthalte in England und seine dortigen Museumsbesuche seinen Kunsthorizont entscheidend erweitert. Nachstehend wird jedoch der Standpunkt vertreten, dass Fontanes Aussagen über deutsche Künstler für seine Kunstauffassung genauso repräsentativ sind. Zahlreiche Aspekte, die in der Artikelfolge über englische Kunst bedeutsam sind, gilt es auch für die Berliner Kunstausstellungsberichte

40 Grawe, [Rezension zu:] *Theodor Fontane: Werke, Schriften und Briefe*, S. 93.

41 Nora Hoffmann, *Photographie, Malerei und visuelle Wahrnehmung bei Theodor Fontane*, Berlin/Boston 2011, S. 61.

stark zu machen. Beispielsweise tritt die suggerierte dialogische Form in *Aus Manchester* in den Berichten zu Ausstellungen in Berlin noch stärker zu Tage, indem Fontane gleichsam mit dem Leser als fiktivem Ausstellungsbesucher von Raum zu Raum durch die Ausstellung schreitet.[42] Zudem sind in den Erzählwerken sowohl englische, aber insbesondere auch deutsche Künstler wichtig: In *Irrungen, Wirrungen* besitzt Botho von Rienäcker ein Gemälde Andreas Achenbachs, Melusine in *Der Stechlin* besucht die Berliner Kunstausstellung,[43] und die Verweise auf Künstler sowie Kunstwerke ließen sich mit Franz Skarbina, Eduard Hildebrandt, Carl Blechen und weiteren beliebig fortsetzen.

Die bildende Kunst in Fontanes Erzählwerk wurde bereits umfassend erforscht, während die eigentlichen kunstkritischen Zeitungsartikel und deren Entstehungskontext nur selten im Detail berücksichtigt wurden. Diesem Desiderat nimmt sich die vorliegende Studie an. Mit der breit angelegten Textbasis wird der Fokussierung auf englische Kunst ein Gegengewicht gegeben und die Konzentration stattdessen auf grundsätzliche und übergreifende Strategien und Merkmale der Kunstkritiken gerichtet. Die kunstkritischen Schriften werden dabei als eigenständige Texte mit kunstkritischem Gehalt und spezifischen literarischen Qualitäten gewertet. Dieser eigenständige Werkcharakter wurde bereits im *Fontane-Handbuch* festgehalten,[44] erhielt jedoch bislang noch zu wenig Beachtung.

In Bezug auf die Haltung, die Kunstkritiken stärker als Pressetexte zu lesen, ist die Dissertation von Dorothee Krings mit dem Titel *Theodor Fontane als Journalist: Selbstverständnis und Werk* wichtig.[45] Fontanes kunstkritische Schriften sind zeitgenössisch als journalistische Texte einer breiten Öffentlichkeit zugänglich und werden – wie Leserzuschriften und Wiederabdrucke belegen – auch rezipiert. Die Kunstkritiken als journalistisches Werk sind vom Tagesgeschehen bestimmt. Welche Ausstellung, Künstler und Publikationen besprochen werden, ist an die aktuellen Kunstausstellungen sowie kunsthistorische Neuerscheinungen gekoppelt. Hinsichtlich der Einbettung der vorliegenden Arbeit in den Bereich der Intermedialität bietet Nora Hoffmanns Werk *Photographie, Malerei und visuelle Wahrnehmung bei Theodor Fontane* von 2011 Anhaltspunkte. Hoffmann betont die immense Bedeutung der Visualität

---

42 Vgl. Fontane, *Die diesjährige Kunstausstellung 1862*, HFA III/5, S. 546.

43 Vgl. ders., *Irrungen, Wirrungen. Roman*, GBA I/10, S. 43; *Der Stechlin*, GBA I/17, S. 269.

44 Hugo Aust, *Literatur- und Kunstkritik*. In: Grawe und Nürnberger (Hrsg.), *Fontane-Handbuch*, Stuttgart 2000, S. 880.

45 Dorothee Krings, *Theodor Fontane als Journalist. Selbstverständnis und Werk*, Köln 2008.

für das 19. Jahrhundert insgesamt und für Fontane im Besonderen.[46] Allerdings beschäftigt sie sich in ihrer Analyse hauptsächlich mit den *Wanderungen* sowie den Romanen *Cécile, L'Adultera, Effi Briest* und *Mathilde Möhring*. Es wird zwar auf die kunstkritischen Texte Bezug genommen, eine detailliertere Untersuchung derselben bleibt jedoch aus. Einzelnen Kunstkritiken, Fontanes Realismus oder der Dekadenz bei Fontane sind Aufsätze aus dem neuesten Band der Theodor Fontane Gesellschaft von 2013 gewidmet.[47] Zu nennen sind insbesondere die Beiträge von Jana Kittelmann über Fontanes Berichte aus England,[48] von Julia Stephanie Happ zu Fontane und der literarischen Dekadenz,[49] von Andrew Cusack zur Geschichtsschreibung als Panorama in Fontanes *Wanderungen*[50] sowie Nora Hoffmanns Studie über malerei- und fotografieanaloge Wahrnehmungsweisen in Fontanes *Cécile*.[51] Die Aufsätze sind aus der Frühjahrstagung 2010 der Fontane Gesellschaft hervorgegangen und bestätigen folglich, dass sich die vorliegende Arbeit mit essenziellen Themen der aktuellen Fontane-Forschung auseinandersetzt.

46 Nora Hoffmann, *Photographie, Malerei und visuelle Wahrnehmung bei Theodor Fontane*, Berlin/Boston 2011, S. 1.

47 Patricia Howe (Hrsg.), *Theodor Fontane – Dichter des Übergangs. Beiträge zur Frühjahrstagung der Theodor Fontane Gesellschaft 2010*, Würzburg 2013 (= Fontaneana, Bd. 10).

48 Jana Kittelmann, *Fontanes Berichte aus England im Kontext des zeitgenössischen Kunst- und Reisefeuilletons*. In: Howe (Hrsg.), *Theodor Fontane – Dichter des Übergangs*, S. 147–164.

49 Julia Stephanie Happ, *›Die Décadence ist (wieder) da‹. Fontane und die literarische Dekadenz im deutschsprachigen ›Fin de siècle‹. In:* Howe (Hrsg.), *Theodor Fontane – Dichter des Übergangs*, S. 123–146.

50 Andrew Cusack, *›Civibus aevi futuri‹: Geschichtsschreibung als Panorama in Fontanes ›Wanderungen durch die Mark Brandenburg‹. In:* Howe (Hrsg.), *Theodor Fontane – Dichter des Übergangs*, S. 165–182.

51 Nora Hoffmann, *Weitblick, Künstlerauge und Spektralanalyse. Malerei- und photographieanaloge Wahrnehmungsweisen in Theodor Fontanes ›Cécile‹. In:* Howe (Hrsg.), *Theodor Fontane – Dichter des Übergangs*, S. 183–200.

I Theodor Fontane als Kunstkritiker

Fontanes Kunstkritik erfolgt als Beurteilung von Kunstgegenständen anhand von Maßstäben, die es im Folgenden auszuloten gilt. Als Konstante erweisen sich ästhetische Fragestellungen, die Fontane an Einzelwerke heranträgt oder ausgehend von ihrer Betrachtung entwickelt. Außerdem greift er zeitgenössische Konzepte und kunsthistorische Debatten auf, wobei sich an seinen jeweiligen Stellungnahmen sein Verständnis der Abbildung von Wirklichkeit ausmachen lässt. Fontane verweist auf bekannte Kunsthistoriker, arbeitet aber keine eigentliche Kunsttheorie aus, sondern fällt dezidiert subjektive Urteile. Stellvertretend dafür kann Fontanes Aussage in einem Brief an Karl und Emilie Zöllner stehen: »Ich mache diese Aufzählungen, resp. Bemerkungen namentlich Heydens[1] wegen, der sie auf ihre Richtigkeit prüfen mag. Wobei ich aber gleich im Voraus bemerke, für mich persönlich *bleiben* sie auch richtig.«[2] Fontane kennt den Künstler und Professor an der Königlichen Hochschule für bildende Künste, August von Heyden, aus dem *Tunnel*, wobei seine Mitgliedschaft im genannten Verein gewiss seine Fähigkeit, Kritik zu üben schärft, zumal es bei den Vereinszusammenkünften die »Späne« anderer zu beurteilen gilt.[3]

Über die ästhetischen Fragestellungen hinaus und teilweise mit ihnen in Interaktion stehend, zeichnet sich Fontane als Kritiker durch die Beschreibung von Kunstwerken aus, die in Bezug auf ihre Metaphorik, die vorgenommenen Vergleiche sowie in ihrer Kopplung an Fontanes Poetik singulär sind. Zentrales Merkmal sind der Humor sowie narrative Passagen, die oftmals das Erzählen von Anekdoten beinhalten. Insbesondere Letzteres ist ein Aspekt, der verdeutlicht, dass es den publizistischen Kontext der Schriften miteinzubeziehen gilt. Fontanes Kunstkritiken sind als feuilletonistische Pressetexte leserorientiert und sollen der Leserschaft nicht zuletzt zur Unterhaltung dienen, was in Kapitel I.2 ausgeführt wird.

Um Fontanes Selbstverständnis als Kritiker herauszuarbeiten, lassen sich diverse Passagen aus Fontanes Romanwerk hinzuziehen, in denen er die Not-

1 Wie aus einer Fontane zugeschriebenen Rezension über Heydens Publikation *Die Tracht der Kulturvölker Europas* hervorgeht, schätzt Fontane Heydens Historienmalerei (vgl. [ungez.] *Die Tracht der Kulturvölker Europas von A. v. Heyden*, NFA XXIII/2, S. 480f.).

2 Theodor Fontane an Karl und Emilie Zöllner, 10.10.1874, HFA IV/2, S. 479.

3 Vgl. Berbig, *Theodor Fontane im literarischen Leben*, S. 417.

DOI 10.1515/9783110516098-002

wendigkeit von Kritik betont. In *Cécile* heißt es: »Nur keine Entschuldigungen. Nichts schrecklicher als todtes Lob; ein verständiger und liebevoller Tadel ist das Beste, was ein Künstlerohr vernehmen kann.«[4] Ebenso tritt in *Der Stechlin* Professor Wrschowitz vehement für Kritik ein: »Frondeur ist Krittikk, und wo Guttes sein will, muß sein Krittikk. [...] Erst muß sein Kunst, gewiß, gewiß, aber gleich danach muß sein Krittikk. Krittikk ist wie große Revolution. Kopf ab aus Prinzipp. Kunst muß haben ein Prinzipp. Und wo Prinzipp is, is Kopf ab.«[5] So radikal wie bei Wrschowitz fällt Fontanes Urteil nicht aus, zutreffend ist jedoch, dass Fontane bisweilen harsche und polarisierende Kritik übt. Ein Exempel hierfür sind seine Äußerungen zu Werken des Künstlers Lawrence Alma-Tadema, die einen Briefwechsel mit Ludwig Pietsch nach sich ziehen, in dem Pietsch für den Künstler Partei ergreift.[6] Fontane ist sich seiner scharfzüngigen Kritik bewusst,[7] hält aber bezüglich der Theaterkritiken fest, dass es gerade deshalb stark auf die Sprache zu achten gelte:

> Wir sind nicht dazu da, öffentliche Billets doux zu schreiben, sondern die Wahrheit zu sagen, oder doch *das*, was uns als Wahrheit *erscheint.* Denn die Anmaßung liegt uns fern, uns als eine letzte, unfehlbare Instanz anzusehn, von der aus kein Appell an Höheres denkbar ist. Wer aufmerksam liest, wird deshalb, in steter Wiederkehr, Äußerungen in diesen unseren Kritiken finden, wie etwa: »es will uns scheinen«, »wir hatten den Eindruck«, »wir geben anheim«. Das ist nicht die Sprache eines absoluten Besserwissers.[8]

Mit seiner Absichtserklärung, das schreiben zu wollen, was ihm als Wahrheit erscheint, macht Fontane sein Verständnis der Funktion von Kritik deutlich, relativiert aber sogleich, für sich nicht die alleingültige Wahrheit in Anspruch zu nehmen. Hierin deutet sich bereits der Gestus der Autorschaftsinszenierung an, ein Grundzug auch der kunstkritischen Schriften, wenn es um den Umgang mit Fachwissen geht. Der Hinweis, auf die konkreten Formulierungen zu achten, verdeutlicht, dass Fontane mit Sprache äußerst reflektiert umgeht, was es auch für die Kunstkritiken aufzuzeigen gilt. Zugleich belegen die Exempel aus den Romanen und aus den Theaterkritiken, dass Fontane nicht nur in den Kunstkritiken, sondern in sämtlichen Schriften den Standpunkt des kritischen Betrachters einnimmt und dies als gewinnbringend erachtet.

---

4 Fontane, *Cécile*, GBA I/9, S. 28.

5 Fontane, *Der Stechlin*, GBA I/17, S. 155.

6 Vgl. Theodor Fontane an Ludwig Pietsch, 13.09.1874, HFA IV/2, S. 472f.

7 Vgl. »Man hat uns wissen lassen, ›wir hätten streng geurteilt‹. Mag sein; wir nehmen das ohne weiteres hin« (Fontane, *Berliner Kunstausstellung [1864]*, NFA XXIII/1, S. 318).

8 Fontane, Theaterkritik vom 30.09.1871, HFA III/2, S. 44.

Die Kunstkritiken im Speziellen sind zusätzlich ins Spannungsfeld der Künstler sowie der um 1900 wissenschaftliche Maßstäbe etablierenden Kunstgeschichte einzuordnen. Diesbezüglich ist ein Brief Fontanes an Karl Zöllner aufschlussreich:

> Letzten Sonnabend ging ich, nach dem Rütli, eine gute halbe Stunde mit ihm [Menzel, CA] spatzieren [sic] und nach einigen Einleitungsworten über Blomberg, die nur kurz dahin gingen: »ein Unglücklicher weniger«, kamen wir durch Blombergs Namen darauf hingeführt, auf Kunstkritik und Kunstschriftstellerei zu sprechen. Es war unglaublich interessant. Seine innerste Stellung zu diesen Dingen decouvrirte sich, Kugler, Eggers, v. Lützow und all die verschiednen Kunstblätter der letzten 30 Jahre – alles unsagbar lächerlich! Ueber Lübke drückte er sich vorsichtig aus; es war ersichtlich, daß er vor dem *Gesammtwissen* desselben, vor seinen Erfolgen und seiner Lebenseinstellung Respekt hatte, aber – eigentliches Verständniß, tiefere Berechtigung des Urtheils, alles auch nur fraglich. Ich sprach später mit Lepel darüber; er war ganz und gar *gegen* Menzel; *Du* wirst es erst recht sein. Ich, für meine Person, bin immer wieder erschüttert. Er lehnte sich nämlich keineswegs gegen die Sentiments oder das Urtheil eines gebildeten Geschmackes auf, sondern nur gegen die 9 mal weise kritisierende Klugschmuserei. Daß nach dieser Seite hin durch die Kritik beständig gesündigt wird, daß sie nicht genau erkennt, wo sie sprechen darf und wo sie klüglich schweigen muß weil sie davon nichts versteht, *das* möchte ich doch annehmen. Es müßte ein Lessing kommen, der in Paragraphen feststellte, wie weit der gebildete Nicht-Künstler in seinem Urtheil gehen darf und welche andren Punkte umgekehrt eine Art noli me tangere bilden.[9]

Der Brief offenbart, dass Fontane und Menzel auch in privaten Gesprächen, außerhalb der Vereine, Kunstangelegenheiten besprechen. Fontane zeigt sich »erschüttert«, dass Menzel nicht Kunstkritik als solches für bedenklich hält, sondern lediglich »Klugschmuserei«, die suggeriert, dass ihre Meinung die einzig richtige sei. Fontane selbst bekennt sich bereits 13 Jahre zuvor in einem Brief an den befreundeten Schriftsteller Bernhard von Lepel dazu, »keine bequeme Klugschmuserei«[10] zu lieben, um daran anschließend unumwunden seine kritische Haltung gegenüber Lepels literarischen Texten kundzutun. Damit ist auch zu erklären, weshalb Fontane seine Urteile regelmäßig revidiert oder sie explizit zuspitzt, um kenntlich zu machen, dass er sich der Streitbarkeit seiner Aussagen bewusst ist. Zugleich deckt seine Bemerkung zu Lessing auf, dass keine Regeln vorliegen, wie der Kunstkritiker sein Urteil zu fällen hat und wie weit er dieses zuspitzen darf. Das Gespräch zwischen Fontane und Menzel nennt mit Künstler, Kunstkritiker und Kunsthistoriker die verschie-

---

9 Theodor Fontane an Karl Zöllner, 30.06.1871, HFA IV/2, S. 381f.

10 Theodor Fontane an Bernhard von Lepel, 02.03.1858, abgedr. in: Gabriele Radecke (Hrsg.), *Theodor Fontane und Bernhard von Lepel. Der Briefwechsel*, Kritische Ausgabe, 2 Bde., Berlin 2006 (= Schriften der Theodor Fontane Gesellschaft, Bd. 5/1), S. 490.

denen Instanzen, welche für sich in Anspruch nehmen, über Kunst urteilen zu können. Menzel als praktizierender Künstler erachtet dabei die Zugänge der kunsthistorisch ausgerichteten Forscher als »lächerlich«, wobei Lübke eine Sonderstellung einnimmt. Bemerkenswerterweise verfasst Fontane die größte Anzahl an Rezensionen über Werke Lübkes, was neben der freundschaftlichen Beziehung auf eine Übereinstimmung mit Menzels Meinung schliessen lässt.

Im oben zitierten Briefabschnitt bemängelt Fontane das Fehlen eines Regelwerks, womit er sich mit dem Verweis auf Lessing auf die Tradition der Kunstgeschichte bezieht. Die Äußerung im Konjunktiv »[e]s müßte ein Lessing kommen« verdeutlicht, dass der »Wille[] zu kategorischen Grenzziehungen zwischen den Einzelkünsten«[11], welcher der Medienästhetik Lessings zugrunde liegt, überholt ist. Fontane zeigt stattdessen dem Kunstkritiker dessen Grenzen auf, dies auch vor dem Hintergrund, dass er stets um die Betonung der Gemeinsamkeiten bemüht ist. Zudem ist es gerade ein Spezifikum von Kunstkritik, aus der Laienperspektive eigene Schwerpunkte zu setzen, was das Interesse am jeweiligen Kunstwerk ausmacht. Fontane äußert das Bedürfnis nach unmissverständlichen Paragrafen dann auch 1871 und damit erst, nachdem ein großer Teil seiner kunstkritischen Schriften bereits publiziert ist. Signifikant ist, dass Fontane mit »noli me tangere« eine Bibelstelle zitiert, die in der Kunst eine lange ikonografische Tradition besitzt. Er argumentiert folglich gegenstandsimmanent, was implizit als Forderung gewertet werden kann, dass entsprechende Vorschriften ausgehend von der konkreten Anschauung bildender Kunst entwickelt werden müssten. Hiermit scheint Fontane indirekt die Unzulänglichkeit anzusprechen, dass ein Regelwerk nur auf der Metaebene funktionieren kann. Gleichzeitig legt er mit seiner Argumentationsweise offen, für sich nicht in Anspruch zu nehmen, die Paramater bestimmen zu können und enthebt sich selbst dadurch dem Vorwurf der »9 mal weise kritisierenden Klugschmuserei«. Fontanes Kunstkritiken enthalten zwar keine Paragrafen, er steht allerdings sehr wohl für bestimmte ästhetische Grundsätze ein, die im Verzeichnis der kunstkritischen Schriften herausgearbeitet und in den nachfolgenden Kapiteln vertieft werden.

1 Verzeichnis der kunstkritischen Schriften Fontanes

Für die summarische Beschreibung sämtlicher Texte, die als Kunstkritiken erscheinen oder in engem Bezug dazu stehen, werden auch die Tage- und Notizbücher, Briefe und Erzählwerke hinzugezogen. Um die große Bandbreite des

11 Schneider, *Die Laokoon-Debatte*, S. 72.

Materials vollumfänglich berücksichtigen zu können, ist die Zusammenstellung in thematische Gruppen gegliedert. Ausgenommen sind Fontanes Artikel zu den Kunstvereinen sowie die Berichte zu den Feierlichkeiten zu Ehren Karl Friedrich Schinkels, die im zweiten Kapitel detaillierter berücksichtigt sind.[12] Zudem ist der Zeitungsbericht zum *Krönungsbild* Adolph Menzels – der einzige Atelierbericht, den Fontane verfasst – im dritten Kapitel in der Passage zum *Krönungsbild* untergebracht.[13]

Da die Kunstkritiken Ähnlichkeiten zur Reiseberichterstattung Fontanes aufweisen und Texte wie *Herrn Marcus' Bilderladen* in Sammlungen von Reiseberichten – an dieser Stelle *Ein Sommer in London* – aufgenommen werden, sind Fontanes Reiseberichte, darunter auch die *Italienischen Aufzeichnungen*, nachfolgend partiell ebenfalls mitberücksichtigt. Es drängt sich zusätzlich auf, diese Texte einzubeziehen, weil Fontane an fremden Orten stets Kunstausstellungen, Museen und Kunstobjekte besucht und beschreibt, beispielsweise das Thorwaldsen-Museum in Kopenhagen. In Zusammenhang mit seiner Tätigkeit als Journalist reist Fontane außerdem mehrmals nach London und ist von 1855 bis 1859 dort wohnhaft als Korrespondent tätig, weshalb sich mehrere Artikel mit Ausstellungen von Werken englischer Künstler befassen. In diese Zeitspanne fällt auch die große Zahl unechter Korrespondenzen, die nicht eigens in einem Unterkapitel berücksichtigt sind.[14] Dennoch sind die unechten Korrespondenzen ein Beispiel dafür, dass Fontanes kunstkritische Tätig-

12 Vgl. Kapitel II.1 und II.3.

13 Abb. 25.

14 Aufschlussreich in Bezug auf die Kunstkritiken sind hauptsächlich die folgenden Texte: *Der Sommer und die Themse. Das London der Zukunft* (UK I, S. 76–78), *Die Reise der französischen Kaiserin. Hamilton-Palace* (UK I, S. 88–90), *Gegensätze und Inconsequenzen. Die William-Turner-Gallerie* (UK I, S. 145–147), *Sir Edwin Landseer. Ein Maler und ein Schneider. Enger Rock und hoher Preis* (UK I, S. 197–199), *Die Ausstellung [Zollvereins-Ausstellung]* (UK I, S. 217–219), *Kein Regiment und streng Regiment. Germanicus. Die Puppenschau. Das Orchestrion. [Zollvereins-Ausstellung]* (UK I, S. 219–222), *Kunst und Künstler. Palgraves Catalogue raisonné. […] Godiva und Venus. [Zollvereins-Ausstellung]* (UK I, S. 222–225), *Die Zollvereins-Ausstellung* (UK I, S. 225–227), *Fuller und Gibson. Godiva und Venus* (UK I, S. 227–229), *Noch einmal die Sculptur. Dänemark à la tète. ›Thorwaldsen hier, Thorwaldsen dort‹. Kunst und Handwerk. Thorwaldsen und Schinkel [Zollvereins-Ausstellung]* (UK I, S. 229–231), *Nach Golde drängt, am Golde hängt u.s.w. Perlen wie Kirschen. Kunstwert und Metallwert. Der Tafelaufsatz des Herrn Haussmann [Zollvereins-Ausstellung]* (UK I, S. 233–236), *Deutsche Goldschmiede. Der rheinische Schild […][Zollvereins-Ausstellung]* (UK I, S. 236–239), *Vom Gold zum Eisen. Kruppscher Gussstahl und Ilsenburger Klingen [Zollvereins-Ausstellung]* (UK I, S. 239–241), *Alhambra-Court und Türkischer Hof. […] Die Macht der Farbe […]* (UK I, S. 248f.), *Deutsche Kunst und Englische Kritik* (UK I, S. 263–266) und *Pariser Ausstellung […]* (UK II, S. 781–784). Vgl. das Verzeichnis der Kunstkritiken im Anhang.

keit seine gesamte journalistische Arbeit beeinflusst und seine Art, Dinge zu beschreiben und zu gewichten, prägt. Aus der Zeit in London stammen auch die Beiträge für das *Deutsche Kunstblatt*, in denen er über die Verlegung der *Royal Academy*,[15] die Kunstausstellung in Manchester,[16] Turners Landschaften in *Marlborough House*[17] und die Ausstellung der Monumente zum Grabmal des Herzogs von Wellington[18] berichtet. Die Berichterstattung zur Kunstausstellung in Manchester im *Deutschen Kunstblatt* bezieht sich lediglich auf die Ankündigung sowie die Vorbereitungen zur Kunstausstellung, während Gustav Friedrich Waagen für die Besprechung der Exponate zuständig ist. Fontanes Artikel im *Deutschen Kunstblatt* sind auf Anfrage Friedrich Eggers' hin entstanden, wobei sich Fontane wohl hierfür qualifiziert, weil er sich damals als einziger Deutscher aus dem Freundeskreis Eggers' in London aufhält. Das *Deutsche Kunstblatt* bildet als renommiertes, bis heute von der Forschung jedoch noch unzureichend beachtetes Publikationsorgan führender Kunsthistoriker insofern eine Ausnahme, als Fontanes Artikel ansonsten vornehmlich in Tageszeitungen erscheinen.[19] Darüber hinaus ist Fontane an Publikationen wie dem Lexikon *Männer der Zeit* und einer Publikation zum Denkmal Albrecht Thaers beteiligt. Für Wilhelm Camphausens *Vaterländische Reiterbilder aus drei Jahrhunderten* sowie die *Argo* zeichnet er als Herausgeber.[20]

Miteinbezogen werden zudem die *Wanderungen*, weil einzelne Künstlerbiografien, wie diejenige Wilhelm Gentz' oder Johann Gottfried Schadows im Rahmen der *Wanderungen* zustande gekommen sind. Außerdem enthalten die *Wanderungen* Berichte zu Auslandsreisen, Beschreibungen von Schlössern und Herrensitzen und deren entsprechende Kunstsammlungen, was hinsichtlich der Frage, welche Kunst Fontane sieht, aufschlussreich ist. Neben inhaltlichen Überschneidungen lassen sich auf formaler Ebene für Passagen der *Wanderun-*

---

15 Fontane, *London. [Die Verlegung der Royal Academy.]*. In: *DKB* 31 (13.07.1856), S. 274–275.

16 Ders., *London. [Zur Kunstausstellung in Manchester.]*. In: *DKB* 34 (21.08.1856), S. 299–300.

17 Ders., *Zwanzig Turner'sche Landschaften in Marlborough-House*. In: *DKB* 3 (15.01.1857), S. 25–26, wiederabgedr. in: NFA XXIII/1, S. 25–29.

18 Ders., *Die Ausstellung der Modelle zum Wellington-Grabmal. London, 29. August*. In: *DKB* 38 (17.09.1857), S. 329–331, wiederabgedr. in: NFA XXIII/1, S. 39–46.

19 Neben der *Kreuzzeitung* und der *Vossischen Zeitung* gehören hierzu folgende Presseorgane: *Preußische Adler-Zeitung*, die *Gegenwart*, das *Morgenblatt für gebildete Leser*, die *Zeit*, *Deutsche Illustrirte Zeitung*, *Deutschland*, *Wochenblatt der Johanniter-Ordens-Balley Brandenburg* sowie *Deutsche Reform*; vgl. dazu Kapitel I.2.

20 Die Mitarbeit an den drei Letztgenannten ist nicht eigens in einem Kapitel aufgeführt.

gen sowie der Reiseberichte fotografieähnliche Wahrnehmungsweisen geltend machen, ebenso wie panoramatische Blicke und Landschaftsbeschreibungen.[21]

Nicht nur die Kunstkritiken selbst, die Kriegsbücher, die Romane, die Tage- und Notizbücher, sondern darüber hinaus die häufige Nennung von Kunst und Künstlern in den Briefen und die Korrespondenzen mit zahlreichen Künstlern und Kunsthistorikern belegen, welchen großen Stellenwert bildende Kunst für Fontane hat. So divers die Themen, Publikationsorgane und der Entstehungskontext, so unterschiedlich ist auch der Aufbau der kunstkritischen Schriften. Die Artikel differieren in der Länge – von kurzen Buchrezensionen bis zu umfangreichen Artikelfolgen über die Berliner Kunstausstellungen – sowie im Grad der Eigenständigkeit des Urteils. Bezüglich der Gliederung ließe sich am ehesten bei den Künstlerbiografien, die für das Lexikon *Männer der Zeit* erschienen sind, ein Schema ausmachen, was im entsprechenden Unterkapitel detaillierter ausgeführt ist. Im Folgenden wird neben den thematischen Zusammenhängen jeweils summarisch auf zentrale Fragestellungen der spezifischen Textgruppen hingewiesen.

1.1 Ausstellungsberichte

Ein umfangreiches Konvolut innerhalb der kunstkritischen Schriften Fontanes bilden Zeitungsartikel zu verschiedenen Kunstausstellungen im In- und Ausland. Diese sind besonders informativ in Bezug auf die Publikumsorientierung von Fontanes Texten, zumal er Kunstgespräche in die Beschreibungen einfügt oder suggeriert, mit dem Besucher durch die Ausstellung zu schreiten. Er bietet damit seinen Lesern gewissermaßen eine Schule des Sehens an. Der erste Ausstellungsbericht entsteht 1852 anlässlich des Besuchs des *Crystal Palace*, dem ehemaligen Ausstellungsgebäude der ersten Weltausstellung in London. Am umfassendsten sind Fontanes Berichte zur *Art Treasures Exhibition* in Manchester 1857 sowie die Artikel zu den biennalen Berliner Kunstausstellungen aus den Jahren 1860 – mit Unterbrechungen – bis 1874.

Die Breite der Auswahl lässt gleichzeitig die große Anzahl an Ausstellungen in Berlin erahnen. Zu umfangreichen Präsentationen wie den biennalen Berliner Kunstausstellungen kommen kleinere Schauen im Sachse'schen Salon oder in Kunstvereinen hinzu. Die Ausstellungen haben innerhalb der Berliner Gesellschaft einen hohen Stellenwert, wofür auch die Tatsache bürgt, dass Fontanes Ausstellungsberichte von 1862 in der unteren Hälfte der Frontseite

21 Vgl. Hoffmann, *Photographie, Malerei und visuelle Wahrnehmung*.

der Morgenausgabe der *Allgemeinen Preussischen Zeitung* abgedruckt werden.[22] Die Zeitungsartikel spiegeln außerdem die Diversität der Kunstausstellungen wider; nicht nur Gruppen-, sondern auch Einzel- und Vereinsausstellungen finden statt.

Vorbild für die verschiedenen Kunstausstellungen sind die *Salons* in Paris, die ebenso für die Entstehung der Kunstkritik konstitutiv sind.[23] Kunst ist fortan nicht mehr einem beschränkten Kreis von Künstlern, königlichen und adligen Auftraggebern sowie Sammlern vorbehalten, sondern einem breiten Publikum zugänglich.[24] Ein Beweggrund dafür ist es, die Besucher zum ästhetischen Urteil anzuleiten. In diesem Kontext sind auch Fontanes Reiseberichte – die oftmals Ausstellungsberichte beinhalten – zu verorten. Die Gattung des Reiseberichts steht ebenfalls in Zusammenhang mit der Herausbildung eines individuellen Sehens und damit der Wandlung vom Reisebericht zu einer Schule der Ästhetik.[25] Individualität und gesellschaftliche Bedingtheit des Sehens rücken im 18. Jahrhundert erstmals in den Mittelpunkt der Aufmerksamkeit. Erst weil das Individuum als solches anerkannt wird, kann Sehen als subjektiver Verarbeitungs- und Deutungsvorgang gefasst werden.[26]

Bei Kunstausstellungen im Ausland, insbesondere bei Weltausstellungen, ist Fontane stets darum bemüht, die Kunstwerke deutscher Künstler zu denjenigen des Gastlandes in Relation zu stellen. Dabei scheint ihm nicht primär daran gelegen zu sein, die Vorzüge der eigenen Kunst stark zu machen, sondern vielmehr der deutschen Leserschaft ein Bild der ausgestellten Kunst zu verschaffen. In diesen Kontext sind die unzähligen Gegenüberstellungen zu setzen, die Fontane zwischen englischen sowie deutschen Künstlern und Kunstwerken vornimmt und damit die kunsthistorische Methodik des verglei-

22 Die Artikel, die in der *Kreuzzeitung* sowie der *Vossischen Zeitung* erscheinen, werden jeweils in den Beilagen abgedruckt (vgl. Kapitel I.2).

23 Vgl. Albert Dresdner, *Die Entstehung der Kunstkritik im Zusammenhang der Geschichte des europäischen Kunstlebens. Mit einem Nachwort von Lothar Müller*, Dresden [1968] 2001, S. 210ff.

24 Als »erster wirklicher ›Salon‹« gilt die Ausstellung von 1667 in Paris (Dresdner, *Die Entstehung der Kunstkritik*, S. 212).

25 Erdmut Jost, *Das poetische Auge. Visuelle Programmatik in Theodor Fontanes Landschaftsbildern aus Schottland und der Mark Brandenburg*. In: Hanna Delf von Wolzogen (Hrsg.), *Fontanes Wanderungen durch die Mark Brandenburg im Kontext der europäischen Reiseliteratur* (= Fontaneana, Bd. 1), Würzburg 2003, S. 64.

26 Im letzten Drittel des 18. Jahrhunderts tritt eine Kehrtwende ein; die »Licht- und Augenideologie der Aufklärung« wird nun kritisch hinterfragt (Volker Mergenthaler, *Sehen schreiben – Schreiben sehen. Literatur und visuelle Wahrnehmung im Zusammenspiel*, Tübingen 2002 (= Hermaea, Bd. 96), S. 69).

chenden Sehens praktiziert.[27] Er bespricht im Allgemeinen vor allem Ausstellungen über Malerei. Selbst bei Weltausstellungen, wo auch Kunsthandwerk zu sehen ist, legt er seinen Fokus auf die Malerei, genauer die zeitgenössische Malerei. Ob diesbezüglich Vorgaben von Seiten der Redaktion bestanden haben, muss infolge fehlender Hinweise offenbleiben. Es ist zu vermuten, dass Fontane jeweils eine subjektive Auswahl an zu besprechenden Werken trifft. Ebenso wird er bezüglich der Länge der Artikel ziemlich freie Hand gehabt haben, was der unterschiedliche Aufbau sowie differierende Artikellängen suggerieren. Bei umfangreichen Ausstellungen verfasst Fontane nicht nur Einzelartikel, sondern Artikelserien, in denen er neben der Besprechung der Exponate weitere Themen aufgreift, die mit der jeweiligen Ausstellung in Zusammenhang stehen. So geht er in den Berichten je nachdem auf die Beweggründe für Ausstellungen,[28] Zusammenstellung,[29] Lokalitäten,[30] Hängung,[31] das Verhält-

---

27 Z. B. »Ich will versuchen, Ihnen durch eine kurze Parallele ein ziemlich klares Bild der diesjährigen Ausstellung zu geben; das bloße Nennen Ihnen wohlbekannter Namen wird jedem Ihrer Leser deutlich machen, worin diese englischen Expositionen [...] exzellieren und worin sie die bescheidensten Ansprüche unerfüllt lassen. Denken Sie sich eine gute Berliner Ausstellung mit Porträts von Richter, Magnus und Otto« (Fontane, *Die Londoner Kunst-Ausstellung*, NFA XXIII/1, S. 29f.); Turners Werk *Decline of the Carthaginian Empire* beschreibt Fontane als »Claude Lorrain mit einer Hildebrandtschen Beleuchtung« (Fontane, *Zwanzig Turner'sche Landschaften in Marlborough-House*, NFA XXIII/1, S. 27). Vgl. auch ders., *Die Kunstausstellung [London]*, NFA XXIII/1, S. 20.

28 Vgl. z. B. die Menzel'sche Ausstellung in der Kunstakademie, »deren nächster Zweck darin besteht, zweien noch lebenden Veteranen aus der Zeit des Großen Königs [...] eine Unterstützung zuzuwenden« (Fontane, *Die Menzelsche Ausstellung in der Kunst-Akademie*, NFA XXIII/1, S. 251) oder die Ausstellungen im Sachse'schen Salon, deren Wechsel jeweils in einem neuen Bericht kommentiert wird (vgl. z. B. ders., *Vier Porträts bei Sachse*, NFA XXIII/1, S. 344f.).

29 Vgl. z. B. »Reichlich ist sie [die Kunstausstellung, CA] durch etwa sechshundert Künstler beschickt worden« (ders., *Kunstausstellung [1874]*, NFA XXIII/1, S. 399).

30 Vgl. z. B. »Seit etwa acht Tagen erfreut sich, im Konzertsaale des Königlichen Schauspielhauses, Berlin einer Ausstellung, die von jedem besucht werden sollte, der ein Interesse nimmt an vaterländischer Geschichte« (ders., *Die Ausstellung zur Erinnerung an Friedrich den Großen*, NFA XXIII/1, S. 253).

31 Vgl. z. B. »Der Katalog zählt über 900 Nummern auf, die Säle sind gefüllt, kaum hier und dort macht sich räumlich eine Lücke bemerkbar. Räumlich keine Lücke, Rahmen drängt sich an Rahmen, und doch begegnen wir einzelnen Wänden, die, auf ihren Inhalt befragt, kaum etwas anderes sind als – eine einzige große Lücke« (ders., *Berliner Kunstausstellung [1866]*, NFA XXIII/1, S. 346).

nis Berliner und auswärtiger Künstler,[32] Publikum[33] sowie Verkaufsorientierung[34] der Ausstellungen ein. Für die Berliner Kunstausstellungen ist belegt, dass Fontane sie mehrmals besucht und Werkverzeichnisse nutzt, um sich einen Überblick zu verschaffen.[35]

Die Kataloge zu den biennalen Berliner Kunstausstellungen geben einen Eindruck von der Überfülle an Kunstwerken; für die Ausstellung von 1860 sind insgesamt 1569 Nummern verzeichnet; neben Gemälden und Zeichnungen finden sich Münzen, Glasschneidekunst, Architektur, Kupfer- und Stahlstiche, Holzschnitte, Lithografien sowie Farbendrucke. Der Bereich der Gemälde und Zeichnungen ist stets am umfangreichsten, was einer der Gründe dafür sein könnte, dass sich Fontanes Berichterstattung größtenteils auf diese Kategorie bezieht. Die Ausführungen in den Ausstellungskatalogen beschränken sich jedoch weitgehend auf ein basales Verzeichnis der Kunstwerke, es sind keinerlei weiterführende Erläuterungen zu den einzelnen Werken abgedruckt. Als Ausnahme sind einige Bilder zu nennen, unter anderem Darstellungen historischer Ereignisse, die jeweils mit Erläuterungen versehen sind.[36] Fontane äussert sich zu diesen Texten jedoch oftmals kritisch.[37] Die rudimentären Verzeichnisse verdeutlichen, dass er Anhaltspunkte für eine Wertung der jeweiligen Kunstwerke allenfalls in Artikeln anderer Kunstschriftsteller, aber nicht in den Katalogen findet, was die Eigenständigkeit seines Urteils bekräftigt.

---

32 Z. B. im Artikel zur Berliner Kunstausstellung von 1866: »Die Zeitverhältnisse haben Österreich und Süddeutschland (wenige Nummern abgerechnet) an einer diesmaligen Beschickung gehindert« (ders., *Berliner Kunstausstellung [1866]*, NFA XXIII/1, S. 345).

33 Vgl. z. B. »[…] tagaus tagein, zwischen 12 und 3, drängt und wogt es in den drei Ausstellungssälen vom letzten Jahre, als gäb' es keine Konkurrenz oder als läge Manchester bei den Antipoden« (ders., *Die Londoner Kunst-Ausstellung*, NFA XXIII/1, S. 29).

34 Ders., *Der Verein der Künstlerinnen und Kunstfreundinnen*. In: *NPZ* 272 (23.11.1867), wiederabgedr. in: Bernhard Zand (Hrsg.), *Journalistische Gefälligkeiten. Sieben unbekannte Artikel aus Fontanes ›Kreuzzeitungs‹-Jahren*. In: *Fontane Blätter* 55 (1993), S. 16.

35 Vgl. Claude Keisch, *Aus der Werkstatt des Kunstkritikers. Fontanes Notizen aus Berliner Kunstausstellungen*. In: Keisch, Schuster et al. (Hrsg.), *Fontane und die bildende Kunst*, S. 279–291.

36 Äußerst umfangreiche Beschreibungen werden beispielsweise zu Gustav Königs *Davids Leben in 12 Blättern* geliefert (vgl. *Verzeichniß der Werke lebender Künstler, welche für die Kunstausstellung in den Sälen des Königl. Akademie-Gebäudes zu Berlin 1860 angemeldet worden* [Katalog der Ausstellung: XLII. Kunstausstellung der Königlichen Akademie der Künste, Berlin, 01.09.–31.10.1860], Berlin 1860, S. 131–140).

37 Vgl. z. B. Fontane, *Die Berliner Kunstausstellung [1860]*, HFA III/5, S. 460f.

Um mit der Fülle von Ausstellungsgegenständen zurechtzukommen, hält Fontane seine Eindrücke in Notizbüchern fest. Das Notizbuch B 9 weist unter anderem eine Kategorisierung der Kunstwerke nach dem Kriterium ihrer Grösse auf.[38] Die Notizbücher E 2 und E 3 enthalten hingegen ausführlichere Texte zu einzelnen Werken. Claude Keisch hat für den Aufsatz *Aus der Werkstatt des Kunstkritikers. Fontanes Notizen aus Berliner Kunstausstellungen* die Notizbücher E 2 und E 3 ediert.[39] Es handelt sich dabei um Taschenbücher im Klein-Oktavformat, die mit Bleistift beschrieben wurden. Die Schrift ist groß und fahrig, was Keisch als Hinweis auf »unbequemes Schreiben an Ort und Stelle; im Stehen, mitten in der Menge – oder auf einem der wackeligen Rohrstühle«,[40] die man dort aufgestellt habe, interpretiert.

Zum Vorgehen Fontanes kann festgehalten werden, dass er primär Namen, Titel und Gedächtnisstützen erstellt. Als Grundlage dafür dient ihm der Ausstellungskatalog, was daran erkennbar ist, dass einzelne Bilder mit der entsprechenden Katalognummer festgehalten sind.[41] Detailliertere Vermerke beinhalten konkrete Bildgegenstände wie Kleidungsstücke, Verhaltensweisen von Figuren, Farben oder Lichtverhältnisse, oftmals finden sich auch wertende Kommentare. Einzelne Stellen umfassen eine Aneinanderreihung von Stichworten,[42] während in anderen Abschnitten ausformulierte Sätze zu finden sind, woraus Keisch schließt, dass sich Fontane in den Notizen bereits der Druckfassung annähert. Dies wird besonders dann deutlich, »wenn er sich im Öffentlichkeitston der ersten Person pluralis ins Spiel bringt«[43]. Einen Beleg für die Bedeutung der Notizbücher liefert ein Zitat aus *Die diesjährige Kunstausstellung 1862*: »Seit unserem letzten Bericht […] haben sich die Säle der Akademie geschlossen, und die Ausstellung von 1862 liegt als historisches Ereignis hinter uns«[44] – trotzdem folgen zwei weitere ausführliche Berichte Fontanes über die Ausstellung, für die er sich demnach der Notate bedient.[45] Allerdings verwendet er bei Weitem nicht alle Notizen für die spätere Druck-

38 »Größte Bilder«, »Mittelgroße Bilder« (ders., Notizbuch B 9, Blatt 61 verso).

39 Vgl. Keisch, *Aus der Werkstatt des Kunstkritikers*, S. 279–291.

40 Max Schasler, *Die akademische Ausstellung in Berlin*. In: *Die Dioskuren* 9 (1864), S. 334.

41 Z. B. »281 ist nichts. ordinair« (Fontane, Notizbuch E 2, Blatt 14 recto; abgedr. in: Keisch, *Aus der Werkstatt des Kunstkritikers*, S. 285).

42 Vgl. z. B. »Rothseiden Tricot Rothe Atlas-Beinkleid« (ders., Notizbuch E 2, abgedr. in: Keisch, *Aus der Werkstatt des Kunstkritikers*, S. 284) sowie »v. Mellenthien / 2 Bilder. Engel / und Tobias = Mutter / lächerlich« (ebd.).

43 Ebd., S. 281.

44 Fontane, *Die diesjährige Kunstausstellung [1862]*, NFA XXIII/1, S. 223.

45 »Wir lassen indes diesen Zwischenfall, dies *untoward event*, wie wir es nennen möchten, auf die Art unserer Darstellung keinen Einfluß gewinnen und unter Verschmä-

fassung; insbesondere Künstler, zu denen im Notizbuch lediglich der Name vermerkt ist, sind in den publizierten Texten nicht mehr berücksichtigt.

Hinsichtlich der Frage nach dem Einfluss der jeweiligen Redaktion finden sich im kurzen Text zur Ausstellung von 1872 in der *Vossischen Zeitung* Angaben dazu, wie Fontanes Auftrag lautet:

> Nur summarisch verfahren, nur rubrizieren und den Katalog als Grundlage nehmen, nur *so* viel war uns gestattet, *nicht* Urteile fällen, die den »Mann der Zukunft«, den Erwarteten, vor dem, mit Platen zu sprechen, »unser Gesang herumwandelt« – bloß zu vinkulieren oder in Unheil und Verlegenheit zu stürzen vermögen.[46]

Der Ausdruck »Mann der Zukunft« spielt auf Ludwig Pietsch an, den Kunstkritiker der *Vossischen Zeitung*, für den Fontane stellvertretend den entsprechenden Artikel verfasst. Seine Berichterstattung folgt allerdings keinem festen Schema, wie das Zitat suggerieren könnte. Allen Ausstellungsberichten zu den biennalen Berliner Akademie-Ausstellungen ist jedoch gemein, dass zu Beginn jeweils ein einführender Abschnitt oder der ganze erste Bericht allgemeinen Bemerkungen zur Ausstellung gewidmet ist.[47] Die Ausstellungsberichte von 1872 und 1874 bilden insofern eine Ausnahme, als Fontane dort, wie das obenstehende Zitat offenlegt, die Aufgabe hat, einleitende Artikel zu schreiben, und Ludwig Pietsch anschliessend die ausführlichere Besprechung einzelner Werke übernimmt. Daher unterscheiden sich die Berichte von 1872 und 1874 auch hinsichtlich des Umfangs maßgeblich von den früheren breit angelegten Texten. Während konservativ gesinnte Kunstkritiker, wie beispielsweise Max Schasler, ihre Artikelfolgen nach der Gattungshierarchie gliedern,[48] ist dies für Fontane nur teilweise ein Kriterium.[49] Das seit Alberti bestehende Primat der Historienmalerei wird bereits seit Längerem infrage gestellt, traditi-

---

hung des historischen Stils fahren wir fort, von der Ausstellung als von etwas Gegenwärtigem zu sprechen« (ebd.).

46 Ebd., S. 398.

47 Dies wird auch von anderen Rezensenten so gehandhabt. Vgl. z. B. Schasler, *Die akademische Ausstellung in Berlin*. In: *Die Dioskuren* 9 (1864), S. 334. Adolf Rosenberg geht selbst 1889 in seiner Publikation zur Düsseldorfer Malerschule noch nach diesem Schema vor: »Wir werden [...] in der folgenden Uebersicht die hervorragendsten Künstler [...] nach den einzelnen Fächern der Malerei gruppieren, die immer noch ihre Geltung haben« (Adolf Rosenberg, *Aus der Düsseldorfer Malerschule*, Leipzig 1889, S. 3).

48 Schasler, *Die akademische Ausstellung in Berlin*. In: *Die Dioskuren* 9 (1864), S. 340ff.

49 Die Kataloge sind alphabethisch geordnet, worüber sich Fontane allerdings mokiert und selbst nicht danach vorgeht: »Wir hatten das Heilige der Tradition über die Rangordnung des Alphabets gesetzt, um so mehr, als auch *diese* Rangordnung, wie jede andere, ihre fraglichen Seiten hat. Victoria Aberg schreibt sich nämlich mit einem schwe-

onell gesinnte Kunstkritiker ebenso wie Kunsthistoriker halten jedoch weiterhin daran fest.[50] Fontane führt im Bericht zur Kunstausstellung von 1866 die ausgestellten Kunstwerke schließlich Saal für Saal auf:

> Nach einigen einleitenden Worten, die dem Gesamteindruck der diesjährigen Ausstellung galten, schreiten wir heute zur Besprechung einzelner Bilder, dabei uns ausschließlich auf diejenigen beschränkend, die uns entweder voll befriedigten oder aber allgemeinere Fragen in uns anregten. Wir leisten dabei auf jede Gruppeneinteilung wie Historie, Genre, Landschaft Verzicht, und einfach von Raum zu Raum schreitend, beginnen wir mit dem ersten Saal.[51]

Gemäss Claude Keisch ist Fontane dieses Verfahren, dem Leser über jeden Schritt durch den Raum zu berichten, bereits aus den *Wanderungen* vertraut.[52] Fontane ruft dem Rezipienten seine Vorgehensweise zu Beginn eines neuen Berichtes wieder in Erinnerung. So heißt es beispielsweise eingangs des vierten Artikels: »Wir treten nun vom Oberlichtsaale aus in den großen Seitenflügel ein«[53].

Neben den voranstehend angesprochenen Themen sowie Reflexionen zu kunsthistorischen Debatten wie der Gattungshierarchie stellt Fontane in einem Ausstellungsbericht aus London zudem unter Beweis, dass er die Entwicklungen des Kunstmarkts aufmerksam verfolgt. So bemängelt er, dass ökonomische Aspekte die Malerei stark beeinflussten, und stellt dabei einen Zusammenhang zwischen den Gattungen und dem Kunstmarkt her.[54] Er warnt davor, dass Kunstausstellungen infolge finanzieller Voraussetzungen »zu bloßen Portrait-Galerien«[55] zu werden drohten. Zur Illustration dieses Umstands flicht er als

---

dischen Ao, dessen Vorrang vor dem Ach unseres Achenbach mindestens zweifelhaft bleibt« (Fontane, *Die diesjährige Kunstausstellung [1872]*, NFA XXIII/1, S. 397).

50 Vgl. Dresdner, *Die Entstehung der Kunstkritik*, S. 131, 191f.

51 Fontane, *Berliner Kunstausstellung [1866]*, NFA XXIII/1, S. 348. Im weiteren Verlauf des Artikels fährt Fontane fort, auf die Art und Weise zu beschreiben, als würde er mit dem Ausstellungsbesucher durch die Räume schreiten: »Wir treten nun in den *Oberlichtsaal* ein« (ebd., S. 360). Vgl. auch ebd., S. 380.

52 Vgl. Keisch, *Aus der Werkstatt des Kunstkritikers*, S. 280. Fontanes *Wanderungen* erscheinen zwischen 1862 und 1889.

53 Fontane, *Berliner Kunstausstellung [1866]*, NFA XXIII/1, S. 369.

54 Zu Beginn des Artikels geht Fontane zudem auf die Masse an Exponaten ein: Die besprochene Ausstellung präsentiere in drei kleinen Zimmern die neueste englische Kunst, wobei »*ein* Zimmer statt drei immer noch ausreichend für das vorhandene Gute gewesen wäre« (ders., *Die Kunst-Ausstellung*, HFA III/3/1, S. 64). Fontane kritisiert, dass Quantität vor Qualität gestellt werde; denselben Aspekt macht er im Artikel zur Manufaktur in der Kunst geltend (vgl. ders., *Ein Sommer in London. Die Manufaktur in der Kunst*, HFA III/3/1, S. 50–52).

55 Ders., *Die Kunst-Ausstellung*, HFA III/3/1, S. 64.

Literaturzitat den Ausspruch »Die Kunst geht nach Brot«[56] des Malers Conti aus Gotthold Ephraim Lessings *Emilia Galotti* ein. Als weitere Gattung führt Fontane das Genre, das besonders durch das Zusammenspiel von Angebot und Nachfrage geprägt sei, an: »Alles flüchtet in das Klein- und Familienleben, weil das Große und Allgemeine ihn verhungern lässt.«[57] Bemerkenswert ist, dass Fontane aus der Perspektive der Künstler und nicht der Käufer argumentiert, was nahelegt, dass er sich stärker mit ersteren identifiziert. Am Bericht lässt sich außerdem die typische Vorgehensweise Fontanes aufzeigen, aus den vorgefundenen Exponaten allgemeine Grundsätze abzuleiten, die er an Einzelobjekten plausibilisiert oder mittels einer Anekdote veranschaulicht. So behauptet er im zitierten Bericht, dass England im Vergleich die schöneren Originale vorzuweisen habe und illustriert dies anhand der Geschichte eines Mannes, der vor Gram gestorben sei, weil er sich in eine porträtierte Dame verliebt habe, die bereits das Zeitliche gesegnet hatte.[58]

Dem letzten Bericht der Artikelfolge zur Kunstausstellung von 1864 stellt Fontane eine Einleitung voran, welche die Zielsetzung seiner Ausstellungskritiken verdeutlicht:

> Wir haben uns bis zuletzt eine Anzahl von Bildern aufgespart, in betreff deren wir »allerlei Fragen« zu stellen haben; Fragen, deren Beantwortung wir in der Mehrzahl von Fällen versuchen, in einzelnen aber vermeiden werden, weil uns – die Begrenztheit eigener Kräfte sehr wohl fühlend – mehr daran liegt, Denkenden eine *Anregung* als Nichtdenkenden eine bequeme Sentenz an die Hand zu geben.[59]

Demzufolge ist Fontane bestrebt, nach der ausführlichen Besprechung einzelner Bilder, wie dies in den voranstehenden Kapiteln geschehen ist, übergreifende Fragen zu stellen, wobei sogleich als Einschub die Betonung folgt, dass die eigenen Kräfte begrenzt seien, um keine hohen Erwartungen zu erwecken. Ziel dieser abschließenden Fragen sei es vielmehr, »Denkenden eine *Anregung*« zu geben, womit Fontane im Gestus der Autorschaftsinszenierung kenntlich macht, durchaus den Anspruch zu haben, übergreifende Darstellungsfragen erkannt zu haben. Wie er es im oben zitierten Abschnitt positiv wertet, dass ihn Bilder zu Fragen anregen, so bezweckt er mit seinen Texten dasselbe. Statt »Nichtdenkenden eine bequeme Sentenz an die Hand zu geben«, beabsichtigt

56 Ebd.

57 Ebd., S. 64f.

58 Vgl. ders., *Die Kunst-Ausstellung*, HFA III/3/1, S. 65.

59 Ders., *Berliner Kunstausstellung [1864]*, NFA XXIII/1, S. 305f. Eine ähnliche Aussage findet sich bereits im Bericht zur Kunstausstellung von 1860: »Es [das große Publikum, CA] läßt andere denken und plappert nach mit der Miene des Eingeweihtseins« (ders., *Die Berliner Kunstausstellung [1860]*, HFA III/5, S. 460).

er, den Leser zum eigenständigen Denken zu animieren. Inwiefern die Zeitungsartikel die Rezipienten aber tatsächlich durch die Ausstellung begleitet haben, wie es Fontanes Artikelfolgen ab 1866 suggerieren,[60] kann aufgrund dieses einzelnen Textbelegs nicht beantwortet werden.[61] Die Ausstellungsberichte zeigen jedoch sowohl in einzelnen Formulierungen als auch den eingeflochtenen Anekdoten und Anweisungen eine deutliche Publikumsorientierung, wie es Zielsetzung der Ausstellungen selbst ist.

Eine Kunstausstellung in Gent (PAZ 1852), Die Kunstausstellung (PAZ 1852), Die Kunstausstellung [London] (VZ 1856), Die Verlegung der Royal Academy (DKB 1856), Zur Kunstausstellung in Manchester (DKB 1857), Die Londoner Kunst-Ausstellung (NPZ 1857), Das kunstvolle Manchester und die Abschlagszahlung Horace Vernets (NPZ 1857), Aus Manchester (Die Zeit 1857), Zwei Gemälde über den Sündenfall (NPZ 1857), Zwanzig Turner'sche Landschaften in Marlborough House (DKB 1857), Die Berliner Kunstausstellung (Vaterland 1860), Die diesjährige Kunst-Ausstellung (APZ 1862), Bilder-Altäre (NPZ 1863), Die Menzelsche Ausstellung in der Kunst-Akademie (NPZ 1863), Die Ausstellung zur Erinnerung an Friedrich den Großen (NPZ 1863), Im Locale des Kunstvereins. Spangenberg: ›Jungfrauen von Köln.‹ – A. v. Heyden: ›Heilige Barbara.‹ (NPZ 1864), Berliner Kunstausstellung (NPZ 1864), Eduard Hildebrandt (NPZ 1864), In Sachses Salon (NPZ 1864), Sachses permanente Gemälde Ausstellung (NPZ 1865), In Sachses Salon (NPZ 1865), In Sachses Salon (NPZ 1865), Aiwasowsky (NPZ 1865), Drei Bilder von Knaus (NPZ 1865), Camphausens ›Erstürmung von Schanze II‹ (NPZ 1865), Historische Bilder (NPZ 1865), Das Krönungsbild (NPZ 1866), A. v. Heyden: ›Vor dem Reichstage‹ (NPZ 1866), Zwei Hildebrandts im Locale des Kunstvereins (NPZ 1866), Vier Porträts bei Sachse (NPZ 1866), Die Kunst-Ausstellung (NPZ 1866), Die diesjährige Kunstausstellung (NPZ 1866), In Sachses Salon (NPZ 1867), Aus dem Sachseschen Salon (NPZ 1867), Die Kunstausstellung der Königl. Akademie [Verf. unges.] (NPZ 1868), Hildebrandt-Ausstellung (NPZ 1869), Die Ausstellung von Aquarellen. Im Königlichen Schloss, zum Besten der Königin Elisabeth-Vereins-Stiftung (NPZ 1869), Die Ausstellung des Vereins der Künstlerinnen im Raczinskyschen Palais (NPZ 1869), Die diesjährige Kunstausstellung (VZ 1872), Kunstausstellung (VZ 1874), L. Pietsch's Handzeichnungen im Lokal des Berliner Künstlervereins (VZ 1875), Zwei Bilder in der Commandantenstrasse (GW 1876), Ein neues Bild Carl Gussows (GW 1877), Fünfte Ausstellung der National-Gallerie. I.-II. (VZ 1878)

---

60 Vgl. z. B. ders., *Berliner Kunstausstellung [1866]*, NFA XXIII/1, S. 348, 360.

61 Bekannt ist allerdings eine spöttische Zeichnung auf einer Festkarte von Adolph Menzel für Ludwig Pietsch aus dem Jahre 1889. Die Karte ist anlässlich von Pietschs 25-jähriger Mitarbeiterschaft bei der *Vossischen Zeitung* entstanden. In ironischem Tonfall kommentiert Menzel das Dargestellte wie folgt: »Sie zeigt die Verkörperung der ›Tante Voss‹ in der Gestalt einer… Jubelbraut, die am Arm des Berliner Bären eine Kunstausstellung durchwandert. Statt die Gemälde selbst… zu betrachten, vertieft sich der Bär, die Verkörperung von ›Ganz Berlin‹, in die Lektüre des Ausstellungsberichtes von L. P. in der ›Vossischen Zeitung‹, die er in seiner Pranke hält« (zitiert nach: Manuela Lintl, *Ludwig Pietsch und Adolph Menzel*. In: *Jahrbuch der Berliner Museen* 41 (1999), Beiheft, S. 282, Abb. 6: Festkarte von Adolph Menzel für Ludwig Pietsch, Bleistift auf Papier, 1889, Sotheby's).

1.2 Museumsbeschreibungen

Fontanes Museumsbeschreibungen weisen insofern Parallelen zu den Ausstellungsberichten auf, als sie Reflexionen darüber enthalten, wie Kunstwerke einem Publikum angemessen präsentiert werden können und sollen. Museumsbeschreibungen sind allerdings keine Rubrik in der Tagespresse, sodass sich lediglich wenige Aussagen Fontanes dazu finden, obgleich er insbesondere auf Reisen zahlreiche Museen besucht.[62] Auffällig an seinen Museumsbeschreibungen ist, dass die Merkmale von Museen als Institution oder Ort des Erinnerns nicht im Zentrum stehen. Ebenso nimmt Fontane lediglich am Rande Stellung zu Museumskonzeptionen, wie sie damals in Bezug auf das Neue Museum in Berlin aktuell sind. Fontanes ausbleibende Kommentare hierzu sowie zum Erinnerungskult können als symptomatisch für seine Abneigung gegen die große Historie und die stattdessen erfolgende Hinwendung zum »Raritätenkram«[63] gewertet werden. Beispiele, die dies auf die Spitze treiben, sind Dubslav von Stechlins Museum in *Der Stechlin* sowie die im weiteren Lauftext zitierte Bemerkung Fontanes zum *Sir John Soane Museum*. Die ausführlichste Auseinandersetzung mit Museen betrifft das Thorwaldsen-Museum sowie das Museum der nordischen Altertümer, über die er im Reisebericht aus Kopenhagen schreibt.[64] Unter anderem nimmt Fontane darin Stellung zur Ausgestaltung von Museumsräumen: Er wendet sich gegen zu starken Schmuck der Räumlichkeiten, um zu verhindern, dass diese mit den Ausstellungsobjekten wettstreiten. Als Negativbeispiel dient ihm das Neue Museum in Berlin, bei dem man der »Putzsucht«[65] verfallen sei. Auch beim Thorwaldsen-Museum erklärt er – in Form eines fiktiven Zitats des Baumeisters,[66] dass die Fresken, die den Museumsbau zieren, nicht mit den Exponaten in Konkurrenz treten sollten. Dasselbe Argument dient ihm als Erklärung für das schlicht gehaltene Grab

---

62 Vgl. z. B. den Tagebucheintrag vom 24.06.1856 zum Besuch des *Sir John Soane Museum* (vgl. Theodor Fontane, Tagebucheintrag vom 24.06.1856, GBA XI/1, S. 132f.) oder den Zeitungsartikel *Zwanzig Turner'sche Landschaften in Marlborough-House* (vgl. Fontane, *Zwanzig Turner'sche Landschaften in Marlborough-House*, NFA XXIII/1, S. 25–29).

63 Ders., Tagebucheintrag vom 24.06.1856, GBA XI/1, S. 132.

64 Fontane behauptet zu Beginn des Abschnittes zum Thorwaldsen-Museum – in Form eines wohl fiktiven Zitats, dass ihm ein Freund den Besuch desselben sowie des Museums der nordischen Altertümer empfohlen habe (vgl. ders., *Kopenhagen. II. Das Thorwaldsen-Museum*, HFA III/3/1, S. 686; vgl. Kapitel III.4.2).

65 Ders., *Kopenhagen. III. Das Museum der nordischen Altertümer*, HFA III/3/1, S. 691. Eine ausführlichere Stellungnahme Fontanes zu Wilhelm von Kaulbachs Fresken im Neuen Museum Berlin fehlt jedoch.

66 Vgl. ders., *Kopenhagen. II. Das Thorwaldsen-Museum*, HFA III/3/1, S. 687.

Thorwaldsens im Innenhof des Museums. Dieses deute, »mehr noch als jene einfachen Wandmalereien, ganz bestimmt darauf hin, daß man in allem und jedem gewillt war, die eigene kleine Kunst nicht neben die große des Meisters zu stellen«.[67] Fontane reflektiert außerdem über das Besucherverhalten, wobei er vermerkt, dass er für die Besichtigung des Thorwaldsen-Museums nur über wenig Zeit verfügt habe, was er jedoch als Vorzug erachtet: »Dieses flüchtige Sehen hat mir einen Eindruck geschaffen, den mir ein *Studium* nicht hätte geben können. Meine Kenntnis wäre gewachsen, die Wirkung auf mein Gemüt aber, die einem völligen Rausche glich, würde bei häufigerem Sehen sich allgemach vermindert haben.«[68] Fontane kehrt folglich die Problematik der Zeitknappheit, die keine fundierte Auseinandersetzung mit den Kunstwerken im Sinne eines »Studiums« zulässt, ins Positive.[69] Eine an wissenschaftlichen Kriterien orientierte Betrachtungsweise ließe gemäß seiner Behauptung keinen »völligen Rausch« zu. Mit dieser Aussage greift er die unterschiedlichen Gewichtungen von Wissensvermehrung und subjektivem Kunstgenuss auf, zwischen denen er in seinen Kunstkritiken operiert.

Auf die verschiedenen Ausrichtungen von Museen geht Fontane zudem im Abschnitt zum Museum der nordischen Altertümer ein, in dem er Museen nach ihren unterschiedlichen Zwecken ausdifferenziert.[70] Er vermerkt, dass das Thorwaldsen-Museum der Kunst, das Museum der nordischen Altertümer hingegen der Wissenschaft diene.[71] Dieses Argument stützt er durch sein Vorgehen ab, im Folgenden ausführlich darauf einzugehen, dass die Ordnung der Exponate dem System der drei Zeitalter folge. Die Auseinandersetzung

67 Ebd.

68 Ebd.

69 Eine weitere Bemerkung zum Verhalten des Publikums findet sich in der Schilderung der Gemäldeausstellung im Christiansburger Schloss. Fontane schreibt dort, dass die Schlachtstücke im Katalog nicht nur mit Titulierung versehen, sondern am ausführlichsten beschrieben würden: »Ganz im Einklang damit ist die Haltung des Publikums. Alles strömt diesen Bildern zu und verweilt vor denselben, am liebsten vor solchen, ›wo sich die Preußen zurückziehen‹« (ders., *Kopenhagen. V. Die dänische Malerschule*, HFA III/3/1, S. 707, FN).

70 Weitere Präzisierungen nimmt er an einzelnen Ausstellungsstücken vor, indem er zwischen deren »kulturhistorischer Bedeutung« (ders., *Das Museum der nordischen Altertümer*, HFA III/3/1, S. 694) sowie »archäologische[m] Wert« (ebd., S. 696) unterscheidet.

71 Als Argument für diese Unterscheidung dient ihm der Umstand, dass das Museum der nordischen Altertümer eine Sammlung von Unikaten sei, während er Thorwaldsens Gemälde eher für ersetzbar hält: »Ein Thorwaldsen war da, und ein Thorwaldsen wird wieder kommen« (ebd., S. 690). Fontane scheint sich allerdings bewusst zu sein, dass diese Begründung zu kurz greift, und relativiert sie anschließend ausführlich (vgl. ebd.).

mit dieser Klassifizierung fördert zu Tage, dass Fontane zeitgenössische wissenschaftliche Debatten aufmerksam verfolgt; er weist nämlich darauf hin, dass dieses System in Deutschland »mannigfach angezweifelt worden«[72] sei. Fontane schliesst sich dieser Kritik insofern an, als er bemängelt, dass die Termini Stein-, Bronze- und Eisenzeitalter nicht mit den zugehörigen Ausstellungsstücken in Übereinstimmung zu bringen seien.[73] Andere Bemerkungen deuten ebenfalls darauf hin, dass seine Betrachtungen durch diese und ähnliche Diskussionen geprägt sind. So bemängelt er das Fehlen von Datierungen sowie Provenienzen und betont außerdem die Bedeutung der Kontexte, in welche die Objekte einzuordnen sind.[74] In detaillierteren Ausführungen zum Dagmarkreuz geht Fontane indes selbst in Analogie zu einer kunstwissenschaftlichen Gegenstandssicherung vor, indem er eine Beschreibung, Ausführungen zur Provenienz, Form, Symbolik, Materialität und Datierung vornimmt.[75]

Ein weiterer Text mit aufschlussreichen Anmerkungen zu Eigenschaften von Museen ist der Zeitungsartikel zur Kunstausstellung in Gent. Fontane beginnt den Artikel mit einer Retrospektive auf seinen Besuch im Antwerpener Kunstmuseum, um anschließend über die Kunstausstellung in Gent zu berichten, von der er sich begeistert zeigt:

> Sei's, daß hier kein Wettstreit mit dem gefährlichen Nachbar »Rubens« zu bestehen war, sei's, daß mir das Wort »Kunstausstellung« unbewußt einen andern Maßstab in die Hand gab als das schwererwiegende »Museum«, sei's, daß ich von ungefähr unsrer »Todtenkammern« daheim gedachte und guten Grund zur Milde fand, oder endlich – war es nicht relativer, sondern absoluter Wert, was mich befriedigte, kurzum ich war's.[76]

Fontane empfindet den Besuch des Antwerpener Museums aus verschiedenen Gründen als »niederdrückend«[77]: Einerseits beanstandet er die Hängung im Museum dahingehend, dass neben dem Genie Rubens Bilder neueren Datums von Ignaz von Brée und Ferdinand de Braeckeleer verblassen würden. Andererseits dient ihm der Vergleich des Museums mit der Kunstausstellung dazu, die kanonisierte Kunst der zeitgenössischen gegenüberzustellen, um damit die Vorzüge der letzteren, die seine Stimmung wieder aufmuntert, herausarbeiten zu können. Er weist darauf hin, dass für die verschiedenen Epochen unterschiedliche Maßstäbe gelten würden, wobei er das Museum mit der etablierten Kunst als »schwererwiegend« klassifiziert. Die Auseinandersetzung mit der

72 Ders., *Das Museum der nordischen Altertümer*, HFA III/3/1, S. 691.
73 Vgl. ebd., S. 692f.
74 Vgl. ebd.
75 Vgl. ders., *Das Dagmarkreuz*, HFA III/3/1, S. 699f.
76 Ders., *Eine Kunstausstellung in Gent*, NFA XXIII/1, S. 10.
77 Ebd., S. 9.

zeitgenössischen Kunst ermöglicht folglich einen ungezwungeneren Umgang, wobei die anekdotische und erzählerische Form von Fontanes Ausstellungsberichten als Umsetzung dieser Überzeugung gelesen werden kann. Darüber hinaus konstatiert Fontane, dass die Ausstellungsräumlichkeiten entscheidenden Einfluss darauf hätten, wie Kunst wahrgenommen werde. Die »Todtenkammern« erachtet er daher nicht als der wohlgesinnten Kunstbetrachtung zuträglich.

Eine – wenn auch nur kurze – Museumsbeschreibung findet sich überdies in einem Tagebucheintrag Fontanes zum Besuch im *Sir John Soane-Museum* in London:

> Mit James Morris in's Soane-Museum. Viel Quackelei, überflüssiger Raritätenkram und jene Absichtlichkeit die verstimmt; nichtsdestoweniger *sehr* interessant. Es ist kaum alles aufzuzählen, was mit Recht die Aufmerksamkeit in Anspruch nimmt. An der Spitze 12 Bilder von Hogarth (4 »the Election« und 8 the Progress of the Rake) zwei wunderschöne Canaletto's, ein berühmter Reynolds (Sir Joshua)* (the snake in the grass) ein riesiger aegyptischer Alabaster-Sarg, kostbare handschriftliche Bücher mit Titelbildern von der Hand großer Meister, mächtige Entwürfe Sir John Soane's** selbst etc. [...] [*Am Rand*:] Besonders interessirte mich noch ein *Steigbügel*, gefunden auf dem Schlachtfeld an der Boyne und eine große aus Trommel, Fahnen, Schwertern etc. bestehende Tuchnadel Karl's I, die nach der Schlacht von Naseby unter der Beute gefunden wurde.[78]

Fontane äußert sich zwar abschätzig darüber, dass das Museum keine ersichtliche Sammlungsstrategie erkennen lasse und »überflüssigen Raritätenkram« beherberge, erachtet aber gerade dies als »*sehr* interessant«. Neben den Gemälden leiht er besonders Gegenständen von Schlachtfeldern besondere Aufmerksamkeit, spezifisch einem Steigbügel, der ohne seine Musealisierung sowie ohne die Verbindung zu einem historischen Ereignis wohl kaum je Beachtung gefunden hätte. Signifikant, dass sich Fontane ausgerechnet für einen Steigbügel und eine Tuchnadel interessiert und damit für kleine Details innerhalb des großen historischen Geschehnisses.

Eine Kunstausstellung in Gent (PA 1852), Das Thorwaldsen-Museum [Reisebericht Kopenhagen] (MB 1865), Das Museum der nordischen Alterthümer [Reisebericht Kopenhagen] (MB 1865)

78 Ders., Tagebucheintrag vom 24.06.1856, GBA XI/1, S. 132f. Zu Fontanes Begeisterung für die Gemälde Hogarths vgl. Kapitel III.2.

1.3 Künstlerbiografien

Denselben Gestus der Aufwertung des Details praktiziert Fontane in seinen Künstlerviten, mit denen er am Biografienkult des 19. Jahrhunderts partizipiert. Hierbei interessiert er sich nicht für die Helden, sondern seine Texte sind statt auf Heroisierung auf die Charakteristika vermeintlich unbedeutender Persönlichkeiten ausgerichtet. Dasselbe trifft auch auf seine Kunstvorlieben zu, wie er an Martha in Bezug auf die Werke von Wilhelm Gentz schreibt: »Die großen, mehr oder weniger berühmt gewordenen Sachen interessieren mich verhältnismäßig wenig, desto mehr das spezifisch Gentzische«.[79] Als Beispiel hierfür dient Fontane Gentz' Darstellung einer Gasse in Algier mit Katzen, die er als Szene einschätzt, an der ein »gewöhnlicher Mensch«[80] vorbeigehen würde, Gentz aber male sie. Fontanes Auswahl veranschaulicht seine Vorliebe für das Nebensächliche, in dessen Selektion er das Charakteristische einer Persönlichkeit ausmacht. Dies kommt in sämtlichen Biografien zum Tragen, die Fontane in großer Anzahl für das 1862 – zeitgleich mit dem Beginn der *Wanderungen* – erscheinende Werk *Männer der Zeit. Biographisches Lexikon der Gegenwart* verfasst. Auf Veranlassung Wilhelm Wolfsohns steuert er für diese Publikation literarische Porträts von zwanzig deutschen und englischen Künstlern bei.[81] Des Weiteren schreibt Fontane eine Biografie über Ludwig

79 Theodor Fontane an Martha Fontane, 08.05.1889, abgedr. in: Regina Dieterle (Hrsg.), *Theodor Fontane und Martha Fontane. Ein Familienbriefnetz*, Berlin 2002 (= Schriften der Theodor Fontane Gesellschaft, Bd. 4), S. 340.

80 Ebd.

81 Vgl. Theodor Fontane, *Kurzbiographien. Aufsätze und Aufzeichnungen über bildende Künstler. 1862–1895*, NFA XXIII/1, S. 429–519. Für das Lexikon *Männer der Zeit* schreibt Fontane Porträts von Adolf Menzel, Daniel Maclise, Edward Matthew Ward, Hermann Stilke, Alexander von Minutoli, Sir Edwin Landseer, Sir Charles Eastlake, George Cruikshank, William Mulready, Thomas Webster, Ludwig Wichmann, Friedrich Wilhelm Wolff, Sir Charles Barry, Teutwart Schmitson, Hans Gude, Adolf Tidemand, Kaspar Scheuren, Theodor Hildebrandt, Andreas Achenbach, Oswald Achenbach, Wilhelm Camphausen, Gilbert Scott, Eduard Hildebrandt sowie David Roberts. Fontanes Briefwechsel mit Wilhelm Wolfsohn gibt indessen keinen Aufschluss darüber, wie es zur großen Anzahl Biografien englischer Künstler gekommen ist. Möglicherweise qualifiziert sich Fontane infolge seiner Aufenthalte in London und der Schriften über englische Kunst für diese Aufgabe (vgl. Christa Schultze (Hrsg.), *Theodor Fontanes Briefwechsel mit Wilhelm Wolfsohn*, Berlin/Weimar 1988, S. 158, 160–162). Hubertus Fischer vermutet, dass die Auswahl an Personen auf Fontanes Vorschlag hin entstanden sein dürfte (vgl. Hubertus Fischer, ›*Männer der Zeit*‹. *Fontanes biographische Artikel für Carl B. Lorck*. In: Roland Berbig (Hrsg.), *Fontane als Biograph*, Berlin/New York 2010, S. 189).

Burger[82] und Fragment gebliebene biografische Texte zu Karl Blechen sowie zu Ludwig Pietsch.[83] Die Biografien erscheinen sowohl in Zeitschriften als auch in den *Wanderungen*, da die Lebensbeschreibungen Wilhelm Gentz' und Karl Friedrich Schinkels im Rahmen derselben entstanden sind. Fontane hat indes nicht nur Biografien über Künstler geschrieben, sondern gerade im Rahmen der *Wanderungen* Lebensläufe zahlreicher weiterer Persönlichkeiten verfasst. Sein Hang zu Künstlerbiografien sowie zur Anekdote lassen sich in die Tradition dieser Gattung seit Giorgio Vasaris *Le vite de' più eccellenti architetti, pittori e scultori* einreihen.[84] Der Kult des Künstlers scheint ein »herausragendes und ganz eigentümliches Bedürfnis des 19. Jahrhunderts«[85] zu sein. Auch die in Fontanes Künstlerbiografien gehäuft vorkommenden Anekdoten weisen – nebst Fontanes eigener Vorliebe für Anekdoten – darauf hin, dass die Biografien in ihrem Schreibgestus auf eine breite Leserschaft ausgerichtet sind. Zugleich zeigt sich in Anekdoten das Individuelle, dessen Ausarbeitung ein Bestreben von Fontanes Geschichtsschreibung ist.[86]

Allerdings ist Fontanes Künstlerbiografien auch ein wissenschaftlicher Anspruch inhärent, insofern, als er beim Verfassen derselben um originale Schriften und Augenzeugenberichte bemüht ist.[87] Spezifisch für Fontanes Biografien resultiert daraus ein Zusammenspiel von erzählerischer Konstruktion und historischer Quellenforschung, zwei Komponenten, die für sämtliche von ihm

---

82 Fontane, *Ludwig Burger*, NFA XXIII/1, S. 508–516.

83 Ders., *Karl Blechen [Fragment, 1861–1882]*, NFA XXIII/1, S. 520–547; ders., *L. P.-Novelle*, NFA XXIV, S. 301–305.

84 Giorgio Vasari, *Le vite de' più eccellenti architetti, pittori e scultori italiani, da Cimabue, insino a'tempi nostri: descritte in lingua Toscana*, 2 Bde., Florenz 1550.

85 Hermann Mildenberger, *Bertel Thorvaldsen und der Kult um Künstler und Genie*. In: *Künstlerleben in Rom. Bertel Thorvaldsen (1770–1844). Der dänische Bildhauer und seine deutschen Freunde* [Katalog der gleichnamigen Ausstellung: Germanisches Nationalmuseum, Nürnberg, 01.12.1991–01.03.1992; Schleswig-Holsteinisches Landesmuseum Schloss Gottorf, Schleswig, 22.03.–21.06.1992], Nürnberg 1991, S. 189. Mildenberger vermutet einen Zusammenhang damit, dass Künstler von den im 19. Jahrhundert entstehenden Nationalstaaten in Beschlag genommen werden können (vgl. ebd.).

86 Vgl. Kapitel III.3.

87 Zeugenschaft ist indes nicht nur in Bezug auf Biografien von Bedeutung, sondern allgemein als Beglaubigungsstrategie, was Fontanes Artikel *Plan der Verlegung der Royal Academy nach Kensington* zeigt, in dem er über das Vorhaben berichtet, die *Royal Academy* nach Kensington-Gore zu übersiedeln. Fontane bezieht sich für seine Stellungnahme auf einen Artikel im *Globe* und beruft sich »auf einen vorurteilsfreien Zeugen« (Fontane, *Plan der Verlegung der Royal Academy nach Kensington*, NFA XXIII/2, S. 141).

verfassten Biografien zentral sind.[88] Zur geplanten Lebensbeschreibung von Wilhelm Gentz schreibt Fontane an Friedrich Stephany, den Chefredakteur der *Vossischen Zeitung*:

> W. Gentz ist gestorben. Könnten Sie sich entschließen, trotzdem L. P. bereits in 2 Spalten gesprochen hat, noch einen längeren Essay, fast eine richtige Biographie, über ihn zu bringen. Sonntagsblatt oder Hauptblatt ist mir schließlich gleichgültig, doch würde ich die eigentliche Zeitung vorziehn, weil es sonst ewig dauert (etwa 5 Sonntage) und dadurch prätensiös und pratschig wirkt. Hintereinanderweg gegeben, schluckt man's eher runter. [...] Was den Aufsatz selbst angeht, so ist er nicht blos sehr lang (gewiß 10 Spalten) sondern hat auch öde Stellen, trotzdem ist es was apart Gutes, was ich sagen darf, weil 3/4 – und zwar gerade das Gute – von Gentz selber herrührt; ich war nur metteur en page. Nach meiner Meinung müssen Biographien so sein, sachlich, unter Vermeidung aller Kunstschwögerei.[89]

Fontane hat demnach für seinen Artikel Gentz' Briefe als originale Quelle benutzt und erachtete dieses Vorgehen als besonderen Vorzug.[90] Darüber hinaus gibt der Brief Aufschluss über Fontanes Selbstverständnis als Biograf: Er sieht sich als »metteur en page«, also Layouter, der für den Druck vorbereitet und damit die formale Gestaltung übernimmt. Den Inhalt scheint er zu großen Teilen Gentz überlassen zu wollen. Zugleich ist Fontane aber der Veranlasser, der die Biografie als wichtig und erzählenswert erachtet und sie auf eine solche Art und Weise gestaltet, dass sie dies auch wird. Was er gegenüber dem Verleger als besonderen Vorzug heraushebt, sollte sich später noch akzentuieren: Fontanes Aufzeichnungen sind die einzigen erhaltenen zeitgenössischen Informationen über Gentz' Leben. Sämtliche weiteren Dokumente sind bei einem Hausbrand dem Feuer zum Opfer gefallen.[91] An Informationen für die Biografie zu Gentz gelangt Fontane durch Briefwechsel mit Wilhelm Gentz persönlich, aber auch mit dessen Söhnen. Fontanes Künstlerbiografien schwanken folglich zwischen

88 Vgl. Josefine Kitzbichler, ›*Die Macht des Stils*‹. *Beobachtungen zu Fontanes biographischen Lektüren*. In: Berbig (Hrsg.), *Fontane als Biograph*, S. 205.

89 Theodor Fontane an Friedrich Stephany, 31.08.1890, HFA IV/4, S. 59.

90 Nachdruck verleiht diesem Sachverhalt, dass Fontane in einem Brief an Martha noch einmal hervorhebt: »Heute habe ich meinen W. Gentz-Aufsatz angefangen – es ist fast nur ein Zusammensetzespiel aus Stücken, die ich *ihm* verdanke; grade dadurch wird er gut werden« (Theodor und Emilie Fontane an Martha Fontane, 08.06.1889, abgedr. in: Dieterle (Hrsg.), *Theodor Fontane und Martha Fontane*, S. 351). Ein weiteres Mal greift Fontane diesen Aspekt im Vorwort zur Volksausgabe der *Wanderungen* auf: »Das Kapitel ›Wilhelm Gentz‹, in dem ich zu meiner Freude viel Autobiographisches mitteilen oder doch benutzen konnte, ist neu« (Fontane, *Wanderungen. Vorwort zur Volksausgabe*, GBA V/1, S. 9).

91 Regelind Heimann, *Wilhelm Gentz (1822–1890). Ein Protagonist der deutschen Orientmalerei zwischen realistischer Anschauung und poesievoller Erzählkunst. Mit einem Verzeichnis der Ölgemälde, -skizzen und -studien*, Berlin 2011, S. 17.

dem Bestreben um höchstmögliche Authentizität und gleichzeitiger schriftstellerischer Bearbeitung. Je nach Biografie sind die erzählerischen Elemente mehr oder weniger stark ausgeprägt, das Bemühen um Glaubwürdigkeit ist aber allgemein bei sämtlichen Kunstkritiken auszumachen. So auch bei Fontanes Blechen-Projekt, im Rahmen dessen er Recherchen in Form veritabler Quellenforschung betreibt,[92] indem er Blechens Archivalien im Archiv der Akademie der Künste begutachtet, akribisch kopiert sowie Befragungen von Zeitgenossen vornimmt.[93] Das Blechen-Fragment erinnert in der Berücksichtigung biografischer Quellen, Briefe sowie dem Werkverzeichnis an Fontanes Gentz-Biografie. Fontanes fundierte Nachforschungen lassen sich damit erklären, dass Authentizität[94] als »die wichtigste Beglaubigungsform der Information«[95] fungiert. Wie Fontanes Künstlerbiografien zeigen, liegt sein Fokus jedoch nicht auf dem Inhalt als möglichst exakter Wiedergabe der jeweiligen Lebensgeschichte, sondern auf der thematischen Auswahl sowie der Art und Weise des Erzählens, was wiederum auf eine Poetik der Biografie verweist, die besonders auf quellenbasierte Aussagen sowie das Nacherzählen von Anekdoten ausgerichtet ist.

Tatsächlich ist es bei der Gentz-Biografie so, dass Fontane kurze Einleitungen schreibt, und darauf Zitate aus Gentz' Aufzeichnungen folgen lässt.

---

92 Kunstkritiker wie Charles Baudelaire, die Brüder Edmond oder Jules de Goncourt werten mit einem Anspruch auf Wissenschaftlichkeit für das Erstellen von Künstlerporträts Dokumente wie Briefe aus (vgl. Dagmar Danko, *Kunstsoziologie*, Bielefeld 2012, S. 19).

93 In der Folge wird Fontanes *Blechen-Fragment* selbst zur Quelle, da die authentische Überlieferungslage über Blechen äußerst mager ist. Fontanes Aufzeichnungen liefern daher mit Hinweisen zur Sammlungsgeschichte und verschiedenen Kopien nach Blechen wichtiges Material für die Blechen-Forschung (vgl. Heide Streiter-Buscher, *Die nichtvollendete Biographie. Theodor Fontanes ›Karl Blechen‹-Fragment*. In: Berbig (Hrsg.), *Fontane als Biograph*, S. 138). Die Edition der Notizbücher Fontanes hat neue Funde zutage gefördert, die über Fontanes Blechen-Projekt weiteren Aufschluss ermöglichen werden (vgl. Gabriele Radecke, *Materialautopsie. Überlegungen zu einer notwendigen Methode bei der Herstellung von digitalen Editionen am Beispiel der Genetisch-kritischen und kommentierten Hybrid-Edition von Theodor Fontanes Notizbüchern*. In: Heike Neuroth, Andrea Rapp et al. (Hrsg.), *TextGrid: Von der Community – für die Community. Eine Virtuelle Forschungsumgebung für die Geisteswissenschaften*, Glückstadt 2015, S. 39–56).

94 Schnaase hält im Vorwort der *Niederländischen Briefe* fest: »Diese Briefe sind das Resultat einer wirklichen, nicht fingirten Reise durch Holland und Belgien, und zwar in den Sommermonaten des Jahrs 1830 […]« (Karl Schnaase, *Niederländische Briefe. Vorrede*, Stuttgart/Tübingen 1834, S. III).

95 Manuela Günter, *Realismus in Medien. Zu Fontanes Frauenromanen*. In: Gretz (Hrsg.), *Medialer Realismus*, S. 184.

Darüber hinaus erstellt Fontane ein Verzeichnis der Hauptwerke Gentz' und druckt Briefe des Künstlers an dessen Frau ab.[96] Im letzten Kapitel, in dem es um Gentz als Erzähler geht, schreibt Fontane, dass es eine Qualität Gentz' sei, als Fazit auf einen langen Monolog seines Gesprächspartners »ein *figurenreiches* Bild einzuschieben. Er ist dann holländischer Maler mit dem Wort und malt heitere Genreszenen, die mich, in ihrer farbenreichen Anschaulichkeit, immer an humoristische Schilderungen aus Achim von Arnim erinnert haben«[97]. In dieser Äußerung klingt Fontanes Verbindung von Genremalerei und Narrativ sowie Genre und Humor an, die in zahlreichen seiner Texte zur Genremalerei zum Ausdruck kommt.[98] Mit der Erwähnung der »figurenreiche[n] Bilder[]« überträgt Fontane außerdem eine Spezifik, die er Gentz' Bildern zuschreibt[99] auf dessen Erzählgestus. Der Überlagerung von Malerei und Erzählung wird zudem durch die Wortwahl »malen« und »farbenreiche[] Anschaulichkeit« Nachdruck verliehen. Symptomatisch, dass Fontane im letzten Kapitel, in dem er eine Charakterisierung von Gentz vornimmt, zwei ausführliche Anekdoten abdruckt.[100]

Als Beleg für die Bedeutung von Anekdoten in Zusammenhang mit dem Verfassen von Biografien dient ein Brief Fontanes an die Schauspielerin Lina Fuhr, in dem er sie um Informationen zu ihrem Leben ersucht, die er anschließend für einen biografischen Artikel verwendet, der im Lexikon *Frauen der Zeit* erscheint, dem Supplementband zu *Männer der Zeit*. Fontane bittet in seinem Schreiben um eine »biographische Skizze« und notiert, auf welche »Dinge« es ihm »vorzugsweise ankomm[e]«: »nämlich Anekdotisches, Jugend-Erlebnisse, frappante Scenen aus der Zeit der Entwicklung, wo das junge Gemüth noch schwankt und die äußren Anstöße oft entscheidender eingreifen als das innre Wollen.«[101] Im darauffolgenden Brief kündigt Fontane an, die erhaltenen Materialien »zu einem kleinen Bilde aus der Kinderzeit zusammenzustellen«[102]. Auf der Ebene der Wortwahl nähert er damit die Biografie als literarischen Text dem gemalten Porträt an, indem er – wie auch bei anderen Künstlerbiografien – die Begriffe »biographische Skizze« sowie »Bild« verwendet. Die inhaltlichen Forderungen verdeutlichen die Zuspitzung auf das Anekdotische und Individuelle. Ersichtlich wird dies insbesondere in der Biografie von Johann

96 Zum Werkverzeichnis vgl. Fontane, *Wanderungen. Die Grafschaft Ruppin*, GBA V/1, S. 162–164, zu den Briefen vgl. ebd., S. 164–176.

97 Ders., *Wanderungen. Die Grafschaft Ruppin*, GBA V/1, S. 184.

98 Vgl. Kapitel III.3.

99 Vgl. Kapitel III.1.6

100 Vgl. Fontane, *Wanderungen. Die Grafschaft Ruppin*, GBA V/1, S. 184–187.

101 Theodor Fontane an Lina Fuhr, 18.08.1860, HFA IV/2, S. 7.

102 Theodor Fontane an Lina Fuhr, 25.08.1860, HFA IV/2, S. 8.

Gottfried Schadow in den *Wanderungen*, in der Fontane von Beginn an nicht intendiert, eine chronologische Lebensgeschichte nachzuzeichnen, sondern auf die letzten Lebensjahre Schadows fokussiert, wie dies bereits der Titel »Ein Kapitel vom alten Schadow« ankündigt.[103] Auch dieser Text beinhaltet zahlreiche Anekdoten, um die sich Fontane postalisch bei ihm bekannten Personen erkundigte. Darüber hinaus zeugen diese Briefwechsel von Fontanes Vernetzung innerhalb der Kunstwelt Berlins.

In zahlreichen Zitaten wird deutlich, dass Fontane die Anekdote für die geeignetste Form von Geschichtsschreibung hält:

> Dies vornehme Herunterblicken auf Alles, was nicht in Akten und Staatspapieren steht, ist in meinen Augen lächerlich – die wahre Kenntniss einer Epoche und ihrer Menschen, worauf es doch schliesslich ankommt, entnimmt man aus ganz anderen Dingen. In 6 altenfritzischen Anekdoten steckt *mehr* vom alten Fritz, als in den Staatspapieren seiner Zeit.[104]

Fontane ist demnach der Überzeugung, über den Umweg der in Bezug auf ihren Wahrheitsgehalt zweifelhaften Anekdote dem wahren Kern näherzukommen als über Staatspapiere. Diese Anschauung ist auch für die Künstlerbiografien geltend zu machen. Das Zitat deckt außerdem Fontanes Bewusstsein für die Interdependenz von Realität und Fiktion auf. Zwischen ebendiesen gegensätzlichen Konzepten sind auch seine Künstlerbiografien zu verorten. Das Fragmentarische, das die Anekdote mit sich bringt, übt auf Fontane einen besonderen Reiz aus beziehungsweise: Er verfolgt das Ziel, statt einer Chronologie das Erzählen auf einen bestimmten Aspekt hin zuzuspitzen und damit für den Leser ansprechend zu gestalten.

Neben formalen lassen sich ferner thematische Merkmale ausmachen, die für sämtliche Künstlerbiografien, besonders diejenigen aus dem Lexikon *Männer der Zeit*, von Belang sind, so beispielsweise Stilisierungen wie die künstlerische Begabung bereits im Kindesalter als Topos des Wunderkindes.[105] Damit wird das klassische Bildungsgut der Überzeugung, dass sich das Ganze aus den Anfängen entfalte, aufgerufen, und damit zugleich das lineare Erzählen legitimiert.[106] Zu Edwin Landseer schreibt Fontane: »Seine seltene Begabung für das künstlerische Gebiet […] zeigte sich außerordentlich früh: kaum vier-

103 Dieses Exempel macht Überschneidungen zwischen den *Wanderungen* und den kunstkritischen Schriften deutlich. Der enge Zusammenhang zwischen den Kunstkritiken und den weiteren Schriften Fontanes bekräftigt wiederum deren Bedeutung für Fontanes Œuvre.

104 Theodor Fontane an Hermann Wichmann, 02.06.1881, HFA IV/3, S. 135.

105 Im 18. und 19. Jahrhundert ist das Wunderkind ein wichtiger Topos (vgl. Mildenberger, *Bertel Thorvaldsen und der Kult um Künstler und Genie*, S. 189).

106 Vgl. Graevenitz, *Theodor Fontane*, S. 167.

zehn Jahre alt, erregte er bereits Aufsehen durch ›A Scotch Terrier‹.«[107] Auf Geschichten aus der Kindheit folgen Ausführungen über Ausbildungsstätten[108] oder Autodidaktentum[109], abschließend werden oftmals die wichtigsten Werke des betreffenden Künstlers aufgezählt.[110] Für Fontanes Biografien trifft daher zu, dass sie im »Spannungsfeld von Kunst und Wissenschaft, Narration und Dokumentation, Individualität und Typik«[111] zu verorten sind.

Fontanes intensive Recherche für die Biografien steht, gemäß der These, auch in Zusammenhang mit den Tätigkeiten der ›Berliner Schule‹. Seine Rezeption der Arbeiten der zugehörigen Kunsthistoriker sowie die durch Vereinstätigkeiten und persönliche Kontakte gegebene Teilnahme an deren Diskussionen, lassen seine Sensibilisierung für die historische Quellenforschung plausibel erscheinen. Darüber hinaus kann eine Verbindung zu seiner Vorliebe für die Historie hergestellt werden, da Biografien die Bedeutung des Einzelnen im übergeordneten historischen Kontext ausloten.[112] Dies kommt besonders dann zum Tragen, wenn Persönlichkeiten aus der Mark mit historischen Ereignissen in der Region verknüpft werden.[113] Überdies dienen Biografien zur

107 Fontane, *Sir Edwin Landseer*, NFA XXIII/1, S. 443. Vgl. zudem Fontanes Lebensbeschreibung Andreas Achenbachs: »Die Anlagen des jungen Andreas zeigten sich frühzeitig. Schon im Jahre 1827 wurde er Schüler der Akademie und gehörte derselben als solcher bis 1835 an« (ders., *Andreas Achenbach*, NFA XXIII/1, S. 476). Vgl. ebenso ders., *Gilbert Scott*, NFA XXIII/1, S. 484).

108 Vgl. z. B. zu Adolf Tidemand: »Tidemand machte seine Vorstudien auf der Akademie zu Kopenhagen von 1832–37 und vertauschte dieselbe im Herbste des letztgenannten Jahres mit derjenigen von Düsseldorf« (ders., *Adolf Tidemand*, NFA XXIII/1, S. 469).

109 Vgl. z. B. zu George Cruikshank: »Ziemlich um dieselbe Zeit erhielt er Zutritt zur Akademie, an deren Spitze damals der Historienmaler Fuseli stand. Seines Bleibens aber an einem so feierlichen und strenggeschulten Orte war nicht lange, und er gab die Akt- und Zeichensäle auf, um als Karikaturenzeichner [...] Unterhalt und Ansehen zu finden« (ders., *George Cruikshank*, NFA XXIII/1, S. 450).

110 Vgl. z. B. zu William Mulready: »Zum Schluß indes sei eine Reihe von Arbeiten erwähnt, die, so verschiedenartig untereinander sie sein mögen, doch ziemlich gleichmäßig eine volle Anerkennung bei Kritik und Publikum gefunden haben« (ders., *Hermann Stilke*, NFA XXIII/1, S. 439). Darauf folgen die Titel der entsprechenden Werke.

111 Kitzbichler, ›*Die Macht des Stils*‹, S. 205.

112 Vgl. ebd., S. 206.

113 Dazu gehören zahlreiche Lebensgeschichten von Bewohnern ausgewählter Orte der Mark. Als Beispiel kann das Kapitel Neuruppin dienen, in dem neben den Biografien Gentz' und Schinkels auch diejenigen des Gelehrten Andreas Fromm, des Generals von Günther, des Gastwirts Michel Protzen (»Ein gutes Portrait von ihm befindet sich in Händen des Kaufmann Kunz« (Fontane, *Wanderungen. Die Grafschaft Ruppin*, GBA V/1, S. 130), des Verlegers Gustav Kühn sowie Wilhelm Gentz' Vater Johann Christian Gentz enthalten sind (vgl. ebd.).

Selbstdarstellung der bildungsbürgerlichen Gesellschaft,[114] was die beachtliche Anzahl an Autobiografien, nicht zuletzt Fontanes eigener, deutlich macht.[115]

Peter v. Cornelius [Nekrolog] (NPZ 1867), Eduard Hildebrandt [Nekrolog] (NPZ 1868), Dr. Friedrich Eggers [über die Trauerfeier zu Ehren Eggers] (VZ 1872), Luise Seidler (VZ 1874), Ludwig Burger (IZ 1876), Bernhard v. Lepel [Nekrolog] (VZ 1885), Wilhelm Gentz. Ein Lebensbild von Theodor Fontane (DL 1890), Adolf Menzel [Laudatio] (Die Zukunft 1895), Adolf Menzel (MDZ 1862), Daniel Maclise (MDZ 1862), Edward Matthew Ward (MDZ 1862), Hermann Stilke (MDZ 1862), Alexander von Minutoli (MDZ 1862), Sir Edwin Landseer (MDZ 1862), Sir Charles Eastlake (MDZ 1862), George Cruikshank (MDZ 1862), William Mulready (MDZ 1862), Thomas Webster (MDZ 1862), Ludwig Wichmann (MDZ 1862), Friedrich Wilhelm Wolff (MDZ 1862), Sir Charles Barry (MDZ 1862), Teutwart Schmitson (MDZ 1862), Hans Gude (MDZ 1862), Adolf Tidemand (MDZ 1862), Caspar Scheuren (MDZ 1862), Theodor Hildebrandt (MDZ 1862), Andreas Achenbach (MDZ 1862), Oswald Achenbach (MDZ 1862), Wilhelm Camphausen (MDZ 1862), Gilbert Scott (MDZ 1862), Eduard Hildebrandt (MDZ 1862), David Roberts (MDZ 1862)

1.4 Buchrezensionen

Buchrezensionen machen einen großen Teil von Fontanes kunstkritischen Schriften aus, was einerseits damit in Verbindung zu bringen ist, dass es für Rezensionen in den Tageszeitungen eine feste Rubrik gibt,[116] andererseits aber auch darauf zurückführbar scheint, dass Rezensionen oftmals als Freundschaftsdienste verfasst werden.[117] Mit den Buchbesprechungen trägt Fontane zur Popularisierung der Kunstgeschichte bei, zumal sich mehr als ein Drit-

114 Vgl. Kitzbichler, ›*Die Macht des Stils*‹, S. 207.

115 Vgl. Theodor Fontane, *Meine Kinderjahre. Autobiographischer Roman*, F. Fontane & Co., Berlin 1893; ders., *Von Zwanzig bis Dreißig. Autobiographisches*, F. Fontane & Co., Berlin 1898. Auch Vertreter der ›Berliner Schule‹ und zeitgenössische Kunstkritiker pflegen dieses Genre, was die erwähnte These erhärtet (vgl. z. B. Wilhelm Lübke, *Lebenserinnerungen*, F. Fontane & Co., Berlin 1891; Friedrich Eggers, *Franz Theodor Kugler. Eine Lebensskizze.* In: *Handbuch der Geschichte der Malerei seit Konstantin dem Großen von Franz Kugler*, Leipzig [3]1867, S. 1–34; Ludwig Pietsch, *Wie ich Schriftsteller geworden bin. Der wunderliche Roman meines Lebens*, 2 Bde., F. Fontane & Co., Berlin 1892).

116 In der *Kreuzzeitung* und der *Vossischen Zeitung* heisst die Rubrik »Journal- und Bücherschau«, im *Deutschen Kunstblatt* werden in der Rubrik »Besprechung neuer Erscheinungen« regelmäßig Neuerscheinungen rezensiert.

117 Einen Beleg hierfür liefert Fontanes Brief an Georg Friedlaender, in dem er mitteilt: »Ich schreibe sehr gern eine kl. Anzeige für die Vossin, wenn Sie nicht – was ernstlich erwogen sein will – L.P. vorziehn. Er hat ganz andere Lobebacken wie ich« (Theodor Fontane an Georg Friedlaender, 11.10.1886, abgedr. in: Walter Hettche (Hrsg.), *Theodor Fontane. Briefe an Georg Friedlaender*, aufgrund der Edition von Kurt Schreinert

tel der Rezensionen mit Publikationen von Wilhelm Lübke befassen. Fontane unterstützt damit das Bestreben, wissenschaftliche Inhalte einer breiten Bevölkerung zu vermitteln und dadurch die Verankerung von Kunst in der Gesellschaft zu befördern, was die Rezension zum Reiseführer von Theodor Fournier sowie Texte zur Herausgabe von Eduard Hildebrandts Aquarellen als Chromo-Faksimiles, zu mehreren Publikationen Friedrich Eggers', Ludwig Pietschs, Hans Hoffmanns und August von Heydens verdeutlichen. Aus dem Berliner Kreis rezensiert Fontane folglich nicht nur Lübkes Werke, sondern ebenfalls diejenigen Eggers'. Der rege Austausch mit dem Kreis der Berliner Kunsthistoriker lässt sich daher auch an den Rezensionen aufzeigen. Dieser Sachverhalt bestätigt des Weiteren die Vermutung, dass zahlreiche Buchbesprechungen Fontanes als Freundschaftsdienste entstanden sind. Exemplarisch für die Verbindungen zur Berliner Schule kann seine Rezension zu Lübkes Werk *Karl Schnaase* stehen, in der Fontane zu erkennen gibt, dass er über die Mitglieder der Berliner Schule und deren Errungenschaften und Überzeugungen Bescheid weiß:

> Auf seine [Schnaases, CA] Bedeutung für die Kunstgeschichte, ganz besonders für den Abschnitt Gotik, sei hier nur nebenbei hingewiesen. W. Lübke, dem wir diese kleine Arbeit über das Leben des Heimgegangenen verdanken, war ein Schüler Schnaases, noch mehr sein persönlicher Freund. Denn in ihren Anschauungen wichen sie gelegentlich voneinander ab.[118]

Fontane führt zwar nicht aus, worin die fachlichen Differenzen zwischen Schnaase und Lübke bestehen, der Text legt aber den Schluss nahe, dass ihm diese bekannt sind. Bei Lübke beruht das Rezensieren auf Gegenseitigkeit, er schreibt mehrere Artikel über Gedichte und Romane Fontanes.[119] Die zahlrei-

---

und der Handschriften neu hrsg. und mit einem Nachwort versehen, Frankfurt am Main/Leipzig 1994, S. 82).

118 Vgl. Fontane, *Kunst, Wissenschaft, Literatur. Wilhelm Lübkes ›Karl Schnaase‹*, NFA XXIII/1, S. 613f.

119 Vgl. [gez.: W. L.] *Ein neues Buch von Theodor Fontane*. In: *Allgemeine Zeitung* (München), Beilage; W[ilhelm] Lübke, *Theodor Fontane*. In: *Über Land und Meer* 7 (1878), S. 127–128. Vgl. dazu Fontanes Tagebucheinträge: »Besuch von Geh. R. v. Wangenheim; bringt eine Nummer der Augsb. Allg. Ztg. in der Lübke in gewohnter Güte über ›Ellernklipp‹ geschrieben hat« (Theodor Fontane, Tagebucheintrag vom 24.11.1881, GBA XI/2, S. 137); »Im März oder April erscheint Dominik und nimmt meine Novelle ›Cécile‹ in seinen Verlag. […] Die Aufnahme beim Publikum ziemlich gut; Dr. Ed. Engel schreibt mir einen Brief voll Anerkennung, Paul Schlenther bringt eine Kritik in der Vossin, das Freundlichste sagt Lübke in der Augsb. Allg. Ztg. in einem längeren Artikel ›Th. Fontane als Erzähler‹« (Theodor Fontane, Tagebucheintrag vom 01.03. bis 06.07.1887, GBA XI/2, S. 237; Wilhelm Lübke, *Theodor Fontane als Erzäh-*

chen von Fontane rezensierten kunsthistorischen Grundlagenwerke verdeutlichen, dass er sich unter anderem mittels der Lektüre dieser Werke Fachtermini aneignet und fundiert über die Methoden der Kunsthistoriker und über die in der Etablierung begriffenen kunstwissenschaftlichen Maßstäbe Bescheid weiß.[120] Die Rezensionen belegen folglich Fontanes Interesse für kunsthistorische Publikationen, sind jedoch zugleich als Pressetexte interessant, weil sie eine deutliche Ausrichtung auf ein Publikum erkennen lassen. Die Zeitungsartikel zielen darauf ab, die entsprechenden Bücher einer potenziellen Leserschaft anzupreisen,[121] was unter anderem in den Texten erkennbar ist, die sich mit der Vervielfältigung von Eduard Hildebrandts Aquarellen als Chromo-Faksimiles befassen. Das Buch mit Hildebrandts Aquarell-Reproduktionen ist gemäß Fontane dann auch zustande gekommen, weil Hildebrandt »seine Arbeiten – die meist in Privathänden und deshalb nicht leicht zugänglich sind – zu popularisieren trachtete«[122]. Fontane ist ebenfalls um eine erfolgreiche Vermarktung des Werkes bemüht, wie seine Anmerkung zum Preis der Publikation offenlegt.[123] In den unterschiedlichen Artikeln zu den Rezensionen der Werke Lübkes, in denen Fontane jeweils auf den Inhalt, den Aufbau oder den Vertrieb eingeht,[124] stellt er die Entstehung kunsthistorischer Überblickswerke als Verhältnis von Angebot und Nachfrage dar: Das Gelingen der angestrebten »Popularisirung des Stoffs« sei auch dem Umstand zu verdanken,

ler [zu *Cécile* und *Unterm Birnbaum*]. In: *Allgemeine Zeitung* (München), 2 Folgen, bis 17.06.1887).

120 Vgl. Kapitel II.

121 Bemerkenswert ist, dass Fontane sich in den Buchbesprechungen durchwegs positiv äußert, was die These bestätigt, dass es sich besonders bei den Rezensionen zu Werken von Lübke, aber auch bei der Biografie *Christian Daniel Rauch* von Friedrich und Karl Eggers um Freundschaftsdienste handelt (vgl. Kapitel II.5.2).

122 Fontane, *Eduard Hildebrandts Aquarellen…*, NFA XXIII/1, S. 563.

123 »Das ganze Werk stellt sich danach auf zweiundsiebzig Taler. Aber ungewöhnlich, wie der Preis, ist auch das, was geboten wird« (ebd., S. 564). In einem weiteren Artikel berichtet Fontane über die zweite Lieferung desselben Werkes (vgl. ders., *Eduard Hildebrandts Aquarelle*. In: *NPZ* 291 (22.12.1869), 1. Beilage).

124 Vgl. ders., *W. Lübkes Grundriss der Kunstgeschichte*, NFA XXIII/1, S. 551; ders., *Baukunst. Geschichte der Architektur von den ältesten Zeiten bis auf die Gegenwart. Dargestellt von Dr. Wilhelm Lübke*, NFA XXIII/1, S. 555–558; ders., *Kirchliche Kunst. Wilhelm Lübke's ›Vorschule zum Studium der kirchlichen Kunst‹*, NFA XXIII/1, S. 558f.; ders., *Die deutsche Renaissance*, NFA XXIII/1, S. 565–571; ders., *Geschichte der italienischen Malerei vom 4. bis ins 16. Jahrhundert von Wilhelm Lübke*, NFA XXIII/1, S. 595–597; ders., *W. Lübke's Geschichte der italienischen Malerei*, NFA XXIII/1, S. 598–603; ders., *Kunst, Wissenschaft, Literatur. Wilhelm Lübkes ›Karl Schnaase‹*, NFA XXIII/1, S. 613f.; ders., *Wilhelm Lübkes ›Geschichte der italienischen Malerei‹*, NFA XXIII/1, S. 603f.; ders., *W. Lübkes Geschichte der italienischen Malerei*, NFA XXIII/1, S. 604–613.

»dass das Verlangen nach Orientirung über diese Dinge allmählich immer lebendiger geworden war«[125]. In der Rezension zur zweiten Auflage von Lübkes *Grundriss der Kunstgeschichte* werden besonders die Änderungen im Vergleich zur Erstauflage, das heißt die steigende Anzahl Holzschnitte und Abbildungen hervorgehoben. Den »so großen Reiz der Lübkeschen Bücher« führt Fontane auf die »leichte, fesselnde Darstellung« zurück,[126] die möglicherweise auch in Zusammenhang steht mit der Anzahl Abbildungen und zugleich einen Aspekt betont, der für die angestrebte Popularisierung des Werks zentral ist. Nicht nur die Illustrationen, sondern auch der systematisch nach Chronologie oder Epochen gegliederte Aufbau spiegelt den Anspruch wider, eine übersichtliche Darstellung zu liefern.[127] Fontane schreibt Lübke schließlich auch das Verdienst zu,

> die Kunstgeschichte auf allen ihren Gebieten (Malerei, Sculptur, Architektur) weiten Kreisen vermittelt und ein Wissen, das früher nur Vorrecht einiger Fachleute war, mehr oder weniger zum Allgemeingut der gebildeten Klassen gemacht zu haben.[128]

Zusätzlich belegen die mehrfachen Auflagen dieser Überblickswerke deren Erfolg.[129] Dasselbe trifft auf die *Geschichte der italienischen Malerei* zu, gemäß Fontane ein »epochemachende[s] Werk«[130]. In seiner Rezension vermerkt er, dass sich Kaiser Wilhelm der Widmung des Buches angenommen habe, was die Bedeutung von Lübkes Publikation unterstreicht. Indessen zeigt die Dedikation den großen Einfluss des Königs auf das Kunstleben Berlins und die dort ansässigen Wissenschaftler.[131] Fontane preist die Publikation »als ein Weihnachtsgeschenk für das ganze Haus« an, da sie sich durch ihre »Über-

125 Ders., *W. Lübkes Grundriss der Kunstgeschichte*, NFA XXIII/1, S. 551.

126 Ebd.

127 Vgl. z. B. Lübkes *Geschichte der italienischen Malerei vom 4. bis ins 16. Jahrhundert*: Die Publikation setzt thematisch im Mittelalter mit den Anfängen der christlichen Malerei an und endet Mitte des 15. Jahrhunderts mit Gentile da Fabriano und Jacopo Bellini. Das Werk ist in drei Sparten geteilt, die altchristliche, byzantinisch-romanische und gotische Epoche und den drei Zeitabschnitten sind die jeweils zentralen Werke der Kunstgeschichte zugeordnet (vgl. ders., *Geschichte der italienischen Malerei vom 4. bis ins 16. Jahrhundert von Wilhelm Lübke*, NFA XXIII/1, S. 595f.).

128 Ders., *Baukunst. Geschichte der Architektur von den ältesten Zeiten bis auf die Gegenwart. Dargestellt von Dr. Wilhelm Lübke*, NFA XXIII/1, S. 555.

129 Beispielsweise erreicht Lübkes Werk *Vorschule zum Studium der kirchlichen Kunst* fünf Auflagen.

130 Ders., *Wilhelm Lübkes ›Geschichte der italienischen Malerei‹*, NFA XXIII/1, S. 603.

131 Kugler widmet sein *Handbuch der Kunstgeschichte* »in tiefster Ehrfurcht« ebenfalls Friedrich Wilhelm IV. (vgl. Franz Kugler, *Handbuch der Kunstgeschichte*, Stuttgart 1842).

sichtlichkeit und *praktische Anordnung*« auszeichne und sich überdies »zu einer kunsthistorischen Repetition« eigne.[132] Wie Lübke bemüht sich folglich auch Fontane um die Popularisierung des Werkes, betont aber gleichzeitig dessen wissenschaftlichen Wert. Das Bestreben um Vermarktung der Bücher legt auch der Umstand nahe, dass sich vor Weihnachten die Rezensionen häufen.[133] Während die erwähnten vor den Weihnachtstagen erscheinenden Rezensionen vom Umfang her kurz gehalten sind – in gedruckter Fassung umfassen sie meist in etwa eine Buchseite –, sind die Artikel zu Lübkes *Die deutsche Renaissance* mit sieben Buchseiten, zur *Geschichte der italienischen Malerei* mit acht Seiten und zu *Christian Daniel Rauch* von Friedrich und Karl Eggers mit fünfzehn respektive acht Seiten eindeutig am ausführlichsten.[134] Während Fontane in anderen Rezensionen einen allgemeinen Überblick bietet, geht er bei den drei erwähnten ausführlicher auf den Inhalt der Werke ein. In seinem Kommentar zur Rauch-Biografie zitiert er gar über mehrere Seiten Tagebucheinträge Rauchs, welche die Brüder Eggers zusammengestellt haben, ohne diese selbst zu kommentieren.

Für die Analyse zu Fontane als Kunstkritiker sind Buchbesprechungen ergiebiger, in denen Anmerkungen zum Schreibgestus oder Stellungnahmen Fontanes enthalten sind. Den Zeitungsartikel zu Lübkes *Vorschule zum Studium der kirchlichen Kunst* beispielsweise beendet Fontane mit dem Fazit: »Das große Ganze verwaltet er nur; das Kleine ist sein eigen und erfrischt sein Herz.«[135] Mit der Betonung des Kleinen akzentuiert Fontane einen Themenbereich, der eine Gemeinsamkeit zwischen seinen eigenen und Lübkes Schriften darstellt. Eine weitere Parallele zwischen Fontanes und Lübkes Texten ist die Hervorhebung der Augenzeugenschaft. Im Schlusswort zur *Geschichte der italienischen Malerei* hält Lübke fest, dass er seine Eindrücke und Urteile »aus eigener Anschauung«[136] gewonnen habe, was auf Fontanes Beifall stößt:

132 Fontane, *Wilhelm Lübkes ›Geschichte der italienischen Malerei‹*, NFA XXIII/1, S. 604. Die Publikation *›Die Hohenzollern‹ in Bild und Wahlspruch. Gezeichnet von Ludwig Burger* preist Fontane ebenfalls als Weihnachtspräsent an (vgl. ders., *Die Hohenzollern in Bild und Wahlspruch. Gezeichnet von Ludwig Burger*, NFA XXIII/1, S. 559f.).

133 Vgl. dazu auch ders., *Festbilder. Die Christlichen Feste. Acht chromolithographierte Illustrationen von Hermine Stilke*, NFA XXIII/1, S. 560f.).

134 Vgl. ders., *Die deutsche Renaissance*, NFA XXIII/1, S. 565–571; ders., *W. Lübkes Geschichte der italienischen Malerei*, NFA XXIII/1, S. 604–613; ders., *Christian Daniel Rauch. I.–II.*, NFA XXIII/1, S. 572–595.

135 Ders., *Kirchliche Kunst. Wilhelm Lübke's ›Vorschule zum Studium der kirchlichen Kunst‹*, NFA XXIII/1, S. 559.

136 Ders., *Wilhelm Lübkes ›Geschichte der italienischen Malerei‹*, NFA XXIII/1, S. 603. Auch in einer weiteren Rezension betont Fontane, dass die Kunstbeschreibungen »von einem mit *selbständigem* Auge sehenden Kritiker« stammten (ebd., S. 605).

> Dem ist nur zuzustimmen. Wer selber, auf italienischen Kreuz- und Querzügen, vor Hunderten von Bildern gesessen und seine Bemerkungen in das Notizbuch eingetragen hat, der weiß nicht bloß, was es mit dem Sammeln, sondern vor allem auch mit der nachträglichen Verwendung des gesammelten Stoffes auf sich hat.[137]

Möglicherweise ist darin eine Anspielung auf seine eigenen Aufzeichnungen zu den Italienreisen enthalten, die Fontane 1874 und 1875 absolviert und erstaunlicherweise nie kunstschriftstellerisch auswertet. Eine Gemeinsamkeit zwischen seinen und Lübkes Werken stellt Fontane selbst in Bezug auf die formale Beschaffenheit der Texte her, indem er Lübkes Buch über Karl Schnaase als »biographische Skizze«[138] bezeichnet; unter demselben Begriff will Fontane seine Künstlerbiografien verstanden wissen.[139]

Mit der Augenzeugenschaft ist allerdings noch ein weiterer Aspekt verknüpft, der in der Rezension von Theodor Fourniers Reiseführer *Rom und die Campagna* angeführt ist: »Empiriker schreiben nach Augenschein ohne eigentliches Wissen; Männer der Wissenschaft aber andererseits schreiben aus toter Gelehrsamkeit heraus, ohne die lebendige Einwirkung des Gesehenhabens.«[140] Dasselbe Argument findet sich in der Rezension zu Victor Hehns Werk *Italien*: »In der zweiten Hälfte kommt das Eselsohr des Gelehrten mitunter störend hervor, manches wird breit, langweilig, Spezialistenkram.«[141] Der Grundsatz, Kunst nur aufgrund eigener Anschauung zu kommentieren, statt dem Urteil der Tradition zu vertrauen, findet sich indessen bereits bei Winckelmann, der bestrebt ist, dem gebildeten Laien als seinem anvisierten Leser, neben der deskriptiven und analytischen Beschreibung auch eine ästhetische Erfahrung des Kunstwerks zu vermitteln.[142] Fontane stellt sich ebenfalls in diese Tradition, indem ihm als Ideal eine Verbindung der Eigenschaften »Gelehrsamkeit« und »empirische Vertrautheit« vorschwebt, woraus im Falle Fourniers ein Buch resultiere, das »nicht nur jegliche wünschenswerte Auskunft gibt, sondern anzuregen und zu unterhalten versteht«[143]. Die von Fontane an dieser Stelle festgemachten Grundsätze, die ein Werk einhalten sollte, um publikumswirksam zu sein, zielen deutlich auf eine Popularisierung der Kunstgeschichte ab.

---

137 Ebd., S. 603.

138 Ders., *Kunst, Wissenschaft, Literatur. Wilhelm Lübkes ›Karl Schnaase‹*, NFA XXIII/1, S. 613.

139 Vgl. Kapitel I.1.3.

140 Fontane, *Nach Rom. Rom und die Campagna*, NFA XXIII/1, S. 552.

141 Ders., *Victor Hehns ›Italien‹*, NFA XXIII/1, S. 561.

142 Vgl. Regine Prange (Hrsg.), *Kunstgeschichte 1750–1900. Eine kommentierte Anthologie*, Darmstadt 2007, S. 20, 22.

143 Fontane, *Nach Rom. Rom und die Campagna*, NFA XXIII/1, S. 552.

In der Rezension, die Fontane über das Werk *Kritische Forschungen im Gebiete der Malerei* von Manasse Unger schreibt,[144] greift er eine aktuelle kunsthistorische Debatte auf.[145] Unger behauptet in seinem Werk nämlich polemisch, Kunstkritiker von Fach hätten keine Kenntnis davon, was Stil und damit Stileigentümlichkeiten eines Meisters seien. Um klarzustellen, welche Kritiker Unger dabei im Blick hat, nimmt Fontane zu Beginn des Artikels eine Abgrenzung zu den feuilletonistischen Kunstkritikern vor, die sich als selbstkritische Passage auf sein eigenes Schaffen lesen lässt: »Der Herr Verfasser hat dabei nicht jene feuilletonistischen Kunstkritiker im Auge, die, wenn die Zeit der Kunstausstellung kommt, sich plaudernd über Genre und Historie hermachen und sich mit dem Ruhme begnügen, über Knaus oder Kraus angenehm gesprochen zu haben«[146]. Fontane klassifiziert das feuilletonistische Schreiben über Kunst als »Plauderei« und greift Ungers Argument insofern auf, als es den feuilletonistischen Kunstkritikern gelinge, zwei Maler zu unterscheiden, deren Namen äußerst ähnlich sind. Es gehe darum, über einzelne Künstler »angenehm« zu sprechen, was Fontane jedoch in seinen Zeitungsartikeln, die teilweise scharfe Kritik beinhalten, gerade nicht einhält. Auch in der Rezension von Ludwig Pietschs Publikation *Marokko* geht Fontane vertieft darauf ein, was das feuilletonistische Schreiben ausmacht: »Feuilletonistisch schreiben heißt im allgemeinen, eine Sache pikant und geistreich, aber oberflächlich behandeln. Die Form bedeutet alles und der Inhalt nichts.«[147] In Anbetracht der fundierten Nachforschungen, die Fontane für seine jeweiligen Artikel tätigt, scheint die Bezeichnung »oberflächlich« allerdings lediglich insofern zuzutreffen, als es aufgrund des Vermittlungsgedankens Inhalte nicht für ein Fachpublikum, sondern für eine breite Leserschaft aufzubereiten gilt. In Bezug auf Pietschs Schreiben in *Marokko* vertritt Fontane den Standpunkt, dass die Bezeichnung »feuilletonistisch« falsch sei: »Vielmehr glaube ich, daß wer diese sich

144 Fontane verkehrt offenbar persönlich mit Unger und wird von diesem auch um Rezensionen gebeten (vgl. Theodor Fontane an Emilie Fontane, 12.06.1878, GBA XII/3, S. 116; Theodor Fontane an Emilie Fontane, 18.06.1879, GBA XII/3, S. 178). Zudem ist »Onkel Unger« in den *Lebenserinnerungen* Wilhelm Lübkes »mit besondrer Anschaulichkeit und Jovialität« geschildert, wie Fontane in seiner Rezension des Werks vermerkt (Fontane, *›Lebenserinnerungen‹ von Wilhelm Lübke*, NFA XXIII/1, S. 616).

145 Für die Auseinandersetzung mit einer Diskussion, die damals die Kunsthistoriker umtreibt, kann auch der Artikel *›Die Alba-Madonna, ein echter Raffael in Berlin‹* stehen, in dem Fontane eine kunstgeschichtliche Broschüre bespricht, die sich mit der Zuschreibung und Provenienz eines Gemäldes aus dem Besitz einer in Berlin wohnhaften Gräfin beschäftigt (vgl. ders., *›Die Alba-Madonna‹*, NFA XXIII/1, S. 564f.).

146 Ders., *Die Malerei und die Kunstkritik*, NFA XXIII/1, S. 553.

147 Ders., *Marokko*, NFA XVIII, S. 577f.

anspruchslos gebenden, aber alles sinnlich Wahrnehmbare mit Meisterschaft festgehaltenen Schilderungen liest, ein ebenso gutes und sehr wahrscheinlich besseres Bild von Fez haben wird als derjenige, der, bei der Gelehrsamkeit anklopfend, sich ausschließlich bei dieser zu informieren sucht.«[148] Auch an dieser Stelle plädiert Fontane folglich für einen Mittelweg zwischen Wissensvermittlung und erzählenden Schilderungen. In der Fortsetzung der Rezension verortet er Pietschs Ansatz zwischen Historie und Kulturhistorie und betont, dass Geschichtsschreibung stets in Verbindung mit dem »Kleinleben«[149] erfolgen sollte. Dasselbe erachtet er als besonderen Vorzug der Malerei Adolph Menzels, und diese Überzeugung kommt auch in seinem späteren Romanwerk deutlich zum Tragen.[150] Die Buchrezensionen sind folglich auch für die Analyse von Fontanes eigenem Schreiben und Textverständnis aufschlussreich.

Rom und die Campagna [Theodor Fournier] (NPZ 1862), W. Lübkes Grundriss der Kunstgeschichte (NPZ 1864), Nach Rom. Rom und die Campagna. Neuer Führer für Reisende von Theodor Fournier. Zweite Auflage (NPZ 1865), Die Malerei und die Kunstkritik. Kritische Forschungen im Gebiete der Malerei, von M. Unger (NPZ 1865), Geschichte der Architektur von den ältesten Zeiten bis auf die Gegenwart. Dargestellt von Dr. Wilhelm Lübke (NPZ 1866), Kirchliche Kunst. Wilhelm Lübke's ›Vorschule zum Studium der kirchlichen Kunst‹ (NPZ 1866), Die Hohenzollern in Bild und Wahlspruch. Gezeichnet von Ludwig Burger (NPZ 1866), Das Buch vom preussischen Soldaten. Kriegsbilder und Friedensszenen, der preußischen Jugend in Versen erzählt (NPZ 1866), Festbilder. Die Christlichen Feste. Acht chromolithographierte Illustrationen von Hermine Stilke. Mit poetischem Texte von Gerok, Kauffer, Rückert, Spitta (NPZ 1866), Düppel. Den Johannitern (NPZ 1866), Victor Hehns ›Italien‹ (1866), Eine Kunststudie. Der Teufel und seine Gesellen in der bildenden Kunst. Von Hugo Frhrn. v. Blomberg (NPZ 1867), Eduard Hildebrandts Aquarellen (NPZ 1868), Die Alba-Madonna, ein ächter Rafael in Berlin (NPZ 1868), Eduard Hildebrandts Aquarelle (NPZ 1869), Die deutsche Renaissance [Lübke] (VZ 1873), Christian Daniel Rauch. I.-II. [Brüder Eggers] (VZ 1875), Marokko [Pietsch] (VZ 1878), Geschichte der italienischen Malerei vom 4. bis ins 16. Jahrhundert von Wilhelm Lübke (VZ 1878), W. Lübke's Geschichte der italienischen Malerei (VZ 1878), Wilhelm Lübkes ›Karl Schnaase‹ (VZ 1879), Wilhelm Lübkes ›Geschichte der italienischen Malerei‹ (VZ 1879), W. Lübkes Geschichte der italienischen Malerei (GW 1880), Journal- und Bücherschau [Lübke: Geschichte der deutschen Renaissance, 2. Aufl.] (VZ 1881), Über ›Christian Daniel Rauch‹ von Karl u. Friedrich Eggers (VZ 1881), Von Wilhelm Lübkes Geschichte der Renaissance in Deutschland ist […] eine 2. Auflage erschienen (VZ 1883), Christian Daniel Rauch von Friedrich und Karl Eggers. Vierter Bd., 2. Hälfte (Schlusslieferung) (VZ 1887), Die Tracht der Kulturvölker Europas von A. v. Heyden (VZ 1889), Anzeige

148 Ebd., S. 578.

149 »Tut jener [der kulturhistorische Roman, CA] seine Schuldigkeit, malt er wirklich in scharfen Zügen das Kleinleben einer Epoche, so steht er vollkommen ebenbürtig neben der Historie oder überragt sie noch« (Fontane, *Marokko*, NFA XVIII, S. 578).

150 Bezeichnend ist, dass Fontane diese Behauptung mittels einer Anekdote unterstreicht und damit implizit bekräftigt, dass diese Art von Geschichtsschreibung mit seiner eigenen Überzeugung korreliert (ebd., S. 578f.).

der 15. Lieferung von Wilhelm Lübke, Geschichte der Deutschen Kunst (VZ 1889), ›Lebenserinnerungen‹ von Wilhelm Lübke (VZ 1891)

1.5 Architektur

Insbesondere durch die obenstehend erwähnte Lektüre und Rezension von Werken Wilhelm Lübkes hat sich Fontane auch im Bereich der Architektur Fachvokabular angeeignet. Abgesehen von Anmerkungen zu Ausstellungsgebäuden, wie demjenigen von Manchester sowie dem *Crystal Palace* in London, sind Schriften zur Architektur in Fontanes kunstkritischen Pressetexten jedoch Mangelware. Einzig der ungezeichnet veröffentlichte Artikel über die Berliner Synagoge, die Texte zur Neuen Börse und zu *Waltham Abbey* sind ausführlichere publizistische Auseinandersetzungen mit einzelnen Bauwerken. Zudem finden sich teilweise in Zusammenhang mit Gemälden Bemerkungen über die dargestellte Architektur. So zum Bild *Polnische Juden in der Synagoge* von Wilhelm August Stryowski, welches das Innere einer Synagoge zeigt, an der Fontane Merkmale orientalischen Baustils ausmacht.[151] Die quantitative Marginalisierung hängt wohl auch mit dem Publikationsorgan Zeitung zusammen, da Architektur – wie die vorhandenen Texte nahelegen – lediglich thematisiert wird, wenn Gebäude neu oder umgebaut werden; Ausstellungen kommt demgegenüber ein höherer Aktualitätswert zu. Zahlreich sind hingegen Beschreibungen sakraler sowie profaner Architektur, aber auch Anmerkungen zu städtebaulichen Belangen,[152] im Rahmen von Reiseberichten, Tage- und Notizbüchern zu den Italienreisen sowie den *Wanderungen*[153]. In Letzteren kommt das Interesse für Bauwerke zum Beispiel in Fontanes Aufsatz zu Schinkel zum Tragen, in dem er zur Kirche in Tamsel schreibt:

> Es ist ein alter, gotischer Bau, der durch Schinkel restauriert und malerisch in die Landschaft eingefügt wurde. Dies Bestreben, einer sterilen Landschaft künstlerisch aufzuhelfen

151 Vgl. ders., *Die diesjährige Kunstausstellung [1862]*, NFA XXIII/1, S. 215.

152 Vgl. z. B. »[…] Nach dem Versailler Bahnhof […]. Die Stadt […] ist nichts, das Schloß alles. Auffahrt, Schloß, Gärten – alles im größten Styl, imposant, und in der That auch schön. Aber das Ganze, außen und innen, erhebt nicht, thut nicht wohl. Man denkt an die aegyptischen Pyramiden. In der That, es macht den Eindruck wie das Mausoleum eines modernen Pharao. Nur der Absolutismus kann so bauen. Vielleicht ist es das, was den Beschauer unbewußt verstimmt; man merkt, daß *nichts geworden* und *gewachsen*, daß alles auf *Commandowort* unerbittlich aus der Erde gestampft ist« (Theodor Fontane, Tagebucheintrag vom 18.10.1856, GBA XI/1, S. 184f.).

153 Vgl. Kapitel I.1.9.

> oder eine hübsche Landschaft noch hübscher zu machen, spielt bei allen Schinkelschen Dorfkirchen eine wesentliche Rolle.[154]

Fontane nimmt eine Klassifizierung des Baus als der Gotik zugehörig vor und arbeitet am gewählten Exempel mit dem Zusammenspiel von Architektur und Landschaft zugleich eine Typik von Schinkels Schaffen heraus.[155] Längere kunsthistorische Betrachtungen von Schinkels Bauten nimmt Fontane in den *Wanderungen* jedoch nicht vor.[156] Vielmehr ist im Zitat eine Gemeinsamkeit zu Fontanes eigenem Vorgehen erkennbar: Er zeigt sich stets bemüht um eine ganzheitliche Erfassung der besuchten Orte, wozu seines Erachtens neben Landschaft und Gesellschaft auch Architektur gehört. So finden sich in den Tage- und Notizbuchaufzeichnungen zu seinen Reisen nach Italien zahlreiche Beschreibungen von Bauwerken wie Palästen und Kirchen, beispielsweise zum Dogen-Palast von Venedig:

> Ein wunderbarer Bau. Die kurzen Säulen des Erdgeschosses, die phantastisch ornamentirten des 1. Stockes, dann endlich der nur von sechs breiten gothischen Fenstern unterbrochene, in längliche Vierecke abgetheilte Riesen-Marmorwürfel, der von den Säulengängen des Erdgeschosses und des 1. Stockes getragen wird, wirken zauberhaft. Es erinnert an Bilder, auf denen Luftgestalten irgend etwas Schweres und Massiges, einen prächtigen Sarkophag, einen Reliquienschrein oder einen Tempel tragen.[157]

Im zitierten Abschnitt nimmt Fontane eine formale Analyse des Baus vor, indem er diesen in verschiedene Baukörper aufgliedert, gesondert deren Formen beschreibt und auf deren Verbindung mittels der Säulen eingeht. Zudem klassifiziert er die Fenster als dem gotischen Stil zugehörig und erwähnt die Ornamentik.[158] Fontane zufolge ruft der Palast Bilder eines Sarkophags, Reliquienschreins oder Tempels wach. Bemerkenswert ist, dass sich die Wahrnehmung

154 Fontane, *Wanderungen. Barnim-Lebus*, GBA V/2, S. 383.

155 Im Aufsatz zu Schinkel charakterisiert Fontane die Architektur als »Schwesterkunst« der Malerei ([ungez.], *Bilder und Geschichten aus der Mark Brandenburg. Karl Friedrich Schinkel.* In: *MB* 45 (04.11.1864), S. 1064). In der entsprechenden Passage in den *Wanderungen* ist dieser Teilsatz getilgt (vgl. ders., *Wanderungen. Karl Friedrich Schinkel*, GBA V/1, S. 108).

156 Vgl. Jochen Meyer, *Der Bedeutendste unter den Bedeutenden. Anmerkungen zu Theodor Fontanes Schinkel-Bild.* In: *Fontane Blätter* 79 (2005), S. 59.

157 Theodor Fontane, Tagebucheintrag vom 08.10.1874, GBA XI/3, S. 311. Ein weiteres Beispiel für die Gliederung eines Baukörpers in dessen strukturierende Grundformen liefert die Beschreibung eines Klosterbaus von Bologna (vgl. ders., Tagebucheintrag vom 21.08.1875, GBA XI/3, S. 388).

158 Es sind weitere Textstellen auszumachen, in denen sich Fontane um kunst- und baugeschichtliche Fachbegriffe sowie deren Zuschreibung bemüht (vgl. z. B. ders., Tagebucheintrag vom 08.10.1874, GBA XI/3, S. 311; ders., Tagebucheintrag vom

des Baus mit Erinnerungen an Gemälde überlagert, womit die Leichtigkeit des Untergeschosses akzentuiert wird. Außerdem versieht Fontane den Palast mit der Zuschreibung »zauberhaft«, was in Verbindung mit Sarkophag und Reliquienschrein wie Schauerromantik anmutet. Das Zitat legt überdies offen, dass auch in den Architekturbeschreibungen durch unerwartete Gegenüberstellungen evozierte humoristische Passagen nicht ausbleiben.[159] Dies trifft im Übrigen nicht nur für Bauwerke Italiens zu; im Artikel zur Neuen Börse spöttelt Fontane, dass die Armhaltung der Hauptfigur der Skulpturengruppe mit den »Vorderpfoten eines tanzenden Bären«[160] vergleichbar sei.

Im Tagebuch über Reisen nach Mainz, Worms und Speyer äußert sich Fontane unter anderem zu den architektonischen Besonderheiten dieser Städte: »Es ist mir sehr interessant innerhalb 24 Stunden gerade diese drei Dome [Mainz, Worms und Speyer, CA] gesehn und die Möglichkeit der Vergleichung gehabt zu haben«[161]. Begeistert schreibt Fontane über den Kölner Dom:

> Die Stadt ist scheußlich, der Dom das herrlichste, großartigste was ich überhaupt je gesehn. Wenn man den Kölner Dom sieht und noch in Zweifel ist ob dem griechischen oder gothischen Baustyl der Vorzug gebührt, so kann man meinetwegen ein guter Mann und sogar ein doctrinairer Kunstverständiger sein, aber ein Herz im Leibe hat man nicht: *das* weiß auf der Stelle wohin es sich zu wenden hat. »*Schönheit*« mag dort wie hier sein, aber solch Dom ist mehr als schön; ganz andre Kräfte die das Menschenherz bewegen, finden darin

22.08.1875, GBA XI/3, S. 393; ders., *Italienische Aufzeichnungen. Erinnerungen*, HFA III/3/2, S. 978).

159 Vgl. hierzu auch Fontanes Beschreibung des *Camposanto* in Pisa: »Das Ganze wirkt öde und großartig zugleich, etwa wie Sphinxe die sich plötzlich aus der Wüste erheben. Kahl, sonnig, schattenlos, liegt der weite Platz am Rande der Stadt da und auf ihm diese Bauten. Daß sie durch Schönheit sofort den Sinn gefangen nähmen, kann man nicht sagen. Es wirkt groß, eigenartig, wundersam, aber nicht gerade wohlthuend. Der Dom selbst ist schön, während der ›schiefe Thurm‹ den Eindruck eines Curiosums, das Campo Santo, an den kahlen Außenwänden hin, den einer Reitschule, das Baptisterium, so weit seine Kuppel in Betracht kommt, den des beinah Häßlichen macht« (Theodor Fontane, Tagebucheintrag vom 20.08.1875, GBA XI/3, S. 387). In einem späteren Tagebucheintrag zu den Türmen von Bologna ergründet Fontane dann differenzierter, was ihn zum Missfallen am schiefen Turm von Pisa verleitet haben mochte: »[...] die beiden ›schiefen Thürme‹ besichtigt, die, theils in ihrer Einfachheit, theils durch ihr Zusammenstehn, mehr auf mich wirkten als der schiefe Thurm in Pisa« (ders., Tagebucheintrag vom 21.08.1875, GBA XI/3, S. 389).

160 Ders., *Die neue Börse*, NFA XXIII/2, S. 149. Ein weiteres Beispiel für Fontanes eigentümliche Metaphorik liefert die Bezeichnung des *Crystal Palace* als »Riesenleiche« (ders., *Ein Gang durch den leeren Glaspalast*, HFA III/3/1, S. 12).

161 Ders., Tagebucheintrag vom 02.09.1865, HFA III/3/2, S. 881. In seine Betrachtungen über die Dome bezieht Fontane auch den historischen Kontext mit ein, indem er auf die Kriegsschäden zu sprechen kommt (vgl. ebd., S. 880–883).

> ihren Ausdruck. Es ist der Zug nach dem Höchsten, die Sehnsucht die über das Irdische hinausgeht, was diese »himmel anstrebenden« Dome schuf.[162]

Das Zitat zeigt auf, dass Fontane zwar mit verschiedenen Baustilen bekannt ist, sein Urteil aber dennoch mit subjektiven Empfindungen begründet und sich dabei explizit von der Kritik »doctrinairer Kunstverständiger« abgrenzt.[163] Er argumentiert stattdessen mit himmlischen Sehnsüchten, die den Bau des Domes beeinflusst hätten. Ein Bauwerk ist seines Erachtens mit der Klassifizierung des Baustils unzureichend beschrieben. Allerdings verwendet Fontane selbst, beispielsweise in der Beschreibung des Ausstellungsgebäudes von Manchester, Fachbegriffe wie »Hauptschiff«, »Querschiff«, »Transept«, »Chor einer gotischen Kirche«, und spricht von einer gewölbten Decke.[164] Dasselbe gilt für den Zeitungsartikel zur Neuen Börse in Berlin: Fontane geht auf die Grundformen des Gebäudes ein und beschreibt davon ausgehend den Aufbau des Bauwerks:

> Diese Hauptfront der neuen Börse gliedert sich in drei Teile; rechts und links springt das Gebäude in zwei kurzen Flügeln oder Risaliten vor, zwischen denen sich eine aus zwölf dorischen Säulen gebildete Kolonnade hinzieht, die wiederum ihrerseits, in der Höhe des ersten Stocks, einen Balkon mit steinerner Balustrade trägt.[165]

---

162 Theodor Fontane an Emilie Fontane, 06.04.1852, GBA XII/1, S. 14. Nach einem zweiten Besuch 1865 revidiert Fontane sein Urteil und klagt über den Tourismus und die Kommerzialisierung des Domes: »Der Dom ist ein kosmopolitisches Hauptwerk; die ganze Welt hat dran gebaut, die ganze Welt besucht es… Es ist alles, nur keine katholische Kirche. Es ist ein Museum und profanes Getreibe« (Fontane, *Rheinreise*, HFA III/3/2, S. 871). Fontane betrachtet auch die im Dom vorhandenen Gemälde sowie die Glasmalereien (vgl. ebd., S. 873, 875).

163 Ein ähnlicher Gestus findet sich in einer unechten Korrespondenz zum Gebäude der Ausstellung von 1852 in London. Fontane behauptet darin, sich nicht in die Frage einmischen zu wollen, ob das Bauwerk schön oder unschön sei, sondern dies Fachleuten zu überlassen. Das Gebäude als »Warenspeicher« (ders., *London, 14. Mai. Die Ausstellung. Das Gebäude. Schön oder unschön. Österreich und der Zollverein. Berliner Porzellan. Mr. Veillard und fair play*, UK I, S. 217) zu bezeichnen, lässt er sich aber dennoch nicht nehmen und bezieht insofern implizit Stellung. Eine Beschreibung des Baus liefert er jedoch nicht, sondern verweist auf Bilderläden, in denen wohl Abbildungen zu sehen sind (vgl. ebd.). Im Artikel zur Neuen Börse hält Fontane fest, dass er »von unserm Laienstandpunkt aus, eine Beschreibung« versuche (ders., *Die neue Börse*, NFA XXIII/2, S. 148).

164 Ders., *Aus Manchester. 2. Brief*, NFA XXIII/1, S. 57. Vgl. hierzu auch die Beschreibung des Doms aus dem Reisebericht zu Roeskilde: ders., *Roeskilde. Der Dom. Sein Alter und Baustil*, HFA III/3/1, S. 652f.

165 Ders., *Die neue Börse*, NFA XXIII/2, S. 148f.

Die systematische Analyse einer Bauform findet sich auch im Zeitungsartikel zur Berliner Synagoge, der interessanterweise als Zusendung »von einem Kunstverständigen« inszeniert ist.[166] Die Kenntnis der Fachbegriffe und die Anwendung derselben sprechen für Fontanes Prägung durch die Berliner Schule, zumal in enger Folge verschiedene kunsthistorische Kompendien mit Berücksichtigung der Architektur von Kugler, Schnaase und Lübke erscheinen.[167] Auch im Wortlaut lässt Fontane durchblicken, dass er mit der Ikonografie von Bauwerken vertraut ist: »Über dem Haupteingang, in der Mitte der Burgstraßenfront, befindet sich selbstverständlich die Hauptgruppe.«[168] Das Adjektiv »selbstverständlich« legt die Vermutung nahe, dass Fontane dieser Typus bekannt ist und er zwischen verschiedenen Bauwerken derselben Art systematische Bezüge herstellt. Signifikant ist, dass er den Artikel mit der Aussage einleitet, »[w]ir [...] versuchen, von unserm Laienstandpunkt aus, eine Beschreibung«[169]. Trotzdem oder gerade deshalb ist der Zeitungsbericht mit zahlreichen Fachbegriffen gespickt, was ein Beispiel dafür ist, dass Fontane seinen Status als Connaisseur mit fundiertem Kunstwissen bewusst ausstellt.[170] Dies bedeutet jedoch nicht, dass Fontane die Verwendung von Fachbegriffen nicht auch hinterfragen wür-

166 Ders., *Die Berliner Synagoge*, NFA XXIII/2, S. 153. Auch im Zeitungsartikel zur Synagoge werden zuerst die Bauherren erwähnt, sodann erfolgt die Klassifizierung des Baus und die Erwähnung der Ausmalung respektive Ornamentik, des Weiteren wird auf das Baumaterial verwiesen (vgl. ders., *Die Berliner Synagoge*, NFA XXIII/2, S. 153). Die systematische Herangehensweise und die Verwendung der Fachterminologie lassen auch in diesem Fall Einflüsse vonseiten kunsthistorischer Handbücher vermuten.

167 Ab 1856 veröffentlicht Kugler sein Werk *Geschichte der Baukunst*, in Schnaases *Geschichte der bildenden Künste* aus demselben Jahr ist Architektur ebenfalls berücksichtigt (vgl. dazu die Kapitel I.1.4 und II). 1855 erscheint Wilhelm Lübkes Publikation *Geschichte der Architektur* sowie eine *Vorschule zum Studium der kirchlichen Kunst*, die Fontane rezensiert. Architektur ist überdies Thema verschiedener Beiträge im *Deutschen Kunstblatt*: Beispielsweise wird mittels eines Vergleichs zur Kathedrale St. Paul auf die enormen Dimensionen des Glaspalastes sowie auf die Geschwindigkeit, in der derselbe gebaut worden ist, hingewiesen (vgl. Ath., *Zeitung. London*. In: *DKB* 13 (31.03.1851), S. 104). Ein weiteres Beispiel dafür, dass im *Deutschen Kunstblatt* Grundlagenwissen zur Architektur vermittelt wird, ist der Artikel *Reihenfolge und Charakteristik der vorzüglichsten Bauwerke des Mittelalters in Regensburg* von Ferdinand von Quast, dem zur Veranschaulichung eine lithografierte Beilage mit Längs- und Querschnitten sowie Darstellungen von Kapitellen angefügt ist (vgl. Ferdinand von Quast, *Reihenfolge und Charakteristik der vorzüglichsten Bauwerke des Mittelalters in Regensburg*. In: *DKB* 19 (08.05.1852), S. 164–166; Beilage).

168 Fontane, *Die neue Börse*, NFA XXIII/2, S. 149.

169 Ebd., S. 148.

170 Dieselbe Thematik wird in *Graf Petöfy* verhandelt, wo die Künstlerin Hanna sich über Kunst und Kritik auslässt: »Immer nur die, die von Kunst wenig wissen und verstehen, finden Alles himmlisch und göttlich« (ders., *Graf Petöfy. Roman*, GBA I/7, S. 111).

de. So behauptet er in Bezug auf die Kathedrale von Fiesole, dass »hier also nicht eigentlich von einer Krypt- oder Kellerkirche, sondern nur von einer Erdgeschoßkirche« gesprochen werden dürfe.[171] Zugleich akzentuiert er die positiven Implikationen des Laiendaseins: »Auch hier [beim Haupteingang der Neuen Börse, CA] wirken die Säulen rein ornamentativ, aber – was sich auch von der Doktrin aus dagegen sagen lassen mag – das Entscheidende bleibt doch immer das, wie solche Dinge auf *unbefangene* und zugleich *feinfühlige Sinne* wirken.«[172] Fontane attestiert dem Laien folglich Unbefangenheit und Feinfühligkeit als Vorzüge, wobei es insbesondere den Begriff der Unbefangenheit in Anbetracht der aufgezeigten Analogien zu formalen Bauanalysen, die er an anderen Stellen vornimmt, kritisch zu hinterfragen gilt.

Insgesamt geht es Fontane jeweils – wie bei Zeitungsartikeln über Gemälde – nicht darum, eine wissenschaftlich fundierte Abhandlung von Bauwerken zu liefern. Dies wird deutlich am Artikel, der mit *Waltham Abbey* überschrieben ist, wobei sich lediglich eine von fünf Spalten mit der Abteikirche auseinandersetzt. Ausführlicher fallen die Beschreibung der Anreise, der Eiche auf dem Gelände, deren historischer Kontext nacherzählt wird, sowie der Bericht über den Kirchendiener aus, der keine Besucher möge, da sich diese ausschließlich für die Architektur der Kirche interessieren würden.[173] Auch im Zeitungsartikel über die Besichtigung des – nach Beendigung der Ausstellung nun leeren – Glaspalasts geht Fontane auf das Bauwerk ein und zeigt sich beeindruckt von dessen imposanten Dimensionen, die seines Erachtens dadurch noch gesteigert würden, weil der Bau inzwischen leer und gleichförmig sei. Die Einordnung des Glaspalasts in die Architekturgeschichte oder eine formale Analyse des Gebäudes liefert Fontane allerdings nicht. Stattdessen wird die Glashülle zur Metapher für London selbst und führt darüber hinaus zu Reflexionen über Leben und Vergehen, zugespitzt zur Dekadenzerscheinung.[174]

---

171 Ders., *Italienische Aufzeichnungen. Erinnerungen*, HFA III/3/2, S. 978.

172 Ders., *Die neue Börse*, NFA XXIII/2, S. 150.

173 Vgl. ders., *Waltham-Abbey*, HFA III/3/1, S. 554–558. *Waltham Abbey* wird auch in *Der Stechlin* in Melusines Bericht über ihre Englandreise erwähnt. Der Fokus liegt allerdings nicht auf dem Bauwerk, sondern dem Sachverhalt, dass es als Gedenkstätte für König Harald erbaut wurde (vgl. ders., *Der Stechlin*, GBA I/17, S. 286f.).

174 Ähnliches stellt Karge für Fontanes Kapitel zur Klosterkirche Chorin in den *Wanderungen* fest. In Schnaases fünftem Band der *Geschichte der bildenden Künste* findet sich eine ausführliche Strukturanalyse derselben (vgl. Karl Schnaase, *Geschichte der bildenden Künste, Bd. 5: Entstehung und Ausbildung des gothischen Styls*, Düsseldorf 1856, S. 607). Fontane hingegen liefert eine mit Fachvokabular gespickte Beschreibung der Form der Kapitelle, Pfeiler- und Fensterzahl und geht auf die Wandmalereien ein, um Kloster Chorin schließlich als »Architekturbild« zu bezeichnen. Für ihn ist gemäß Karge »allein der malerisch-bildhafte Eindruck von Belang« (Karge, *Poesie und Wissen-*

Ein Gang durch den leeren Glaspalast (PAZ 1852), Londoner Briefe. Der Tower (PAZ 1852), Krystallpalast-Bedenken (VZ 1856), Waltham-Abbey (NPZ 1857), Der Palast von St. James und die Royal Chapel (Die Zeit 1858), Die neue Börse (NPZ 1863), Schloss Rosenborg [Reisebericht Kopenhagen] (MB 1865), Die Berliner Synagoge (NPZ 1865), Dr. Giuseppe Marchesi [Vorlesungen über italienische Kunst und Kultur im Architekten-Verein] (VZ 1878)

1.6 Bildhauerei

Fontane setzt sich lediglich mit wenigen Bildhauern fundiert auseinander; zu nennen sind Reinhold Begas[175], Christian Daniel Rauch,[176] Johann Gottfried Schadow[177] und Karl Friedrich Schinkel, wobei er sich mit Letzterem am aus-

---

schaft, S. 273). Vor dem Hintergrund von Fontanes Bemühen, den Bau mit Fachvokabular zu beschreiben, ist allerdings durchaus ein wissenschaftlicher Anspruch geltend zu machen.

175 Fontane lernt Begas im Hause Paul Lindaus persönlich kennen (vgl. Theodor Fontane an Theodor Storm, 02.11.1878, HFA IV/2, S. 627). Im Rahmen der Kunstkritiken bespricht er allerdings einzig Begas' Werk *Die Badende* ausführlicher, wobei er den Naturalismus der Skulptur kritisiert: »Dieser Naturalismus erniedrigt die Kunst, entkleidet sie ihrer Reinheit; an die Stelle der Keuschheit tritt die Sinnlichkeit, und an die Stelle des hohen Nackten, das erhebt, tritt das niedere Nackte, das verdirbt« (Fontane, *Berliner Kunstausstellung [1866]*, NFA XXIII/1, S. 381f.). Fontane attestiert Begas zwar großes »Talent«, gibt sich aber »fest überzeugt, daß diese Richtung selbst den Verfall bedeutet« (ebd., S. 382). Er erweist sich mit diesen Aussagen als Sittenrichter und nutzt das Beispiel als Argument, um gegen den Naturalismus anzuschreiben.

176 Fontane zählt Rauch zur »preußischen Bildhauertrias« (ders., *Ludwig Wichmann*, NFA XXIII/1, S. 454), was in Kuglers *Handbuch* in der Bezeichnung Rauchs als »Hauptrepräsentant« der »historische[n]« Richtung (Franz Kugler, *Handbuch der Kunstgeschichte*, 1842, S. 858) und in der späteren, von Lübke bearbeiteten Fassung als »Hauptmeister der neueren Berliner Schule« (ders., *Handbuch der Kunstgeschichte*, 5. Aufl., bearbeitet von Wilhelm Lübke, Stuttgart 1872, Bd. 2, S. 588) seine Bestätigung findet. Fontane weiß durch die Lektüre der Rauch-Biografie der Brüder Eggers und das Verfassen der entsprechenden Rezension über Rauchs Schaffen Bescheid. Zudem ist Rauch jeweils als Akademiedirektor erwähnt, über seine Werke verfasst Fontane allerdings keine weiteren Texte. Aus einem Brief an Martha zu schließen, hat er von Rauch eine Büste besessen, denn er berichtet ihr anlässlich des Erhalts einer Goethe-Büste: »Es ist eine sehr hübsche Büste, ¾ Lebensgröße, die sich nun zwischen Rauch und dem alten Fritzen sehr gut ausnimmt« (Theodor Fontane an Martha Fontane, 04.05.1894, HFA IV/4, S. 349).

177 Wie in Kapitel I.1.9 ausgeführt, setzt sich Fontane mit Schadow im Rahmen der *Wanderungen* auseinander, wobei sich der Text auf den alten Schadow konzentriert. Die Tätigkeit Schadows als Akademieprofessor in Düsseldorf ist Fontane allerdings durch das Verfassen verschiedener Künstlerbiografien sowie durch die Rauch-Biografie der Brüder Eggers bekannt.

führlichsten beschäftigt:[178] Texte zu Schinkel finden sich in den kunstkritischen Zeitungsartikeln, den *Wanderungen* sowie den unechten Korrespondenzen.[179] In den unechten Korrespondenzen kommt Fontanes Wertschätzung für Schinkel deutlich zum Ausdruck, indem er dessen Kunst auf eine Ebene mit Bertel Thorwaldsen[180] stellt: »[B]eide haben dem Handwerk in *Vorbildern* die Gesetze der Schönheit geschrieben und dadurch den Geschmack des Volkes auf eine höhere Stufe gehoben.«[181] Die Erwähnung des Handwerks ist ein Beleg dafür, dass Fontane sämtliche Tätigkeitsfelder Schinkels in seine Betrachtungen miteinbezieht: Sowohl Schinkels Verdienste im Bereich des Kunsthandwerks,[182] der Malerei[183] als auch der Architektur und Städteplanung[184] finden in Fontanes Schriften Beachtung.

Entsprechend der spärlichen Aufzählung der von Fontane berücksichtigten Bildhauer, hat er nur wenige Zeitungsartikel über Bildhauerei verfasst.[185]

---

178 Fontane besitzt Werke Schinkels, denn er schreibt an Arthur Deetz, dieser möge ihm das entsprechende Werk wieder zukommen lassen: »das Bild in schwarzem Rahmen ist eine Knabenarbeit Schinkels« (Theodor Fontane an Arthur Deetz, 23.11.1884, HFA IV/3, S. 363).

179 Schinkel findet auch im Kapitel Radensleben in den *Wanderungen* Berücksichtigung, allerdings hauptsächlich in Form einer Inventarliste. Als einzige Wertung Fontanes liegt vor: »1., 2. und 3. Kleine Landschaften. 1797. Sehr sauber ausgeführt« (Fontane, *Wanderungen. Radensleben*, GBA V/1, S. 50). Im selben Abschnitt hält Fontane fest, dass er ein »Grabdenkmals- oder Mausoleumsbildchen« Schinkels besitze (ders., *Wanderungen. Radensleben*, GBA V/1, S. 49, FN).

180 Kugler und Lübke werten Thorwaldsen ebenfalls als einzigartigen Künstler (vgl. Kugler, *Handbuch der Kunstgeschichte*, 1842, S. 585; Wilhelm Lübke, *Grundriss der Kunstgeschichte. Vierte, durchgesehene Auflage*, Stuttgart [1866] 1868, S. 729).

181 Fontane, *London, 19. Juni. Noch einmal die Sculptur*, UK I, S. 231.

182 Vgl. ders., *Wanderungen. Karl Friedrich Schinkel*, GBA V/1, S. 115.

183 In den *Wanderungen* lobt Fontane Schinkel in den höchsten Tönen als Künstler, der nicht nur auf dem Gebiet der Architektur, sondern ebenso in der Landschaftsmalerei brilliert habe (vgl. ders., *Wanderungen. Karl Friedrich Schinkel*, GBA V/1, S. 107). Kugler berücksichtigt Schinkels »Entwürfe im Fache der historischen Malerei« ebenfalls und bezeichnet dieselben »als poetisch bedeutsame Werke« (Kugler, *Handbuch der Kunstgeschichte*, ^{5}1872, Bd. 2, S. 585).

184 Fontane schreibt diesbezüglich in einem Brief an Emilie: »Lucae versichert uns immer, in 20 Jahren würde Berlin eine der schönsten Städte Europas sein. Ich glaub' es nicht; […] hier und dort wird irgend ein Pringsheim eine Kakel-Architektur in die Mitte langweiliger Häuser hineinstellen. Es fehlt der Sinn und ebenso eine mit wirklicher Autorität ausgerüstete Leitung. Wenn Schinkel jemals fehlte, so fehlt er jetzt« (Theodor Fontane an Emilie Fontane, 05.08.1875, HFA IV/2, S. 505).

185 Dies mag auch damit zu begründen sein, dass Skulpturen gegenüber Gemälden in den Berliner Kunstausstellungen quantitativ untervertreten sind, wie die Verzeichnisse der Exponate offenlegen (vgl. *Verzeichniß der Werke lebender Künstler, welche für die Kunstausstellung in den Sälen des* Königl. Akademie-Gebäudes zu Berlin 1860 angemeldet

Er beschreibt die Skulptur auch als »Aschenbrödel der bildenden Kunst, freilich um dann schließlich doch vielleicht die herrlichste unter den Schwestern zu sein«[186]. Eine Analyse der vorhandenen Texte zur Bildhauerei erweist sich jedoch besonders unter dem Aspekt von Kunst im öffentlichen Raum sowie der Verbindung von Kunst und Gesellschaft als aufschlussreich. Im ersten Brief *Aus Manchester* wird das Standbild des Herzogs von Wellington gar zum Gebrauchsgegenstand, wenn Fontane beschreibt, wie Knaben die Statue zum Klettern nutzen.[187] In Bezug auf London bemängelt er das Fehlen öffentlicher Denkmäler: Während Berlins Innenstadt zahlreiche Skulpturen aufweise,[188] müsse die englische Bildhauerkunst in »Galerien der Großen und Reichen«[189] oder in den Kirchen St. Paul und Westminster gesucht werden.[190] In demselben Artikel geht Fontane näher auf die Denksäule für das City-Feuer ein und kommt zum Schluss, dass »[d]as Interessanteste der Statue […] ihre Ausfüh-

worden; *Verzeichniß […] 1862 […]* [Katalog der Ausstellung: XLIII. Kunstausstellung der Königlichen Akademie der Künste, Berlin, 07.09.–31.10.1862], Berlin 1862; *Verzeichniß […] 1864 […]* [Katalog der Ausstellung: XLIV. Kunstausstellung der Königlichen Akademie der Künste, Berlin, 04.09.–06.11.1864], Berlin 1864; *Verzeichniß […] 1866 […]* [Katalog der Ausstellung: XLV. Kunstausstellung der Königlichen Akademie der Künste, Berlin, 02.09.–04.11.1866], Berlin 1866; *Verzeichniß […] 1872* [Katalog der Ausstellung: XLVIII. Kunstausstellung der Königlichen Akademie der Künste, Berlin, 01.09.–03.11.1866], Berlin 1872; *Verzeichniß […] 1874* [Katalog der Ausstellung: XLIX. Kunstausstellung der Königlichen Akademie der Künste, Berlin, 06.09–01.11.1874], Berlin 1874). Zur Kunstausstellung von 1862 hält Fontane dann auch in einer Klammerbemerkung fest, dass Skulpturen das »jedesmalige[] Stiefkind in der Gunst des Publikums« seien (Fontane, *Die diesjährige Kunstausstellung [1862]*, NFA XXIII/1, S. 236).

186 Ebd., S. 237.

187 Vgl. ders., *Aus Manchester. 1. Brief*, NFA XXIII/1, S. 53.

188 In einem seiner Notizbücher attestiert Fontane Berlin am Beispiel des Figurenschmucks der Berliner Börse eine Vorrangstellung in Bezug auf die Bildhauerei: »Bemerkenswerth sind noch die Skulpturen. Berlin ist auf diesem Punkt vielleicht mehr als auf irgend einem andren à la tête und wie es scheint ist es hier nicht hinter sich zurückgeblieben« (ders., *Aufzeichnungen über die Berliner Börse*, Notizbuch A 6, Bl. 11v. Staatsbibliothek Preußischer Kulturbesitz, Fontane-Nachlaß, Staatsbibliothek Berlin).

189 Ders., *Die öffentlichen Denkmäler*, HFA III/3/1, S. 19. Fontane spitzt die Aussage so weit zu, dass dem Fremden »Zweifel an ihrer [der englischen Bildhauerkunst, CA] Existenz« kommen könnten (ebd.).

190 Auch in einer unechten Korrespondenz zur Zollvereins-Ausstellung kritisiert Fontane die englischen Standbilder auf öffentlichen Plätzen und Straßen Londons: »*Nichts* ist da, was dem Auge wohltäte; die Ungunst des Klimas kommt hinzu« (ders., *London, 30. Mai. Kunst und Künstler*, UK I, S. 225). Die genannten Texte lassen damit erkennen, dass sie für ein Berliner Publikum geschrieben sind. Unterstrichen wird dies durch die Erwähnung des Bildhauers Rauch in Zusammenhang mit der Kritik an der Reiterstatue Karl Stuarts (vgl. ders., *Die öffentlichen Denkmäler*, HFA III/3/1, S. 22).

rung in Granit«[191] sei, was eine Absage an die Bedeutung der Säule als Denkmal ist, aber gleichzeitig offenbart, dass er die Materialität von Denkmälern in Sonderheit berücksichtigt. Fontane führt die Verwendung des Granits auf das englische Klima zurück, womit er die Denksäule in deren kulturellem Kontext verortet. Die Materialität sowie der Entstehungshintergrund sind auch in Fontanes Ausführungen zum Schillerstein im Vortrag über die Denkmäler in der Schweiz Thema, in dem er den Stein als Rückführung des Denkmals auf dessen Ursprung, nämlich aufgerichtete Steine – »Denk-Steine« – betitelt.[192] Fontane zufolge zeichnet sich der Schillerstein durch seine »schlichte[], sinnige[] und zugleich vornehme[] Art der Huldigung«[193] aus, die er neben der Materialität in der einfach gehaltenen Inschrift des Steines verkörpert sieht.[194] Seines Erachtens besteht die Gefahr, dass Denkmäler infolge des Bemühens, »dem Denkmal einen höchsten künstlerischen Ausdruck zu geben«, ihre Funktion als »sich einprägendes Zeichen des Gedächtnisses« nicht erfüllen würden.[195] Damit wird deutlich, dass er die Funktion des Denkmals als Erinnerung an vergangene Geschehnisse an dieser Stelle stärker gewichtet als die künstlerische Gestaltung. Sein zentrales Argument hierfür ist, dass Denkmälern wie dem Mythenstein und dem Löwendenkmal in Luzern »so recht eigentlich die Bezeichnung zukomm[e], *Denkmäler* ihres Landes zu sein«[196]. Fontane stellt heraus, dass die Idee für das Letztere nicht von einem Künstler, sondern von einem Schweizer Offizier stamme und damit »aus dem Volke heraus gewachsen[]«[197] sei. Die Verbindung von Kunst und Gesellschaft ist demgemäß bei Denkmälern besonders zu betonen, gerade wenn diese, wie auf das Löwendenkmal und den Schillerstein zutreffend, eng an die Geschichte des Landes gebunden sind. Folglich ergibt sich eine Trias aus Historie, Gesellschaft

191 Ebd., S. 21.

192 Ders., *Denkmäler in der Schweiz*, HFA III/3/1, S. 728. Fontane erachtet den Denkstein als gelungene Abwechslung zu den Reiter- oder Standbildern. Er behauptet, dass »die meisten unsrer Denkmäler […] tot [sind]; zahllose Standbilder stehen in jedem Sinne festgeschraubt auf dem Sockel, unfähig, in unsre Herzen hinabzusteigen, unfähig zu begeistern, unfähiger, ein Mal, ein Zeichen der Erinnerung zu sein, als der Denkstein alter Tage, dessen einfach erhobener Steinfinger unsere Phantasie und unser Herz in Bewegung setzte« (Fontane, *Denkmäler in der Schweiz*, HFA III/3/1, S. 729).

193 Ebd., S. 731.

194 Auf dem Stein steht geschrieben: »Dem Sänger Tells, F. Schiller. Die Urkantone 1859«.

195 Fontane, *Denkmäler in der Schweiz*, HFA III/3/1, S. 729.

196 Ebd., S. 728. Reflexionen über den Terminus Denkmal als »öffentliche[r] Dank« sowie »Denke-Mal« finden sich auch in Fontanes Äußerungen zu Denkmälern in den Kriegsberichten, die gemäß Fontane »sichtbare Erinnerungen« an historische Ereignisse sein und zur Ehrenerweisung an die Gefallenen mahnen sollen (ders., *Der deutsche Krieg von 1866. Anhang*, Bd. 2, S. 3; vgl. Kapitel I.1.11).

197 Ders., *Denkmäler in der Schweiz*, HFA III/3/1, S. 731.

und Kunst, wobei dem Denkmal die Funktion der Erinnerung des Volkes an seine eigene Geschichte zukommt. In Bezug auf die künstlerische Gestaltung hält Fontane zwei Punkte fest:

> Der *eine* Satz ist der, daß, der natürlichen Bestimmung eines Denkmals gemäß, dem Charaktervollen (wie unschön es sein möge) vor dem bloß Konventionellen der Vorzug gebührt. Der *andere* Satz ist der, daß wir, mehr als geschieht (und selbst von den Besten geschieht), bestrebt sein müßen, uns, ohne deshalb ins Hässliche oder Abstruse zu verfallen, aus den Banden des Typisch-Überlieferten, des modisch Etablierten frei zu machen. Das große Talent wird zwar das Typisch-Überlieferte immer neu zu beleben wissen, aber seine Wirkung und sein Triumph werden größer sein, wenn es ihm glückt, den Volksgeist und die Sitte des Volks befragend, innerhalb des Gedanklichen Griffe zu tun, wie beispielsweise den Löwen von Luzern oder den Mythenstein im Urner See.[198]

Fontane argumentiert, dass ein Denkmal gemäß seiner »natürlichen Bestimmung« charaktervoll sein müsse und akzentuiert damit die Funktion des Kunstwerks, das Erinnern. Um diese Aufgabe zu erfüllen, dürfe das Denkmal auch »unschön« sein; dem Charakter und damit dem Individuellen gebührt der Vorrang vor der Konvention. Im Folgenden konkretisiert er die Bezeichnung »unschön« insofern, als das Postulat für das Charaktervolle nicht dazu berechtige, »ins Häßliche oder Abstruse« zu verfallen. Diese Auffassung findet sich auch in zahlreichen Äußerungen Fontanes zu Gemälden wieder und ist mitunter ein zentraler Aspekt seiner Auffassung von Realismus. Er schreibt, dass »das Typisch-Überlieferte« wiederbelebt werden solle; Künstler hätten sich folglich sehr wohl auf Traditionen und den Kanon zu berufen – was er überdies in seiner eigenen Argumentation tut, indem er den Schillerstein auf den Denkstein zurückführt –, doch Wirkung und Triumph seien erst zu erlangen, wenn der kulturelle Kontext berücksichtigt werde.

Während Fontane den Mythenstein und das Löwen-Denkmal als singuläre Kunstobjekte lobt, weist er den Skulpturen in der Zollvereins-Ausstellung 1862 in London, »wie es sein soll«[199], lediglich die Funktion des Schmucks der Hallen und Höfe zu. Allerdings bemängelt er in demselben Artikel, dass sich die Skulpteure damit zufrieden geben müssten, in der Halle »ausschließlich ornamentativ aufzutreten«, während die Maler ihre Werke in einem »aparten Flügel« ausstellen könnten.[200] Die Statuen der Italiener würden gar in ei-

198 Ebd., S. 736.

199 Fontane, *London, 30. Mai. Kunst und Künstler*, UK I, S. 222. Gemeinsam mit dem Grün der Pflanzen würden die »Marmorbilder« einen »überaus gefällige[n]« Anblick bieten und »den Zauber des Orts [steigern]« (ebd.).

200 Ebd., S. 222.

ner »Bude«, »wie in einem Gipsfigurenladen feilgeboten«,[201] woran Fontane ein Ungleichgewicht zwischen Malerei und Bildhauerei festmacht. In einem Folgeartikel spezifiziert er allerdings die Eigenschaften und Grenzen der jeweiligen Kunst: Didaktisch angehaucht, greift er Fullers *Godiva* und Gibsons *Venus*, die zwei »bemerkenswertesten Hervorbringungen englischer Skulptur«, heraus, wobei ihm Gibson als Beispiel dafür dient, »wie man es machen soll«, Fuller umgekehrt dafür, »wie man es *nicht* machen soll«[202]. Fontane empfiehlt Fuller Lessings *Laokoon* »oder irgendein anderes gutes Buch über die Grenzlinien der verschiedenen Künste dringend als Lektüre«[203]. Die Erzählung der Godiva ist gemäß Fontane »ausschließlich ein Stoff für Sage und Dichtung, aber ganz und gar nicht für Malerei und Skulptur«[204]. Die Begründung lässt darauf schliessen, dass Fontane fürchtet, die plastische und sinnliche Darstellung der nackt auf dem Pferd reitenden Godiva könnte vom ernsthaften Inhalt der Geschichte – der Loyalität der Bürger gegenüber ihrer Königin – ablenken. Die Unterscheidung der Künste nimmt Fontane folglich über den Stoff vor, den er im erwähnten Beispiel für unangemessen hält. Gibson habe – im Gegensatz zu Fuller, der »den Lessing *nicht* gelesen hat« – Semper und Kugler »desto aufmerksamer studiert«[205]. Die beiden hätten als erste über Polychromie geschrieben, was Gibson in der Form einer Venusstatue umgesetzt habe. Die Statue selbst sei »Nebensache; es handelt sich dieser Gibsonschen Arbeit gegenüber weder um *Form*, noch *Auffassung*, sondern lediglich um die Anwendbarkeit der *Farbe*«[206]. Fontane erhebt die Plastik damit zum Semper'schen und Kugler'schen Studienobjekt,[207] wobei er sich davon ausgehend gegen Winckelmanns Lob des weissen Marmors ausspricht und stattdessen prophezeit: »Die lebendige Farbe wird siegreich sein über das Weiß des Todes.«[208] Die unechte Korrespondenz liefert damit einen Beleg für Fontanes Auseinandersetzung mit kunsthistorischen Debatten, wobei er im erwähnten Text bezeichnenderweise für Kugler Stellung bezieht. Außerdem kommt in Fontanes Beschreibungen

201 Ebd.

202 Ebd., S. 227.

203 Ders., *London, 12. Juni. Fuller und Gibson. Godiva und Venus*, UK I, S. 228.

204 Ebd. Alfred Tennyson habe daraus ein »schöne[s] Gedicht« gemacht (ebd.).

205 Ebd., S. 229.

206 Ebd.

207 1834 erscheint Gottfried Sempers Publikation *Vorläufige Bemerkungen über die bemalte Architektur und Plastik bei den Alten* und zwei Jahre später *Die Anwendung der Farben in der Architectur und Plastik – dorisch-griechische Kunst*. Franz Kugler veröffentlicht sein Werk *Ueber die Polychromie der griechischen Architektur and Sculptur und ihre Grenzen* 1835.

208 Fontane, *London, 12. Juni. Fuller und Gibson. Godiva und Venus*, UK I, S. 229.

von Skulpturen Fachvokabular wie »Piedestal« und »Basrelief« vor, was seine Lektüre einschlägiger Handbücher zur Bildhauerei offenlegt.

Darüber hinaus offenbaren die verschiedenen Texte zu Denkmälern, dass auch diese von Fontanes Vorliebe für Anekdoten und das Ersinnen narrativer Passagen zeugen. So notiert er, das Denkmal des Herzogs Wellington lasse erkennen, dass dieser an Gicht gelitten habe: »[E]s ist ganz ersichtlich, daß er die Gicht hat, daß es ihm [sic] die größte Anstrengung kostete, in den Sattel zu kommen und daß er ohne seinen weiten Regenmantel so früh in der Morgenluft unrettbar verloren wäre.«[209] Inspiriert vom vermeintlich statischen Reiterdenkmal konstruiert Fontane einen zeitlichen Ablauf, indem er ersinnt, wie der Herzog überhaupt auf das Pferd gestiegen sein könnte.

Ein weiterer Themenbereich, auf den Fontane in Zusammenhang mit Bildhauerei eingeht, ist die Symbolik, was er pointiert in einer Unterscheidung von Architektur und Bildhauerei ausführt: »Eine *Gruppe* soll was bedeuten, ein solcher *Prachtbau* braucht nur schön zu sein; die Gruppe verlangt Ideen und Begeisterung, das architektonische Monument nur Schule, Geschmack, technische Meisterschaft.«[210] Unter Beizug weiterer Zitate zu dieser Thematik wird erkennbar, dass es Fontane nicht um eine Abwertung der Architektur, sondern vielmehr darum geht, die Schwierigkeit einer angemessenen Symbolik aufzuzeigen.[211] Zynisch merkt er indessen an, dass Künstler solche

209 Ders., *Die öffentlichen Denkmäler*, HFA III/3/1, S. 23. Ein weiteres Beispiel dafür, dass Fontane auch durch Skulpturen zum Imaginieren zeitlicher Abläufe verleitet wird, findet sich im Artikel zur Winckelmann-Statue in Stendal. In demselben bemängelt Fontane, dass als Kostüm ein Mantel verwendet wurde, der den linken Arm Winckelmanns »derartig belade[], dass es den Anschein gewönne, er habe kein anderes Geschäft als diese Last zu tragen.« Die Gestik der Statue weise aber dennoch auf Winckelmanns Tätigkeit hin: »Die linke Hand hält eine Schreibtafel, seine erhobene Rechte den Stift, um die werdenden Gedanken niederzuschreiben« (ders., *Stendal und die Winckelmann-Statue*, NFA XXIII/2, S. 144).

210 Ders., *Die Ausstellung der Modelle zum Wellington-Grabmal*, NFA XXIII/1, S. 43.

211 In einem Artikel zu den Wellington-Grabmälern kritisiert Fontane die simple Symbolik der Bildhauer mittels einer Anekdote: »Die ganze Ausstellung rief mir lebhaft einen Besuch ins Gedächtnis, den ich vor ungefähr fünf Jahren in dem Atelier eines unserer Berliner Bildhauer machte. Er zeigte uns prächtige Gruppen, die den Belle-Alliance-Platz schmücken sollten, endlich auch einen Säulensockel, der, wie er dastand, uns etwas kahl und nüchtern erschien. Wir sagten ihm das; nach mehreren Stunden rief er laut: ›Sie haben recht; ich werde etwas Glaube, Liebe, Hoffnung an den Ecken anzubringen suchen.‹ Wäre diese Anekdote ein zufälliges Erlebnis, so hätte ich sie lange vergessen; aber sie charakterisiert die Produktionsweise einer langen Reihe von Männern, die von künstlerischem Aufbau keine Ahnung haben und unter Komposition eine Art von Zusammensetzspiel verstehen, wie man's Kindern auf den Weihnachtstisch zu stellen pflegt« (ders., *Die Wellington-Monumente in Westminster-Hall*, NFA

Aspekte als zweitrangig erachten würden.[212] Dasselbe Argument findet sich im Artikel zur Neuen Börse, wo kritisiert wird, dass die »Entzifferung« der einen Figurengruppe »bittere Mühe gemacht ha[t] (denn nicht jeder kann die an und für sich aus wenig Zeichen bestehende Hieroglyphenschrift unserer Skulpturen vom Blatt weg lesen) [...]. Die letzte Gruppe (nach der schmalen Gasse zu) spottete unserer Interpretationskunst«[213]. Der eine Kritikpunkt betrifft folglich die Verständlichkeit der Attribute, die signifikanterweise als zu entziffernde Schrift beschrieben werden, während ein zweiter darin besteht, dass »das Charakterisierende in die beigegebenen *Attribute* statt in die *Köpfe* der dargestellten Figuren«[214] gelegt werde. Betreffs der Neuen Börse lautet der Lösungsvorschlag Fontanes, sich »an den *nationalen Typus*« anzulehnen statt an »allgemeine Idealfigur[en]«.[215] Damit würde es unnötig, den Dargestellten ein Wappenschild zuzuordnen,[216] was darauf hindeutet, dass es Fontane vor allem darum geht, die Figur selbst sorgfältiger und aussagekräftiger auszuarbeiten. In eine ähnliche Richtung zielt seine Äußerung zur Winckelmann-Statue in Stendal, die einen Mantel trage, »der bekanntlich immer aushelfen muß«. Fontane entlarvt an dieser Stelle den Kniff der Bildhauer, einer Statue einen Mantel umzulegen und sich damit der Kostümfrage zu entledigen.[217]

Der Artikel zur Winckelmann-Statue in Stendal legt zudem offen, dass Fontane neben dem kulturellen Kontext auch den Standort der Denkmäler in deren Wertung mit einbezieht.[218] Hinsichtlich der Winckelmann-Statue äußert er Bedenken, dass die Statue angesichts der Grösse des eigens dafür geplanten »Winckelmann-Platz[es]« an der Hauptstraße Stendals an Wirkung verlieren könnte.[219] Dieser Umstand wird als »symbolisch« für das Ansehen der Kunstgeschichte interpretiert, die »nur mit Mühe und Not zu einem 7 Fuß

XXIII/1, S. 36f.). Dieselbe Anekdote wiederholt Fontane 36 Jahre später in einem Brief an Martha (vgl. Theodor Fontane an Martha Fontane, 24.08.1893, HFA IV/4, S. 284).

212 Vgl. Theodor Fontane an Friedrich Stephany, 12.01.1893, HFA IV/4, S. 244f.

213 Fontane, *Die neue Börse*, NFA XXIII/2, S. 149.

214 Ebd., S. 150.

215 Ebd.

216 Vgl. ebd.

217 Ders., *Stendal und die Winckelmann-Statue*, NFA XXIII/2, S. 143–148. Über Ludwig Wichmann, den Schöpfer der Winckelmann-Statue, verfasst Fontane später einen Artikel für das Lexikon *Männer der Zeit*. Darin bezeichnet er Wichmann, Rauch und Tieck als »preußische Bildhauertrias« (ders., *Ludwig Wichmann*, NFA XXIII/1, S. 454).

218 In Bezug auf eine geplante Schinkel-Statue ist dies ebenfalls ein Argument (vgl. Theodor Fontane an Emilie Fontane [Mutter], 07.01.1866, HFA IV/2, S. 154).

219 Als diesbezüglich vorbildliches Werk nennt Fontane eine Bismarck-Statue: »Was Sie zu Lob und Preis des Denkmals am Starnberger See sagen, unterschreib' ich Wort für

hohen Bäumchen emporgewachsen« sei.[220] Die Winckelmann-Statue stellt im Artikel den Ausgangspunkt für einen Rundumschlag zur Kulturlandschaft Stendals dar, in dem Fontane sein Bedauern über die mangelnde Beachtung der Altmark und deren Residenzstädte Stendal und Salzwedel ausspricht.[221] Darüber hinaus reflektiert er mittels Metapher, die suggeriert, dass Winckelmann die Genealogie der Kunstgeschichte begründet hat, über den Stellenwert der Kunstgeschichte, den er als bislang gering einschätzt.

Eine Anfrage von Alexander Gentz im Auftrag des Denkmalkomitees des Magistrats, ob Fontane ein Gedicht für ein Kriegerdenkmal in Neuruppin schreiben würde, belegt, dass Fontane in Sachen Denkmäler als Autorität angesehen wird.[222] Er lehnt allerdings ab, macht jedoch Vorschläge bezüglich der Ausführung des Denkmals:[223] Er regt an, »daß gute, verständige, von wahrem Interesse für die Sache erfüllte Männer der Grafschaft selbst die Sache in die Hand nehmen« sollen. Damit scheint Fontane seine Auffassung, wonach Denkmäler »aus dem Volke heraus«[224] wachsen sollen, zu wiederholen, die er 1866 in Bezug auf die Denkmäler in der Schweiz festhält. Selbst wenn dabei »etwas Halbverdrehtes« entstehe, so sei dies »immer noch viel, viel besser als die Berliner Dutzendware, mit der man wie mit irdenem Geschirr auf den Topfmärkten umherziehen könnte«[225]. Diese Aussage stößt in einer späteren Umfrage unter Berliner Professoren auf Unverständnis und hat empörte Rückmeldungen zur Folge. Einige Jahre später wird der Brief allerdings bei der Einweihung eines Fontane-Denkmals zitiert, da er »einige so echt Fontanesche und gerade in unserer Zeit der Denkmalswut und Bronzitis so schlagkräftige Bemerkungen«[226] enthalte. Fontanes Vorschläge zur Gestaltung des Denkmals werden allerdings nicht berücksichtigt, und statt seiner Verse stehen am Ende

Wort; gerade *so* müssen an *solcher* Stelle solche Denkmäler sein« (Theodor Fontane an Gustav Keyßner, 08.08.1898, HFA IV/4, S. 739).

220 Fontane, *Stendal und die Winckelmann-Statue*, NFA XXIII/2, S. 145.

221 Fontane geht im Artikel auf die historische Bedeutung der Altmärkischen Städte und deren Fachwerkhäuser ein und spricht davon, dass sich in mehreren Bauten die Macht der Fürsten und der Reichtum der Bürger zeige (vgl. ebd., S. 143–148). Dasselbe Anliegen, die Mark stärker zu honorieren, verfolgt Fontane mit den *Wanderungen*.

222 Vgl. Klaus-Peter Möller, *Der Neuruppiner ›Gedächtnis-Ofen‹. Fontanes Provokation und die Berliner Bildhauerzunft*. In: *Fontane Blätter* 76 (2003), S. 26–42. Das Denkmal wird am 18.10.1874 in Neuruppin eingeweiht.

223 Vgl. ebd., S. 27.

224 Fontane, *Denkmäler in der Schweiz*, HFA III/3/1, S. 731.

225 Theodor Fontane an Alexander Gentz, 28.05.1873, abgedr. in: Möller, *Der Neuruppiner ›Gedächtnis-Ofen‹*, S. 31.

226 Josef Ettlinger, *Die Fontane-Feier*. In: *Tägliche Rundschau*, Unterhaltungs-Beilage, 10.06.1907.

die Namen der in den Kriegen Gefallenen auf dem Sockel.[227] Darüber hinaus macht sich Fontane im Brief Gedanken über mögliche Standorte: an der Seepromenade oder nahe am Weinberg, aber nicht bei der Spittelkirche, denn: »Diese alte Kirche ist in ihrer Art auch ein Monument und man darf zwei Monumente, zwischen denen Einklang und gegenseitige Ergänzung nicht möglich ist, nicht nebeneinander stellen. Es würde disharmonisch wirken.«[228] Wie beim Winckelmann-Denkmal in Stendal, berücksichtigt Fontane demnach die Lage des Denkmals, dem er hinsichtlich dessen Wirkung zentrale Bedeutung beimisst. In seiner Auseinandersetzung mit der Bildhauerei bezieht Fontane folglich verschiedene Aspekte wie Symbolik, Polychromie, kulturelle Einbettung und topografische Verortung von Kunstwerken in seine Überlegungen mit ein. Als Kunst im öffentlichen Raum sind Denkmäler eine wichtige Thematik in den Texten zu Fontanes Reisen in fremde Städte.

Londoner Briefe. 1. Die öffentlichen Denkmäler (PAZ 1852), Die Wellington-Monumente in Westminster-Hall (NPZ 1857), Die Ausstellung der Modelle zum Wellington-Grabmal (DKB 1857), Stendal und die Winckelmann-Statue (NPZ 1859), Das Denkmal Albrecht Thaers in Berlin (Unterwegs und wieder daheim 1862), London, 19. Juni. Noch einmal die Sculptur. Dänemark à la tète. ›Thorwaldsen hier, Thorwaldsen dort‹. Kunst und Handwerk. Thorwaldsen und Schinkel (NPZ 1862), Denkmäler in der Schweiz (WB 1866), Briefwechsel Fontanes mit Alexander Gentz über ein Kriegsdenkmal

1.7 Reiseberichte

Auf sämtlichen seiner Reisen ist die Betrachtung von Kunst in umfassender Weise in Form von Gesprächen, Museums- sowie Ausstellungsbesuchen eine zentrale Beschäftigung Fontanes. In den Aufzeichnungen zu den Italienreisen hält er explizit fest, dass für ihn die Wahrnehmung einer fremden Landschaft stets über die Pfeiler Geschichte, Kunst und Natur stattfinde.[229] Überschneidungen von Reiseberichten und kunstkritischen Betrachtungen sind durch dieses Konzept vorprogrammiert und verdeutlichen die Problematik, die eine Ausdifferenzierung der beiden Genres nach sich ziehen würde. Allerdings können in dieser Zusammenstellung nur Auszüge der Reiseberichte in exemplarischer Weise berücksichtigt werden. Dasselbe gilt für die Tagebucheinträge, die zu zahlreichen Reisen überliefert sind. Auf Artikel über Museums- und Ausstellungsbesuche, die im Rahmen von Reisen entstanden sind, wird in den entsprechenden Unterkapiteln eingegangen.

227 Vgl. Möller, *Der Neuruppiner ›Gedächtnis-Ofen‹*, S. 28.
228 Theodor Fontane an Alexander Gentz, 28.05.1873, abgedruckt in: Ebd., S. 32.
229 Theodor Fontane, Tagebucheintrag vom 15.10.1874, GBA XI/3, S. 333.

Gemeinsam ist sämtlichen Reiseberichten Fontanes, dass sich darin Äußerungen zu architektonischen Besonderheiten,[230] Denkmälern, Gemälden, Landschaftsschilderungen sowie panoramatische Beschreibungen finden. Fontane referiert dabei auf ein kulturelles Bildgedächtnis und greift verschiedentlich Narrative der Romantik auf. Außerdem setzt er sich damit auseinander, welchen Standpunkt Kunst in der jeweiligen Gesellschaft einnimmt, was sich bereits in den ersten englischen Tagebüchern zeigt. Diesbezüglich aufschlussreich ist Fontanes Schilderung eines Besuchs in der Villa eines Engländers, in der bildende Kunst auf verschiedene Art und Weise thematisiert wird:[231] Der Hausherr betätigt sich selbst als Maler[232] und ist im Besitz zahlreicher Gemälde, unter anderem eines Porträts Byrons, sowie von Statuen.[233] Bildende Kunst dient folglich als Statussymbol und wird in Orientierung an gesellschaftlichen Normen erworben und präsentiert, was Byrons Porträt veranschaulicht. Fontane hält fest, sich während des Tischgesprächs sowohl zu den englischen Malern David Wilkie und Edwin Landseer als auch zu »unsre[n] bedeutendsten

230 Von Fontanes Interesse für architektonische Besonderheiten legt unter anderem der Artikel zum *Tower-Hill* in London Zeugnis ab. Fontane führt das Bauwerk über die Topografie des Ortes ein, mit der Bemerkung, dass sich der Tower an einer eigentümlichen Lage befinde, da er nicht auf einem Hügel, sondern an dessen Fuße situiert sei. Auf eine Beschreibung der schmutzigen Gassen rund um den Tower folgen Erläuterungen zur gegenwärtigen Nutzung, wobei Fontane konstatiert, dass der ursprüngliche Zweck des Tower-Hills als Standort des Schaffotts verlustig gegangen sei: »Tower-Hill ist die Stätte des harmlosen Schauspiels, der Unterhaltung, der Volksbelustigung geworden, soweit englisches Leben und Londoner Straßen eine Volksbelustigung zulassen« (Fontane, *Tower-Hill*, HFA III/3/1, S. 544). Auch dieses Beispiel zeigt folglich Fontanes Interesse für die Funktion von Kunst in der Gesellschaft beziehungsweise, wie sich mit der Veränderung des Zwecks eines Baus auch dessen öffentliche Wahrnehmung wandeln kann.

231 Eine Parallelstelle dazu findet sich in *Jenseit des Tweed*, wo Fontane den Besuch bei den Eltern Bernhard von Lepels beschreibt: »Wir setzten uns und plaudernd von diesem und jenem, lief mein Auge an den roten Samttapeten hin und musterte die Bilderschätze, die in langer Reihe daran hingen. Ich sah zum ersten Male den schönen Kopf der Beatrice Cenci und vor allem den Stolz eures Hauses, das Wert- und Prachtstück der Sammlung – das Modell des Moses von Buonarottis eigener Hand« (ders., *Jenseit des Tweed. Vorwort*, HFA III/3/1, S. 181).

232 »Das in Wasserfarben ausgeführte Bild war seiner Vollendung nah und lieferte den vorteilhaftesten Beleg für die Geschicklichkeit eines Dilettanten« (ders., *Ein Tag in einer englischen Familie. (Reise-Erinnerung.)*, HFA III/3/2, S. 797).

233 Auf allen Tischen des Wohnzimmers liegen »Mappen mit Landschaften, gotischen Kirchen und Portraits berühmter Männer; dazu prächtig illustrierte Werke und einzelne Bände verschiedner englischer Klassiker« (ebd., S. 798).

Künstler[n] der Neuzeit«[234] geäußert zu haben.[235] Er entwirft in der Reflexion über die Funktion bildender Kunst in diesem Bericht gewissermaßen eine Gesellschaftsstudie: Kunst kommt zuerst in der Praxis respektive Produktion vor, als im Entstehen begriffenes Wasserfarbenbild eines Dilettanten. Später sind beim Mittagessen etablierte Künstler Gesprächsthema, und Gemälde werden als Wandschmuck der Villa Gegenstand der Unterhaltung und im Gebrauch gezeigt. Zuletzt wird in der Form einer Porträtskizze, die ein Sohn des Hauses von Fontane fertigt, der Erinnerungswert von Gemälden vergegenwärtigt.[236]

Während im Privathaushalt im erwähnten Bericht *Ein Tag in einer englischen Familie* Gemälde als Porträts und als selbst geschaffene Kunstwerke singulären Wert innehaben, geht Fontane in einem der Londoner Briefe auf die Massenanfertigung von Kunst ein. England wird als »Land der Manufaktur« eingeführt, das – industrieller Produktion gleich – »*Nachahmekunst*« und »betrügerische[s] *Substituieren*« tätige.[237] Fontane legt dar, dass Künstler angesichts dieser merkantilistisch orientierten Manufaktur befürchten, die Bedeutung der Echtheit des Fabrikats könnte in den Hintergrund gedrängt werden. Vor allem »alte Bilder« von Murillo, Rubens und Tizian seien gegenwärtig in Mode und zwar in solchem Übermaß, dass die Betrügerei floriere.[238] Fontane erläutert, dass die »Fashion« den Kunstgeschmack bestimme, worin die Feststellung enthalten ist, dass Kunstgeschmack gesellschaftlichen Strömungen unterworfen sei.[239] Zugleich zielt er damit auf die »Schöpferkraft englischer Manufaktur« ab, die er positiv wertet und daher die »beleidigten Künstlergeister« dazu aufruft, nicht länger zu zürnen.[240] Allerdings unterscheidet er zwischen Betrug und »wirkliche[r] Nachahme*kunst*«[241]. Während ihm in anderen Kunstkritiken beispielsweise Waagen als Referenz dient, beruft er sich im erwähnten Artikel auf die Autorität des französischen Schriftstellers Theophile

234 Ders., *Ein Tag in einer englischen Familie*, HFA III/3/2, S. 799. Allerdings geht aus Fontanes Aufzeichnungen nicht hervor, was über die einzelnen Maler gesprochen wird.

235 Nach dem Mittagstisch besuchen die Männer gemeinsam eine Zigeunerin, deren Bildnis Fontane zuvor in einer Zeichenmappe des Mr. Burford gesehen hatte (vgl. ebd., S. 801).

236 Vgl. ebd., S. 804.

237 Ders., *Ein Sommer in London. Die Manufaktur in der Kunst*, HFA III/3/1, S. 50.

238 Ebd., S. 51.

239 Eine analoge Aussage hierzu ist in einem Tagebucheintrag zur Italienreise überliefert: »Die Renaissance-Bauten aus der Mitte des 17. Jahrhunderts die daneben stehn sind einfach langweilig; zugleich *auch* unschön überladen. [...] Die Renaissance ist *nicht* immer schön. Auch von ihr wird sich die Welt wieder erholen. Alles Modesache« (ders., Tagebucheintrag vom 11.08.1875, HFA III/3/2, S. 1026).

240 Ders., *Ein Sommer in London. Die Manufactur in der Kunst*, HFA III/3/1, S. 52.

241 Ebd.

Gautier, dessen Werk die entsprechenden Behauptungen stützt.[242] Für seine Poetik bezeichnend, spitzt Fontane zum Abschluss des Artikels die Problematik der Vervielfältigung von Kunstgegenständen mit einer Anekdote zu, wonach ein Reisender als Souvenir von den Pyramiden einen ägyptischen Gott nach Hause gebracht habe, der vom Empfänger jedoch als »Ware« bezeichnet wurde, die seine eigene Fabrik zurzeit produziere.[243] Implizit plädiert Fontane folglich für die Originalität und Singularität von Kunstwerken – ein Anliegen, das sich auch in zahlreichen Ausstellungsberichten findet. Zugleich ist er aber weitsichtig genug, die Thematik der Nachahmung in den erweiterten Kontext einzuordnen und diese als generelles Phänomen zu kennzeichnen. Er ruft sodann die Künstler dazu auf, ihren beleidigten Zorn zu mäßigen, zumal Vervielfältigung auch von der »Schöpferkraft englischer Manufaktur«[244] zeuge.

Ein weiteres Beispiel für die Verknüpfung von Reisebericht und kunstkritischen Betrachtungen ist die Artikelserie aus Kopenhagen, die neben Schilderungen zu Stadt und Bevölkerung auch Ausführungen zu Besuchen im Thorwaldsen-Museum, im Museum der nordischen Altertümer, in Schloss Rosenborg, Texte zur dänischen Malerschule, Tivoli, Alhambra, Tiergarten und Eremitage enthält. Den Artikel über die dänische Malerschule – zu der sich Fontane ansonsten nur selten äußert – beginnt er mit der provokanten Frage, ob es diese überhaupt gäbe.[245] Eingangs schreibt er – für sein Selbstverständnis als Kunstkritiker symptomatisch – dass es für einen Laien schwierig sei, ein Urteil zu fällen, um anschliessend genau dies in mehreren Spalten vorzunehmen, was in Bezug auf den Umgang mit Kunstwissen als Strategie Fontanes zu gelten hat.[246] Er behauptet, dass die Voraussetzungen für die Bildung einer Schule mit Künstlern wie Nicolai Abildgaard und Jens Juel gegeben gewesen wären. Abildgaard sei im »düster-phantastische[n]«, im »heitere[n]« und im »[h]umoristischen […] durchaus original« gewesen,[247] damit eine dänische Schule zu gründen, sei ihm jedoch nicht gelungen.[248] Ausgehend von Fontanes Wortwahl erstaunt es wenig, dass er gerade Abildgaard als Vorbild für eine vermeintliche dänische Schule nennt: Er ordnet dessen Kunst Charakteristika

242 »Mir liegt ein Buch Theophile Gautiers vor: ›Ein Zickzack durch England‹; das Buch ist nicht eben neu, aber seine Wahrheiten gelten heut wie damals« (Fontane, *Ein Sommer in London. Die Manufactur in der Kunst*, HFA III/3/1, S. 51).

243 Vgl. ebd., S. 52.

244 Ebd.

245 Vgl. ders., *Kopenhagen. V. Die dänische Malerschule*, HFA III/3/1, S. 702.

246 Vgl. Kapitel II.5.1.

247 Fontane, *Kopenhagen. V. Die dänische Malerschule*, HFA III/3/1, S. 704.

248 Das Kriterium der fehlenden Originalität greift Fontane in demselben Artikel ein zweites Mal auf und behauptet, es mangle nicht an der Technik, sondern an Eigenarten (vgl. ebd., S. 708).

zu, die seinen eigenen Kunstvorlieben entsprechen. Züge des Düster-Phantastischen verortet er auch bei Karl Blechen oder Arnold Böcklin, während das Heitere und Humoristische in seiner Affinität zum Genre, beispielsweise William Hogarths, zum Ausdruck kommt. Zugleich zeigt die zitierte Passage, dass es in der Begegnung mit Kunst, Kultur und Natur fremder Länder auch darum geht, diese mit dem Eigenen zu vergleichen, um davon ausgehend Unterschiede und Übereinstimmungen festzumachen. Dies ist gewiss nicht nur auf nationales Gedankengut, sondern auch darauf zurückzuführen, dass Fontane in seinen Reiseberichten darum bemüht ist, den eigenen Landsleuten das Fremde näherzubringen, wofür Vergleiche mit bereits Bekanntem ein probates Mittel sind. Exakt das umgekehrte Anliegen attestiert Fontane Herrn Marcus, der in London einen Bilderladen betreibt, in dem Werke preußischer Künstler zu sehen sind.[249]

Die visuelle Komponente in Fontanes Reiseberichten ist ein weiterer Aspekt, den es hinsichtlich der Kunstkritiken stark zu machen gilt. Einerseits zeigen die Tagebucheinträge auf, wie sehr Fontanes Betrachtung fremder Städte von seiner Kunstwahrnehmung beeinflusst ist.[250] Andererseits veranschaulichen die während der Reisen verfassten Notizbücher, dass Fontane Reiseeindrücke häufig mithilfe von Skizzen festhält.[251] Diese beschränken sich allerdings nicht einzig auf Kunstgegenstände, Fontane zeichnet auch Architekturelemente[252], Ausblicke aus dem Hotelfenster[253] sowie Grundrisse öffentlicher Plätze[254]. Dabei scheint es ihm nicht um eine maßstabgetreue Abbildung

249 Vgl. ders., *Herrn Marcus' Bilderladen*, HFA III/3/1, S. 545–547. Fontane beschreibt Herrn Marcus als guten Vermittler, »der sich's vorgesetzt zu haben scheint, die Engländer mit deutscher Kunst vertraut zu machen« (ebd., S. 546).

250 Vgl. z. B. Fontanes Tagebucheintrag zum Besuch in Nürnberg (vgl. ders., Tagebucheintrag vom 06.10.1856, GBA XI/1, S. 176f.).

251 Beispielsweise vermerkt er im Notizbuch zur Italienreise von 1874 zu den Grabdenkmälern zweier Scaliger in einem Kirchhof Veronas: »Höchst intressant. Etwa so« und zeichnet unterhalb des Textes ein Denkmal (ders., Tagebucheintrag vom 04.10.1874, GBA XI/3, S. 303).

252 Vgl. ders., Tagebucheintrag vom 11.08.1875, GBA XI/3, S. 379.

253 Vgl. ders., Tagebucheintrag vom 05.08.1875, GBA XI/3, S. 374. Der gewählte Bildausschnitt – der Blick aus dem Fenster über die Dächer der Nachbarhäuser – erinnert an Werke Adolph Menzels oder Karl Blechens (vgl. z. B. Adolph Menzel, *Hinterhaus und Hof*, 1844, Öl auf Leinwand, 44.5 x 61.5 cm, Berlin, Nationalgalerie; ders., *Blick auf Hinterhäuser*, 1847, Öl auf Papier, auf Pappe kaschiert, 27 x 53 cm, Berlin, Nationalgalerie; Karl Blechen, *Blick auf Dächer und Gärten*, um 1835, Öl auf Papier auf Pappe, 20 x 26 cm, Berlin, Nationalgalerie).

254 Vgl. Theodor Fontane, Tagebucheintrag vom 11.08.1875, GBA XI/3, S. 378; ders., Tagebucheintrag vom 16.08.1875, GBA XI/3, S. 383; ders., Tagebucheintrag vom

zu gehen, sondern eher um eine schlichte Gedächtnisstütze.[255] Auch Fontanes Reisebericht aus Schottland, unter dem Titel *Jenseit des Tweed. Bilder und Briefe aus Schottland* erschienen, liefert – wie die Überschrift verheißt – unzählige Beispiele für die Bedeutung der Visualität in Fontanes Texten. Allerdings wird darin kaum über Gemälde oder Skulpturen informiert,[256] häufiger kommen Architekturbeschreibungen vor.[257]

Des Weiteren assoziiert Fontane oftmals Landschaftsbeschreibungen mit Bildern: »Die bekannten Bilder englischer Landschaft zogen an uns vorüber.«[258] Ein anderer Textauszug aus *Jenseit des Tweed* verdeutlicht, dass er das Gesehene mit Gemälden vergleicht, was auf seine von Bildern geprägte Wahrnehmung hinweist.[259] So ist der Artikel über das Schloss von Edinburgh mittels eines Vergleichs mit einem Werk Edwin Landseers eingeleitet:

20.08.1875, GBA XI/3, S. 387; ders., Tagebucheintrag vom 21.08.1875, GBA XI/3, S. 391.

255 Seine Zeichnung der *Piazza dei Mercanti* in Mailand kommentiert Fontane denn auch als »nur sehr ohngefähr zutreffend [...]. Auch sind die Einfassungslinien des Domplatzes anders. Manches steht schräg. Trotzdem reicht es aus« (ders., Tagebucheintrag vom 11.08.1875, GBA XI/3, S. 378f.).

256 Vgl. ders., *Jenseit des Tweed. X: Ein Gang nach St. Anthony's Chapel*, HFA III/3/1, S. 251.

257 Vgl. z. B. ders., *Jenseit des Tweed. V: Edinburg-Castle*, HFA III/3/1, S. 215f. sowie ders., *ebd. VII: Westbow; Grassmarket; ein paar Kapitel aus der Lynch-Justiz*, HFA III/3/1, S. 233f. Das Kapitel zu Westbow verdeutlicht außerdem, dass der Blick für das Detail, als charakteristisches Merkmal von Fontanes kunstkritischen Schriften, auch in den Reiseberichten präsent ist, was Fontanes Beschreibung der Häuser des alten Stadtkerns von Edinburgh zeigt: »Diese Erker und Giebelchen, die auf den Dächern sitzen, die oft wunderlichen hölzernen Vorbauten, die weit in die Straße hineinragen, mögen diesen Häusern mal ein buntes, heitres und belebtes Ansehen gegeben haben, jetzt aber, wo die Giebelchen nicht mehr wie Grenadiermützen auf einer glatten Stirn, sondern nur noch wie Schlafmützen auf dem Kopf eines eingenickten Alten sitzen, ist es mit aller Stattlichkeit längst vorbei, und nur wer Lust und Zeit hat, sich um die baulichen Details zu kümmern, mag hier und dort einem eleganten Zug, einem grotesken Schnitzwerk oder ein paar kecken Linien begegnen, die Anspruch haben auf seine Aufmerksamkeit« (ders., *Jenseit des Tweed. VII: Westbow; Grassmarket; ein paar Kapitel aus der Lynch-Justiz*, HFA III/3/1, S. 233f.). Die Hinwendung zur Architektur erfolgt auch im Bericht zu Roeskilde, in dem die Beschreibung des Doms sowie dessen Innenausstattung dominiert (vgl. ders., *Roeskilde*, HFA III/3/1, S. 651–676). Insgesamt liegt der Schwerpunkt darauf, über die verschiedenen Reisedestinationen zu berichten und insbesondere deren historische Kontexte aufzuarbeiten (vgl. z. B. ders., *Jenseit des Tweed. VIII: Spukhäuser*, HFA III/3/1, S. 242f.).

258 Ders., ebd., *I: Von London bis Edinburg*, HFA III/3/1, S. 185. Vgl. auch ders., ebd., *X: Ein Gang nach St. Anthony's Chapel*, HFA III/3/1, S. 250f.; ders., ebd., *XVII: Von Perth bis Inverness*, HFA III/3/1, S. 313.

259 Darüber hinaus beschreibt Fontane die Landschaft in einer anderen Textstelle wie eine Theaterkulisse: Man glaube »in den Bühnenraum eines Riesentheaters zu blicken

> Wer kennte nicht das Edwin Landseersche Bild »Der Frieden«? Grasbewachsene Dünenhügel ziehen sich am Strand hin; glatt wie ein Spiegel dehnt sich die Meeresfläche; Kinder spielen, Schafe weiden umher; eines der Schafe aber naht sich der Öffnung einer rostigen, halb im Grase versteckten Kanone und nagt die Halme ab, die ihm friedlich daraus entgegen blühn. An dieses Bild mußt' ich denken, als ich oben auf Edinburg-Castle stand.[260]

Fontanes Bildbeschreibung liefert nur ungefähre Angaben zum Dargestellten, wobei es zu bedenken gilt, dass er das Bild aus der Erinnerung beschreibt. An einer exakten Wiedergabe des Inhalts ist ihm denn auch nicht gelegen, stattdessen steht die Assoziation des Gesehenen mit einem kulturellen Bildgedächtnis im Fokus, was die suggestive Formulierung: »Wer kennte nicht« verdeutlicht. Dem ist jedoch ein gewisser Widerspruch inhärent, da Fontane ansonsten stets darum bemüht ist, der deutschen Leserschaft die englische Kunst näherzubringen. Vermutlich fügt er gerade deshalb im Anschluss eine kurze Inhaltsangabe des Werks an. Ziel ist es, den Gegensatz zwischen der Idylle auf Edinburgh-Castle und dem gleichzeitigen Vorhandensein schwerer Geschütze herauszuarbeiten. Diese Stimmung kommt auch in der Schilderung des Gemäldes zum Ausdruck, ungeachtet ihrer Vagheit. Der Blick auf die Landschaft wird folglich mit der Imagination des Gemäldes überlagert. Zudem finden sich Beschreibungen, in denen die Landschaft wörtlich »gerahmt«[261] erscheint oder in einem Tagebucheintrag zur Italienreise von 1875 explizit als »Bild« bezeichnet wird:

> Sehr brillant nehmen sich Carrara und Massa aus, an denen man ziemlich dicht vorüber kommt. Das Bild ist an beiden Stellen verwandt: die Vorberge thun sich an einer bestimmten Stelle thorartig auf und mit Hülfe dieses Thors wird eine weiter zurückgelegene, höhere, mächtigere Felspartie sichtbar. […] Das Bild das Massa gewährt, ist schöner als das von Carrara.[262]

[…], dessen ohnehin weit gedehnte Perspektive durch allerhand Seitenkulissen bis ins Unendliche zu wachsen scheint. Wir genossen […] in stiller Andacht des herrlichen Schauspiels« (ders., ebd., *XXII: Oban*, HFA III/3/1, S. 345). Den Begriff des »Schauspiels« verwendet Fontane noch in einer weiteren Textstelle (vgl. ders., ebd., *XXIII: Staffa*, HFA III/3/1, S. 352). Der Vergleich des Wahrgenommenen mit einem Schauspiel führt zur These, zwischen Fontanes journalistischen Texten – an dieser Stelle den Reiseberichten und den Theaterkritiken – engere Verbindungen zu denken.

260 Ders., ebd., *V: Edinburg-Castle*, HFA III/3/1, S. 211.

261 Vgl. auch ders., ebd., *XXIV: Iona oder Icolmkill*, HFA III/3/1, S. 353; zu Rahmung in Fontanes Romanwerk vgl. Claudia Öhlschläger, *›Das Maß der Dinge‹. Zur Poetologie anekdotischer Rahmung in Theodor Fontanes ›Chronique scandaleuse‹ ›Unwiederbringlich‹*. In: Schneider und Hunfeld (Hrsg.), *Die Dinge und die Zeichen*, S. 59–72.

262 Theodor Fontane, Tagebucheintrag vom 19.08.1875, GBA XI/3, S. 386.

Die Landschaftsbeschreibung erinnert an eine Ekphrasis, in der die Gliederung eines Gemäldes in Vorder-, Mittel- und Hintergrund erfolgt, wobei der Landschaft vermöge des Blicks durch das Tor zusätzlich Inszenierungscharakter verliehen wird. Bildende Kunst ist folglich auch auf der begrifflichen Ebene in den Reiseberichten vertreten.[263] Dies trifft desgleichen auf die Beschreibung dreier Schlösser zu, für die Fontane ebenfalls Termini der Malerei verwendet und überdies mittels Hinweisen auf die Sagenwelt, Fantasie und Zauber Bezug auf die Romantik nimmt. Die Paläste seien durch Lage, Sage und Geschichte ausgezeichnet und bedürften, wie die Romantik selbst, »eines gewissen clair obscur; das Licht ist der Feind der Phantastik«,[264] weshalb Nebelschleier die beste Witterung seien, um die »Zauberschlösser« zu besichtigen. Indem Fontane die topografische Verortung, die mit dem Bauwerk verbundenen Erzählungen sowie historische Gegebenheiten in seine Betrachtungen miteinbezieht, sieht er die Schlösser folglich nicht nur als architektonische Gebilde an, sondern bettet sie in ihren Gesamtkontext ein.

Die Kopplung von Gesehenem mit Bildern findet sich auch in den *Italienischen Aufzeichnungen*,[265] beispielsweise im Vergleich eines Reiseabschnitts mit einem Bild Franz Defreggers, den Fontane in einem Brief an Zöllner vornimmt: »Das Innthal hinauf, das Etschthal hinunter. Passaier, Sterzing, Iselberg – die ganze Hofer-Speckbacherei zog noch einmal an uns vorüber; im Ganzen viel prosaischer als auf dem Defreggerschen Bilde.«[266] Die Darstellung Defreggers wird an dieser Stelle zum Referenzpunkt für das Erlebte und auf dessen Realitätsgehalt hin überprüft, wobei das Vorgefundene »prosaischer« erscheint als das Gemälde, was sich als Ausdruck der Skepsis werten lässt, mit

263 Vgl. dazu auch eine Textstelle aus dem Artikel zu Tiergarten und Eremitage: »Nun belebte sich das Bild mehr und mehr; […] die weitgestreckte Wiesenlandschaft bunt unterbrechend, grasten Hirsche […] ihre Schaufeln und Zacken […] ließen eben keinen Zweifel darüber, daß es Hirsche waren; ich würde sonst die Hunderte, die den Mittel- und Hintergrund des Bildes füllten, für eine weidende Schaf- und Rinderheerde im bunten Durcheinander gehalten haben. […] Um sich von dem eigentümlichen Reiz berührt zu fühlen, der wie ein Stück Waldeszauber um diese Tiere her ist, muß man sie in der Nähe sehen und nicht auf Entfernungen hin, weil ihnen alsdann eben alles das verloren geht, was sie vor dem Alltagstier, vor dem prosaischen Bewohner unserer Hürden und Ställe voraus haben« (ders., *Kopenhagen. VII. Der Tiergarten. Die Eremitage*, HFA III/3/1, S. 714f.). Auffällig ist, dass Fontane das Vokabular einer Bildbeschreibung für die Schilderung einer Landschaft verwendet und sich zudem mit der differierenden Wahrnehmung von Nah- und Fernsicht auseinandersetzt.

264 Ders., ebd., *VIII. Schloss Rosenborg*, HFA III/3/1, S. 719.

265 Vgl. auch Theodor Fontane an Emilie Fontane, 18.07.1880, HFA IV/3, S. 89.

266 Theodor Fontane an Karl und Emilie Zöllner, 07.10.1874, HFA IV/2, S. 474.

der Fontane Italien gegenübersteht.[267] Die primäre, flüchtige Betrachtung der Landschaft ruft Assoziationen zu Gemälden hervor, während die sekundäre, vertieftere Betrachtung den historischen Kontext miteinbezieht:

> Ich bin der Letzte, der die Zauber verkennt, die dadurch [durch Kenntnisse der römischen und italienischen Geschichte, CA] einer Gegend erwachsen. Aber, bei genaurer Prüfung, empfindet man doch immer wieder, daß es vorzugsweise ein poetisch-geheimnißvoll über der Landschaft schwebendes Etwas, die historische oder historisch-romantische Reminiscenz ist, die alle die Bilder, die sich vor uns entrollen, so schön, so einzig in ihrer Art erscheinen läßt.[268]

Im Zitat ist explizit von »Bilder[n], die sich vor uns entrollen« die Rede; die vorbeiziehende Landschaft auf der Reise von Florenz nach Rom wird folglich in bewegten Bildern wahrgenommen. Interessant ist, dass diesen jedoch nur eine beschränkte Wirkung zukommen soll: »Die Bilder selbst bewirken dies [Anschluss an obenstehendes Zitat, CA] nur zur kleineren Hälfte. Natur, Geschichte, Kunst unterstützen sich einander.«[269] Dies offenbart Fontanes breit ausgerichtete Interessen und seine ganzheitliche Herangehensweise, auf die auch am Beispiel des Trasimenischen Sees verwiesen wurde.[270] Auffällig ist, dass Fontane sowohl in diesem Zitat als auch bei anderen Landschaftsbeschreibungen den Begriff »romantisch« verwendet, so auch beim Blick in die Landschaft von *Edinburgh-Castle* aus:

> Das schöne Bild, das sich einem vom Edinburger Schlosse aus bietet, zersplittert unsere Empfindung, statt sie auf einen Punkt, nach einer Richtung hin zu konzentrieren. Das Gefühl, um dessen Erweckung es sich beim Besuche solcher und ähnlicher Plätze handelt, ist das *romantische*, und selbst der größte Philister, der in Holyrood oder Edinburg-Castle eintritt, bringt ein gewisses Maß von gutem Willen mit, sich auf fünf Minuten poetisch anregen, romantisch stimmen zu lassen.[271]

267 Ein weiteres Beispiel dafür liefert ein Tagebucheintrag, in dem Fontane schreibt: »Es ist gerade gut genug zum Vorbeifahren, zum Mit-Nachhausenehmen von einem Dutzend Oswald Achenbachs« (Theodor Fontane, Tagebucheintrag vom 15.10.1874, GBA XI/3, S. 332f.).

268 Ebd., S. 333. Auch in dieser Textstelle wird in Bezug auf die Landschaftsbeschreibung der Begriff »romantisch« verwendet.

269 Ebd.

270 Vgl. ebd. Das Argument, dass die Kenntnis der Historie neue Perspektiven eröffne, führt Fontane auch hinsichtlich des Verständnisses von bildender Kunst an: »Man muß in der Geschichte Venedigs fester, mit den einzelnen Trägern berühmter Namen vertrauter sein, um diesen Denkmälern ein größres Interesse abzugewinnen« (ders., Tagebucheintrag vom 07.10.1874, HFA III/3/2, S. 954).

271 Ders., *Jenseit des Tweed. XIV: Stirling-Castle*, HFA III/3/1, S. 282.

Die durch die Zersplitterung der Empfindung generierte Schönheit mutet geradezu wie ein Plädoyer gegen die Fotografie an, deren Objektiv einen bestimmten Brennpunkt fokussiert. Selbst der kunstverachtende Philister werde durch diese Ansicht poetisch angeregt, wobei »poetisch« und »romantisch« an dieser Stelle synonym verwendet zu sein scheinen. Anleihen an die Romantik sind vermutlich auch deshalb vertreten, weil bereits in der Romantik die visuelle Wahrnehmung – wenn auch nicht immer durch bildende Kunst – durch literarische Bilder und epistemologische Metaphern verhandelt wird. Mit der Ermächtigung der Vernunft wird der Mensch zum rationalistischen Sehen angeleitet und ihm zugestanden, sich sein eigenes Bild zu machen.[272] Die Reiseberichte als Anleitung zum individuellen Wahrnehmen lassen sich in diese Entwicklung eingliedern. Bezüge zwischen Malerei und Romantik stellt Fontane auch hinsichtlich der Malerei Karl Blechens her, wobei er im Entwurf für sein Blechen-Kapitel festhält, widerlegen zu wollen, »daß er *besonders* im Romantismus gesteckt habe. Nur wenig spricht dafür: Die Semnonen (aber kaum). Die Vampirjagd. Der einschlagende Blitz. Hiermit ist es so ziemlich erledigt.«[273] Fontane scheint es folglich nicht darum zu gehen, Romantik als Abstraktum heraufzubeschwören, sondern vielmehr damit seine visuellen Eindrücke zu beschreiben. Auch in der Beschreibung Kopenhagens, das »*pittoresk*, poetisch interessant, so recht eine Stadt zum Lieben« sei,[274] sind Anleihen an die Schauerromantik auszumachen: Fontane spitzt diesen Sachverhalt auf den Terminus »redende[] Häuser[]« zu, die mit »Roccocobizarrerien« geschmückt seien, was Humor und Phantasie zur Produktion von »Gespenstergeschichten« anrege.[275] Ausgehend von architektonischem Schmuck ersinnt Fontane folglich Narrative, wobei an dieser Stelle ein Konnex zwischen Romantik und Schauergeschichten hergestellt wird. Ein Bauwerk, das ebenfalls über diese Eigenschaft verfügt, ist gemäß Fontane die Börse, deren Pilaster mit »allerhand Fratzen«[276] verziert seien. Demzufolge hätte Fassadenschmuck nach Fontane nicht den primären Zweck, den ästhetischen Eigenwert des Gebäudes zu steigern, sondern den Betrachter zum Erdenken von Geschichten anzuregen. Daraus resultiert eine Analogie zu Gemälden, denen Fontane narrativen Gehalt

272 Vgl. Jost, *Das poetische Auge*, S. 75.

273 Fontane, *Karl Blechen [Fragment]*, NFA XXIII/1, S. 546.

274 Ders., *Kopenhagen. I. Erste Eindrücke. Die Stadt. Die Bevölkerung*, HFA III/3/1, S. 679.

275 Ebd. Im Text *Herrn Marcus' Bilderladen* verwendet Fontane nahezu identische Begriffe. Er bezeichnet zwei Werke Rethels als »echt Rethelsche Bilder, geistreich, finster, dämonisch« (ders., *Herrn Marcus' Bilderladen*, HFA III/3/1, S. 546), beschreibt sie als »poetisch-unheimliche[s] Schattenspiel an der Wand« und fasst sie als »gemalte Gespenstergeschichte« auf (ebd., S. 546).

276 Ders., *Kopenhagen. I. Erste Eindrücke*, HFA III/3/1, S. 679.

beimisst oder von ihnen ausgehend eigene Narrative entwickelt, was von Fontanes Eigenheit der sofortigen Literarisierung des Wahrgenommenen zeugt.

Wie angedeutet ist in den Reiseberichten Architektur mehrfach Thema, wobei – wie für kunstkritische Zeitungsartikel herausgearbeitet – ebenfalls zutrifft, dass Fontane für die Beschreibung von Bauwerken zahlreiche Fachbegriffe verwendet und Bauten mitunter explizit als Forschungsobjekte wahrnimmt, wie beispielsweise die Klosterruinen auf der Insel Iona:

> Diese Kathedrale [...] ist aus gehauenem Feldstein aufgeführt und gehört zu jenen kirchlichen Bauten, an denen sich junge Archäologen und Architekten die Sporen verdienen können. [...] Eine wahre Musterkarte von Baustilen! Rund- und Spitzbogen, dünne und dicke Säulen, schwere und leichte Kapitäle, gotisch, normannisch, byzantinisch, alles durcheinander und hier und dort ein Giebelfeld, das einem als altsächsisch aufgeschwatzt werden soll.[277]

Im zitierten Abschnitt kommen zahlreiche Stilrichtungen und deren jeweilige Ausprägung zur Sprache,[278] was Fontane zum Fazit verleitet, die Kathedrale als »Musterkarte von Baustilen« zu bezeichnen, womit er dem Gebäude sowohl exemplarische als auch didaktische Bedeutung beimisst. Zugleich schwingt ein Misstrauen gegenüber diesen Begriffen mit, was die Bemerkung zum Giebelfeld, »das einem als altsächsisch aufgeschwatzt werden soll«, verdeutlicht. Ironisch mutet außerdem der Kommentar an, dass die Baustile »alle durcheinander« vorhanden seien. Das Zitat zeugt von Fontanes Auseinandersetzung mit Fachtermini, die er infrage stellt respektive deren Unzulänglichkeiten er herausarbeitet. Voraussetzung für diese Tätigkeit ist indessen, die Begriffe und deren Bedeutung zu kennen, was der These Nachdruck verleiht, dass Fontanes Auseinandersetzung mit Architektur stark von entsprechenden wissenschaftlichen Kompendien geprägt ist.[279]

Ein Sommer in London (1850–1853), Herrn Marcus' Bilderladen [London] (Die Zeit 1856; NPZ 1858), Jenseit des Tweed (1858–1859), Von der Weltstadt Strassen (1858), Das schottische Hochland und seine Bewohner (1859–1860), Oxford (1860), Reisebriefe aus Jütland (1864), Aus dem Sundewitt (1864), Roeskilde (1864), Kopenhagen (1864–1865), Aus Thüringen (1867), Briefe aus Mecklenburg (1880)[280]

---

277 Fontane, *Jenseit des Tweed. XXIV: Iona oder Icolmkill*, HFA III/3/1, S. 357. Vgl. auch ders., *Kopenhagen. Schloss Rosenborg*, HFA III/3/1, S. 721.

278 Vgl. dazu auch die Beschreibung der Klostergebäude von *Melrose-Abbey* (vgl. ders., *Jenseit des Tweed. XXVII. Melrose-Abbey*, HFA III/3/1, S. 381–388) sowie die Erwähnung des Spitzbogen-Portals von Abbotsford (vgl. ebd., S. 393).

279 Vgl. dazu Kapitel I.1.5 und II.

280 Es handelt sich hierbei um eine Auswahl an zitierten Reiseberichten; Texte wie *Eine Kunstausstellung in Gent, Die Kunstausstellung, Die Londoner Kunst-Ausstellung, Aus*

1.8 Italienische Aufzeichnungen

Die im Rahmen von Fontanes Reisen 1874 und 1875 entstandenen Aufzeichnungen zu Italien stellen innerhalb der Reiseberichte insofern eine Besonderheit dar, als sie von ihm, mit Ausnahme des Artikels *Ein letzter Tag in Italien*, journalistisch nicht ausgewertet werden.[281] Es handelt sich überwiegend um Tage- und Notizbucheinträge sowie später verfasste ›Erinnerungen‹. Insgesamt sind sechs Notizbücher sowie ein paar Dutzend private Reisebriefe überliefert.[282] Neben Notaten zu gesehenen Kunstwerken finden sich in beiden Textsammlungen Bemerkungen über pekuniäre Belange, Kulinarisches, Treffen mit Freunden und Landsleuten, sowie über die Besichtigungen unzähliger Sehenswürdigkeiten. Das Ehepaar Fontane absolviert die Italienreise mit großer Gewissenhaftigkeit, was der dokumentierte straffe Tagesplan aufdeckt. Zur regen Schreibtätigkeit der Eheleute sind Hinweise vorhanden, dass zumindest Theodor Emilies Tagebuch liest, denn im Tagebucheintrag Emilies vom 26. Oktober 1874 findet sich zu Beginn des Eintrags eine Bleistiftkorrektur Theodors. Nach einem Abschnitt Emilies folgt daraufhin ein längerer Zusatz aus der Hand Theodors, an den wiederum Emilies Bericht anschließt.[283] Ein Jahr später bricht Theodor alleine zur zweiten Italienreise auf.[284]

Manchester, *Die Ausstellung der Modelle zum Wellington-Grabmal*, *Waltham-Abbey*, *Denkmäler in der Schweiz* und *Ein letzter Tag in Italien* sind ebenfalls an Reisen gekoppelt, werden jedoch in den ihnen thematisch nahestehenderen Unterkapiteln berücksichtigt.

281 Der Text entsteht in den Weihnachtsfeiertagen 1874, nach einem kurzen zweiten Aufenthalt in Florenz und erscheint am 03.01.1875 in der *Vossischen Zeitung* (vgl. Fontane, *Die Reisetagebücher*, GBA XI/3, Anhang, S. 680f.). Franz Schüppen erachtet die Italienreisen als »Vorbereitung« Fontanes zu seiner späteren Anstellung als Sekretär an der Akademie der Künste, die Schüppen als letzten Versuch Fontanes, sich durch eine der üblichen Karrieren zu etablieren, traktiert (Franz Schüppen, *Paradigmawechsel im Werk Theodor Fontanes. Von Goethes Italien- und Sealsfields Amerika-Idee zum preußischen Alltag*, Stuttgart/Freiburg im Breisgau 1993 (= Schriftenreihe der Charles-Sealsfield-Gesellschaft, Bd. 5), S. 80).

282 Vgl. Fontane, *Reisetagebücher*, GBA XI/3, Anhang, S. 679.

283 Vgl. Emilie Fontane, Tagebucheintrag vom 26.10.1874, GBA XI/3, S. 352–354. In *Im Coupé* (1887/88) mokiert sich Fontane über diejenigen, die exakt auf dieselbe Art und Weise durch England reisen wie er durch Italien (vgl. Fontane, *Im Coupé*, NFA XVIII, S. 30f.).

284 In der Widmung an seinen Reisegefährten Bernhard von Lepel schreibt Fontane in *Jenseit des Tweed*, dass die beiden den Plan gefasst hätten, gemeinsam nach Italien zu reisen, wozu es jedoch nicht kommen sollte (vgl. ders., *Jenseit des Tweed. Vorwort*, HFA III/3/1, S. 181).

Zu zahlreichen anderen Reisen verfasst Fontane ebenfalls Tagebücher, die Charlotte Jolles in der Einleitung zur Großen Brandenburger Ausgabe der Tagebücher als »Mischung aus Arbeitsjournal und Kalendernotizen«[285] sowie »Medium literarisch-lebensgeschichtlicher Materialerfassung und Materialspeicherung: Bilanz, Gedächtnisstütze, Erfahrungsschatz«[286] beschreibt. Darüber hinaus gewähren die Tagebücher Einblick in die Rolle Fontanes in der Berliner Kulturszene. Kaum eine Ausstellung versäumt er, und »die Maler-Elite seiner Zeit gehörte zu seinen Bekannten oder gar Freunden: von Menzel bis Liebermann, von Anton von Werner bis Fechner und Breitbach«.[287] In der vorliegenden Studie muss es jedoch bei einzelnen Zitaten und Verweisen auf Tagebucheinträge bleiben. Die italienischen Aufzeichnungen werden indessen als eigenes Unterkapitel berücksichtigt, weil sich Fontane in anderen Texten lediglich selten – mit Ausnahme der später verfassten Romane[288] – zu Werken italienischer Künstler äußert, diese aber im Rahmen der Etablierung der Kunstgeschichte als universitäre Disziplin eine wichtige Rolle spielen.[289] Trotz seines großen Interesses für bildende Kunst lässt sich Fontane von der deutschen Italienbegeisterung, die von 1789 bis 1830 ihren Höhepunkt erreicht,[290] erst spät mitreißen.[291]

285 Ders., *Tagebücher 1852; 1855–1858. Einleitung*, GBA XI/1, S. XI.

286 Ders., *Tagebücher 1866–1882; 1884–1898. Einleitung*, GBA XI/2, S. XIII.

287 Ebd., S. XXI.

288 Vgl. Lieselotte Grevel, *Italien in der Prosa Fontanes: Vom (post-)romantischen zum zeitkritischen Bild des Landes in Fontanes Romanen*. In: Hubertus Fischer und Domenico Mugnolo (Hrsg.), *Fontane und Italien*, Würzburg 2011, S. 101–115; vgl. dies., *Fontane in Italien*. In: *Germanisch-romanische Monatsschrift* 36 (1986), S. 414–432.

289 Zur Illustration mag Wilhelm Lübkes *Grundriss der Kunstgeschichte* dienen, dessen viertes Buch ›Die Kunst der neueren Zeit‹ im zweiten Kapitel ›Die moderne Architektur‹ beinhaltet. Der erste Teil des Kapitels befasst sich mit Italien, der zweite Teil ist summarisch mit ›In den übrigen Ländern‹ betitelt. Des Weiteren ist das dritte Kapitel der bildenden Kunst Italiens im 15. Jahrhundert und das darauffolgende der bildenden Kunst Italiens im 16. Jahrhundert gewidmet. Das fünfte Kapitel enthält dann summarische Ausführungen zu den nordischen bildenden Künsten im 15. und 16. Jahrhundert (vgl. Lübke, *Grundriss der Kunstgeschichte*, [4]1868, S. XIV).

290 Vgl. Domenico Mugnolo, *Theodor Fontanes italienische Reisen im Lichte der Wandlung des deutschen Italienbildes im 19. Jahrhundert*. In: Fischer und Mugnolo (Hrsg.), *Fontane und Italien*, S. 144.

291 Auf die vergangene Tradition der Italienreisen verweist Fontane in einem Brief an Karl und Emilie Zöllner: »Die Gesichter, die jedesmal geschnitten werden, wenn 2 Berliner sich auf einsamem Reisepfad begegnen, sind klassisch. Jeder einzelne sagt etwa ›i, macht den Schwindel auch mit.‹ Früher sollen sich Landsleute bei ähnlichen Begegnungen weinend in die Arme gestürzt sein« (Theodor Fontane an Karl und Emilie Zöllner, 07.10.1874, HFA IV/2, S. 474f.).

Fontanes Pläne zur Veröffentlichung der Aufzeichnungen sowie die Datierung und Entstehung der ›Erinnerungen‹ sind bislang ungeklärte Forschungsfragen. Hinweise auf den Plan einer Publikation sind vorhanden: »[V]ermutlich schon seit dem Winter 1874« hat sich Fontane »mit einem umfangreichen Projekt beschäftigt, das *Erinnerungen* an die beiden Reisen enthalten sollte«.[292] In dem 268 Seiten umfassenden, seit 1945 verschollenen Konvolut finden sich Ergänzungen, teilweise historische Abrisse über die Stadtgeschichte, Informationen zur Stadtgröße sowie Lebensläufe und Hintergründe zu einzelnen Künstlern.[293] Im Anhang zur Ausgabe der *Reisetagebücher* von 2012 lautet die These, dass Fontanes »prononcierte Subjektivität ausschlaggebend gewesen sei«, nichts über Italien zu publizieren, »denn er wusste, dass er damit im Umkreis seiner akademischen Freunde und Bekannten in Berlin nur Kopfschütteln und Unverständnis ausgelöst hätte«.[294] Dieser Erklärungsversuch weist auf die eminente Bedeutung der italienischen Kunst innerhalb der sich herausbildenden Kunstwissenschaft hin, die Fontane wohl bewusst war.[295] Gleichzeitig lässt sich das Argument von Fontanes »prononcierte[r] Subjektivität« als Begründung anführen, weshalb er sich in den kunstkritischen Zeitungsartikeln hauptsächlich zur zeitgenössischen Kunst äußert, die noch nicht Eingang in den akademischen Kanon gefunden hat.

Allerdings ist die von den Herausgebern vertretene Ansicht vor dem Hintergrund, dass Fontanes Kunsturteile grundsätzlich nach seinem persönlichen Eindruck gefällt sind und diesen Sachverhalt auch mehr oder weniger explizit darlegen, zu kurz gegriffen. Außerdem scheut Fontane andernorts Konflikte keineswegs,[296] weshalb dies kein zureichender Grund für die unterbliebene Veröffentlichung sein kann. Fontane nimmt zur ausbleibenden journalistischen Ausarbeitung in einem Brief an Mathilde von Rohr Stellung, den er vier Tage nach der Rückreise aus Italien 1874 verfasst:

> All dieser Herrlichkeit gegenüber [Neapel und Pompeji, CA] empfand ich deutlich, und nicht einmal schmerzlich, daß meine bescheidene Lebensaufgabe nicht am Golf von Neapel, sondern an Spree und Havel, nicht am Vesuv sondern an den Müggelsbergen liegt

292 Fontane, *Die Reisetagebücher. Anhang*, GBA XI/3, S. 684.

293 Vgl. ebd. Die ›Erinnerungen‹ liegen lediglich in einer Abschrift Wilhelm Vogts vor, die in der Hanser-Ausgabe ergänzend zu den Tage- und Notizbucheinträgen abgedruckt ist (vgl. ders., *Italienische Aufzeichnungen. Anmerkungen*, HFA III/3/2, S. 1509).

294 Ders., *Die Reisetagebücher*, GBA XI/3, Anhang, S. 683.

295 In seiner Schinkel-Biografie, die zehn Jahre vor seiner ersten Reise nach Italien entstanden ist, bringt Fontane Italien mit Sehnsucht in Verbindung und bezeichnet es als Ort, »wo das Richtige, das Nacheifernswerte zu finden sei« (ders., *Wanderungen. Karl Friedrich Schinkel*, GBA V/1, S. 107).

296 Vgl. Kapitel II.5.2.

> und inmitten aller Herrlichkeit, die nur eben bildartig gesehn und dann in den Kasten der »Anschauungen« hineingethan sein wollte, zog es mich an die schlichte Stelle zurück, wo meine Arbeit und in ihr meine Befriedigung liegt.[297]

Das Zitat hinterlässt den Eindruck, dass Fontane meint, nun das Pflichtprogramm abgearbeitet und damit seinen »Anschauungs«-Kasten komplettiert zu haben. Als Themen, denen er sich fortan zuwenden will, nennt er Orte an Spree und Havel sowie die Müggelberge. Die Reisen durch die Mark, die zur Abfassung der *Wanderungen* führen, stehen folglich in Kontrast zu Fontanes Italienreisen, was aufzeigt, dass er sich stärker für das Lokale als für das Nationale interessiert. Anlass für eine vergleichende Lektüre der *Wanderungen* und der *Italienischen Aufzeichnungen* geben auch Fontanes Ausführungen zur Kunstsammlung Ferdinand von Quasts, in denen er sich ausgehend von Gemälden Blechens auf eine Reise durch die italienische Kunst begibt:[298]

> Das gut Märkische schwindet, und der Zauber *italischer* Ferne steigt vor uns auf.
>
> Erst eine Landschaft Blechens, hell, prächtig, fremdländisch. Der heiße Sonnenschein liegt auf dem schattenlosen Marktplatz, und blau dehnt sich das eingebuchtete Meer, an dessen Horizont ein Kuppelturm emporsteigt.
>
> Wie schön! Und indem wir weiterschreiten, tuen sich die goldenen Tore des Südens immer herrlicher vor uns auf. Alle Namen, die vor Perugino und Raffael geglänzt, die Schöpfer moderner Malerei, *hier* sprechen sie zu uns. Giotto und Giottino, Fiesole und Orcagna, Fra Bartolomeo und Pietro Spinello Aretino, die beiden Lippis, vor allem der mächtige Mantegna – alle, die groß waren, ehe die größeren kamen, sie sind hier um uns versammelt.[299]

Fontane schreibt vom »Zauber *italischer* Ferne«, was als Hinweis auf die Italienverehrung der damaligen Kunstgeschichtsschreibung gelesen werden kann. Wie begehrt und prestigeträchtig italienische Kunst damals gewesen sein muss, verdeutlicht der Umstand, dass der Abschnitt zu ›Altitalienischen Bildern‹ im Vergleich mit Werken von Künstlern anderer Nationen am ausführlichsten ausfällt. Darüber hinaus betont Fontane, dass es sich bei Quasts Bildern um »*echte*« italienische Kunst handle, die nirgendwo sonst in der Mark in derar-

297 Theodor Fontane an Mathilde von Rohr, 24.11.1874, HFA IV/2, S. 490f.

298 Im Abschnitt ›Anderweitige Bilder und Kunstschätze‹ vermerkt Fontane ein weiteres Werk Blechens: »6. Marktplatz von Ravello bei Amalfi. Von Blechen. Links eine hohe Mauer mit einem rundbogigen Eingang in eine Kirche. Auf dem Markt eine schöne Fontaine und in einiger Entfernung ein einzelner Baum, in dessen Schatten Lazzaronis lagern. Rechts der Blick auf das dunkelblaue Meer. Der Kontrast zwischen der glühenden Sonne und der kleinen Schattenpartie am Brunnen ist sehr schön« (Fontane, *Wanderungen. Radensleben II*, GBA V/1, S. 47).

299 Ders., *Wanderungen. Radensleben I*, GBA V/1, S. 41f.

tiger Zahl und von solchem Wert zu finden sei.[300] An Fontanes Beschreibung fällt zudem auf, wie stark er den Aspekt der Farbe und des Lichtes gewichtet; der »heiße Sonnenschein« hat einen »schattenlosen Marktplatz« zur Folge, es ist vom blauen Meer und den »goldenen Tore[n] des Südens« die Rede. Außerdem betont Fontane den Wert der Quast'schen Kunstsammlung, indem er eine Entwicklungslinie von Giotto, Giottino, Fra Bartolomeo, Aretino, den Brüdern Lippi und Mantegna über Perugino und Raffael hin zur modernen Malerei aufzeigt, die alle in Radensleben zu sehen seien. Weniger als um eine Wertung der verschiedenen Kunstwerke, scheint es ihm darum zu gehen, den Kunstbesitz von Quasts zu akzentuieren und damit indirekt zu betonen, wie wertvoll auch Sammlungen in der Mark sind. Fontane greift den Gegensatz zwischen der Mark und Italien ein weiteres Mal in einem Brief an Hermann Kletke auf und führt als zusätzliches Argument an, nicht »hundertfältig Gesagtes noch einmal [...] sagen«[301] zu wollen. Insbesondere im Hinblick auf die Flut von Guidenliteratur und literarischen Werken, die Fontane gründlich bekannt sind, scheint dieses Argument berechtigt. Allerdings nennt er im Brief an Kletke – anders als aus der Nachricht an Zöllner hervorgeht[302] – nicht mangelnde Fachkenntnis als Begründung. Eine Bemerkung, die darauf Bezug nimmt, findet sich jedoch erneut 14 Jahre nach der ersten Italienreise, in einem Schreiben an Heinrich Kruse. Fontane erläutert darin explizit, dass er keine Sehnsucht nach einer weiteren Italienreise verspüre, wenn es aber doch dazu käme, würde er lieber »auf der Campagna oder im Apennin umherbummeln und den ganzen Kunstkram bei Seite lassen«. Als Begründung führt er an: »Wovon man nichts versteht [...] davon muß man fern bleiben.« Aber »nicht aus Gleichgültigkeit gegen die Kunst, sondern aus immer wachsendem Respekt«.[303] Fontane scheint folglich die Auffassung zu vertreten, besser Fachleute darüber sprechen zu lassen, wovon er zu wenig Kenntnis hat. Dieses Argument scheint plausibler als dasjenige der Subjektivität; gerade die Lektüre kunsthistorischer Kompendien mag Fontane in der Ansicht bestärkt haben, dass fundiertes Wissen notwendig sei, um sich mit kunsthistorisch etablier-

300 Ebd., S. 41.

301 Theodor Fontane an Hermann Kletke, 22.10.1874, abgedr. in: Helmuth Nürnberger (Hrsg.), *Theodor Fontanes Briefe an Hermann Kletke*, in Verbindung mit dem Deutschen Literaturarchiv Marbach a. N., München 1969, S. 54. Dasselbe Argument führt Fontane in einer weiteren autobiografischen Schrift an: »Von beiden [den zwei italienischen Reisen, CA] erzähle ich hier nur ganz in der Kürze, denn ich werde nicht der Wagehals sein, noch eine italienische Reisebeschreibung wagen zu wollen« (Fontane, *Kleinere Autobiographische Texte. Kritische Jahre – Kritiker Jahre. Die Reisen nach Italien*, HFA III/4, S. 1039).

302 Vgl. Theodor Fontane an Karl Zöllner, 03.11.1874, HFA IV/2, S. 485.

303 Theodor Fontane an Heinrich Kruse, 16.05.1888, HFA IV/3, S. 605.

ten Werken auseinanderzusetzen. Zahlreiche Zitate legen außerdem nahe, dass Fontane vielmehr eine Demontage des Mythos Italien vornimmt statt diesen zu zementieren. Die bildende Kunst Italiens scheint für Fontane totes Bildungs- respektive Pflichtwissen zu implizieren, dem er skeptisch gegenübersteht.[304] Explizit äußert Fontane sein Misstrauen gegenüber Lobeshymnen über Italien rückblickend in einem Brief an Mathilde von Rohr: »So schön und herrlich Italien ist, so ist es mir doch ganz unzweifelhaft, daß es durch *jugendliche* Menschen, namentlich durch die unglückselige Klasse der Maler, noch zu etwas Herrlicherem hinaufgeschraubt worden ist, als nöthig war.«[305] Fontanes Verhältnis zu den Kunstschätzen Italiens bleibt auch nach seiner zweiten Italienreise ambivalent, was ein Ratschlag an die 1884 nach Rom reisende Tochter Martha offenlegt. Er berichtet ihr, mit Emilie in Übereinkunft gekommen zu sein, dass

> die weitaus größten Genüsse die wir in Italien gehabt haben, Fahrten aller Art [...] und außerdem Spaziergänge waren [...], und daß alle Kunstgenüsse daneben verschwinden. Auch der wüthendste Bilder-Tiger kommt außerdem doch sehr bald dahinter, daß er nicht alles, nicht einen Zehntel verschlingen kann und daß man sich mit Brocken begnügen muß.[306]

304 So schildert Fontane beispielsweise den Beginn der Italienreise von 1874 folgendermaßen: »Frierend fuhren wir in das schöne Land Italia hinein. Es goß mit Mollen. Der erste Eindruck war: ›*das* leisten wir auch‹« (Theodor Fontane an Karl und Emilie Zöllner, 07.10.1874, HFA IV/2, S. 474). Auch die zweite Italienreise 1875 tritt Fontane scheinbar mit Unmut an: »Alles im Zustande eines gewissen Urmuffs« (Theodor Fontane, Tagebucheintrag vom 04.08.1875, GBA XI/3, S. 373). Zudem beklagt er sich über die Mücken in Mantua (vgl. ders., Tagebucheintrag vom 15.08.1875, GBA XI/3, S. 382) und die Hitze in Riva: »Das ist gut für die Limonen-Zucht, aber nicht für den Comfort« (ebd., S. 381).

305 Theodor Fontane an Mathilde von Rohr, 24.11.1874, HFA IV/2, S. 491. Dasselbe Argument führt Fontane in einem Brief an Karl Zöllner an (vgl. Theodor Fontane an Karl Zöllner, 03.11.1874, HFA IV/2, S. 486f.). Kritische Stimmen zur italienischen Kunst finden sich allerdings auch in Künstlerkreisen. So schreibt beispielsweise Menzel über die Gemälde italienischer Meister in der Dresdner Galerie: »[...] über die ›Nacht‹ überhaupt die berühmten Corregios' und den Raphael war ich, als ich endlich davor stand, aufs Höchste verwundert. – Dagegen ist Anderes da, Rubense, überhaupt Niederländer!!! und Venetianer!!! – von denen man wenig hört!« (Adolf Menzel an E. H. Arnold, 06.09.1840, wiederabgedr. in: Adolf Menzel, *Briefe*, hrsg. von Hans Wolff, Berlin 1914, S. 50). Menzel kritisiert die Fixierung auf die klassisch-italienische Kunst und spricht dagegen seine Begeisterung für die naturalistisch-holländische Kunst aus (vgl. Hubertus Kohle, *Adolph Menzel als Kunsttheoretiker*. In: *Jahrbuch der Berliner Museen* 41 (1999), Beiheft, S. 186).

306 Theodor Fontane an Martha Fontane, 16.03.1884, HFA IV/3, S. 301.

Einen guten Monat später bekräftigt er nochmals: »fahrt oder geht möglichst viel umher und seht möglichst wenig Bilder.«[307] Dies spitzt die Stellungnahme zu, die er bereits in *Ein letzter Tag in Italien* formuliert: »Man braucht nicht alles zu sehen, aber gewisse Nummern sind unerläßlich.«[308] Die Ausführlichkeit der Aussagen zu diesen unverzichtbaren Kunstwerken ist allerdings sehr unterschiedlich. Bei zahlreichen Notizen handelt es sich lediglich um Auflistungen, der vorhandenen Bilder, oder welche davon Fontane als besonders beeindruckend empfindet.[309] Selbst in den Notizbüchern, auf die er in seinen Tagebucheinträgen regelmäßig verweist,[310] fallen die Beschreibungen von Kunstwerken meist kurz aus.

Fontane kommt bereits vor seinen Reisen mit italienischer Kunst in Berührung, da diese in Ausstellungen,[311] Museen[312] sowie in kunsthistorischen Kompendien allgegenwärtig ist. Während der Vereinstreffen mit den Vertretern der Berliner Schule wird italienische Kunst desgleichen Thema gewesen sein, genauso wie in Gesprächen mit anderen Kunstverständigen.[313] Außerdem sind in

307 Theodor und Emilie Fontane an Martha Fontane, 19.04.1884, HFA IV/3, S. 315.

308 Fontane, *Ein letzter Tag in Italien*, HFA III/3/1, S. 752.

309 Vgl. Theodor Fontane, Tagebucheintrag vom 15.10.1874, GBA XI/3, S. 314; ders., Tagebucheintrag vom 08.10.1874, S. 314f.; ders., Tagebucheintrag vom 12.10.1874, S. 326; ders., Tagebucheintrag vom 13.10.1874, S. 328.

310 »Meine Aufzeichnungen darüber [6 große Säle des Palazzo Pitti, CA] stehen auf Blättern ziemlich am Schluß dieses Buches« (ders., Tagebucheintrag vom 13.10.1874, GBA XI/3, S. 327); »(Näheres siehe das italienische Büchelchen)« (ders., Tagebucheintrag vom 14.10.1874, GBA XI/3, S. 330). Vgl. auch folgende Tagebucheinträge: ders., 30.10.1874, S. 370; 31.10.1874, S. 371; 16.08.1875, S. 383; 18.08.1875, S. 384f.

311 Zu einem Galeriebesuch in London notiert Fontane: »Dr. Morris getroffen und mit ihm zusammen die schöne Bridgewater-Gallerie (im Besitz Lord Ellesmere's) durchgenommen. Drei schöne Rafaéls, ein herrlicher Domenichino, eine conceptio immaculata von Guido Reni (außerordentlich schön), ein Turner, ein Paul de la Roche und viele Niederländer, namentlich gute Ostade's. Die Hobbema's (2) viel schlechter als in der Gallerie des Marquis von Hertford« (ders., Tagebucheintrag vom 22.05.1858, GBA XI/1, S. 326). In der Manchester-*Exhibition* sind ebenfalls italienische Maler verteten, wobei Fontane deren Betrachtung im Tagebuch festhält, jedoch keine Wertungen vornimmt: »Gearbeitet. In die Exhibition. Die Italiener vorgenommen« (ders., Tagebucheintrag vom 02.07.1857, GBA XI/1, S. 259).

312 Ein Grundriss der Nationalgalerie mit den einzelnen Abteilungen zeigt, dass zwei von drei Abteilungen mit Werken italienischer Maler und deren Nachahmern bestückt waren (vgl. *Grundriß der Gemäldegalerie im Alten Museum.* In: Tilmann von Stockhausen, *Gemäldegalerie Berlin. Die Geschichte ihrer Erwerbungspolitik 1830–1904*, Berlin 2000, S. 18 (Abb. 1)).

313 Dies legt ein Tagebucheintrag Fontanes offen: »Am 1. September trat ich meine Rückreise [von Krummhübel nach Berlin, CA] an; ich fuhr, von Hirschberg aus, mit Herrn Hugo Quaas, mit dem ich mich sehr gut über Italien und italienische Kunst unter-

Fontanes Schriften Vergleiche mit Werken italienischer Künstler enthalten,[314] ebenso wie vielfältige Bezugnahmen auf den Topos der Italiensehnsucht.[315] Fontane besitzt zudem ein »Miniaturbild nach der Raphaëlischen Madonna«[316], und infolge der politischen Verhältnisse ist Italien während seiner Tätigkeit als Journalist immer wieder von Bedeutung.[317] Rezensionen zur Publikation *Rom und die Campagna* von Theodor Fournier belegen, dass Fontane bereits vor seinen Italienreisen über das Land und entsprechende Reiseliteratur Bescheid weiß.[318] Überdies sind ihm auf den Italienreisen verschiedene Reiseführer steter Begleiter, um sich über Kunstwerke und Bauten zu informieren.[319] Mehrfach enthalten die Notizen Verweise auf seine Reiseliteratur,[320] was Fontane in einem Brief an Karl und Emilie Zöllner offenlegt: »Mit Kunstgeschichte

hielt. Er war brillant unterrichtet« (Theodor Fontane, Tagebucheintrag für den 01.09. bis 31.12.1888, GBA XI/2, S. 246).

314 Im Reisebericht zu Kopenhagen schreibt Fontane, dass Abildgaards Kolorit an »Tizian und Paul Veronese erinner[e] und das emsige Studium besonders dieser beiden Meister verr[ate]« (Fontane, *Kopenhagen. V. Die dänische Malerschule*, HFA III/3/1, S. 704). Veronese ist auch in einem Gespräch Franziskas mit Hanna in *Graf Petöfy* Thema: »Da hättest Du nun hören sollen, was er mir Alles vorschwärmte von Kolorit und pastos und satten Farben, Ja, Du lachst, aber wirklich von satten Farben« (ders., *Graf Petöfy*, GBA I/7, S. 111).

315 1859 schreibt Fontane gar an Heyse: »Ich bin nämlich jetzt mitunter krank nach Italien, vor allem krank nach Rom; ich sehne mich innerhalb des Vergänglichen, das kaum die Stunde überlebt, nach dem Irdisch-Ewigen. Selbst Garibaldi und die Piemontesen würden mich nicht stören« (Theodor Fontane an Paul Heyse, 07.11.1860, abgedr. in: Gotthard Erler (Hrsg.), *Der Briefwechsel zwischen Theodor Fontane und Paul Heyse*, Berlin/Weimar 1972, S. 91).

316 »Packet aus Berlin mit einem Briefe von Frau v. Merckel und einem Andenken aus dem Kugler'schen Hause (Miniaturbild nach der Raphaëlischen Madonna)« (Theodor Fontane, Tagebucheintrag vom 02.09.1858, GBA XI/1, S. 346).

317 Vgl. dazu ders., *Die Reisetagebücher. Anhang*, GBA XI/3, S. 676.

318 Vgl. [ungez.] ›*Rom und die Campagna*‹. In: *NPZ* 105 (06.05.1862), Beilage. Vier Jahre nach seiner zweiten Italienreise verfasst Fontane außerdem vier Rezensionen zu Wilhelm Lübkes *Geschichte der italienischen Malerei Geschichte der italienischen Malerei vom 4. bis ins 16. Jahrhundert* (vgl. z. B. Fontane, *Lübke's Geschichte der italienischen Malerei. II*, NFA XXIII/1, S. 598–603).

319 »Den Campanile bestiegen; Sonnenuntergang. Kostbares Landschaftsbild, das wie Wichmann in seinen Notizen sehr richtig bemerkt, nicht wieder vergessen werden kann« (ders., Tagebucheintrag vom 06.10.1874, GBA XI/3, S. 309).

320 Vgl. z. B. »In der Baroncelli-Kapelle ist überlebensgroß ein in Marmor ausgeführter todter Christus. Der Guide nennt ihn mediocre« (ders., Tagebucheintrag vom 12.10.1874, GBA XI/3, S. 326f.). Sämtliche Exemplare der Reiseführer, die Emilie und Theodor Fontane bei sich hatten, sind nicht erhalten (vgl. ders., *Die Reisetagebücher*, GBA XI/3, Anhang, S. 680).

unterhalte ich Dich nicht. Siehe Burckhardt, Förster, Lübke, Baedecker.«[321] Gemessen an der Quantität der Nennungen scheint vor allem der Baedeker Fontanes Referenz gewesen zu sein.[322] Oftmals handelt es sich bei Erwähnungen der Guidenliteratur um Kritik an Mängeln bezüglich der Nennung oder Bewertung von Kunstwerken.[323] So auch zum *Camposanto* in Pisa:

> Sie [23 Darstellungen von Benozzo Gozzoli, CA] laufen nicht in zwei Horizontalreihen fort, so [Skizze Fontanes, CA] sondern vertikal: [Skizze Fontanes, CA] Baedeker gibt dies nicht genau; man merkt immer: es ist von Personen geschrieben, die es aus Büchern und nicht aus dem Augenschein genommen haben.[324]

---

321 Theodor Fontane an Karl und Emilie Zöllner, 07.10.1874, HFA IV/2, S. 475. Fontane äußert sich verschiedentlich kritisch über die Reiseführer: »Weder Förster noch Burckhardt erwähnt dieser Fresken, die den ganzen Saal füllen [trojanischer Saal des Palazzo del Tè, CA]. Burckhardt gibt nicht einmal den Namen des Saales, den Förster wenigstens mitteilt« (Theodor Fontane, *Italienische Aufzeichnungen. Erinnerungen*, HFA III/3/2, S. 1040). Förster publiziert unter anderem die Werke *Denkmale italienischer Malerei*, *Geschichte der italienischen Kunst* sowie ein *Handbuch für Reisende in Italien* (Ernst Förster, *Denkmale italienischer Malerei*, 4 Bde., 1870–1882; ders., *Geschichte der italienischen Kunst*, 5 Bde., 1869–1875; ders., *Handbuch für Reisende in Italien. Vierte verbesserte und vermehrte Auflage. Mit einem Wegweiser für Leidende von Dr. Rudolph Wagner. Mit vielen Karten und Plänen*, München 1848). Des Weiteren ist für die Reise von 1874 dokumentiert, dass Theodor und Emilie Ferdinand Gregorovius' *Geschichte der Stadt Rom im Mittelalter vom fünften Jahrhundert bis zum sechzehnten Jahrhundert* lesen (vgl. z. B. ders., Tagebucheintrag vom 01.09.1875, GBA XI/3, S. 396). Emilie Fontane nimmt in ihren Notizen darüber hinaus Bezug auf das Reisehandbuch *Rom und Mittel-Italien* von Theodor Gsell-Fels (vgl. Emilie Fontane, Tagebucheintrag vom 31.10.1874, GBA XI/3, S. 360).

322 Dass Fontane zusätzliches Informationsmaterial mit sich führt, belegt auch das folgende Zitat: »In der Ferne, im ersten Sonnenlicht, Schloß Eger (so weit ich es nach einer Photographie controlliren kann) deutlich gesehn« (Theodor Fontane, Tagebucheintrag vom 01.10.1874, GBA XI/3, S. 299). Zudem erwähnt er im Notizbuch ein »Reisebuch für Italien« (ders., *Italienische Aufzeichnungen*, Notizbucheintrag zum 30.09.1874, HFA III/3/2, S. 947).

323 Vgl. z. B. »Die Künstlernamen, die Bädeker gibt, sind nicht richtig (Schreib- oder Druckfehler), doch bin ich nachträglich außerstande, die Fehler zu korrigieren« (ders., *Italienische Aufzeichnungen. Erinnerungen*, HFA III/3/2, S. 1030). Radikal fällt indes ein anderer Notizbucheintrag aus: »Das was Baedecker nicht nennt, gefällt einem am besten« (ders., *Italienische Aufzeichnungen*, Notizbucheintrag zum 23.08.1875, HFA III/3/2, 1082). Auch an Ausstellungskatalogen übt Fontane Kritik und nimmt Korrekturen vor, wenn die Katalognummern den falschen Gegenständen zugeordnet sind (vgl. ders., *Die Ausstellung zur Erinnerung an Friedrich den Großen*, NFA XXIII/1, S. 255).

324 Ders., *Italienische Aufzeichnungen*, Notizbucheintrag zum 20.08.1875, HFA III/3/2, S. 1062.

Das Zitat liefert einen Beleg für Fontanes akribische Betrachtung der Kunstgegenstände – mit größter Beflissenheit besucht er manche Museen bis zu drei Mal.[325] Zugleich macht die Passage deutlich, welchen hohen Stellenwert er der eigenen Anschauung in Bezug auf den Wahrheitsgehalt einer Aussage beimisst, was für die kunstkritischen Schriften insgesamt gilt. Allerdings ist dieser Sachverhalt insofern zu relativieren, als Fontane die Berichte oftmals aus der Erinnerung respektive anhand seiner Notizen verfasst.[326] Neben Baedeker ist der *Cicerone* des Schweizer Kunsthistorikers Jacob Burckhardt ein weiteres Referenzwerk Fontanes.[327] Entsprechende Verweise auf Burckhardts Werk finden sich allerdings einzig in den ›Erinnerungen‹ sowie im zitierten Brief an Herr und Frau Zöllner sowie als Anspielungen im Romanwerk.[328] Fontane versucht folglich mit großem Eifer, sich anhand zahlreicher Publikationen Kenntnisse über italienische Kunst anzueignen, wobei er stets triumphierend vermerkt, wenn er eine Fehlleistung des Reiseführers ausmachen kann. Fontane beruft sich indes nicht nur auf die Guidenliteratur, er muss sich auch mit Bekannten über seine Reise ausgetauscht haben. Im Bericht zu Ravenna verdankt Fontane nämlich Herrn Prof. Steinle, der ihn in Ragaz auf ein Gemälde Raffaels hingewiesen habe.[329]

Fontane nutzt folglich eine Vielzahl an Reiseführern, was neben dem beträchtlichen Umfang seiner persönlichen Aufzeichnungen verdeutlicht, mit welcher Gewissenhaftigkeit und welchem Interesse er sich den Kunstschätzen Italiens annähert. Zu seinem Rombesuch hält er gegenüber Karl Zöllner resümierend fest:

---

325 »Von dem, was die Bücher aufzählen, hab ich leider das Wenigste gesehen, trotzdem ich dreimal in dieser Kirche war« (ders., *Italienische Aufzeichnungen. Erinnerungen*, HFA III/3/2, S. 969). Emilies Notizen geben Aufschluss über den Eifer, den ihr Gatte dabei an den Tag legt: »Beinah 3 Stunden in der Pinacoteca. Theo macht Aufzeichnungen über jedes Bild« (Emilie Fontane, Tagebucheintrag vom 31.10.1874, GBA XI/3, S. 360).

326 Das Schreiben aus der Retrospektive stellt eine Parallele zu Fontanes autobiografischen Schriften dar.

327 Vgl. z. B. Theodor Fontane, *Italienische Aufzeichnungen. Erinnerungen*, HFA III/3/2, S. 1039; Jakob Burckhardt, *Der Cicerone. Eine Anleitung zum Genuss der Kunstwerke Italiens*, 3. Aufl., Neudruck der Urausgabe, Kröner, Stuttgart 1953.

328 Auch in *Jenseit des Tweed* nennt Fontane den *Cicerone* in Zusammenhang mit einer Reiseführerin (vgl. Fontane, *Jenseit des Tweed. XXV: Von Oban bis Loch Lomond, Edinburg*, HFA III/3/1, S. 370).

329 »Auch gilt nur das eine der beiden Bilder [Maria mit dem Kinde in der Kapelle S. Maria dell'Arena, CA] als eine Perle. Prof. Steinle hatte mich in Ragaz auf dasselbe aufmerksam gemacht. Ich suchte es also, fand es und bin ihm dankbar, mich darauf hingewiesen zu haben« (ders., *Italienische Aufzeichnungen. Erinnerungen*, HFA III/3/2, S. 1089).

> Die großen Sachen sind mit Liebe und Gewissenhaftigkeit absolvirt; die tausend andren, für Kunst- und Culturgeschichte *lehrreichen* Nummern die noch bleiben, erheischen nicht das Auge eines Reisenden, sondern das eines Studirenden, die Arbeit eines Lebens. In dieser Erkenntniß schnüre ich frohen Muthes mein Bündel. Das Mögliche ist geleistet worden, und wie ich kühnlich hinzusetze: für *meine* Verhältnisse gerade genug.[330]

Fontane beklagt sich über mangelnde Zeit, um der Masse an Kunstgegenständen gerecht werden zu können, bekennt aber zugleich, die zur Verfügung stehende Zeit nach bestem Wissen und Gewissen genutzt zu haben. Er differenziert folglich an dieser Stelle zwischen wissenschaftlicher, zeitaufwändiger Auseinandersetzung mit Kunst und der Kunstbetrachtung eines Reisenden, wobei er sich selbst zwischen diesen beiden Positionen zu verorten scheint. Dies lässt sich auch an seinem Vorgehen ausmachen, die Guidenliteratur beizuziehen, sich aber dennoch stets zu den im Reiseführer aufgeführten Werken eine eigene Meinung zu bilden, die oftmals nicht mit dem Urteil des Referenzwerks übereinstimmt. Fontanes Lektüre der kunsthistorischen Grundlagenwerke hat diesbezüglich sein Kunsturteil nachhaltig beeinflusst, wie folgendes Zitat nahelegt:

> Eine genauere Betrachtung, die ich, trotz Mangel an Zeit, doch bei einer erheblichen Anzahl dieser Bilder eintreten ließ, führt zu höchst interessanten Resultaten. Nicht der künstlerische, sondern der wissenschaftliche Genuß ist groß, man sieht, wie sich die späteren Typen entwickeln, wie die Maler einer späteren Epoche das eine adaptiert, das andere verworfen, ein drittes abgeändert haben. Nur zwei Beispiele. Auf dem Auferstehungsbilde steigt Christus nicht himmelwärts, sondern er schreitet hinweg; auf dem Himmelfahrtsbilde schwebt er natürlich empor, aber nicht en face vom Beschauer, wie wir ihn zu sehen gewohnt sind, sondern en profile, die Hände nach rechts hin (wenn ich nicht irre wie betend) vorgestreckt.[331]

Fontane beschreibt in diesem Zitat die Ausrichtung der damaligen Kunstgeschichtsschreibung, eine Entwicklung der Kunst aufzuzeigen, Typisierungen vorzunehmen sowie Einflüsse früherer Epochen nachzuverfolgen. Er behauptet, dafür Anschauungsmaterial gefunden zu haben, was er an verschiedenen Ausrichtungen und Gesten der Christusfigur aufzeigt. Die zitierte Passage verdeutlicht, dass Fontane über die Methoden der Kunsthistoriker Bescheid weiß und sich bemüht, diese zu adaptieren. Der Ausdruck »wie wir ihn zu sehen gewohnt sind« erinnert in der Verwendung der Personalform an die ausformulierten Kunstkritiken und enthält implizit die Aussage, dass Fontane bereits

330 Theodor Fontane an Karl Zöllner, 31.10.1874, HFA IV/2, S. 485.
331 Fontane, *Italienische Aufzeichnungen. Erinnerungen*, HFA III/3/2, S. 1088.

zahlreiche Bilder betrachtet hat, da er ansonsten ein solch summarisches Fazit nicht ziehen könnte.

Fontanes Bewusstsein für sein dennoch in vielen Punkten vom gängigen Kanon abweichendes Urteil kommt in einem Brief an Zöllner zum Ausdruck, in dem Fontane ihn bittet, den Brief seinen Freunden, außer August von Heyden, nicht zu zeigen, »weil ich nicht gern das Gefühl wecken möchte: ›Gott, der präparirt sich wieder seinen besondren Standpunkt.‹«[332] Damit bekennt sich Fontane wiederum explizit dazu, dass es sich um seine persönliche Ansicht handelt, zeigt sich allerdings auch oft bereit, diese zu revidieren, insbesondere nach mehrmaligem Studium.[333] So äußert er sich bei der ersten Betrachtung der *Assunta* Tizians in der Kirche *Santa Maria Gloriosa dei Frari* in Venedig skeptisch, dass ihm das Bild: »hinter der ›Himmelfahrt Mariäs‹ desselben Meisters in Verona zurückzubleiben [schien]. (Ich wurde aber später total bekehrt.)«[334] Die Bekehrung bewirkt ein Besuch in der Werkstatt Antonio Salviatis, »dem Wiederhersteller der alt-venetianischen Glas- und Mosaik-Kunst«:

> Drei Stunden dort geblieben. Das Ganze sehr lehrreich und sehr interessant. – Von Salviati in die Accademia delle belle Arti. Nur 10 Minuten vor der »Assunta« geblieben, diesmal mit einem guten Glas bewaffnet. Die erhabene Schönheit dieses Bildes ging plötzlich vor mir auf. Es ist ganz und gar № 1; ein Triumph der Kunst; die alte Phrase von der »Göttlichkeit der Kunst« die jeder braucht der drei Leberwürste malen kann, hier hört sie auf Phrase zu sein; dies ist ein Göttliches und faßt das Menschenherz ganz anders als 7 Bände Predigten.[335]

Der Besuch in der Glasmanufaktur Salviati öffnet Fontane im wörtlichen Sinne die Augen. Die zweite Begegnung mit dem Kunstwerk Tizians veranlasst ihn zu höchstem Lob, das gleichzeitig eine profunde Sprachreflexion beinhaltet, wenn er von Phrasen spricht, für die er mit drei Leberwürsten eine komische Metaphorik verwendet. Angesichts des Kunstwerks Tizians verliert

332 Theodor Fontane an Karl Zöllner, 03.11.1874, HFA IV/2, S. 488.

333 Dies trifft indessen nicht einzig für die *Italienischen Aufzeichnungen* zu; auch im Artikel *Zwei Bilder in der Kommandantenstrasse* beschreibt Fontane, wie er nach dem zweiten Ausstellungsbesuch seine Meinung geändert habe (vgl. Fontane, *Zwei Bilder in der Kommandantenstrasse*, NFA XXIII/1, S. 406).

334 Ders., Tagebucheintrag vom 06.10.1874, GBA XI/3, S. 308f. Eine weitere Textstelle, in der Fontane seine früheren Ansichten revidiert, bezieht sich auf ein Werk Raffaels: »Eines: ›Santa famiglia von Raffael‹ ist sehr berühmt; es ist Maria, eine braune Alte, auch mit Heiligenschein, Christkind und Johannes. Es ist sehr schön, dennoch wäre mir der Perugino beinah lieber, trotzdem er nicht gerade zu den besten Nummern des Meisters gehört. (Bei nochmaligem Sehen doch andrer Meinung geworden.)« (Theodor Fontane, Tagebucheintrag vom 11.11.1874, HFA III/3/2, S. 1011).

335 Ders., Tagebucheintrag vom 07.10.1874, GBA XI/3, S. 310 (Abb. 2).

die Sprache – im Exempel die Predigten – ihre Wirkung, weil das »Göttliche« zum Ausdruck komme. In der Fortsetzung des Zitats präzisiert Fontane, dass es das »Menschliche« der Darstellung sei, das ihn fasziniere:

> Ich kann mich nicht entsinnen durch irgend eine Gestalt je so berührt worden zu sein, selbst die sixtinische Madonna kaum ausgenommen. In letztrer ist etwas Fremdes, über das Menschliche schon Hinausgehende; hierin mag ihre besondre Größe liegen, aber was unser *Herz* am tiefsten bewegt, muss immer wieder ein Menschliches sein und das haben wir in dieser Tizianschen Maria. [...] Es ist immer noch ein Weib, keine Himmelskönigin. Darin steckt der Reiz.[336]

Fontanes Zuspruch für das Menschliche steht in Zusammenhang mit seiner Forderung nach Individuellem, dem er den Vorzug gegenüber dem Göttlichen einräumt. Er argumentiert im Hinblick auf die Wirkungsästhetik und attestiert diesbezüglich der Darstellung des Menschlichen die Fähigkeit, den Betrachter emotional bewegen zu können. Das Werk erweist sich außerdem in der Gegenüberstellung zu Gemälden Jacopo Tintorettos als aufschlussreich in Bezug auf Fontanes Kunstauffassung: Während er behauptet, in Tizians Darstellung das Menschliche zu erkennen, degradiert er Tintoretto zum Dekorationsmaler. Tizians *Assunta* begeistert ihn in solchem Maße, daß er in den ›Erinnerungen‹ festhält: »So reich Venedig an Kunstschätzen ist, so sind doch für mein Gefühl nur *zwei* große Nummern darunter: die *Assunta* von Tizian und die Reiterstatue Colleonis. Alles andere ist zweiten Ranges (vieles zwischen 1 und 2) oder bloße glänzende Dekoration.«[337] Mit der negativ konnotierten

336 Ebd. In Bezug auf eine Himmelfahrt Marias von Guido Reni scheint Fontane sein Urteil allerdings zu revidieren: »Die Maria ist von ganz besondrer Schönheit. Sie hat nicht das beinah *menschlich Naive* der Tizianischen in Verona und ebenso wenig das großartig dunkel Erhabene der Tizianischen in Venedig (Assunta) aber sie ist von einer hohen, süßen, innigen Verklärtheit; Ausdruck, Körperhaltung, Verschränkung der weich und wonnig über der Brust zusammengeschlagenen Arme [...]. Es reiht sich würdig in die großen Mariä-Himmelfahrts-Bilder jener Epoche und zwar als eines der allerschönsten ein« (ders., *Italienische Aufzeichnungen*, Notizbucheintrag zum 19.08.1875, HFA III/3/2, S. 1053f.). Bemerkenswert ist, dass Burckhardt für Tizians *Assunta* ebenfalls nur lobende Worte findet. Anders als Fontane betont er allerdings das Göttliche der Mariengestalt: »die letzten irdischen Bande springen; sie athmet Seligkeit« und liefert darüber hinaus eine ausführliche Beschreibung des Gemäldes (Burckhardt, *Der Cicerone*, S. 920). In seiner Wertung der Marienfigur ist Fontane demnach durchaus eigenständig und dass sich seine Beurteilung gerade hinsichtlich der Darstellung der Menschlichkeit von Burckhardt unterscheidet, scheint bezeichnend – sofern er die Passage bei Burckhardt vor dem Abfassen des Tagebucheintrags gelesen hat.

337 Theodor Fontane, *Italienische Aufzeichnungen. Erinnerungen*, HFA III/3/2, S. 963.

Dekorationsmalerei ist der Kritikpunkt genannt, den Fontane in Bezug auf Tintorettos Werk *Glorie des Paradieses* stark macht:

> Als »Tableaux« gut, dekorativ ausgezeichnet, sonst langweilig. Dies gilt auch von Tintorettos Riesenbilde »die Glorie des Paradieses«. Es ist ohne alle Tiefe, ohne jeden geistigen Gehalt. Flott zusammengeschmiert.[338]

Im Brief an Zöllner bezeichnet Fontane die Darstellung als »ein[en] Salat von Engelbeinen« und hält betreffs ebendieser sowie der *Kreuzigung* fest, dass ihn beide »kalt« liessen. »Das Compositionstalent, die Gabe zu gruppiren, Klarheit in die Massen zu bringen, ist außerordentlich, aber der Mangel an aller Innerlichkeit ist geradezu erschreckend. […] Ich habe für diese Art von Kunst wohl ein Verständniß, aber kein Herz; Farbentöne würden dasselbe thun.«[339] In den ›Erinnerungen‹ fasst Fontane zusammen: »Das Machenkönnen, die nie erlahmende Produktionskraft, ist bewundernswert; dabei bietet vieles ein gewisses stoffliches Interesse. Aber alles ist nur Dekoration. Von Seele keine Spur.«[340] Fontane kritisiert den dekorativen Charakter der Bilder sowie die Demonstration des technischen Könnens, obwohl die Inhalte anregend seien. Betroffenheit werde dadurch beim Betrachter nicht ausgelöst, selbst wenn noch Interesse am Stoff vorhanden wäre. Es könnte an dieser Stelle argumentiert werden, dass Fontane als Laie die Technik schlicht zu wenig beurteilen kann. Andere Kommentare, beispielsweise zur *Pietà* Mantegnas decken jedoch auf, dass er technische Schwierigkeiten sehr wohl honoriert.[341] Außer-

338 Ders., Tagebucheintrag vom 08.10.1874, GBA XI/3, S. 315. Bemerkenswerterweise erachtet Fontane dies auf Giulio Romano bezogen als Vorteil: »Schüler Raffaels, dem er half, vieles absah, bis er schließlich genialisch verwilderte. Er verfiel der Schnellmalerei« (ders., *Italienische Aufzeichnungen. Erinnerungen*, HFA III/3/2, S. 1039). Auch zu Tintorettos Werken in der *Scuola di San Rocco* in Venedig äußert sich Fontane negativ: Diese sei »mit Tableaux venetianischer Meister, namentlich wieder Tintorettos gepflastert […]. Letztrer dominirt hier durchaus; noch viel mehr als im Dogenpalast. Auch hier ließ er mich kalt« (ders., Tagebucheintrag vom 09.10.1874, GBA XI/3, S. 318).

339 Theodor Fontane an Karl und Emilie Zöllner, 10.10.1874, HFA IV/2, S. 478.

340 Theodor Fontane, *Italienische Aufzeichnungen. Erinnerungen*, HFA III/3/2, S. 961. Auch in Bezug auf die *Kreuzigung* schreibt er: »auch hier alles ein virtuoses Machenkönnen« (ebd.). Vgl. auch Theodor Fontane an Karl Zöllner, 03.11.1874, HFA IV/2, S. 486f.

341 »Höchst merkwürdiges Bild. […] Der Kopf Christi, den man so zu sagen vom Kinn aus sieht, so daß die Stirn fast verschwindet, ist wundervoll in seinem großartigen Ernst. Eine kolossale Leistung. Dazu welche technische Meisterschaft! Alles ist in der Verkürzung gemalt (Menzel hat mal ähnliches getan) so daß die Figur *verzwergt* wirkt. Die Kunst ist aber so groß, daß das Häßliche was an diesem Zwergentum haftet,

dem kritisiert auch Lübke, dass Tintoretto in den Bildnissen »[e]rfreulicher« erscheine »als in diesen Kolossalarbeiten«[342], die er als »ein ziemlich wildes Durcheinander« bezeichnet.[343] Ebenso Burckhardt, der behauptet, Tintorettos Werke im Dogenpalast seien »höchst nachlässig und schnell gemalt«[344], weshalb er ihnen lediglich »dekorativen Wert«[345] attestiert. Bei Burckhardt ist der Aspekt der Farbgebung ebenfalls berücksichtigt; er schreibt von »wirksamste[n] Lichteffecte[n]«[346], die sich Tintoretto angeeignet habe, bescheinigt ihm jedoch »auch eine gewisse Roheit und Barbarei der Empfindung; selbst seine künstlerische Moralität schwankte oft, sodass er bis in die gewissenloseste Sudelei versinken konnte«.[347] Von Fontanes »[f]lott zusammengeschmiert« und der Reduktion auf »Farbentöne« ist es zu Burckhardts Beschreibung nicht allzu weit.[348] Während Fontane in Tizians Marienfigur ein Sinnbild des Menschlichen zu erkennen glaubt, kann er Tintorettos stärker auf Farbe denn auf Inhalt ausgerichteter Malerei nur wenig abgewinnen. Im Kern spiegelt sich darin dieselbe Kunstauffassung, die Fontane auch dem Spätwerk Turners ablehnend gegenüberstehen lässt.[349]

Eine weitere Thematik, an der sich aufzeigen lässt, dass Fontane Topoi aus zeitgenössischen kunsthistorischen Debatten aufgreift, sind Kommentare zum Nord-Süd-Diskurs der Kunstgeschichte. So gibt er im Vergleich von Schülern

---

ganz wegfällt« (Theodor Fontane, *Italienische Aufzeichnungen*, Notizbucheintrag zum 10.08.1875, HFA III/3/2, S. 1023).

342 Lübke, *Grundriss der Kunstgeschichte*, ⁴1868, S. 613. Burckhardt hebt unter den Exponaten der *Scuola di San Rocco* ebenfalls die *Kreuzigung* besonders hervor und benutzt überdies nahezu identische Begriffe: »Von den 56 zum Theil kolossalen Bildern, womit Tintoretto die ganze *Scuola di S. Rocco* angefüllt hat, ist hauptsächlich die große Kreuzigung (in der sog. Sala dell' albergo) noch schön gemalt und teilweise auch im Gedanken bedeutend« (Burckhardt, *Der Cicerone*, S. 931).

343 Lübke, *Grundriss der Kunstgeschichte*, ⁴1868, S. 613. Auch bei Burckhardt wird der Aspekt der Masse betont: »Alles ist dermassen angefüllt, dass auch die fernste Tiefe wieder eine ziemlich nahe Wand von Gesichtern zeigt« (Burckhardt, *Der Cicerone*, S. 993).

344 Ebd., S. 931, 985.

345 Ebd., S. 932. Auch Lübke setzt sich mit der Zuschreibung des Dekorativen in Tintorettos Malerei auseinander, fällt jedoch ein weniger harsches Urteil als Burckhardt. Seines Erachtens gehört Tintoretto »zu den kühnsten und sichersten Malern, welche die Kunstgeschichte kennt« (Lübke, *Grundriss der Kunstgeschichte*, ⁴1868, S. 612).

346 Burckhardt, *Der Cicerone*, S. 983. In Bezug auf die *Glorie des Paradieses* schreibt Burckhardt zudem explizit: »Die Composition zerstreut sich in lauter Farben- und Lichtflecke, und nimmt nur in der Mitte einen bessern Anlauf« (ebd., S. 993).

347 Ebd., S. 983.

348 Vgl. Kapitel II.6.

349 Vgl. Kapitel III.1.4.

Antonio Canovas und Peter Vischers den »großartigen Leistungen der Peter Vischerschen Kunst und Schule in Nürnberg, München, Innsbruck«[350] ausdrücklich den Vorzug. An anderer Stelle argumentiert er diesbezüglich mit mangelnder Sorgfalt:

> An den Arbeiten Carpaccios und Gentile Bellinis, die eine gewisse Verwandtschaft haben, intressirt der Stoff, die Naivetät und die sorgfältige Durchführung. Alles »Flotte« fehlt, dafür tritt jene Liebe ein, die uns die deutschen Arbeiten, namentlich Dürers, so werth macht.[351]

Dass Fontane Dürer als Beispiel dient, scheint symptomatisch, ist derselbe doch Inbegriff altdeutscher Kunst[352] und darüber hinaus auch in den italienischen Galerien vertreten, wodurch sich Gegenüberstellungen geradezu aufzudrängen scheinen.[353] Gewissermaßen als Kontrast zu Tintorettos Arbeiten, die gemäß Fontane »[f]lott zusammengeschmiert«[354] sind und sein Herz »kalt« lassen, stellt Fontane diesen die »Liebe« und Präzision der Dürer'schen Arbeiten gegenüber.[355] Pointiert findet sich dieselbe Aussage in einem Brief an Zöllner: »Au fond ist alles tief langweilig und als ich schließlich in der kleinen Dogen-Kapelle einem Albrecht Dürerschen Christuskopfe begegnete, athmete ich auf; dieser *eine* Kopf repräsentirt in meinen Augen *mehr* wahre Kunst, als alle Tintorettos zusammengenommen.«[356] Fontane bringt Dürers Kunst demnach mit Wahrheit in Verbindung, die er Tintoretto nicht zusprechen mag, was vor dem Hintergrund der zitierten Auszüge wenig erstaunt. Burckhardt nimmt

350 Theodor Fontane, Tagebucheintrag vom 06.10.1874, GBA XI/3, S. 308.

351 Ders., Tagebucheintrag vom 09.10.1874, GBA XI/3, S. 320.

352 Erwin Panofsky, *Albrecht Dürer*, Bd. 1, Princeton ^{2}1945, S. 3f.

353 Auch in den Uffizien sind Werke Dürers zu sehen, wie Fontanes Tagebucheintrag vom 11. Oktober offenlegt: In einer Auflistung, welche Gemälde ihm »außerordentlich« gefallen hätten, vermerkt Fontane: »5. A. Dürer: Anbetung der drei Könige (sehr schön.)« (Theodor Fontane, Tagebucheintrag vom 11.10.1874, GBA XI/3, S. 323).

354 Ders., Tagebucheintrag vom 07.10.1874, GBA XI/3, S. 315.

355 Dürer ist indessen nicht der einzige Künstler des Nordens, den Fontane zum Vergleich beizieht, auch Brueghel, den Fontane ansonsten kaum erwähnt, kommt vor: »Der Höllen-Salat [Weltgericht, Orcagna zugeschrieben, später aberkannt, CA] ist nicht nach meinem Geschmack; der ganze Breughel steckt hier drin; aber wunderbar ist fast alles andre, so die Gruppe der Seligen – darunter wunderbar schöne Mönchsköpfe – wie die Gruppe derer die voll schlechten Gewissens und deshalb in der entsetzlichen Pein der Ungewißheit sind, ob es nach rechts oder nach links mit ihnen gehen wird« (ders., *Italienische Aufzeichnungen*, Notizbucheintrag zum 20.08.1875, HFA III/3/2, S. 1066). War es in Bezug auf Tintoretto ein »Salat von Engelsbeinen«, so nutzt Fontane an dieser Stelle das Kompositum »Höllen-Salat« zur Beschreibung des Gemäldes.

356 Theodor Fontane an Karl und Emilie Zöllner, 10.10.1874, HFA IV/2, S. 478.

ebenfalls Vergleiche zwischen Kunst italienischer und deutscher Meister vor und kommt zum Fazit, dass Dürer in Gegenüberstellung mit Raffael »kaum verlieren [würde]; die wenn auch nur relative Belebung und Befreiung, welche die deutsche Kunst (allerdings zu spät!) ihm verdankte, war ein Unermeßliches, das ohne die lebenslange Anstrengung eines großen Geistes gar nicht erreicht worden wäre«.[357] Burckhardt beschreibt Dürer ebenfalls als »großen Geist«, was als Bestätigung von Fontanes Assoziation deutscher Kunst mit Gehalt und Ideenreichtum gesehen werden kann. Darüber hinaus scheinen damit dieselben Kritikpunkte angesprochen, die Fontane auch in der Gegenüberstellung von Tizian und Tintoretto respektive Turner äußert. Die Kunstauffassung, die in Fontanes *Italienischen Aufzeichnungen* zum Ausdruck kommt, weist folglich hohe Übereinstimmung mit seinen publizierten kunstkritischen Texten auf.

Wenn auch nicht in Form von Pressetexten, hingegen in Zusammenhang mit dem Romanwerk, beschäftigt sich Fontane auch über die Italienreisen hinaus mit Werken italienischer Künstler. So spricht Graf Haldern über Andrea Mantegnas »verkürzten Christus« in der Brera in Mailand und über die Bambino-Gruppe in Araceli in Rom exakt die Worte aus, die Fontane am 10. August 1875 in sein Reisenotizbuch einträgt.[358] Ein anderes Beispiel unter zahlreichen weiteren ist Victoire von Carayon, die nach einer Auseinandersetzung mit Schach in der Kirche Araceli bei Santo Bambino Ausgleich und Ruhe findet.[359]

Italienische Aufzeichnungen (1874/75), Ein letzter Tag in Italien (VZ 1875)

1.9 *Wanderungen durch die Mark Brandenburg*

Im Gegensatz zu den *Italienischen Aufzeichnungen* beschäftigt sich Fontane in den *Wanderungen* ausführlich mit lokalen Künstlern und Kunstwerken, deren Ruhm sich meist auf den Umkreis Berlin beschränkt und deren Relevanz im Rahmen kunsthistorischer Kompendien im Vergleich zur Omnipräsenz italienischer Meister äußerst gering ist. Implizit ist dem auch eine politische Stellungnahme inhärent, zumal die Hinwendung zum Kleinen und Lokalen

357 Burckhardt, *Der Cicerone*, S. 807.

358 Theodor Fontane, *Italienische Aufzeichnungen*, Notizbucheintrag zum 10.08.1875, HFA III/3/2, S. 1023; vgl. ders., *Stine*, GBA I/11, S. 72f.

359 Vgl. ders., Tagebucheintrag vom 30.10.1874, HFA III/3/2, S. 995; ders., *Schach von Wuthenow. Erzählung aus der Zeit des Regiments Gensdarmes*, GBA I/6, S. 159. In *Schach von Wuthenow* ist das Empfangszimmer des Königs mit »Nachbildungen italienischer Meisterwerke, darunter eine[r] büßende[n] Magdalena« geschmückt (ebd., S. 135).

mit dem Preußentum in Verbindung gebracht werden kann. Das fünfbändige Erzählwerk *Wanderungen durch die Mark Brandenburg* entsteht von 1862 bis 1889, erste Texte dazu erscheinen folglich zeitgleich mit den kunstkritischen Zeitungsartikeln. Die *Wanderungen* sind ein äußerst interessanter Forschungsgegenstand, weil sie Fontane Stoff für die Romane bieten, zahlreiche Landschaftsbilder und nicht zuletzt Aufzeichnungen über Architektur, Kunst und Künstler der Mark enthalten. Analogien zwischen den Kunstkritiken und *Wanderungen*-Kapiteln bestehen sowohl auf der formalen wie auf der inhaltlichen Ebene. Bereits der Untertitel »Bilder und Geschichten aus der Mark Brandenburg« lässt unschwer erkennen, dass Visualität[360] ein zentraler Aspekt der *Wanderungen* ist.[361] Die Betonung der Visualität wird bereits von Zeitgenossen erkannt: Albert Emil Brachvogel schreibt 1861 im *Wochenblatt der Johanniter-Ordens-Balley Brandenburg*, dass sich Fontane mit den *Wanderungen* »auf den Sockel eines historischen Landschafters in der Literatur geschwungen [habe]«.[362] Der zum Landschaftsmaler stilisierte Fontane zeichnet demzufolge ein vom historischen Interesse geleitetes Bild der Mark nach.

Das ästhetische Programm der *Wanderungen* ist durch das Zusammenwirken von Natur, Geschichte und Kunst geprägt.[363] Eine Passage zum Schloss

360 Auch im Ehebriefwechsel findet diese Komponente Erwähnung: »Wir lernen mit dem Auge am meisten; es ist beständig tätig; das Ohr nur sehr ausnahmsweise. Dazu kommt, daß wir im *Sehen* immer etwas empfangen, im *Hören* sehr oft nichts« (Theodor Fontane an Emilie Fontane, 09.08.1875, GBA XII/3, S. 40).

361 Vgl. z. B. Wulf Wülfing, *Aussichten – Einsichten. Zur Rolle des Fensters in Theodor Fontanes Wanderungen durch die Mark Brandenburg*. In: Hanna Delf von Wolzogen (Hrsg.), *Fontanes Wanderungen durch die Mark Brandenburg im Kontext der europäischen Reiseliteratur*, Würzburg 2003 (= Fontaneana, Bd. 1), S. 123–135.

362 Albert Emil Brachvogel, *[Rezension Wanderungen]*. In: *Wochenblatt der Johanniter-Ordens-Balley Brandenburg* 50 (11.12.1861), S. 266 (recte 232), wiederabgedr. in: Fischer, *Märkische Bilder*, S. 134. Erdmut Jost hält fest, dass die Beschreibung des Panoramas des Ortes Gusow von den Seelower Höhen aus, »alle Merkmale der barockklassizistischen Ideallandschaft« trage (Jost, *Das poetische Auge*, S. 79), und Fischer umschreibt den »Gattungscharakter« der *Wanderungen* als intermediales Feld zwischen Landschaftsmalerei, besonders ›historischer Landschaft‹ und historisch-romantischer Reiseliteratur. In den *Wanderungen* finde eine Verknüpfung von Historischem und Geografischem, Bildlichem und Narrativem statt (vgl. Fischer, *Märkische Bilder*, S. 135). Diese Anmerkungen bestätigen einerseits den Befund, dass Fontanes Landschaftswahrnehmung stark von Bildern geprägt ist und zeigen andererseits die Heterogenität dieses Textkonvoluts auf.

363 Dasselbe gilt für die Reiseschilderungen in den italienischen Aufzeichnungen: »Natur, Geschichte, Kunst unterstützen sich einander« (Theodor Fontane, Tagebucheintrag vom 15.10.1874, GBA XI/3, S. 333).

Küstrin deckt auf, weshalb Fontane dem historiografischen[364] und kulturgeschichtlichen[365] Kontext diese gewichtige Rolle beimisst:[366]

> Wenn du reisen willst, mußt du die *Geschichte* dieses Landes *kennen* und *lieben*. Dies ist ganz unerläßlich. Wer nach Küstrin kommt und einfach das alte graugelbe Schloß sieht, das, hinter Bastion Brandenburg, mehr häßlich als gespensterhaft aufragt, wird es für ein Landarmenhaus halten und entweder gleichgültig oder wohl gar in ästhetischem Mißbehagen an ihm vorübergehn; wer aber weiß: »hier fiel Kattes Haupt; an diesem Fenster stand der Kronprinz«, der sieht den alten unschönen Bau mit andern Augen an. – So überall.[367]

Es handelt sich dabei um dieselbe Herangehensweise, die Fontane in den *Italienischen Aufzeichnungen* ebenfalls praktiziert. Beispielsweise veranlasst ihn die Fahrt zum Trasimenischen See einerseits zu einer eigenhändig gezeichneten Ansicht mit topografischen Begebenheiten, andererseits geht er ergänzend auf den historischen Hintergrund der Gegend ein, in der unter anderem Hannibal gekämpft haben soll. Gemäß Fontane wird der Reisende, je mehr er weiss, »je besser er die römische und die italienische Geschichte erkennt, desto entzückter und bewegter [...] auf eine Landschaft blicken«.[368] Dieses Postulat gilt ihm sowohl für die Heimat als auch für die Fremde, wobei ihm historisches Wissen als Zugang zum Verständnis von Bauten, Landschaften und darüber hinaus auch Gemälden dient.[369] Im zitierten Beispiel aus den *Wanderungen* ist

364 Im Vorwort berichtet Fontane vom »breiten historischen Stempel«, den seine Vision des Rheinsberger Schlosses getragen habe (ders., *Wanderungen. Die Grafschaft Ruppin, Vorwort zur 1. Aufl.*, GBA V/1, S. 2).

365 Fontane hat den kulturgeschichtlichen Aspekt der *Wanderungen* eigens akzentuiert: Die *Wanderungen* seien »keineswegs eine bloße Historie märkischen Adels, sondern vor allem eine Kulturgeschichte des Landes geworden« (ebd., GBA V/1, S. XXVI). In diesem Ansatz besteht gleichzeitig eine Gemeinsamkeit zu Publikationen Lübkes, der seine Herangehensweise ebenfalls explizit als »kulturgeschichtlich« bezeichnet: »Zielt doch meine ganze Darstellung darauf hin, das geistige Leben der Völker, wie es sich in den Schöpfungen der bildenden Künste spiegelt, zum Verständniss zu bringen. Wer möchte bezweifeln, dass dies Studium eine nothwendige Ergänzung der allgemeinen Geschichte, ein wichtiger Zweig der Kulturgeschichte ist?« (Lübke, *Grundriss der Kunstgeschichte*, [4]1868, S. IX).

366 »Ich bin die Mark durchzogen und habe sie reicher gefunden, als ich zu hoffen gewagt hatte. Jeder Fußbreit Erde belebte sich und gab Gestalten heraus [...]. [...] [E]in Reichtum ist mir entgegengetreten, dem gegenüber ich das bestimmte Gefühl habe, seiner niemals auch nur annähernd Herr werden zu können« (Fontane, *Wanderungen. Vorwort zur 1. Aufl.*, GBA V/1, S. 3).

367 Ebd., *Vorwort zur 2. Aufl.*, GBA V/1, S. 5.

368 Theodor Fontane, Tagebucheintrag vom 15.10.1874, GBA XI/3, S. 333.

369 Beispiele dafür sind unter anderem die Anekdoten, die Fontane nacherzählt: »*Anna von Cleve* sieht wenig besser aus und macht einem die Anekdote glaubhaft, daß Hein-

mit der Erwähnung der historischen Vergangenheit zugleich eine Aufwertung des gegenwärtigen Zustandes des Baus beabsichtigt, die freilich dessen Mängel nicht zum Verschwinden bringt, sie aber zumindest abschwächt. Das an dieser Stelle praktizierte narrative Vorgehen findet sich desgleichen in den Kunstbetrachtungen: Statt auf exakte Gegenstandsbeschreibung – »das alte graugelbe Schloß« – scheint Fontanes Interesse vielmehr darauf ausgerichtet zu sein, den Lesern Hintergrundinformationen zu den Bauwerken zu vermitteln.

Die Würdigung der märkischen Kulturlandschaft soll nach Fontane »*ohne jegliche Prätension von Forschung, Gelehrsamkeit, historischem Apparat* etc.«[370] erfolgen, wobei er bereits zum zweiten Band konstatieren wird, dass er »aus dem ursprünglichen Plauderton des Touristen in eine historische Vortragsweise«[371] hineingeraten sei. Die erstzitierte Aussage bedeutet im Umkehrschluss, dass sich Fontane der Instrumente zur Erlangung wissenschaftlicher Befunde bewusst ist. Außerdem setzen sich auch Lübke und Kugler in ihren ersten Schriften mit den heimatlichen Bauwerken auseinander und wenden sich erst später der universellen Kunstgeschichtsschreibung zu.[372] Das Changieren zwischen beabsichtigtem Plauderton, fundierter Wissensvermittlung und gleichzeitiger Negation eines wissenschaftlichen Anspruchs ist folglich eine Gemeinsamkeit der journalistischen Kunstkritiken und des Erzählwerks *Wanderungen durch die Mark Brandenburg*. Differenzen zum akademischen Zugang zur Kunst weisen indessen die Künstlerbiografien auf, von denen diverse in Zusammenhang mit den *Wanderungen* entstehen. Während sich die Kunstwissenschaft

rich VIII. sie im Reisewagen gemustert, unzureichend befunden und gleich wieder heim nach Deutschland geschickt habe« (ders., *Aus Manchester. 4. Brief*, NFA XXIII/1, S. 73).

370 Theodor Fontane an Wilhelm Hertz, 24.11.1861, HFA IV/2, S. 51.

371 Fontane, *Wanderungen. Schlusswort*, GBA V/4, S. 439.

372 Vgl. Wilhelm Lübke, *Die mittelalterliche Kunst in Westfalen. Nach den vorhandenen Denkmälern dargestellt von Wilhelm Lübke*, Leipzig 1853; Franz Kugler, *Architektonische Denkmäler der Altmark Brandenburg in malerischen Ansichten*, Berlin 1833; ders., *Ueber die älteren Kirchen Stettins*. In: ders., *Baltische Studien* 2/1, Stettin 1833; ders., *Beschreibung der Kunstschätze von Berlin und Potsdam*, Berlin 1838; ders., *Pommersche Kunstgeschichte. Nach den erhaltenen Monumenten dargestellt von Dr. F. Kugler*, Stettin 1840. Kugler publiziert zudem im *Deutschen Kunstblatt* mehrere Rezensionen von Werken, die sich mit der lokalen Kunst auseinandersetzen (vgl. ders., *Archiv für Niedersachsens Kunstgeschichte. Eine Darstellung mittelalterlicher Kunstwerke in Niedersachsen und nächster Umgebung, bearbeitet und herausgegeben von H. Wilh. H. Mithoff*. In: *DKB* 15 (15.04.1850), S. 114–115). Auch Karl Eggers lässt sich offenbar davon inspirieren, verfasst er doch eine Reihe von kunsthistorischen Arbeiten über Südtirol (vgl. Karl Eggers, *Kunsthistorische Wanderungen in und um Meran. Vortrag in der Sitzung der Section Meran des deutschen und österreichischen Alpenvereins am 13.12.1878*, Peterswaldau 1879).

von der Biografik entfernt, sind populärwissenschaftlich verfasste Biografien im 19. Jahrhundert äußerst beliebt.[373] So finden sich in den *Wanderungen* die Lebensgeschichten von Karl Friedrich Schinkel und Wilhelm Gentz, die in Neuruppin geboren werden, sowie »Ein Kapitel vom alten Schadow« mit Ausführungen zu Johann Gottfried Schadow.[374] Auch Recherchen zur Fragment gebliebenen Schrift über Karl Blechen erfolgen im Rahmen der *Wanderungen*.

Wie in Fontanes Absichtserklärung zum »Plauderton« bereits deutlich geworden ist, sind die *Wanderungen* unter anderem auf Wissensvermittlung hin ausgerichtet, was den Schluss nahelegt, sowohl die Kunstkritiken als auch die *Wanderungen* als ästhetisches Erziehungsprogramm für das bildungsbürgerliche Publikum zu lesen.[375] In einem Brief an Ernst von Pfuel schreibt Fontane, dass es ihm in den *Wanderungen* auf »die Belebung des Lokalen, die Poetisierung des Geschehenen [ankomme], so daß […] in Zukunft jeder Märker, wenn er einen märkischen Orts- und Geschlechtsnamen hört, sofort ein *bestimmtes Bild* mit diesem Namen verknüpft«[376]. Das Bemühen um die Aufwertung des Lokalen scheint auch vor dem Hintergrund des 19. Jahrhunderts als Geburtsstunde der Nationalstaaten einzuordnen zu sein. Mit Grenzziehungen zwischen eigener und fremder Kunst partizipiert Fontane allerdings lediglich in beschränktem Ausmaß an dieser Debatte.[377] So schreibt er über den französischen Maler Antoine Pesne: »Alles, was er [Antoine Pesne, CA] schuf, war, trotz der leiblichen Anwesenheit des Meisters in unsrem Lande, doch immer

373 Vgl. Kapitel I.1.3. Dass die Mark Brandenburg das Forschungsinteresse weckt, belegen auch die Publikationen Alexander von Minutolis, der die mittelalterlichen Denkmäler und Architektur der Mark zeichnet und sie mittels schriftlicher Arbeiten dem Publikum bekannt macht (vgl. Fontane, *Alexander von Minutoli*, NFA XXIII/1, S. 440–443). Hagen und Schinkel treiben das Projekt zusätzlich voran, was 1836 zur Publikation der ersten Hefte der *Denkmäler der Kunstgeschichte* führt.

374 Vgl. ders., *Wanderungen. Saalow*, GBA V/4, S. 330–344.

375 Vgl. Jost, *Das poetische Auge*, S. 71.

376 Theodor Fontane an Ernst von Pfuel 18.01.1864, HFA IV/2, S. 115. Aufschlussreich ist zudem, dass bei Fontanes Beschreibung der märkischen Landschaft am häufigsten Adjektive wie »schön« oder der Begriff »Schönheit« vorkommen, was als Werturteil zwar wenig aussagekräftig ist, aber vor dem Hintergrund, dass Fontane im Zuge der Aufwertung der märkischen Landschaft darum bemüht ist, deren Vorzüge zu akzentuieren, Sinn ergibt. Ebenfalls zahlreich vertreten sind die Wortfelder »reizend«, »romantisch« sowie »pittoresk« (vgl. Hubertus Fischer, *Märkische Bilder. Ein Versuch über Fontanes Wanderungen durch die Mark Brandenburg, ihre Bilder und ihre Bildlichkeit*. In: *Fontane Blätter* 60 (1995), S. 127; Fischers Befund bezieht sich auf den Band *Oderland*).

377 Zur politisch-historischen Aufwertung der Mark hat Fontane wohl denn auch kaum beigetragen, denn das offizielle Preußen vergisst seinen fünfundsiebzigsten Geburtstag (vgl. Fontane, *Wanderungen. Einleitung*, GBA V/1, S. XXIII).

nur eine *importierte* Kunst. Unserer wirklichen Kunststufe entsprach damals Leygrebe, der Riesengrenadiere und Jagdhunde malte.«[378] Der Fokus liegt folglich nicht darauf, das künstlerische Niveau möglichst hochzuhalten, sondern die »wirkliche Kunststufe« herauszuarbeiten, auch wenn sie im internationalen Vergleich nicht konkurrenzfähig scheint.[379]

Zugang zu Kunstschätzen der Mark erhält Fontane durch Besuche verschiedener Herrensitze mit Gemäldesammlungen.[380] Sein Vorgehen zur Inventarisierung bildender Kunst in der Mark ist darin Waagens Bestandsaufnahme englischer Kunstschätze ähnlich, so liest sich das Kapitel ›Radensleben II‹ wie ein Inventarverzeichnis der Quast'schen Kunstschätze.[381] Allerdings scheint das Bewusstsein für den Wert der Kunstwerke auf dem Land gering, wie ein Brief Fontanes an seine Tochter Martha zeigt:

> [D]ies Vorfahren von einer Schloß-Rampe auf die andre, hat für einen 70er doch sein Unbequemes. »[...] Solch Berliner Scriblifax kann sich doch nicht für unsre Schafställe interessieren. Kunst? Bilder? Inschriften? Kunst giebt es hier nicht, und um das Bild von Tante Rosalie mit ihrer weißen Tüllhaube kann er doch unmöglich kommen.«[382]

Fontanes Inventarisierung von Kunstgegenständen kommt auch insbesondere deshalb Bedeutung zu, weil die Kunstdenkmäler-Inventarisation der Mark zum Zeitpunkt des Ausbruchs des Zweiten Weltkriegs längst nicht abgeschlossen ist und Fontanes Berichte teilweise die einzigen überlieferten Zeugnisse sind.[383] Allerdings konzentriert sich Fontanes Aufmerksamkeit oft auf die Cha-

378 Ders., *Wanderungen. Walchow*, GBA V/1, S. 370, FN.

379 Die Identifikation mit der Mark soll, wie angedeutet, nicht einzig über die Kunst, sondern auch über die Landschaft erfolgen. Als symptomatisch für dieses Bestreben kann das Vorwort zu den *Wanderungen* gelesen werden, in dem Fontane ausgehend vom schottischen Leven-See auf die Schätze der Mark hinweist (vgl. ders., *Wanderungen. Die Grafschaft Ruppin. Vorwort zur 1. Aufl.*, GBA V/1, S. 2f.).

380 Darüber hinaus ermöglicht ihm Major Gustav von Kessel, den Fontane von seinen Recherchen zu den *Wanderungen* kennt, Zutritt zur Gemäldesammlung des Königlichen Schlosses (vgl. Theodor Fontane an Gustav von Kessel, 04.05.1863, HFA IV/2, S. 97; vgl. Roland Berbig, *Theodor Fontane Chronik*, Berlin 2010, Bd. 2, S. 1237).

381 Vgl. Fontane, *Wanderungen. Radensleben II*, GBA V/1, S. 44–50; vgl. ders., *Wanderungen. Liebenberg (das gegenwärtige); sein Schloss und seine Bilder, seine Kunst- und Erinnerungsschätze*, GBA V/5, S. 314–329; vgl. Gustav Friedrich Waagen, *Kunstwerke und Künstler in England und Paris*, 3 Bde., Berlin 1837–1839; ders., *Kunstwerke und Künstler in Deutschland*, 2 Teile, Leipzig 1843 und 1845; Kapitel II.4.1.

382 Theodor Fontane an Martha Fontane, 26.05.1889, abgedr. in: Dieterle (Hrsg.), *Theodor Fontane und Martha Fontane*, S. 349.

383 Vgl. Helmut Börsch-Supan, *Die bildende Kunst im Spiegel von Theodor Fontanes ›Wanderungen durch die Mark Brandenburg‹*. In: Sibylle Badstübner-Gröger (Hrsg.), *Schlösser, Herrenhäuser, Burgen und Gärten in Brandenburg und Berlin. Festschrift zum zwan-*

raktere der märkischen Gutsbesitzer und deren Familiengeschichten, während »die Bildnisse […] als Kunstwerke nur selten ein Interesse bei ihm wecken konnten«.[384] Dieser Vorwurf ist insofern einzuschränken, als zum damaligen Zeitpunkt die Kunstpflege in der Mark kaum Forschungsgegenstand ist[385], und darüber hinaus entspricht dies weder Fontanes Ausrichtung für die *Wanderungen* noch seiner generellen Herangehensweise an Kunstgegenstände. In Bezug auf Fontanes Kunstkritiken sind die Inventare aber dennoch aufschlussreich, weil sie unter anderem belegen, dass sich seine Auseinandersetzung mit italienischen Künstlern nicht einzig auf die beiden Italienreisen beschränkt.[386] Im bereits erwähnten Kapitel *Radensleben* zählt Fontane Kunstschätze aus dem Schloss Ferdinand von Quasts in Radensleben auf, wobei es sich – anders als beim im Allgemeinen bescheidenen, weitgehend auf Familienbildnisse beschränkten Kunstbesitz des brandenburgischen Adels – um Madonnenbilder italienischer Meister handelt.[387] Die Bestandsaufnahme der Sammlung von Quast umfasst die Nennung des jeweils dargestellten Gegenstands, beispielsweise »Madonna mit dem Kinde« und daran anschließend eine stichwortartige Bildbeschreibung.[388] Die Notate machen außerdem deutlich, dass sich Fontane auch für die Provenienz der Bilder interessiert[389] und Vermutungen

zigjährigen Jubiläum des ›Freundeskreises Schlösser und Gärten der Mark in der Deutschen Gesellschaft e.V.‹, Berlin 2012, S. 213.

384 Börsch-Supan, *Die bildende Kunst im Spiegel von Theodor Fontanes ›Wanderungen‹*, S. 213.

385 Damit sind auch Fontanes falsche Zuschreibungen betreffend des Deckenbilds des Schlosses Oranienburg sowie des Porträts des Oberjägermeisters Jobst Gerhard von Hertefeld zu erklären (vgl. Börsch-Supan, *Die bildende Kunst im Spiegel von Fontanes ›Wanderungen‹*, S. 214).

386 Vgl. Kapitel I.1.8.

387 Vgl. Börsch-Supan, *Die bildende Kunst im Spiegel von Theodor Fontanes ›Wanderungen‹*, S. 219.

388 Vgl. Fontane, *Wanderungen. Radensleben*, GBA V/1, S. 44–48.

389 Vgl. »Madonna, halbe Figur, anbetend vor dem Kinde; zur Rechten drei Engel, links Johannes. Madonna und Christkind sehr schön. Terrakotta-Relief von etwa zweieinhalb Fuß Durchmesser. Von der Bemalung und Vergoldung sind nur noch schwache Reste vorhanden. Trotzdem ein Prachtstück der Sammlung. Nach der Ansicht Metzgers, eines Kunsthändlers in Rom, durch dessen Vermittlung Herr von Rumohr viele Sachen fürs Berliner Museum ankaufen ließ, von Luca della Robbia. Der einzige Zweifel, den Metzger unterhielt, war der, daß ihm kein Werk des Luca von ähnlicher Schönheit vorgekommen sei« (ders., *Wanderungen. Radensleben II*, GBA V/1, S. 44). Fontane zeigt folglich Interesse dafür, welche Experten – an dieser Stelle dienen ein Fachmann vor Ort sowie Rumohr als Autoritäten – für die Begutachtung von Kunstwerken beigezogen wurden, um Aussagen über deren Provenienz machen zu können.

über Bezüge zu anderen Werken anstellt.[390] Des Weiteren finden sich in den *Wanderungen* zahlreiche Beschreibungen von sakralen und profanen Bauwerken. Während Fontane über Architektur lediglich wenige Zeitungsartikel veröffentlicht, zeigen die *Wanderungen*, dass er sich auch mit Bauten eingehend auseinandersetzt.

Ein weiterer Aspekt, der die *Wanderungen* bezüglich Visualität zum informativen Untersuchungsgegenstand macht, ist die starke Prägung der ›märkischen Bilder‹ durch verschiedene Formen der Landschaftswahrnehmung. Fontane erlebt die Landschaften allerdings – nicht wie es die Bezeichnung »Wanderungen« suggerieren würde – zu Fuß, sondern hauptsächlich fahrenderweise im Coupé. Auf diese Weise nimmt er die Landschaft ›bewegt‹ wahr und schreibt, dass die Landschaft »alle hundert Schritt ein anderes Bild vor [ihm] auf[rolle]«.[391] Die bewegte Landschaftsästhetik, die eine »durch Fortbewegungsmittel erzeugte Wahrnehmungskonvention«[392] darstellt, findet sich nicht nur in den *Wanderungen*, sondern auch in Fontanes Tagebuch der englischen Reise sowie im letzten Brief zur *Manchester Art Treasures Exhibition*.[393] Auch der Einfluss des Panorama, insbesondere des Moving Panorama auf die »bewegten« Bilder der *Wanderungen* wurde in der Forschung verschiedentlich dargelegt[394] und ebenso auf Blicke von Aussichtspunkten herab hingewiesen, die im Romanwerk ebenfalls vertreten sind.[395] Fischer zieht daraus das Fazit, dass Fontanes märkische Landschaft »im wesentlichen ein ›Kunst-Produkt‹« sei, geschult an »der englischen Reiseliteratur und der Landschaftsmalerei.«[396] Dies bestätigt die These, dass Fontanes Wahrnehmung entscheidend durch die Betrachtung bildender Kunst beeinflusst wird. Gemäß Fischer findet sich allein in *Oderland* so oft der Begriff »Bild« oder »Landschaftsbild«, »daß man

390 Vgl. »Das Bild zeigt eine gewisse Verwandtschaft des Ausdrucks und der Behandlung mit dem entsprechenden Mantegna-Bilde im Berliner Museum. Die erste Seite (Sankt Jakobus, der Abschied nimmt und segnet) ist wahrscheinlich eine Skizze zu dem bekannten Deckengemälde von Mantegna: ›Gang zum Richtplatz und Heilung des Gichtbrüchigen‹ in der Kirche degli Eremitani in Padua. – Beide Bilder zeigen eine reiche Renaissancearchitektur; was die Art des Vortrags angeht, so ist die eine mehr in gemalter, die andere mehr in gestrichelter Manier. Das Pergamentblatt selbst ist sehr wahrscheinlich aus einem Mantegnaschen Studienbuch genommen« (ebd., S. 46).

391 Ders., *Ein Sommer in London. The hospitable English House*, HFA III/3/1, S. 151.

392 Fischer, *Märkische Bilder*, S. 123.

393 Vgl. Fontane, *Aus Manchester. Ausflug nach Chester*, HFA III/3/1, S. 514–521.

394 Vgl. Fischer, *Märkische Bilder*; vgl. Cusack, ›*Civibus aevi futuri*‹; vgl. Hoffmann, *Photographie, Malerei und visuelle Wahrnehmung*.

395 Vgl. dies., *Weitblick, Künstlerauge und Spektralanalyse*, S. 183–200.

396 Fischer, *Märkische Bilder*, S. 131.

von einer ikonischen Apperzeption der Landschaft sprechen kann«.[397] Fontane verwendet außerdem Worte wie »Landschaftsrequisiten«, »Landschaftscoulisse«, »Coulissenbild« oder »Schlußcoulisse des ganzen Bildes«[398] und damit Komposita aus dem Bereich des Theaters, was verdeutlicht, dass sich an den *Wanderungen* die Verschränkung von Fontanes verschiedenen Tätigkeitsfeldern als Journalist und Schriftsteller aufzeigen lässt.

Auswahl an Texten aus den *Wanderungen*, die für die Kunstkritiken relevant sind:

Maler: *Karl Friedrich Schinkel (MB 1864, GBA V/1), Wilhelm Gentz (GBA V/1), Ein Kapitel vom alten Schadow (GBA V/4), Blechen-Fragment*

Architektur: *sakral: Klosterkirche Neuruppin (GBA V/1), Kirche Rheinsberg (GBA V/1), Kirche Neustadt (GBA V/1), Peter-Pauls-Kirche Wusterhausen (GBA V/1), Kirche Tamsel II (GBA V/2), Kloster Lehnin (GBA V/3), Kloster Chorin (GBA V/3), Kirche Werder (GBA V/3), Kirche Blumenberg (GBA V/4), Peter-Pauls-Kirche Nikolskoe (GBA V/5); profan: Schloss Rheinsberg (GBA V/1), Schloss Freienwalde (GBA V/2), Schloss Tamsel (GBA V/2), Schloss Kossenblatt (GBA V/2), Schloss Oranienburg (GBA V/3), Schloss Köpenick (GBA V/4), Belvedère Charlottenburg (GBA V/3), Schloss Liebenberg (GBA V/5)*

Gemäldesammlungen: *Radensleben: Bilder und Kunstschätze (GBA V/1), Bilder, Kunst- und Erinnerungsschätze von Schloss Liebenberg (GBA V/5)*

Denkmäler: *Das Luisen-Denkmal (GBA V/1)*

1.10 Briefwechsel

Die Bedeutung der Briefe für Fontanes Kunstkritiken lässt sich exemplarisch daran zeigen, dass sich die prägnante Formel des »Hineinragen[s] des Großen in das Kleinleben«[399], die er für Adolph Menzels Gemälde *Abreise Wilhelms I. zur Armee am 31. Juli 1870* formuliert, in einem Schreiben an den Künstler findet. Fontane steht mit Menzel in brieflichem Kontakt, verkehrt mit ihm in verschiedenen Vereinen und verfasst zudem kunstkritische Artikel über dessen Schaffen. Seine Bekanntschaft mit dem Künstler steht damit stellvertretend für die engen Bezüge, die zwischen Fontanes Briefen und seinen kunstkritischen Schriften existieren. Die Briefe enthalten zentrale Aussagen über sein Kunstverständnis, zumal sich in ihnen pointierte Urteile sowie ergänzende, aber auch divergierende Aussagen zu Fontanes kunstkritischen Zeitungsartikeln finden. Der Briefwechsel mit Pietsch beinhaltet außerdem die Weiterführung der Debatte über Fontanes Polemik zum Maler Alma-Tadema, die er in einem

397 Ebd., S. 133.
398 Ebd., S. 133, 141, FN 74–78.
399 Theodor Fontane an Adolf Menzel, 02.07.1871, HFA IV/2, S. 382 (Abb. 27).

stellvertretend für Pietsch verfassten Artikel verschriftlicht.[400] Die Korrespondenzen sind ein interdisziplinäres Feld mit literarischen Qualitäten, was integrierte Gedichte oder essayartige Passagen wie die Reflexionen an Zöllner über die bildende Kunst Italiens verdeutlichen. Fontane erachtet die Briefe denn auch als »Stylübung«[401] und damit als eng an das schriftstellerische Werk gekoppelt. Was die Briefe aus Italien anbelangt, sind diese – neben den Tage- und Notizbüchern – von besonderer Relevanz, weil Fontane keine publizistischen Texte über die Italienreisen verfasst. Die postalischen Schreiben sind folglich eine wichtige Erweiterung von Fontanes journalistischen Kunstkritiken und liefern zusätzliche Informationen darüber, welche Ausstellungen er besucht, auch wenn er darüber keine Zeitungsartikel veröffentlicht. Ein Beispiel hierfür ist Fontanes Brief an Emil Dominik, in dem er sich zur Ausstellung von Werken des russischen Künstlers Wereschtschagin äußert, über die er jedoch keinen journalistischen Text verfasst.[402] Demzufolge enthalten die Briefe Belege für Fontanes umfassendes Wissen über bildende Kunst und zeugen von seinem persönlichen Interesse, das über die reine Auftragsarbeit für Ausstellungsrezensionen hinausgeht.

Für Fontane sind Briefe jedoch nicht nur ein Mittel, sich mit Freunden über seine Kunstauffassung auszutauschen, sondern haben weitere Funktionen, wie das Recherchieren für geplante Artikel. Für die Kapitel zum Orientmaler Wilhelm Gentz und zum Bildhauer Johann Gottfried Schadow, die in den *Wanderungen* erscheinen, kontaktiert Fontane Familienmitglieder, Bekannte und Freunde der Künstler. Auch bei seinem Projekt, über Karl Blechen einen längeren Aufsatz zu publizieren, nutzt er die Briefpost zum Sammeln von Informationen.[403] Darüber hinaus kommentieren Briefe an den Verleger das Scheitern des Projekts.[404] Allerdings gibt der Briefwechsel mit Editoren

400 Vgl. Theodor Fontane an Ludwig Pietsch, 13.09.1874, HFA IV/2, S. 472f.

401 Theodor Fontane an Bernhard von Lepel, 08.09.1851, HFA IV/1, S. 191.

402 Vgl. Theodor Fontane an Emil Dominik, 13.02.1882, HFA IV/3, S. 177f. Zugleich bieten die Briefe ergänzende Informationen zu publizierten Artikeln, beispielsweise, wenn Fontane Emilie einen Bericht darüber schreibt, welche Kunstwerke er gesehen hat.

403 Vgl. Theodor Fontane an Elisabeth Brose, 27.12.1881, HFA IV/3, S. 172.

404 1882 kündigt Fontane der Redaktion der Monatsschrift *Nord und Süd* ein »Blechen-Kapitel« von »etwa 2 Bogen« an, »nicht auf Kunstkritik sondern auf Biographie hin« geschrieben. Er »erzähle sein Leben, seine Schicksale«, wozu ihn »ein nach langem Suchen zusammengefundenes Material« befähige; es sei »alles neu« (Theodor Fontane an Julius Grosser, 22.01.1882, HFA IV/3, S. 175). Der angepriesene Artikel ist jedoch nie erschienen. Zwei Jahre später stellt Fontane ein Inhaltsverzeichnis zum Band *Oderland* zusammen, das weiterhin das »Cottbus«-Kapitel mit aufführt, dieses Mal mit dem Zusatz »Blechen, der Maler«. Danach ist davon jedoch keine Rede mehr. Hertz

kaum Aufschluss darüber, welche Auflagen bezüglich Länge, Themenwahl oder Gesinnung Fontane in seinen Artikeln zu befolgen hat. Teilweise sind in den Briefen jedoch ergänzende Angaben zu verfassten Zeitungsberichten zu finden. So schreibt Fontane an Fritz Mauthner, seine Aussagen im Artikel *Die gesellschaftliche Stellung der Schriftsteller* über die Diskrepanzen zwischen Malern und Schriftstellern reflektierend: »Schwind, Makart, Piloty, Lessing (Karlsruhe), wie standen sie da! Anton von Werner, Rauch, Begas, Menzel, Lenbach, Uhde, die Achenbachs, wie stehen sie da, verglichen mit uns.«[405] Auffälligerweise sind die Namen im publizierten Artikel nicht mehr erwähnt, was demselben allgemeine Aussagekraft verleiht und Fontane zugleich weniger anfechtbar macht. Bemerkenswert ist, dass die meisten der genannten Maler in den kunstkritischen Zeitungsartikeln nicht oder lediglich am Rande relevant sind, was verdeutlicht, dass Fontane sich in seinen Interessen nicht von der offiziellen Kunstpolitik respektive der öffentlichen Anerkennung des jeweiligen Künstlers leiten lässt.

Nicht nur die Kunstkritiken selbst, die *Wanderungen*, die Romane, die Tage- und Notizbücher, sondern gerade die häufige Nennung von Kunst und Künstlern in den Briefen und die Korrespondenzen mit zahlreichen Künstlern und Kunsthistorikern belegen, welchen hohen Stellenwert bildende Kunst für Fontane hat. Bezüglich der erwähnten Kunsthistoriker ist darauf hinzuweisen, dass er mit zahlreichen Vereinsmitgliedern brieflich kommuniziert. Allerdings handelt es sich bei der Majorität der Schreiben lediglich um Absprachen, bei wem um welche Uhrzeit das nächste Treffen stattfindet. Es liegt daher die Annahme nahe, dass die mündliche Kommunikation vielfach den postalischen Austausch ersetzt. Die Briefe, die über organisatorische Eckdaten hinausgehen, sind für die Kunstkritiken wichtig, weil der Einfluss der Mitglieder der Berliner Vereine auf Fontanes Kunstauffassung bislang in der Forschung wenig beachtet wurde.[406] Teilweise lassen sich diese Verbindungen direkt nachweisen, zum Beispiel, wenn sich Fontane in *Aus Manchester* auf Gustav Waagen bezieht. Umso wichtiger sind die Briefe als Quelle für Fontanes Meinungen zu in Vereinszusammenkünften besprochenen Bildern. Dabei geht es nicht nur um fachliche, sondern auch um persönliche Belange, wie eine Nachricht

mahnt zu einer Reduzierung des Stoffes, festgehalten in einem Brief Fontanes an Hertz aus dem Mai 1864: »Ich dachte anfänglich noch an weitre Einschübe; doch verbietet sich das um des Raumes willen, den Sie ja eher beschränkt wünschen« (Theodor Fontane an Wilhelm Hertz, [11. oder 12. Mai 1864], abgedr. in: Kurt Schreinert und Gerhard Hay (Hrsg.), *Theodor Fontane. Briefe an Wilhelm und Hans Hertz 1859–1898*, Stuttgart 1972, S. 112).

405 Theodor Fontane an Fritz Mauthner, 06.12.1891, HFA IV/4, S. 167.

406 Eine Ausnahme bildet Graevenitz, *Theodor Fontane*.

Fontanes über eine Sitzung bei Heyden zeigt, in der er sich über die Frage ausläßt, inwiefern Menzel zu ästhetischen Urteilen berechtigt sein soll.[407] Die Briefe decken zudem auf, dass Fontane mit Kugler und Eggers wissenschaftliche Publikationen austauscht und diese um weiterführende Informationen zu verschiedenen Artikeln ersucht. Darüber hinaus zeugen die Schreiben vom Humor, einem wichtigen Aspekt der Vereinszusammenkünfte, und die Anreden mit Pseudonymen spiegeln die Vereinsgepflogenheiten. Der enge Zusammenhang zwischen den Diskussionen in den Vereinen und Fontanes Werk lässt sich auch am Beispiel seiner Rezension der Biografie über den Bildhauer Christian Daniel Rauch zeigen. Fontane berichtet Bernhard von Lepel, dass er im *Rütli* mit Zöllner und Lazarus »eine lange Diskussion über das ›Schadow u. Rauch-Buch‹ das K. Eggers geschrieben hat«[408], geführt habe. Der Brief liefert damit den Beleg dafür, dass kunsthistorische Werke im *Rütli* Gesprächsthema sind, die Fontane liest und zahlreiche davon rezensiert. Der Umstand, daß Fontane Lepel über die betreffende Debatte informiert, ist ein Hinweis darauf, dass ihm diese Diskussionen wichtig sind.[409]

Außerdem ist an den Anreden und dem Sprachgestus erkennbar, dass Fontane beispielsweise zu Friedrich Eggers in engerer Beziehung steht als zu dessen Bruder Karl. Derselbe Sachverhalt ist für die Kommunikation mit Menzel geltend zu machen, den Fontane ebenfalls mit Höflichkeitsformeln adressiert.[410] Bezüglich Menzel ist grundsätzlich festzuhalten, daß der persönliche Kontakt zwischen den beiden seltsam reserviert bleibt, obschon sie sich hinsichtlich ihrer ästhetischen Ansichten äußerst nahestehen. Ein Brief Fontanes an Ge-

407 »Eine Hauptunterhaltung drehte sich um Menzel, der gestern im Rütli wieder ›große Sätze‹ ausgespielt hatte. […] [I]ch meinerseits meine, und sprach es auch heute aus: es hängt alles von der Vorfrage ab ›*wie groß* ist Menzel?‹ Ist er blos ein sehr guter Maler, so darf er dergleichen *nicht* sagen; ist er aber allerersten Ranges, eine epochemachende No I, ein Sanspareil, so *darf* er es sagen. In solchem Falle gesteh ich ihm das Recht zu, aesthetische Besserwissereien als impotentes langweiliges Zeug von der Hand zu weisen« (Theodor Fontane an Emilie Fontane, 08.06.1879, HFA IV/3, S. 25). Bei den meisten Briefen an Kugler, Eggers oder Menzel handelt es sich jedoch lediglich um Terminabsprachen oder An- und Abwesenheiten in kommenden Sitzungen.

408 Theodor Fontane an Bernhard von Lepel, 28.05.1883, HFA IV/3, S. 247.

409 In Briefen an Karl Zöllner sowie Mathilde von Rohr ist das Werk ebenfalls Thema: »Ueber Karl Eggers' Buch habe ich ein paar Zeilen an die Vossin geschickt; es steht nichts drin, nur das Eine, was mich jetzt beständig beschäftigt, daß dies Buch über alles, was die Berliner Schriftstellerwelt seit 50 Jahren geschrieben hat, überdauern wird« (Theodor Fontane an Karl Zöllner, 16.12.1887, HFA IV/3, S. 576). Auch gegenüber Mathilde von Rohr spricht Fontane sein Lob für das Werk aus (vgl. Theodor Fontane an Mathilde von Rohr, 02.01.1888, HFA IV/3, S. 577).

410 Vgl. z. B. »Teuerster Rubens […]. In vorzüglicher Ergebenheit / Ihr Th. Fontane.« (Theodor Fontane an Adolf Menzel, 05.01.1873, HFA IV/2, S. 422).

org Friedlaender deckt auf, dass sich Fontane über die ausbleibende Reaktion Menzels auf sein Gedicht zu dessen 70. Geburtstag, das unter anderem vom Adressaten sowie vom Kronprinzen gelobt wurde, enttäuscht zeigt: »Menzel selbst gab kein Lebenszeichen und kam erst am 10. oder 11. Tage, um sich zu bedanken. Es kann Zufall gewesen sein, will sagen unbeabsichtigt, aber selbst *dann* ist es starker Taback.«[411] Wenige Wochen zuvor versieht Fontane Menzel in einem Brief an Ludwig Pietsch jedoch mit den Termini »Meister[] und Vorbild[]«[412]. Die persönliche Beziehung ebenso wie Fontanes Aussagen zu Menzels Werk, an dem er das Fehlen eines *»eigentliche[n] Mittelpunkt[s]«*[413] bemängelt, bleiben demnach ambivalent.[414]

Nicht nur mit den Kunsthistorikern der Berliner Schule und den Künstlern in deren Umfeld, sondern im gesamten Berliner Künstlerkreis ist Fontane vernetzt, was zahlreiche Briefe, wie beispielsweise einer an von Lepel zeigen: »Heut war ich mit Eggers im Schadow'schen Hause, wo Prof: Hübner aus Dresden eine kleine Ausstellung seiner neusten Sachen veranstaltet hatte. Der Mann selbst gefiel mir sehr, seine Sachen nur sehr theilweis. Es ist unglaublich, was alles gemalt wird.«[415] Martha berichtet er von einem Abendessen bei Wilhelm Gentz: »Das Diner bei W. Gentz, von dem Dir Mama vielleicht geschrieben hat und das eine Huldigung gegen den russischen Maler Wereschschàgin war, verlief sehr angenehm«.[416] Wie den Briefen zu entnehmen ist, geht Fontane in den Haushalten der Künstler ein und aus und sieht auf diese Weise stets die aktuellsten Kunstankäufe der Berliner Sammler. Er kommuniziert auch direkt mit Künstlern, um etwas über ihre Kunstauffassung zu erfahren;[417] so führt er einen Briefwechsel mit August von Heyden, der Mitglied im *Rütli* ist.[418] Gesprächsthema ist unter anderem Menzels *Ge-*

411 Theodor Fontane an Georg Friedlaender, 06.01.1886, HFA IV/3, S. 446.

412 Theodor Fontane an Ludwig Pietsch, 23.12.1885, HFA IV/3, S. 441.

413 Fontane, Tagebucheintrag vom 27.09.1856, GBA XI/1, S. 172.

414 Vgl. Claude Keisch, *›Ja, wer ist Menzel?‹*. In: Keisch, Schuster et al. (Hrsg.), *Fontane und die bildende Kunst*, S. 200f.

415 Theodor Fontane an Bernhard von Lepel, 08.09.1851, HFA IV/1, S. 192.

416 Theodor Fontane an Martha Fontane, 17.02.1882, HFA IV/3, S. 180. Zu Wereschtschagin vgl. auch Theodor Fontane an Emilie Fontane, 23.08.1882, HFA IV/3, S. 204f.

417 Vgl. den Abschnitt zu Wilhelm Gentz in Kapitel I.1.3. In Fontanes Briefkontakt mit Liebermann hingegen geht es schlicht um das Vereinbaren von Terminen für die Porträtsitzung (vgl. Theodor Fontane an Max Liebermann, 29.03.1896, HFA IV/4, S. 548; Theodor Fontane an Max Liebermann, 30.03.1896, HFA IV/4, S. 549).

418 Vgl. z. B. »Mein lieber alter Heyden. Die Schlacht ist geschlagen und in erquicklicher Stille bin ich eben den Gestalten und Intentionen Deiner Tischkarte nachgegangen; ich glaube, daß es etwas sehr Gelungenes ist (auch Menzel nickte beständig sehr beifällig, hat Dir's vielleicht auch gesagt) und so mußt Du mir erlauben, wozu ich

denkblatt zum fünfzigjährigen Jubiläum der Firma Heckmann in Berlin, zu dem Fontane schreibt: »Brillant; eine seiner schönsten Arbeiten auf diesem Gebiet, geistreich, von herrlicher Farbenwirkung, klar verständlich, in jeder Beziehung gelungen.«[419] Die zitierte Aussage zu Menzels Kunst ist ein Beispiel für die pointierten Kunsturteile, die Fontane in den Briefen fällt. Generell sind die Äußerungen in den Briefen zwar weniger ausformuliert, im Kern enthalten sie jedoch sämtliche Merkmale, die auch in den publizierten Kunstkritiken vorkommen. Ein Beispiel hierfür sind die Anekdoten, die in Fontanes Briefen ebenso vertreten sind, wie das Verwechslungsspiel des Malers Hildebrandt mit dem gleichnamigen Pfefferküchler.[420] Implizit schwingt in Fontanes Briefen folglich stets seine Kunstauffassung mit. In Bezug auf Fontanes biografischen Artikel zu Wilhelm Gentz ebenso wie in seiner Rezension zur Rauch-Biografie der Brüder Eggers sind Briefe für Fontane darüber hinaus Garanten für Authentizität. Diesen Wert als Quellenmaterial schätzt er sogar so hoch ein, daß er sich lediglich als »metteur en page«[421] verstanden haben will.

Briefe an Friedrich und Karl Eggers, Franz Kugler, Adolph Menzel, August von Heyden, Wilhelm Gentz, Familie etc.

1.11 Kriegsberichte

Die Berücksichtigung der Kriegsberichte im Rahmen einer Analyse der Kunstkritiken ist einerseits wegen Fontanes Beschäftigung mit Schlachtenmalerei und andererseits aufgrund der Bebilderung der Werke zum Deutschen Krieg durch den Maler Ludwig Burger wichtig.[422] Burger gestaltet Vignetten und

---

gestern nicht recht kam, noch herzlich dafür zu danken. Welch famoses Gegenüber von Douglas und Dörr, von kleinen Niedlichkeiten, und wie charakteristisch der nur drei Linsen große Wanderer im Cachnez. Die drei Sachen auf Seite 2, 3 und 4 sind aber vielleicht noch gelungener: die Jubiläums-Eilfahrt auf dem Champagnerwagen und die Schlußvignette sind eine höhere Idee« (Theodor Fontane an August von Heyden [Entwurf], 05.01.1890, HFA IV/4, S. 8).

419 Theodor Fontane an Emilie Fontane, 19.10.1869, GBA XII/2, S. 410. Vor der zitierten Passage steht: »Um 6 in den Rütli bei Menzel, wo nur über Glucks ›Armida‹ pro und contra gesprochen wurde; schließlich zeigte er uns ein neues Aquarell-Blatt (ähnlich wie das in Monbijou) das er zum 50 jährigen Jubiläum des alten Heckmann angefertigt hat« (ebd.). Vgl. Graevenitz, *Theodor Fontane*, S. 100–111.

420 Vgl. Theodor Fontane an Georg Friedlaender, 14.05.1894, HFA IV/4, S. 353.

421 Theodor Fontane an Friedrich Stephany, 31.08.1890, HFA IV/4, S. 59.

422 Fontanes Werk zum Krieg gegen Frankreich 1870–1871 ist lediglich mit 35 Plänen in Holzschnitt bebildert und wird daher einzig am Rande berücksichtigt (vgl. Fontane, *Der Krieg gegen Frankreich*, 2 Bde., Decker, Berlin 1873–1875).

Initialen; die eigentlichen Reiterbilder (Lithografien) stammen von Wilhelm Camphausen. Mit diesen beiden Künstlern arbeitet Fontane auch für die Publikation zu Wilhelm Camphausens *Vaterländischen Reiterbildern* zusammen.[423] Fontane steuert den Text zu den Bildern bei, wobei sich seine Ausführungen kaum auf die Abbildungen beziehen. Für den großformatigen Prachtband malt Camphausen[424] die eigentlichen Reiterbilder als Lithografien und Ludwig Burger fertigt die Rahmen, Vignetten und Initialen. Fontane qualifiziert sich möglicherweise durch die Kriegsbücher als Textverfasser. Zudem kennt er Camphausens Kunst von den Berliner Kunstausstellungen, eingehender von der Ausstellung 1864, und hat sowohl eine Biografie Camphausens für das Lexikon *Männer der Zeit* verfasst als auch über dessen Werk *Erstürmung von Schanze II* 1865 einen Artikel in der *Kreuzzeitung* veröffentlicht.[425] Burger, dessen Werk noch kaum erforscht ist, illustriert hauptsächlich historisch-patriotische Publikationen[426], fertigt jedoch ebenso eine Neujahrskarte für das *Deutsche Kunstblatt* sowie eine Darstellung für die *Argo*.[427] Burger und Fontane begegnen sich im *Tunnel*, die Zusammenarbeit wird aber über den Verleger Rudolf Decker vermittelt, für den Burger bereits bei anderen Büchern tätig gewesen ist.[428] In der 1885 stattfindenden Sonderausstellung von Burgers Wer-

---

423 Fontane hält die Arbeit an der erwähnten Publikation im Tagebuch fest: »Ich schreibe mittlerweile für die Kunstverlagshandlung von Rudolf Schuster den Text zu Camphausens ›Brandenburgisch-preußische Reiterbilder‹ […]. Zu Weihnachten erscheint der 2. Band Wanderungen ›Oderland‹ (3. Aufl.) und die ›Reiterbilder‹ illustrirtes Prachtwerk« (ders., Tagebucheintrag für das Jahr 1879, GBA XI/2, S. 69f.).

424 Camphausens Reiterbilder stehen im Gegensatz zu Menzels Geschichtskonzeption: Hermann Riegel schreibt dazu von nationalem Enthusiasmus geprägt: »Camphausen hat … zunächst eine Reihe trefflicher Werke aus der Zeit Friedrich's des Großen geliefert, die neben künstlerischer Vollendung patriotische Begeisterung athmen und so einen Fortschritt von der rein thatsächlichen Auffassung der friderizianischen Zeit durch Adolf Menzel bekunden…« (Hermann Riegel, *Georg Bleibtreu und seine vaterländischen Bilder*. In: Ders., *Deutsche Kunststudien*, Hannover 1868, S. 387).

425 Fontane, *Camphausens ›Erstürmung von Schanze II‹ [1865]*, NFA XXIII/1, S. 333.

426 Vgl. dazu Jan Pacholski, *›Das ganze Schlachtfeld – ein zauberhaftes Schauspiel‹. Theodor Fontane als Kriegsberichterstatter*, Wrocław/Görlitz 2005 (= Dissertationes inaugurales selectae, Bd. 14), S. 180f. Als Referenzwerk ist einzig der Katalog zur Sonderausstellung 22.02.–30.04.1885 von Werken Ludwig Burgers und Gustav Lüderitz' in der Nationalgalerie Berlin zu nennen.

427 Ludwig Burger, *Neujahrskarte*. In: *DKB* (03.01.1856), Beiblatt; Ludwig Burger, *Kupfertitel*. In: *Argo* 4 (1860).

428 In der Rezension *›Die Hohenzollern‹ in Bild und Wahlspruch* spricht Fontane Burger sein Lob aus: »Die treffliche Burgersche Art, seine Korrektheit, seine sprudelnde Fülle, die ihn befähigt, in Allegorien und Emblemen immer neu und erfinderisch zu sein, sind bekannt« (Fontane, *Die Hohenzollern in Bild und Wahlspruch. Gezeichnet von Ludwig Burger*, NFA XXIII/1, S. 560). Fontane steht über die Arbeit an den Kriegs-

ken werden dessen Illustrationen zu Fontanes Texten ebenfalls gezeigt und im entsprechenden Katalog für deren »hervorragende[] Kunstfertigkeit«[429] gelobt.

Burgers Illustrationen zum Werk *Der Schleswig-Holsteinsche Krieg im Jahre 1864* haben weitgehend dekorativen Charakter. Abbildungen im Lauftext sind keine vorhanden, bis auf die Verzierung von Initialen sowie wenige schematisierte topografische Darstellungen.[430] Darüber hinaus sind vier Porträts und neun Karten enthalten, jedoch separat, auf festerem, nur einseitig bedrucktem Papier eingefügt,[431] wobei Text und Illustrationen eigenständige Elemente mit wenig Bezug zueinander bilden.[432]

Anders beim Werk *Der deutsche Krieg von 1866*, in dem eine größere Anzahl Abbildungen vorhanden ist.[433] Neben der Dekoration der Initialen sind zahlreiche weitere Darstellungen enthalten, die darüber hinaus einen inhaltlichen Bezug zum Text aufweisen.[434] Dasselbe gilt für den zweiten Band, der

---

büchern hinaus in Kontakt mit Burger, wie ein Tagebucheintrag belegt: »Maler Burger getroffen, Plaudereien über A. von Werner, Frenzel, Lindau« (Theodor Fontane, Tagebucheintrag vom 10.01.1884, GBA XI/2, S. 194).

429 Nationalgalerie Berlin (Hrsg.), *Werke von Ludwig Burger und Gustav Lüderitz* [Katalog der gleichnamigen Sonderausstellung, Nationalgalerie Berlin, 22.02.–30.04.1885], Berlin 1885, S. 9.

430 Ebenso fehlt ein Nachwort Burgers zu den Illustrationen – wie es im Kriegsbuch von 1866 vorhanden ist; einzig ein Verzeichnis der Abbildungen ist angefügt.

431 Die Abbildungen sind auf dem Titelblatt des Werks nachgewiesen: »Mit 4 Portraits, 56 in den Text gedruckten Abbildungen und Plänen in Holzschnitt und 9 Karten in Steindruck« (Fontane, *Der Schleswig-Holsteinsche Krieg im Jahre 1864*, Berlin 1866).

432 Helmuth Nürnberger sowie Hubertus Fischer geben allerdings zu bedenken, dass Fontane zahlreiche Texte der Kriegsbücher aus Quellen übernommen habe. Den Text zum Krieg gegen Frankreich 1870–1871 habe Fontane gar über weite Strecken nur redigiert und des Weiteren Passagen eingeflochten, die er nicht als Zitate gekennzeichnet habe (vgl. Helmuth Nürnberger, *›Rouen ist entzückend‹ oder Auf den ersten Satz kommt es an. Der Journalist Fontane auf Osterreise*. In: *Fontane Blätter* 90 (2010), S. 27–60); Hubertus Fischer, *›Denkmal Albrecht Thaer's zu Berlin […] Mit Text von Th. Fontane‹ [1862]. Von den Tücken im Umgang mit Fontane-Texten oder Ein Buch und seine Folgen*. In: *Jahrbuch für die Geschichte Mittel- und Ostdeutschlands* 57 (2011 [2012]), S. 87). An verschiedenen Passagen im Text weist Fontane jedoch darauf hin, dass er unterschiedliche Quellen benutzt hat (vgl. z. B. Theodor Fontane, *Der deutsche Krieg von 1866* (mit Illustrationen von Ludwig Burger), Bd. 2: *Der Feldzug in West- und Mitteldeutschland*, Berlin 1871, S. 532) oder fügt in Zitaten Zeugenberichte ein (ebd., S. 528f.).

433 Auf dem Titelblatt des ersten Teils ist nachgewiesen: »mit 13 großen Porträts, 11 großen Gefechtsbildern, 234 in den Text gedruckten Abbildungen und 39 Plänen in Holzschnitt« (ders., *Der deutsche Krieg von 1866*).

434 Beispielsweise eine Darstellung zweier Truppen anhand der beiden Wappen, je einem zugehörigen Soldaten sowie einer Schriftrolle mit Datum und Ort des Geschehens (vgl. ders., *Der deutsche Krieg von 1866, Mit Illustrationen von Ludwig Burger*, Bd. 1: *Der Feldzug in Böhmen und Mähren*, Berlin 1870, S. 15).

1871 erscheint.[435] Die Karten, realistischen Panoramen und Schlachtszenen sowie die Porträts der beteiligten Offiziere haben Kommentar- und Ergänzungsfunktionen.[436] Die separaten Bildnisse sind deswegen an der Stelle eingefügt, an der die Porträtierten im Lauftext genannt werden. Außerdem sind zahlreiche kleinformatige Porträts von Generälen oder Majoren sowie diverse Karten mit Dörfern, Gewässern und Hügelzügen abgedruckt. Die Bilder stehen in den meisten Fällen neben oder zu Beginn des Lauftexts oder sind in denselben eingegliedert und zeigen beispielsweise ein Lazarett, wenn im Text über die Gefallenen sowie die Pflege der Verwundeten berichtet wird.[437] Obwohl der Lauftext in diesen Passagen keine Bildbeschreibung liefert, deckt ein Brief Fontanes an Friedrich Eggers auf, dass er dennoch um Kohärenz zwischen Text und Bildern bemüht ist:

> Du hast vielleicht von der großen Schlacht bei Seubottenreuth gehört, die 1866 die Mecklenburger geschlagen haben. Burger hat jene Gegenden mit Vorliebe bereist und so viele Illustrationen gemacht, daß ich in die Lage gekommen bin, Seubottenreuth etwa zu behandeln wie Königgrätz, bloß damit die Bilder doch einen gewissen Text-Rahmen bekommen. Nun fehlt mir zu diesem kriegerischen Schluß-Tableau aber eine Spezial-Karte, wo möglich mit eingezeichneten Punkten und Linien, um die Stellung und Bewegung von Freund und Feind, Mecklenburger und Baiern, verfolgen zu können.[438]

Im Brief mutet es gar so an, als ob die Illustrationen den Grad an Ausführlichkeit des Textes vorgeben würden. Bemerkenswert ist Fontanes Wortwahl; so schreibt er, dass er beabsichtige, mit dem Text den Bildern einen »Rahmen« zu verleihen und bezeichnet den letzten Teil als »kriegerische[s] Schluß-Tableau«.[439] Fontane intendiert folglich, dem Leser mittels Kartenmaterial die

---

435 Für diesen Band ist auf der Titelseite vermerkt: »mit 4 großen Portraits, 8 großen Gefechtsbildern, 149 in den Text gedruckten Abbildungen und 26 Plänen in Holzschnitt« (ders., *Der deutsche Krieg von 1866*, Bd. 2, 1871).

436 Die »vollkommenste Kohärenz zwischen Text und Bild« ist gemäß Pacholski in der zweiten Hälfte des Kriegsbuchs von 1866 *Feldzug in Böhmen und Mähren* sowie im zweiten Band *Der Feldzug in West- und Mitteldeutschland* auszumachen (vgl. Pacholski, *Das ganze Schlachtfeld*, S. 215).

437 Vgl. Fontane, *Der deutsche Krieg von 1866*, Bd. 2, S. 140.

438 Theodor Fontane an Friedrich Eggers, 06.02.1870, HFA IV/2, S. 291.

439 Konflikte gibt es allerdings, da Burger offenbar unzuverlässig ist: »Sie haben gewiss in vielen Stücken Recht, aber *eines* kann ich doch nicht gelten lassen. *Ich* bin an einer Verzögerung *absolut* unschuldig. […] Ende Oktober v. J. war ich mit dem *ganzen* Manuskript fertig, und die 6 ½ Monate, die seitdem vergangen sind, hab' ich lediglich an die *Korrektur* des Manuskripts gesetzt« (Theodor Fontane an Ludwig Burger, 16.05.1869, S. 231). Vgl. dazu auch Theodor Fontane an Emilie Fontane, 30.09.1869, GBA XII/2, S. 398. Dennoch ist Fontane offenbar zufrieden mit Burgers

beschriebenen Kriegshandlungen zu veranschaulichen. Gemäß Gerhart von Graevenitz dienen die Karten und topografischen Übersichten in den Kriegsberichten der Konstruktion von Realität.[440] Sie können als Teil der Beglaubigungsstrategie gewertet werden, dass sich das Geschehnis in der geschilderten Art und Weise zugetragen hat. Der zweite Halbband des Kriegsbuches von 1866 ist daher ebenfalls reich bebildert.[441] Darüber hinaus findet sich im Appendix ein Text Burgers, der mit »Zu den Illustrationen« überschrieben ist. Burger betont darin die Bedeutung der Augenzeugenschaft sowie der Verständlichkeit,[442] die Fontane im Übrigen in den Kunstkritiken ebenfalls als wichtiges Kriterium erachtet.[443]

Im Rahmen der kunstkritischen Schriften ist außerdem der umfangreiche Anhang des zweiten Kriegsbuches mit dem Titel »Die Denkmäler« bedeutsam, der eine Auflistung sämtlicher Denkmäler mit Überschrift, Darstellung des je-

---

Werken, so schreibt er ihm Ende Mai 1869: »Die eben erhaltenen neuen Blätter sind alle sehr hübsch; die bayrischen Jäger vorzüglich« (Theodor Fontane an Ludwig Burger, [Ende Mai 1869], HFA IV/2, S. 232).

440 Graevenitz, *Theodor Fontane*, S. 353, 362–372. Genre, Karte und Allegorie sind Graevenitz zufolge »Phänomene des realistischen Erzählens in Europa« (ebd., S. 353). Außerdem erachtet er die »Verbindung von Topographie und Szene, Karte und Genre« (ebd., S. 363) als konstitutives Merkmal sowohl der Kriegsbücher Fontanes als auch der *Wanderungen*.

441 Auf dem Titelblatt ist vermerkt: »mit 3 großen Porträts, 3 großen Gefechtsbildern, 109 in den Text gedrucken Abbildungen und Plänen in Holzschnitt; Darstellung von Dörfern, deren topografische Eingliederung in der Landschaft, Gefechtsszenen« (Fontane, *Der deutsche Krieg von 1866*).

442 Burger schreibt, er habe »versucht, in der Darstellung jener Ereignisse vor Allem treu, in den allegorischen Illustrationen möglichst verständlich zu sein« und betont, er habe vor Ort gezeichnet sowie einzelne Fotografien als Grundlage seiner Illustrationen verwendet (Ludwig Burger, *Zu den Illustrationen*. In: Fontane, *Der deutsche Krieg von 1866*, 2. Halbband, S. 724).

443 Fontane wendet sich zudem im Namen von Ludwig Burger und Georg Bleibtreu an Henriette von Merckel, um das Anliegen der beiden kundzutun, »in ihrer Eigenschaft als Schlachtenmaler bzw. Kriegsillustratoren, die Armee in den bevorstehenden Krieg begleiten zu dürfen« (Theodor Fontane an Henriette von Merckel, 07.05.1866, HFA IV/2, S. 159). Fontane bittet Merckel, das Anliegen über ihren Bruder dem Kriegsminister vorzutragen und dessen Reaktion zu beobachten (vgl. ebd.). Er steht auch mit Bleibtreu in persönlichem Kontakt (vgl. Theodor Fontane an Julius Rodenberg, 10.02.1874, HFA IV/2, S. 452), den er ursprünglich dem Verlag für die Illustration des Buches über den schleswig-holsteinischen Krieg vorgeschlagen hat (vgl. Theodor Fontane an den Verlag Rudolf von Decker, 31.08.1864, HFA IV/2, S. 132). Fontane sieht Bleibtreus Werke regelmässig auf den Berliner Kunstausstellungen und berücksichtigt diese in seinen Ausstellungsberichten (vgl. Fontane, *Die diesjährige Kunstausstellung [1862]*, NFA XXIII/1, S. 174; ders., *Berliner Kunstausstellung [1864]*, NFA XXIII/1, S. 274).

weiligen Monuments, Wiedergabe der Inschriften sowie teilweise Angaben zu Geldgebern und zum Material enthält.[444] Zu einigen Gedenksteinen sind Anmerkungen vorhanden, die mit Größenangaben sowie Abdruck der Inschriften einer sachlichen Beschreibung entsprechen.[445] Aufschlussreich hinsichtlich Fontanes Auffassung zur Funktion von Denkmälern ist der einleitende Text zu dieser Gattung im Allgemeinen. Gemäß Fontane besteht der Zweck von Ehrenmälern darin, »[d]er auf fremdem Boden Gefallenen und Gestorbenen liebend zu gedenken«, was der wörtlichen Bedeutung von Denkmälern entspricht. Allerdings kommt auch die patriotische Komponente nicht zu kurz; pathetisch schreibt er, »daß die Stätten, in schwerem Kampfe mit dem Herzblute der Kinder unsres Vaterlandes errungen« worden seien. Es gehe darum, »sichtbare Erinnerungen« an die Geschehnisse zu haben und »von Freund und Feind« geehrt zu werden. Die Denkmäler sollen folglich zumindest nachträglich für gegenseitige Achtung der Kriegsparteien sorgen und in gewisser Weise auch als Mahnmale dienen: »[N]och lange, wenn die Spuren der großen Ereignisse des Jahres 1866 nicht mehr deutlich reden, werden diese Denksteine, als stumme Zeugen einer großen Vergangenheit, Wallfahrtsorte sein, an denen Vaterlandsliebe und Heldensinn neuen Aufschwung gewinnen können.«[446] Solche Bemerkungen plausibilisieren Fontanes Behauptung gegenüber Emilie, dass sich der König über das Buch von 1866 »sehr erfreut« geäußert habe.[447]

Den Hauptteil der Kriegsbücher macht die Darlegung von Verhandlungen sowie der Kampfverlauf der einzelnen Gefechte aus, wobei die jeweilige Lokalität als Kulturlandschaft, die zum Kriegsschauplatz wird, eine entscheidende Rolle spielt. An die Schilderungen des detaillierten Hergangs der Kampfhandlungen schließen Angaben zu Verlusten und zur strategischen Bedeutung der Schlacht an.[448] In Bezug auf die Art und Weise der Beschreibung hält Jan Pacholski fest, dass der Plauderton auch in den Kriegsberichten vorhanden sei und Ähnlichkeiten zum Erzählwerk auch »in Stil, Wortwahl und Satzmelodie«[449] bestünden. Hinsichtlich des historischen Interesses an der Landschaft[450] sowie der Darstellung der Kulturlandschaft[451] lassen sich au-

444 Vgl. ders., *Der deutsche Krieg von 1866*, Bd. 2, S. 4.

445 Vgl. ebd., S. 30.

446 Für sämtliche Zitate in diesem Abschnitt gilt folgender Nachweis: ders., *Der deutsche Krieg von 1866*, Bd. 2, Anhang, S. 3.

447 Theodor Fontane an Emilie Fontane, 24.11.1869, GBA XII/2, S. 421. Vgl. auch Kapitel I.1.6.

448 Vgl. Pacholski, *Das ganze Schlachtfeld*, S. 273.

449 Ebd., S. 267.

450 Vgl. ebd.

451 Vgl. ebd., S. 269.

ßerdem Parallelen zu den *Wanderungen* feststellen.[452] Pacholski macht zudem sowohl für die *Wanderungen* als auch die Kriegsberichte geltend, dass diese »zwischen einer romantischen und einer poetisch-realistischen«[453] Herangehensweise gespalten seien. Als Beispiel für Anleihen an die Romantik kann die Beschreibung des Schlosses Gravenstein dienen, das »in einem ziemlich schmucklosen Renaissance-Styl«[454] erbaut sei:

> Freilich selbst um die Sommerzeit fehlt diesem Schlosse – wie fast allen Schlössern des Landes – ein Etwas, es fehlt ihm das Leben. Sie sind öde; etwas unheimlich Märchenhaftes ist um diese weißen sonnenbeschienenen Wände her, daß man denken möchte, hier sehen Gespenster zu Mittag aus allen Fenstern heraus. Und doch wiederum fehlte ihnen dieser Spuk, so fehlte ihnen das Beste, das sie haben.[455]

Der Textauszug veranschaulicht, dass Fontane auch in den Kriegsbüchern Klassifizierungen von Bauten vornimmt. Was ihn interessiert, sind allerdings nicht architektonische Besonderheiten, sondern die Tatsache, dass das Schloss, und in der Verallgemeinerung Schlösser überhaupt, infolge ihrer Leere Märchen und Spuk verheißen. Das Zitat liefert damit ein Exempel für Fontanes unmittelbar erfolgende Literarisierung des Gesehenen, die insbesondere in den Reiseberichten ebenfalls stark vertreten ist. Die zitierte Passage verdeutlicht außerdem, dass auch in den Kriegsberichten eine Vielfalt an Themen enthalten ist, was aufzeigt, wie eng vernetzt Fontane die Geschehnisse denkt und wie sich historische Ereignisse und die Erzählgegenwart überlagern.[456]

---

452 Beispielsweise umfasst das Kapitel *Gitschin* aus *Der deutsche Krieg von 1866* vier Seiten, wobei der Krieg aber kaum erwähnt wird, sondern die historische Stadt Gitschin, mit deren wichtigsten Bauten, Plätzen, Vorstädten und der Bevölkerung beschrieben wird (vgl. Fontane, *Der deutsche Krieg von 1866*, Bd. 1, S. 205–208).

453 Vgl. Pacholski, *Das ganze Schlachtfeld*, S. 283.

454 Fontane, *Der Schleswig-Holsteinsche Krieg im Jahre 1864*, S. 113.

455 Ebd., S. 269. Eine Verbindung zwischen Schlössern und Romantik stellt Fontane auch anlässlich der Beschreibung des »Zauberschlosses« Rosenborg in Kopenhagen her. Resümierend hält er über Edinburgh Castle, Fredericksborg und Schloss Helsingör fest: »Alle drei sind eben so sehr durch ihre Lage, wie durch Sage und Geschichte ausgezeichnet, und eine gewisse Phantastik der Formen kommt hinzu, um sie uns beinahe mehr noch als ›Schlösser der Romantik‹ wie als Königsschlösser erscheinen zu lassen. Freilich, wie die Romantik selber, bedürfen sie eines gewissen clair obscur; das Licht ist der Feind der Phantastik und Edinburgh-Castle, Fredericksborg und Helsingör sind am schönsten unter Nebelschleiern, wenn die Schloßfenster von der untergehenden Sonne oder spät am Abend von hundert Lichtern schimmern« (ders., *Kopenhagen. Schloß Rosenborg*, HFA III/3/1, S. 718f.).

456 Anders als bei den Kunstkritiken bleibt der Einfluss der Kriegsbücher auf die Romane beschränkt. In *Vor dem Sturm* wird mit den napoleonischen Kriegen zwar eine militärische Thematik aufgegriffen, es besteht jedoch kein direkter Bezug zu den Kriegsbü-

Der Schleswig-Holsteinsche Krieg im Jahre 1864. Von Th. Fontane. Mit 4 Portraits, 56 in den Text gedruckten Abbildungen und Plänen in Holzschnitt und 9 Karten in Steindruck, Decker, Berlin 1866; Theodor Fontane, Der deutsche Krieg von 1866. (Mit Illustrationen von Ludwig Burger.), Decker, Berlin 1870–1871; Bd. I: Der Feldzug in Böhmen und Mähren, 1870; Bd. 2: Der Feldzug in West- und Mitteldeutschland, 1871

1.12 Romane

Bildende Kunst spielt in Fontanes Romanen sowohl auf inhaltlicher als auch auf formaler Ebene eine zentrale Rolle und zeigt die bedeutungsvolle Verbindung auf, die zwischen Fontanes journalistischem Werk und den Erzählungen besteht. In einem Novellenentwurf weist Fontane explizit auf diesen Zusammenhang hin: »Es gelten für die erzählende Kunst dieselben Gesetze wie für die bildende Kunst und zwischen der Darstellung in Worten und in Farben ist kein Unterschied.«[457] Ein augenfälliges Beispiel liefert der Roman *L'Adultera*, der als Titel das gleichnamige Gemälde Tintorettos führt. Überdies sind im Erzählwerk auch Denkmäler vertreten; als Beispiel kann der Prinz-Heinrich-Obelisk in *Der Stechlin* dienen,[458] den Fontane in den *Wanderungen* als »[v]ielleicht die größte Sehenswürdigkeit Rheinsbergs«[459] bezeichnet. Da zu den Romanen bereits diverse Einzelstudien vorliegen, erfolgt an dieser Stelle lediglich ein Überblick zu verschiedenen Anknüpfungspunkten zwischen dem Erzählwerk und den kunstkritischen Schriften Fontanes.

Inhaltlich ist auf die zahlreichen Erwähnungen von Kunstwerken und Künstlern zu verweisen – von Rosa Bonheur über William Turner bis zu Andreas Achenbach. Künstler kommen als Romanfiguren vor, wie die Malerin Rosa in *Cécile*, an der sowohl geschlechterspezifische Aspekte[460] sowie das Berufsbild – im Falle von Rosa die Tiermalerei als wenig beachtete Gat-

---

chern (vgl. Pacholski, *Das ganze Schlachtfeld*, S. 281f.). In *Der Stechlin* sind mehrere Anspielungen auf die Zeit der Einigungskriege vorhanden, diese werden von Fontane aber eher kritisch betrachtet. Vgl. z. B. den Auftritt Katzlers mit Düppelmedaille und Eisernem Kreuz: »Nur Koseleger und Lorenzen blieben ruhig. Um des Superintendenten Mund war ein leiser ironischer Zug« (Fontane, *Der Stechlin*, GBA I/17, S. 199).

457 Ders., Novellen-Entwurf *Hans und Grete* (1884?), HFA I/7, S. 442.

458 Vgl. ders., *Der Stechlin*, GBA I/17, S. 221f.

459 Ders., *Wanderungen. Rheinsberg*, GBA V/1, S. 287.

460 »Eine Dame soll Blumenmalerin sein, aber nicht Thiermalerin. So fordert es die Welt, der Anstand, die Sitte. Thiermalerin ist an der Grenze des Unerlaubten. Es giebt da so viele intrikate Dinge. Glauben Sie mir, Thiere malen aus Beruf oder Neigung ist ein Schicksal. Und wer den Schaden hat, darf für den Spott nicht sorgen. Denn zum Ueberfluß heiße ich auch noch Rosa, was in meinem speciellen Falle nicht mehr und nicht weniger als eine Kalamität ist« (ders., *Cécile*, GBA I/9, S. 28f.).

tung[461] – exemplifiziert werden. Implizit angesprochen ist damit das Verhältnis von Kunst und Gesellschaft, das im Romanwerk ebenso wie in den Kunstkritiken in vielerlei Hinsicht signifikant ist. Kunst ist »als Kristallisationsmedium öffentlicher Handlungen und Handlungsräume«[462] zu werten, wobei Weltausstellung, Museen, Denkmäler, Ausstellungen, Künstlerfeste sowie Presseorgane wie das *Deutsche Kunstblatt* und die *Argo* »selbst Teil des Medienkomplexes öffentlicher Kunst«[463] sind. Museums- und Ausstellungsbesuche sind denn auch in den Romanen Thema; Dubslav versammelt in seinem Museum nicht nur einzelne Kunstwerke, sondern gleich ein Sammelsurium an Kunstgegenständen. Hauptsächlich handelt es sich dabei um Wetterfahnen, wobei beiläufig über den ökonomischen Wert und wissenschaftlichen Nutzen der Exponate sowie des Museums als solchen debattiert wird.[464] An anderer Stelle ist von der unglücklichen Heirat Melusine von Barbys mit dem italienischen Grafen Ghiberti die Rede, was Rex zu einem Exkurs über die Ghiberti'schen Türen in Florenz veranlasst.[465] Kunst ist damit Teil der »Plaudereien« in Fontanes Erzählwerk, wobei sich die vermeintliche Gewandtheit in Kunstangelegenheiten auch als Halbwissen entpuppen kann. So bei Dubslav, der die Viamala-Schlucht nicht *in natura*, sondern lediglich von einem Gemälde eines »sehr berühmten Malermenschen, der, glaub' ich, Böcking oder Böckling hiess«[466], kennt. Der humorvolle Umgang mit bildender Kunst und Künstlern, beispielsweise mit Wortspielereien – wie Rosa Malheur statt Rosa Bonheur –[467] bildet eine Gemeinsamkeit zwischen Kunstkritiken und Romanen. In den Erzählungen schwingt dabei unterschwellig die Auffassung mit, über Kunst Bescheid wissen zu müssen, da dies auf ein hohes Bildungsniveau schließen lasse. Wer allerdings Kunstkenntnisse besitzt, kann es sich erlauben, mit denselben

461 Vgl. exemplarisch dafür das Fehlen von Tiermalerei auf Schloss Quedlinburg: »Rosa sah ihre Hoffnung auf große Thierstücke mehr und mehr hinschwinden, hielt aber eine darauf gerichtete Frage immer noch für zulässig. Freilich erfolglos. ›Thierstücke,‹ antwortete der Kastellan in einem Tone, darin unsere Künstlerin eine kleine Spitze zu hören glaubte, ›Thierstücke haben wir in diesem Schlosse *nicht*. Wir haben nur Fürst-Abbatissinnen. Aber diese haben wir auch vollständig‹« (ebd., S. 52).

462 Graevenitz, *Theodor Fontane*, S. 208.

463 Ebd.

464 Vgl. Kapitel I.1.2.

465 Vgl. Fontane, *Der Stechlin*, GBA I/17, S. 124.

466 Ebd., S. 379.

467 Vgl. die Erläuterung Rosas an Cécile, dass die »Neidteufelei« ihrer Malerkollegen diese dazu veranlasse, sie Rosa Malheur zu nennen (ders., *Cécile*, GBA I/9, S. 29).

zu kokettieren; dies legen zumindest Lenes Gedankengänge über die Innenausstattung eines Gasthauses in *Irrungen, Wirrungen* nahe.[468]

Außerdem ist Kunstbesitz ein Distinktionsmerkmal, wofür die Gegenüberstellung der Aquarellkopie eines Gemäldes der schwedischen Sängerin Jenny Lind sowie des Stichs nach der *Kreuzabnahme* von Peter Paul Rubens, im Besitz Pastor Lorenzens in *Der Stechlin* ein Beispiel ist.[469] Die Kunstwerke liefern Gesprächsstoff und dienen den jeweiligen Besitzern dazu, sich zu profilieren, sei es durch die Identifikation mit ihrem Kunstbesitz oder mit ihrem Wissen über bildende Kunst.[470] Der hohe Stellenwert, den Fontane Kunst in Bezug auf Bildung beimisst, kommt folglich im Romanwerk deutlich zum Ausdruck. Zentrale Aspekte von Kunst in den Erzählungen sind demnach der Verweischarakter, die Bedeutung von Kunst für die Gesellschaft, besonders im Sinne von Bildung, sowie die Inszenierung von Kunstwissen.

Kunstgegenstände sind in Fontanes Romanen zahlreich vorhanden, von Gemälden über Stiche bis hin zu Denkmälern zählen sie durch die von ihnen aufgespannten Vernetzungen zu den Requisiten und »Finessen«[471] von Fontanes Erzählwerk. Ein Beispiel hierfür ist das Denkmal Ludwig von Hinckeldeys in *Irrungen, Wirrungen*: Botho reitet am Denkmal vorbei respektive, das Pferd schlägt selbstständig diesen Weg ein, als er einen Ausritt unternimmt,

468 Vgl. »Auch ein paar gute Bilder [...] hingen an den alten, überall Buckel und Blasen bildenden Lehmwänden umher [...]. Lene fühlte sich angeheimelt von Allem, was sie sah, und begann zunächst die rechts und links in breiter Umrahmung über den Bettständen hängenden Bilder zu betrachten. Es waren Stiche, die sie, dem Gegenstande nach, lebhaft interessirten, und so wollte sie gerne wissen, was es mit den Unterschriften auf sich habe. ›Washington crossing the Delaware‹ stand unter dem einen, ›The last hour at Trafalgar‹ unter dem andern. Aber sie kam über ein bloßes Silbenentziffern nicht hinaus, und das gab ihr, so klein die Sache war, einen Stich ins Herz, weil sie sich der Kluft dabei bewußt wurde, die sie von Botho trennte. Der spöttelte freilich über Wissen und Bildung, aber sie war klug genug, um zu fühlen, was von diesem Spotte zu halten war« (ders., *Irrungen, Wirrungen*, GBA I/10, S. 84).

469 Vgl. ders., *Der Stechlin*, GBA I/17, S. 318f. Ein weiteres Exempel, das überdies als Bezugnahme auf Fontanes Italienreisen gewertet werden kann, ist die Darstellung des Pifferaro, die bei *Mathilde Möhring* über dem Sofa hängt (vgl. ders., *Mathilde Möhring*, GBA I/20, S. 14).

470 Vgl. im genannten Textabschnitt das Gespräch zwischen Koseleger und Lorenzen, in dem sich Koseleger damit brüstet, das Original in Antwerpen gesehen zu haben, womit zugleich die Thematik von Original und Kopie angesprochen wird (vgl. ders., *Der Stechlin*, GBA I/17, S. 202). Zu einem späteren Zeitpunkt kommentiert Melusine, dass sie das Porträt der Jenny Lind bereits in der Nationalgalerie gesehen habe (vgl. ebd., S. 318). Damit stellt sie als Museumsbesucherin gleichzeitig ihre Beflissenheit in Kunstangelegenheiten unter Beweis.

471 Theodor Fontane an Emil Dominik, 14.07.1887, HFA IV/3, S. 551; vgl. Guthke, *Fontanes ›Finessen‹*.

um über seine Entscheidung über Lene und Käthe ins Reine zu kommen. Das Denkmal wird wörtlich zum »Zeichen«[472], das Botho nahelegt, seine Entscheidung den gesellschaftlichen Normen entsprechend zu fällen.[473] Des Weiteren macht in *Der Stechlin* Dubslav am Wahlmorgen den Vorschlag der Besichtigung des eingangs erwähnten Obelisken des Prinzen Heinrich, der einerseits aufgrund der historischen Bedeutung des Denkmals und andererseits zu Bildungszwecken erfolgen soll.[474] Hinsichtlich der Verquickung von Kunst, Gesellschaft und Bildung sind zudem die Hochzeitsreisen zu erwähnen, die mehrfach nach Italien führen: Effi Briest leidet unter dem »Kunstfex«[475] Innstettens und Franziska Franz beklagt sich über die »zehntausend Bilder, die man nicht versteht«, die aber »in Einem fort« bewundert werden müssen, wobei man obendrein glücklich zu sein habe.[476] Italien erscheint folglich in Bezug auf die Hochzeitsreisen als »zweifelhaftes, strapaziöses Vergnügen«[477], was zugleich eine argwöhnische Betrachtung des bürgerlichen Bildungsstrebens bedeutet. Die Darstellung der Italienreisen in den Erzählwerken drängt indessen den Vergleich mit Fontanes eigenen Reisen auf. Melanie van der Straatens Aussage »Es zieht mich nach dem *Norden* hin und ich empfind' ihn mehr und mehr als meine Herzensheimath«[478] liest sich wie eine Anspielung auf den Nord-Süd-Diskurs der Malerei und scheint Fontanes späte Aussage, er sei ein »Nordlandsmensch«[479], vorwegzunehmen. Auch die Erwähnung des Trasimenischens Sees durch Armgard von Stechlin erinnert an Reiseerlebnisse des Ehepaars Fontane im Herbst 1874.[480] Das in den Romanen entworfene Italienbild weist folglich Parallelen zu den Tage- und Notizbüchern auf. Das Wechselspiel zwischen bildungsbürgerlichem Pflichtbewusstsein und kritischer Einstellung gegenüber der Italien-Begeisterung ist in beiden Textgenres vertreten.

Ein weiteres Bildzitat ist Böcklins *Die Gefilde der Seligen* in *Effi Briest*, das in Berlin wegen der vermeintlich freizügigen Darstellung des Nackten einen

472 »Wie das ihn traf! Er wußte, daß das Kreuz hier herumstehe, war aber nie bis an diese Stelle gekommen und sah es nun als ein Zeichen an, daß das seinem eigenen Willen überlassene Pferd, ihn gerade hierher geführt hatte« (ebd., S. 107).

473 »Und was habe ich speziell daraus zu lernen? Was predigt dies Denkmal *mir*?« (ebd., S. 108).

474 »Solche Rekapitulation stärkt einen immer historisch und patriotisch, und unser Etappenfranzösisch kommt auch wieder zu Kräften« (ders., *Der Stechlin*, GBA I/17, S. 222).

475 Ders., *Effi Briest. Roman*, GBA I/15, S. 41.

476 Ders., *Graf Petöfy*, GBA I/7, S. 110f.

477 Ders., *Reisetagebücher*, GBA XI/3, Anhang, S. 684f.

478 Ders., *L'Adultera. Novelle*, GBA I/4, S. 128.

479 Theodor Fontane an Ernst Gründler, 11.02.1896, HFA IV/4, S. 531.

480 Vgl. Fontane, *Der Stechlin*, GBA I/17, S. 401.

solchen Skandal auslöst, dass Kaiser Wilhelm II. ein Verbot für den Ankauf weiterer Böcklinbilder für die Nationalgalerie verhängt.[481] Das Gemälde kann zugleich als Zeichen und Vorbote auf Effis zukünftiges Schicksal gewertet werden, womit deutlich wird, dass bildender Kunst auch hinsichtlich Fontanes zeichenhafter Auffassung von Realismus im Romanwerk Bedeutung zukommt.[482]

Des Weiteren wird das Gesehene mit Bildern verglichen, wie in der Erzählung der Baronin, die nach einer Kutschenfahrt durch das neblige Berlin berichtet, dass es »am Brandenburgerthor, mit den großen Kandelabern dazwischen [...] wie ein Bild von Skarbina«[483] ausgesehen habe. Melusine beantwortet die Frage, ob sie Skarbina überhaupt kenne, damit, dass ihr der Künstler »von der letzten Ausstellung her«[484] bekannt sei. Die damalige Gegenwartskunst sowie die Zugänglichkeit der Kunst für sämtliche Bevölkerungsschichten findet folglich auch Eingang ins Romanwerk. Mit Kunstvermittlung und Kunstausstellungen setzt sich Fontane in den journalistischen Kunstkritiken intensiv auseinander, was diese und ähnliche Passagen in den Erzählungen zeigen.

Eine weitere Form von Anleihen an bildende Kunst sind bildanaloge Wahrnehmungsweisen und panoramatische Blicke, wie es in *Der Stechlin* für die Beschreibung einer Fahrt auf dem Dampfer zutrifft: »Jeder Bogen schuf den Rahmen für ein dahinter gelegenes Bild, das natürlich die Form einer Lunette hatte. [...] Unsre Reisenden sprachen wenig, weil unter dem raschen Wechsel der Bilder eine Frage die andre zurückdrängte.«[485] Die Wortwahl mit »Rahmen«, »Bild« und »Lunette« verdeutlicht den Bezug zur bildenden Kunst, wobei Thomas Pfau hervorhebt, dass »nicht das Bild selbst als ›Gegenstand‹ virtuosen Beschreibens oder ekphrastischer Simulation [im Zentrum stehe,] sondern die betont schweigsame Qualität von Bild*erfahrung*«.[486] Rahmungen, auch in Form vom Blick durch das Fenster, sind ein weiteres Merkmal von Fontanes Schreiben, das überdies in den Briefen *Aus Manchester* ebenfalls vorkommt, wo Fontane festhält, dass die Bahnhofshalle mit dem darauf hinführenden »Riesentunnel« »außerordentlich malerisch« sei und die Tunnelöffnung mit einer »Fensteröffnung« vergleicht.[487] In der Beschreibung einer Schifffahrt

481 Kenworth Moffett, *Meier-Graefe as art critic*, München 1973 (= Studien zur Kunst des 19. Jahrhunderts, Bd. 19), S. 52 (Abb. 9).

482 Vgl. Fontane, *Effi Briest*, GBA I/15, S. 24.

483 Ders., *Der Stechlin*, GBA I/17, S. 269.

484 Ebd.

485 Ebd., S. 164.

486 Thomas Pfau, *Metasprache und Bilderfahrung in ›Der Stechlin‹*. In: *The German Quarterly* 86/4 (2013), S. 431.

487 Fontane, *Aus Manchester. 3. Brief*, NFA XXIII/1, S. 62; vgl. Öhlschläger, *›Das Maß der Dinge‹*, S. 59–72.

wird ebenso geschildert, dass »am Ufer stets dasselbe Bild«[488] die Passagiere begleite. Sowohl die Landschaftsbeschreibung als auch die Fenstermetapher sind mit Malerei zu assoziieren und zeigen, wie stark diese Fontanes Erzählstil prägt. Darüber hinaus ist die Visualität, wie sie am Beispiel der zahlreichen Skizzen in den Tage- und Notizbüchern vertreten ist, auch für die Entwürfe der Romane nachweisbar.[489]

Ein anderer Aspekt ist die bildende Kunst als Spiegelung der Romanfiguren: In *Irrungen, Wirrungen* betrachtet der junge Baron auf dem Weg zu seinem Onkel, der ihn zur Hochzeit mit Käthe drängen wird, Gemälde Oswald Achenbachs: »Bei Lepke standen ein paar Oswald Achenbach's im Schaufenster, darunter eine palermitanische Straße, schmutzig und sonnig, und von einer geradezu frappirenden Wahrheit des Lebens und Kolorits.«[490] Daran anschließend reflektiert der Baron darüber, ob er Oswald oder Andreas Achenbach den Vorzug geben soll, was sich als Gegenüberstellung von Käthe und Lene lesen lässt. Schließlich geht er weiter

> über den Pariser Platz hin, auf das Thor und die schräg links führende Thiergarten-Allee zu, bis er vor der Wolf'schen Löwengruppe Halt machte. Hier sah er nach der Uhr. »Halb eins. Also Zeit.« Und so wandt' er sich wieder, um auf demselben Wege nach den »Linden« hin zurückzukehren.[491]

Es fällt auf, dass der Weg des Barons durch Berlins Innenstadt durch Kunstwerke begleitet und strukturiert wird. Während ihn Achenbachs Bilder vor dem Schaufenster verweilen lassen, mahnt ihn die Tierskulptur Wolffs daran, weiterzugehen. Ort, Zeit und Handlung werden also eng mit der Wahrnehmung von respektive der Begegnung mit Kunstwerken in Verbindung gebracht. Außerdem stellt Fontane in einem Brief an Wilhelm Hertz Analogien zwischen der Figurengestaltung bei Gemälden und Erzählwerken her: »Man muß Vordergrunds-, Mittelgrunds- und Hintergrundsfiguren haben, und es ist ein Fehler, wenn man alles in das volle Licht des Vordergrunds rückt.«[492]

Eine weitere Gemeinsamkeit besteht betreffend Fontanes Vorgehensweise; so zieht er für seine Künstlerbiografien ebenso historische Quellen bei wie für seine Romane, wofür seine Recherchen zu Blechen in der Akademie der

488 Vgl. Fontane, *Aus Manchester. 3. Brief*, NFA XXIII/1, S. 63.

489 Vgl. z. B. Fontanes Skizze zu Hradschecks Anwesen in *Unterm Birnbaum* (vgl. ders., *Unterm Birnbaum*, GBA I/8, S. 152).

490 Ders., *Irrungen, Wirrungen*, GBA I/10, S. 43.

491 Ebd.

492 Theodor Fontane an Wilhelm Hertz, 17.06.1866, abgedr. in: Otto Pniower und Paul Schlenther (Hrsg.), *Briefe Theodor Fontanes. Zweite Sammlung. Briefe an seine Freunde*, 2 Bde., 2. Aufl., Berlin [1909] 1925, Bd. 1, S. 246.

Künste sowie die Nachforschungen zur Familie Ardenne für *Effi Briest* als Beispiel dienen können. Überdies gilt es im Folgenden nachzuweisen, dass die den Romanen zugrunde liegende Konzentration auf die Form, das ›Wie‹ – was Fontane für *Die Poggenpuhls* mit der Wendung »Inhalt nicht vorhanden, aber der Ton ist vielleicht getroffen«[493] formuliert, ihren Ursprung in Fontanes Betrachtung bildender Kunst hat.

Im voranstehenden Kapitel wurde die Vielfalt an Schriften aufgezeigt, in denen sich Fontane mit bildender Kunst beschäftigt. Neben öffentlich erscheinenden Zeitungsartikeln über Ausstellungen von Vereinen, in Sachses Salon, Kunstausstellungen im In- und Ausland, Weltausstellungen, Museen, Künstlerfeste und Buchrezensionen sind auch private Texte in Tage- und Notizbüchern sowie Briefen aufschlussreich. Sie belegen zudem, dass Fontanes Auseinandersetzung mit bildender Kunst keineswegs nur dem Broterwerb dient, sondern mit aufrichtigem Interesse verbunden ist, das sich über die gesamte Lebenszeit erstreckt und in Fontanes Vereinstätigkeiten, seinen Reisen sowie den Kontakten zu Künstlern und Kunsthistorikern zum Ausdruck kommt.

Den Zeitungsartikeln gemein ist das Fehlen expliziter theoretischer Grundlagen, wobei Fontanes Kunstauffassung implizit stets durchscheint. Stattdessen teilen sie den sprachlichen Duktus des Erzählerischen, Anekdotischen und des Plaudertons, der sich sogar in den Kriegsberichten finden lässt, was verdeutlicht, dass die Texte für eine Leserschaft geschrieben und auf Kunstvermittlung hin ausgerichtet sind. Vor diesem Hintergrund gilt es, den feuilletonistischen Entstehungskontext von Fontanes Schriften zu betonen.

493 Theodor Fontane an Heinrich Joseph Horwitz, [06.11.1896], HFA IV/4, S. 607.

2 Fontanes Kunstkritiken als Teil des Feuilletons

Die Berücksichtigung des Publikationskontexts von Fontanes Kunstkritiken erweist sich als Notwendigkeit, weil sie Aufschluss gibt über die Themenwahl sowie die stilistische Ausrichtung der Texte. Sie zeigt, dass Fontanes Kunstkritiken in Abhängigkeit von seinem Aufenthaltsort, ebenso wie vom antizipierten Interesse der Leserschaft entstehen. Die eminente Ausrichtung der kunstkritischen Schriften auf ein Publikum hin, in Form des Plaudertons, Apostrophen, Erläuterungen und Vergleichen zur Veranschaulichung, zeugen von diesem Sachverhalt. Max Schasler, ein weiterer Berliner Kunstkritiker, behauptet bezüglich der Bedeutung der Kunstkritiken in öffentlichen Publikationsorganen gar, dass »der größte Theil des Publikums erst durch die Kritiken zum Besuch der Ausstellung angeregt«[494] werde. Gleichzeitig bieten diese Voraussetzungen Fontane die Möglichkeit, eine breite Leserschaft in bildender Kunst zu unterweisen. Dass er sich als Vermittler zwischen Kunstwerk und Kunstbetrachter versteht, legen Textabschnitte nahe, in denen er über die öffentliche Resonanz auf Kunstausstellungen reflektiert. Er differenziert zudem weiter aus und prüft sowohl die Publikumswirksamkeit von Bildgattungen[495] als auch von einzelnen Gemälden.[496] Diese wirkungsästhetische Komponente bildender Kunst ist für Fontane von zentraler Bedeutung und deren allfälliges Ausbleiben wird dementsprechend kritisiert.[497] Gemäß Michael Bringmann ist die Wirkung denn auch ein »zentrales Kriterium des Kunsturteils«[498]. Das Erscheinen der Kunstkritiken als Pressetexte zieht jedoch auch Konsequenzen bezüglich der

494 Max Schasler, *Kunst-Kritik. Die akademische Ausstellung in Berlin [Einleitung]*. In: *Die Dioskuren* 9 (1864), S. 334.

495 »Architekturbilder wissen in den seltensten Fällen das Interesse des Publikums zu erwecken« (Fontane, *Berliner Kunstausstellung [1866]*, NFA XXIII/1, S. 348).

496 »A. v. *Heydens* ›Walküren‹ sind ein brillanter Griff. Eine Ausstellung, nicht nur vollgepfropft von Menschen, sondern auch die Seele des Beschauers hundertfach abziehend und zerstreuend, ist freilich nicht der Ort, um die Schauer der Romantik, die in diesem Bilde wehen, zu besonderer Geltung kommen zu lassen« (ders., *Berliner Kunstausstellung 1874*, NFA XXIII/1, S. 401).

497 Vgl. z. B. »Dennoch hat dies Bild das Schicksal aller andern Arbeiten, die wir von dieser unzweifelhaft höchst begabten Künstlerin [Elisabeth Jerichau-Baumann, CA] kennen: *sie wirken nicht*« (ders., *Berliner Kunstausstellung [1866]*, NFA XXIII/1, S. 367).

498 Michael Bringmann, *Die Kunstkritik als Faktor der Ideen- und Geistesgeschichte. Ein Beitrag zum Thema »Kunst und Öffentlichkeit« im 19. Jahrhundert.* In: Ekkehard Mai und Stephan Waetzoldt et al. (Hrsg.), *Ideengeschichte und Kunstwissenschaft, Philosophie und bildende Kunst im Kaiserreich*, Berlin 1983 (= Kunst, Kultur und Politik im deutschen Kaiserreich, Bd. 3), S. 266.

Wahl des Gegenstands nach sich und liefert daher kein vollumfängliches Bild dessen, was Fontane an Kunstausstellungen besucht und an Bildern sieht.[499]

Aufschlussreich hinsichtlich der Entstehung der kunstkritischen Berichte für das *Deutsche Kunstblatt* und der damit verbundenen publizistischen Zusammenarbeit Fontanes und Friedrich Eggers', ist der Briefwechsel, den Fontane anlässlich seines Artikels im *Deutschen Kunstblatt* über die Ausstellung der Modelle zum Wellington-Grabmal[500] mit Eggers führt:

> Die Modelle zum Wellington Grabmal werd' ich ausführlich besprechen. Ich war gestern da und glaube dass ich der Aufgabe, so weit [*gestrichen*: dass] [*dafür eingefügt*: es] die Laienschaft in der Kunst zulässt, gewachsen bin. Eine Besprechung jedes einzelnen Modells oder auch nur eines Viertels derselben, wirst Du nicht erwarten. Ich werde das Gute einerseits und das Lächerliche andererseits herausgreifen und im Uebrigen allgemeine Betrachtungen, namentlich Parallelen bringen. Du sollst den Aufsatz am 1ten September haben, er wird 4 bis 5 Spalten füllen. Wenn Du aber andren Sinnes geworden bist, so schreibe umgehend; denn mir ist nicht sehr schreibrig zu Muth und ich sage nur »ja« um Dich in Deiner Reisefreude nicht zu stören.[501]

Der Brief ist in Bezug auf Rückschlüsse betreffend Fontanes Arbeitsweise in mehrfacher Hinsicht interessant: Offenbar fragt Friedrich Eggers Fontane an, ob er einen Artikel schreiben würde,[502] woraufhin Fontane die Ausstellung ein

---

499 Beispielsweise äußert sich Fontane im Tagebucheintrag zum Besuch in der Nationalgalerie begeistert über Werke spanischer und italienischer Künstler, die er jedoch in seinen Schriften nicht berücksichtigt: »An der Spitze: die Murillo's; lieblicheres als der Knabe (Johannes?) mit dem Lamm ist nicht zu sehn. Raphael (Porträt des Pabst Julius II und die heilige Catharina von Alexandria) ist mit Ausnahme dieser zwei, noch durch den ›bethlehemitischen Kindermord‹ und die ›Vision des heiligen Georg‹ vertreten. Die Schönheit der letztgenannten beiden, namentlich der Mordscene, vermag ich nicht zu fassen. – Corregio's ›Mercur den Cupido unterrichtend in Gegenwart der Venus‹ ist wundervoll« (Theodor Fontane, Tagebucheintrag vom 14.06.1852, GBA XI/1, S. 26f.).

500 Fontane, *Die Ausstellung der Modelle zum Wellington-Grabmal*, NFA XXIII/1, S. 39–46.

501 Theodor Fontane an Friedrich Eggers, 16.08.1857, abgedr. in: Roland Berbig (Hrsg.), *Theodor Fontane und Friedrich Eggers. Der Briefwechsel. Mit Fontanes Briefen an Karl Eggers und der Korrespondenz von Friedrich Eggers mit Emilie Fontane*, Berlin/New York 1997 (= Schriften der Theodor Fontane Gesellschaft, Bd. 2), S. 205.

502 Ein weiteres Beispiel dafür, dass Zeitungsartikel Fontanes durch persönliche Bekanntschaften publiziert werden können, sind Fontanes Gedichte im *Deutschen Museum*, die auf Vermittlung Wolfsohns hin zu Stande kommen (vgl. Gabriele Radecke, *Theodor Fontanes literarische Briefgespräche mit Wilhelm Wolfsohn und Bernhard von Lepel*, In: Hanna Delf von Wolzogen und Itta Shedletzky, *Theodor Fontane und Wilhelm Wolfsohn – eine interkulturelle Beziehung*, Tübingen 2006 (= Schriftenreihe wissenschaftlicher Abhandlungen des Leo Baeck Instituts, Bd. 71), S. 373; Fontane, *Ge-*

erstes Mal besucht und sich vergewissert, dass er darüber zu schreiben imstande ist.[503] Der Wortlaut des Briefes suggeriert, dass Fontane den Text lediglich Eggers zuliebe zu schreiben beabsichtigt. Fontane nimmt bereits im postalischen Schreiben vorweg, was er im schriftlichen Beitrag befolgen wird; er beschränkt sich auf die Auseinandersetzung mit den von der Jury ausgezeichneten Vorschlägen und geht auf seine persönlichen Favoriten ein. Fontane hat folglich vorab bereits eine konkrete Vorstellung davon, was im finalen Zeitungsartikel stehen soll und gibt bereits dessen Umfang – der in der Tat etwas mehr als vier Spalten beträgt – sowie das voraussichtliche Zustelldatum an.[504] Tatsächlich nimmt er im finalen Artikel eine Typisierung der ausgestellten Entwürfe vor und verfährt summarisch, setzt sich aber auch ausführlich mit dem Urteil der Jury auseinander, was er im Brief an Eggers nicht ankündigt. Zutreffend ist außerdem Fontanes Ansage, Gutes sowie Lächerliches herauszugreifen und Parallelen sowie Unterschiede der Entwürfe herauszuarbeiten. Was Eggers' Bitte um den Artikel betrifft, ist davon auszugehen, dass auch andere Artikel Fontanes für das *Deutsche Kunstblatt* auf ähnliche Weise entstehen, das heißt auf eine Anfrage Eggers' zurückzuführen sind. Dafür, dass Fontane scheinbar lediglich Eggers zuliebe den Artikel verfassen will, reizt er denselben dann allerdings entsprechend aus: Neben dem *Kunstblatt*-Artikel publiziert er einen kürzeren Zeitungsartikel dazu in der *Kreuzzeitung*, der in *Die Dioskuren* wiederabgedruckt wird. Dies würde bestätigen, dass Fontanes journalistische Arbeit dem Broterwerb dient, es ist allerdings selten der Fall, dass Kunstkritiken Fontanes in mehreren Blättern erscheinen. Überdies sind die Artikel im *Deutschen Kunstblatt* und in der *Kreuzzeitung* respektive *Die Dioskuren* nicht identisch.

---

dichte. In: *Deutsches Museum* 1 (1851), S. 569ff.): Fontane reicht das entsprechende Gedicht vorab im *Tunnel* ein, was verdeutlicht, wie eng verknüpft seine Vereinsaktivitäten und seine journalistischen Tätigkeiten sind (vgl. Radecke, *Theodor Fontanes literarische Briefgespräche*, S. 377).

503 Der mehrmalige Besuch ist auch für die Manchester-*Exhibition* nachgewiesen, was angesichts der Fülle an Exponaten kaum erstaunen mag, aber zugleich von Fontanes Fleiss zeugt. Vgl. z. B. den Tagebucheintrag zum Besuch der *Art Treasures Exhibition* in Manchester: »Früh in die Ausstellung. 7 Stunden lang noch mal drin abgerackert; dann mit dickem Kopf nach Haus« (Theodor Fontane, Tagebucheintrag vom 08.07.1857, GBA XI/1, S. 260).

504 Die gesetzte zeitliche Limite wird Fontane allerdings nicht einhalten: In einem Brief vom 31.08.1857 schreibt er an Friedrich Eggers: »Mein lieber Eggers. Anbei der zugesagte Aufsatz. Dass er einen Tag später eintrifft, bitt' ich zu verzeihn, wenn Deine strenge Gewissenhaftigkeit soviel über sich vermag« (Theodor Fontane an Friedrich Eggers, 31.08.1857, abgedr. in: Berbig (Hrsg.), *Theodor Fontane und Friedrich Eggers*, S. 208).

Da Friedrich Eggers in Deutschland weilt und die Ausstellung selbst nicht sehen kann, ist er natürlich nicht imstande, Fontane Vorgaben zu machen, auf welche Exponate er in seinem Bericht eingehen soll. Es ist jedoch generell davon auszugehen, dass Fontane eigenständig festlegt, welche Kunstgegenstände er in seinen Artikeln berücksichtigt. Außer für die Ausstellungskritiken für die Berliner Kunstausstellungen von 1872 und 1874, die Fontane stellvertretend für Ludwig Pietsch verfasst und in denen er einen allgemeinen Überblick über die Ausstellung bieten soll, sind keine Auflagen seitens der Redaktionen bekannt. Wobei Fontane gerade die Texte zu den Berliner Kunstausstellungen für verschiedene Zeitungen verfasst: Der Bericht zur Ausstellung von 1860 ist in *Das Vaterland. Zeitung für die österreichische Monarchie* in vier Folgen publiziert. Die Veröffentlichung der Artikel zur Kunstausstellung von 1862[505] erfolgt in der *Allgemeinen Preußischen Zeitung*, während Fontane die Texte aus dem Jahr 1864[506] und 1866 im Auftrag der *Kreuzzeitung* verfasst. Die Kritiken zu den Ausstellungen von 1872 und 1874 erscheinen hingegen in der *Vossischen Zeitung*. Genauere Angaben dazu, ob die Verleger beispielsweise die Besprechung einzelner Werke vorgeschrieben haben, lassen sich nicht eruieren. Für eine eigene Auswahl Fontanes spricht, dass er seine Favoriten, wie beispielsweise die Brüder Achenbach regelmäßig erwähnt: »[...] so fühlen wir, wenn die Ausstellungssäle sich öffnen, ein stilles Verlangen, mit Andreas Achenbach in die Stille einer Wassermühle einzuziehen.«[507] Außerdem bestätigen Aussagen wie: »Unseren Liebling *Wilhelm Riefstahl* haben wir uns wohlweislich bis zuletzt verspart«[508] die Annahme der subjektiven Auswahl. Es scheint aber, dass Fontane in Bezug auf den Umfang – obschon sich die Briefe in ihrer Länge unterscheiden – gewisse Vorgaben einzuhalten hatte. Dies legen Bemerkungen wie »Der uns zugemessene Raum gestattet es nicht, bei Skulpturwerken von geringerer Bedeutung zu verweilen«[509] nahe.

---

505 Eine Bezugnahme auf die Artikel zur Kunstausstellung von 1862 findet sich in Fontanes Geburtstagsgedicht an seine Frau Emilie *Zum 14. November 1862*: »Es wartet die Stern- und preußische Zeitung / Auf kürzre oder längre Verbreitung / All dessen, was ich seit Tag und Nacht / Über Kunst gedacht und – nicht gedacht« (Theodor Fontane an Emilie, *Zum 14. November 1862*, GBA II/3, S. 149).

506 Zwei weitere Notizen, wohl von Fontane, sind wiederabgedr. in: Ders., *Berliner Kunstausstellung [1864]. Anmerkungen*, HFA III/5, S. 920f.

507 Ders., *Die diesjährige Kunstausstellung [1862]*, NFA XXIII/1, S. 226.

508 Ebd., S. 234.

509 Ders., *Berliner Kunstausstellung [1864]*, NFA XXIII/1, S. 382. Vgl. auch die folgende Bemerkung: »Die Zahl der Genrebilder, die sich uns noch, als zur Besprechung geeignet, darbieten, ist so groß, daß wir uns mit Rücksicht auf den Raum, der uns gestattet ist, gezwungen sehen, die große Mehrzahl dessen, was auf diesem Gebiete noch übrig bleibt, nur eben namhaft zu machen, unter Beifügung

Mit dem *Deutschen Kunstblatt* und *Die Dioskuren* wurden im obenstehenden Abschnitt mit zwei Fachzeitschriften Ausnahmen genannt; die Majorität von Fontanes publizistischen Kunstkritiken erscheint in Tageszeitungen und innerhalb derselben in dem Teil, der als ›Feuilleton‹ bezeichnet wird, also ›unter dem Strich‹ oder in der Beilage. Die Rubriken ›unter dem Strich‹[510] umfassen Fortsetzungsromane, -novellen, Theater- und Musikrezensionen, Reisebilder, Plaudereien sowie Notizen aus dem kulturellen Leben.[511] Eine feste Rubrik liegt jedoch nicht vor, ebenso wenig lassen sich einheitliche formale Vorgaben ausmachen. Dies trifft allerdings nicht einzig auf Fontanes Texte zu; innerhalb der Feuilleton-Forschung herrscht Einigkeit darüber, dass das Feuilleton eine uneinheitliche Gattung ist: Es kann »informierende, kritisierende oder kommentierende publizistische Texte ebenso enthalten […] wie den täglichen Fortsetzungsroman«[512]. Neben dem Merkmal ›unter dem Strich‹, ist das Autorenkürzel eine weitere formale Besonderheit von Zeitungsartikeln. Bei zahlreichen Artikeln ist aufgrund eines Kürzels zu Beginn oder am Ende des Textes Fontanes Verfasserschaft gesichert, wobei es durchaus auch Usus ist, Artikel ungezeichnet zu veröffentlichen. Es ist daher anzunehmen, dass Fontane noch weitere Zeitungsartikel zuzuschreiben sind. Darüber hinaus gilt allgemein, dass das Feuilleton sowie Zeitschriften bislang noch unzureichend erforscht sind, unter anderem wegen der oftmals erschwerten Zugänglichkeit der Texte. Es wurde bereits die Vermutung geäußert, dass dies im Falle Fontanes wohl dazu beigetragen hat, dass sich die Forschung erst spät mit den Kunstkritiken auseinandersetzt. Darüber hinaus legitimiert die intrikate Gattungsbestimmung des Feuilletons den Ansatz der vorliegenden Studie, die Reiseberichte und Teile der *Wanderungen* in die Analyse miteinzubeziehen. Die *Wanderungen* sind denn auch »in einer Doppelfunktion als Artikel *und* als Buchkapitel konzipiert«[513] und bilden somit einen »Grenzfall zwischen Journalismus und Literatur«[514]. Obschon sich eine Begriffsbestimmung des Feuilletons als

eines kurzgefaßten Urteils« (ders., *Die diesjährige Kunstausstellung [1862]*, NFA XXIII/1, S. 203).

510 Der Seitenquerstrich fungiert als »formale Markierung einer Grenze zwischen Feuilleton und übrigem redaktionellen Teil« (Gregor Streim, *Feuilleton an der Jahrhundertwende*. In: Kai Kauffmann und Erhard Schütz (Hrsg.), *Die lange Geschichte der Kleinen Form. Beiträge zur Feuilletonforschung*, Berlin 2000, S. 126).

511 Vgl. Kauffmann, *Zur derzeitigen Situation der Feuilleton-Forschung*, S. 14.

512 Hildegard Kernmayer, *Sprachspiel nach besonderen Regeln. Zur Gattungspoetik des Feuilletons*. In: *Zeitschrift für Germanistik* XXII/3 (2012), S. 511.

513 Stefan Neuhaus, *Und nichts als die Wahrheit? Wie der Journalist Fontane Erlebtes wiedergab*. In: *Fontane Blätter* 65–66 (1998), S. 189.

514 Ebd. Neuhaus zufolge gehen bei Fontane Journalismus, Autobiografie und Dichtung ineinander über (vgl. ebd., S. 207).

schwierig erweist, lässt sich Fontane zufolge das feuilletonistische Schreiben gleichwohl definieren: »Feuilletonistisch schreiben heißt im allgemeinen, eine Sache pikant und geistreich, aber oberflächlich behandeln. Die Form bedeutet alles und der Inhalt nichts.«[515] Damit legt er gleich selbst den Bezug zwischen seiner journalistischen Tätigkeit und seinem erzählerischen Spätwerk offen. Sein Schreibstil ist genuin mit der Publikumsorientierung der Texte verbunden.

Die Tagespresse ist im 19. Jahrhundert das wichtigste und für breite Schichten nahezu das einzige Verbindungsmittel zwischen Kunst und Gesellschaft, was die Bedeutung der kunstkritischen Texte Fontanes unterstreicht.[516] Die Voraussetzung für das Erscheinen von Kunstkritiken in publizistischen Medien ist ein grundlegender historischer, sozialer und kultureller Umbruch,[517] was Jürgen Habermas in seiner Publikation *Strukturwandel der Öffentlichkeit* umfassend herausarbeitet. Die Kopplung von Kunstkritik an öffentliche Ausstellungen befördert dabei die Herausbildung einer bürgerlichen Öffentlichkeit sowie eines kritischen Publikums. Zeitungen und Zeitschriften sind als öffentliche Presseorgane ein Teil dieses Gefüges. Der mediale Kontext der Kunstkritiken ist folglich die kommunikative Öffentlichkeit, das heißt der »Ort der Vermittlung [...], an dem sich Literatur, Publizistik, Gesellschaft, Wirtschaft und Politik wechselseitig durchdringen«[518], wobei gemäß Kernmayer, Reibnitz und Schütz eine »Affinität von Feuilleton und bildender Kunst«[519] auszumachen ist. Als Zeitungsartikel sind die Kunstkritiken der Öffentlichkeit zugängliche Berichte, die an der Konstitution des bürgerlichen Geschmacks Anteil haben. Ihr Einfluss ist immens, zumal sie über die Massenmedien rezipiert werden, was sowohl inhaltliche als auch formale Konsequenzen nach sich zieht. Zugleich sind sie damit politische Stellungnahmen: Fontane publiziert zwar in konservativen Organen wie der *Kreuzzeitung*, bewahrt sich aber seine Eigenständigkeit durch das Fällen von Urteilen aufgrund seines persönlichen Eindrucks und durch seine Favorisierung von Künstlern wie Menzel oder Böcklin. Gerade die Werke des Letzteren haben äußerst konfrontative Debatten zur Folge, wie einen Rechtsfall mit dem Mäzen Wedekind in München

515 Fontane, *Marokko*, NFA XVIII, S. 577f.

516 Vgl. Bringmann, *Die Kunstkritik als Faktor der Ideen- und Geistesgeschichte*, S. 253.

517 Vgl. Jürgen Habermas, *Strukturwandel der Öffentlichkeit. Untersuchungen zu einer Kategorie der bürgerlichen Gesellschaft*, Frankfurt am Main 1990 [Erstausgabe 1962].

518 Kai Kauffmann, *Zur derzeitigen Situation der Feuilleton-Forschung*. In: Ders. und Erhard Schütz (Hrsg.), *Die lange Geschichte der Kleinen Form. Beiträge zur Feuilletonforschung*, Berlin 2000, S. 12.

519 Hildegard Kernmayer, Barbara von Reibnitz et al., *Perspektiven der Feuilletonforschung*. In: *Zeitschrift für Germanistik* XXII/3 (2012), S. 502.

oder die Ausmalung der Basler Museumsfresken, die zum Bruch mit Burckhardt führt.[520] Hinzu kommt der Einspruch der Königin gegen die Aufnahme der *Beweinung unter dem Kreuz* in die Nationalgalerie[521] sowie der Skandal um das Gemälde *Die Gefilde der Seligen*, der das Verbot des Ankaufs weiterer Böcklinbilder für die Nationalgalerie nach sich zieht.[522] Fontane äußert sich hingegen unter anderem zur *Beweinung unter dem Kreuz* nach erstem Zögern und mit Einschränkungen positiv.[523] Es ist ihm daher zugute zu halten, dass er sich nicht in staatstragende Diskussionen einbinden lässt und die konservative Kulturpolitik lediglich mit Einschränkungen mitträgt, sondern seinen Standpunkt verteidigt. Auch der Kanon an Künstlern der deutschen Gegenwartskunst, über die er schreibt, ist bemerkenswert eigenständig. In diesem Zusammenhang sind Fontanes divergierende Stellungnahmen zu seiner Tätigkeit bei der *Kreuzzeitung* beizuziehen. So schreibt er an Georg Friedlaender: »Meine Armuth macht mich jeden Tag glücklich. Hammerstein, Friedmann, St. Cére – da sieht man, was bei der Schmiere herauskommt«.[524]

Eine Gattungsdefinition vorzunehmen,[525] erweist sich auch deshalb als schwieriges Unterfangen, weil sich im Feuilleton Adaptionen literarischer Formen wie der Novelle und des Briefes finden.[526] Dies trifft auch für Fontanes

520 Vgl. Katharina Schmidt, *Non omnis moriar. Eine Einführung zu Arnold Böcklin*. In: Kunstmuseum Basel (Hrsg.), *Arnold Böcklin* [Katalog der Ausstellung: Arnold Böcklin – eine Retrospektive, Basel, Kunstmuseum, 19.05. – 26.08.2001 u.a.], Basel 2001, S. 14, 15.

521 Vgl. Henri[ette] Mendelsohn, *Böcklin* (= Geisteshelden. Führende Geister. Eine Sammlung von Biographien, Bd. 40), Berlin 1901, S. 152.

522 Vgl. Kenworth Moffett, *Meier-Graefe as art critic*, München 1973 (= Studien zur Kunst des 19. Jahrhunderts, Bd. 19), S. 52 (Abb. 9).

523 Vgl. Fontane, *Zwei Bilder in der Kommandantenstraße*, NFA XXIII/1, S. 409 (Abb. 19).

524 Theodor Fontane an Georg Friedlaender, 13.03.1896, HFA IV/4, S. 542; Hammerstein ist Redakteur der *Kreuzzeitung*. Fontane schreibt von 1856 bis 1870 für die *Kreuzzeitung* und von 1860 bis 1870 den ›englischen Artikel‹. Eine weitere negative Bemerkung über die Tätigkeit bei der *Kreuzzeitung* betrifft die damit verbundene Orts- und pekuniäre Abhängigkeit: »Ich gebe die Hoffnung nicht ganz auf, noch einmal in die Welt hinaus zu kommen und Rom, Constantinopel und Jerusalem zu sehn, die drei Punkte an denen die Welt hing, aber das ist alles erst möglich, wenn die Kreuz-Ztg hinter mir liegt. So lange ich an dieselbe angeschmiedet bin und dankbar sein muß für die Kette, an der zugleich mein Brot hängt, sind solche poetischen Allotria unmöglich« (Theodor Fontane an Emilie Fontane, 04.12.1869, GBA XII/2, S. 438).

525 Wobei es vom Gattungsverständnis abhängt, ob man dem Zeitungsfeuilleton mit einer Gattungsdefinition gerecht werden kann.

526 Vgl. Kernmayer, Reibnitz et al., *Perspektiven der Feuilletonforschung*, S. 498.

Berichte *Aus Manchester* zu, die als Briefe betitelt sind.[527] Fontane publiziert seine Artikelfolge zur Ausstellung in *Die Zeit. Neueste Berliner Morgenzeitung*, die der Zentralstelle für Preßangelegenheiten untersteht. Sein Vorgesetzter, Ludwig Metzel, ist bemüht darum, die politische Wirkungskraft und das journalistische Niveau der Zeitung zu erhöhen und erachtet Fontanes Briefe offenbar als geeignetes Mittel dazu, was die politische Bedeutung seiner Texte unterstreicht. Gleichzeitig sind in den erwähnten, als Briefe bezeichneten Berichte, novellistische Passagen respektive Kurzformen von Erzählungen enthalten, beispielsweise wenn Fontane die morgendliche Tischgesellschaft beschreibt.[528] Dies kann darauf zurückgeführt werden, dass das Feuilleton an der »Schnittstelle zwischen Literatur und Publizistik« zu verorten ist.[529] Allgemein ist für dasselbe die Poetisierung publizistischer Zweckformen mit »referentiellen kommunikativen Funktionen des Aufzeichnens, des Berichtens, des Informierens, des Kommentierens, des Kritisierens oder des Schilderns«[530] geltend zu machen, was für Fontanes Texte ebenfalls zutrifft, die den Lesern mit humoristischen Kommentaren, scharfzüngigen Verrissen oder in Verbindung mit Reiseberichten Interesse für Kunst und Wissen darüber vermitteln wollen.

Neben Ausstellungsberichten sind Nachrufe ein weiteres Beispiel für ein traditionelles Genre, das in das Feuilleton aufgenommen und von Fontane praktiziert wird.[531] Er verfasst Nekrologe auf Peter von Cornelius und Friedrich Eggers, die Merkmale des gängigen Schemas des Nachrufs wie Meldung des Ablebens, Schilderung der letzten Tage oder Stunden des Verstorbenen, Darstellung des Leichenzuges, Totenfeier, Begräbnis und Abdruck der Grabrede aufweisen.[532] Der Nekrolog auf Peter von Cornelius folgt weitgehend diesem konventionellen Aufbau: Der Artikel beginnt mit der exakten Angabe des Hinschieds, worauf die Lebensdaten in Form eines kurzen ausformulierten Lebenslaufs folgen.

527 Vgl. Roland Berbig, *»der Typus eines Geschichten-machers«. Gustav Friedrich Waagen und Theodor Fontane in England.* In: Peter Alter und Rudolf Muhs (Hrsg.), *Exilanten und andere Deutsche*, Stuttgart 1996, S. 139.

528 Vgl. Fontane, *Aus Manchester. 11. Brief*, NFA XXIII/1, S. 147.

529 Ein Beispiel für eine Publikation in Buchform ist Waagens Werk *Kunstwerke und Künstler in England und Paris*, die in Briefe und nicht in Kapitel eingeteilt ist (vgl. ebd., S. V–X).

530 Kernmayer, Reibnitz et al., *Perspektiven der Feuilletonforschung*, S. 501.

531 »Spätestens in den achtziger Jahren des 19. Jahrhunderts [gehören Nachrufe, CA] zum integralen Bestandteil des Feuilletons fast aller Tageszeitungen des deutschsprachigen Raums« (Ralf Georg Bogner, *Der Zeitungs-Nachruf oder das Fortleben von Leichenpredigt und Epicedium im Feuilleton.* In: Kai Kauffmann und Erhard Schütz (Hrsg.), *Die lange Geschichte der Kleinen Form. Beiträge zur Feuilletonforschung*, Berlin 2000, S. 215).

532 Vgl. Bogner, *Der Zeitungs-Nachruf*, S. 217.

Einbezogen werden außerdem bedeutende Werke, wie die »Cartons« für das *Camposanto*,[533] Auslandaufenthalte sowie verschiedene universitäre Posten, die Cornelius innehatte. Der gesamte Artikel liest sich als *laudatio* auf Cornelius;[534] Fontane erwähnt Cornelius' »hohe Begabung«, bezeichnet verschiedene Werke als »großartig« und schließt den Text mit der Bezeichnung Cornelius' als »Altmeister moderner Kunst« und »Repräsentant des großen Stils«.[535]

Beim Artikel über Friedrich Eggers handelt es sich nicht um einen Nachruf im genuinen Sinne, sondern vielmehr um einen Bericht zur Trauerfeier, die Eggers zu Ehren veranstaltet wurde.[536] Die zahlreich anwesenden Gäste, darunter namhafte Persönlichkeiten aus dem Ministerium, der Kunst, Wissenschaft und Dichtung,[537] zeugen gemäß Fontane von der Gutherzigkeit sowie dem hohen Ansehen Eggers'. Bemerkenswert ist, dass der Artikel wenig persönlich gefärbt ist, obwohl Fontane und Eggers zeitweilig in engem freundschaftlichem Verhältnis stehen. Womöglich ist dies der Fall, weil es sich lediglich um Ausführungen zur Trauerfeier handelt, die Fontane nicht zu einem ausführlichen Nekrolog ausbauen wollte oder konnte.

Ein weiteres Merkmal des Feuilletons ist die Plauderei[538], die Bodo Rollka zufolge »als eine stilistisch wie inhaltlich konventionelle Gattung vornehmlich dazu [dient], unterschiedliche gesellschaftliche und kulturelle Ereignisse in unterhaltend-ironischer Weise miteinander zu verknüpfen«[539]. Kritische Stim-

533 Auf diese Kartons nimmt Fontane auch im Artikel zum *Krönungsbild* Menzels Bezug (vgl. Fontane, *Das Krönungsbild*, NFA XXIII/1, S. 339).

534 Die *laudatio* gehört neben *lamentatio* und *consolatio* zu den wichtigen Komponenten aus der Tradition des Nachrufs (vgl. Bogner, *Der Zeitungs-Nachruf*, S. 220).

535 Fontane, *Peter von Cornelius*, NFA XXIII/1, S. 491f. Nachdruck verleiht diesem Lob zudem der letzte Satz: »Alle verlieren in ihm, besonders auch unsere Stadt, der sein Name ein Glanz und eine Zierde war« (ebd., S. 492).

536 Vgl. Fontane, *Dr. Friedrich Eggers*. In: *Königlich privilegirte Berlinische Zeitung von Staats- und gelehrten Sachen* 191 (17.08.1872), 1. Beilage, abgedr. in: Berbig (Hrsg.), *Theodor Fontane und Friedrich Eggers*, S. 375f.

537 Anwesend sind unter anderen Friedrich Drake, Adolf Menzel, Martin Gropius, Friedrich Adler, Franz Reuleaux und Christian Friedrich Scherenberg (vgl. ebd.).

538 Subjektive Plaudereien kommen unter anderem in der Rubrik ›Wanderungen‹ vor. Ludwig Rellstab begründet für die *Vossische Zeitung* eigens das Genre der ›Weihnachtswanderungen‹, in denen er – um der Zensur zu entgehen – bewusst nicht in Form von Nachrichten oder Sozialkritik, sondern in der Form ansprechender Schilderungen über aktuelle Geschehnisse in Berlin berichtet (vgl. Paul S. Ulrich (Hrsg.), *Der Weihnachtswanderer von Alt-Berlin. Auszüge aus Ludwig Rellstabs Weihnachtswanderungen in der Vossischen Zeitung 1826–1859*, Berlin 2002, Vorwort, S. 7).

539 Bodo Rollka, *Feuilleton, Unterhaltung und Werbung. Frühes Berliner Feuilleton*. In: Kai Kauffmann und Erhard Schütz (Hrsg.), *Die lange Geschichte der Kleinen Form. Beiträge zur Feuilletonforschung*, Berlin 2000, S. 128.

men wenden jedoch ein, dass durch den Plauderton die Ernsthaftigkeit Einbußen erleide. Dies fördern Rezensionen zu Fontanes Berichten aus England zutage, die nach der Veröffentlichung als Zeitungsartikel 1854 unter dem Titel *Ein Sommer in London* in Buchform erscheinen:

> In dem vorliegenden Bändchen versucht er [der Balladendichter Fontane, CA] sich auch – wie sollen wir sagen? als Reisebeschreiber? als Sittenmaler? Nein, diese Namen wären alle viel zu anspruchsvoll für das ziemlich leichte und oberflächliche Büchlein. Also, als Feuilletonist: wobei nur zu bedauern bleibt, daß er die leichten losen Blätter nicht auch wirklich als Feuilleton hat erscheinen lassen, sie würden sich, meinen wir, in dieser Gestalt besser ausgenommen haben denn als Buch.[540]

Bemerkenswert ist der Vergleich, wonach Fontane sich als »Sittenmaler« versuche, was als Hinweis auf die bildhafte Sprache gelesen werden kann. Diese Zuschreibung wird jedoch im Anschluss angesichts des »leichte[n] und oberflächliche[n] Büchlein[s]« wieder zurückgenommen. Aufgrund ihrer Thematik und der Schreibweise werden die Berichte folglich eindeutig als feuilletonistische Texte eingestuft. Dasselbe Urteil fällt der Rezensent Robert Prutz in Bezug auf die Publikation *Aus England* und spezifisch auf die darin enthaltenen Briefe *Aus Manchester*: »Auch in stilistischer Hinsicht ist dieser Abschnitt der am wenigsten gelungene, insofern er die Spuren des feuilletonistischen Ursprungs am deutlichsten an sich trägt.«[541] Die These, wonach Fontanes Kunstkritiken und sein feuilletonistisches Schreiben in engem Zusammenhang stehen, findet in diesen zeitgenössischen Rezensionen folglich ihre Bestätigung. Außerdem wird der feuilletonistisch geprägte Plauderstil später zu einem Merkmal von Fontanes Romanen, was er in Bezug auf *Der Stechlin* selbst deklariert: »Alles Plauderei, Dialog, in dem sich die Charaktere geben, und mit ihnen die Geschichte.«[542]

2.1 Erscheinungsweise und Entstehungskontext von Fontanes Texten

Die überwiegende Mehrheit von Fontanes kunstkritischen Schriften entsteht im Rahmen seiner Tätigkeiten für die *Kreuzzeitung* und die *Vossische Zeitung*,

540 mmr. [Melchior Meyr], *[Rezension zu] Theodor Fontane: ›Ein Sommer in London‹*. In: *Deutsches Museum* 45 (1854), S. 701.

541 R.P. [Robert Prutz], *[Rezension zu] ›Theodor Fontane: Aus England‹*. In: *Deutsches Museum* 6 (1861), S. 207.

542 Theodor Fontane an Adolf Hoffmann [Entwurf], [Mai/Juni 1897], HFA IV/4, S. 650.

da er dort als Redakteur Festanstellungen innehat.[543] Darüber hinaus verfasst Fontane für weitere Publikationsorgane, sowohl Tageszeitungen als auch Zeitschriften, kunstkritische Artikel. Dazu zählen die *Preußische (Adler-)Zeitung*, das *Deutsche Kunstblatt* sowie das *Morgenblatt für gebildete Leser*. Die Briefe *Aus Manchester* werden gar parallel in mehreren Zeitungen publiziert.[544] Letztere, sowie die Berliner Kunstausstellungsberichte von 1860, 1862, 1864 und 1866, erscheinen in mehrteiligen Folgen. Da die einzelnen Artikel der Folge jeweils einem Thema gewidmet sind, lassen sie sich als relativ autonome Berichte lesen. In manchen Beispielen wird zu Beginn oder bei thematischen Zusammenhängen des Artikels auf den vorhergehenden verwiesen.[545] Auf andere Berichte innerhalb derselben Zeitung wird nicht Bezug genommen. Wohl auch, weil Fontane infolge der knappen Produktionszeit der Zeitungen keine Kenntnis darüber hat, neben welchen Artikeln sein eigener erscheinen würde. Außer in den unechten Korrespondenzen wird ebenso wenig auf politische Ereignisse verwiesen. Eine Ausnahme ist der Bericht über die Londoner Kunstausstellung, dessen Einleitung auf den indischen Aufstand von 1857 Bezug nimmt, weil sich direkt neben den Räumlichkeiten der Kunstausstellung der Standort des Telegrafen befindet, der Nachrichten zum Aufstand übermittelt: »Möge diese zufällige Nachbarschaft es entschuldigen, daß ich Ihnen heut' von ein paar Bildern erzähle, während der Leser eigentlich von hier aus jetzt nur von Mahratten und Radschputen oder zumindest von einer City-Krisis zu hören bekommt.«[546] Fontane suggeriert, von einer bestimmten Lesererwartung auszugehen, und glaubt, seinen vermeintlich deplatzierten Artikel legitimieren zu müssen.[547] Während er den Leser im zitierten Text lediglich indirekt anspricht,

543 Für die *Kreuzzeitung* ist Fontane von 1860 bis 1870 tätig, für die *Vossische Zeitung* von 1870 bis 1889.

544 Die Berichte erscheinen von Juli bis November 1857 in der *Zeit*, der *Stern-Zeitung*, der *Vossischen Zeitung* und der *Kreuzzeitung* (vgl. Heide Streiter-Buscher, *Zur Kunst und Kunstgeschichte. Einführung*, HFA III/5, S. 821). 1860 werden Fontanes Berichte in Buchform unter dem Titel *Aus England. Studien und Briefe über Londoner Theater, Kunst und Presse* herausgegeben.

545 Vgl. »Sie beweist den feinen Sinn und die gedankliche Selbständigkeit dieses Mannes [Reynolds, CA], dessen Schwächen ich in einem früheren Aufsatze (über die britischen Porträtmaler) nicht verschwiegen habe« (Fontane, *Aus Manchester. 7. Brief*, NFA XXIII/1, S. 107). Vgl. auch ders., *Aus Manchester. 4. Brief*, NFA XXIII/1, S. 66; ders., *Die Berliner Kunstausstellung 1860*, HFA III/5, S. 465; ders., *Die diesjährige Kunstausstellung 1862*, NFA XXIII/1, S. 175).

546 Ders., *Zwei Gemälde über den Sündenfall*, NFA XXIII/1, S. 46.

547 Fontane fügt an: »Genau betrachtet passen in dem vorliegenden Falle die Gegensätze von Kunst und Krieg besser zueinander, als es auf den ersten Blick erscheinen möchte« (ebd.).

treten in anderen Zeitungsartikeln Apostrophe[548] auf, oder der Leser wird durch die Verwendung der 1. Person Plural in das Geschehen eingebunden.[549]

Die Platzierung der Texte innerhalb des Publikationsorgans lässt Rückschlüsse auf den Stellenwert des jeweiligen Themas zu. So ist die erste Folge der Berichterstattung zu den Berliner Kunstausstellungen stets auf der Frontseite abgedruckt, die nachfolgenden Besprechungen in der Beilage.[550] Der Artikel *Die Londoner Kunst-Ausstellung* in der *Kreuzzeitung* wiederum erscheint auf der Frontseite der Beilage, was vermuten lässt, dass Ausstellungen im Ausland nicht derselbe Stellenwert attestiert wird wie lokalen Veranstaltungen, auf denen zudem zahlreiche Berliner und Künstler aus dem Umland mit ihren Werken vertreten sind.[551] Diesen Befund bestätigt die Artikelfolge zur Berliner Kunstausstellung von 1862 in der *Allgemeinen Preußischen (Stern-)Zeitung*, in der sämtliche Zeitungsartikel zur Kunstausstellung auf der Frontseite unter dem Strich abgedruckt sind. Eine Rubrizierung fehlt, stattdessen ist jeweils die Überschrift »Die diesjährige Kunst=Ausstellung« zu lesen und daran anschließend in römischer Ziffer die Angabe, um welche Folge es sich handelt.[552]

Fontanes Berichte sind selten Rubriken zugeordnet; eine Ausnahme bilden die Korrespondenzen aus England in der *Kreuzzeitung*, die mit Korrespondentenzeichen deklariert sind. Fontanes Mitteilungen aus London erschienen in

548 Vgl. z. B. »hier wolle mir der Leser erlauben abzuschweifen« (ders., *Die öffentlichen Denkmäler*, HFA III/3/1, S. 20).

549 Vgl. z. B. »Doch kehren wir zurück in die City« (ebd.).

550 Der umgekehrte Fall liegt bei der Berichterstattung zur Berliner Kunstausstellung von 1860 vor, bei welcher der erste Artikel in der Beilage und die weiteren Folgen auf der Titelseite abgedruckt sind (vgl. ders., *Die Berliner Kunstausstellung [1860]*, HFA III/5, S. 832).

551 *†*, *London, im Mai. Die Londoner Kunst-Ausstellung.* In: *NPZ* 140 (19.06.1857), Beilage, wiederabgedr. in: NFA XXIII/1, S. 29–36. Auf den Bericht zur Kunstausstellung folgt, durch einen Strich abgetrennt, der Abdruck einer Novelle mit der Überschrift: »Licht und Schatten in eines Malers Leben«. Dies veranschaulicht, dass in der Beilage verschiedenste Textgattungen vertreten sind, von der Ausstellung über die Rezension bis hin zur Fortsetzungsnovelle, die im angeführten Beispiel thematisch an die Ausstellungsbesprechung anschließt – was aber nicht die Regel sein muss.

552 †, *Die diesjährige Kunst=Ausstellung.* In: *APZ* 516 (05.11.1862), wiederabgedr. in: NFA XXIII/1, S. 165–251 (Abb. 3). In etwas anderer Form erscheinen die Berichte zu den biennalen Berliner Kunstausstellungen in der *Kreuzzeitung* und der *Vossischen Zeitung*. Die Artikel zur Ausstellung sind dort jeweils nicht unter einem deutlich mit einem über alle Spalten durchgezogenen Strich, sondern lediglich unter einem Strich in Spaltenbreite publiziert (vgl. -lg-, *Berliner Kunstausstellung. VII. Allerlei Fragen: Knaus (Vautier, C. Lasch). Stryowski. Victor Müller. Riefstahl. Ewald. G. Spangenberg. – Zum Schluß.* In: *NPZ* 261 (06.11.1864, Beilage), wiederabgedr. in: NFA XXIII/1, S. 305–319 (Abb. 4)).

der *Kreuzzeitung* teilweise auch unter der Überschrift »Großbritannien«, mit Korrespondentenzeichen, Ortsangabe und Datum. Der Titel folgt auf diese Angaben in eckigen Klammern sowie gesperrter Schrift.[553] Eine Ausnahme in Bezug auf die Rubrizierung bildet der Artikel *Waltham Abbey* in der *Kreuzzeitung*, bei dem unter dem Strich die Überschrift »Feuilleton« vermerkt ist und direkt darunter »Waltham-Abbey«[554] steht.

Im *Deutschen Kunstblatt* wird Fontanes Bericht zur Kunstausstellung in London in der Rubrik »Zeitung« abgedruckt, die Nachrichten zu Ausstellungen oder generell zum kulturellen Geschehen im Ausland enthält. Die entsprechenden Texte sind daher mit der Sigle »Nl.« und der Angabe »London« versehen.[555] Die Platzierung bestätigt die für die *Kreuzzeitung* geäußerte Vermutung, dass Berichten über das Geschehen im Ausland weniger Bedeutung beigemessen wird – die Rubrik »Zeitung« ist in reduzierter Schriftgröße gesetzt und unterscheidet sich damit grafisch von den anderen Beiträgen.[556] Fontanes ausführlichere Besprechung *Zwanzig Turner'sche Landschaften in Marlborough-House* wiederum wird im Hauptteil des *Deutschen Kunstblatts* abgedruckt, allerdings nicht auf der Frontseite.[557] Waagens Artikel über die Kunstausstellung in Manchester hingegen erscheint im *Deutschen Kunstblatt* in mehreren Folgen – stets auf der Titelseite. Dies legt den Schluss nahe, dass Waagen für die Leserschaft ein prominenterer Beiträger als Fontane ist, und dass die temporäre Manchester-Ausstellung als wichtiger erachtet wird als die permanente Ausstellung der Landschaften Turners. Die Aktualität ist ein wichtiges Charakteristikum der kunstkritischen Schriften, da Fontane über das kulturelle Tagesgeschehen berichtet oder während seines Aufenthalts in London als Korrespondent vor Ort gegenwärtige Ereignisse des britischen Kunstgeschehens

553 Vgl. *†* London, 15. Febr., *[Sir Edwin Landseer. Ein Maler und ein Schneider. Enger Rock und hoher Preis]*. In: *NPZ* 42 (19.02.1862), wiederabgedr. in: UK I, S. 197–199; *†* London, 14. Mai, *[Die Ausstellung. Das Gebäude. Schön oder unschön. Oesterreich und der Zollverein. Berliner Porzellan. Mr. Veillard und fair play.]*. In: *NPZ* 114 (17.05.1862), wiederabgedr. in: UK I, S. 217–219.

554 *†* London im Juli 1857, *Waltham Abbey*. In: *NPZ* 173 (28.07.1857), wiederabgedr. in: HFA III/3/1, S. 554–558 (Abb. 5).

555 Vgl. Nl. *London, [Zur Kunstausstellung in Manchester]*. In: *DKB* 34 (21.08.1856), S. 299–300 (Abb. 6).

556 Vgl. Noel., *Zwanzig Turner'sche Landschaften in Marlborough-House*. In: *DKB* 3 (15.01.1857), S. 25–26. Dasselbe gilt für folgende Artikel: Nl., *London. [Die Verlegung der Royal Academy.]*. In: *DKB* 31 (13.07.1856), S. 274–275; Nl., *London. [Zur Kunstausstellung in Manchester.]*. In: *DKB* 34 (21.08.1856), S. 299–300.

557 Dasselbe gilt für: Noel., *Die Ausstellung der Modelle zum Wellington-Grabmal. London, 29. August*. In: *DKB* 38 (17.09.1857), S. 329–331. Dem Artikel zum Wellington-Grabmal ist der ungezeichnet erschienene Schluss-Beitrag der mehrteiligen Folge über ›Die Ausstellung historischer Cartons in Meiningen‹ vorangestellt.

dokumentiert. Dies mag der Grund sein, weshalb es sich – neben Nekrologen, Rezensionen sowie Museumsbeschreibungen – bei einem Großteil der Artikel um Ausstellungsberichte handelt. In Berlin sind Expositionen äußerst zahlreich und werden in verschiedenen Formaten durchgeführt. Neben den biennalen Ausstellungen der Akademie der Künste, die Fontane mit Unterbrechungen im Zeitraum von 1860 bis 1874 rezensiert, finden auch kleinere Ausstellungen statt, über die er berichtet – mehrere davon im Kunstsalon Sachse oder in Räumlichkeiten von Kunstvereinen. Die Anzahl der Texte und einige Aussagen in denselben spiegeln die Vielzahl an Ausstellungen sowie deren Bedeutung und Popularität wider.[558] Vor dem Hintergrund, dass sich Fontane für die Einbindung von Kunst in die Gesellschaft stark macht, dürfte ihn diese Art von Veranstaltung besonders angesprochen haben.

Die Beweggründe für das Verfassen der Pressetexte sind vielfältig: Einzelne Artikel entstehen auf Anfrage,[559] andere schreibt Fontane aus freien Stücken und bietet sie anschließend dem jeweiligen Chefredakteur an. Beispielsweise verfasst er einen Nachruf auf den Künstler Wilhelm Gentz, den er Friedrich Stephany, dem Redakteur der *Vossischen Zeitung*, als »sehr lang (gewiß 10 Spalten)«[560] ankündigt. Aus dem zitierten Schreiben an Stephany geht hervor, dass Fontane offenbar eigenständig Artikel ausarbeitet oder zumindest eine Vorstellung davon hat, wie sie im finalen Stadium aussehen sollen und sie so dem Redakteur anbietet. Neben den aktuellen Kunstausstellungen als Themenvorgabe versucht Fontane offenbar auch, seine eigenen Interessen einfließen zu lassen.[561] Die Texte differieren zudem stark in ihrer Ausführlich-

---

558 Vgl. z. B. zur Hildebrandt-Ausstellung: »Wohl selten hat eine Privat-Ausstellung ein solches Interesse geweckt, eines so zahlreichen Besuches sich erfreut« (-lg-, *Eduard Hildebrandt*. In: *NPZ* 270 (17.11.1864), wiederabgedr. in: NFA XXIII/1, S. 320–322).

559 Dies legt ein Schreiben an Maximilian Harden, den Redakteur von *Die Zukunft*, nahe: »Es ist mir außerordentlich erfreulich, daß ich Ihnen endlich einmal zu Wunsch und Willen sein kann [...]. Also bestens acceptirt. Es werden übrigens nur wenige Seiten werden, drei, vier, was auch genug ist. Bei seinem Kunstthum werde ich mich nicht lange aufhalten, aber Einiges über den Menschen sagen. Als solcher ist er vielleicht noch größer, wie als Maler. Ein ganz grandioser kleiner Knopp. Ich richte es so ein, daß Sie's bis Mitte November haben« (Theodor Fontane an Maximilian Harden, 22.07.1895, HFA IV/4, S. 461). Harden bittet Fontane auch um einen Artikel zu Menzels 80. Geburtstag (vgl. Fontane, *Adolf Menzel, zu seinem 80. Geburtstag*. In: *Die Zukunft* 13/10 (05.10.1895), S. 441–444, wiederabgedr. in: NFA XXIII/1, S. 516–519).

560 Theodor Fontane an Friedrich Stephany, 31.08.1890, HFA IV/4, S. 59.

561 So wendet er sich beispielsweise an Hermann Kletke mit der Frage, ob er an Pietschs Stelle eine Ausstellung in Sachses Salon besprechen dürfe: »Bei meiner Passion für diese Dinge – es sind zum Beispiel 2 höchst merkwürdige, epochemachende Bilder

keit; selbst bei Folgeartikeln sind die Einzeltexte unterschiedlich lang. Ebenso wenig lässt sich ein einheitlicher Aufbau der Artikel ausmachen, außer, dass im jeweils ersten Artikel der Reihe zu den Berliner Kunstausstellungen eine allgemeine Übersicht geboten wird. Die Unterschiede im Aufbau der Artikel, die Pointierung des eigenen Urteils, die Auswahl an Künstlern sowie die thematischen Schwerpunkte lassen vermuten, dass Fontane über die Gestaltung der Artikel selbst bestimmen kann.[562]

Neben der variierenden Länge der Zeitungsartikel ist auch deren grafische Gestaltung je nach Publikationsorgan unterschiedlich und selbst die Texte in der *Kreuzzeitung* weisen keine einheitliche Form auf. Beispielsweise erscheint der Artikel *Deutsche Kunst und Englische Kritik* direkt mit dieser Überschrift unter einem Strich, erst dann folgen Korrespondentenzeichen, Ort und Datumsangabe, der Titel in Klammern entfällt bei diesem Beispiel.[563] Einheitlich sind einzig die Buchrezensionen in der *Kreuzzeitung* gehalten: Sie erscheinen

von Böcklin ausgestellt – biete ich mich an, in Pietsch Abwesenheit, als eine Art Stellvertreter, diesen Teil kritischer Besprechungen übernehmen zu wollen und zwar mit besonderem Vergnügen. Bei der Kreuz-Ztg. hab ich viel derart geschrieben« (Theodor Fontane an Hermann Kletke, 23.01.1871, HFA IV/2, S. 373). Vgl. auch Fontanes Ankündigung von 1882 an die Monatsschrift *Nord und Süd*, ein »Blechen-Kapitel« von »etwa 2 Bogen«, »nicht auf Kunstkritik, sondern auf Biographie hin« geschrieben, veröffentlichen zu wollen (Theodor Fontane an Julius Grosser, 22.01.1882, HFA IV/3, S. 175). Der angepriesene Artikel ist jedoch nie erschienen.

562 Im dritten Brief *Aus Manchester* hält Fontane fest, dass er »de[n] *englischen* Bruchteil[]« der Ausstellung besprechen wolle. Im Vorwort zur gedruckten Fassung präzisiert er die Beweggründe für seine Auswahl dahingehend, dass er »die Absicht verfolge[] […], auf das reiche, nach Zahl und Wert gemeinhin weit unterschätzte Material hinzuweisen, das die englische Malerschule seit hundertzwanzig Jahren oder, wenn wir von Hogarth absehn, seit gerade hundert Jahren geschaffen hat« (aus Fontanes Vorwort zum Erstdruck, wiederabgedr. in: NFA XXIII/2, Anmerkungen, S. 220). Fontane deklariert, dass die Ausstellung zu mehr als zwei Dritteln aus Gemälden alter Meister zusammengestellt ist und begründet seine Konzentration auf die moderne englische Malerei damit, dass Waagens Referenzwerk *Kunstwerke und Künstler in England und Paris* »teils überwiegend ein Bibliothek- und Nachschlagebuch bildet, teils zu neun Zehnteln seines Raums die Beschreibungen alter, d. h. nichtenglischer Gemälde bringt« (ebd., S. 221).

563 *†* London, 6. Septbr. 1862, *Deutsche Kunst und Englische Kritik*. In: *NPZ* 211 (10.09.1862), wiederabgedr. in: UK I, S. 263–266 (Abb. 7). Zudem kann die Position des Korrespondenten-Zeichens variieren und zu Beginn des Artikels oder an dessen Ende stehen. Ebenso wenig sind alle Artikel unter einem durchgezogenen Strich über mehrere Spalten hinweg abgedruckt, sondern teilweise auch nur in einer Spalte, wobei über dem Artikel ein Strich in Spaltenbreite gezogen ist oder nur ein kurzer (nicht durchgezogener Strich) in der Spalte vorhanden ist.

in einer Spalte unter einem Trennstrich und sind mit einem thematischen Titel überschrieben.[564]

Markante Unterschiede im Umfang sowie im Layout bestehen zwischen den Tageszeitungen und den Zeitschriften *Morgenblatt für gebildete Leser* sowie *Die Zukunft*. Die Zeitschriften werden mit grösserem Zeilenabstand und teilweise auch mit verzierten Initialen sowie weiteren dekorativen Darstellungen abgedruckt. Anders als die *Kreuzzeitung* oder die *Vossische Zeitung*, die über Tagesaktualitäten informieren, beinhaltet das *Morgenblatt* Reiseberichte, Gedichte, Lebenserinnerungen, Aufsätze zu Literatur, Geschichte, Kunst und Naturkunde sowie Rezensionen. Fontane publiziert darin einen in zwei Folgen abgedruckten längeren Text zu Karl Friedrich Schinkel, der im Rahmen der *Wanderungen* entstanden ist.[565] In einem Brief weist Fontane auf die Ausführlichkeit von Zeitschriftenartikeln – im Zitat in Bezug auf *Cosmopolis*[566] – hin. Für letztgenannte Zeitschrift seien Artikel »von etwa 30 oder 40 Druckseiten« gefordert, »denn das ›Fortsetzung folgt‹ soll in Cosmopolis wegfallen«.[567] Auch Fontanes Reisebericht aus Kopenhagen, der im *Morgenblatt* publiziert wird, ist umfangreicher und erscheint zudem auf der Frontseite der entsprechenden Ausgabe. Hinsichtlich des beträchtlichen Umfangs trifft dasselbe für Fontanes Lebensbild von Wilhelm Gentz zu, das in *Deutschland* abgedruckt ist.[568]

564 Die Rezension zu Lübkes *Grundriss der Kunstgeschichte* erscheint unter einem Trennstrich mit der Überschrift »Zur Kunstgeschichte« (vgl. Te., *Zur Kunstgeschichte. W. Lübkes Grundriß der Kunstgeschichte* [...]. In: *NPZ* 68 (20.03.1864), Beilage, wiederabgedr. in: NFA XXIII/1, S. 551 (Abb. 8)). Die Rezension des Werks *Rom und die Campagna* ist unter dem Titel ›Nach Rom‹ abgedruckt (vgl. Te., *Nach Rom. Rom und die Campagna [...]*. In: *NPZ* 33 (08.02.1865), Beilage, wiederabgedr. in: NFA XXIII/1, S. 552). Dasselbe gilt für die Besprechung von Lübkes *Vorschule zum Studium der kirchlichen Kunst*, die mit ›Kirchliche Kunst‹ überschrieben ist (vgl. Te., *Kirchliche Kunst. Wilhelm Lübke's ›Vorschule zum Studium der kirchlichen Kunst‹*. In: *NPZ* 270 (18.11.1866), Beilage, wiederabgedr. in: NFA XXIII/1, S. 558f.).

565 Fontane, *Wanderungen. Karl Friedrich Schinkel*, GBA V/1, S. 104–126.

566 Fontane veröffentlicht in der Zeitschrift einen Aufsatz zu Bernhard von Lepel, der zwei Monate später in *Von Zwanzig bis Dreißig* abgedruckt wird. Er publiziert in *Cosmopolis* außerdem den Artikel *Der achtzehnte März*, einen Auszug aus den *Lebenserinnerungen* (vgl. Theodor Fontane, *Der achtzehnte März*. In: *Cosmopolis* 4/10 (Oktober 1896), S. 248–270). Fontanes Beiträge für die *Cosmopolis* sind auf Anfrage Ernst Heilborns hin entstanden, der den deutschen Teil der Monatsschrift redigiert (vgl. Theodor Fontane an Otto Ernst, 27.10.1895, HFA IV/4, S. 493).

567 Ebd.

568 Theodor Fontane, *Wilhelm Gentz*. In: *Deutschland* 1 (04.10.1890), S. 9–11. Der Artikel erscheint – anders als der Reisebericht aus Kopenhagen – nicht auf der Frontseite und ist in drei Folgen abgedruckt.

Im Gegensatz zu Beiträgen in Zeitschriften, ist die Ausführlichkeit von Zeitungsartikeln begrenzt, was Fontane in einzelnen Texten explizit erwähnt, beispielsweise im Bericht zur Kunstausstellung in London:

> Aber dieser Brief ist längst über alle übliche Länge hinaus, und so steh' [sic] ich davon ab, mich über den Violine spielenden Orpheus des Malers Leighton (ein großes, anspruchsvolles Bild) wie über den biblischen oder talmudischen »*Sündenbock*« des sonst talentvollen Hunt ausführlicher zu verbreiten.[569]

Der Ausdruck »über alle übliche Länge« suggeriert, dass es eine bestimmte einheitliche Artikellänge gäbe, was unzutreffend scheint, denn die Korrespondenzen sowie sämtliche anderen kunstkritischen Zeitungsartikel unterscheiden sich vom Umfang her beträchtlich. Bemerkungen in dieser Form finden sich aber auch bei Artikelserien, für die mehr Platz zur Verfügung steht als bei anderen Texten.[570] Die Vermutung liegt daher nahe, dass es auch darum geht, die Erwartungen an eine umfassende Gesamtschau von Beginn an abzuschwächen.[571]

2.2 Diskrepanzen zwischen der Tagespresse und fachspezifischen Zeitschriften

Neben Artikeln für die Tagespresse verfasst Fontane Texte für thematisch spezialisierte Zeitschriften. Gedichte veröffentlicht er zudem in der *Argo*, für die er gemeinsam mit Kugler als Herausgeber fungiert, sowie in *Pan*. Außer in der geringeren Häufigkeit des Erscheinens[572] unterscheiden sich diese Publikationsorgane auch darin von der Tagespresse, dass sie bebildert sind. So ist beispielsweise dem Abdruck von Fontanes Gedicht *Auf der Kuppe der Müggelberge (Semnonen-Vision)* – mit intermedialem Bezug zu Blechens *Semnonenlager* – in der Zeitschrift *Pan* eine Lithografie des Porträts Fontanes von Max

569 Ders., *Die Kunstausstellung [London]*, NFA XXIII/1, S. 22 (Abb. 10). Allerdings widerspricht sich Fontane selbst, indem er trotzdem eine Besprechung der beiden Werke vornimmt, jedoch in einer Fussnote (vgl. ebd., S. 22f.).

570 Dies trifft vor allem für die Artikel zu den Berliner Kunstausstellungen zu.

571 In einem Bericht über eine Ausstellung von Aquarellen im königlichen Schloss schreibt Fontane: »Auf das so reich Dargebotene näher einzugehen, verbietet sich; einzelnes zu nennen, wäre ein Unrecht gegen das ungenannt Bleibende« (Te., *Die Ausstellung von Aquarellen. Im Königlichen Schloss, zum Besten der Königin Elisabeth-Vereins-Stiftung*. In: *NPZ* 91 (20.04.1869), wiederabgedr. in: NFA XXIII/1, S. 395–397).

572 *Pan* erscheint vierteljährlich, die *Argo* jährlich.

Liebermann vorangestellt.[573] Zudem wird das Gedicht von einer Kopfleiste und einem Schlussstück eingeschlossen, die sich allerdings lediglich insofern auf den Text beziehen, als eine Landschaft mit einem Gewässer dargestellt ist. Statt mit den im Text erwähnten Semnonen und weiteren Figuren wird die abgebildete Landschaft respektive das Wasser nur durch Segelschiffe belebt.[574] Das *Deutsche Kunstblatt* weist manchmal – abgesehen vom Medaillon auf der Frontseite – zusätzliche Illustrationen auf, Fontanes Artikel darin erscheinen jedoch ohne Abbildungen.

Die Berücksichtigung der Diskrepanzen zwischen den einzelnen Publikationsorganen erweist sich nicht nur in Bezug auf die Ausrichtung des jeweiligen Blattes als bedeutsam. Im populärwissenschaftlich ausgerichteten *Morgenblatt für gebildete Leser* kann Fontane zahlreiche narrative Passagen in die Texte einflechten. Anders gestaltet sich die Ausgangslage für Artikel im *Deutschen Kunstblatt*, das sich an eine fachwissenschaftlich orienterte Leserschaft wendet und an dem auch Vertreter der Berliner Schule beteiligt sind.

Im Untertitel wird das *Deutsche Kunstblatt*, das Organ der deutschen Kunstvereine, als »Zeitschrift für bildende Kunst, Baukunst und Kunsthandwerk« deklariert. Die Bedeutung des Blattes für Fachkreise lässt sich an der Liste der Beiträger festmachen, die sich mit Kugler, Passavant, Waagen, Wiegmann, Schnaase, Schulz, Förster, Eitelberger von Edelberg wie ein Who's who der damaligen Kunsthistoriker liest. Durch Kuglers Vermittlung wird Friedrich Eggers zum Herausgeber, was Fontane das Einreichen von Beiträgen ermöglicht. Fontane verfasst für das *Deutsche Kunstblatt* vier Artikel, die alle während seines Aufenthalts in London, in den Jahren 1856 und 1857 entstehen. Dies ist möglicherweise damit zu begründen, dass sich Fontane auf dem Gebiet der englischen Kunst als Experte profilieren kann. Zwei Beiträge, *Die Verlegung der Royal Academy* sowie *Zur Kunstausstellung in Manchester*, sind in der Rubrik »Zeitung« und damit in geringerer Schriftgröße im hinteren Teil der Zeitschrift erschienen. Auffällig ist, dass Fontane in beiden Artikeln das Anliegen äußert, Kunst als Mittel der Bildung einer breiten Bevölkerungsschicht

573 Vgl. Fontane, *Auf der Kuppe der Müggelberge (Semnonen-Vision)*. In: *PAN* 2/1 (1896), S. 1 (Abb. 22).

574 Vgl. ebd. Auch die Vorabdrucke von Fontanes Romanen in der *Gartenlaube* sind auf der Frontseite der jeweligen Ausgabe mit einer thematischen Darstellung versehen (vgl. http://www.cceh.uni-koeln.de/projekte/fontane/gartenlaube.html (Stand 02.12.2014)). Nach Graevenitz besteht jedoch zumindest bei *Unterm Birnbaum* kein direkter Zusammenhang zwischen der Bebilderung und den Texten (vgl. Graevenitz, *Theodor Fontane*, S. 419).

kostenfrei zugänglich zu machen.[575] Außerdem findet sich im Text zur *Royal Academy* die Aussage, dass moderne Kunst einem breiten Publikum leichter vermittelt werden könne,[576] was Fontane als Argument für die Verlegung der *Royal Academy* dient, weil diejenigen, die wahrhaftig an der Kunst alter Meister interessiert seien, auch einen weiteren Weg auf sich nehmen würden. Fontane argumentiert, dass »Kunstliebe in wenig gebildeten Gemütern« am besten mit »Werken mitlebender Künstler« geweckt werde. Auch die Kunstausstellung in Manchester bewertet Fontane als »sehr geeignet [...], nicht allein das Interesse jedes Gebildeten in Anspruch zu nehmen, sondern auch unendlich viel zur Bildung des Geschmackes und der Verbreitung des Kunstsinnes unter dem englischen Volk bei[zu]tragen«[577]. Der Gewinn der Ausstellung liege nicht einzig darin, die Kunstwerke aus den Privatbeständen der Öffentlichkeit zu präsentieren, »sondern jeder, der Sinn hat für die Verbreitung von Kunst und Wissenschaft und den Fortschritt der Bildungsgeschichte einer Nation, muß angeregt werden durch ein Unternehmen, welches zu dieser einen so interessanten Beitrag liefert«.[578] Fontane bringt Bildung, Kunst und Gesellschaft folglich in einen unmittelbaren Zusammenhang. Um diesem Argument Nachdruck zu verleihen, zieht er ein Zitat aus einem Brief des Prinzen Albert an den Präsidenten des Komitees hinzu, der belegt, dass der Bildungsgedanke für das Projekt zentral ist.[579] Zugleich zeichnet sich darin Fontanes Ausrichtung auf die Kunst der Gegenwart ab, die er mit der Orientierung an den Interessen der Leserschaft begründet. Diese Argumentationsweise erstaunt, zumal andere Beiträger des *Deutschen Kunstblatts* die zeitgenössische Kunst lediglich marginal berücksichtigen und zudem Akademiker sind, Fontane aber dem Laienurteil gegenüber dem akademisch geschulten den Vorzug gibt. Dies zeugt von seinem prononcierten Selbstverständnis als Kunstkritiker.

Als große Beiträge werden von Fontane im vorderen Teil der Zeitschrift die Artikel *Zwanzig Turnersche Landschaften in Marlborough-House* sowie *Die Ausstellung der Modelle zum Wellington-Grabmal* abgedruckt. Über die Ausstellung

575 Vgl. Fontane, *Plan der Verlegung der Royal Academy nach Kensington*, NFA XXIII/2, S. 142 sowie ders., *Zur Kunstausstellung in Manchester*. In: *DKB* 34 (21.08.1856), S. 299–300.

576 »Neun Leute unter zehn, wenn sie's nur gestehen wollen, sehen neuere Bilder lieber als alte« (ders., *Plan der Verlegung der Royal Academy nach Kensington*, NFA XXIII/2, S. 142).

577 Ders., *Zur Kunstausstellung in Manchester*. In: *DKB* 34 (21.08.1856), S. 300. Der Artikel *Zur Kunstausstellung in Manchester* wird zwei Monate vor der Ausstellungseröffnung publiziert. Fontane beschreibt darin die Ausgangslage, Zielsetzung und Probleme der Ausstellung.

578 Ebd.

579 Vgl. ebd.

der Modelle zum Wellington-Grabmal hat Fontane sowohl in der *Kreuzzeitung* als auch im *Deutschen Kunstblatt* einen Artikel veröffentlicht.[580] Allerdings fällt der Beitrag im *Deutschen Kunstblatt* mehr als doppelt so lang aus. Im *Kreuzzeitungs*-Artikel greift er unter den deutschen Beiträgen eine Gruppe des Dresdner Bildhauers Hähnel heraus und beschreibt diese detaillierter, insbesondere den Sockel, dessen zwei Würfel in einem »Verhältnis, wie wenn man einen Stuhl auf einen Tisch stellt«[581] stehen würden. Bemerkenswert ist, dass derselbe Sachverhalt im *Kunstblatt*-Artikel mit fachwissenschaftlicherem Vokabular ausgedrückt ist: »Man denke sich zwei Steinplatten (ohngefähr von halber Würfelhöhe)«, wobei »[d]ie obere Quader […] bedeutend kleiner« sei.[582] Fontane zeigt sich mit dem Urteil der Jury nicht einverstanden, er favorisiert stattdessen das Kunstwerk, dem der dritte Rang zugesprochen wurde, weil bei diesem »[d]as *Ganze* […] schön«[583] sei. Auch im *Kunstblatt*-Artikel hält er an dieser Rangierung fest, gruppiert allerdings zusätzlich sämtliche Denkmäler in acht Gruppen. Fontane kommentiert das eigene Vorgehen dahingehend, dass es bereits als negatives Indiz aufzufassen sei, dass er überhaupt eine Gruppierung der Modelle habe vornehmen können: »Jedes bedeutende Kunstwerk sträubt sich gegen die Rubrizierung; es schafft eine neue Rubrik.«[584] Anschliessend listet Fontane die Namen der Preisträger auf; in der *Kreuzzeitung* mag diese Aufzählung infolge beschränkten Umfangs oder möglicherweise deshalb weggefallen sein, weil sie sich nicht an ein Fachpublikum richtet, dem die Namen eventuell bekannt sein könnten. Auffällig ist, dass Fontane im Artikel im *Deutschen Kunstblatt* mehrere Fachbegriffe wie »Kathedralen«, »aus der Antike entlehnte[] Formen«, »Renaissancestil«, »gotische[r] Stil«, »Kuppelbau« verwendet. Im entsprechenden Bericht in der *Kreuzzeitung* kommt hingegen keiner dieser Ausdrücke vor. Ein weiteres Beispiel für die Anlehnung an kunstwissenschaftliche Termini liefert die Begründung, weshalb Fontane die Arbeit des Preisträgers missfällt. In der *Kreuzzeitung* mutmaßt er, dass »die Ausführung in Marmor dem Ganzen einen bedeutenderen Charakter leihen und mein Urteil modifizieren wird«[585]. Er anerkennt die »schöne[n] Proportionen«, macht aber einen Mangel an »Gedanken« fest. Im *Kunstblatt*-Artikel schreibt er dann, dass er »bei wiederholtem Sehen […] nicht umhin gekonnt

580 »†«, *Die Wellington-Monumente in Westminster-Hall. London, 29. August.* In: *NPZ* 206 (04.09.1857); Noel., *Die Ausstellung der Modelle zum Wellington-Grabmal. London, 29. August.* In: *DKB* 38 (17.09.1857), S. 329–331.

581 Fontane, *Die Wellington-Monumente in Westminster-Hall*, NFA XXIII/1, S. 37f.

582 Ders., *Die Ausstellung der Modelle zum Wellington-Grabmal*, NFA XXIII/1, S. 43.

583 Ders., *Die Wellington-Monumente in Westminster-Hall*, NFA XXIII/1, S. 38.

584 Ders., *Die Ausstellung der Modelle zum Wellington-Grabmal*, NFA XXIII/1, S. 40.

585 Ders., *Die Wellington-Monumente in Westminster-Hall*, NFA XXIII/1, S. 38.

[habe], den einfachen unaffektierten Stil und die noblen Verhältnisse des Ganzen anzuerkennen.«[586] Während er im *Kreuzzeitungs*-Artikel die Vermutung anstellt, dass die Materialität positiven Einfluss auf die Qualität des Werks ausüben könnte, kann er im *Deutschen Kunstblatt* bereits dem Modell Vorzüge abgewinnen. Dies mag mit der wiederholten Beschäftigung mit den Modellen – den *Kunstblatt*-Artikel sendet er erst 13 Tage nach Erscheinen des Textes in der *Kreuzzeitung* an Eggers – oder damit zusammenhängen, dass er dem Urteil der Jury bei fachkundigen Lesern nicht allzu vehement widersprechen will. Für die sorgfältigere Ausarbeitung spricht außerdem, dass Fontane im *Kreuzzeitungs*-Artikel in einer Klammer vermerkt »(ich habe den Namen des zweiten Siegers vergessen)«[587] und nicht auf diese Arbeit eingeht. Im Text im *Deutschen Kunstblatt* wiederum widmet er diesem »sehr verdienstlich[en]« Modell einen ganzen Abschnitt. Sein Urteil in der *Kreuzzeitung*, dass die drittklassierte Arbeit Edgar Papworths die bedeutendste sei, übernimmt Fontane über weite Strecken wörtlich für den *Kunstblatt*-Artikel. In Letzterem greift er nochmals den Aspekt der Symbolik auf und argumentiert, dass Papworth »auch Symbolik [biete], aber nicht die Symbolik aus dem Kinderbaukasten, drin alles fertig liegt: Steine, Bögen, Säulen, sondern die Symbolik eines vollschlagenden Herzens. Diese Papworthsche Arbeit ist die einzige, die Wärme hat und Wärme gibt.«[588] Trotz der Ausrichtung auf ein Fachpublikum begründet Fontane an dieser Stelle mit seiner persönlichen Empfindung. Dieses Argument baut er abschließend gar zu einem Fazit aus, wonach es selten an der Technik, »aber bei allen (mit jener einen Ausnahme) an der Liebe und Hingebung gefehlt, ohne die das Größte nicht geboren wird«[589], womit er dieselbe Begründung wie im *Kreuzzeitungs*-Artikel aufgreift.[590] Insgesamt scheint der *Kunstblatt*-Artikel fundierter ausgeführt, enthält mehr Fachvokabular und weist eine profundere Argumentation auf. Anekdotische und humoristische Vergleiche bleiben jedoch selbst in der Fachzeitschrift nicht aus,[591] was deren Bedeutung

586 Ders., *Die Ausstellung der Modelle zum Wellington-Grabmal*, NFA XXIII/1, S. 44.

587 Ders., *Die Wellington-Monumente in Westminster-Hall*, NFA XXIII/1, S. 38.

588 Ders., *Die Ausstellung der Modelle zum Wellington-Grabmal*, NFA XXIII/1, S. 45.

589 Ebd.

590 Fontane behauptet darin, dass nur ein Engländer ein angemessenes Denkmal eines britischen Helden schaffen könne, »(weil Herzenswärme und Hingebung an den Gegenstand dazu gehört)« (ders., *Die Ausstellung der Modelle zum Wellington-Grabmal*, NFA XXIII/1, S. 43).

591 Im Artikel im *Deutschen Kunstblatt* bezeichnet Fontane die achte Gruppe als »[d]ie lächerlichen, die Leistungen der Drechsler, Papparbeiter und Konditoren, die in ihren Mußestunden unter die Bildhauer gehn« (ebd., S. 40). Er mokiert sich zudem ausführlich über die Genannten: »Sie sind am unzufriedensten mit der Entscheidung der Preisrichter, lächeln am bittersten, lassen sich's, nach Zurückempfang des Modells,

für Fontanes Kunstkritiken unterstreicht. Zudem verdeutlicht der Umstand, dass Fontane in demselben Organ wie die nahmhaftesten Kunsthistoriker der damaligen Zeit Artikel publizieren kann, die Bedeutung, die seinem Kunsturteil beigemessen wird.

Den Artikel zu Werken Turners in *Marlborough House* im *Deutschen Kunstblatt* leitet Fontane damit ein, dass er den Ruhm Turners hervorhebt, der zwar »nur lokal[] […], aber an Ort und Stelle […] ein ganzer und unbestrittner *Ruhm*« sei.[592] Dies kann als Strategie zur Legitimation des eigenen Artikels gewertet werden, zumal Turner in Deutschland – wie auch im Beitrag eigens erwähnt – kaum bekannt ist. Um sich selbst für einen Artikel über Turner als qualifiziert darzustellen, zeigt sich Fontane als Kenner von Turners Werk, wenn er schreibt, dass ihm beim Besuch der Vernon-Galerie »schon vor Jahren« Turners »völlig abweichende Art zu malen«[593] aufgefallen sei. Anschliessend geht er auf Stereotype, wie Lorrain als Turners Vorbild, Turner als unbegabter Figurenmaler, dafür umso geschickter im Umgang mit Farbe, sowie Turners Eitelkeit – in Form einer Anekdote in der Fußnote – ein.[594] Im Vergleich mit Fontanes späteren Aussagen zu Turner sowie anderen Artikeln in diversen Publikationsorganen, fällt auf, dass im *Kunstblatt*-Artikel mehrere Werke mit Titeln in Anführungs- und Schlusszeichen vermerkt und deren Jahreszahlen notiert sind. Das Beiziehen der Datierung – als Kriterium mit wissenschaftlicher Aussagekraft – lässt auf einen systematischeren Zugang schließen.[595] Darüber hinaus wird auf den mangelhaften Zustand der Kunstwerke hingewiesen und es findet sich die Formulierung, dass Turners Bilder »für Maler vom höchsten Interesse sein [müssten]«[596]. Diese Indizien lassen auf die Ausrichtung des Artikels auf ein Fachpublikum hin schließen.

---

einen Glaskasten kosten und vererben den Stolz ihres Lebens und ihrer Laufbahn testamentarisch« (ebd.).

592 Ders., *Zwanzig Turnersche Landschaften in Marlborough-House*, NFA XXIII/1, S. 25.

593 Ebd.

594 Vgl. ebd., S. 25–27. Für Fontanes spätere Aussagen zu Turners Malerei vgl. ders., *Aus Manchester. 9. Brief*, NFA XXIII/1, S. 133–139.

595 Die Informationen zur Datierung der Kunstwerke bezieht Fontane wohl von einem im Tagebuch überlieferten Papier mit der Überschrift »The Turner Collection at Marlborough-House«, auf dem alle zwanzig Gemälde mit Titel und Datierung aufgelistet sind. Fontane besucht die Ausstellung am 10. November 1856, nimmt auf dem Zettel Unterstreichungen vor und hält im Tagebuch Notizen zu einzelnen Gemälden fest. Bemerkenswert ist, dass – von drei Ausnahmen abgesehen – exakt diejenigen Titel unterstrichen sind, die im Zeitungsartikel Erwähnung finden (vgl. ders., Tagebucheintrag vom 10.11.1856, GBA XI/1, S. 195).

596 Ders., *Zwanzig Turnersche Landschaften in Marlborough-House*, NFA XXIII/1, S. 28.

2.3 Vermittlungscharakter der Kunstkritiken

Das Feuilleton weist eine eigene Ästhetik auf, die »in spezifischer medialer Interaktion mit der Zeitung, ihren Produktions-, Distributions- und Rezeptionsimplikationen«[597] zustande kommt. An Fontanes Texten ist dies an der Leserorientierung, dem aktuellen Tagesgeschehen als hauptsächlichem Inhalt, der Ausführlichkeit und dem formalen Aufbau ersichtlich. Fontanes Kunstkritiken lassen eine deutliche Leserorientierung erkennen und zielen darauf ab, Interesse für Kunst zu vermitteln.[598] Ausformuliert ist dieser Sachverhalt in der Rezension zu August von Heydens Werk *Vor dem Reichstage*: »In den Karfunkelschen Salons, Schloßfreiheit 3, befindet sich seit einigen Tagen ein großes figurenreiches Bild von *A. v. Heyden* ausgestellt, auf das wir die Aufmerksamkeit unserer Leser hinlenken möchten.«[599] Fontane weist folglich implizit durch die Angabe der Örtlichkeit als auch explizit in seiner Formulierung auf sein Anliegen hin, die Leserschaft zum Besuch der entsprechenden Ausstellung zu animieren. In autoreflexiven Äußerungen gibt Fontane deutlich zu erkennen, dass er seine Texte für ein Lesepublikum schreibt und im Bewusstsein um diesen Umstand ein bestimmtes Vorgehen wählt, wie zum Beispiel Vereinfachungen:

> Ehe ich zu einer Besprechung der auserwählten neun übergehe, werf' ich noch einen Blick auf die gesamte Kandidatenschaft von fünfundachtzig und wage den Versuch (da der einzelne Mann keinen Anspruch darauf hat), den Lesern dieselben sektionsweise, nach Gruppen geordnet, vorzuführen.[600]

Durch sein Vorgehen sagt Fontane auch bereits etwas über die Ausstellung aus, im gegebenen Fall münzt er seine Strategie in eine Kritik an der Ausstellung um, zumal es als negatives Zeichen zu werten sei, die Exponate mühelos in acht Gruppen einteilen zu können. Fontane bewertet damit zugleich die Ausstellung, deren Qualität seines Erachtens nicht über alle Zweifel erhaben ist, und reflektiert auf einer sekundären Ebene über sein Verfahren.[601]

---

597 Vgl. Kernmayer/Reibnitz/Schütz, *Perspektiven der Feuilletonforschung*, S. 498.

598 Merkmale der Leserorientierung weisen auch die Kunstkritiken Schaslers auf: »›Unmöglich‹! – hör' ich den Leser rufen – ›ein solches Phänomen hätte Niemandem entgehen können.‹ Und doch ist es so, lieber Leser […]« (Schasler, *Kunst-Kritik. Die akademische Ausstellung 1864 [Einleitung]*. In: *Die Dioskuren* 9 (1864), S. 334).

599 Fontane, *A. v. Heyden: ›Vor dem Reichstage‹*, NFA XXIII/1, S. 389.

600 Ders., *Die Ausstellung der Modelle zum Wellington-Grabmal*, NFA XXIII/1, S. 39.

601 Als weiteren Kommentar zur Erläuterung des Vorgehens hält Fontane fest: »Ich habe durch diese Abschweifung klarmachen wollen, was der Modellausstellung in der Westminster-Halle fehlt« (ebd., S. 41).

Bei Kunstausstellungen im Ausland, insbesondere bei Weltausstellungen, ist Fontane stets darum bemüht, die deutsche Kunst zu der anderer Nationen in Relation zu stellen. Dabei scheint es jedoch nicht seine primäre Absicht zu sein, die Vorzüge der deutschen Kunst stark zu machen, sondern vielmehr, der Leserschaft in Deutschland ein Bild der ausgestellten Kunst zu verschaffen. Eine Rezension von Robert Prutz zu Fontanes Berichten in England bestätigt, »daß die Mehrzahl der besprochenen Künstler in Deutschland nur wenig bekannt ist«[602]. Dieser Zusammenhang liefert eine Erklärung für die unzähligen Vergleiche, die Fontane zwischen englischen und deutschen Künstlern sowie Kunstwerken vornimmt, um den Lesern eine präzise Vorstellung der Ausstellung zu vermitteln:

> Ich will versuchen, Ihnen durch eine kurze Parallele ein ziemlich klares Bild der diesjährigen Ausstellung zu geben; das bloße Nennen Ihnen wohlbekannter Namen wird jedem Ihrer Leser deutlich machen, worin diese englischen Expositionen (denn es ist alljährlich dasselbe) exzellieren und worin sie die bescheidensten Ansprüche unerfüllt lassen.[603]

Fontane verspricht in metaphorischem Gestus, »ein ziemlich klares Bild« der Ausstellung zu geben.[604] Gleichzeitig inszeniert er sich als Kenner der englischen Kunstszene, indem er einerseits einen Überblick bietet und andererseits behauptet, dass die Veranstaltung »alljährlich dasselbe« biete, was suggeriert, dass er die Ausstellungen jedes Jahr gesehen hat.[605] Um den Lesern die präsentierten Kunstwerke zu veranschaulichen, zählt Fontane verschiedene Berliner Künstler auf, die er »mit Vorbedacht gewählt«[606] habe. Neben Vergleichen liefert er als weitere Hilfeleistung Übersetzungen der Bildtitel: »[…] Überschriften, die ich etwas frei übersetzt habe, um dem Leser irgendeinen Anhaltepunkt zu geben.«[607] Dies weist Fontanes Kunstkritiken als eindeutig auf ein Lesepublikum hin geschriebene Texte aus.

---

602 R.P. [Robert Prutz], *[Rezension zu] ›Theodor Fontane: Aus England‹*, S. 207.

603 Fontane, *Die Londoner Kunstausstellung*, NFA XXIII/1, S. 29f.

604 Vgl. auch: »Es ist ungefähr das Verhältnis, wie wenn man einen Stuhl auf einen Tisch stellt. In die vier Ecken, die, um im Bilde zu bleiben, den vier Ecken des Tisches entsprechen würden, hat Hähnel die Figuren des Krieges und des Friedens, der Weisheit und der Wahrheit gestellt« (ders., *Die Wellington-Monumente in Westminster-Hall*, NFA XXIII/1, S. 37f.).

605 Ein Beispiel dafür, dass sich Fontane als Kenner der englischen Kunstszene inszeniert, ist auch der Umstand, dass er in der Beschreibung der Manchester-*Exhibition* ausführliche – zwar um allgemeine Gültigkeit bemühte – Äußerungen über Bilder Landseers tätigt, die gar nicht auf der *Exhibition*, sondern in der Vernon-Galerie ausgestellt sind (vgl. ders., *Aus Manchester. 8. Brief*, NFA XXIII/1, S. 121f.).

606 Ders., *Die Londoner Kunstausstellung*, NFA XXIII/1, S. 30, FN.

607 Ders., *Aus Manchester. 8. Brief*, NFA XXIII/1, S. 122.

Die Berücksichtigung des Publikationskontextes der Kunstkritiken ist für die formale Gestaltung der Artikel auch aufgrund der feuilletonistischen Züge von Fontanes Schreibstil aufschlussreich. Allerdings ist es allgemeiner Konsens, dass nicht eindeutig definierbar ist, »welche textimmanenten Merkmale (der Thematik, des Stils, der Technik)«[608] das Feuilleton konstituieren. Definitionsansätze sind aber dennoch vorhanden, beispielsweise derjenige, dass feuilletonistisch schreiben heiße, »sich populär und verständlich zu machen«[609], was für Fontanes Texte insofern zutrifft, als er von Mitteln zur Veranschaulichung Gebrauch macht und sich auf eine populärwissenschaftliche Auseinandersetzung mit dem Gegenstand konzentriert. Fontane kommentiert dieses Vorgehen und deckt sein Anliegen auf, von den Rezipienten verstanden werden zu wollen: »Ein Vergleich mit der Dichtkunst mag auch hier deutlicher zeigen, was ich meine.«[610] Ebendies belegt eine weitere autoreflexive Aussage, die zugleich offenlegt, dass humoristische und anekdotische Schilderungen wichtige Komponenten der Zuspitzung auf das Lesepublikum sind: »Am besten schildre ich das Ganze, wenn ich zu einem alten Berliner Witzwort meine Zuflucht nehme und von einem großen Ofen spreche, der von zwei kleinen flankiert wird.«[611] Fontanes Kunstkritiken sind keineswegs nur auf Unterhaltung aus, doch die zitierten Beispiele zeigen auf, dass sich die Ursprünge oder die Verfestigung des anekdotischen Schreibens und des Plaudertons als zentrale Merkmale von Fontanes Schriften in seiner Tätigkeit als Beiträger für das Feuilleton verorten lassen, womit für den Zusammenhang zwischen den Kunstkritiken und dem Romanwerk ein wichtiges Argument genannt ist. Die Anekdote sowie die Plauderei, die beide im Erzählwerk eine wichtige Rolle spielen, dienen Fontane in den Kunstkritiken dazu, den Lesern auf unterhaltsame Art und Weise Kunstwerke näherzubringen.[612] In humoristischem Gestus mokiert sich Fontane außerdem über die Ausstellungsbesucher und reflektiert damit gleichzeitig über das Betrachterverhalten, an das er seinen Schreibstil und die Thematik anpasst. Zudem attestiert er den Besuchern eine bestimmte Herangehensweise und nutzt diese, um seine Methodik zu legitimieren. Beispielsweise geht er

608 Wolfgang Preisendanz, *Der Funktionsübergang von Dichtung und Publizistik*. In: Ders., *Heinrich Heine*, München 1973, S. 28.

609 Kernmayer/Reibnitz/Schütz, *Perspektiven der Feuilletonforschung*, S. 494.

610 Fontane, *Aus Manchester. 9. Brief*, NFA XXIII/1, S. 126.

611 Ders., *Die Ausstellung der Modelle zum Wellington-Grabmal*, NFA XXIII/1, S. 44.

612 Vgl. z. B. »Man denke sich den Schwerin vom Wilhelmsplatz zwischen den York und Blücher am Opernplatz gestellt [Schwerin ist nämlich, wie wir für die Leser bemerken, welche die Statuen nicht kennen, in echt Rokoko-antikem Stile gearbeitet, die anderen beiden Feldherrn in dem modernen Kostüme. (Fußnote zu: ebd., S. 42)] wie würd' es sich ausnehmen? Nicht zum besten« (ebd.).

mit einer Aufzählung sämtlicher dargestellter Persönlichkeiten additiv vor, um der umfangreichen Porträtausstellung in Manchester Herr zu werden. Dieses Vorgehen beglaubigt er mit einem zuvor eingeflochtenen Dialog, der aufzeigt, dass sich die Besucher der Ausstellung an den Namen der Porträtierten orientieren.[613] Als weiteres Verfahren ist die additive Nennung von Kunstwerken auszumachen, die Fontane für die besten hält.[614] Beides geschieht wohl in der Absicht, den Lesern eine Orientierungshilfe zu verschaffen. Fontane legt diese didaktischen Züge und die damit verbundenen Konsequenzen für den Text in einem Zitat offen: »Wo es sich aber um ›Fragen‹ handelt, wählt man am besten solche Beispiele, die den Zug, um den es sich handelt, am markantesten zur Schau tragen.«[615] Diese Formulierung offenbart die Auseinandersetzung Fontanes mit der Wirksamkeit und Aussagekraft seiner Kunstkritiken. Des Weiteren behauptet er, dass ihm sämtliche ausgestellte Porträts Maria Stuarts nicht gefallen würden. Stattdessen zählt er andere Museen und Sammlungen auf, wo gelungene Porträts der Königin betrachtet werden könnten,[616] infolgedessen er sich wiederum zum Experten der englischen Kunst- und Museumslandschaft stilisiert.[617]

Das Feuilleton besetzt in der Presse »den Raum des Ästhetischen und des Subjektiven«[618], was mit der Tätigkeit des Kunstkritikers korrespondiert, der seine Urteile – anders als der Kunstwissenschaftler – aufgrund seines persönlichen Eindruckes fällt.[619] Der Kunstgegenstand selbst scheint dabei im Einzelfall gar in den Hintergrund treten zu können.[620] Hildegard Kernmayer hält

613 Vgl. ders., *Aus Manchester. 4. Brief*, NFA XXIII/1, S. 68f. Eine Parallelstelle dazu: »Eine Anschauung davon geb' ich Ihnen und Ihren Lesern am besten durch folgende Aufzählungen« (ders., *Die Kunstausstellung [London]*, NFA XXIII/1, S. 19).

614 Vgl. z. B. ders., *Aus Manchester. 9. Brief*, NFA XXIII/1, S. 129, 137.

615 Ders., *Berliner Kunstausstellung [1864]*, NFA XXIII/1, S. 306.

616 Vgl. ders., *Aus Manchester. 4. Brief*, NFA XXIII/1, S. 75f.

617 Ein analoges Beispiel dafür ist folgender Ratschlag: »Anna-Bulen-Schwärmer (wir haben deren ein gutes Teil im Lande), die etwa Lust bezeugen sollten, noch einen Ausflug nach Manchester zu machen, mach' ich im voraus auf eine Enttäuschung aufmerksam, die ihrer harrt« (ebd., S. 73).

618 Kernmayer, *Sprachspiel nach besonderen Regeln*, S. 515.

619 Kernmayer formuliert dies als »Schwinden des Sachbezugs zugunsten des Subjektbezugs« (ebd., S. 519).

620 Dazu äußert sich Fontane beispielsweise in Zusammenhang mit dem Gemälde *Charlotte Corday auf ihrem Todesgange* von Edward Matthew Ward. Fontanes Beschreibung ist auf die Charakteristik der Figuren konzentriert, die er mit seinen Vorstellungen der historischen Personen abgleicht: »Im seidnen, himmelblauen Staatsfrack, sauber, zierlich, duftig, vom gepuderten Toupet an bis herunter zur blinkenden Schuhschnalle, so haben wir den ›Träger der reinen Idee‹ vor uns, und wäre nicht sein aschgrauer Teint und ein gewisses Zwinkern in den Augenwinkeln, man könnte versucht sein, ihn für

für die Theaterkritiken Jules Janins fest, dass diese »schillernde und sprunghaft-launige Plaudereien [seien], denen das zu besprechende Stück vielfach nur noch Anlass zu Bemerkungen über Fragen der Moral, zur Mitteilung von Anekdoten«[621] sei. Diese Feststellung kann auf zahlreiche kunstkritische Texte Fontanes übertragen werden und liefert eine mögliche Erklärung für den Sachverhalt, dass er wenig und wenn, dann lediglich rudimentäre Bilderbeschreibungen vornimmt[622] und stattdessen Anekdoten zu deren Entstehung, zum historischen Hintergrund oder zum Künstler erzählt. Mit der erwähnten Digression ist zugleich – neben Wortspielen[623] und Metaphorisierungen – ein weiteres Instrument feuilletonistischen Schreibens benannt.[624] Ein Beispiel hierfür liefern Fontanes Äußerungen zum Maler Eduard Hildebrandt, »de[m] glänzendste[n] unter unseren Landschaftsmalern«, der infolge dieses Umstands als »Bilderbrand« bezeichnet wird.[625] Neben humoristischer Metaphorik finden sich auch Textstellen, in denen Sachverhalte mittels bildgebender Verfahren imitierender Sprache veranschaulicht werden, beispielsweise wenn Fontane die Geschichte der Malerei nacherzählt: »Die Genremalerei ist das jüngste und geliebteste Kind der englischen Kunst. Sie wurde erst geboren, als die Porträtmalerei, der älteste Sohn des Hauses, bereits seit fünfzig Jahren etabliert und eine geachtete Firma war.«[626] Der merkantile Charakter der Por-

einen Hochzeitbitter zu halten« (Fontane, *Londoner Briefe. 8. Die Kunst-Ausstellung*, HFA III/3/1, S. 67). Im Anschluss daran wirft Fontane ein neues Licht auf die Hauptgestalt, indem er sich in Charlotte Corday hineinversetzt, die als Opfer einen anderen Blick auf Robespierre richtet. Fontane begründet seine Lesart folgendermaßen: »Ich lieb' es, Kunstwerke nach der Tiefe des Eindrucks zu beurteilen, den sie auf mich hervorbrachten; wenn dies Kriterium gilt, so zählt es zu dem Besten, was ich je gesehen« (ebd., S. 68). Fontane ist sich seiner persönlich gefärbten und enthusiastischen Betrachtungsweise bewusst und kommentiert dies in autoreflexivem Gestus, dass er den Brief mit einer allgemeinen Bemerkung schließen möchte, »deren Nüchternheit schlecht passen mag zu der warmen, freudigen Hingebung, mit der ich das Wardsche Bild besprochen« (ebd.).

621 Kernmayer, *Sprachspiel nach besonderen Regeln*, S. 515.

622 Ein weiterer Grund hierfür könnte sein, dass davon ausgegangen wird, dass die Leser die entsprechenden Ausstellungen besuchen und die Bilder im Original sehen.

623 In einem Bericht über die Ausstellung des Vereins der Künstlerinnen zitiert Fontane Sprüche, die von Künstlerinnen auf Schalen gedruckt worden sind: »und als letztes und bestes (in seiner ersten Zeile, vielleicht auch anwendbar auf unsre Vorliebe): Jeder hat einen Sparren frei, / Wers nicht glaubt, hat zwei« ([ungez.] *Die Ausstellung des Vereins der Künstlerinnen im Raczinskyschen Palais*. In: *NPZ* 251 (27.10.1869), wiederabgedr. in: Zand (Hrsg.), *Journalistische Gefälligkeiten*, S. 19–22).

624 Vgl. Kernmayer/Reibnitz/Schütz, *Perspektiven der Feuilletonforschung*, S. 516.

625 Fontane, *Eduard Hildebrandt [1864]*, NFA XXIII/1, S. 320.

626 Ders., *Aus Manchester. 8. Brief*, NFA XXIII/1, S. 114.

trätmalerei wird kurzum zur »Firma« und deren Entstehung in eine humane Genealogie eingereiht. Im Anschluss daran schreibt Fontane: »Ich wähle dies Bild nicht ohne Grund«[627], was verdeutlicht, dass der bildhafte Charakter der Sprache bewusst intendiert ist. Als weiteres Argument im Vergleich von Genre- und Porträtmalerei dient ihm die Popularität der Genremaler – Wilkie und Landseer – die er mit einem Beispiel veranschaulicht, das eine ähnliche Szene im Roman *Die Poggenpuhls* zu antizipieren scheint:[628]

> [...] an jedem Punkte der Welt, wo es Wände gibt, gut und dauerhaft genug, um einen Nagel hineinzuschlagen, und in den Wohnungen schlesischer Dorfschulmeister begegnen wir, wenn halb als Zerrbild auch, den »St. Bernhards-Hunden« Landseers und dem Wilkieschen »Blinden Fiedler«.[629]

Bemerkenswert ist außerdem, dass Fontane die Malerei Landseers und Wilkies gewissermaßen in Sprache übersetzt, wenn er schreibt, die Namen der beiden Maler seien »Haushaltwörter«[630] geworden.

Nicht einzig betreffend Gemälde, sondern auch bezüglich Städtebaus ist Fontane um Veranschaulichung bemüht:

> [S]ie [die Stadt Chester, CA] liegt vielmehr da wie ein Kuchen in einer Tortenform. Die Sandsteinmauer entspricht dem Blechrand, der den Inhalt überall um ein Bedeutendes überragt. Nachdem ich so, in kulinarisch-anschaulicher Weise, ein Bild des Ganzen gegeben habe, wend' ich mich jetzt einer Beschreibung der einzelnen Teile [...] zu.[631]

Im vorliegenden Auszug verfährt Fontane ähnlich wie in der oben zitierten Textstelle, indem er »Bilder« entwirft, um dem Leser eine Vorstellung vom Aussehen der Stadt zu vermitteln. Erneut wird dieses Vorgehen ausführlich reflektiert, was gleichzeitig als Versuch gelesen werden kann, die trivial anmutende Metaphorik zu legitimieren.[632] Fontane reicht den Imaginationsauftrag gar noch an den Leser weiter:

627 Ebd.

628 Vgl. ders., *Die Poggenpuhls*, GBA I/16, S. 15; Kapitel III.3.

629 Ders., *Aus Manchester. 8. Brief*, NFA XXIII/1, S. 115 (Abb. 11).

630 Ebd.

631 Ders., *Aus Manchester. 11. Brief*, NFA XXIII/1, S. 150.

632 Als weiteres Beispiel für Fontanes Bemühen um Veranschaulichung vgl. »Das Bild erinnert an jene bemalten Drehscheiben, auf denen sich ein und dieselbe Figur in sechs oder acht verschiedenen Attitüden präsentiert, von denen die folgende, immer sprungweise, die Fortsetzung der vorhergehenden ist« (ders., *Aus Manchester, 8. Brief*, NFA XXIII/1, S. 117).

Denke sich der Leser ganze Straßen, ja eine ganze Stadthälfte in der Art und Weise der Mühlendammpartie, so hat er, wenn er sich oben die nötigen Giebeldächer und unten, *innerhalb* der Kolonnade, einen acht Fuß hohen Quaderdamm hinzudenkt, ein völlig getreues Abbild der berühmten Chesterschen Rows.[633]

Die Bezeichnung des derart konstruierten Bildes als »völlig getreues Abbild« macht in Abgrenzung zu obenstehendem Zitat eine Differenzierung deutlich: Fontane als Berichterstatter vor Ort erschafft »Bilder«, während die Leser »Abbilder« produzieren, die durch den Zusatz als »völlig getreu« ironisch konnotiert sind.

Eine weitere Auffälligkeit der Texte in Bezug auf die Leserorientierung sind Wechsel der Personalform. So verwendet Fontane im Bericht zur Kunstausstellung in Gent die 1. Person Plural, um sich einzelnen Werken der Ausstellung zu widmen: »Aber wenden wir uns zu Einzelnheiten [sic] der Ausstellung.«[634] Die Äußerungen zu den Bildern sind wiederum in der Ich-Form verfasst, was verdeutlicht, dass es sich dabei um Fontanes eigene Anschauungen handelt. Die Einbindung des Lesers, die durch die 1. Person Singular suggeriert wird, findet sich in zugespitzer Form da, wo der Berichterstatter gleichsam mit dem Leser durch die Ausstellung schreitet: »[...] ehe wir indessen die Stufen hinansteigen, wenden wir uns zuvor, am Fuß der Treppe, den links gelegenen Räumen des Erdgeschosses zu, um der Ausstellung der *Skulpturen* [...] einen kurzen Besuch zu machen.«[635] Bei verschiedenen Ausstellungsberichten sind am Ende des Artikels Hinweise zur Dauer und zum Ort der betreffenden Ausstellung vermerkt, und den Artikel über Werke Menzels in der Kunstakademie schließt Fontane mit der expliziten Aufforderung: »Wir fordern speziell unsere Leser, um des Zweckes wie um des Gegenstandes willen, zu einem zahlreichen Besuche auf.«[636] Ein ergänzendes Beispiel liefert der Artikel über die Festlich-

633 Ders., *Aus Manchester. 11. Brief*, NFA XXIII/1, S. 153.

634 Ders., *Eine Kunstausstellung in Gent*, NFA XXIII/1, S. 11.

635 Ders., *Die diesjährige Kunstausstellung [1862]*, NFA XXIII/1, S. 236. Ein weiteres Beispiel für die Gleichschaltung von Berichterstatter, fiktivem Besucher und Leser: »Als ich in das dritte und letzte Zimmer trat und mein Auge rechts und links über die Farben hinflog, fesselte ein schlicht gemaltes Bild, inmitten einer mit Goldrahmen übersäten Wandfläche, sofort meine Aufmerksamkeit« (ders., *Die Kunstausstellung [London]*, NFA XXIII/1, S. 24). Dasselbe Vorgehen praktiziert Fontane auch bei einer Beschreibung der Umgebung von Chester: »Unter dem Schall der Glocken, der eben von dort herüberklingt, setzen wir unsere Wanderung fort, bis wir uns aufgehalten sehn durch einen alten Mauerturm, der plötzlich unsern Weg hemmt und unsere Beachtung erzwingt« (ders., *Aus Manchester. 11. Brief*, NFA XXIII/1, S. 151).

636 Ders., *Die Menzelsche Ausstellung in der Kunst-Akademie*, NFA XXIII/1, S. 253. Vgl. auch ders., *Im Locale des Kunstvereins. Spangenberg: ›Jungfrauen von Köln.‹ – A. v. Heyden: ›Heilige Barbara.‹*, NFA XXIII/1, S. 262; ders., *Aiwasowsky*, NFA XXIII/1,

keiten zur Einweihung der Winckelmann-Statue in Stendal, den Fontane dazu nutzt, die Leser für die Kunstgegenstände und die Architektur der Mark zu sensibilisieren.[637] Darüber hinaus ist seinen Rezensionen von Neuerscheinungen die Absicht inhärent, die Leser zum Kauf des entsprechenden Werks zu animieren.[638]

Ein weiteres Indiz für den hohen Grad an sprachlicher Ausgestaltung der kunstkritischen Schriften im Hinblick auf die Leserschaft sind rhetorische Fragen. Diese legen zudem eine Autorschaftsinszenierung im Hinblick auf das Wissen um das Gelesenwerden der Texte offen:

> Soll ich noch von der Yorksäule sprechen, deren erznes Herzogsbild, zu äußerster Lächerlichkeit, die goldne Spitze eines Blitzableiters wie einen bankrutten Glorienschein trägt, dessen anderweitige Strahlen nach rechts und links hin fortgefallen sind? Nein! überlassen wir es einer Feuer-Versicherungs-Gesellschaft, an dieser Vorsichtsmaßregel Gefallen zu finden.[639]

Die humoristisch gefärbte Beschreibung der Yorksäule mit dem Blitzableiter als beschädigtem Glorienschein wird durch die Antwort, dass die Feuer-Versicherungs-Gesellschaft sich daran erfreuen solle, noch an Komik überboten.[640] Zugleich ist die Erhabenheit des Herzogbilds aus Erz durch die Profanität des Blitzableiters unterwandert, sodass Fontanes Verriss nicht mehr allzu weit entfernt scheint. Exemplarisch lässt sich daran als zentrales Charakteristikum von Fontanes Kunstkritiken aufzeigen, dass er nicht primär um eine sachliche Urteilsfindung und -begründung bemüht ist, sondern dem Leser einen unterhaltsamen Text zu bieten beabsichtigt, der ihn wie beiläufig über die Denkmä-

---

S. 329; ders., *Vier Portraits bei Sachse*, NFA XXIII/1, S. 344; ders., *Die Ausstellung von Aquarellen [1869]*, NFA XXIII/1, S. 397.

637 »Schon eine gewisse Pietät sollte uns veranlassen, uns öfter und eingehender um die *Altmark* und ihre zwei Residenzstädte Stendal und Salzwedel zu bekümmern« (ders., *Stendal und die Winckelmann-Statue*, NFA XXIII/2, S. 145).

638 Vgl. ders., *Kirchliche Kunst. Wilhelm Lübke's ›Vorschule zum Studium der kirchlichen Kunst‹*, NFA XXIII/1, S. 558. Explizit zum Kaufpreis äußert sich Fontane in der Rezension zur Publikation von Eduard Hildebrandts Aquarellen als Chromo-Faksimiles: »Jede Buchhandlung nimmt Bestellungen an, und zwar entweder auf das ganze Werk oder auf einzelne Lieferungen, oder auf einzelne Blätter. Der Preis des einzelnen Blattes ist vier Taler, der einer einzelnen Lieferung achtzehn Taler. Das ganze Werk stellt sich danach auf zweiundsiebzig Taler. Aber ungewöhnlich, wie der Preis, ist auch das, was geboten wird« (ders., *Eduard Hildebrandts Aquarellen*, NFA XXIII/1, S. 564). Auch in der zweiten Rezension zu diesem Werk notiert Fontane wiederum den exakten Preis. Vgl. auch Kapitel I.1.4.

639 Ders., *Die öffentlichen Denkmäler*, HFA III/3/1, S. 23.

640 Vgl. ders., *London, 30. Mai. Kunst und Künstler*, UK I, S. 224.

ler Londons informiert. Darüber hinaus erzielen rhetorische Fragen wie »Was sehen wir?«[641] oder »Brauch' ich meinen Lesern noch zu sagen, auf welcher Seite es [Chester, CA] stand?«[642] die Einbindung des Lesers als einen fiktiven Dialogpartner, der mit dem Journalisten interagiert.[643]

Ein weiteres Vorgehen, das die Ausrichtung und zugleich die Abhängigkeit von der Leserschaft kenntlich macht, ist das Einholen der Gunst der Leser, die in den Zeitungsartikeln in verschiedenen Formen der *captatio benevolentiæ* vertreten ist: »Über das drittte (sehr gute) historische Bild ›Abfahrt der ersten puritanischen Auswanderer nach Neu-England‹ muß ich heute schweigen; ich habe Ihren Raum bereits mehr als billig in Anspruch genommen.«[644] Oder: Fontane fragt scheinbar beim Leser um Erlaubnis für seine Vorgehensweise:

> Wie ich Ihnen schrieb, hatt' ich vor, in diesem Briefe mit der Besprechung der Ausstellung selbst, d. h. des *englischen* Bruchteils derselben, zu beginnen. Das Material ist aber so mächtig, daß ich nach neuntägiger Arbeit, es noch immer nicht bezwungen habe, und so gönnen Sie mir wohl Raum für eine Erzählung sonstiger kleiner Erlebnisse.[645]

Fontane begründet im Zitat seinen Verzug mit der Masse an Ausstellungsgegenständen. Die englischen Kunstwerke umfassen lediglich einen Bruchteil, doch ist selbst dieser noch zu umfangreich, als dass er innerhalb nützlicher Frist erarbeitet werden könnte. Die Leser gewinnen durch dieses Eingeständnis bereits einen Eindruck der Dimensionen der Ausstellung, und zugleich verspricht Fontane, dass es sich beim Bericht zur Ausstellung um eine fundierte Analyse halten solle, die Zeit benötige. Die Tatsache, dass Fontane im Anschluss einen Erlebnisbericht bietet, deutet einmal mehr darauf hin, dass er offenbar in der Themenwahl ziemlich frei ist – was auch die ersten zwei und der letzte Brief bestätigen, die sich ebenso wenig mit ausgestellten Kunstwerken beschäftigen.

---

641 Ders., *Die Kunstausstellung [London]*, NFA XXIII/1, S. 22. Auf die Frage folgt die Aufzählung der Bildgegenstände.

642 Ders., *Aus Manchester. 11. Brief*, NFA XXIII/1, S. 149.

643 Ein weiteres Beispiel liefert ein fingierter Dialog zum Gemälde *Das Dämmern des neunzehnten Jahrhunderts*: »Nun raten Sie, was das sein soll« (ders., *Die Kunstausstellung [London]*, NFA XXIII/1, S. 17). Die Auflösung des Rätsels erfolgt insofern, als Fontane das Gemälde im Anschluss ausführlicher beschreibt.

644 Ders., *Die Londoner Kunstausstellung*, NFA XXIII/1, S. 36.

645 Ders., *Aus Manchester. 3. Brief*, NFA XXIII/1, S. 60. Darauf folgt eine ausführliche erzählerische Passage mit der Schilderung eines Unwetters und dessen Folgen für die Ausstellung und die Besucher.

2.4 Leserzuschriften

Mit Bezug auf die Kunstkritiken lassen sich zwei Leserzuschriften ausmachen sowie ein posthum erschienener Beitrag zu Fontanes Wertung der Bildhauerkunst in Berlin.[646] Ungeachtet ihrer Kritik belegen die Leserbriefe, dass seine Artikel offenbar mit Interesse gelesen und rezipiert werden. Der Zeitungsbericht zur Denkmalskunst verdeutlicht überdies, dass Fontanes kunstkritische Äußerungen auch knapp 10 Jahre nach seinem Tod noch die Gemüter erhitzen.[647] Auch der eingangs des Kapitels erwähnte Wiederabdruck von Fontanes Text zur Ausstellung der Wellington-Grabmäler in London verdeutlicht, dass seine Berichte rege gelesen werden. Der entsprechende Artikel ist in *Die Dioskuren* denn auch mit den Worten: »Die N. Pr. Ztg. brachte ein interessantes Feuilleton über die Ausstellung der Konkurrenzmodelle zum Wellington-Denkmal«[648] eingeleitet.

Eine anfechtbare Aussage tätigt Fontane im Artikel über Menzels *Krönungsbild*,[649] worauf gemäß Aussage eines anderen Journalisten gleich »ein paar Zuschriften«[650] eingehen. Fontanes Stellungnahme dazu ist im Anschluss an diese Einführung als Zitat markiert. Kritikpunkt ist, dass Fontane am Ende des Artikels einen Querverweis auf die Cornelius'schen Kartons für den *Camposanto* vorgenommen hatte.[651] Fontane rechtfertigt sich damit, dass

646 Vgl. die Leserzuschriften zum am 03.01.1866 veröffentlichten Zeitungsartikel ›Das Krönungsbild‹: -n, *[Zur Aufklärung.] Es gehen uns….* In: *NPZ* 8 (11.01.1866), wiederabgedr. in: NFA XXIII/1, S. 340f. Ebenso geht auf den Artikel ›Ein Semnonenlager auf den Müggelsbergen‹ ein Leserbrief ein, mit der Frage, wo sich Blechens Bild befinde (vgl. Th[eodor] Fontane, *Das berühmte Bild Carl Blechens ›Ein Semnonenlager auf den Müggelsbergen‹….* In: *Der Bär* 51 (17.09.1881), S. 663–664). Fontanes Zuschrift ist datiert: »Wernigerode, den 21. August 1881«. In: *Der Bär* 47 (20.08.1881), S. 604, wiederabgedr. in: NFA XXIII/2, S. 375; E. D., *Theodor Fontane und die Bildhauer. Eine Umfrage.* In: *Berliner Lokal-Anzeiger* 313 (23.06.1907), 2. Beiblatt.

647 Vgl. E. D., *Theodor Fontane und die Bildhauer. Eine Umfrage.* In: *Berliner Lokal-Anzeiger* 313 (23.06.1907), 2. Beiblatt. In diesem Artikel äußern sich die Professoren Ernst Herter, Max Liebermann und Artur Kampf zu Fontanes »schroffem« Urteil, wonach die Großstadt Berlin »nothwendig unproduktiv« sei und Duplikate erzeuge: »[S]ie produziert freilich Massen, aber dies alles ist nur Fabrikproduktion, nicht geistige Produktion«. Eine Ausnahme bilde allerdings »Unser Adolf Menzel« (Theodor Fontane an Alexander Gentz, 28.05.1873, wiederabgedr. in: Möller, *Der Neuruppiner ›Gedächtnis-Ofen‹*, S. 30).

648 [ungez.] *London.* In: *Die Dioskuren* 18 (1857), S. 169–170 (Tilgung des ersten Satzes der Fassung in der *Kreuzzeitung*).

649 Fontane, *Das Krönungsbild [1866]*, NFA XXIII/1, S. 336–340 (Abb. 25).

650 Ders., *Zur Aufklärung*, NFA XXIII/1, S. 340f.

651 Fontane notiert zwei Tage vor dem Erscheinen des Artikels in einem Tagebucheintrag: »Gelesen (über Cornelius Cartons)« (ders., Tagebucheintrag vom 01.01.1866, GBA XI/2, S. 3).

er keine sachliche Parallele habe herstellen wollen, »sondern ich habe lediglich auf ein gleiches Maß von Vortrefflichkeit des einen wie des anderen, eines jeden auf *seinem* Gebiete [...] hingewiesen.«[652] Fontane hält an seiner Aussage fest, »daß wir das Glück hätten, innerhalb *jeder* Richtung [der idealistischen mit Cornelius sowie der realistischen mit Menzel, CA] ein bis dahin in seiner *Totalität* Unerreichtes zu besitzen«.[653] Er weist darauf hin, dass die Schwächen des Menzelschen Bildes »leicht kennbar« seien, »aber vergessen wir um dieser Schwächen willen nicht, daß es dennoch eine Leistung ersten Ranges bleibt«.[654] Der Artikel über das Krönungsbild ist in der *Kreuzzeitung* erschienen, die als konservativ und regierungsnah zu gelten hat.[655] Menzels Werk ist auch ein Politikum, das dem politisch-propagandistischen Programm des königlichen Auftraggebers und dessen Berater angepasst werden muss.[656] Die Zuschriften spiegeln die Brisanz dieser öffentlichen Verpflichtung wider, und zugleich erhärten die Leserreaktionen die Vermutung, dass die politische Ausrichtung der Zeitung Fontanes kunstkritische Schriften beeinflusst.[657] Im Einzelnen lässt sich dies aber kaum nachweisen – nicht zuletzt wegen fehlender Druckfahnen. Ein Fall, bei dem sich eine abweichende Fassung nachweisen lässt, ist Fontanes sechster Brief *Aus Manchester*.[658] In der publizierten Version sind Aussagen zum Einfluss Frankreichs auf England getilgt, was sich möglicherweise auf die politische Gesinnung der Redaktion zurückführen ließe, aber grundsätzlich fundierterer Analyse bedürfte. Das Beispiel zeigt jedoch auf, wie angespannt das politische Verhältnis zwischen Frankreich und Deutschland ist, was sich vor dem Hintergrund von Fontanes zögerlicher Zustimmung für den Impressionismus sowie der Kunst- und Kulturpolitik Preußens als entscheidender Faktor erweist. Das über Berliner Künstler verhängte Verbot, auf

652 Ders., *Zur Aufklärung*, NFA XXIII/1, S. 340f.

653 Ebd., S. 341.

654 Ebd.

655 Vgl. Berbig, *Theodor Fontane im literarischen Leben*, S. 62–70.

656 Vgl. Thomas W. Gaethgens, *Menzels geschilderte Authentizität und der französische Bildbegriff. Vom historischen zum zeitgenössischen Genre*. In: Claude Keisch und Marie Ursula Riemann-Reyher (Hrsg.), *Adolph Menzel 1815–1905. Das Labyrinth der Wirklichkeit* [Katalog der Ausstellung: Adolph Menzel 1815–1905. Das Labyrinth der Wirklichkeit, Paris, Musée d'Orsay, 15.04.–28.07.1996; Washington, Gallery of Art, 15.09.1996–05.01.1997; Berlin, Nationalgalerie im Alten Museum, 15.04.–28.07.1996], Köln 1996, S. 479. Vgl. Kapitel III.3.

657 Kritische Äußerungen Fontanes über seine Tätigkeit bei der *Kreuzzeitung* finden sich im Briefwechsel (vgl. Theodor Fontane an Georg Friedlaender, 13.05.1896, HFA IV/4, S. 542; vgl. Theodor Fontane an Emilie Fontane, 04.12.1869, HFA IV/2, S. 284f.).

658 Vgl. Fontane, *Aus Manchester. 6. Brief, Anmerkungen*, NFA XXIII/2, S. 249–251.

Pariser Kunstausstellungen mit Werken vertreten zu sein, ist ebenso in diesem Kontext zu verorten wie umgekehrt die Absenz von Kunstwerken französischer Maler auf Berliner Kunstausstellungen. Fontanes weitgehend ausbleibende Auseinandersetzung mit der modernen französischen Malerei gilt es folglich mit Blick auf diesen eingeschränkten Erfahrungshorizont zu relativieren.

Eine weitere Leserzuschrift veranschaulicht, dass Fontane durch sein Wissen über Kunst auch zur Informationsquelle wird. So fragt ein Leser ausgehend von Fontanes Artikel zu Carl Blechens *Ein Semnonenlager auf den Müggelsbergen* nach dem derzeitigen Standort des Bildes.[659] Fontane schreibt als Antwort, dass er »[d]as berühmte Bild Carl Blechens [...] vor etwa 20 Jahren, wie sowohl hundert andre – die kleinen Blätter mitgerechnet« in der Sammlung Brose gesehen habe. »Ob sich diese letztre noch an früherer Stelle befindet und zwar *in* oder *neben* dem alten Hause der Bischöfe von Lebus in der Klosterstraße, vermag ich in diesem Augenblicke von hier aus nicht festzustellen.«[660]

Die Berücksichtigung des Publikationskontexts von Fontanes kunstkritischen Schriften deckt auf, dass diese sowohl thematisch als auch formal in direktem Zusammenhang mit den jeweiligen Publikationsmedien stehen. Außerdem wurde bereits angedeutet, dass die Entstehung zahlreicher Texte mit Fontanes Kontakten in Berlin in Verbindung steht.

659 Leserfrage in: *Der Bär* 47 (20.08.1881), S. 604 (Abb. 22).
660 Theodor Fontane an die Redaktion ›*Der Bär*‹, 21.08.1881, HFA IV/3, S. 159.

II Personale, Institutionelle und Mediale Kontexte

Fontanes Kunsturteil ist entscheidend geprägt von den verschiedenen Personen in seinem Berliner Umfeld. Maßgeblichen Einfluss haben seine Vereinstätigkeiten, weil ihn diese mit Kunsthistorikern, Künstlern und Verlegern in Kontakt bringen. Fontanes kunstkritische Artikel stehen in verschiedener Hinsicht in Relation zu diesen Persönlichkeiten: Themen, die in den Vereinszusammenkünften besprochen werden, finden sich in seinen Kunstkritiken wieder, Fontane liest und rezensiert die Publikationen der Kunsthistoriker der Berliner Schule, mit denen er in *Tunnel*, *Rütli* und *Ellora* verkehrt und nicht zuletzt dienen ihm diese Personen als Informationsquelle für Recherchearbeiten. Da Fontane seine Quellen jedoch nicht immer offenlegt, werden verschiedene Beispiele herausgegriffen, aus denen sich ein Bild von seiner Vorgehensweise und Urteilsfindung ergibt. Gleichzeitig fördert das Aufdecken der Quellen diejenigen Passagen zutage, in denen Fontane eigenständige Urteile fällt, und erlaubt es folglich, seine Kunstauffassung spezifischer herauszuarbeiten.

1 Vereine als Einflussfaktor auf Fontanes Kunsturteil und Karriere

Das profunde Wissen Fontanes steht in scheinbarem Widerspruch zu seinem geringen Ausbildungsniveau mit wenig Systematik im Vergleich zu einem akademischen Werdegang. Damit ist auch der Kontrast zur Ausbildung der Akademiker und Intellektuellen zu betonen, mit denen er in Vereinen verkehrt. Umso ehrgeiziger scheint sich Fontane Wissen anzueignen; kunsthistorische Kenntnisse insbesondere durch die Lektüre kunsthistorischer Kompendien sowie die Mitgliedschaft in verschiedenen Organisationen. Vereine als Zusammenschlüsse humanistisch, literarisch und künstlerisch gebildeter Persönlichkeiten sind im 19. Jahrhundert äußerst populär.[1] Die Entstehung des Vereins-

1 Fontane ist Ehrenvorsitzender der *Freien literarischen Gesellschaft Berlin* (vgl. Red., Art. 29: *Freie literarische Gesellschaft [Berlin]*. In: Wulf Wülfing und Karin Bruns et al. (Hrsg.), *Handbuch literarisch-kultureller Vereine, Gruppen und Bünde 1825–1933*, Stuttgart/Weimar 1998 (= Repertorien zur deutschen Literaturgeschichte, Bd. 18), S. 102), verkehrt um 1840 im *Lenau*-Verein, ab 1841 im politisch radikalen *Herwegh*-Klub, und ab 1844 im *Tunnel über der Spree*, dessen einen Mitgliedern er in *Von Zwanzig bis Dreißig* eigene Kapitel widmet (vgl. Fontane, *Von Zwanzig bis Dreißig*, GBA III/3, S. 24–57, 95–107, 167–343). Zum *Tunnel*-Kapitel in *Von Zwanzig bis Dreißig*

DOI 10.1515/9783110516098-003

wesens ist ein konstitutives Strukturmerkmal der modernen Gesellschaft, die an die Herausbildung einer bürgerlichen Öffentlichkeit gekoppelt ist.[2] Laut Thomas Nipperdey sind nicht die Gebildeten, sondern die Dilettanten – zu denen sich Fontane hinsichtlich bildender Kunst explizit bekennt – die »eigentlich legitimen Repräsentanten der bürgerlichen Kultur und ihrer Organisation in Vereinen«.[3] Prägend für Fontanes Kunstauffassung ist insbesondere die Zugehörigkeit zum *Tunnel über der Spree*, in dem neben Schriftstellern und anderen Berufsständen, auch Maler und Kunsthistoriker vertreten sind.[4] Darunter Franz Kugler, der 1840 bei Cotta einen Gedichtband publiziert,[5] dessen einzelne Gedichte thematisch in Zusammenhang mit seiner Tätigkeit als Kunsthistoriker stehen.[6] Gleichzeitig zeigt sich Kugler von Fontanes Fertigkeiten als Dichter begeistert und bezeichnet sich als »de[n] lebhafteste[n]

---

vermerkt Fontane: »Die Kapitel selbst – soviel bitte ich schon heute bemerken zu dürfen – sind mehr menschlich als literarisch gehalten« (Theodor Fontane an Julius Rodenberg, 27.06.1895, HFA IV/4, S. 457).

2 Vgl. Habermas, *Strukturwandel der Öffentlichkeit*, S. 45–47.

3 Thomas Nipperdey, ›*Verein als soziale Struktur in Deutschland im späten 18. und frühen 19. Jahrhundert. Eine Fallstudie zur Modernisierung I*‹. In: Ders., *Gesellschaft, Kultur, Theorie. Gesammelte Aufsätze zur neuen Geschichte*, Göttingen 1976, S. 192f. Auch Wulf Wülfing betont die Bedeutung des Dilettanten für die Literaturproduktion des gesamten 19. Jahrhunderts, welche die Forschung mehr und mehr erkenne (vgl. Wulf Wülfing, ›*Dilettantismus fürs Haus*‹. *Zu Gutzkows Kritik in den ›Unterhaltungen am häuslichen Herd‹ an Fontanes und Kuglers ›Argo‹*. In: Martina Lauster (Hrsg.), *Deutschland und der europäische Zeitgeist. Kosmopolitische Dimensionen in der Literatur des Vormärz*, Bielefeld 1994, S. 116).

4 Aus Fontanes Aufzählung in *Von Zwanzig bis Dreißig* sind hinsichtlich seiner kunstkritischen Schriften insbesondere Hugo von Blomberg (Maler, Kunsthistoriker, Schriftsteller), Friedrich Drake (Bildhauer), Friedrich Eggers (Journalist, Schriftsteller, Kunsthistoriker), Karl Eggers (Jurist, Schriftsteller, Kunsthistoriker), Franz Kugler (Schriftsteller, Kunsthistoriker, Professor an der Preußischen Akademie der Künste), Adolph Menzel (Maler), Richard Lucae (Architekt), Alfred Woltmann (Kunsthistoriker, Professor in Karlsruhe, Prag und Strassburg), Hermann Weiss (Historienmaler, Professor für Kostümkunde an der Preußischen Akademie der Künste), Arnold Ewald (Berliner Historienmaler), Hermann Stilke (Maler, Professor an der Preußischen Akademie der Künste), Theodor Hosemann (Maler, Graphiker) und Wilhelm Wolff (Bildhauer und Maler) relevant (vgl. Fontane, *Von Zwanzig bis Dreißig*, GBA III/3, S. 171).

5 Franz Kugler, *Gedichte*, Stuttgart 1840.

6 Vgl. z. B. *Beim Studium der Architectur-Geschichte* (1833), *Studium der sicilianisch-maurischen Architectur* (1833), *Festlied im Architecten-Verein* (1828), *Lied der Künstler* (1829), *Dürerlied* (1830), *Trinklied für Künstler* (1831), *Malerlied* (1830), *Künstlerstand* (1830), *Naturstudien* (1829), *Der arme Maler* (1830), *Scenen eines Todtentanzes* (1827), *Rauch's Danaide* (1836) sowie *Vom Kaiserdom zu Goslar* (1833) (vgl. Kugler, *Gedichte*).

Verehrer des Poeten, der in Euch steckt, mein lieber Poet«[7]. Dies veranlasst Kugler dazu, sich in einem zehnseitigen Empfehlungsschreiben an den Verleger Georg von Cotta um die Publikation einer vollständigen Ausgabe von Fontanes *Londoner Briefen* zu bemühen, von denen die Hälfte in der *Kreuzzeitung* abgedruckt wird.[8] Aufgrund seiner Anstellung im Kultusministerium und als anerkannter Kunsthistoriker besitzt Kugler Einflussnahme und ist für Fontane eine wichtige Referenz.[9] Bezüglich des von Nipperdey geltend gemachten Dilettantismus ist die um 1850 stattfindende Umprofilierung des *Tunnels* interessant, die sich mit dem Beitritt Friedrich Eggers, Heyses, Kuglers und, nach der Zusammenarbeit für die *Geschichte Friedrichs des Großen*, demjenigen Menzels abzeichnet.[10] Auch Waagens Interesse, respektive das Werben des Vereins um ihn, zeigen die veränderte Ausrichtung nach der kunstwissenschaftlichen Seite hin auf,[11] zumal Waagen keine Gedichte schreibt. Seine Aufnahme in den Verein erfolgt demnach einzig aufgrund seines öffentlichen Ansehens sowie seiner kunsthistorischen Kenntnisse.[12] Die Hinwendung zur Wissenschaft

---

7 Franz Kugler an Theodor Fontane, 31.05.1850, abgedr. in: Roland Berbig (Hrsg.), *Franz Kugler und Theodor Fontane. 1. Briefe Kuglers an Fontane aus den Jahren 1850 bis 1858*. In: *Fontane Blätter* 47 (1989), S. 6.

8 Berbig betont, dass der Umfang des Briefs und die Detailliertheit von Kuglers Argumentation sowie dessen erstaunliche Sicherheit im Kunsturteil bemerkenswert seien: »Kugler entwirft ein Porträt vom Dichter Theodor Fontane, das zu dieser Zeit in seiner Feinsinnigkeit und Beobachtungsschärfe den Anspruch auf Einzigartigkeit besitzt« (Roland Berbig (Hrsg.), *Franz Kugler und Theodor Fontane. 2. Franz Kuglers Empfehlungsschreiben an Johann Georg von Cotta und sein Gesuch an Emil Illaire*. In: *Fontane Blätter* 48 (1989), S. 11). Kuglers Vorgehen folgt einer genau konzipierten Argumentation mit der Absicht, nachzuweisen, »dass Fontane in der Tat ein echter Dichter« (abgedruckt in: Ebd., S. 14) sei, was beigelegte Werkbeispiele veranschaulichen sollen (vgl. Franz Kugler an Emil Illaire, 04.06.1853, wiederabgedr. in: Ebd., S. 6). Kugler insistiert in seinem Amt im Ministerium Eichhorn auf der Notwendigkeit staatlicher Kunstförderung und postuliert die Verantwortlichkeit des Staates für eine ausgewogene Förderung aller Künste (vgl. Berbig (Hrsg.), *Franz Kugler und Theodor Fontane. 1. Briefe Kuglers an Fontane*, S. 17f.). Kugler wird aufgrund des Briefes denn auch zu einem Gespräch vorgeladen und ein königlicher Erlass bestätigt die einmalige finanzielle Unterstützung Fontanes (vgl. Berbig, *Franz Kugler und Theodor Fontane. 2. Kuglers Empfehlungsschreiben*, S. 12). Berbig zufolge ist der Bittbrief ein Beleg »[f]ür das kunstkritische Niveau, das im Freundeskreis, besonders im Rütli, herrschte« (vgl. ebd., S. 11).

9 Vgl. ebd.

10 Vgl. Marie Ursula Riemann-Reyher, *Friedrich Eggers und Menzel*. In: *Jahrbuch der Berliner Museen* 41 (1999), S. 251. Menzel ist zudem als Illustrator in weitere Vereinsaktivitäten eingebunden (vgl. ebd., S. 253f.).

11 Vgl. Berbig, *Der ›Tunnel über der Spree‹*, S. 36.

12 Vgl. ders., *›der Typus eines Geschichten-machers‹*, S. 127.

stößt nicht bei allen Mitgliedern auf Zustimmung. Dies veranlasst die *Tunnel*-»Elite«[13], bestehend aus Fontane, Kugler, Eggers, Merckel und Bormann, die an Kunstgeschichte interessiert ist und außerdem Publikationsabsichten hegt, zur Gründung des *Rütli*. In diesem Verein finden neben dem geselligen Beisammensein Debatten über aktuelle kunsthistorische Fragen[14] sowie das *Deutsche Kunstblatt* statt, an denen sich unter anderem »Blomberg, Menzel, Lazarus, Lübke und gelegentlich auch Lucae (bei architektonischen Fragen)«[15] beteiligen. Neben dem *Deutschen Kunstblatt* stehen als Publikationsorgane das zugehörige *Deutsche Literaturblatt*[16] – für dessen Herausgabe ebenfalls Eggers zuständig ist – sowie das *Rütli*-Jahrbuch *Argo* mit dem Untertitel *Album für Kunst und Dichtung* in engem Zusammenhang mit den Vereinen *Tunnel*, *Rütli* und *Ellora*. Sowohl die Zusammensetzung der Vereinsmitglieder als auch der Untertitel der *Argo* verdeutlichen die enge Verbindung, die zwischen Kunst und Literatur hergestellt wird. Das Jahrbuch ist reich illustriert mit Werken von Künstlern wie Burger, Menzel, Hosemann, Riefstahl und Wisniewski. Friedrich Eggers schreibt abschließend jeweils in einem Kommentar *Zu den Bildern* über die einzelnen Künstler und die entsprechenden Abbildungen. Diese Interdisziplinarität und Medienvielfalt – nicht nur bildende Kunst und Literatur, auch Fotografie ist Thema im *Deutschen Kunstblatt* – ist als modern einzustufen.[17] Zugleich entspricht diese Zusammenarbeit der damaligen Kulturpolitik des Bürgertums, die verschiedene Berufsstände sowie Dilettanten und Akademiker unter der Prämisse vereint, dass sie ein gemeinsames Interesse verbindet. Mit ihren publizistischen Tätigkeiten leisten die Vereine außerdem einen Beitrag zur öffentlichen Meinungsbildung. Für die *Argo* zeichnen Kugler und Fontane als Herausgeber, was auf eine intensive Zusammenarbeit schließen lässt. Der Brief-

---

13 Ders., *Der ›Tunnel über der Spree‹*, S. 37.

14 Beispielsweise verzeichnet Berbig in der *Theodor Fontane Chronik* für den 22.09.1860: »*Rütli* bei F; als Gast ist Professor Schenkenburg anwesend; Debatte über den ›Entwicklungsstandpunkt‹ Adolph Menzels« (ders., *Theodor Fontane Chronik*, Berlin 2010, Bd. 2, S. 1073). Berbig verweist für diese Angabe auf einen »Wochenzettel« Friedrich Eggers (vgl. Friedrich Eggers, *Wochenzettel*, 22.09.1860, AHSR NL Eggers, Sign. 1.4.7.33 Bl. 192).

15 Vgl. Theodor Fontane an Paul Heyse, 23.12.1860, HFA IV/2, S. 18. Zu den Mitgliedern des *Rütli* zählen neben Bormann, Kugler und Merckel, Lepel, Menzel, Storm, Leo Goldammer (kurzzeitig), Heyse, später Zöllner, Blomberg, Lucae, Roquette, Lazarus, Lübke, Eggers und Heyden (vgl. Helmuth Nürnberger und Dietmar Storch, *Fontane-Lexikon: Namen, Stoffe, Zeitgeschichte*, München 2007, S. 387).

16 Theodor Fontane, *Heinrich VIII. im Prinzeß-Theater*. In: *Literaturblatt* 22 (01.11.1855), S. 89–92; ders., *Richard III. im Soho-Theater*. In: *Literaturblatt* 23 (15.11.1855), S. 93–95.

17 Vgl. Graevenitz, *Theodor Fontane*, S. 199.

wechsel zwischen Kugler und Fontane fördert den Austausch der beiden über kunsthistorische Texte zutage. So rezipiert Fontane Kuglers Schriften, im nachstehenden Exempel das Buch *Kleine Schriften und Studien zur Kunstgeschichte*,[18] selbst wenn er dazu keine Rezension verfasst:[19] »Hiebei der Brief an Eastlake[20], sowie, was Dir noch zukommt, die zweite Lief. der Kunstgeschichte und mein Menzel-Mandel'sches Portrait.«[21] Der Stich ist mit der handschriftlichen Widmung Kuglers »Seinem geliebten Freunde Th. Fontane von F. Kugler. Berlin, 3. Sept. 1855« versehen,[22] was die freundschaftliche Beziehung zwischen den beiden vor Augen führt. Fünf Tage nach diesem Brief, am 10. September, tritt Fontane seinen mehrjährigen Aufenthalt in London an. Kugler gibt ihm demnach ein Empfehlungsschreiben an Sir Charles Eastlake mit,[23] der 1850 zum Präsidenten der Londoner Akademie gewählt und 1855 Direktor der englischen Nationalgalerie wird. Außerdem liefert Kugler Fontane einige Jahre später Informationen über Eastlake für den entsprechenden biografischen Lexikoneintrag in *Männer der Zeit*.[24] Eastlakes Gattin überträgt Kuglers *Handbuch der Geschichte der Malerei* ins Englische, was die Popularität des Werks über die

18 Die Publikation erscheint 1853 bei Ebner und Seubert in Stuttgart und wird in mehreren Lieferungen verbreitet (vgl. Berbig (Hrsg.), *Franz Kugler und Theodor Fontane. 1. Briefe Kuglers an Fontane*, S. 9).

19 Stattdessen bespricht Wilhelm Lübke im *Deutschen Kunstblatt* die erste Lieferung des Werks (Wilhelm Lübke, *Kunstliteratur. Kleine Schriften und Studien zur Kunstgeschichte von Franz Kugler [Rezension]*. In: *DKB* 21 (21.05.1853), S. 179f.), was als Exempel für den fachlichen Austausch der Mitglieder der ›Berliner Schule‹ dienen mag, der auch die Vereinstätigkeit der einzelnen Mitglieder zugrunde liegt. Berbig vertritt daher in Bezug auf *Rütli* den Standpunkt, dass »der Einfluss des Rütli und innerhalb dieser Vereinigung der beiden auch konzeptionell orientierten Mitglieder Franz Kugler und Wilhelm von Merckel […] kaum hoch genug eingeschätzt« werden könne (Berbig (Hrsg.), *Franz Kugler und Theodor Fontane. 1. Briefe Kuglers an Fontane*, S. 3).

20 Auch Waagen steht mit Eastlake in engem Kontakt; dessen Frau Elisabeth übersetzt Waagens Werk *Kunstwerke und Künstler in England und Paris* (Gustav Friedrich Waagen, *Treasures of Art in Great Britain: Being an account of the chief collections of paintings, drawings, sculptures, illuminated Mss., &c. &c.*, 3 Bde., London 1854).

21 Franz Kugler an Theodor Fontane 05.09.1855, abgedr. in: Berbig (Hrsg.), *Franz Kugler und Theodor Fontane. 1. Briefe Kuglers an Fontane*, S. 9.

22 Das Dokument befindet sich im Besitz des Fontane-Archivs, Potsdam. Das Portrait wird für 1 1/3 Thlr. im *Deutschen Kunstblatt* 7 (14.02.1856) zum allgemeinen Verkauf angezeigt (vgl. ebd.).

23 An Eggers schreibt Fontane in einem Postskriptum: »Den Empfehlungsbrief Kuglers an Eastlake geb' ich erst ab, wenn es mit meinem Englisch wieder besser geht« (Theodor Fontane an Friedrich Eggers, 19.09.1855, abgedr. in: Berbig (Hrsg.), *Theodor Fontane und Friedrich Eggers*, S. 139).

24 Vgl. Berbig (Hrsg.), *Franz Kugler und Theodor Fontane. 1. Briefe Kuglers an Fontane*, S. 9.

Landesgrenzen hinaus belegt und zugleich Kuglers Vernetzung innerhalb der Kunstwelt aufzeigt. Davon zeugt auch ein Brief Fontanes an Friedrich Eggers:

> Kein deutscher Name taugt[!] jetzt häufiger in der englischen Presse auf als der Kuglers. Ich las heut in der Saturday Review eine Besprechung der Manchester-Ausstellung. Ueberall hieß es: Kugler sagt u.s.w. Doch war man auch frech genug ein[*eingefügt*: paar]mal zu behaupten: Kugler sagt, hat aber Unrecht.[25]

Kugler gilt folglich als Autorität, an deren Urteil man sich abzuarbeiten hat. Zugleich legt das Schreiben offen, dass Fontane auch die Rezensionen anderer Kunstkritiker zur *Manchester-Exhibition* liest.[26] Obwohl Fontane Kugler um sein Kommen gebeten hat, bleiben eine Reise Kuglers nach England sowie der Besuch der Ausstellung in Manchester infolge Finanzierungsproblemen und seiner Arbeit an der Publikation zur Baugeschichte[27] sowie am *Handbuch der Kunstgeschichte* aus.[28] Kugler erwähnt allerdings, dass seinem Vorgesetzen, Karl Otto Raumer, der Vorschlag unterbreitet worden sei, ihn nach Manchester zu schicken, »damit eben seitens unser [sic] Regierung doch **Etwas** der Art geschehe, (zumal da Waagen ja nur auf **dortige** Einladung hinüber gegangen war.)«[29] Waagen ist vom Ausstellungskomitee als externer Berater eingeladen worden, weshalb Preußen in Erwägung zieht, einen eigenen Vertreter zu senden, was jedoch nicht geschieht. Kugler ist allerdings der Ansicht, dass ein Aufenthalt in London »gerade f. d. Kunstgeschichte höchst wünschenswerth«[30] sei. Nach dem Erscheinen von Fontanes Texten zur Ausstellung in Manchester

---

25 Theodor Fontane an Friedrich Eggers, 10.06.1857, abgedr. in: Berbig (Hrsg.), *Theodor Fontane und Friedrich Eggers*, S. 202.

26 Vgl. dazu Kapitel II.4.1, II.4.2 und II.4.3.

27 Kugler arbeitet über mehrere Jahre an der Publikation *Geschichte der Baukunst*, die ab 1856 in ersten Lieferungen erscheint (vgl. Berbig (Hrsg.), *Franz Kugler und Theodor Fontane. 1. Briefe Kuglers an Fontane*, S. 10).

28 In einem Brief an Fontane schreibt Kugler: »Zu dem Wunsch, Dich und Alt-England zu sehen, war ja nun diese lange und breite Manchester-Ausstellung hinzugekommen« (Franz Kugler an Theodor Fontane, 23.07.1857, abgedr. in: Ebd.).

29 Franz Kugler an Theodor Fontane 23.07.1857, abgedr. in: Ebd., S. 11.

30 Julius Petersen (Hrsg.), *Theodor Fontane und Bernhard von Lepel. Ein Freundschaftsbriefwechsel*, München 1940, Bd. 2, S. 153. Die Bedeutung der englischen Kunst ist indes auch Fontane bewusst: »Ich irr mich vielleicht, aber alles macht [*eingefügt*: hier] den Eindruck auf mich, als ob der Kunstverständige – besser noch [eingefügt: der] Kunstkritiker nothwendig hier Carriere machen müsse, [eingefügt: ganz in der Art] wie es von jedem erträglichen Musiker [sic] der herüber kommt, eigentlich so gut wie feststeht« (Theodor Fontane an Friedrich Eggers, 22.04.1856, abgedr. in: Berbig (Hrsg.), *Theodor Fontane und Friedrich Eggers*, S. 175). Fontane sollte mit dieser Aussage recht behalten, hat er sich doch durch seine Aufenthalte in England als Kenner der englischen Kunst etabliert. Auf dieser Grundlage bietet ihm die *Kreuzzeitung* 1860

schreibt Kugler in einem Vermerk am linken Rand, quer zum Brieftext: »Nb. Deine Aufsätze in der Zeit über die Manchester-Ausstellung waren für mich geschrieben.«[31] Kugler liest Fontanes Berichterstattung folglich als Substitut für die ausgebliebene eigene Reise, wobei Kuglers Brief keine Rückschlüsse darauf zulässt, was er im Einzelnen über Fontanes Texte denkt.

Mit Lübke und Kugler verkehren im *Rütli* allerdings Vertreter der Berliner Schule, deren kunsthistorische Tätigkeit auf Fontane wie bereits angedeutet maßgeblichen Einfluss hat, zumal auch Fontanes Texte im Verein diskutiert werden. Das vom *Rütli* initiierte Journal *Argo* hat aus verschiedenen Gründen nicht den gewünschten Erfolg und wird wieder eingestellt.[32] Besprochen werden nun stattdessen Fontanes erster Band der *Wanderungen*, seine Briefe aus Frankreich 1870, eine Kritik für die *Vossische Zeitung*, Gedichte von Eggers sowie dessen Rede auf Thorwaldsen und Hugo von Blombergs Prolog zur Ausstellung der Werke Menzels 1870.[33] Die Aufzählung legt nahe, dass Fontanes Meinungen über Künstler, wie für Thorwaldsen und Menzel belegt, durch die Diskussionen in den Vereinen geprägt sind oder zumindest in Korrespondenz zu dortigen Auffassungen und Wertungen stehen. Gemäß Berbig und Wülfing sind auch Fontanes poetologische Ansichten vom *Rütli* insofern mitbestimmt, als der Verein für ein traditionelles Kunstkonzept eingetreten sei, »das Schönheit und Idealität als der Kunst wesenhaft begriff und das ›Häßliche‹ und Sozialkritische ausschloß«.[34] Dieselben Grundsätze vertritt Fontane sowohl in seinem journalistischen Werk, als auch in den Romanen. Er pflegt engen persönlichen Kontakt zu Mitgliedern des *Rütli*, was sein Kollektivbrief von 1855 aus England deutlich macht, den er dem »vielgeliebten Rütli« sendet und darin jedem Mitglied einen separaten Abschnitt widmet.[35] Neben der *Argo* steht außerdem das *Deutsche Kunstblatt* in di-

---

an, die Redaktion des Englandartikels in ihrem Blatt zu übernehmen (vgl. Fontane, *Tagebücher. Einleitung*, GBA XI/1, S. XIX).

31 Franz Kugler an Theodor Fontane 08.01.1858, abgedr. in: Berbig (Hrsg.), *Franz Kugler und Theodor Fontane. 1. Briefe Kuglers an Fontane*, S. 14.

32 Unter anderen äußert sich Gutzkow kritisch zum Dilettantismus der *Argo*, wobei eines seiner Argumente lautet, dass die Publikationsschwelle so niedrig angesetzt sei, dass die Begabteren zu wenig gefordert würden (vgl. Wülfing, *›Dilettantismus fürs Haus‹*, S. 133).

33 Vgl. Roland Berbig und Wulf Wülfing, *Art. Rütli [II] (Berlin)*. In: Wulf Wülfing, Karin Bruns et al. (Hrsg.), *Handbuch literarisch-kultureller Vereine, Gruppen und Bünde 1825–1933*, Stuttgart/Weimar 1997, S. 400, 403.

34 Ebd., S. 400.

35 Vgl. Theodor Fontane an den *Rütli* (persönlich an Friedrich Eggers, Wilhelm von Merckel, Franz Kugler, Karl Bormann, Adolph Menzel, Bernhard von Lepel und Theodor Storm), 31.10.1855, abgedr. in: Berbig (Hrsg.), *Theodor Fontane und Friedrich Eggers*, S. 145–154. Vgl. dazu auch Fontanes Kommentar in einem dem Kollektivbrief vorausgehenden Schreiben an Friedrich Eggers: »Das zweite ist die Bitte, alle Rütlionen

rektem Zusammenhang zu den Vereinstätigkeiten, da Friedrich Eggers als Herausgeber verantwortlich zeichnet.[36] Einfluss erlangt das *Deutsche Kunstblatt*, weil darin sämtliche renommierten Vertreter der sich etablierenden Kunstgeschichtsschreibung, namentlich Gustav Waagen, Franz Kugler, Karl Schnaase, Johann David Passavant, Ernst Förster, Rudolf Eitelberger von Edelberg, daneben Hugo von Blomberg sowie Karl Eggers, Beiträge publizieren. Im *Deutschen Kunstblatt* werden Rezensionen von Ausstellungen im In- und Ausland sowie kunsttheoretische Auseinandersetzungen abgedruckt.[37] Fontane steuert ebenfalls Artikel bei, weicht allerdings aufgrund des Honorars auch auf andere Publikationsorgane aus.[38] Zugleich ist er regelmäßiger Leser des *Deutschen Kunstblatts*, das er sich sogar nach England senden lässt.[39] Die persönliche Beziehung Fontanes zu den Vereinsmitgliedern verdeutlicht außerdem seine Beteiligung im Verein *Ellora*, in dessen Zusammenkünften Dichtungen, Aufsätze für das *Deutsche Kunstblatt*, Buchrezensionen, Zeichnungen und neue Werke besprochen werden.[40] Allerdings bezweckt die *Ellora* hauptsächlich das gesellige Beisammensein, zu dem auch die Gattinnen zugelassen sind. Die Listen der Vereinsmitglieder von *Tunnel*, *Rütli* und *Ellora* verdeutlichen, dass Fontanes Vernetzung mit zahlreichen Künstlern, Kunstkritikern sowie Kunsthistorikern über die Vereinskontakte zu-

---

und Ellorabrüder auf's allerherzlichste von mir zu grüßen. Ihr wißt gar nicht, was ihr alle für ungeheuer interessante Menschen seid, und auch ich habe immer nur in England ein recht lebhaftes Gefühl von euren immensen Fähigkeiten« (Theodor Fontane an Friedrich Eggers, 19.09.1855, abgedr. in: Ebd., S. 137).

36 Friedrich Eggers erhält den Posten des Redakteurs dank der Vermittlung Franz Kuglers, seinerseits im Kultusministerium angestellt, was ein weiteres Beispiel für den Einfluss der Vertreter der ›Berliner Schule‹ auf das zeitgenössische Kunstleben ist.

37 Die Relevanz des Blattes im zeitgenössischen Diskurs belegt auch ein Brief Friedrich Eggers' an seine Eltern, der die Nachricht enthält, dass die Akademie der Künste »plötzlich auch 20 Exemplare des Kunstblattes abonnirt« habe (Friedrich Eggers an seine Eltern, 28.10.1855, abgedr. in: Ebd., S. 144, FN 278).

38 So teilt Fontane Eggers aus London mit, dass er einen Artikel über die Kunstausstellung in der *Vossischen Zeitung* statt im *Deutschen Kunstblatt* publizieren werde (vgl. [ungez.] *Die Kunstausstellung*. In: *VZ* 148 (27.06.1856), 1. Beilage, S. 1–4, wiederabgedr. in: NFA XXIII/1, S. 15–25). »Das ist nun nicht mehr und nicht weniger als Verrath, Verrath an Rütli, Ellora und Eggers in specie. But I could'nt [sic] help it. Ich brauche viel Geld und die Vossin hat den besten Beutel. So verzeih« (Theodor Fontane an Friedrich Eggers, 23.06.1856, abgedr. in: Berbig (Hrsg.), *Theodor Fontane und Friedrich Eggers*, S. 183).

39 Vgl. »Brief von Emilien; ein Kunstblatt-Exemplar von Eggers. An Emilie, Eggers und Frau v. Merckel geschrieben« (Theodor Fontane, Tagebucheintrag vom 02.08.1856, GBA XI/1, S. 150).

40 Vgl. Otto Roquette, *Siebzig Jahre. Geschichte meines Lebens*, Darmstadt 1894, Bd. 2, S. 10.

stande kommt, was durch Tagebucheinträge[41] sowie Briefwechsel dokumentiert ist.[42] Diese Beziehungen nutzt Fontane unter anderem, um an Informationen für kunstkritische Schriften zu gelangen, beispielsweise für die Biografie zu Johann Gottfried Schadow.[43] Ebenso gehen verschiedene Schreibaufträge durch Vereinskontakte hervor, wie beispielsweise Fontanes Tätigkeit für die *Sternzeitung*, die Otto Roquette, selbst Mitglied in *Rütli* und *Ellora*, vermittelt.[44]

Eine weitere Persönlichkeit, an der sich die Verknüpfung von Vereinstätigkeit, persönlicher Beziehung und Berufstätigkeit illustrieren lässt, ist der Architekt Richard Lucae, der mit Fontane eng befreundet ist.[45] Lucae setzt

41 Vgl. z. B. »Zum Thee Herr Architekt Caspar aus Berlin (mit Empfehlungsbrief von Ewald) Herr und Frau Heymann und Mr. Blythe. Geplaudert« (Theodor Fontane, Tagebucheintrag vom 30.05.1858, GBA XI/1, S. 328); »Mit den Maler-Professoren Gussow und Michael sammt ihren Frauen war ich ein paarmal zusammen« (ders., Tagebucheintrag vom 05.06.1882, GBA XI/2, S. 179f.).

42 Vgl. z. B. »Briefe geschrieben an die Professoren Carl Becker, Bellermann und Bildhauer A. Wolff« (Theodor Fontane, Tagebucheintrag vom 21.03.1881, GBA XI/2, S. 102).

43 Vgl. z. B. »Briefe geschrieben an L. Pietsch und die Professoren Pfannschmidt, Schrader, Graeb, Eybel, Wredow, Mandel, G. Richter und L. Burger, alle wegen des alten Schadow. ›Sprach er *berlinisch* oder nicht?‹« (Theodor Fontane, Tagebucheintrag vom 22.03.1881, GBA XI/2, S. 102). Zwei Tage später notiert Fontane: »Empfang verschiedener Schadow-Briefe und zwar von Prof. Mandel, Pfannschmidt, Eybel, Steffeck« (ders., Tagebucheitrag vom 24.03.1881, GBA XI/2, S. 103). Professor Bellermann besucht Fontane persönlich, um »Schadow-Angelegenheiten« zu besprechen (ders., Tagebucheintrag vom 28.03.1881, GBA XI/2, S. 104).

44 Aus den Briefen an Wilhelm Hertz geht hervor, dass Roquette Fontanes Ansprechpartner ist, wobei dessen Ressort hauptsächlich die Theaterbesprechungen umfasst. Die Berichte über die Berliner Kunstausstellung von 1862 sind denn auch die einzigen belegten kunstschriftstellerischen Texte Fontanes, die in der *Sternzeitung* publiziert werden (vgl. Berbig, *Theodor Fontane im literarischen Leben*, S. 89). Am 01.09.1856 erhält Fontane außerdem einen Brief von Adolf Glaser, dem Redakteur der *Illustrirten Deutschen Monatshefte*, mit der Bitte um Mitarbeit, besonders um Londoner Korrespondenzen. Glaser beruft sich auf eine Empfehlung durch Wilhelm Lübke und Friedrich Eggers (vgl. ders., *Theodor Fontane Chronik*, Bd. 1, S. 619).

45 Von Fontanes familiärem und freundschaftlichem Umgang mit Lucae zeugt unter anderem ein Bericht über seine Geburtstagsfeier in einem Brief an die Mutter: »Lübcke und Lucae waren schon zum Morgenkaffe geladen und erschienen, und bis 12 Uhr Licht brennend, verplauderten wir unter Kuchenessen, Briefeöffnen und Scherz und Lachen den ganzen Vormittag« (Theodor Fontane an Emilie Fontane (Mutter), 30.12.1854, HFA IV/1, S. 393). Auch in *Von Zwanzig bis Dreißig* äußert sich Fontane lobend über Lucae, den er als »eminent geistreich im Gespräch« einschätzt und seine Bauten als »höchst bemerkenswert[]« anerkennt (Fontane, *Von Zwanzig bis Dreißig*, GBA III/3, S. 205); ebenso in einem Brief an Theodor Storm (vgl. Theodor Fontane an Theodor Storm, [Mitte Juli 1860], HFA IV/1, S. 711).

sich für die Anstellung Fontanes als Sekretär der Akademie der Künste ein.[46] Seinen einflussreichsten Vortrag hält Lucae im Rahmen einer von Friedrich Eggers organisierten Vortragsreihe für den Wissenschaftlichen Verein. Das Referat mit dem Titel »Über die Macht des Raumes in der Baukunst«[47] wird im *Rütli* besprochen und Friedrich Eggers ist gemäß Jasper Cepl an der Vorbereitung dieser und weiterer Reden Lucaes in der zweiten Hälfte der 1860er-Jahre beteiligt.[48] Interessant ist, dass sowohl von Fontane als auch von Lucae eine Beschreibung des *Crystal Palace* vorliegt.[49] Cepl mutmaßt, dass Lucaes Beschreibung und damit einhergehend Lucaes Vortragstitel von Fontane inspiriert sein könnten. Fontane hat Lucae nach dessen Veröffentlichung 1864 das Buch *Ein Sommer in London* geschenkt, das seine Beschreibung des Glaspalasts enthält.[50] Der leere Glaspalast mit seinen »ungeheueren Dimensionen« macht auf Fontane einen »imposante[n]« Eindruck und veranlasst ihn zur Aussage: »Es ist etwas Eigentümliches um die bloße Macht des Raums!«[51] Cepl vermutet, dass diese Bemerkung Fontanes für Lucaes Entscheidung, nicht über die »Poesie«, sondern über die »Macht« des Raumes zu sprechen, ausschlaggebend gewesen sein könnte.[52] Auch ein zweiter Vortrag Lucaes *Über die ästhetische Ausbildung der Eisen-Constructionen, besonders in ihrer Anwendung bei Räumen von bedeutender Spannweite*[53] wird im *Rütli* diskutiert. Fontane hat über beide Bauwerke, die Lucae thematisiert – die Neue Börse ebenso wie die Neue Synagoge – zuvor Zeitungsartikel verfasst.[54] Umgekehrt begleitet Lucae Fontane auf dessen frühesten märkischen Wanderungen, was gemäß Berbig für Fonta-

46 Vgl. Hubertus Fischer (Hrsg.), ›*so ziemlich meine schlechteste Lebenszeit.*‹ *Unveröffentlichte Briefe an und von Theodor Fontane aus der Akademiezeit.* In: *Fontane Blätter* 63 (1997), S. 26–47.

47 Richard Lucae, *Über die Macht des Raumes in der Baukunst.* In: *Zeitschrift für Bauwesen* 19 (1869), S. 294–306.

48 Jasper Cepl, *Richard Lucae and the Aesthetics of Space in the Age of Iron.* In: Paul Dobraszczyk und Peter Sealy (Hrsg.), *Function and Fantasy: Iron Architecture in the Long Nineteenth Century*, London 2016, S. 91–109.

49 Lucae besucht den Crystal Palace im Frühling 1862 auf einer Reise nach England und berichtet nach seiner Rückkehr nach Berlin in einem Vortrag über technische Aspekte des Bauwerks (vgl. Richard Lucae, *[ohne Titel], Mittheilungen aus Vereinen.* In: *Zeitschrift für Bauwesen* 12 (1862), S. 561–562).

50 Vgl. Theodor Fontane, ›*An Richard Lucae*‹, GBA II/3, Berlin 1995, S. 55.

51 Ders., *Ein Sommer in London. Ein Gang durch den leeren Glaspalast*, HFA III/3/1, S. 12.

52 Vgl. Cepl, *Richard Lucae and the Aesthetics of Space in the Age of Iron*, S. 97f.

53 Richard Lucae, *Über die ästhetische Ausbildung der Eisen-Constructionen, besonders in ihrer Anwendung bei Räumen von bedeutender Spannweite.* In: *Zeitschrift für Bauwesen* 20 (1870), S. 532–541.

54 Vgl. Cepl, *Richard Lucae and the Aesthetics of Space in the Age of Iron*, S. 99.

ne »ein Lehrstück für das Zusammenwirken von Architektur, Baupraxis und -politik«[55] gewesen ist.

Entscheidend an Fontanes Kontakten innerhalb der Vereine beteiligt ist »Gesellschafts-Genie«[56] Friedrich Eggers. Wie erwähnt, bemühen sich Kugler und Eggers mittels Empfehlungsbriefen, Fontane Kontakte in England zu vermitteln,[57] und bereits anlässlich seiner Reise nach Brüssel und Antwerpen bittet Fontane Kugler und Eggers[58] um Empfehlungsschreiben.[59] Die Briefe belegen einerseits Fontanes Interesse für belgische Maler,[60] das aber in den kunstkritischen Zeitungsartikeln kaum Beachtung erfährt. Andererseits zeigen die Schreiben die internationale Verknüpfung der *Tunnel*-Mitglieder auf, die Fontane für seine Interessen zu nutzen sucht. Im Gegenzug zeigt er sich auf

55 Roland Berbig, *Das königlich-kaiserliche Berlin des Rütlionen Theodor Fontane*. In: Ders., Ivan-M. D'Aprile et al. (Hrsg.), *Berlins 19. Jahrhundert. Ein Metropolen-Kompendium*, Berlin 2011, S. 209.

56 Fontane, *Von Zwanzig bis Dreißig*, GBA III/3, S. 201.

57 Vgl. Theodor Fontane an Friedrich Eggers, 19.09.1855, abgedr. in: Berbig (Hrsg.), *Theodor Fontane und Friedrich Eggers*, S. 139.

58 »Folgende Empfehlungsbriefe mit Begleitzeilen abgeschickt: [...] 5) an Robert Pries [deutscher Geschäftsmann in London, CA], Esq. (durch Eggers)« (Theodor Fontane, Tagebucheintrag vom 28.04. bis zum 05.05.1852, GBA XI/1, S. 11). Vgl. auch Theodor Fontane an Friedrich Eggers, 09.04.1852, abgedr. in: Berbig (Hrsg.), *Theodor Fontane und Friedrich Eggers*, S. 80.

59 Kugler – sowie dessen Schüler Burckhardt – hegen eine Affinität zur belgischen Kunst, insbesondere zur belgischen Historienmalerei der 1840er-Jahre (vgl. Henrik Karge, *Kunst als kulturelles System – Karl Schnaase und Jacob Burckhardt*. In: Peter Betthausen und Max Kunze (Hrsg.), *Jacob Burckhardt und die Antike*, Mainz 1998 (= Kulturgeschichte der antiken Welt, Bd. 85), S. 140). Kugler setzt sich in einem Schreiben für die historische Treue und den nationalen Gehalt der belgischen Malerei und gegen die Münchner Klassizisten ein (vgl. Georg Jäger, *Der Realismusbegriff in der Kunstkritik*. In: *Realismus und Gründerzeit. Manifeste und Dokumente zur deutschen Literatur 1848–1880*, Bd. 1, Stuttgart 1976, S. 11; Franz Kugler, *Sendschreiben an Herrn Dr. Ernst Förster in München über die beiden Bilder von Gallait und de Biefve*. In: *Kunstblatt (zum Morgenblatt für gebildete Stände)* 58 (20.07.1843), S. 241–243, 246–248). Eggers kümmert sich offenbar nicht in der von Fontane gewünschten Eile um sein Anliegen (vgl. Theodor Fontane an Friedrich Eggers, 02.06.1852, abgedr. in: Berbig (Hrsg.), *Theodor Fontane und Friedrich Eggers*, S. 81f.). Als Fontane das Empfehlungsschreiben für die Familie Pries doch noch erhält, bilanziert er ernüchtert: »Es ging mir im Anfang mit meinen sämtlichen Empfehlungsbriefen, mild ausgedrückt, sonderbar, kein Mensch nahm Notiz davon, so dass ich bei etwas weniger Eitelkeit und leichtem Sinn, hätte verzweifeln können« (Theodor Fontane an Friedrich Eggers, 02.06.1852, ebd., S. 82).

60 Hinsichtlich Fontanes Interesse für nordische Kunst ist zudem auf seine Auseinandersetzung mit dem dänischen Bildhauer Bertel Thorwaldsen zu verweisen (vgl. Fontane, *London, 19. Juni. Noch einmal die Sculptur*, UK I, S. 229–231).

seine Art bei den Freunden für die Empfehlungsschreiben kenntlich: Friedrich Eggers teilt er mit, dass dieser »eine lange Pauke über Dich oder wenigstens [*eingefügt*: über] eines Deiner Werke in einem Londoner Briefe betitelt ›Alte Helden neue Siege‹[61] finden«[62] werde.[63] Später wird er auch eine umfangreiche Rezension zur von Friedrich begonnenen und von Karl Eggers abgeschlossenen Biografie zu Christian Daniel Rauch verfassen.[64] Neben Empfehlungsschreiben von Kugler und Eggers setzt sich Schnaase für Fontane ein, als er sich beim Ministerium um Unterstützung für die *Wanderungen* bemüht.[65]

Für Fontanes Kunsturteil muss die Mitgliedschaft in *Tunnel*, *Rütli* und *Ellora* prägend gewesen sein, was eine retrospektive Aussage über die Treffen im *Rütli* nahelegt:[66]

> Meine 70 zerfallen genau in 2 mal 35. Die ersten 35 rütlileer, die letzten 35 rütlivoll, und wenn ich mir zusammenrechne, was ich in diesen zweiten 35 mit Hilfe des Rütli alles gelernt und erstudiert habe, so kann ich von 70 Studiensemestern sprechen, während welcher langen Zeit ich allwöchentlich die berühmtesten Professoren gehört habe, von Kugler, Menzel, Lazarus an bis auf den jüngsten Professor August von Heyden.[67]

Das Zitat belegt die These, dass Fontanes ästhetische Schulung massgeblich von seiner Vereinstätigkeit beeinflusst ist und dass er diese aktiv als Möglichkeit zur persönlichen Bildung wahrnimmt.[68] Bezüglich des Bildungsinteres-

61 Diesen Artikel druckte die *Preußische (Adler-)Zeitung* am 12.11.1852, wiederabgedr. in: Fontane, *Alte Helden, neue Siege*, HFA III/3/I, S. 143. Fontane nimmt darin Bezug auf Eggers' Gedicht *Der Reitersmann* (vgl. Berbig (Hrsg.), *Fontane und Friedrich Eggers*, S. 89, FN 74).

62 Theodor Fontane an Friedrich Eggers, 13.09.1852, abgedr. in: Berbig (Hrsg.), *Theodor Fontane und Friedrich Eggers*, S. 89.

63 Fontane unterstützt seinerseits ebenfalls Freunde aus den Vereinen: In einem Brief an Zöllner bittet er darum, sich für den offenbar von »Kunstwelt« und »Kunstbehörden« ungerecht behandelten August von Heyden einzusetzen »Ich glaube, Du wirst das von mir Gesagte gelten lassen und frage ich deshalb ganz naiv bei Dir an [sic], ob Du Deinen Einfluß, der einzelnen Personen gegenüber (ich nenne nur Carl Becker) gewiß groß ist, nicht zu Gunsten des armen Kerls geltend machen könntest« (Theodor Fontane an Karl Zöllner, 17.08.1888, HFA IV/3, S. 633).

64 Vgl. Fontane, *Christian Daniel Rauch. I.-II*, NFA XXIII/1, S. 572–595.

65 Vgl. Nürnberger und Storch, *Fontane-Lexikon*, S. 402.

66 Die Vereinsbesuche Fontanes sind durch Briefe sowie Tagebucheinträge dokumentiert (vgl. z. B. Theodor Fontane an Karl Eggers, 16.01.1892, abgedr. in: Berbig (Hrsg.), *Fontane und Eggers*, S. 322).

67 Theodor Fontane, *Unveröffentlichter Dankes-Toast an den Rütli*, hrsg. von Joachim Schobess. In: *Fontane-Blätter* 6 (1968), S. 243f.

68 Allerdings beklagt sich Fontane in einem Bericht an Heyse Ende 1860 darüber, dass im *Rütli* nicht über Kunst gesprochen werde: »Gespräche über Kunst, namentlich über

ses Fontanes ist außerdem auf die zahlreichen Rezensionen zu verweisen, die er über kunsthistorische Kompendien von Vereinsmitgliedern, insbesondere die Werke Lübkes verfasst.[69] Die These, dass es sich dabei um Freundschaftsdienste handelt, legen allerdings nicht einzig Fontanes Besprechungen von Werken Lübkes – von denen Fontane die eine als »dicken Liebesdienst«[70] bezeichnet – nahe. Die Rezension zu Manasse Ungers Werk *Die Malerei und die Kunstkritik. Kritische Forschungen im Gebiete der Malerei* könnte ebenso aufgrund persönlicher Beziehungen entstanden sein, ist Richard Lucae doch Ungers Adoptivneffe.[71] Bemerkenswert ist in diesem Zusammenhang, dass von Fontane keine Rezensionen zu Werken Kuglers vorliegen, zumal sich Fontane bei den Kunsthistorikern aus seinem Vereinsumfeld mit Lesepublikum und Popularisierung revanchieren könnte, wovon Kugler aber offenbar nicht gewillt ist Gebrauch zu machen.

Hinsichtlich Fontanes Vereinstätigkeit erweist es sich als aufschlussreich, zwei Texte hinzuzuziehen, die er im Rahmen seiner journalistischen Tätigkeit verfasst: *Der Kupferstichverein* sowie *Der Verein der Künstlerinnen und Kunstfreundinnen.* In beiden Artikeln spricht er sich explizit für eine Mitgliedschaft in solchen Vereinigungen aus[72] und rührt am Ende des Artikels die Werbetrommel für dieselben: »Überall dorthin, wo, bei beschränkten Mitteln, doch der Hang vorhanden ist, das Haus künstlerisch auszuschmücken, – empfehlen wir den Eintritt in diesen ›Kupferstichverein‹.«[73] Überdies reflektiert auch Friedrich Eggers über Kunstbesitz in Privathaushalten und spricht sich in einem Artikel im *Deutschen Kunstblatt* dafür aus, lieber Gipsabgüsse herzustellen, die erschwinglich seien, als Marmorstatuen zu produzieren, die sich ledig-

---

gewisse kitzliche, eben jetzt in Streit begriffene Punkte, wie sie zwischen Blomberg, Menzel, Lazarus, Lübke und gelegentlich auch Lucae (bei architektonischen Fragen) mit Eifer und Sachkenntniß, und namentlich ohne alle Verranntheit und Stagnation geführt worden sind, kommen gewiß nicht allzu häufig vor« (Theodor Fontane an Paul Heyse, 23.12.1860, HFA IV/2, S. 18).

69 Vgl. Kapitel I.1.4.

70 Theodor Fontane an Julius Grosser, 04.02.1980, HFA IV/3, S. 61.

71 Fontane erwähnt diesen Zusammenhang in *Von Zwanzig bis Dreißig*, wo er »Onkel Unger« als »Bildersammler und gute[n] Kunsthistoriker« beschreibt (Fontane, *Von Zwanzig bis Dreißig*, GBA III/3, S. 207).

72 Die Einleitung zum Artikel über den Kupferstichverein gibt implizit zu erkennen, dass er dazu beitragen soll, dem Verein neue Mitglieder zu bescheren: »Zu den vielen *stillen* Vereinen, die hier in Berlin existieren, gehört auch der ›Kupferstichverein‹. Und doch verdient derselbe bekannter zu sein und an *Ausdehnung* zu gewinnen« (Fontane, *Der Kupferstichverein*, NFA XXIII/2, S. 151).

73 Ebd., S. 152. Sogar die Adresse, an die man sich hierfür zu wenden hat, ist vermerkt.

lich eine Minorität leisten könne.[74] Die Angaben in Fontanes Zeitungsartikeln zu Veranstaltungsorten sowie Aufrufe, sich für die Vereine zu engagieren, verdeutlichen, dass die Texte bewusst an ein anvisiertes Lesepublikum gerichtet sind. Auch über den Verein der Künstlerinnen und Kunstfreundinnen spricht sich Fontane wohlgesinnt aus und befürwortet die praktischen und ideellen Ziele des Vereins, die darin bestünden, Künstlerinnen mittels Zeichenschule sowie Vorlesungen über Kunstgeschichte in ihrer Kunst zu fördern und in ihrem Leben zu unterstützen.[75] Nach den Ausführungen über den Zweck des Vereins geht Fontane auf die Ausstellung ein, wobei er zwischen Werken von Künstlern und solchen von Künstlerinnen keine Diskrepanz ausmachen will. Der Saal sei »eben ein Ausstellungs-Saal wie jeder andere, mit der e i n e n Einschränkung, daß es nicht Künstler, sondern Künstlerinnen sind, die ausgestellt haben«[76]. Seinen Artikel positioniert er als »Hinweis auf das in hohem Maße empfehlenswerte G a n z e«[77] und schließt mit dem Fazit, dass das Bestreben, Künstlerinnen die Stolpersteine aus dem Weg zu räumen, zu unterstützen sei. Er setzt sich folglich für die Anliegen der Vereine ein und wertet deren Tätig-

74 Vgl. Friedrich Eggers, *Die plastische Anstalt und Gipsgiesserei von G. Eichler in Berlin*. In: *DKB* 28 (24.07.1856), S. 267–270. Bemerkenswert ist, dass Eggers dieses Plädoyer mit sprachlicher Komik versieht. Dies womöglich um klarzustellen, dass er sich der Vorzüge und des Werts von Marmorstatuen bewusst ist und um den Artikel mit einer Pointe zu beenden: »Wenn wir Andern, die wir, ›dem Himmel näher‹ zur Miethe wohnen, mit der Ausschmückung unserer Räume warten wollten, bis wir an lauter eitel Marmor denken können, so würden wir wohl gerade so lange zu warten haben, als bis auf unser eignes – letztes – Haus. Wir ziehen es daher vor, dem Gyps einen Miethszins zu entrichten und eine und dieselbe Form nach und nach durch mehrere Exemplare vertreten zu lassen« (ebd., S. 270).

75 Frauen gegenüber verhält sich »die hiesige Kunstakademie, vielleicht mit gutem Grunde, […] ablehnend«, wie Fontane schreibt (Fontane, *Der Verein der Künstlerinnen und Kunstfreundinnen*, wiederabgedr. in: Zand (Hrsg.), *Journalistische Gefälligkeiten*, S. 16). Im letzten Abschnitt betont er hingegen, dass die Werke der Künstlerinnen Beachtung verdienten. Fontane geht im Verlauf des Artikels nicht weiter auf geschlechterspezifische Unterschiede ein, führt zwar unter den Genres die Blumenstücke als erstes an, kommentiert dies jedoch nicht und kennzeichnet es auch nicht als Genre, das Frauen vorbehalten ist. Anders dann bei der Figur der Tiermalerin Rosa Hexel, mit Übername Rosa Malheur in *Cécile*, an der sich durchaus geschlechterspezifische Merkmale ausmachen lassen (vgl. Hoffmann, *Photographie, Malerei und visuelle Wahrnehmung*, S. 182ff.).

76 Fontane, *Der Verein der Künstlerinnen und Kunstfreundinnen*, wiederabgedr. in: Zand (Hrsg.), *Journalistische Gefälligkeiten*, S. 17.

77 Ebd.

keiten äußerst positiv, was vor dem Hintergrund seiner eigenen Vereinstätigkeit kaum erstaunt.[78]

2 Herausbildung der Kunstgeschichte als universitäre Disziplin

Wie in Zusammenhang mit den Vereinstätigkeiten Fontanes erwähnt, sind zwischen seiner Kunstauffassung und seinen Kontakten zu Vertretern der Berliner Schule enge Zusammenhänge festzustellen. Zu den Exponenten dieser Schule zählen Gustav Friedrich Waagen, Karl Schnaase, Franz Kugler und Karl Friedrich von Rumohr.[79] Sie sind maßgeblich an der Institutionalisierung der Kunstgeschichte beteiligt, die sich zuerst auf die Museen beschränkt und sich danach als eigenständige akademische Disziplin an der Universität etabliert.[80] Ausschlaggebend dafür ist Wilhelm von Humboldts Bildungsreform, die unter anderem zur Einrichtung des Berliner Museums als öffentliche Bildungsinstitution und Ort der Forschung führt.[81] Damit befördert Humboldt die Einbindung von Kunst in die Gesellschaft und sorgt mit der Friedrich-Wilhelms-Universität für den institutionellen Rahmen zur Etablierung der Kunstgeschichte als wissenschaftliche Disziplin.[82] Die Berliner Schule ist indes an der Schnitt-

78 Im *Deutschen Kunstblatt* gibt es eine eigene Rubrik »Kunstvereine«, in der über Tätigkeiten – wie Sitzungen, Ausstellungen und Verlosungen – verschiedener Vereine berichtet wird (vgl. z. B. [ungez.] *Kunstvereine. Aus dem siebenten Bericht über die Wirksamkeit des Magdeburgischen Kunstvereins.* In: *DKB* 32 (12.08.1950), S. 255–256).

79 Rumohr verfasst 1827 mit den *Italienischen Forschungen* »eine erste umfassende Studie zur italienischen Kunstgeschichte« (Jürg Probst, *Chronik.* In: Keisch, Schuster et al. (Hrsg.), *Theodor Fontane und die bildende Kunst*, S. 28), verstirbt allerdings bereits 1843. Fontane weiß aber wohl um seine Zusammenarbeit mit Waagen für den Aufbau der Gemäldegalerie und sieht seine Kunstwerke in einer Ausstellung (vgl. Fontane, *Die Ausstellung von Aquarellen [1869]*, NFA XXIII/1, S. 396).

80 Vgl. Gabriele Bickendorf, *Die ›Berliner Schule‹.* In: Ulrich Pfisterer (Hrsg.), *Klassiker der Kunstgeschichte 1: Von Winckelmann bis Warburg*, München 2007, S. 46. Detaillierterer Analyse bedürfte in diesem Zusammenhang die Bedeutung Hegels für die ›Berliner Schule‹. Karge bekräftigt, dass Hegel für die Ausbildung der Kunstgeschichte als wissenschaftlicher Disziplin nicht zentral war, was er unter anderem damit begründet, dass Kugler sich von philosophischen Fragen ferngehalten und stattdessen vollkommen auf Fakten über Künstler und Kunstwerke konzentriert habe (vgl. Henrik Karge, *Projecting the Future in German Art Historiography of the Nineteenth Century: Franz Kugler, Karl Schnaase, and Gottfried Semper.* In: *Journal of Art Historiography* 9 (2013), S. 4f.).

81 Vgl. Bickendorf, *Die ›Berliner Schule‹*, S. 46.

82 Der universitäre Lehrstuhl für Kunstgeschichte bleibt sämtlichen Vertretern der ›Berliner Schule‹ vorenthalten, weil er mit dem Archäologen Ernst Heinrich Toelken besetzt

stelle zwischen neuen, wissenschaftlich distanzierten Diskursen und früherer ästhetisierender Kunstbeschreibung zu verorten.[83] Dass diese Entwicklung von Fontane auch als solche wahrgenommen wird, macht stellvertretend ein Zitat aus den *Wanderungen* deutlich, in dem er auf die kunsthistorische Forschung Bezug nimmt, da in der älteren Literatur eine Fehldeutung einer Kapelle als Wehranlage vorliegt. Er kommentiert dies mit den Worten:

> Solche Urteile datieren noch aus einer Zeit her, wo die Kenntnis über künstlerische, speziell über architektonische Dinge gleich Null war. Kugler, Schnaase, Lübke haben eine völlig »neue Ära« geschaffen. Während jetzt jeder aus Rund- oder Spitzbogen, aus Tonnen- oder Kreuzgewölbe, den Stil und das Jahrhundert einer Kirche leidlich genau zu bestimmen weiß, stand man früher vor diesen Dingen wie vor einem Rätsel und unterschied das Alter zweier Gebäude oft rein nach dem Grade äußerlichen Verfalls, dabei zur Architektur eine kaum wissenschaftlichere Stellung einnehmend wie die Kinder zur Pflanzenkunde, wenn sie die Blumen in blaue, rote und gelbe teilen. Dies muß man immer gegenwärtig haben.[84]

---

ist (vgl. Lothar L. Schneider, *Gedachte Intermedialität. Zur wechselseitigen Illustration der Künste in Ästhetiken der zweiten Hälfte des 19. Jahrhunderts*. In: Annette Simonis (Hrsg.), *Intermedialität und Kulturaustausch. Beobachtungen im Spannungsfeld von Künsten und Medien*, Bielefeld 2009, S. 211).

83 Vgl. Pfotenhauer, *Winckelmann und Heinse*, S. 330. Pfotenhauer bezieht diese Aussage lediglich auf Jacob Burckhardt, sie scheint jedoch als Beschreibung für die gesamte ›Berliner Schule‹ zuzutreffen. Dafür können exemplarisch Kuglers *Handbuch der Kunstgeschichte* von 1842 und Schnaases erster Band der *Geschichte der bildenden Künste*, der im darauffolgenden Jahr erscheint, stehen. Kugler und Schnaase haben folglich nahezu zeitgleich eine universale Kunstgeschichte entworfen, deren Neuigkeitswert darin besteht, erstmals die Kunst aller Völker und Epochen zu berücksichtigen. Damit einhergehend verliert die klassisch-antike Kunst ihren traditionellen Vorrang und wird zu einer Epoche unter vielen (vgl. Karge, *Kunst als kulturelles System*, S. 142). Bei Schnaases Publikation liegt ein Schwerpunkt auf der Kunst des Mittelalters, die in fünf von insgesamt acht Bänden thematisiert ist. Damit wird der seit Johann Joachim Winckelmann einsetzende Paradigmenwechsel weg von der Künstlergeschichte in der Nachfolge Vasaris hin zu einer auf historischer Forschung und Quellenkritik basierenden Geschichte der Kunst weitergeführt (vgl. Thomas Noll, *Das Ideal der Schönheit. Burckhardt, Winckelmann und die Antike*. In: Peter Betthausen und Max Kunze (Hrsg.), *Jacob Burckhardt und die Antike*, Mainz 1998, S. 8; vgl. Karge, *Poesie und Wissenschaft*, S. 269). 1862 erscheint Waagens *Handbuch der Geschichte der Malerei*, das sich ebenfalls in diese Entwicklung einreihen lässt.

84 Fontane, *Wanderungen. Blankensee*, GBA V/4, S. 414f., FN; nach einem Vorabdruck von 1871 ursprünglich im dritten Teil der *Wanderungen* (Ost-Havelland) 1873 erschienen. Auch Burckhardt äußert sich zu dieser Entwicklung: »[...] das laufende Jahrzehnt scheint an kunstgeschichtlichen Leistungen das reichste werden zu wollen, seit es überhaupt eine Kunstgeschichte gibt« (Jacob Burckhardt, *›Geschichte der bildenden Künste bei den christlichen Völkern‹ [Rezension]*. In: *Kölnische Zeitung*, 09.09.1845, Beilage).

Fontane anerkennt folglich die Errungenschaften der Berliner Schule und streicht deren wissenschaftlichen Fortschritt als positiv und beachtenswert hervor, was der Vergleich mit dem kindlichen Vorgehen bei der Einordnung von Pflanzen zusätzlich akzentuiert. Im Zitat verweist die Klassifizierung von Gewölben sowie Baustilen darauf, dass sich Fontane das entsprechende Fachvokabular angeeignet hat. Er lehnt jedoch nationalistische Diskurse der Stilgeschichte zugunsten der Erkundung des Lokalen und Individuellen ab, wofür die *Wanderungen* exemplarisch stehen können. Die gattungsbezogene Stilgeschichte findet im kunsthistorischen Handbuch des 19. Jahrhunderts ihre populäre Ausformung,[85] wichtig zur Verbreitung kunsthistorischen Wissens sind jedoch nicht einzig Handbücher, sondern auch die Präsentation von Kunst in Museen. Die Konzeption des Berliner Museums ist daher relevant in Bezug auf Fontanes Kunstverständnis, weil sie offenlegt, welche Kunst Fontane in Berlin sehen kann und in welcher Form diese präsentiert wird. Der Vermittlungsgedanke sowie der erzieherische Anteil, den Fontane Kunst beimisst, scheinen dadurch entscheidend beeinflusst. Kunst mit Bildung in Zusammenhang zu bringen, prägt auch Eggers' Gedankengut; verwiesen sei auf seine Dissertation *Die Kunst als Erziehungsmittel für die Jugend*.[86] Zudem wird Fontanes Bewusstsein für die Vermittlung von Kunst wohl durch den Kontakt zu Waagen geschärft, der maßgeblich an der Konzeption des Neuen Museums in Berlin und später auch der Manchester-*Exhibition* beteiligt ist. Neben Waagen als Kommissionsmitglied ist Rumohr als informeller Berater für das Neue Museum tätig, dem höchste kulturelle und politische Bedeutung beigemessen wird. Dies manifestiert sich in der Wahl des Bauplatzes und des Architekten Karl Friedrich Schinkel.[87] Ziel ist das Aufzeigen der Geschichte der Kunst, was mittels einer Gruppierung nach künstlerischen Schulen und innerhalb derselben nach der Chronologie umgesetzt wird.[88] Waagen und Schinkel verfassen gemeinsam

85 Vgl. Prange (Hrsg.), *Kunstgeschichte 1750–1900*, S. 12.

86 Friedrich Eggers, *Von der erziehenden Macht der Kunst auf die Jugend*, Rostock 1848 [als Dissertation: *Die Kunst als Erziehungsmittel für die Jugend*, eingereicht und angenommen von der Philosophischen Fakultät der Universität Rostock]; ders., *Denkschrift über eine Gesammt-Organisation der Kunst-Angelegenheiten*. In: *DKB* 29 (19.07.1851), S. 225ff. Zudem publiziert Eggers im *Deutschen Kunstblatt* Aufsätze über die Aufgaben von Museen (vgl. ders., *Die Zugänglichkeit der Museen*. In: *DKB* 4 (27.01.1851), S. 25f.). Eggers spricht sich im zitierten Aufsatz dafür aus, Museen auch sonntags zu öffnen, damit der Zugang für alle Stände gewährleistet werden könne.

87 Vgl. Gabriele Bickendorf, *Deutsche Kunst und deutsche Kunstgeschichte. Von Winckelmann bis zur Berliner Schule*. In: Thomas Schilp und Barbara Welzel (Hrsg.), *Dortmund und Conrad von Soest im spätmittelalterlichen Europa*, Bielefeld 2004, S. 33.

88 Waagen lernt dieses Konzept bereits 1814 im Pariser Musée Napoléon kennen und kann es auch für die Hängung der Alten Meister in der *Art Treasures Exhibition* in

eine Denkschrift zur Einrichtung der Gemäldegalerie, welche die Erziehung des Publikums durch den Affekt als Hauptzweck hervorhebt. Die Zielgruppe wird damit – ganz in Humboldts Sinne – von Künstlern und Kunstliebhabern auf ein breiteres Publikum erweitert.[89] Im Kontext der Bemühungen um die Vermittlung von Kunstwissen sind Waagens nach Schulen geordneter Katalog sowie kleine Zettel an der Wand, welche die Gemälde jeder Abteilung, die Namen der Künstler, die dargestellten Sujets, die Datierung und die Zuordnung zur jeweiligen Schule auflisten, zu verorten.[90] Dass die Ausrichtung des Museums mit entscheidenden politischen Implikationen verbunden ist, verdeutlicht der Beschluss in den Statuten der Akademie, wonach dieselbe »insbesondere den vaterländischen Kunstfleiss erwecke[n], beförder[n] und [...] veredle[n]« solle.[91] Dies mit dem Ziel, dass die eigenen Künstler »den auswärtigen nicht ferner nachstehen«[92]. Bezüglich der ausgestellten Kunst ist allerdings zu vermerken, dass die deutsche Kunst in der Konzeption des Museums stark vernachlässigt wird. Waagen ist sich der defizitären Präsentation bewusst und führt einen historischen Mangel an Objekten – bedingt durch Kriege und Bildersturm – sowie eine forschungsgeschichtliche Favorisierung der italienischen Kunst als Gründe an.[93] Selbst Waagens kritischer Katalog der Gemäldesammlung, den er als didaktisches Hilfsmittel mit historischen Abrissen sowie Kommentaren zu den einzelnen Gemälden versieht, ist nach der italienischen Kunst ausgerichtet,[94] und dies, obwohl sich Waagen mit seiner Publikation

---

Manchester durchsetzen. Die Organisatoren der Ausstellung verwirklichen Waagens Grundidee und präsentieren das italienische Trecento und Quattrocento sowie die frühen Niederländer als sich gegenüberstehende Ausprägungen einer Epoche. Die Gemälde werden daher chronologisch und innerhalb der Chronologie nach Schulen geordnet (vgl. Ulrich Finke, *›... ein Musterungsplatz für die gesamte moderne Kunst‹. Die Art Treasures Exhibition in Manchester*. In: Keisch, Schuster et al. (Hrsg.), *Fontane und die bildende Kunst*, S. 295).

89 Vgl. Elsa van Wezel, *Die Konzeption des alten und neuen Museums zu Berlin und das sich wandelnde historische Bewusstsein*. In: *Jahrbuch der Berliner Museen* 43 (2001), Beiheft, S. 92.

90 Vgl. Bickendorf, *Die ›Berliner Schule‹*, S. 47f. Waagens zentrale kunstdidaktische Überlegungen richten sich nach den Fragen »Was ist erfreulich?« und »Was ist lehrreich?«, womit er im Gebiet der Museologie zu einer internationalen Autorität wird. Die *National Gallery* am Trafalgar Square setzt dieses System erst 1856 um (vgl. Susanna Avery-Quash und Julie Sheldon, *Art for the Nation. The Eastlakes and the Victorian Art World*, London 2011, S. 173).

91 Eggers, *Denkschrift über eine Gesammt-Organisation der Kunst-Angelegenheiten*, S. 233.

92 Ebd., S. 234.

93 Vgl. Bickendorf, *Deutsche Kunst und deutsche Kunstgeschichte*, S. 35.

94 Humboldt hält in seinem Erläuterungsschreiben zur Eröffnung des Museums fest, dass die Kunstwerke zum besseren Verständnis, und um dieses Wissen nicht einer

über die Brüder van Eyck eigentlich als Spezialist für die niederländische Kunst etabliert hat.[95] Auch in Kuglers *Geschichte der Malerei* bildet die italienische Kunst den Ausgangs- und Referenzpunkt.[96] Dass Schnaases, Kuglers und Lübkes Werke auch die außereuropäische und islamische Kunst umfassen, ist eine Neuerung.[97] Allgemein wird Italien in den Überblicksdarstellungen stets als Motor der gesamten Kunstgeschichte dargestellt.[98] Für die nach wie vor große Popularität der Italienreisen bürgt auch Fontanes Rezension zu Wilhelm Lübkes *Lebenserinnerungen*, in der Fontane das Italien-Kapitel erwähnt, an dem die »große Zahl unsrer Italianissimi« die größte Freude habe.[99]

Der erwähnte Katalog Waagens zu den Werken im Berliner Museum verdeutlicht das Bestreben, Kunst einem breiten Publikum näherzubringen, was auch auf Waagens weitere Publikationen zutrifft. So schreibt er in der Einleitung seines *Guide* für die Manchester-*Exhibition*, dass dieser »not for the small number of connoisseurs, but for the larger proportion of lovers of art« geschrieben sei.[100] Die kleine Expertengruppe wird damit der mit Leidenschaft assoziierten großen Öffentlichkeit gegenübergestellt. Darin spiegelt sich das kunstpolitische Anliegen, anhand öffentlicher Kunstausstellungen sämtliche Bevölkerungsschichten zu erreichen, um somit gleichsam die staatliche Bildungspolitik zu unterstützen. Zu erwähnen sind in diesem Zusammenhang

Gruppe von Kunstkennern oder den vermögenden Käufern des Kataloges vorzuenthalten, beschriftet werden sollten. Sachfragen seien allerdings auszublenden, da sie den ästhetischen Genuss beeinträchtigen könnten (vgl. Van Wezel, *Die Konzeption des alten und neuen Museums zu Berlin*, S. 102).

95 Daneben setzt sich Waagen in Studien mit Mantegna, Signorelli und Leonardo auseinander (vgl. Gustav Friedrich Waagen, *Kleine Schriften*, Stuttgart 1875).

96 Jacob Burckhardt führt im *Cicerone* die »Malerei des germanischen Stils« auf Giotto und dessen Schule zurück (vgl. Burckhardt, *Der Cicerone*, S. 708). Rumohr beschäftigt sich eingehend mit der italienischen Kunst (vgl. Karl Friedrich von Rumohr, *Über Raffael und sein Verhältnis zu den Zeitgenossen*, Berlin/Stettin 1831; ders., *Drei Reisen nach Italien*, Leipzig 1832).

97 Vgl. Bickendorf, *Die ›Berliner Schule‹*, S. 56.

98 In Kuglers *Handbuch der Kunstgeschichte* dominiert die bildende Kunst Italiens quantitativ und erfährt die höchste Wertschätzung, was sich bereits aus dem Inhaltsverzeichnis erschließen lässt (vgl. Kugler, *Handbuch der Kunstgeschichte*, 1842, S. XVIII–XXIV).

99 Fontane, *›Lebenserinnerungen‹ von Wilhelm Lübke*, NFA XXIII/1, S. 616; vgl. dazu den Brief Fontanes an Zöllner: »Eben habe ich eine kleine Kritik über Lübkes ›Lebenserinnerungen‹ beendet (es war nicht ganz leicht)« (Theodor Fontane an Karl Zöllner, 09.06.1891, HFA IV/4, S. 125).

100 Gustav Friedrich Waagen, *A Walk Through the Art Treasures Exhibition at Manchester, Under the Guidance of Dr. Waagen, Author of ›Treasures of Art in Great Britain‹. A Companion to the Official Catalogue*, London 1857, Vorwort, unpaginiert.

auch die Bemühungen, die in Manchester zahlreich wohnhaften Fabrikarbeiter zum Besuch der Ausstellung zu animieren.[101] Fontanes Gesprächspartner in Manchester, der ebenfalls Berichterstatter der *Exhibition* ist, Titus Ullrich, schwächt die hohen Erwartungen an die Bildung allerdings ab: »Ein unentwickelter Mensch wird nicht im Handumdrehen die Elemente der ästhetischen Kultur gewinnen.«[102] Kritische Äußerungen ändern indessen nichts an dem Bestreben, kunsthistorisches Wissen zu verbreiten, wozu die ersten kunsthistorischen Überblickswerke einen entscheidenden Beitrag leisten.[103] Die umfangreichen Bücher gewähren einer breiten Öffentlichkeit Zugang zur wissenschaftlichen Forschung, wobei die mehrfachen Auflagen den Erfolg der damit beabsichtigten Popularisierung belegen.[104] Dass Fontanes Lektüre und Rezension dieser Werke auch Einfluss auf seine Wahrnehmung und Bewertung von Kunstwerken hat, legt seine Aussage zu Karl Friedrich Schinkels Jugendarbeiten nahe:

> Sie bilden eine Kollektion von relativ hervorragendem Wert. Ihre künstlerische Bedeutung, einige Blätter abgerechnet, ist nicht groß, desto größer aber ist ihre *kunsthistorische.* Den Entwickelungsgang Schinkels von frühauf zeigend, ergänzen sie *das*, was das Schinkel-Museum an Arbeiten des Meisters bietet, in einer nicht leicht zu überschätzenden Weise.[105]

Fontane macht mit der Unterscheidung in künstlerischen und kunsthistorischen Wert deutlich, dass er sich der verschiedenen Geltungsbereiche und der unterschiedlichen Aussagekraft von Kunstwerken bewusst ist. Er inszeniert die Blätter als wichtige Ergänzung zu Schinkels Hauptwerken, was zeigt, dass er nicht nur dem künstlerisch hochstehenden Einzelwerk, sondern auch der Einbettung ins Gesamtwerk des Künstlers Bedeutung beimisst. Ein essenzieller Unterschied zwischen der Ausrichtung der Berliner Schule und derjenigen Fontanes besteht allerdings darin, dass sich Fontane in den kunstkritischen

---

101 Die Besucherzahl von mehr als einer Million bestätigt den Erfolg der Veranstaltung (vgl. Finke, ›… *ein Musterungsplatz für die gesamte moderne Kunst*‹, S. 294).

102 Titus Ullrich, *Reise-Studien aus Italien, England und Schottland*, Berlin [1889] 1893, S. 314.

103 Prägend für die Schriften der Berliner Schule ist Waagens Werk *Ueber Hubert und Johann van Eyck*, das zum Vorbild für die kunsthistorische Monografie wird (vgl. Gustav Friedrich Waagen, *Über Hubert und Johann van Eyck*, Breslau 1822). Daneben entstehen die Handbücher Franz Kuglers und Karl Schnaases, die erstmals als Überblickswerke statt als empirische Einzelforschungen ausgelegt sind (vgl. Kugler, *Handbuch der Kunstgeschichte*; Schnaase, *Geschichte der bildenden Künste*).

104 Vgl. Bickendorf, *Die ›Berliner Schule‹*, S. 56.

105 Fontane, *Wanderungen. Radensleben*, GBA V/1, S. 48. Vgl. dazu auch ders., *Die Ausstellung zur Erinnerung an Friedrich den Großen*, NFA XXIII/1, S. 257.

Zeitungsartikeln hauptsächlich mit bildender Kunst der Gegenwart befasst.[106] Dieser Fokus auf die Kunst der Gegenwart kann auf die Gattungsgeschichte der Kunstkritik zurückgeführt werden, die gemäß Dresdner *per se* die Auseinandersetzung mit zeitgenössischer Kunst beinhalte.[107] Diesbezüglich erweist sich ein Vergleich mit den Kapiteln zur Kunst der Gegenwart in den kunsthistorischen Handbüchern von Franz Kugler und Wilhelm Lübke als aufschlussreich. Unmittelbar fällt die Kürze der entsprechenden Kapitel auf: Sowohl Kugler als auch Lübke beschäftigen sich lediglich im jeweils letzten Kapitel ihrer kunsthistorischen Kompendien mit der Gegenwartskunst. Aufschluss über diese marginale Stellung der zeitgenössischen Kunst gibt Kuglers Aussage, wonach die Beschreibung der Kunst der Gegenwart besondere Schwierigkeiten berge, zumal »noch [...] der freie, entfernte Standpunkt« fehle.[108] Ganz ähnlich glaubt sich Lübke in Bezug auf Architektur »[a]uf eine ausführlichere Schilderung und Kritik [...] nicht einlassen zu dürfen«, was er damit begründet, dass »diese Dinge« für eine »objective geschichtliche Würdigung [...] noch zu nah« sein würden: »Sie sind vor der Hand mehr Gegenstand der Discussion als der historischen Darstellung, gehören mehr in die Journale als in die Geschichtsbücher.«[109] Lübkes Stellungnahme ist die Überzeugung inhärent, dass historische Distanz ein höheres Maß an Objektivität nach sich ziehe.[110] Gleichsam ist damit der Bereich genannt, in dem sich der Kunstkritiker als subjektiver Beurteiler profilieren kann. Hinsichtlich des fachlichen Austausches zwischen Kugler, Lübke und Fontane ist auf die hohe Übereinstimmung zwischen den Künstlern, die in den genannten Kompendien erwähnt sind, und denjenigen, die Fontane in seinen kunstkritischen Artikeln berücksichtigt, hinzuweisen. Einerseits scheint dies auf die Vereinstätigkeiten und die Freundschaften mit Kugler und Lübke zurückzuführen zu sein. Andererseits hat es wohl dazu beigetragen, dass sich die Jury der biennalen Berliner Kunstausstellungen – ebenso wie Kugler und Lübke – am Kanon orientiert respektive kanonbildend ist.[111]

---

106 Auf seine Bemerkungen in Tage-, Notizbüchern, Reiseberichten und Briefen trifft dies allerdings nur mit Einschränkungen zu.

107 Vgl. Dresdner, *Die Entstehung der Kunstkritik*, S. 28.

108 Vgl. Kugler, *Handbuch der Kunstgeschichte*, 1842, S. 853.

109 Wilhelm Lübke, *Geschichte der Architektur. Von den ältesten Zeiten bis auf die Gegenwart*, 2., stark vermehrte Auflage, Köln 1858, Vorwort zur zweiten Auflage, S. X.

110 Vgl. ders., *Grundriss der Kunstgeschichte*, ^{4}1868, S. 721.

111 Bei Lübke und Kugler sind außerdem die französische und englische Malerei – wenn auch in geringerem Umfange – mitberücksichtigt. Übereinstimmung besteht in Bezug auf die Prognose, wonach die Vorrangstellung Italiens am verblassen sei, Frankreich und Deutschland stattdessen umso wichtiger würden (vgl. Kugler, *Handbuch der Kunstgeschichte*, 1842, S. 854; Lübke, *Grundriss der Kunstgeschichte*, ^{4}1868, S. 723f.).

Die marginale Stellung der Kunst der Gegenwart in den kunsthistorischen Handbüchern ist darauf zurückzuführen, dass die Verfasser derselben um die Darstellung einer Entwicklungsgeschichte der bildenden Kunst von ihren Anfängen her bemüht sind. Sie beabsichtigen, übergreifende Systematiken herauszuarbeiten und darüber hinaus sämtliche Kulturen der Welt zu berücksichtigen. Fontanes Kunstbetrachtung fokussiert dagegen auf Einzelaspekte hauptsächlich deutscher und englischer Künstler. Ebenso wenig folgen seine kunstkritischen Schriften einem systematischen Aufbau oder einem Kriterienkatalog, den es abzuarbeiten gilt. Was dessen ungeachtet die Absicht, Kunstwissen durch Handbücher zu popularisieren, und Fontanes Art und Weise der Kunstvermittlung eint, ist die Verknüpfung von Kunst und Bildung. Vorkehrungen, um Kunst einem größeren Publikum zugänglich zu machen, werden nicht einzig in Museen getroffen; darüber hinaus erfolgt die Einrichtung von Galerien, die Zahl an Ausstellungen und Wettbewerben von Akademien und Kunstschulen steigt exponentiell an, und zahlreiche Kunstvereine werden gegründet.[112] Auch Fontane hat durch seine Mitgliedschaft in Vereinen ebenso wie durch private und berufliche Galerie- und Ausstellungsbesuche an diesem Prozess teil. Außerdem fordert er seine Leserschaft mehrfach zum Besuch von Kunstausstellungen auf, womit er seinem Bildungsanliegen Nachdruck verleiht.[113]

In Bezug auf den medialen Kontext ist zu konstatieren, dass die neuen technischen und ökonomischen Möglichkeiten der Bildverbreitung – wie Lithografie und Fotografie – zur Präsenz von Kunstobjekten in Privathaushalten sowie Salons führen und die Distribution illustrierter (Kunst-)Zeitschriften erlauben.[114] Beispiele dafür sind auch das *Deutsche Kunstblatt* sowie das Jahrbuch *Argo*, die mit zahlreichen Darstellungen versehen sind. Fontane ist sich der Bedeutung der Publikationsorgane – unter anderem bedingt durch seine eigene Mitarbeit an denselben – für die Bildung bewusst, wie seine Beschreibung des Verlagsgeschäftes von Gustav Kühn in den *Wanderungen* offenlegt:

112 Für den Einfluss des Bildungsgedankens auf das Umfeld der Berliner Schule ist Adolph Menzel als Mitbegründer der »Vereinigung der bildenden Künstler in Berlin« (Kohle, *Adolph Menzel als Kunsttheoretiker*, S. 188) ein Beispiel. Er fungiert als Mitunterzeichner eines Briefs an das Kultusministerium, in dem Kunst als »Werkzeug [einer] tiefgreifende[n] und gewaltige[n] Volksbildung« bezeichnet wird (Geheimes Staatsarchiv Preußischer Kulturbesitz, Merseburg, Rep. 76 Ve/Sect. 4, Abt. XV, Nr. 82: Brief vom 03.05.1848 an das Ministerium, unterschrieben von Menzel, Mandel, Steffeck, Heidel, Haagen und Jentzen).

113 Vgl. Kapitel I.2.

114 Vgl. Ursula Renner, *›Die Zauberschrift der Bilder‹. Bildende Kunst in Hofmannsthals Texten*, Freiburg im Breisgau 2000, S. 504. Die von Ursula Renner als »Kultur des Auges und des Geschmacks« bezeichnete Entwicklung betrifft auch die Inneneinrichtung (ebd., S. 507), wofür stellvertretend Schinkels Möbel-Entwürfe stehen können.

> Hier erinnert die Beschränktheit und zu gleicher Zeit die sorgliche Ausnutzung des Raums an den Geschäftsbetrieb englischer Zeitungslokalitäten. Aber was sind die Londoner Blätter im Vergleich zu jenen kolorierten Blättern, die aus dieser kleinen Ruppiner Offizin hervorgehen? Was ist der Ruhm der »Times« gegen die zivilisatorische Aufgabe des Ruppiner Bilderbogens?[115]

Der Vergleich mit den Verhältnissen in London – typisch für Fontane –[116] dient dazu, auf die beschränkte Infrastruktur des Betriebs hinzuweisen und lässt die Leistung des Ruppiner Geschäftes als umso beachtenswerter erscheinen. Des Weiteren betont Fontane die »zivilisatorische Aufgabe« des Bilderbogens, dem er eine ebenso große Bedeutung einräumt wie der überregional ausgerichteten *The Times*. Das Zitat verdeutlicht den Bildungsgedanken, den Fontane mit entsprechenden Publikationen in Verbindung bringt. Ein weiteres Beispiel, das Fontane sowie den Vertretern der Berliner Schule gegenwärtig ist, stellt die Bebilderung der *Geschichte Friedrichs des Großen* durch Menzel dar, die dazu dient, die Popularität des Werks zu steigern und bei Kugler zudem »im Kontext eines umfassenden nationalpädagogischen Konzepts zu verorten ist, in dem die Kunst die zentrale Stelle ein[nimmt]«[117]. Kugler betont beispielsweise im Vorwort zu den *Kleinen Schriften und Studien zur Kunstgeschichte* die wech-

115 Fontane, *Wanderungen. Die Grafschaft Ruppin*, GBA V/1, S. 131.

116 Vgl. dazu auch Fontanes Vergleich der Londoner Kunstausstellung mit einer fiktiven Berliner Ausstellung: »Denken Sie sich eine gute Berliner Ausstellung mit Porträts von Richter, Magnus und Otto; mit Landschaften von Achenbach, Biermann, Kalckreuth und Hildebrandt; dazu mit Genrebildern von Tidemand, Frau Jerichau, Hosemann, Hasenclever und Meyer von Bremen, so werden Sie eine Ausstellung haben, die der hiesigen zum Verwechseln ähnlich sieht« (ders., *Die Londoner Kunstausstellung*, NFA XXIII/1, S. 30).

117 Wolfgang Hardtwig, *Kugler, Menzel und das Bild Friedrichs des Großen*. In: *Jahrbuch der Berliner Museen* 41 (1999), Beiheft, S. 221. Im Briefwechsel äußert Kugler die Absicht, mit der *Geschichte Friedrichs des Großen* ein »Volksbuch« schreiben zu wollen (Franz Kugler, *Briefe über die Geschichte Friedrichs des Großen*. In: *Die Neue Rundschau* 22/12 (Dezember 1911), S. 1723). Ein Exempel dafür, dass sich Fontane der Wirksamkeit von Bildern hinsichtlich der Vermittlung von Inhalten bewusst ist, liefert seine Rezension zum *Buch vom preußischen Soldaten*. Darin kündigt er an, dass die Darstellungen im zitierten Werk der Jugend gefallen würden, weil es »hübsche bunte Bilder« seien, »und muntere Verse dazu« (Fontane, *Das Buch vom preußischen Soldaten. Kriegsbilder und Friedensszenen, der preußischen Jugend in Versen erzählt*, NFA XXIII/1, S. 560). Der Reiz des Werks kommt folglich über Bild- und Text-Interferenzen zustande. Es liegen jedoch auch konträre Aussagen Fontanes vor, in denen er illustrierte Bücher als »unintellektuelle Populärkultur« (Graevenitz, *Theodor Fontane*, S. 206) darstellt: »Das Sinnenleben kriegt den Geist unter. Man will sehn, hören, schmecken, aber nicht denken. Die Welt will Genuß und Ruhe, nicht Anstrengung« (Theodor Fontane an Wilhelm von Merckel, 01.12.1857, HFA IV/1, S. 599).

selseitige Abhängigkeit von Kunst und Gesellschaft.[118] Die Anschauung, dass Kunstgenuss einen Bildungsbeitrag leistet, ist ebenso im Romanwerk Fontanes vertreten: Erinnert sei an Dubslavs Museum in *Der Stechlin*, an die Commerzienräthin[119] in *Frau Jenny Treibel* oder die von verschiedenen Romanfiguren unternommenen Italienreisen. Die Notwendigkeit, die Bevölkerung für die Bedeutung von Kunst zu sensibilisieren, erfährt Fontane auch im Rahmen seiner *Wanderungen* bei Hausbesuchen, zumal das Bewusstsein für den Wert der Kunstwerke bei den brandenburgischen Gutsherren gering ist.[120] In Bezug auf seine Kunstkritiken sind die entsprechenden Kapitel aber dennoch informativ; einerseits, weil er darin teilweise – ganz ähnlich wie es Waagen in *Art Treasures of Great Britain* oder für die Kataloge der Nationalgalerie getan hat, Inventare erstellt.[121] Fontane arbeitet eine Bestandsaufnahme der Sammlung aus, indem er jeweils den dargestellten Gegenstand nennt, beispielsweise »Madonna mit dem Kinde« und daran anschließend eine stichwortartige Bildbeschreibung vornimmt. Diese umfasst auch Angaben oder Vermutungen zum jeweiligen Maler der Bilder sowie zur Datierung aber seltener wertende Urteile.[122] Ergänzend finden sich zahlreiche Vergleiche zu anderen ihm bekannten Gemälden, bezeichnenderweise auch solchen aus dem Berliner Museum.[123]

In einem Brief an Ernst von Pfuel schreibt Fontane, dass es ihm in den *Wanderungen* auf »die Belebung des Lokalen, die Poetisierung des Gesche-

---

118 Vgl. Franz Kugler, *Kleine Schriften und Studien zur Kunstgeschichte. Dritter Teil*, Berlin 1854, S. VI.

119 Die Commerzienräthin gesteht Corinna: »[…] wenn mir nicht der Himmel […] das Herz für das Poetische gegeben hätte […], so hätte ich nichts gelernt und wüßte nichts. Aber, Gott sei Dank, ich habe mich an Gedichten herangebildet« (Fontane, *Frau Jenny Treibel oder ›Wo sich Herz zum Herzen find't‹*, GBA I/14, S. 10).

120 Vgl. Kapitel I.1.9.

121 Fontane verweist in dem Kapitel hinsichtlich der Provenienz einer Zeichnung Dürers gar auf Waagens Werk *Kunstwerke und Künstler in Deutschland* (vgl. Fontane, *Wanderungen. Radensleben*, GBA V/1, S. 47).

122 Vgl. Fontane, *Wanderungen. Radensleben*, GBA V/1, S. 44–48. Zu *Vermählung der heiligen Katharina* äußert Fontane als Werturteil, dass das Werk »[e]ine vorzügliche Arbeit von Sandro Botticelli« sei (ebd., S. 45). Eine *Krönung Mariä* erachtet er als »[a]usgezeichnetes Bild« und zu einer Madonna von Fra Bartolomeo schreibt er: »Die Formen sind edel, das Ganze voll technischer Vollendung« (ebd.).

123 So zu zwei Sepiazeichnungen von Mantegna: »Das Bild zeigt eine gewisse Verwandtschaft des Ausdrucks und der Behandlung mit dem entsprechenden Mantegna-Bilde im Berliner Museum« (ders., *Wanderungen. Radensleben*, GBA V/1, S. 46). Dass sich zu einer dieser Zeichnungen die Vermutung findet, wonach sie eine Skizze zu einem Deckengemälde in Padua sein könnte, spricht dafür, dass Fontane wohl von den Gutsbesitzern Informationen zu den Gemälden erhält. Den zitierten Kommentar hält Fontane nämlich 1864 und damit zehn Jahre vor seiner ersten Reise nach Italien fest.

henen [ankomme], so daß [...] in Zukunft jeder Märker, wenn er einen märkischen Orts- und Geschlechtsnamen hört, sofort ein *bestimmtes Bild* mit diesem Namen verknüpft«.[124] Der Leser soll sich mit der Mark identifizieren und die Mark als solche belebt und aufgewertet werden, dies auch im Vergleich zu anderen Landschaften.[125] Hierzu erhebt Fontane die »Poetisierung«, worunter er das Erzeugen von Bildern qua Sprache versteht, zum künstlerischen Programm. Über die Ebene der Darstellung sollen demnach vermeintlich triviale Themen aufgewertet werden, wie dies auch in anderen Kunstkritiken zum Ausdruck kommt.

Ein weiterer Aspekt in Bezug auf Kunst und Gesellschaft, der in Fontanes kunstkritischen Schriften thematisiert wird und sich im Romanwerk ebenfalls findet, ist die Inanspruchnahme von Kunst als Statussymbol. Im siebten Brief *Aus Manchester* zeigt sich dies darin, dass Fontane die Popularität von Wests *Death of General Wolfe* in Deutschland damit erklärt,

> daß Deutschland (vielleicht mit alleiniger Ausnahme Chodowieckis) im letzten Drittel des vorigen Jahrhunderts noch keine bildende Kunst, weder Bild noch Kupferstich, besaß und daß jeder Gebildete, der seine Zimmer schmücken wollte, darauf angewiesen war, diesen Schmuck von außerhalb zu entlehnen.[126]

Im darauffolgenden Brief findet sich indessen eine Ausdifferenzierung, wonach deutlich wird, dass Bildern nicht nur die Funktion des Wandschmucks und Statussymbols, sondern auch als Konversationsthema eine wichtige Stellung zukommt:

> Nach Tische dann, wenn ein äußerstes Behagen über der Gesellschaft liegt, führt der Wirt seine Gäste an diese goldumrahmten Kostbarkeiten, nennt ihnen zuerst den Preis, fügt einige Anekdoten bei (teure Bilder haben immer Anekdoten) und freut sich, wenn die Gäste endlich als Chorus in das Behaglichkeitslachen einstimmen, das er wie eine Solopartie begonnen hat. Diese Bilder sind wie die Gläschen Anisette, die nach Aufhebung der Tafel herumgereicht werden.[127]

---

124 Theodor Fontane an Ernst von Pfuel, 18.01.1864, HFA IV/2, S. 115.

125 Als symptomatisch für dieses Bestreben kann das Vorwort zu den *Wanderungen* gelesen werden, in dem Fontane ausgehend vom schottischen Leven-See auf die Schätze der Mark hinweist (vgl. Fontane, *Wanderungen. Die Grafschaft Ruppin. Vorwort zur 1. Aufl.*, GBA V/1, S. 2f.).

126 Ders., *Aus Manchester. 7. Brief*, NFA XXIII/1, S. 106 (Abb. 14). Waagen erwähnt die identischen drei Werke von West, die »[d]urch die vortrefflichen Kupferstiche [...] in der ganzen Welt bekannt« seien (Waagen, *Kunstwerke und Künstler*, Bd. 2, S. 130).

127 Fontane, *Aus Manchester. 8. Brief*, NFA XXIII/1, S. 124.

Der Besitzer brüstet sich demnach mit dem Preis der Bilder, was verdeutlicht, dass sich Fontane neben des ideellen auch des ökonomischen Werts von Kunstwerken bewusst ist. Darüber hinaus liefern Bilder Gesprächsstoff zur Unterhaltung der Gäste, was durch die Klammerbemerkung[128] explizit wird, die zugleich den Konstruktionscharakter von Anekdoten ausstellt. Die Schilderung dieser imaginären Genreszene kann als Andeutung auf die gesellschaftliche Bedeutung von Kunst in Fontanes Romanen gewertet werden. Tatsächlich dienen Kunstbesitz und Kunstwissen darin als Distinktionsmerkmal und geben ebenso Anlass zu Kunstgesprächen.[129] Als Beispiel sei auf das Esszimmer in der Wohnung Baron Botho von Rienäckers verwiesen:

> In dem Eßzimmer befanden sich zwei Hertel'sche Stillleben und dazwischen eine Bärenhatz, werthvolle Kopie nach Rubens, während in dem Arbeitszimmer ein Andreas Achenbach'scher Seesturm, umgeben von einigen kleineren Bildern desselben Meisters, paradirte. Der Seesturm war ihm bei Gelegenheit einer Verloosung zugefallen und an diesem schönen und werthvollen Besitze hatte er sich zum Kunstkenner und speziell zum Achenbach-Enthusiasten herangebildet.[130]

Fontane sieht anlässlich seiner Berichterstattung zu den Berliner Kunstausstellungen mehrmals Gemälde Achenbachs[131] und publiziert im Lexikon *Männer der Zeit* einen Artikel über den Maler, in dem er ihn als einen »der ausgezeichnetsten Landschaftsmaler unserer Zeit«[132] lobt. Peter Paul Rubens wiederum ist in den Kunstkritiken an keiner Stelle ausführlicher berücksichtigt. Fontane betrachtet dessen Werke aber auf verschiedenen Kunstausstellungen sowie auf den Italienreisen und äußert sich dort meist positiv.[133] Die zitierte Passage lie-

128 Klammerbemerkungen kommen auch an anderen Textstellen zahlreich vor, z. B. »Auffallen muß es (dies sei beiläufig bemerkt), daß die Marinemalerei zu keiner Zeit in England geblüht hat« (ders., *Aus Manchester. 9. Brief*, NFA XXIII/1, S. 131).

129 Vgl. z. B. in *Der Stechlin* das Gespräch über Skarbina (vgl. ders., *Der Stechlin*, GBA I/17, S. 269) oder über den Kunstbesitz Pastor Lorenzens (ebd., S. 318).

130 Ders., *Irrungen, Wirrungen*, GBA I/10, S. 38.

131 »Seinen bloßen Namen hören, tut uns wohl. Wir wüßten wenige Künstler herzuzählen, denen wir uns so verpflichtet fühlten« (ders., *Berliner Kunstausstellung [1864]*, NFA XXIII/1, S. 293).

132 Ders., *Andreas Achenbach*, NFA XXIII/1, S. 476.

133 In *Eine Kunstausstellung in Gent* heißt es: »Der eine Rubenssche Schächer, der am Kreuz sich windet und aufschreit in wütendem Schmerz, wiegt eine ganze Galerie solcher Neuschöpfungen auf« (ders., *Eine Kunstausstellung in Gent*, NFA XXIII/1, S. 9). Im Notizbuch zu den Italienischen Aufzeichnungen vermerkt er allerdings: »Rubens *Bild, mit Ausnahme des rasenden Weibs links, langweilig*« (ders., *Italienische Aufzeichnungen*, Notizbucheintrag zum 19.08.1875, NFA XXIII/2, S. 102).

fert damit ein weiteres Beispiel für die vielfältigen Bezüge zwischen Kunstkritiken und Romanwerk.

3 Zur Interdependenz von Kunst und Gesellschaft

Für den hohen Stellenwert, welcher der Kunst im Berlin des 19. Jahrhunderts beigemessen wird, bürgen neben der Museumspolitik auch Künstlerfeste, über die von Fontane allerdings lediglich zwei Zeitungsartikel vorliegen. Es scheint, dass ihm der Künstlerkult im Sinne eines öffentlichen Spektakels nicht behagt. Zumindest pflegt er damit einen pragmatischen Umgang, denn in den Kunstkritiken sowie im privaten Briefverkehr wird deutlich, dass er Zurschaustellung und Heroisierung skeptisch gegenübersteht.[134] Die beiden Artikel zum Schinkel-Fest muten deshalb eher als Pflichtübung an, insbesondere im Vergleich zu Fontanes ausführlicher Schinkel-Biografie von 1864. Fontane berichtet jeweils in Kürze über die Feierlichkeiten und geht umso detaillierter auf Schinkels Kunstauffassung ein, die in den jeweiligen Vorträgen Thema ist. Das Referat zum Schinkel-Fest von 1865 hält Richard Lucae, im darauffolgenden Jahr gehört Friedrich Eggers zu den Festrednern, was die öffentliche Bedeutung dieser Persönlichkeiten veranschaulicht, mit denen Fontane in Vereinen sowie privat verkehrt. In den Zeitungsberichten über die Feierlichkeiten formuliert Fontane kein eigenständiges Urteil zu Schinkels Werk, bezeichnet ihn aber als »Meister[]«[135] und resümiert das Lob der Festredner.[136] Fontanes positive Rezeption Schinkels kann unter anderem darauf zurückgeführt werden, dass sich zwischen seiner eigenen und Schinkels Kunstauffassung Parallelen ausmachen lassen hinsichtlich der Forderung nach Originalität und der Suche nach neuen Darstellungsformen. Schinkel ist es ebenfalls ein Anliegen, dass Künstler Wiederholung vermeiden und stattdessen Neues schaffen sollten, denn »da, *wo man also sucht, da ist man wahrhaft lebendig*«[137], zitiert Fontane aus Lucaes Rede über Schinkels Kunstauffassung.

---

134 Über ein Freskobild von Mantegna schreibt Fontane: »aber da bin ich doch für Menzel. Der Duca sitzt ziemlich in der Mitte des Bildes, mehr nach links und die Mantuesen huldigen ihm« (ders., *Italienische Aufzeichnungen*, Notizbucheintrag zum 16.08.1875, HFA III/3/2, S. 1037).

135 Ders., *Schinkel-Fest*, NFA XXIII/2, S. 154.

136 In der Schinkel-Biografie in den *Wanderungen* kommt Fontanes Anerkennung für Schinkels Werke deutlich zum Ausdruck. Er zeigt sich darin beeindruckt von der Universalität Schinkels, der sich neben der Architektur auch als Landschaftsmaler und im Bereich des Kunsthandwerks auszeichne (vgl. ders., *Wanderungen. Neuruppin*, GBA V/1, S. 104–126).

137 Ders., *Schinkel-Fest*, NFA XXIII/2, S. 154.

Die Künstlerfeste spiegeln die Bemühungen wider, Kunst in die Gesellschaft einzubinden, ein Bestreben, das Fontane unterstützt, wie sich aus verschiedenen Kunstkritiken herauslesen lässt. So wertschätzt er Denkmäler im öffentlichen Raum oder spricht sich für Institutionen aus, die zwischen unterschiedlichen Kulturen vermitteln, wie beispielsweise für Herrn Marcus' Bilderladen im gleichnamigen Artikel.[138] Außerdem fungieren Gespräche, in denen Kunstwissen unter Beweis gestellt werden kann, wie auch Kunstbesitz gleichermaßen als Distinktionsmerkmale der Gesellschaft. Dies ist sowohl in frühen Schriften, zum Beispiel in *Ein Tag in einer englischen Familie*, als auch in den späteren Gesellschaftsromanen wichtig.

In denselben Kontext ist auch Fontanes Zuspruch für Vereine zu verorten, für den sich neben seiner eigenen Vereinstätigkeit der Einfluss der Kunstpolitik Kuglers und Eggers' geltend machen lässt. Im Rahmen seines Einsatzes für die Denkmalpflege vertritt Kugler beispielsweise den Standpunkt, dass Vereine ein probates Mittel seien, sich der Konservierung von Denkmälern anzunehmen. In einem entsprechenden Artikel im *Deutschen Kunstblatt* fordert er, dass Vereine über die Organisation von Vorträgen und Herausgabe von Publikationen hinaus »praktisch auf den Sinn des Volkes einwirken, populäre Belehrungen über den Werth der Denkmäler verbreiten (in selbständigen Schriftchen und ganz besonders in den kleinen städtischen Wochenblättern) und mit ihren Agenten überall zur Hand sein« sollen.[139] Fontane teilt dieses Gedankengut und setzt sich wie Kugler gegen Restaurierungen alter Kirchen ein, bei denen die ursprüngliche Bausubstanz sowie die Inneneinrichtung zerstört werden.[140] Dies wird in einer Leserzuschrift deutlich, die Fontane auf einen Zeitungsartikel von Karl Schnaase verfasst und darin die gegenwärtige Restaurierungspraxis kritisiert.[141] Kugler tritt als Kultusminisiter für solche Anliegen ein und ist beispielsweise bestrebt, alle Künste statt durch Mäzenatentum mit staatlicher Kunstförderung in Form von öffentlichen Aufträgen, Preisen, durch Schulen, Stipendien und Subventionen zu unterstützen.[142] Die Überzeugung, mittels

138 Vgl. ders., *Herrn Marcus' Bilderladen*, HFA III/3/1, S. 545–547.

139 Franz Kugler, *Zur Kunde und zur Erhaltung der Denkmäler*. In: *DKB* 12 (25.03.1850), S. 94.

140 Vgl. Wüsten, *Theodor Fontanes Gedanken zur historischen Architektur*. Kuglers *Handbuch der Malerei* enthält außerdem einen programmatischen Abschnitt zur Erhaltung und Wiederherstellung der historischen Denkmäler (vgl. Franz Kugler, *Über die gegenwärtigen Verhältnisse der Kunst zum Leben*. In: Ders., *Handbuch der Geschichte der Malerei von Constantin dem Großen bis auf die neuere Zeit*, Leipzig 1837, S. 349–352).

141 Vgl. Fontane, *Bilder-Altäre*, NFA XVIII, S. 432f.

142 Vgl. Rainer Hillenbrand (Hrsg.), *Franz Kuglers Briefe an Emanuel Geibel. Vorwort*, Frankfurt am Main 2001, S. 11. Zudem beteiligt sich Kugler aktiv an solchen Veranstaltungen, 1855 beispielsweise hält er die Rede zum Schinkel-Fest des Architekten-

Kunst Bildung zu fördern, ein Anliegen, für das auch Fontanes Kunstkritiken stehen können, findet sich folglich auch bei Kugler und manifestiert sich in der genannten Schrift *Die Reorganisation der Kunstverwaltung im preußischen Staate.*[143] Diese soll als Grundlage für die von Kugler beabsichtigten Reformen mit der Akademie der Künste als dem Zentralinstitut für künstlerische Angelegenheiten fungieren, findet jedoch keine Beachtung.[144] Kugler beauftragt Friedrich Eggers, die Studie fundierter auszuarbeiten, doch auch der Abdruck dieser Schrift im *Deutschen Kunstblatt* erzielt nicht die gewünschte Aufmerksamkeit.[145] Eggers' Text enthält Vorschläge für eine Neugestaltung der Akademie der Künste, die sämtliche Bereiche derselben, so auch die Ausbildung von Musikern, die Theaterschulen, Gärtner-Lehranstalten, die Dichtkunst sowie die Schaubühne berücksichtigt, da der Zusammenhang der Künste so »innig« sei.[146] Bei Fontane ist dieses Gedankengut insofern vertreten, als er mehrfach die enge Verknüpfung der Künste – insbesondere Dichtung und Malerei – betont. Auch Fontanes und Eggers' Tätigkeit für die *Argo* zeugt von der Betonung der Gemeinsamkeiten der Künste.[147] Ein weiterer Punkt, bei dem sich Parallelen zwischen Eggers' *Denkschrift* und Fontanes Auffassung ausmachen lassen, ist die Förderung der »künstlerische[n] Individualität […], deren eigenthümlichen Gesetzen gemäss doch unter allen Umständen das wahre Kunstwerk erzeugt wird«[148] und die unter anderem durch Reisestipendien gebildet werden sollte. Fontane erachtet die Originalität eines Künstlers ebenfalls als ausschlaggebendes Kriterium. Nicht von ungefähr gilt sein höchstes Lob – mit Turner,

vereins (vgl. Franz Kugler, *Die Dekorationsmalerei der Bühne und Schinkels Entwürfe. Festrede (gehalten am Schinkelfeste im Architekten-Verein zu Berlin den 13. März 1855).* In: *DKB* 6 (22.03.1855), S. 101–105).

143 Posthum von Paul Heyse herausgegeben: Franz Kugler, *Grundbestimmungen für die Verwaltung der Kunst-Angelegenheiten im preußischen Staate. Entwurf. Aus dem Nachlaße des verstorbenen Geh. Ober-Regierungsraths Dr. Franz Kugler*, Berlin 1859.

144 Vgl. Berbig (Hrsg.), *Theodor Fontane und Friedrich Eggers*, S. 20.

145 Vgl. Riemann-Reyher, *Friedrich Eggers und Menzel*, S. 247.

146 Eggers, *Denkschrift über eine Gesammt-Organisation der Kunst-Angelegenheiten*, S. 225.

147 Vgl. zudem Fontane, *Hat der Laie, der Kunstschriftsteller eine Berechtigung zur Kritik über Werke der bildenden Kunst oder nicht?*, NFA XXIII/2, S. 172f.; ders., *Die diesjährige Kunstausstellung [1862]*, NFA XXIII/1, S. 187; »Die Landschaftsmaler sind die *Lyriker* in ihrer Kunst. Sie müssen entweder jung sein, oder wenigstens jung zu bleiben verstehen. Glauben sie aber durch formelle Virtuosität das schwindende lyrische Empfinden decken zu können, so irren sie, wie jeder fehlgreifen würde, der uns den westöstlichen Divan Goethes an Stelle seiner Jugendlieder empfehlen wollte« (ders., *Die Berliner Kunstausstellung [1860]*, HFA III/5, S. 462); die Präraffaeliten bezeichnet Fontane als »Poeten« (ders., *Aus Manchester. 10. Brief*, NFA XXIII/1, S. 146). Die Liste ließe sich noch lang weiterführen.

148 Eggers, *Denkschrift über eine Gesammt-Organisation der Kunst-Angelegenheiten*, S. 258.

Blechen, Menzel und Böcklin – Künstlern, die einen ausgeprägt individuellen Malstil aufweisen. Darüber hinaus thematisiert die *Denkschrift* die Frage nach der sozialen Stellung von Künstlern und Autoren, an der sich Fontane desgleichen abarbeitet.[149] Neben der *Denkschrift* werden im *Deutschen Kunstblatt* zahlreiche weitere Texte publiziert, in denen die Wechselwirkungen zwischen Kunst und Gesellschaft betont werden. Auch die Vereinstätigkeiten des *Rütli* zeugen von diesem Anliegen: So greifen die Rütlionen der *Deutschen Schillerstiftung* unter die Arme, die hilfsbedürftige Schriftstellerinnen und Schriftsteller unterstützt.[150]

Das Bestreben um die Popularisierung von Kunstgeschichte ist ebenfalls in diesen Kontext einzuordnen, was Wilhelm Lübke in seinem Aufsatz *Die Aufgabe der Kunstgeschichte* konkretisiert: »Die Zeit ist vorbei, wo die Kunst nur ein Spiel vornehmer Launen, ein Luxus der Hochstehenden war. Sie hat wieder angefangen, Gemeingut Aller zu sein.«[151] Lübke erachtet Kunstgeschichte außerdem als »ein wichtigstes, bis jetzt noch zu wenig gewürdigtes Mittel der Jugendbildung, der Volkserziehung«.[152] Dass Fontane diese Auffassung teilt, zeigt sich in seinen Rezensionen zu Lübkes Werken, in denen er die Bestrebungen Lübkes honoriert.[153] Durch den Aspekt der Volksbildung erhält die Popularisierung der Kunstgeschichte und die Zugänglichkeit von Kunst zusätzlich eine politische Dimension. Die Ansätze, die sich an Fontane und seinem Umfeld aufzeigen lassen, sind einzubetten in den Kontext der Kunstsoziologien des 19. Jahrhunderts. Darin wird die Auffassung vertreten, dass Kunst die Gesellschaft vervollkommnen soll, wofür exemplarisch die Schriften Hippolyte Taines stehen können. Ein Merkmal der frühen Kunstsoziologie ist dabei das Einflechten von Werturteilen innerhalb wissenschaftlich intendierter Abhandlungen, was typisch für das 19. Jahrhundert und mit Blick auf Fontanes Schriften zu bestätigen ist.[154]

---

149 Vgl. z. B. Fontane, *Hat der Laie, der Kunstschriftsteller eine Berechtigung zur Kritik über Werke der bildenden Kunst oder nicht?*, NFA XXIII/2, S. 172f.; ders., *Die gesellschaftliche Stellung des Schriftstellers*. In: Ders. *Schriften zur Literatur*, hrsg. von Hans-Heinrich Reuter, Berlin 1960, S. 117–120.

150 Vgl. Roland Berbig, *Gruppierungen, Vereine, Institutionen und Geselligkeit*. In: *Fontane-Handbuch*, S. 265f.

151 Wilhelm Lübke, *Die Aufgabe der Kunstgeschichte*. In: *Zeitschrift für bildende Kunst* 5 (1867), Beiblatt II, S. 42.

152 Ebd., S. 41.

153 Vgl. z. B. Fontane, *Baukunst. Geschichte der Architektur von den ältesten Zeiten bis auf die Gegenwart. Dargestellt von Dr. Wilhelm Lübke*, NFA XXIII/1, S. 555.

154 Vgl. Danko, *Kunstsoziologie*, S. 19f.

3.1 Kunst und Politik

Die Zusammenhänge zwischen Kunst und Politik schlagen sich auch in den Vereinstätigkeiten nieder. Ein Beispiel für die kunstpolitischen Aktivitäten der Vereine *Tunnel*, *Rütli* und *Ellora* liefert ein Disput zwischen Gustav Friedrich Waagen und dem Maler sowie Kunsthändler Morris Moore: Hinsichtlich der Beurteilung des Werks *Apollo und Marsyas* von Raffael steht Moore in Opposition zu Charles Eastlake, Waagen und der deutschen Fachwissenschaft. Zusätzlich angeheizt wird die Debatte, weil Moore behauptet, dass Deutsche, unter anderen Waagen, zu viel Einfluss auf die *National Gallery* hätten.[155] Die Diskussion wird in der *Vossischen Zeitung* sowie der *National-Zeitung* geführt, wobei *Rütli* und insbesondere Friedrich Eggers, der auf Waagens Geheiß die Berichterstattung im *Deutschen Kunstblatt* nach dessen Interessen ausrichtet, ebenfalls involviert sind.[156] Fontane ist von Wilhelm von Merckel über den Fall informiert worden, trägt aber nichts zur Diskussion bei. Der Konflikt hat allerdings zur Folge, dass über die mögliche Absetzung Eastlakes als Direktor der Londoner Nationalgalerie gemunkelt wird. Fontane schreibt diesbezüglich an Friedrich Eggers, dass Waagen von seinen Gegnern, die ihn als »sycophantic empirical Prussian«[157] bezeichnen, für den Posten nicht gewünscht sei und schlägt stattdessen Kugler mit Eggers als Begleiter für Übersetzungen vor.[158] Eastlake bleibt schließlich im Amt, doch der Fall zeigt, »dass man mobil geworden war, daß Fontane und *Rütli* und *Deutsches Kunstblatt* dabei zusammenwirkten und daß in diesem Kreis praktische wie internationale Kunstpolitik betrieben wurde«.[159] In diesem Zusammenhang ist zudem der Einsatz des *Rütli*, dokumentiert durch Friedrich Eggers' *Wochenzettel*,[160] für den in Kriegsgefangenschaft geratenen Fontane zu erwähnen, der schließlich zu dessen Befreiung führt.[161] Fontanes Mitgliedschaft in bürgerlichen Kunstvereinen, die parallel zur offiziellen preußischen Kunstpolitik agieren, liefert wohl die Ausgangslage dafür, dass Fontane einen liberalen bürgerlichen Geschmack

155 Vgl. Avery-Quash/Sheldon, *Art for the Nation*, S. 177. Beispielsweise deckt Waagens *Works of Art and Artists in England* von 1838 Fehler im Katalog von Sequier, dem Vorgänger Eastlakes, auf (vgl. ebd., S. 45).

156 Waagens Berichterstattung zur Ausstellung umfasst – wie auch diejenige Fontanes – mehrere Artikel, z. B. Gustav Friedrich Waagen, *Ueber die Kunstausstellung in Manchester*. In: *DKB* 22 (28.05.1857), S. 185–187.

157 Alfred Woltmann, *Gustav Friedrich Waagen. Eine biographische Skizze*. In: Waagen, *Kleine Schriften*, S. 28.

158 Vgl. zu diesem Abschnitt Berbig, ›*der Typus eines Geschichten-machers*‹, S. 135f.

159 Ebd., S. 137.

160 Vgl. z. B. Friedrich Eggers, *Wochenzettel*, 23.20.1870, AHSR NL Eggers, Sig. 1.4.7.39.

161 Vgl. Berbig, *Das königlich-kaiserliche Berlin des Rütlionen Theodor Fontane*, S. 213.

entwickelt. Exempel für die Verknüpfung von Kunst, Politik und Gesellschaft finden sich darüber hinaus in mehreren kunstkritischen Artikeln Fontanes, beispielsweise die Äußerung, dass sich »[j]ener tiefe Bruch, der sich durch die ganze englische Gesellschaft zieht, der Bruch zwischen Orthodoxie und Dissent,«[162] in der Akzeptanz der Präraffaeliten zeige: »Die altgläubigen Tories haben in der Kunst ihren Konservatismus bewahrt, während die Sektierer, das oppositionsmachende, weiterforschende Element der Gesellschaft, der jungen Schule aufmunternd entgegengekommen sind.«[163] Fontane stellt folglich zwischen Politik und Kunst dahingehend Parallelen her, als er schreibt, dass neue Bestrebungen in der Kunst von fortschrittlich gesinnten politischen Kräften befürwortet würden, die er mit dem Terminus des Weiterforschens positiv konnotiert. Die Unterstützung der modernen Malerei vonseiten der »Sektierer« scheint allerdings auch vor dem Hintergrund zu erfolgen, den Glanz des Modernen für das politische Profil nutzbar machen zu wollen. Die Zeitungsartikel verdeutlichen, dass Fontane politische Einflüsse auf Kunstproduktion und -rezeption wahrnimmt und mehrfach auf diese Mechanismen eingeht.[164] Noch 1893 verfolgt er die Ankäufe der Nationalgalerie, was zugleich zeigt, dass er über das Kunstgeschehen in Berlin bestens Bescheid weiß und es ihn auch über seine journalistische Tätigkeit hinaus weiterhin interessiert.[165] Bereits 1861 beschäftigt sich Fontane für seinen geplanten Aufsatz über Karl Blechen mit den Aktivitäten von Kunstsammlern. Für diesen – Fragment gebliebenen Text – hat er gar ein eigenes Kapitel zu den Blechen-Sammlern sowie zum Blechen-Fonds vorgesehen.[166] Außerdem finden sich einzelne Erzählungen über die Sammlungsgeschichte bestimmter Werke, beispielsweise zum Porträt John Talbots in der Manchester-Ausstellung.[167] Wie stark der Einfluss der Politik auf die Malerei ist, lässt sich am Umstand veranschaulichen, dass kaiserliche Beschlüsse darüber entscheiden, welche Kunst in den Museen ausgestellt wird.

162 Fontane, *Aus Manchester. 10. Brief*, NFA XXIII/1, S. 143.

163 Ebd., S. 144.

164 Auch in *Der Krieg gegen Frankreich 1870–1871* schildert Fontane indirekt, wie Kunst in den Dienst der Politik gestellt wird, wovon seine Schilderung der Ausschmückung der Straßen zum Empfang der Rückkehrenden mit Teppichbildern sowie die Ausstellung von Bildnissen der Helden und Prinzen im Akademie-Gebäude zeugen (vgl. ders., *Der Krieg gegen Frankreich 1870–1871*, HFA III/5, S. 450).

165 Vgl. Theodor Fontane an August von Heyden, 12.05.1893, HFA IV/4, S. 253.

166 Vgl. Fontane, *Karl Blechen [Fragment]*, NFA XXIII/1, S. 540f.

167 Vgl. ders., *Aus Manchester. 4. Brief*, HFA III/3/I, S. 443. Auch mit den Mäzenen und der Sammlungsgeschichte von Julius Albert Elsasser sowie Andreas und Oswald Achenbach setzt sich Fontane eingehender auseinander (vgl. ders., *Fünfte Ausstellung der Nationalgalerie [1878]*, NFA XXIII/1, S. 418; ders., *Andreas Achenbach*, NFA XXIII/1, S. 478; ders., *Oswald Achenbach*, NFA XXIII/1, S. 479).

Hinsichtlich der von Fontane mehrfach rezensierten Berliner Kunstausstellungen ist zu erwähnen, dass diese in der dem König unterstehenden »Königlichen Akademie der Künste« stattfinden und die Medaillenvergabe für die herausragenden Arbeiten der Bewilligung durch den König untersteht.[168] Darüber hinaus treten Einflüsse der Politik auf die Kunst offensichtlich auch bei Weltausstellungen zutage. So sieht sich Fontane beispielsweise zur – allerdings äußerst umständlich und abschwächend formulierten – Mutmaßung veranlasst, dass die Berichterstatter von *The Times* aus »politische[n] Antipathien« die deutschen Exponate auf der Weltausstellung kritisiert hätten, was er als »sein-sollende[] Kunstkritik« degradiert.[169]

Ein weiterer Aspekt, den Fontane mitberücksichtigt, ist der Einfluss pekuniärer Belange auf den Kunstmarkt: Betreffend William Turner vermutet er, dass die beträchtliche Geldsumme, mit der Turners Nachlass verbunden war, wohl zu dessen wachsendem Ruhm beigetragen und darüber hinaus Kritiker zu positiven Urteilen veranlasst habe: »Solch ein Mann muß gut gemalt haben; wenigstens ist das Gegenteil undenkbar.«[170] Im Rahmen der Berichterstattung zur Manchester-*Exhibition* geht Fontane außerdem auf die abschließend stattfindende Auktion der Kunstwerke ein, was er ausgehend vom Wechsel seiner Tischnachbarn erzählerisch ausgestaltet.[171] Ebenfalls anlässlich der Ausstellungsberichte aus Manchester kommt er auf politische Dimensionen des Kunstmarkts zu sprechen, indem er behauptet, dass die Präsentation der »Paintings by modern masters« aus englischen Privatsammlungen vor Augen führe, »daß uns, trotz des täglich wachsenden Verkehrs der Völker unter einander, der Austausch der Kunsterzeugnisse ebenso durch seine Winzigkeit überraschen muß, wie uns der industrielle und Handelsaustausch durch seine riesigen Zahlen imponiert.«[172] Fontane zieht daraus den Schluss, »daß die Tage eines geträumten Weltreichs, drin die Nationalitäten farblos ertrinken, noch eben so weit ab sind, wie zu irgend einer andern Zeit«.[173] Er schreibt der Kunst

168 Zu den umstrittenen Ankäufen Tschudis vgl. Kapitel III.1.2.

169 Fontane, *Deutsche Kunst und Englische Kritik. London, 6. Septbr.*, UK I, S. 264.

170 Ders., *Zwanzig Turnersche Landschaften in Marlborough-House*, NFA XXIII/1, S. 25. Daran anschließend relativiert Fontane allerdings, dass auch Dichter vom Markt abhängig seien (vgl. ebd.).

171 »Andere Gestalten tauchten auf, ältliche Männer, die mit ihren spitzen Nasen lange Auktionsverzeichnisse lasen und aus allen drei Königreichen nicht um der Ausstellung, sondern vielmehr um der *Versteigerung* willen herbeigekommen waren« (ders., *Aus Manchester. 8. Brief*, NFA XXIII/1, S. 147).

172 Ders., *Aus Manchester. 5. Brief*, NFA XXIII/1, S. 78.

173 Ebd.

folglich eine starke nationale Ausprägung zu, was sich auch in der Durchführung einer Weltausstellung *per se* spiegelt.[174]

Die nationale Dimension von Kunst ist Fontanes Texten insofern inhärent, als er moderat mit nationalen Stereotypen argumentiert.[175] Die zahlreichen Verweise, die er zwischen Werken deutscher und englischer Künstler herstellt, können in diesem Zusammenhang als Versuch der Vermittlung gesehen werden, zementieren aber gleichzeitig die – vermeintlich nationalen – Unterschiede zwischen den einzelnen Kunstwerken.[176] Beispielsweise behauptet Fontane, dass »der Engländer immer national« sei, also auch in der Kunst, was zur Folge habe, dass die Engländer englische Stoffe darstellten.[177] Auf die deutsche Nationalität gemünzt schreibt er: »Gott sei Dank sind wir auch national, aber wir sind es durchaus nicht mit einer englischen Ausschließlichkeit.«[178] Eingangs des Artikels hat Fontane diesen Einwand allerdings dahingehend abgeschwächt, dass er »in bezug auf Deutschland und England, überhaupt keine

---

174 Verbindungen von Kunstgeschichte und gesellschaftspolitischen Entwicklungen finden sich auch in Kuglers Publikationen. So führt er im *Handbuch der Kunstgeschichte* die Aufwertung der Genremalerei – und im Übrigen auch der Landschafts- und Stilllebenmalerei – auf die Einführung des protestantischen Glaubens, die mit den Glaubenskämpfen einhergehende Emanzipation des Volkes und die Loslösung der Kunst von der Kirche zurück (vgl. Kugler, *Handbuch der Kunstgeschichte*, 1842, S. 800f.).

175 Vgl. z. B. Fontane, *Die Kunstausstellung [London]*, NFA XXIII/1, S. 17f.; ders., *Die Ausstellung der Modelle zum Wellington-Grabmal*, NFA XXIII/1, S. 41; ders., *Zwei Gemälde über den Sündenfall*, NFA XXIII/1, S. 46 sowie betreffend Architektur und Städtebau: ders., *Aus Manchester. 11. Brief*, NFA XXIII/1, S. 148f. Nationale Dimensionen von Kunst sind auch im *Deutschen Kunstblatt* Thema (vgl. z. B. E. Braun, *›Es giebt so wenig eine Universalkunst wie eine Universalsprache; jeder Kunstausdruck ist national‹*. In: *DKB* 6 (11.02.1850), S. 41f.).

176 Von anderen Kunstkritikern wird die nationale und damit politische Komponente von Kunst allerdings stärker betont als von Fontane. Beispielsweise schreibt Bruno Meyer 1871 für die *Deutsche Warte* einen Aufsatz, in dem er eine Monumentalisierung und Nationalisierung der Künste fordert: »Es gibt wieder ein mächtiges, großes, einiges Gemeinwesen, für das und aus dem eine berufene Künstlerschaar sich zu erhabenen Ideen angeregt fühlen kann. Eine nachhaltige Begeisterung hat sich des ganzen Volksstammes bemächtigt, und die allgemeinen Gefühle fordern eine sinnliche Verkörperung in den mannichfaltigsten Formen, welche die Kunst nicht zögern wird, auf das stumme Gebot des Nationalwillens hervorzubringen« (Bruno Meyer, *Umschau auf dem Gebiete der Kunst und Kunstwissenschaft*. In: *Deutsche Warte. Umschau über das Leben und Schaffen der Gegenwart* 1 (1871), S. 228).

177 Fontane, *Die Kunstausstellung [London]*, NFA XXIII/1, S. 17.

178 Ebd., S. 20.

nennenswerten Unterschiede herauszufinden«[179] vermöge.[180] Gleichzeitig wendet er mit dem Vergleich, dem *paragone* »als komparative[m] Betrachten und Urteilen«, eine Methode an, die seit der Renaissance sowie für die entstehende Kunstgeschichte und -kennerschaft des frühen 18. Jahrhunderts und darüber hinaus »für die Rezeption wie Produktion von Kunstwerken grundlegend war«.[181] Fontane berücksichtigt sowohl Produktion als auch Rezeption von Kunst, indem er darauf hinweist, dass das Entstehen und Verstehen von Kunst kulturell bedingt ist.[182] Als eines der Beispiele dient ihm Menzels Werk *Der Überfall von Hochkirch*, das – wie Fontane mutmaßt – in England »aller Wahrscheinlichkeit nach[] kein begeistertes Publikum finden« dürfte, genausowenig wie in Deutschland »die ölbildlichen Illustrationen zu den Gedichten von Alfred Tennyson« Enthusiasmus bewirken würden.[183] Bemerkenswert ist, dass er seine Argumentation nicht einzig für Historienmalerei, sondern auch für Poesie geltend macht. Die Künstlerausbildung ist ebenfalls an politische Implikationen geknüpft, was der Beschluss in den Statuten der Akademie verdeutlicht, wonach dieselbe »insbesondere den vaterländischen Kunstfleiss erwecke[n], beförder[n] und […] veredle[n]« solle.[184] Dies mit dem Ziel, dass die eigenen Künstler »den auswärtigen nicht ferner nachstehen«[185]. In einem Brief von 1898 an James Morris spricht sich Fontane schließlich gegen nationalistische Kunst aus: »Die historischen Sachen sind meist langweilig, besonders die ›Gordons und Greys bei Waterloo‹. Alles, was an Patriotismus oder gar Chauvinismus appelliert, taugt nichts in der Kunst.«[186] Das Zitat verdeutlicht, dass Fontane die nationale Dimension von Kunst mit Historienmalerei verknüpft. Es ist daher bezeichnend, dass er die genrehafte Historienmalerei Adolph Menzels besonders schätzt und die ihr inhärente Demokratisierung

179 Ebd., S. 17f.

180 Die Praxis des Vergleichs prägt Fontanes Meinungsbildung von Beginn an, zumal sie auch ein durchgängig gebrauchtes Instrumentarium in den Notizbücher darstellt: Gotthard Erler und Christine Hehle erklären diesen »Bezug zu anderswo Vorgefundenem auf Vergleichbares zu Hause – mit der unverkennbaren Intention, Vorurteile abzubauen« (Fontane, *Die Reisetagebücher. Einleitung*, GBA XI/3, S. XXVIII).

181 Tristan Weddigen, *Ein Modell für die Geschichte der Kunst. Die Hängungen der Dresdener Gemäldegalerie zwischen 1747 und 1856*. In: *Dresdener Kunstblätter. Zweimonatsschrift der Staatlichen Kunstsammlungen* 52/1, Dresden 2009, S. 45.

182 Vgl. Fontane, *Die Wellington-Monumente in Westminster-Hall*, NFA XXIII/1, S. 37 sowie ders., *Die Ausstellung der Modelle zum Wellington-Grabmal*, NFA XXIII/1, S. 43.

183 Ders., *Aus Manchester. 5. Brief*, NFA XXIII/1, S. 79 (Abb. 24).

184 Eggers, *Denkschrift über eine Gesammt-Organisation der Kunst-Angelegenheiten*, S. 233.

185 Ebd., S. 234.

186 Theodor Fontane an James Morris, 13.05.1898, HFA IV/4, S. 716.

der Bildkomposition, wie beispielsweise bei *Friedrich und die Seinen in der Schlacht bei Hochkirch*, explizit befürwortet.[187]

3.2 Kunsthandwerk

Eine weitere Möglichkeit nationaler Profilierung stellt das Kunsthandwerk dar. Bemerkenswerterweise ist dieses in Fontanes kunstkritischen Schriften allerdings nur marginal vertreten.[188] In den Artikeln zu den Weltausstellungen oder zur Manchester-*Exhibition*, auf denen jeweils entsprechende Exponate gezeigt werden, bleibt das Kunsthandwerk ausgespart.[189] Außerdem rezensiert Fontane eine Ausstellung im Deutschen Gewerbe-Museum, in der er das Komitee zitiert, das die Rückständigkeit und Unterlegenheit Deutschlands gegenüber Frankreich und England bemängelt. In seiner Einleitung bestätigt Fontane zwar, dass dies »sehr wahr«[190] sei, er selbst legt aber den Akzent nicht auf die Konkurrenzsituation, sondern auf den ökonomischen Aspekt, dass sich mittels Kunstindustrie der Nationalwohlstand vermehren lasse.[191] Kenntnisse über das Kunsthandwerk scheinen insgesamt wenig verbreitet zu sein. Fontane inszeniert sich in einem Bericht über die Königliche Porzellan-Manufaktur zwar als Kenner, insofern, als er den Begriff »en haut relief«[192] verwendet und darüber hinaus deutlich macht, dass er sich der Schwierigkeiten beim Einbrennen der Farben bewusst ist. Er zeigt sich allerdings auch bemüht, der Leserschaft Wissen zu vermitteln, und fügt eine ausführliche Erklärung an, was Majoliken seien.[193] Der Umstand, dass er eine detaillierte Begriffsdefinition vornimmt, lässt darauf schließen, dass die Leserschaft über dieses Thema nur beschränkt Bescheid weiß.

187 Vgl. Kap. III.3.

188 Bekannt sind lediglich folgende Artikel: *Der Gaëta-Schild* (*NPZ* 1865), *Die Königliche Porzellan-Manufactur* (*NPZ* 1867), *Ausstellung im Schloss Monbijou* (*NPZ* 1868) und *Die Ausstellung im Deutschen Gewerbe-Museum* (*NPZ* 1869). Fontanes Zeitungsbericht zum Gaëta-Schild ist einem Ehrenschild gewidmet, das dem Königspaar anlässlich der Schlacht bei Gaëta gewidmet wird. Es geht darin jedoch um das historische Ereignis und die Erwähnung, dass dafür Geld gesammelt wird, nicht aber um eine Beschreibung des Schilds (vgl. Fontane, *Der Gaëta-Schild*, NFA XXIII/2, S. 305).

189 Hinsichtlich der Manchester-*Exhibition* ist dieser Umstand wohl mit der Ausrichtung der Artikelfolge zu erklären, da Fontane lediglich zeitgenössische englische Künstler thematisieren will. Waagen hingegen berücksichtigt in seiner Berichterstattung sämtliche Künstler und Schulen ebenso wie das Kunsthandwerk.

190 Fontane, *Die Ausstellung im Deutschen Gewerbe-Museum*, NFA XXIII/2, S. 163.

191 Vgl. ebd., S. 164.

192 Ders., *Die Königliche Porzellanmanufactur*, NFA XVIII, S. 542.

193 Vgl. ebd., S. 543.

Des Weiteren findet das Kunsthandwerk in den unechten Korrespondenzen, in der mehrteiligen Berichterstattung zur Zollvereins-Ausstellung, Berücksichtigung.[194] Offenbar ist die Ausstellung schlecht besucht, wofür ein Beiträger in *The Times* den preußischen Kommissaren die Schuld zuweist, die sich Puppen als Exponate ausgesucht hätten. Fontane erachtet den »Angriff« als »völlig ungerechtfertigt«[195], wendet aber ein, dass es »jetzt Mode und guter Ton beim Ausstellungspublikum geworden [sei], das Schlichte, Billige, das dem täglichen Bedürfnis des kleinen Mannes Dienende als etwas Untergeordnetes vornehm über die Achsel anzugucken«[196], was nicht absehbar gewesen sei. Dahinter steht auch die Problematik, lediglich Kunstwerken mit einem hohen Realwert Bedeutung beizumessen, eine Haltung, der Fontane kritisch entgegentritt.[197] In der Schinkel-Biografie bezeichnet er das Kunsthandwerk als »wichtige[n] Zweig modernen Lebens«[198], der die Formen des alltäglichen Lebens verändert habe:

> der altvätrische Ofen, bis dahin ein Ungeheuer, wurde zu einem Ornament, die Eisengitter hörten auf, eine bloße Anzahl von Stangen und Stäben zu sein, man trank aus schinkelschen Gläsern und Pokalen, man ließ seine Bilder in schinkelsche Rahme [sic] fassen, und die Grabkreuze der Toten waren Schinkelschen Mustern entlehnt. *In dieser Welt Schinkelscher Formen leben wir noch.*[199]

Fontane attestiert dem Kunsthandwerk – und insbesondere der von Schinkel geschaffenen Formenwelt – demnach die Möglichkeit, die Lebenswelt einer Gesellschaft zu prägen und dem Gewöhnlichen mehr Bedeutung zu verleihen. Die unterschiedlichen Einsatzbereiche, auf die sich Schinkels Einfluss geltend machen lässt, bestärken die Verbindung, die Fontane zwischen Kunsthandwerk und Gesellschaft herstellt. Wie die verschiedenen Beispiele gezeigt haben, lässt die spärliche Berichterstattung keine direkten Rückschlüsse auf

194 Ebenso befasst sich eine Rezension mit einer Reihe von Handbüchern über das Kunstgewerbe. Die Verfasserschaft Fontanes für diesen Artikel ist allerdings ungesichert (vgl. ders., *Die Tracht der Kulturvölker Europas von A. v. Heyden*, NFA XXIII/2, S. 480f.).

195 Ders., *London, 19. Mai. Kein Regiment und streng Regiment. Germanicus. Die Puppenschau. Das Orchestrion*, UK I, S. 221.

196 Ders., *London, 9. Juni. Die Zollvereins-Ausstellung. Eine heikle Frage. Woran es liegt. Vornehm geworden. Ehrenrettung der deutschen Spielwaren*, UK I, S. 226.

197 Im Vergleich deutscher mit englischen Juwelieren kritisiert Fontane, dass bei den Arbeiten der Engländer »der *Metall*wert in erster Reihe und der *Kunst*wert erst in zweiter« stehe, was er mittels einer Anekdote veranschaulicht (vgl. ders., *London, 28. Juni. Nach Golde drängt, am Golde hängt u.s.w. Perlen wie Kirschen. Kunstwert und Metallwert. Der Tafelaufsatz des Herrn Haussmann*, UK I, S. 235).

198 Ders., *Wanderungen. Karl Friedrich Schinkel*, GBA V/1, S. 115.

199 Ebd.

Fontanes Haltung zu, denn in Tagebucheinträgen zeigt er sich noch eindeutiger von der Praxis des Kunsthandwerks begeistert und honoriert das dafür notwendige Können.[200] So lobt er in einem Tagebucheintrag zu Venedig die kunsthandwerkliche Umarbeitung eines ursprünglich von Anton von Werner stammenden Kunstwerks: »A. v. Werners Bild gesehn an dessen Ausführung in Mosaik ein halbes Dutzend Künstler beschäftigt war. Drei Stunden dort geblieben. Das Ganze sehr lehrreich und sehr interessant.«[201] Die Tagebucheinträge liefern zugleich Exempel dafür, dass es zu kurz greift, für eine Analyse des Kunstkritikers Fontane lediglich die kunstkritischen Zeitungsartikel zu berücksichtigen.

4 Abhängigkeiten Fontanes von Urteilen anderer Kritiker und Kunsthistoriker

Fontanes kunstkritische Schriften sind in unterschiedlichem Grade von Urteilen anderer Kritiker und Kunsthistoriker beeinflusst. Wichtig sind seine Lektüre einschlägiger Publikationen, aber auch die Kontakte zu Vereinsmitgliedern in *Tunnel*, *Rütli* und *Ellora*, wobei sich diese Einwirkungen teilweise nicht an Textbeispielen festmachen lassen. Anregungen dürfte Fontane auch in Form von Gesprächen erhalten und diese dann eigenständig weiterentwickelt haben. Zum Teil finden sich schriftliche Stellungnahmen Fontanes zur Kunstauffassung von Persönlichkeiten, die aber zu spärlich sind, als dass sich daraus fundierte Schlüsse ziehen ließen. Dies trifft beispielsweise auf Hugo von Blomberg zu, der als Dichter, Maler sowie Kunstkritiker tätig ist und mit Fontane in *Tunnel*, *Rütli* und als Mitarbeiter der *Argo* verkehrt. Gegenüber Blombergs literarischer Produktion äußert sich Fontane im Briefwechsel mit Emilie sowie in *Von Zwanzig bis Dreißig* kritisch.[202] Auf verschiedenen von Fontane

200 Des Weiteren belegt der biografische Artikel über den preußischen Regierungsrat, Kunsthistoriker sowie antiquarischen Forscher Alexander von Minutoli, dass Fontane dem Kunsthandwerk durchaus Bedeutung beimisst (vgl. Fontane, *Alexander von Minutoli*, NFA XXIII/1, S. 440f.).

201 Ders., Tagebucheintrag vom 07.10.1874, GBA XI/3, S. 310. Neben einer Bemerkung zur Glasmalerei im Kölner Dom (vgl. ders., *Rheinreise*, HFA III/3/2, S. 875) verdeutlicht auch ein Tagebucheintrag zu einem Besuch der Galerie von Schloss Versailles, dass Fontane die Kunsthandwerker in seine Überlegungen mit einbezieht, denn er schreibt: »Jeder Künstler und Schriftsteller, jeder Kunsthandwerker wird einzelner dieser Tableaux in seinem Leben bedürfen und wird froh sein, sie ansehn und befragen zu können« (ders., Tagebucheintrag vom 18.10.1856, GBA XI/1, S. 185).

202 »Es ist alles romantische Phrase, der ganze hundertmal dagewesene Apparat« (Theodor Fontane an Emilie Fontane, 25.04.1870, GBA XII/2, S. 452); »Ich glaube, daß sich

rezensierten Ausstellungen sind zwar Werke Blombergs zu sehen,[203] Fontane berichtet jedoch nur in einem Fall ausführlicher und zwar über *Benvenuto Cellini*, das er als beste Arbeit Blombergs überhaupt bezeichnet. Als herausragend erachtet er die Charakteristik des Dargestellten, die es vermöge, das Herz des Betrachters zu rühren, und in ihm gar »eine religiöse Empfindung«[204] wecke.

In Bezug auf Fontanes Ästhetik hinsichtlich der Darstellung des Hässlichen ließe die Rezension von Blombergs Werk *Der Teufel und seine Gesellen in der bildenden Kunst*[205] Aufschlussreiches erwarten, doch der Text weist keine eigene Stellungnahme Fontanes, sondern bloß ein Resümee des Inhalts auf. Ähnlich gestaltet sind die Rezensionen zur Biografie *Christian Daniel Rauch* der Brüder Eggers, wobei Friedrich und Karl darüber hinaus für zahlreiche weitere Artikel wichtige Informanten sind. Andere Möglichkeiten, Einflüsse auf Fontanes kunstkritische Zeitungsartikel nachzuweisen, bieten Texte, in denen Fontane explizit auf Meinungen anderer Kunstkritiker verweist und diese zur Legitimation des eigenen Urteils oder als Ausgangspunkt für eigene Gedankengänge nutzt, was nachstehendend am Exempel von Fontanes Referenzen für englische Kunst aufgearbeitet wird.

An Fontanes Berichterstattung über englische Künstler ist bemerkenswert, dass er auf Stellungnahmen etablierter Kunsthistoriker zurückgreift; einerseits als Informationsquelle, andererseits explizit zur Legitimation des eigenen Urteils, wie bei den Äußerungen zu William Turner.[206] Auffällig ist, dass die Referenzen in dieser Form nur bei Fontanes Berichten *Aus Manchester* vorkommen und insbesondere da, wo seine Meinung von vorherrschenden Überzeugungen abweicht. In Konstrast dazu nimmt er in den Zeitungsartikeln über die Berliner Kunstausstellungen selten Bezug auf Autoritäten[207] um seine Äußerungen

---

Blomberg zu einem sehr guten Schriftsteller, namentlich Kunstschriftsteller – deren es damals nur erst wenige gab – hätte entwickeln können, aber die Malerei war seine unglückliche Liebe« (Fontane, *Von Zwanzig bis Dreißig*, GBA III/3, S. 256).

203 Vgl. ders., *Die Ausstellung im Deutschen Gewerbemuseum*, NFA XXIII/2, S. 164; ders., *Berliner Kunstausstellung [1864]*, NFA XXIII/1, S. 295.

204 Ders., *In Sachses Salon [1865]*, NFA XXIII/1, S. 329.

205 Hugo von Blomberg, *Der Teufel und seine Gesellen in der bildenden Kunst*, Berlin 1867.

206 »Um nicht in den Verdacht zu kommen, diese Schöpfungen aus persönlicher Liebhaberei zu überschätzen, laß ich die Bemerkungen folgen, die Professor Waagen über ihn macht« (Fontane, *Aus Manchester. 9. Brief*, NFA XXIII/1, S. 134).

207 Eine der Ausnahmen ist ein Kommentar Jordans zur Malerei Ludwig Richters, den Fontane zitiert, um seine Aussage zu unterstreichen, wonach Ludwig Richter »wie kaum ein anderer, ein Schilderer kleinbürgerlich deutscher Art und Sitte« geworden sei (ders., *Fünfte Ausstellung in der Nationalgalerie [1878]*, NFA XXIII/1, S. 425). Außerdem finden sich Bezugnahmen zu Meinungen anderer Kritiker, die jedoch nicht explizit genannt werden (vgl. ders., *Die diesjährige Kunstausstellung [1862]*, NFA XXIII/1, S. 190f.).

zu rechtfertigen, was folgende Schlüsse zulässt: Da es sich beim Konvolut zur Manchester-*Exhibition* um eine der ersten ausführlichen Kunstausstellungsbesprechungen Fontanes handelt, wendet er wohl noch andere Strategien zum Verfassen der Artikel an, als dies später der Fall ist. Außerdem verfügt er über fundiertere Kenntnisse über in Berlin ansässige Künstler, da er deren Werke aus zahlreichen Ausstellungen sowie durch private Beziehungen kennt. Dies bedeutet jedoch nicht, dass er in den Briefen *Aus Manchester* nicht ebenfalls dezidiert für seine eigene Meinung einsteht, was in Bezug auf Turner und die Präraffaeliten durchaus zutrifft. Die pointierte Äußerung des eigenen Urteils behält er auch in späteren Kunstkritiken bei, wobei er sich dann nicht mehr auf Meinungen anderer abstützt. Verschiedene Informationsquellen verwendet er in beiden Fällen,[208] verfährt jedoch hinsichtlich der Lektüre entsprechender Referenzwerke äußerst pragmatisch. Er nimmt keine systematische Aneignung oder Auseinandersetzung mit Einzelwerken vor. John Ruskins *Modern Painters* hat er wohl kaum in Gänze gelesen, ebenso wenig Gustav Waagens *Kunstwerke und Künstler in England und Frankreich* oder Kuglers Abhandlung über Polychromie.[209] Einzig die ausführlichen Rezensionen zu den Werken Wilhelm Lübkes sowie zur Rauch-Biografie der Brüder Eggers lassen darauf schließen, dass er diese Publikationen vollumfänglich gelesen hat; seine Lektüre erfolgt demnach stets zweck- und zielgerichtet.

4.1 Gustav Friedrich Waagen und Titus Ullrich als Referenzen Fontanes

Wie im Kapitel zur Vereinstätigkeit Fontanes dargelegt, führt dieselbe zum persönlichen Kontakt zwischen Fontane und Waagen, der durch Tagebucheinträge zu Fontanes Zeit in England belegt ist.[210] Waagen ist als Berater an der Konzeption der Manchester-*Exhibition* beteiligt und außerdem als Berichterstatter für das *Deutsche Kunstblatt* aktiv, während Fontane für verschiedene Tageszeitungen über die Ausstellung berichtet. Neben dem persönlichen Kontakt liest er Waagens Publikationen, die sich mit englischer Kunst befassen; belegt ist seine Lektüre des Werks *Treasures of Art in Great Britain.*[211] Anzunehmen

208 Vgl. Kapitel II.5.2.

209 Vgl. Kapitel I.1.6.

210 »Um 10 zu Direktor Waagen 7 Fitzroy-Square. Freundlicher Empfang; Vortrag mehrerer guter aber alter Anekdoten. Die Gefahr der Lady Eastlake und ihrem Gemahl vorgestellt zu werden, geht glücklich vorüber; – beide sind nicht zu Haus, oder finden es für gut nicht zu Hause zu sein« (Theodor Fontane, Tagebucheintrag vom 27.06.1856, GBA XI/1, S. 133f.).

211 »Auf's Britische Museum. In Waagen's ›the Art Treasures of Great Britain‹ [...] gelesen« (ders., Tagebucheintrag vom 11.06.1858, GBA XI/1, S. 330f.).

ist überdies, dass Fontane Waagens *A Walk Through the Art Treasures Exhibition at Manchester* liest. Allerdings finden sich darin nur sehr wenige Bemerkungen über diejenigen Künstler, mit denen sich Fontane eingehender beschäftigt.[212] In Zusammenhang mit der Übersicht über die Sammlung des Markgrafen von Hertford beispielsweise entzieht sich Waagen explizit einer Beschreibung, »*because these objects of art are better known to the English public than to me*«[213]. Auch in der Artikelfolge im *Deutschen Kunstblatt*, die Fontane ebenfalls gelesen haben dürfte, geht Waagen nicht auf einzelne Werke ein, sondern belässt es bei einer namentlichen Erwähnung der Künstler, wobei er ergänzend hinzufügt, dass er noch weitere Künstler nennen würde, »wenn sie mehr in Deutschland bekannt wären«[214]. Waagens Liste im *Deutschen Kunstblatt* enthält Hogarth, als »Meister der früherer [sic] Zeit« Reynolds, Gainsborough, Wilkie, Turner, Landseer, Mulready, Eastlake sowie – zum »Fach der Aquarellmalerei, worin bekanntlich die Engländer so viel und so Bewunderungswürdiges leisten«[215] – Turner, Cattermole, De Wint, Pront, Fielding, Lewis, Taylor, Cox, Hunt, Roberts, Clarkson, Stanfield und Topham. Waagen zählt damit mehrere Künstler auf, die in Fontanes Artikeln über die Ausstellung nicht erwähnt werden, ebenso wenig führt Waagen Werktitel auf, die Fontane eine Vorlage hätten bieten können. Fontane macht sich die rudimentären Ausführungen Waagens insofern zunutze, als er im Vorwort zur Publikation *Aus England* auf das Werk *Treasures of Art in Great Britain* »unseres hochverdienten Professor Waagen« verweist, um zu bemängeln, dass die zeitgenössische englische Kunst in diesem zu kurz komme.[216] Dies spricht dafür, dass Waagen für Fontane in Bezug auf die *Exhibition* vor allem mündlich eine Referenz ist und er ansonsten Waagens Werk *Treasures of Art in Great Britain* hinzuzieht. In dieser Publikation lassen sich beispielsweise in der Wertschätzung William Hogarths

212 Das trifft im Übrigen auf andere Begleitpublikationen zur Ausstellung ebenfalls zu: Vgl. Waagen, *A Walk Through the Art Treasures Exhibition*. Mit einigen wenigen Bewertungen: [ungez.] *Catalogue of the Art Treasures of the United Kingdom. Collected at Manchester in 1857*, Manchester 1857. Auch darin Kommentierendes nur selten; Jean Baptiste Charles Carbonneau, *The Art-Treasures Examiner: A Pictorial, Critical, and Historical Record of the Art-Treasures Exhibition, at Manchester, in 1857*, Manchester/London 1857.

213 Waagen, *A walk through the Art-Treasures Exhibition*, S. 41. Indem er sich eines Urteils entzieht, weicht er natürlich auch möglichen Widersprüchen aus.

214 Waagen, *Ueber die Kunstausstellung in Manchester*, S. 186.

215 Ebd. Vgl. auch Carbonneau, *The Art Treasures Examiner*, S. 336 sowie Ullrich, *Reise-Studien*, S. 313.

216 Theodor Fontane, *Aus England. Studien und Briefe über Londoner Theater, Kunst und Presse*, Stuttgart 1860, S. VIf., wiederabgedr. in: Fontane, *Aufsätze zur bildenden Kunst. Anmerkungen*, NFA XXIII/2, S. 221.

sowie im Urteil über William Turner Gemeinsamkeiten zwischen Fontanes und Waagens Texten ausmachen. Als weiteres Buch, bei dem sich Parallelen zu Fontanes Kunsturteilen ergeben, ist Waagens zweibändiges Werk *Kunstwerke und Künstler in England und Paris* zu nennen, bei dem es sich allerdings weder um ein kunsthistorisches Handbuch noch um einen Ausstellungskatalog, sondern vielmehr um einen Reisebericht handelt. Es entspricht damit einer Textgattung, die stärker populärwissenschaftlich ausgerichtet ist, und enthält auch erzählerische Passagen über Reiseereignisse, Kindheitserinnerungen sowie Apostrophen.[217]

Ein anderer Gesprächspartner Fontanes in Manchester ist Titus Ullrich, der in der *Nationalzeitung* über die *Exhibition* berichtet. Anhand von Fontanes Tagebucheinträgen lässt sich nachvollziehen, dass er Ullrich mehrmals trifft und sich mit ihm unterhält.[218] Wie bei Waagen nimmt die zeitgenössische englische Malerei in der Berichterstattung Ullrichs nur einen Bruchteil des Umfangs ein; 15 von insgesamt 122 Seiten. Die italienischen Schulen sowie die alten Meister sind viel umfassender berücksichtigt. Ullrich äußert sich negativ über die zeitgenössische englische Malerei: »Charakteristisch ist der durchweg stark ausgeprägte Sinn der Engländer für das Kolorit; dagegen gebricht es in vieler Hinsicht an Bedeutsamkeit und Tiefe der Auffassung. Häufig bemerkt man ein dilettantisches Wesen und nicht minder das Belieben subjektiver Marotten.«[219] Auch Waagen beanstandet die »sehr breite[] und freie[] Behandlung«, die »bei den meisten späteren Malern in eine Flüchtigkeit und Nachlässigkeit ausartete«.[220] Fontane dagegen richtet seine ganze Berichterstattung bewusst auf die zeitgenössische Malerei aus, auch weil diese bei sämtlichen anderen Kritikern nur spärliche Berücksichtigung findet. Er scheint zwar sowohl von Waagens als auch von Ullrichs Texten beeinflusst, erweist sich aber in entscheidenden Punkten als eigenständig, was im Folgenden an verschiedenen Beispielen aufgezeigt wird.

---

217 Vgl. z. B. Waagen, *Kunstwerke und Künstler in England. Erster Brief*, Bd. 1, 1837, S. 2.

218 »Im Omnibus nach der Exhibition. Vier Stunden lang gemustert. Im Hinausgehn Titus Ullrich getroffen u. mit ihm geplaudert« (Fontane, Tagebucheintrag vom 29.06.1857, GBA XI/1, S. 258). Vgl. auch ders., Tagebucheintrag vom 01.07.1857, GBA XI/1, S. 258; ders., Tagebucheintrag vom 03.07.1857, GBA XI/1, S. 259; ders., Tagebucheintrag vom 29.07.1857, GBA XI/1, S. 264). Fontane liest außerdem Ullrichs Reiseberichte aus Schottland sowie dessen Artikel in der *Nationalzeitung* (vgl. ders., Tagebucheintrag vom 22.07.1858, GBA XI/1, S. 339; ders., Tagebucheintrag vom 24.10.1856, GBA XI/1, S. 188). Ullrich verkehrt auch mit Wilhelm Lübke, was Fontane in der Rezension der *Lebenserinnerungen* Lübkes vermerkt (vgl. ders., *›Lebenserinnerungen‹ von Wilhelm Lübke*, NFA XIII/1, S. 616).

219 Ullrich, *Reise-Studien*, S. 307.

220 Waagen, *Kunstwerke und Künstler in England und Paris*, S. 229.

Im Absatz zu William Turner im neunten Brief zur Manchester-*Exhibition* fügt Fontane ein ausführliches Zitat aus Waagens *Treasures of Art in Great Britain* ein, das er im Einzelnen nicht kommentiert, sondern lediglich bilanziert: »Diesem Urteil Professor Waagens stimme ich in allem bei.«[221] Das Zitat ist explizit als solches markiert und von Fontane verwendet, »[u]m nicht in den Verdacht zu kommen, diese Schöpfungen aus persönlicher Liebhaberei zu überschätzen«[222]. Er greift damit auf Waagens Autorität zurück, um sein eigenes Kunsturteil zu legitimieren. In einer unechten Korrespondenz zur William-Turner-Galerie stützt er seine Aussagen ebenfalls auf Waagen ab.[223] Erneut scheint es darum zu gehen, sein Lob für Turner zu rechtfertigen: Fontane bezeichnet den Künstler als »de[n] grösste[n] englische[n] Landschaftsmaler dieses Jahrhunderts und überhaupt eine[n] der genialsten Landschafter (auch Professor Waagen bezeichnet ihn so), die je gelebt haben«[224]. Titus Ullrich benennt Turner ebenfalls als »[e]ine besonders geniale Natur [...] von einer Staunen erregenden Fruchtbarkeit«.[225] Übereinstimmung besteht außerdem in Bezug auf Vorbehalte gegenüber Turners Spätwerk, in dem der Maler gemäß Fontane »Exzentrizitäten«[226] verfallen sei.[227] Die Problematik liegt für Fontane darin, dass sich Turner von der gegenständlichen Malerei zusehends losgelöst und sich stattdessen auf die Farbgebung konzentriert habe: »Er kam in ein Stadium, wo er durch Farbe und Licht, und beinah nur durch diese, Effekte erringen wollte und sich nicht mehr darum kümmerte, ob der Gegenstand zu seiner Laune paßte oder nicht.«[228] Fontane stört folglich die fehlende Kohärenz zwischen Form und Inhalt – ein konstitutives Merkmal abstrahierender Malerei, aber nichtsdestrotz eine Kritik, die sich sowohl bei Ullrich als auch bei Waagen ebenso findet. Ullrich stellt einen Zusammenhang her zum »schon öfter erwähnten Spleen« und schreibt von »Farbenexperimenten, die nichts mehr mit der gesunden Vernunft zu thun haben«.[229] Ähnlich lautet die Kritik

221 Fontane, *Aus Manchester. 9. Brief*, NFA XXIII/1, S. 134.

222 Ebd. Fontane übersetzt mit geringfügigen Abweichungen folgende Passage: Waagen, *Treasures of Art in Great Britain*, Bd. 1, S. 383f.

223 Vgl. *†*, *London, 20. Juli. Gegensätze und Inconsequenzen. Die William-Turner-Gallerie*, UK I, S. 145–147.

224 Ebd., S. 146; vgl. Waagen, *Treasures of Art in Great Britain*, Bd. 1, S. 384.

225 Ullrich, *Reise-Studien*, S. 313.

226 Fontane, *Aus Manchester. 9. Brief*, NFA XXIII/1, S. 138.

227 In der Manchester-*Exhibition* ist hauptsächlich Turners Frühwerk zu sehen, Fontane und Waagen kennen jedoch dessen Spätwerk von Besuchen in *Marlborough-House* (vgl. ders., *Zwanzig Turnersche Landschaften in Marlborough-House*, NFA XXIII/2, S. 25–29).

228 Ders., *Aus Manchester. 9. Brief*, NFA XXIII/1, S. 138.

229 Ullrich, *Reise-Studien*, S. 313.

bei Waagen, der in einer Gegenüberstellung von Werken Turners und Wilhelm van de Veldes für die Gemälde des ersteren die Bezeichnung »Knalleffect«[230] wählt. Darüber hinaus kritisiert er die fehlende »Wahrheit und Klarheit von Wolken und Wellen, Empfindung und Ausführlichkeit des Vortrags«, um das Fazit zu ziehen, dass ihm Turners Bilder lediglich »als eine gelungene Decorationsmalerei erschein[en]«, die dem »große[n] Haufe[n] der Liebhaber, welcher von der Kunst nichts anderes begehrt«, besser gefalle als das Werk van de Veldes.[231] Fontane stellt indessen keinen Zusammenhang her zwischen Dekorationsmalerei und fehlenden Gegenständen – diesen Terminus verwendet er einzig in Bezug auf Gemälde Tintorettos –, der Begriff »Effekt« findet sich allerdings sowohl betreffs Turners als auch Tintorettos.[232] Einen gegensätzlichen Standpunkt zu Waagen nimmt Fontane bezüglich der Inhaltsästhetik ein. Waagen bemängelt, dass Turner zusehends lediglich Hinweise auf seine Gedanken statt die Wiedergabe derselben umgesetzt habe. Er assoziiert diese Malweise mit Oberflächlichkeit und Arbitrarität, weil teilweise nicht mehr eindeutig bestimmt werden könne, was Turner wirklich intendiert habe.[233] Fontane zeigt sich hingegen fasziniert von Turners »völlig abweichende[r] Art zu malen« und vermerkt, Turners Malerei habe ihm »trotz einer gewissen Manier und eines unverkennbaren Zuweitgehens ebenso imponiert[] wie zum Nachdenken Stoff [geboten]«.[234] Was Waagen als Willkür und Oberflächlichkeit beanstandet, wird von Fontane auf symbolisierende Absichten geprüft:

> Ich hob schon hervor, daß er ein Maler von entschieden gedanklicher Begabung und Richtung gewesen sei. Wo diese Neigung für das Gedankenhafte und Symbolische nicht hin-

230 Waagen, *Kunstwerke und Künstler*, Bd. 1, S. 353.

231 Ebd. Dies erinnert an Ullrich, der die Aquarellmalerei »als die eigentliche Touristen- wie Dilettantenkunst« bezeichnet (Ullrich, *Reise-Studien*, S. 313).

232 »Eigentümliche Mischungen, abweichend von allem Hergebrachten, sollten wunderbare Farben- und Lichteffekte hervorbringen und dadurch das Urteil zu seinen Gunsten bestechen« (Fontane, *Zwanzig Turnersche Landschaften in Marlborough-House*, NFA XXIII/1, S. 27).

233 »In his later time, however, he may be said to have aimed gradually rather at a mere indication than a representation of his thoughts, which in the last twenty years of his life became so superficial and arbitrary that it is sometimes difficult to say what he really did intend.« Waagen schreibt, er könne die Meinung derjenigen nicht teilen, die Turners Spätwerk vorziehen, »but must adhere to the sober convinction that a work of art, executed in this material world of ours, must, in order to be quite satisfactory, have a complete and natural body, as well as a beautiful soul« (Waagen, *Treasures of Art in Great Britain*, S. 384). Waagen verfasst die zitierte Passage in Bezug auf die Gemälde in *Marlborough House*.

234 Fontane, *Zwanzig Turnersche Landschaften in Marlborough-House*, NFA XXIII/1, S. 25.

gehört, da ist sie freilich vom Übel, aber sie ist *nicht immer* vom Übel, sie hat auch ihre Berechtigung. Unter den zwanzig ausgestellten Gemälden befinden sich zwei, die etwas Symbolisierendes, und zwar mit allem Fug und Rechte, haben, und diese beiden Bilder sind mir um ebendeshalb die wertvollsten der Sammlung.[235]

Von den zwanzig ausgestellten Gemälden wählt Fontane folglich exakt diejenigen aus, denen er »etwas Symbolisierendes« zuschreibt.[236] Er koppelt Symbolisches an »Gedankenhafte[s]«, was verdeutlicht, dass er Kognition in diesen Vorgang miteinbezieht. Auf dieses Zitat folgt Fontanes Beschreibung des Gemäldes *Burial at Sea*, die Turners Farbensymbolik auf sprachlicher Ebene ein Äquivalent bietet.

Die Leiche des berühmten Genremalers wurde in einem Steamer, bei nächtlicher Weile, ich weiß in diesem Augenblicke nicht wohin geschafft. Alles grau, Himmel, Meer und die Felsen, die in der Ferne ragen; nur eine Signalrakete steigt mit weißem Lichtglanz in die Luft. Und durch das graue, stille Meer schaukelt der Steamer, schwarz der Rumpf, schwarz die Segel und schwarz der Dampf, der wie eine Trauerfahne weht. Das Ganze ein Riesensarg.[237]

Bemerkenswert ist, dass Fontane das eigentliche Geschehen, das Überbordwerfen des Leichnams im zentrierten horizontalen Lichtkegel gar nicht erwähnt; seine Beschreibung des Gegenständlichen ist ähnlich unpräzise wie Turners Malerei. Stattdessen fokussiert Fontane auf die Farbe, indem er den weissen Lichterglanz der Signalrakete in Kontrast zur grauen und schwarzen Umgebung akzentuiert. Eine weitere Opposition ist mit dem »schaukel[nden]« Steamer auf dem »stille[n] Meer« angedeutet. Das Trikolon »schwarz« wiederum referiert sprachlich auf die Farbgebung des Gemäldes. Bei Fontane wird »[d]as Ganze [zum] Riesensarg« und damit selbst zur Metapher für den Tod, womit er sich mit sprachlichen Mitteln Turners Darstellungsweise annähert. Die Substantivierung von Nacht, Meer und Luft steigert die Dramatik der Szene und erweitert den Kreis der Trauernden um die Natur. Andreas Haus kommentiert denn auch bereits 1972 im Rahmen einer Ausstellung zu Turners Werken in der Berliner Nationalgalerie, dass Fontane Turner »›ernster‹ genommen und besser verstanden« habe als die Fachkritiker vor ihm.[238]

235 Ebd., S. 28.

236 Fontanes Äußerung bezieht sich auf Turners Werke *Childe Harold's pilgrimage – Italy* von 1823 und *Peace – Burial at Sea* von 1842 (vgl. ebd., S. 28 (Abb. 12)).

237 Ebd., S. 28f.

238 Andreas Haus, *Turner im Urteil der deutschen Kunstliteratur*. In: Hennig Bock und Ursula Prinz (Hrsg.), *J.M.W. Turner. Der Maler des Lichts* [Katalog der Ausstellung: J. M. W. Turner: Gemälde, Aquarelle, Berlin, Nationalgalerie, Staatliche Museen zu Berlin und Neuer Berliner Kunstverein, 15.09.–06.11.1972], Berlin 1972, S. 99. »Er [Fontane, CA] erkannte Turner als unvergleichliches Original an und begründete damit

Ein weiterer Künstler, bei dem sich ein Vergleich von Fontanes Urteil mit demjenigen Waagens und Ullrichs lohnt, ist William Hogarth. Einig sind sich die drei – sowie Jean Baptiste Charles Carbonneau, der Herausgeber des *The Art Treasures Examiner* – über die Bedeutung Hogarths; Fontane widmet ihm drei Viertel seines fünften Briefes *Aus Manchester.*[239] Waagen bezeichnet Hogarth und Reynolds als »Männer von entschiedenem Genie für die Malerei«[240]. Auch Ullrich widmet in Bezug auf die englischen Maler Hogarth die ausführlichste Passage und geht davon aus, dass die »sittenschildernden satyrischen und karikirenden« Werke des Künstlers »in Deutschland hinlänglich« bekannt seien.[241] Als herausragendes Bild Hogarths erachtet Ullrich *The March of the Guards to Finchley*, »ein Gemälde, welches seiner Zeit die heftigsten Anfechtungen erlitt, weil man es von verschiedenen Seiten, obwohl mit Unrecht, für eine Satyre auf die königl. Truppen hielt, da sie dem Prätendenten entgegenzogen«.[242] Fontane schildert die Reaktion des Königs in Form einer Anekdote, wonach sich dieser über den »Bursch«[243] von Maler empört gezeigt habe. Fontane geht es außerdem um die Darstellung der zahlreichen Szenen, das »scheinbar wüste[] Durcheinander«[244], darum, in diesem Bild Merkmale des Realismus festzumachen und den ganzen Detailreichtum des Gemäldes sprachlich wiederzugeben. Er setzt dies mit kürzesten Narrativen um, die sich – einzig durch Semikola getrennt – aneinanderreihen und kommt damit einer Bildbeschreibung näher als Ullrich. Fontanes Schilderung gestaltet sich gewissermaßen als sprachlicher Nachvollzug dessen, was Hogarth malt.[245] Ein ähnliches Vorgehen findet sich

---

eine Einstellung, die erst im letzten Jahrzehnt des 19. Jahrhunderts allgemein werden sollte« (vgl. ebd., S. 96).

239 Vgl. Fontane, *Aus Manchester. 5. Brief*, NFA XXIII/1, S. 80–85. Carbonneau bezeichnet Hogarth als »a caricaturist of a general stamp – of a cosmopolitan order« (Carbonneau, *The Art-Treasures Examiner*, S. 1104).

240 Waagen, *Künstler und Kunstwerke in England und Paris*, S. 227.

241 Ullrich, *Reise-Studien*, S. 308. Auch in Kuglers *Handbuch der Kunstgeschichte* wird Hogarth zentrale Bedeutung beigemessen: Im Kapitel zur Genremalerei des 17. und 18. Jahrhunderts führt Kugler unter den Vertretern aus England lediglich Hogarth an (vgl. Kugler, *Handbuch der Kunstgeschichte*, 1842, S. 830). Hogarths Vorrangstellung ist auch bei Waagen sowie in allen Führern für die Manchester-*Exhibition* unangefochten.

242 Ullrich, *Reise-Studien*, S. 308.

243 Fontane, *Aus Manchester. 5. Brief*, NFA XXIII/1, S. 85 (Abb. 13).

244 Ebd., S. 84.

245 Vgl. »Der baumstarke Grenadier, der von zwei Weibern, einer alten und einer jungen, in Anspruch genommen und nach rechts und links zugleich gezogen wird; der bezeichnungsvolle Hinweis, durch welchen die jüngere ihr bessers Anrecht auf ihn geltend zu machen sucht; die stupide Entschlossenheit der älteren, die aufs äußerste gewillt scheint, ihr Ehefrauenrecht zu verteidigen; die verlegenen großen Augen des

noch am ehesten bei Carbonneau im *Examiner*, jedoch ausschließlich in Form einer Beschreibung, nicht einer kongenialen Übertragung.[246] Waagen schreibt Hogarth zwar »ein eminentes Talent für Auffassung des Characteristischen in der Natur und für Verwendung desselben zu dramatischen Vorstellungen«[247] zu und verortet seine Malerei als »moralisch-humoristisch[]«[248], expliziert dies jedoch nicht in Form von Bildbeschreibungen, wie es für Fontanes Berichte zutrifft. Bei Fontane wiederum fehlt die Einordnung in den kunsthistorischen Kontext. Übereinstimmung ist insofern vorhanden, als Waagen Hogarths Gemälde mit Literatur in Verbindung bringt, namentlich mit dem bürgerlichen Drama, wobei Hogarth die Position Molières zukomme.[249] Waagen verweist für die Bildfolgen auf die Kommentare Georg Christoph Lichtenbergs und verzichtet auf eine eigene Beschreibung. Ullrich betont ebenfalls die Sprache in Hogarths Werken, indem er behauptet: »sein [Hogarths, CA] Pinsel ist halb und halb schon eine Feder«[250]. Dieser Bezug findet sich ebenso bei Carbonneau, der den englischen Dichter Charles Lamb zitiert: »other pictures we see […] Hogarth's are read«.[251] Fontane legt seinen Schwerpunkt ebenfalls auf den narrativen Gehalt von Hogarths Werken, was sowohl die Zuschreibung, es handle sich um »Aschermittwochspredigten« als auch ein Abschnitt zur Porträtmalerei Hogarths, der bei Fontane mit Anekdoten versehen nacherzählt wird, verdeutlichen.[252] Die von Fontane erwähnten Werke *The March of the Guards to Finchley* und *Southwark Fair* werden zwar beispielsweise im *Examiner* ebenfalls genannt, dort aber nicht mit weiterführenden Kommentaren versehen.[253] Die Zuspitzung auf den Realismus der Darstellung, die Fontane mit einem Goethe-Zitat des Hineingreifens »ins volle Menschenleben« akzen-

---

schmucken Kerls, der eigentlich nur einen Trost hat: Prätendent und Finchley – all das ist unübertrefflich« (ebd.).

246 Im *Examiner* steht: »The variety of idea which the numberless little episodes represent, all bearing upon and uniting with the one leading subject, is something marvellous« (Carbonneau, *The Art-Treasures Examiner*, S. 205).

247 Waagen, *Künstler und Kunstwerke in England und Paris*, Bd. 1, S. 227.

248 Ebd., S. 228.

249 Einig sind sich Fontane und Waagen außerdem in der Wertung der Folge *Mariage à la Mode*, die Waagen gar als »die geistreichste und gelungenste« (ebd., S. 230) einordnet. Bei Fontane heißt es schlicht, dass Hogarths Werke in der Vernon-Galerie – dabei nennt er *Mariage à la Mode* – sowie im Sir John-Soane-Museum die auf der *Exhibition* gezeigten Werke »bei weitem« übertreffen (Fontane, *Aus Manchester. 5. Brief*, NFA XXIII/1, S. 81).

250 Ullrich, *Reise-Studien*, S. 308.

251 Carbonneau, *The Art-Treasures Examiner*, S. 205.

252 Vgl. Fontane, *Aus Manchester. 5. Brief*, NFA XXIII/1, S. 80, 82–85.

253 Vgl. Carbonneau, *The Art Treasures Examiner*, S. 61.

tuiert, ist desgleichen ohne Vorlage.[254] Als Eigenheiten Fontanes treten der Realismusbezug, die Nacherzählung von Anekdoten sowie die Originalität in der sprachlichen Veranschaulichung des narrativen Gehalts deutlich hervor. Die herausgearbeiteten Unterschiede können exemplarisch für zahlreiche weitere Künstler geltend gemacht werden, so auch für Gainsboroughs Werk *The Blue Boy*, das Ullrich zwar erwähnt, bei dem Fontane aber viel ausführlicher auf den Entstehungskontext, den Zwist zwischen Reynolds und Gainsborough, eingeht.[255]

Ein anderes Beispiel, das sich dazu eignet, Fontanes Eigenständigkeit herauszuarbeiten, ist Benjamin Wests *The Death of General Wolfe*: Fontanes Ausführung zum Realismus der Darstellung ist ohne Vorbild bei Ullrich, der sich lediglich zu formalen Besonderheiten derselben äußert.[256] Ebenso wenig findet sich eine Anlehnung an Waagen.[257] Einzig hinsichtlich der Debatte, die West bezüglich des Bildes mit Reynolds geführt haben soll, sind Informationen in *The Art Treasures Examiner* enthalten, allerdings viel ausführlicher als bei Fontane.[258]

Neben eindeutigen Diskrepanzen sind auch Übereinstimmungen zwischen Fontane und Waagen auszumachen. So ist bemerkenswert, dass der Maler David Wilkie sowohl von Waagen als auch in *The Times* mit dem Schrift-

254 Fontane, *Aus Manchester. 5. Brief*, NFA XXIII/1, S. 83; vgl. Johann Wolfgang Goethe, *Faust I. Vorspiel auf dem Theater*. In: Ders., *Sämtliche Werke. Faust. Texte*, hrsg. von Albrecht Schöne, Frankfurt am Main 1994, Abt. 1, Bd. 7/1, S. 19.

255 Vgl. Ullrich, *Reise-Studien*, S. 94f.; Fontane, *Aus Manchester. 6. Brief*, NFA XXIII/1, S. 94–96. Anders als bei Ullrich ist in Waagens *Kunstwerke und Künstler in England und Paris* die Entstehungsgeschichte des Gemäldes *The Blue Boy* erwähnt, ebenso im *Examiner* (vgl. Waagen, *Kunstwerke und Künstler in England und Paris*, Bd. 2, S. 128f.; Carbonneau, *The Art-Treasures Examiner*, S. 214, 232f.).

256 »Letzterer besonders imponirt durch die Einfachheit und Rundung der Komposition, und diese Vorzüge müssen die Trockenheit und Härte der Färbung decken« (Ullrich, *Reise-Studien*, S. 310). Noch am ehesten besteht eine Korrelation darin, dass gemäß Fontane *Die Schlacht von La Hogue* als beste Arbeit angesehen werde und Ullrich *The Death of General Wolfe* und *Die Schlacht von La Hogue* als bekannteste Werke Wests erwähnt (vgl. ebd. sowie Fontane, *Aus Manchester. 7. Brief*, NFA XXIII/1, S. 108 (Abb. 14)).

257 Waagen schreibt in *Treasures of Art* über das Werk, es sei »a notable instance. To the right conception, however, of scriptural events, as the highest sphere of art, he never attained« (Waagen, *Treasures of Art in Great Britain*, Bd. 1, S. 366).

258 Carbonneau, *The Art Treasures Examiner*, S. 334. Umstritten war das Werk auch deshalb, weil West »ein nur wenige Jahre zurückliegendes Ereignis zum Gegenstand seines Historienbildes [gewählt hatte]« (Thomas W. Gaehtgens und Ulrich Fleckner (Hrsg.), *Historienmalerei*, Berlin 1996 (= Geschichte der klassischen Bildgattungen in Quellentexten und Kommentaren, Bd. 1), S. 46).

steller Walter Scott verglichen wird.[259] Fontane greift diese Gegenüberstellung ebenfalls zweimal auf; an einer Stelle heißt es, nahezu als Zitat Waagens: »*David Wilkie ist der Walter Scott mit der Palette.*«[260] Möglicherweise soll die Kursivsetzung des Satzes markieren, dass es sich dabei um ein Zitat handelt, eine Fussnote dazu fehlt jedoch. Waagen vermerkt außerdem, dass ihn Wilkies Werke an flämische Maler erinnerten, die das Alltagsleben des 17. Jahrhunderts mit zahlreichen Details dargestellt hätten.[261] Fontane weist ebenfalls auf diesen Umstand hin, allerdings ist die entsprechende Passage im Vorabdruck gekürzt worden.[262] Das Zitat verdeutlicht, dass Verweise auf die Literatur keine Eigenheit Fontanes sind, sondern auch bei Kunsthistorikern und überdies bei anderen Kunstkritikern Erwähnung finden. In Fontanes Verweisen auf die Literatur einzig den zukünftigen Schriftsteller erkennen zu wollen, greift folglich zu kurz.

4.2 John Ruskin, »ein Mann von unleugbaren Gaben«[263]

Uneins sind sich Fontane und Waagen über die Kunst der Präraffaeliten: Waagen fällt 1854 in einem Leserbrief an *The Times* ein missbilligendes Urteil über die Künstlergruppe und bezeichnet ihre Imitation der alten religiösen Meister als fehlerhaft. Stattdessen sei es für zeitgenössische Künstler eine Notwendigkeit, die zur Verfügung stehenden wissenschaftlichen und technischen Mittel, unter anderem bezüglich Perspektive, in ihre Werke einzubeziehen.[264] Als

259 »[...] I actually saw before me those fanatical Puritans whom Walter Scott so admirably describes, and was again convinced of the congeniality between him and Wilkie« (Waagen, *Art Treasures of Great Britain*, S. 732; vgl. ebd., S. 685); vgl. ders., *Kunstwerke und Künstler in England und Paris*, Bd. 1, S. 237.

260 Fontane, *Aus Manchester. 8. Brief*, NFA XXIII/1, S. 115. Waagen schreibt: »If I have denominated Wilkie the Walter Scott of English painters, Mulready may be classed as the Goldsmith« (Waagen, *Art Treasures of Great Britain*, S. 687). Allerdings macht Waagen die Ähnlichkeiten in Bezug auf die Art und Weise, Menschen darzustellen aus, während Fontane die Gemeinsamkeiten in der Landschaftsmalerei sieht (vgl. Fontane, *Aus Manchester. 8. Brief*, NFA XXIII/1, S. 115).

261 Waagen, *Art Treastures of Great Britain*, S. 685.

262 Fontane stellt im Vorabdruck die Vermutung an, dass auf Wilkies Werke *Zinstag* sowie *Die Kartenspieler* »niederländische Vorbilder (an denen in *London* kein Mangel war) nicht ohne Einfluß geblieben« seien (Fontane, *Aus Manchester. 8. Brief*, *Anmerkungen*, NFA XXIII/2, S. 253).

263 Fontane, *Aus Manchester. 10. Brief*, NFA XXIII/1, S. 143.

264 Gustav Friedrich Waagen, *To the Editor of the Times*. In: *London Times* 21/792 (13.07.1854). Als weitere Kritikpunkte zählt Waagen »meagre drawing, hard outlines, erroneous perspective, conventional glories« auf (ebd.).

Negativbeispiel dient Waagen Hunts Gemälde *The Light of the World*, dem er einzig dafür, dass es »most carefully painted«[265] sei, ein Lob ausspricht. Bemerkenswert ist, dass Waagen behauptet, die Präraffaeliten würden die Fehler der deutschen Nazarener wiederholen, als deren Vertreter er Cornelius Schnorr und Friedrich Overbeck nennt.[266] Fontane und Ullrich[267] – sowie die gegenwärtige kunsthistorische Forschung[268] – betonen hingegen die Unterschiede zwischen Präraffaeliten und Nazarenern.[269]

Waagen greift damit das negative Urteil der englischen Kunstkritik – Ruskin ausgenommen – auf, und seine Zuschrift erhält hohe Resonanz,[270] auch im Kreis um Charles Eastlake.[271] Eastlakes Verhältnis zu den Präraffaeliten gilt es indessen differenzierter zu betrachten, denn in einem Tagebuch-Eintrag vom August 1857 gesteht Eastlake in Zusammenhang mit dem Werk *Samson und Delilah* nach Vittore Carpaccio William Holman Hunt zu, einen neuen Ty-

265 Ebd.

266 Ebd.

267 Ullrich schreibt: »Mit unseren Nazarenern, Overbeck u. s. w. haben sie nichts gemein. Sie malen Gegenstände von ganz modernem Charakter, dabei geht ihre Haupttendenz dahin, alle Tradition von Technik und künstlerischer Auffassung zu verwerfen und gleichsam wieder von vorn anzufangen« (Ullrich, *Reise-Studien*, S. 312).

268 Die Abgrenzung der Präraffaeliten sowohl von der Kunst vor Raffael, als auch von den Nazarenern bestätigt Ernst Hans Josef Gombrich mit seiner Einschätzung, der präraffaelitische Stil sei »as far removed from the modes of the German Nazarenes as it is from the modes of the Quattrocento, to which it is supposed to pay tribute. Neither in subject-matter, nor in their bright clear colours or narrative manner do these painters display a preference for the primitive, which those words may imply« (Ernst Hans Gombrich, *The Preference for the Primitive*, London 2002, S. 141).

269 Fontane bringt die Nazarener unter anderem stärker mit religiöser Malerei in Verbindung, was seine Aussage nahelegt, dass Holman Hunts *The Scapegoat* die Präraffaeliten »in die Nachbarschaft jener kontinentalen Maler geführt [habe], die diesen Namen mit größerem Rechte tragen« (Fontane, *Aus Manchester. 10. Brief*, NFA XXIII/1, S. 142).

270 Vgl. z. B. [ungez.] *Minor Topics of the Month: Pre-Raphaelitism*. In: *Art Journal* 16 (01.08.1854), S. 250.

271 Unter anderem behauptet Ralph Nicholson Wornum, ein Kunstkritiker sowie Verwalter, zeitweise Mitarbeiter Eastlakes bei der *National Gallery*, überzeugt vom Fortschritt der Kunst, dass jede Rekultivierung der Kunst des 15. Jahrhunderts als gutes Vorbild rückwärtsgewandt und kontraproduktiv sei. Er kritisiert die Präraffaeliten für zwei grundlegende Fehler: Die Schule atme in ihren Werken den Geist des armseligen Ästhetizismus, des dunkelsten klösterlichen Zeitalters und entstelle in ihrer Ausführung die Kunst der mittelalterlichen Meister. Layard, ein weiteres Mitglied aus dem Kreis um Eastlake, äußert sich zwar gegenüber den Präraffaeliten wohlgesinnter, stört sich aber an dem, was er als Archaismus wahrnimmt (vgl. Avery-Quash/Sheldon, *Art for the Nation*, S. 112f.).

pus des »narrative picture« gefunden zu haben.[272] Diesen Aspekt macht auch Fontane stark, wenn er schreibt, dass die Präraffaeliten »*Romanzen, stimmungsreiche* Darstellungen eines Hergangs, Episches mit stark *lyrischer Färbung*«[273] malen würden.[274]

Fontanes Berufung auf den britischen Maler und Kunsthistoriker John Ruskin in Zusammenhang mit den Gemälden der Präraffaeliten, mit denen er sich im zehnten Brief *Aus Manchester* von 1857 vertieft auseinandersetzt, ist möglicherweise darauf zurückzuführen, dass Waagen der Malergruppe mit größerer Skepsis gegenübersteht. Im Folgenden werden daher die Bezüge zwischen Fontane und Ruskin herausgearbeitet. Im entsprechenden Zeitungsartikel nimmt Fontane explizit Bezug auf Ruskin und erwähnt, dass dieser »Mann von unleugbaren Gaben[] die Verteidigung«[275] der kontrovers diskutierten Präraffaeliten übernommen habe. Für Ruskins Einfluss auf Fontane bürgen indes nicht nur dieser direkte Verweis, sondern ebenso die Tagebucheinträge, in denen Fontane die Lektüre von Ruskins Texten im Rahmen der Berichterstattung zur Ausstellung in Manchester dokumentiert.[276] Fontane vermerkt, er habe »Ruskin's Brochüre über die Prä-Raphaeliten gelesen«.[277] Daher ist anzunehmen, dass er nicht Ruskins *Modern Painters*, sondern lediglich die benannte Broschüre liest. Schwierig zu beurteilen ist, ob Fontane Ruskins Briefe *To the Editor of the Times* für seine Recherchen hinzuzieht: einerseits aufgrund der zeitlichen Distanz, zumal der eine Brief 1851 und ein weiterer 1854 publiziert wird, Fontanes Berichterstattung über die Manchester-*Exhibition* jedoch erst

272 Vgl. ebd., S. 113. Von den Eastlakes am meisten geschätzt war John Everett Millais. Ihm statten sie 1854 auch einen Atelierbesuch ab, möglicherweise um Millais' Porträt von Ruskin zu sehen (vgl. ebd., S. 114). Lady Eastlake ist zudem mit Effie Ruskin befreundet, die später Millais heiratet (vgl. ebd., S. 85).

273 Fontane, *Aus Manchester. 10. Brief*, NFA XXIII/1, S. 142.

274 Ullrich schreibt den Gemälden der Präraffaeliten ebenfalls »poetische[n] Reiz« zu und glaubt darüber hinaus, »mancherlei Vergleichungspunkte mit den dichterischen Theorien Wordsworths und seiner Schule« ausmachen zu können (Ullrich, *Reise-Studien*, S. 312).

275 »Diese literarische Waffe [Zeitschrift *The Germ*, die John Everett Millais gemeinsam mit William Holman Hunt und Dante Gabriel Rossetti gegründet hatte, CA] indes versagte bald den Dienst, und Wort und Kritik traten erst wieder für die hartgedrängte Partei ein, als Mr. Ruskin, der Kunstreferent der ›Times‹ und ein Mann von unleugbaren Gaben, die Verteidigung (›powerful advocacy‹, wie die Engländer sagen) der jungen Schule übernahm« (Fontane, *Aus Manchester. 10. Brief*, NFA XXIII/1, S. 143). Vgl. zudem John Ruskin, *Modern Painters*, 5 Bde., London [1843–1860] 1906. Zu den Verbindungen zwischen Fontane und Ruskin vgl. Jolles, *Fontanes Studien über England*, S. 95–104.

276 »Gelesen (Ruskin über Turner)« (Fontane, Tagebucheintrag vom 08.10.1857, GBA XI/1, S. 277).

277 Theodor Fontane, Tagebucheintrag vom 06.07.1857, GBA XI/1, S. 259.

1857 erfolgt.[278] Andererseits geht Fontane auf sämtliche Bilder, die Ruskin ausführlicher thematisiert, nicht ein.[279] Allerdings könnte die Betonung der Notwendigkeit des zweiten Blicks, die sich sowohl bei Ruskin als auch bei Fontane findet und auf den symbolischen Gehalt der Gemälde der Präraffaeliten zurückgeführt werden kann, für die Lektüre sprechen.[280] Ruskin geht im Brief von 1851 auf mögliche Anleihen der Präraffaeliten an die Romantik ein, was dafür spricht, dass Fontane den Brief gelesen hat.[281] Dieselbe Assoziation findet sich nämlich auch bei ihm, mit Zuspitzung auf die deutsche Romantik.[282]

Immo Wagner-Douglas behauptet, dass Fontane und Ruskin »der Drang, losgelöst von theoretischen Überbauten, das Detail vergangener Zeiten zum Sprechen zu bringen« gemein sei.[283] Diesen Zusammenhang gilt es jedoch differenzierter zu betrachten, zumal in Ruskins Werken durchaus das Bestreben nach Theoriebildung ausgemacht werden kann. In *The Stones of Venice* bei-

278 Allerdings erscheint Ruskins Broschüre *Pre-Raphaelitism* bereits 1851, wobei anzunehmen ist, dass die Buchpublikation über einen längeren Zeitraum hinweg rezipiert worden ist als die Zeitungsartikel.

279 In Ruskins Kolumnen *To the Editor of the Times* ist von Hunts *The Light of the World* (vgl. [John Ruskin], *To the Editor of the Times.* In: *London Times* 21/733 (05.05.1854), S. 9) und *Awakening Conscience* (vgl. ders., *To the Editor of the Times.* In: *London Times* 21/750 (25.05.1854), S. 7) die Rede. In Manchester sind von Holman Hunt jedoch nur *Valentine defending Sylvia, The Hireling Shepherd, Claudio and Isabella, The Awakening Conscience* und *Strayed Sheep* zu sehen.

280 Bei Ruskin heißt es: »[…] there may not be some reason for his persistence in such an idea, not discoverable at the first glance« ([John Ruskin], *To the Editor of the Times.* In: *London Times* 21/733 (05.05.1854), S. 9). Ruskin macht in diesem Sachverhalt außerdem einen Traditionsbruch aus: »[W]e have been so long accustomed to see pictures painted without any purpose or intention whatsoever, that the unexpected existence of meaning in a work of art may very naturally at first appear to us an unkind demand on the spectator's understanding« (ebd.). Fontane schreibt: »Es ist wahr, daß man bei erster Begegnung vor ihnen erschrickt […]. Bei dritten und vierten Begegnungen hören diese buttergelben Wiesen, diese Pilze, an denen man die Lamellen zählen kann, allgemach auf, uns zu frappieren, und von dem Augenblicke an, wo wir das Fremdartige der Erscheinung überwunden haben, gehen uns die Feinheiten und Vorzüge, mindestens die nicht verächtlichen Intentionen auf, die den Pinsel des Malers geführt haben« (Fontane, *Aus Manchester. 10. Brief*, NFA XXIII/1, S. 141).

281 »I had, indeed, something to urge respecting what I supposed to be the Romanizing tendencies of the painters« (Ruskin, *To the Editor of the Times.* In: *London Times* 21/733 (05.05.1854), S. 9).

282 »Die Präraffaeliten haben den Haß gegen das konventionell Philiströse und das nach Gefühlsvertiefung mit *allen*, den Realismus aber mit den *späteren* Romantikern, z. B. mit Achim von Arnim, gemein« (Fontane, *Aus Manchester. 10. Brief*, S. 141).

283 Immo Wagner-Douglas, *Alte Meister. Von der Bildsprache zum Sprachbild.* In: Keisch, Schuster et al. (Hrsg.), *Fontane und die bildende Kunst*, S. 240.

spielsweise ist Ruskin darum bemüht, theoretische Setzungen vorzunehmen. Ebenso lässt die Gliederung in Paragrafen, wie sie Ruskin in *Modern Painters* praktiziert, darauf schließen, dass ihm daran gelegen ist, wissenschaftliche Ansätze zu verfolgen. Die Publikationen weisen keineswegs im selben Maße narrative Passagen auf wie Fontanes Texte. In den kunstkritischen Schriften Fontanes sowie für seine Art und Weise der Berichterstattung sind Kategorisierungen respektive »theoretische Überbauten«[284] nicht notwendig.

Mit *The Stones of Venice* ist ein weiteres Werk genannt, das sich bezüglich Fontanes Auseinandersetzung mit Ruskins Werk als aufschlussreich erweist. Die Publikation stützt die Vermutung, dass seine Lektüre von Ruskins Werken lediglich partiell ausgefallen ist: In den *Italienischen Aufzeichnungen* findet Ruskin keine Erwähnung, obwohl er insgesamt über zwei Jahre in Venedig gelebt[285] und mit *The Stones of Venice* einen Reiseführer für Venedig und Verona vorgelegt hat.[286] Interessant ist außerdem, dass Ruskin der Kunst Tintorettos gegenüber äußerst positiv gesinnt ist, während Fontane den Maler in den *Italienischen Aufzeichnungen* harsch kritisiert. Ruskin zeigt sich in einem Brief an seinen Vater über Tintorettos Werke in der *Scuola di San Rocco* in Venedig überwältigt und wählt für die *Kreuzigung* »gar den Topos der Sprachlosigkeit«[287]; das Gemälde sei über alle Beurteilung und alles Lob erhaben. Fontane äußert sich hingegen ablehnend zu Tintorettos Werken in der *Scuola* ebenso wie zur *Kreuzigung*. Festzuhalten ist allerdings, dass sich Ruskin in *The Stones of Venice* der Kritik anschließt, dass viele Werke Tintorettos zu rasch gemalt oder unfertig seien, was dem damaligen Konsens entspricht.[288] Dennoch weist Ruskin Tintoretto im zweiten Band von *Modern Painters* die Rolle des Protagonisten der alten Malerei zu, der bereits auf das Werk William Turners vorausweise, in dem – Ruskin zufolge – die Malerei zur Vollendung geführt wird.[289] Während Ruskin diese Entwicklungslinie explizit herstellt, ist sie bei Fontane zwar ebenfalls vorhanden, aber ohne als solche kommentiert oder gekennzeichnet zu sein. Fontane attestiert Tintoretto in einem Brief an Zöllner zwar

---

284 Ebd.

285 Vgl. Gabriele Köster, *Das Tintoretto-Bild Burckhardts und Ruskins*. In: Hildegard Wiegel (Hrsg.): *Italiensehnsucht. Kunsthistorische Aspekte eines Topos*, München 2004 (= Münchener Universitätsschriften des Instituts für Kunstgeschichte, Bd. 3), S. 145.

286 Vgl. John Ruskin, *The Stones of Venice. With Illustrations Drawn by the Author*, 3 Bde., London 1851–1853.

287 Köster, *Das Tintoretto-Bild Burckhardts und Ruskins*, S. 145.

288 Vgl. ebd., S. 148.

289 Der ursprüngliche Titel von *Modern Painters* lautete denn auch *Turner and the Ancients*. Turner selbst soll nach der Rückkehr von seiner Venedigreise im Jahre 1820 auf die Frage, welchem italienischen Künstler er den Vorzug gebe, geantwortet haben: Tintoretto (vgl. Köster, *ebd.*, S. 156, FN 27).

»Compositionstalent«, beklagt aber den »Mangel an aller Innerlichkeit«, der »geradezu erschreckend« sei, um mit dem Fazit zu schließen: »Farbentöne würden dasselbe thun.«[290] Er bekräftigt gar noch einmal: »Wenn sie *teppichartig*, durch Farbentöne wirken und im Uebrigen in klaren, äußerlich meisterhaften Compositionen historische Momente der Republik festhalten sollen, so finde ich sie großartig; wollen sie *mehr* sein, so finde ich sie erbärmlich.«[291] Fontanes Kritik an Tintoretto von 1874 erinnert hinsichtlich der Behandlung der Farbe stark an sein Urteil über die Malerei Turners, wenn er diesen des Vergehens bezichtigt, die Landschaft lediglich als Mittel zum Zweck zu benutzen und sich darauf zu konzentrieren »durch Farbe und Licht, und beinah nur durch diese, Effekte erringen«[292] zu wollen. Sowohl in den Bemerkungen zu Tintoretto als auch zu Turner geht es um denselben Kritikpunkt, wonach reines Farbenspiel, das Fontane mit »*teppichartig*«, »Farbentöne«, ohne »Seele«[293] beschreibt, inakzeptabel sei. Erasmus Weddigen bemerkt, dass Fontanes Kommentar zu Tintoretto anmute, als sei er auf die damalige avantgardistische Malerei Frankreichs gemünzt.[294] Dasselbe lässt sich für Fontanes bereits 1857 notierte Anmerkungen zu den Kunstwerken William Turners geltend machen, was implizieren würde, dass Fontane diesbezüglich in seinem Kunsturteil keine Entwicklung durchmacht. In *Der Stechlin* beleuchtet er diese Debatte dann allerdings unter anderen Vorzeichen, indem er den Professor Cujacius ausgehend von einer Diskussion über Gemälde William Turners »mit lächelnd überlegener Miene« behaupten lässt, die »Koloristen [seien] das Unglück in der Kunst«.[295] Außerdem hätten die Koloristen gemäß Cujacius negative gesellschaftliche Implikationen zur Folge, denn es seien »mit den richtigen Linien in der Kunst [...] auch die richtigen Formen in der Gesellschaft verloren gegangen«.[296] Fontanes Äußerungen zu Turner in den kunstkritischen Zeitungsartikeln bleiben insofern im akademischen Denken verhaftet, als er dem *colore*, »der Farbe als bloße[m] Akzidens [...] im Vergleich zum intellektualisierten *disegno*«[297] keine Vorrangstellung einräumt. Die Szene in *Der Stechlin* wirft allerdings ein

290 Theodor Fontane an Karl und Emilie Zöllner, 10.10.1874, HFA IV/2, S. 478.

291 Ebd.

292 Fontane, *Aus Manchester. 9. Brief*, NFA XXIII/1, S. 138.

293 Theodor Fontane an Karl und Emilie Zöllner, 10.10.1874, HFA IV/2, S. 478.

294 Vgl. Erasmus Weddigen, *Theodor Fontane und Jacopo Tintoretto*. In: *Neue Zürcher Zeitung* (01.01.1971).

295 Fontane, *Der Stechlin*, GBA I/17, S. 282.

296 Ebd., S. 283.

297 Tristan Weddigen, *Pittura ama Disegno. Zur Beziehung zwischen Malerei und Zeichenkunst*. In: Michael Brunner und Andrea C. Theil (Hrsg.), *Venezianische Malerei von 1500 bis 1800. Kontur oder Kolorit? Ein Wettstreit schreibt Geschichte*, Engen 2003, S. 25. Trotz Ruskins Fürsprache für Tintoretto, findet sich diese Auffassung auch bei

kontroverses Schlaglicht auf diese Debatte, indem Cujacius als streitbarer und monologisierender Professor ins Lächerliche gezogen wird.[298]

Ungeachtet dessen sind Gemeinsamkeiten zwischen Ruskin und Fontane hinsichtlich ästhetischer Aspekte ihrer Kunstauffassung auszumachen. So wird Ruskin zufolge höchste, nobelste Kunst durch ein Zusammenspiel von »imagination«, »invention«, »poetical power«, »love of ideal beauty« und »with the aid of truth« erreicht.[299] Auch Fontane betont mehrfach die Bedeutung von Originalität, Idealität im Sinne einer künstlerischen Bearbeitung der Wirklichkeit sowie die Zusammenhänge zwischen Kunst und Dichtung. Er bezieht sich hierfür allerdings nicht konkret auf Ruskins Vorlage. Diese oberflächliche Übereinstimmung lässt sich dennoch weiter nach Diskrepanzen und Korrelationen spezifizieren. Unterschiede bestehen beispielsweise darin, dass Ruskin in *Pre-Raphaelitism* viel detaillierter argumentiert als Fontane und auf zahlreiche weitere Maler eingeht, die bei Fontane nicht genannt sind.[300] Eigenständig und auf Fontanes kulturell geprägtes Bildgedächtnis zurückzuführen ist des Weiteren die von ihm vorgenommene Abgrenzung der Präraffaeliten von den Nazarenern. Fontane bezeichnet die Nazarener – namentlich Overbeck und Ary Scheffer – als die »wahren Präraffaeliten dieser Zeit«[301], da sich diese – im Unterschied zu den Präraffaeliten – auf die Maler vor Raffael beziehen würden. Diese Gegenüberstellung ist in Ruskins *Pre-Raphaelitism* ohne Vorlage. Außerdem erweist sich Fontane insofern als originär, als das einzige von ihm ausführlich beschriebene Werk Millais', *Autumn Leaves*, bei Ruskin keine Erwähnung findet. Gemeinsamkeiten bestehen wiederum darin, dass auch Ruskin die Detailgenauigkeit der Gemälde der Präraffaeliten

---

ihm: »Color is a secondary quality, therefore less important than form« (Ruskin, *Modern Painters*, Bd. 1, S. 67).

298 »Melusine, (froh, überhaupt unterbrechen zu können,)« (Fontane, *Der Stechlin*, GBA I/17, S. 283) macht dem Redeschwall des Professors ein Ende, Woldemar attestiert ihm ein starkes Selbstbewusstsein und schließlich lassen sich die Beteiligten auch noch über Cujacius, den äußerst beschränkten Themenkreis seiner Kunst und die üble Nachrede seiner Kollegen aus (vgl. ebd., S. 284f.).

299 John Ruskin, *Pre-Raphaelitism*, New York 1851, S. 18.

300 Der Aufbau der Broschüre, die mit einer Reflexion darüber beginnt, dass jeder der ihm am besten entsprechenden Beschäftigung nachgehen sollte, macht deutlich, dass es Ruskin um eine gesellschaftliche Verankerung der Malerei geht. Erst auf Seite 13 kommt er explizit auf das Tätigkeitsfeld der Maler zu sprechen. Die Präraffaeliten und deren Kunst sind in der Broschüre nur am Rande ein Thema. Fontane geht jedoch weder im zehnten Brief *Aus Manchester* noch an anderer Stelle präziser auf diese Schrift Ruskins ein.

301 Fontane, *Aus Manchester. 10. Brief*, NFA XXIII/1, S. 139.

vermerkt.[302] Zudem bekennt er, dass die Präraffaeliten in manchen Aspekten fehlerhaft vorgehen würden. Fontane hält ebenfalls fest, dass »[i]hre [Präraffaeliten, CA] große Jugendlichkeit überall zum Extremen hin« gedrängt habe, und zählt den »Drang nach Innigkeit und die Verachtung gegen das bequem Sentimentale« zu ihren »Fehler[n]«.[303] Derweil bemängelt Ruskin, dass die Präraffaeliten zu stark an der Ausführung arbeiten würden und ihnen wegen übermäßiger Sorgfalt gewisse zeichnerische Qualitäten abgingen.[304] Während Ruskin fürchtet, dass die Präraffaeliten infolge zu harter Kritik nicht reüssieren würden, sieht Fontane hingegen die Ursache für seine Prognose, dass die Präraffaeliten nicht überdauern könnten, in deren fehlender Kompatibilität mit dem Kunstmarkt.[305] Besonders auf dem in England so populären Feld der Porträtmalerei würden sie scheitern: »Wir wollen alle keinen Wahrheits-, sondern einen Schönheitsspiegel«[306], so Fontanes Begründung.

Bemerkenswert an Ruskins Broschüre *Pre-Raphaelitism* ist, dass darin auch Turner ein umfangreicher Abschnitt gewidmet ist. Ruskin bringt folglich die Präraffaeliten und Turner in einen engen Zusammenhang, wobei er in einer Gegenüberstellung von Millais und Turner festhält: »They stand at opposite poles, marking culminating points of art in both directions«.[307] An Turner kritisiert er die Dominanz der Farbe vor der Linie, wohingegen die Präraffaeliten zu viel Wert auf die zeichnerische Darstellung legen würden. Dennoch legt die Aussage nahe, dass Ruskin sowohl die Präraffaeliten als auch Turner als dazu imstande erachtet, Neuerungen in der Malerei zu bewirken, wenn auch auf diametral entgegengesetzte Art und Weise. In Fontanes Berichten hingegen fehlt diese Zusammenführung; Turner wird im 9. Brief, die Präraffaeliten im 10. Brief *Aus Manchester* thematisiert. Darüber hinaus beruft sich Fontane für seine Äußerungen zu Turner auf Waagen, was möglicherweise damit zu begründen ist, dass Waagen den deutschen Lesern bekannter sein dürfte als Ruskin. Indessen lassen sich auch Parallelen zwischen Ruskins und Fontanes Aussagen zu Turner ausmachen. Ruskins Fazit zur Maltechnik Turners lautet:

302 Gemäß Ruskin sind die Präraffaeliten »of singular success in certain characters, finish of detail, and brilliancy of colour« (Ruskin, *Pre-Raphaelitism*, S. 24) (Abb. 15).

303 Fontane, *Aus Manchester. 10. Brief*, NFA XXIII/1, S. 141.

304 »They are working too hard [considering execution, CA]. There is evidence in failing portions of their pictures, showing that they have wrought so long upon them that their very sight has failed for wariness, and that the hand refused any more to obey the heart. And, besides this, there are certain qualities of drawing which they miss from over-carefulness« (Ruskin, *Pre-Raphaelitism*, S. 52).

305 »Eine neue Ära könnte durch sie beginnen; aber sie werden scheitern, wie Hogarth gescheitert ist« (Fontane, *Aus Manchester. 6. Brief*, NFA XXIII/1, S. 97).

306 Ebd., S. 98.

307 Ruskin, *Pre-Raphaelitism*, S. 27.

»Pictures executed on such a system are not, properly speaking, works in *colour* at all; they are studies of light and shade«[308]. Fontanes Bemerkung: »*[E]r [Turner, CA] schien mit Licht malen zu wollen*«[309] liegt an dieser Stelle nicht allzu fern, wobei Fontane den Schatten respektive den Kontrast gänzlich weglässt, was sein Fazit zusätzlich verschärft.

4.3 Kataloge zur Manchester-*Exhibition* als Bezugsquellen für Fontane

Über Waagen und Ruskin hinaus ist betreffend Referenzen Fontanes für die Manchester-*Exhibition* auf die zahlreichen Kataloge zu verweisen, die anlässlich der Ausstellung publiziert werden. Als Beispiel kann das Werk *Autumn Leaves* von John Everett Millais dienen, das Fontane im zehnten Brief ausführlich beschreibt. Seine Schilderung erweist sich im Vergleich mit dem bereits erwähnten *The Art-Treasures Examiner* als eigenständig,[310] wobei bemerkenswert ist, dass die Anhäufung von Fragen nur bei Fontane vorkommt. Das Fazit der »reizvollen Vieldeutigkeit«[311], das er daraus zieht, ist jedoch im Kern dasselbe wie im *Examiner* beschrieben:

> These things I saw in the picture; some will see many more things – and different. But everyone will see something; for this picture is a poem, has life in it, is a part of nature itself. Therefore, like all living things, it presents a new side to every new spectator, and remains of a quite impenetrable depth.[312]

Auch im *Examiner* wird auf die verschiedenen Bedeutungsebenen hingewiesen, die dem Bild inhärent sind, und vermerkt, dass eine Sinnstiftung derselben dem Betrachter obliegt. Auffällig ist außerdem, dass im *Examiner* der Aspekt der Poesie ebenfalls Erwähnung findet und gerade dieser für die Vieldeutigkeit des Bildes verantwortlich gemacht wird. Die Forderung nach Leben, die Fontane andernorts stellt,[313] ist diesem Zitat des *Examiner* ebenso immanent und wird als weitere Bedingung für das Entstehen von Vieldeutigkeit dargestellt.

---

308 Ebd., S. 32.

309 Fontane, *Aus Manchester. 9. Brief*, NFA XXIII/1, S. 139.

310 Auffällig ist, dass im Examiner von vier Mädchen geschrieben wird – was dem eigentlichen Bildinhalt entspricht, während Fontane nur deren drei verzeichnet (vgl. Fontane, *Aus Manchester. 10. Brief*, NFA XXIII/1, S. 144f.; Carbonneau, *The Art-Treasures Examiner*, S. 573 (Abb. 15)).

311 Fontane, *Aus Manchester. 10. Brief*, NFA XXIII/1, S. 145.

312 Carbonneau, *The Art-Treasures Examiner*, S. 574.

313 Vgl. Fontane, *Aus Manchester. 5. Brief*, NFA XXIII/1, S. 83; ders., *Aus Manchester. 7. Brief*, NFA XXIII/1, S. 105.

Ein entscheidender Unterschied und damit gleichzeitig ein Beleg für die Singularität von Fontanes – sowie Ruskins[314] – Parteinahme für die Präraffaeliten ist der Verriss von Holman Hunts *Strayed Sheep* und *The Light of the World* von Seiten anderer Kritiker. Im *Examiner* steht dazu geschrieben, dass die beiden Werke »as illustrations of the point to which an artist's aberration may lead him«[315] wertvolle Beispiele seien.[316] Fontane gesteht zwar ein, dass Hunts Werke die Tiefe von Millais' Bildern nicht erreichen und »die Fehler desselben überbieten«, dennoch sind Millais und Hunt für ihn »[d]ie beiden bedeutendsten Namen, die Träger der ganzen Familie«, die insgesamt seinen Zuspruch erhält.[317]

Neben den Ausstellungskatalogen dürften Fontane verschiedene Zeitungsberichte zur *Exhibition* bekannt sein. Wie die Tagebücher offenlegen, ist er regelmäßiger Leser von *The Times*, insbesondere der Kolumne ›To the Editor of the Times‹. Bereits im Vorfeld und während der Ausstellung sind darin verschiedene Berichte zu lesen, eine explizite Bezugnahme findet sich im achten Brief Fontanes, in dem er einer Aussage in *The Times* widerspricht.[318] Vermutlich hat Fontane auch den *Manchester Guardian* und dessen Berichte zur *Exhibition* zur Kenntnis genommen.[319] Darüber hinaus ist er Leser des *Athenaeum*, in dem von Mai bis Oktober 1857 mehrere Artikel zur Ausstellung erscheinen.

314 Ruskin schreibt darüber in *To the Editor of the Times* von 1854: »For my own part, I think it one of the very noblest works of sacred art ever produced in this or any other age« ([John Ruskin], *To the Editor of the Times*. In: *London Times* 21/733 (05.05.1854), S. 9).

315 Carbonneau, *The Art-Treasures Examiner*, S. 562. Der Kritiker behauptet gar, dass für eine Ausstellung von Hunts Werken ein anderer Ort hätte ausgesucht werden müssen: »A chamber of horrors should be instituted for him, on the plan of that in Madame Tussaud's Exhibition« (ebd.).

316 Zu Hunts Werk *The Scapegoat* finden sich auch milder gesinnte Kommentare (vgl. ebd., S. 535).

317 Fontane, *Aus Manchester. 5. Brief*, NFA XXIII/1, S. 143.

318 »Wenn die ›Times‹ neulich dieses poetische Interesse [das Interesse Wilkies an Schottland, CA] persifliert und die Welt, die fünfzig Jahre lang gelaunt war, für Plaids und nackte Beine zu schwärmen, dringend aufgefordert hat, die Walter Scottschen Hochländer nicht länger mit den *wirklichen* zu verwechseln, so hat sie dabei nur die undankbare Rolle eines Nicolai gespielt, der mit aller seiner Wahrheit und Verständigkeit nicht vermocht hat, von dem Zauber Italiens das Geringste hinwegzunehmen. Es ist nicht immer geraten, Fiktionen zu zerstören und eine plumpe Welt der Wirklichkeit an die Stelle des liebgewordenen Scheins zu setzen« (ders., *Aus Manchester. 8. Brief*, NFA XXIII/1, S. 115).

319 Vgl. Tom Taylor, *A handbook of the British portrait Gallery in the Art treasures Exhibition. Being a reprint of critical notices originally published in ›The Manchester Guardian‹*, London 1857.

Zwischen diesen Zeitungsartikeln und Fontanes Berichterstattungen sind allerdings nur schwerlich Zusammenhänge auszumachen. Basierend auf den spärlichen Diskrepanzen und partiellen Übereinstimmungen mit den Ausstellungskatalogen und den Zeitungsartikeln lassen sich keine gesicherten Aussagen über Fontanes Lektüre machen. Er liest vermutlich die verschiedenen Publikationen zur Ausstellung, direkt übernimmt er davon jedoch nur Weniges, womöglich auch, weil er – anders als die Verfasser der Ausstellungskataloge – für ein deutsches Publikum schreibt, bei dem weniger vorausgesetzt werden kann und das außerdem die Bilder nicht vor sich hat. Die wenigen Parallelen lassen folglich darauf schließen, dass Fontane selbstständig eine Auswahl trifft, und belegen eher die Eigenständigkeit seiner Bildbeschreibungen. Derselbe Befund ist für die Zeitungsartikel zu den Berliner Kunstausstellungen zu bestätigen, was verdeutlicht, dass Fontane seine Maxime, wonach nichts über die eigene Anschauung von Bildern geht, auch selbst befolgt.

5 Übernahme von Begriffen: zwischen Adaption und Eigenständigkeit

Während es sich hinsichtlich der Zeitungsartikel als diffizil erweist, konkrete Übernahmen Fontanes nachzuweisen, ist dies in Bezug auf Fachtermini einfacher. Auf den Einfluss der Vereinsmitglieder und deren Publikationen auf Fontanes Texte wurde bereits verschiedentlich hingewiesen, im Unterkapitel zur Architektur wurden auch Korrelationen von Fontanes Beschreibungen mit kunsthistorischen Publikationen herausgearbeitet.[320] Beispiele für Übernahmen von Begriffen und wissenschaftlichen Termini finden sich ebenso in den *Wanderungen*, beispielsweise bei Fontanes Kategorisierung von Säulen auf Federzeichnungen Schinkels als »Säulenkapitäle, dorische, ionische, korinthische«.[321] Auch auf der Ebene des Wortmaterials lässt sich folglich nachweisen, dass die Kunstkritiken über das Verfassen der Zeitungsartikel hinaus Fontanes gesamtes Werk beeinflusst haben. Es wird dabei von der Prämisse ausgegangen, dass er sich durch Gespräche während der Vereinszusammenkünfte und im privaten Rahmen ebenso wie durch die Lektüre kunsthistorischer Handbücher Fachvokabular aneignet und dieses in seinen eigenen Texten nutzt. Kugler führt beispielsweise im Kapitel zur hellenischen Kunst im *Handbuch der Kunstgeschichte* die Begriffe dorisch, ionisch, korinthisch ein.[322] Ausführungen dazu finden sich auch in Lübkes *Geschichte der Architektur* so-

320 Vgl. Kapitel I.1.5.

321 Fontane, *Wanderungen. Radensleben*, GBA V/1, S. 49.

322 Vgl. Kugler, *Handbuch der Kunstgeschichte*, [5]1872, S. 105–156.

wie im *Grundriss der Kunstgeschichte*.[323] Neben der Verwendung von Begriffen weisen Fontanes Texte zudem Anleihen bei der kunsthistorischen Methodik in der Art und Weise der Beschreibung auf. Beispielsweise bestehen Ähnlichkeiten zu Waagens Arbeitsweise in Bezug auf dessen Inventarisierung von Kunstschätzen in *Kunstwerke und Künstler in England und Paris*[324] sowie Fontanes Listen von Gemälden in den Notizbüchern, den *Italienischen Aufzeichnungen* sowie den *Wanderungen*, die er teilweise nach bestimmten Kriterien ordnet oder schlicht als Aufzählung vornimmt.[325] So mutet das Kapitel ›Radensleben II‹ wie ein Inventarverzeichnis der Quast'schen Kunstschätze an, analog zu Verzeichnissen, wie sie Waagen für die Nationalgalerie erstellt hat.[326] An der Verwendung wissenschaftlicher Begriffe und der Adaption kunsthistorischer Vorgehensweisen in den kunstkritischen Schriften zeigt sich Fontanes Autorschaftsinszenierung seines Wissens über bildende Kunst.

5.1 Autorschaftsinszenierung: Connaisseur mit fundiertem Kunstwissen

Zweifel an Fontanes Kompetenz, was die Beurteilung bildender Kunst angeht, wurden in der Forschung mehrfach aufgeworfen, insbesondere in Zusammenhang mit dem Umstand, dass er keine Ausbildung als Maler oder Bildhauer vorweisen kann. Fontane ist sich seines Laiendaseins aber bewusst und grenzt sich dezidiert von einer wissenschaftlichen Herangehensweise ab:

> [E]in[] Maler [Bennewitz von Loefen, CA], dessen [...] *Technik* uns aufs höchste interessierte. Wir prätendieren im allgemeinen, nach *dieser* Seite hin, durchaus kein Urteil; aber auch unser Laienauge reicht aus, um wahrzunehmen, daß wir es hier mit etwas Neuem, Abweichendem zu tun haben.[327]

Fontane attestiert sich selbst ein »Laienauge«, was von seiner Abgrenzung von Künstlern und Kunsthistorikern zeugt.[328] Er gibt zu verstehen, dass er sich als

---

323 Vgl. Lübke, *Geschichte der Architektur*, S. 80–97; ders. *Grundriss der Kunstgeschichte*, [4]1868, S. 180–182.

324 Waagen geht in *Kunstwerke und Künstler in England und Paris* auf verschiedene private und öffentliche Institutionen ein und beschreibt in unterschiedlichem Grade der Ausführlichkeit die vorhandenen Bilder.

325 Vgl. z. B. Fontane, Notizbuch A 7, Blatt 24 recto (Abb. 16) sowie ders., *Wanderungen. Das Ländchen Friesack und die Bredows*, GBA V/7, S. 7.

326 Ein weiteres Beispiel mit detaillierteren Bildbeschreibungen liefert das Kapitel zu Schloss Tamsel (vgl. ders., *Wanderungen. Tamsel II. Das Schloss*, GBA V/2, S. 386–390).

327 Fontane, *Die diesjährige Kunstausstellung [1862]*, NFA XXIII/1, S. 229.

328 Vgl. z. B. »Die Maler bewundern auch hier wieder das Leben, das Drunter und Drüber, den Ausdruck der Köpfe, die lebens- und kunstgerechten Stellungen und Ver-

Laie nicht zur Technik äußere, weil die Maler dieses Handwerk besser verstünden.[329] Fontane ist Enkel des Malers Jean Pierre Barthélemy, betont jedoch wiederholt selbst, und die Forschung später ebenfalls, dass er im Bereich der bildenden Künste ein Laie sei. Die Trennung zwischen dem praktizierenden Künstler und dem Laien spiegelt sich in Fontanes Wortwahl wider, wenn er schreibt: »*Alma-Tademas* Bilder, von der Künstlerwelt wieder bewundert, können uns kein tieferes Interesse einflößen.«[330] Fontane ist sich der Grenzen seines Urteils bewusst, wenn er beispielsweise in Bezug auf Wilsons Landschaftsmalerei schreibt: »Der Ton seiner Landschaften, eine gewisse tauige Frische, die über denselben liegt, ist vortrefflich, doch mag ich nicht entscheiden, wieweit er darin einzig dasteht.«[331] Die Anfrage, anlässlich der Errichtung eines Schinkel-Denkmals einen Vortrag zu halten, lehnt er ab: »Eggers, Woltmann (ein neues Kunstlicht hierselbst, dessen großer Leuchter die Spener. Ztng ist) Lucae, Adler, Wolzogen, das sind – andrer Fachleute zu geschweigen – die Männer dazu. […] [V]on meiner Seite wäre es eine Art Anmaßung.«[332] Die Herangehensweise der Genannten unterscheidet sich grundsätzlich von derjenigen Fontanes, insofern als er subjektive Kunstbetrachtung, mit dem Leitgedanken der Kunstvermittlung praktiziert. Da Fontane weder eine praktische Künstler-, noch eine akademische Ausbildung absolviert, erfüllt er die Kriterien des Kunstkritikers, der sich statt durch Handwerk oder Können durch sein Empfindungsvermögen auszeichnet,[333] was er selbst verschiedentlich kenntlich macht. Es gilt daher festzuhalten, dass Fontane gar nicht den Anspruch erhebt, wissenschaftliche Texte zu verfassen. Er kann sich jedoch nur dezidiert als Dilettant bezeichnen, weil er auch die in der Etablierung

renkungen, die Proportionen – alles erfreut sich einer begeisterten Anerkennung der Leute von Fach. Ich kann darin nicht einstimmen. Das Bild ist langweilig bis zum Exzeß« (ders., *Die Berliner Kunstausstellung 1860*, HFA III/5, S. 475).

329 Fontane widerspricht sich an dieser Stelle selbstredend. Einen weiteren Beleg, dass er formale Aspekte sehr wohl für sein Urteil herbeizieht, liefert die folgende Textstelle: »Wenn wir an dem Bilde etwas hinwegzuwünschen hätten, so wäre es die glatte, hier und da an Porzellanmalerei erinnernde Vortragsweise. Es ist nicht flott genug gemacht. Hunderterlei Gegenstände können diese Weise ertragen, vielleicht dadurch gewinnen, die Jäger und Landwehr von 1813 aber mußten mit keckerem Pinsel, mit derber aufgesetzten Farben behandelt sein« (ders., *Berliner Kunstausstellung [1866]*, NFA XXIII/1, S. 388f.).

330 Ders., *Kunstausstellung [1874]*, NFA XXIII/1, S. 402. Vgl. auch ders., *Berliner Kunstausstellung [1866]*, NFA XXIII/1, S. 383.

331 Ders., *Aus Manchester. 9. Brief*, NFA XXIII/1, S. 129.

332 Theodor Fontane an Emilie Fontane [Mutter], 07.01.1866, HFA IV/2, S. 154.

333 Vgl. Uwe Wirth, *›Dilettantenarbeit‹ – Virtuosität und performative Pfuscherei*. In: Gabriele Brandstetter und Gerhard Neumann (Hrsg.), *Genie – Virtuose – Dilettant. Konfigurationen romantischer Schöpfungsästhetik*, Würzburg 2011, S. 278.

begriffenen kunsthistorischen Maßstäbe kennt.[334] Dasselbe ist für Passagen geltend zu machen, in denen er Positionen vertritt, die sich von gängigen Kunsturteilen unterscheiden. Fontane thematisiert sein Laiendasein explizit,[335] wenn er zum Beispiel einen Artikel als Unterhaltung mit einem Fachmann inszeniert.[336] Oder wenn er behauptet, dass er »[i]m Ganzen genommen […] nur etwas auf *Fach*-Urtheil [gebe]. Aber es kommen Ausnahmen vor«.[337] Die Anlehnung an kunstwissenschaftliche Methoden ist in der Anwendung derselben – erinnert sei an die Inventarisierung von Kunstgegenständen –, im Gebrauch der Terminologie sowie im Hinzuziehen von originalen Dokumenten auszumachen. Diese wissenschaftlichen Kenntnisse erwirbt Fontane durch die Lektüre kunsthistorischer Handbücher. Die Kunstkritiken suggerieren folglich je nach Passage Professoralität oder bewusstes Unterstatement. An Friedrich Eggers schreibt er: »Du weißt von unsrem [sic] Kunstausstellungs-Besuchen und Atelier-Durchrennereien her, daß ich bei mäßigem Verständniß der Sache wenigstens ein sehr reges Interesse dafür habe.«[338] Insofern, als Fontane seine Erkenntnisse auch auf anekdotische Art und Weise festhält, kann Dilettantismus hinsichtlich seiner Kunstkritiken in dessen genuinem Wortsinn als *dilettare*, der Kunst, sich vergnüglich zu unterhalten, verstanden werden. In der Diskursgeschichte des Begriffs wird der Dilettant allerdings als defizitäre Figur wahrgenommen. Schiller unterstellt ihm gar, die Anstrengung zu scheuen, weshalb der Dilettant zur negativen Kontrastfolie des Genies stilisiert wird.[339] Nach Schiller kompensiert der Laie seine Defizite mit Leidenschaft und mache seine Empfindung und damit die Wirkung eines Kunstwerks zum

334 Bemühungen, sich Fachwissen anzueignen, unternimmt Fontane derweil nicht nur in Bezug auf bildende Kunst, sondern auch hinsichtlich Literatur, indem er beispielsweise Vorlesungen bei Gottfried Kinkel besucht (vgl. Theodor Fontane, Tagebucheintrag vom 17.11.1857, GBA XI/1, S. 287; ders., Tagebucheintrag vom 18.11.1857, ebd.; ders., Tagebucheintrag vom 24.11.1857, GBA XI/1, S. 288; ders., Tagebucheintrag vom 01.12.1875, GBA XI/1, S. 291; ders., Tagebucheintrag vom 25.03.1858, GBA XI/1, S. 316).

335 »Es ist der alte Witz, daß dem Laien die Photographie, Stiche, Schnitte fast immer besser gefallen als die Originale« (Theodor Fontane an Wilhelm Gentz, 10.05.1889, HFA IV/3, S. 687).

336 Vgl. Fontane, *Eine Kunstausstellung in Gent*, NFA XXIII/1, S. 9.

337 Theodor Fontane an Martha Fontane, 13.05.1889, HFA IV/3, S. 690.

338 Theodor Fontane an Friedrich Eggers, 09.04.1852, abgedr. in: Berbig (Hrsg.), *Theodor Fontane und Friedrich Eggers*, S. 80. Vgl. auch »Ich habe mein Leben unter Malern verbracht […], ich darf sagen daß ich eine große Bilderkenntniß habe, fast wie ein Auktionator« (Theodor Fontane an Maximilian Harden, 13.12.1895, HFA IV/4, S. 511).

339 Vgl. Uwe Wirth, *Der Dilettantismus-Begriff um 1800 im Spannungsfeld psychologischer und prozeduraler Argumentationen*. In: Stefan Blechschmidt und Andrea Heinz (Hrsg.), *Dilettantismus um 1800*, Heidelberg 2007, S. 33.

Kriterium,[340] was auch auf Fontane zutrifft: »Es ist wahrscheinlich, daß das Urteil eines Malers sich anders stellt, doch ich kann nur sagen, was ich selbst empfinde.«[341] So Fontane zu Porträts Joshua Reynolds, die er zuvor als »vortrefflich, aber für das Auge des Laien nicht von jener frappanten Vollendung, daß man sie sieht, um sie nie wieder zu vergessen«[342] bewertet. Eine Bemerkung zum Mailänder Dom aus den ›Erinnerungen‹ zur Italienreise von 1875 legt indes nahe, dass Fontane das Kriterium der Empfindungsfähigkeit nicht als negativ behaftet verstanden haben will: »Man findet in den Büchern: ›Der Effekt, welchen der Dom auf den Laien ausübt, ist größer als der künstlerische Wert.‹ Dieser Satz ist wohl richtig; es wird aber auch jeder Fachmann sich verneigen müssen.«[343] Außerdem macht er in einem Brief an Zöllner in Bezug auf die bildende Kunst Italiens seine Kritik an Meinungen vermeintlicher Kunstkenner und an »oft […] sehr berühmten Leuten« explizit, die insbesondere die Kunst Italiens statt mit »selbstständig gehabte[r] Empfindung« mit »Unwahre[m], aus Furcht oder Eitelkeit Nachgepapelte[m]« unverdient hochstilisieren würden:[344] »Man fühlt, daß die betreffenden Herren wenig gefühlt und wenig gewußt, und in dieser Verlegenheit sich mit öden Redensarten aus der Affaire gezogen haben.«[345] Fontane erachtet folglich die aus der eigenen Kunstbetrachtung gefassten Eindrücke als die Wertvollsten, was vor dem Hintergrund seiner Tätigkeit als Kunstkritiker gewissermaßen die logische Folge scheint. Bemerkenswerterweise äußert er aber nicht nur Kritik an der Übernahme von Urteilen anderer, vielmehr zeigt er sich auch argwöhnisch gegenüber der sprachlichen Formulierungen, was sein besonderes Augenmerk auf die sprachliche Verfasstheit von Kunstkritiken – nicht nur der eigenen, sondern auch derjenigen anderer – aufzeigt.

---

340 Empfindungsfähigkeit tritt damit an die Stelle der Kunsttätigkeit: »Weil der Dilettant seinen Beruf zum Selbstproduciren erst aus den Wirkungen der Kunstwerke auf sich empfängt, so verwechselt er diese Wirkungen mit den objektiven Ursachen und Motiven, und meint nun den Empfindungszustand, in den er versetzt ist, auch produktiv und praktisch zu machen« (Johann Wolfgang Goethe und Friedrich Schiller, *Über den Dilettantismus. Entwurf zu einer Abhandlung*. In: Ders., *Sämtliche Werke. Ästhetische Schriften 1806–1815*, hrsg. von Friedmar Apel, Frankfurt am Main 1998, Abt. 1, Bd. 19, S. 778). Im *Deutschen Kunstblatt* ist allerdings auch ein Artikel abgedruckt, dessen Verfasser sich ausdrücklich für ein subjektives Kunsturteil ausspricht (vgl. Dr. E. Braun, *Aller Kunstgeschmack ist einseitig und braucht sich seiner Beschränktheit nicht zu schämen*. In: *DKB* 10 (11.03.1850), S. 73f.).

341 Fontane, *Aus Manchester. 6. Brief*, NFA XXIII/1, S. 90.

342 Ebd., S. 89.

343 Theodor Fontane, *Italienische Aufzeichnungen. Erinnerungen*, HFA III/3/2, S. 1019. Vgl. auch ders., *Zwei Bilder in der Kommandantenstrasse*, NFA XXIII/1, S. 409.

344 Theodor Fontane an Karl Zöllner, 03.11.1874, HFA IV/2, S. 486.

345 Ebd.

Aufschlussreich sind diesbezüglich Fontanes Äußerungen zur Kunst Karl Blechens, mit der er sich vom vorherrschenden Fachurteil abgrenzt: »Vielleicht ist er in manchem überschätzt worden, aber darin auch *unter*schätzt, daß man immer tut, als wäre er in einem halben Dilettantismus steckengeblieben.«[346] Allerdings hat Fontane auch dagegen anzukämpfen, von anderen offenbar als unakademisch und unwissenschaftlich wahrgenommen zu werden. Explizit fördert dies die unbefriedigende Zusammenarbeit Friedrich Eggers' mit dem Redakteur des *Literarischen Centralblatts*, Friedrich Zarncke zutage. Eggers sendet Zarncke jeweils kurze Buchbesprechungen unter anderem von Fontane, Wilhelm von Merckel und Bernhard von Lepel, die ungezeichnet im *Centralblatt* erscheinen. Zarncke ist anfangs erfreut, beklagt sich jedoch nach einiger Zeit darüber, dass Fontane und Merckel »den bummelhaften Charakter eines Berliner Feuilletons beibehalte[n]«[347] würden: »Noch schlimmer [als um die Rezension von Merckel – d. Hrsg.] steht es mit Fontane, einen durchaus noch in den Rudimenten des Denkens u. Urtheilens befangenen, im schriftlichen Ausdruck sehr trivial werdenden Manne.«[348] Diese Episode ist es unter anderem, die Friedrich Eggers dazu veranlasst, ein eigenes kritisches Organ zu gründen, um Unabhängigkeit von Buchhändlern und Feuilletonisten zu erlangen.[349] Eine Auseinandersetzung Fontanes mit derartigen Vorwürfen findet sich im gemäß Hans-Heinrich Reuter nicht zu datierenden Text[350] *Hat der Laie, der Kunstschriftsteller eine Berechtigung zur Kritik über Werke der bildenden Kunst oder nicht?* Der Essay ist ein Plädoyer für ein gleichberechtigtes Nebeneinander der beiden Künste, in dem Fontane beklagt, dass in der öffentlichen

346 Fontane, *Karl Blechen [Fragment]*, NFA XXIII/1, S. 546. Der zitierte Dilettantismus-Vorwurf wird vonseiten Max Jordans im Ausstellungskatalog der Nationalgalerie sowie von Ludwig Pietsch in einer Ausstellungskritik in der *Vossischen Zeitung* erhoben. Es ist zu vermuten, dass Fontane »[d]ieser Auffassung […] die Originalität Blechens, die dessen Zeitgenossen irritierte, die unkonventionelle Bildauffassung und poetische Malabsicht als das geniale Moderne entgegensetzen [wollte]« (Streiter-Buscher, *Die nichtvollendete Biografie*, S. 152).

347 Friedrich Zarncke an Friedrich Eggers, 13.12.1853, LBK TNL Eggers, Sig. Cb 60.56:591, abgedr. in: Roland Berbig, *Fontane und das ›Rütli‹ als Beiträger des Literarischen Centralblattes. Mit einem unveröffentlichten Brief an Friedrich Zarncke und bislang unbekannten Rezensionen Fontanes aus dem Jahr 1853*. In: *Fontane Blätter* 62 (1996), S. 13.

348 Friedrich Zarncke an Friedrich Eggers, 27.03.1853, LBK TNL Eggers, Sig. Cb 60.56:591, abgedr. in: Berbig, *Fontane und das ›Rütli‹ als Beiträger des Literarischen Centralblattes*, S. 11.

349 Dies führt am 09.12.1852 zur Gründung des *Rütli*, da in den Statuten des *Tunnels* keine publizistischen Tätigkeiten vorgesehen sind (vgl. Berbig, *Theodor Fontane im literarischen Leben*, S. 426f.).

350 Vgl. Fontane, *Zur Kunsttheorie. Anmerkungen*, NFA XXIII/2, S. 517.

Wahrnehmung und Wertschätzung ein Ungleichgewicht bestehe.[351] Informativ hinsichtlich der Gegenüberstellung von bildender Kunst und Dichtung in Bezug auf die Frage nach der Urteilsberechtigung ist auch Fontanes Reaktion auf Ludwig Pfaus Aufsatz über Émile Zola:

> Einzelnes ist geistvoll und zutreffend, alles ist gebildet, und im Ganzen ist es doch nicht einen Schuß Pulver werth. Immer begreiflicher wird mir der Haß der bildenden Künstler gegen die Kunst*philosophen*. Kunst*geschichte* geht, so lang es einfach *Geschichte* bleibt, aber so wie das Raisonnement anfängt, wird es furchtbar. Das Urtheil eines feinfühlenden Laien ist immer werthvoll, das Urtheil eines geschulten Aesthetikers absolut werthlos. Sie schießen immer vorbei; sie wissen nicht, haben oft gar keine Ahnung davon, *worauf es eigentlich ankommt.*[352]

Fontane ist bemüht darum, die Vorteile des Laienurteils zu akzentuieren, indem er im Brief eine Ausdifferenzierung zwischen »Kunstphilosophen« und »feinfühlenden Laien« vornimmt und dabei Letzterem den Blick für das Eigentliche attestiert. Fontanes Kritik, dass er vom Urteil des geschulten Akademikers nichts halte, ist damit in Verbindung zu bringen, dass die historische Kunstwissenschaft zwar neue Maßstäbe setzt,[353] gleichzeitig jedoch eine Neubewertung der Ästhetik stattfindet, »welche die Sinnlichkeit als eigenständige Erkenntnisform der Rationalität gleichberechtigt an die Seite stellt«.[354] Wie hitzig die Debatte geführt wird, lässt Fontanes Verwendung der Kriegsmetaphorik und von Begriffen wie »Haß«, »absolut werthlos« sowie »Unsinn« erahnen. Signifikant ist, dass sich diese dezidierte Äußerung Fontanes in einem Brief an Emilie findet. Öffentlicher Polemik hingegen entzieht er sich in dieser Debatte.

Fontane ist auch insofern als Laie zu verorten, als er kaum eigene Begriffsdefinitionen vornimmt, sondern lediglich Annäherungen.[355] Dies ist legitim

351 Vgl. Theodor Fontane an Fritz Mauthner, 06.12.1891, HFA IV/4, S. 167.

352 Theodor Fontane an Emilie Fontane, 13.04.1880, GBA XII/3, S. 215. Ähnliche Argumente weist Fontanes Kommentar zu einem Aufsatz Ismael Gentz' in den *Neuen Monatsheften* auf (vgl. Theodor Fontane an Ismael Gentz, 23.01.1891, HFA IV/4, S. 92f.).

353 Vgl. Graevenitz, *Theodor Fontane*, S. 188.

354 Schneider, *Die Laokoon-Debatte*, S. 69.

355 Ein Exempel hierfür ist der Terminus »Originalität«, den Fontane für besonders ausgezeichnete und innovative Arbeiten benutzt (vgl. z. B. Fontane, *Denkmäler in der Schweiz*, HFA III/3/1, S. 731f.; ders., *Karl Blechen [Fragment]*, NFA XXIII/1, S. 524f.). Max Schasler äußert sich zu diesem Begriff folgendermaßen: »›Originalität‹ – das ist nun so das Stichwort, mit dem heutzutage arger Mißbrauch getrieben wird. Originell sein ist sehr leicht; es gehört dazu weiter nichts, als vom Hergebrachten abzuweichen. Wenn in diesem ›Hergebrachten‹ aber zufälliger Weise gesunder Menschenverstand und innerliche Wahrheit liegt, so ist das Abweichen davon eben ein Abweichen vom

und nachvollziehbar, zumal er keinen wissenschaftlichen Diskurs bedienen will und daher von ihm keine wissenschaftlich haltbaren Definitionen gefordert sind. Darüber hinaus arbeitet er auch in seinen wenigen theoretisch angelegten Texten keine abstrakten Termini heraus.

Die Bezugnahmen auf Kunsthistoriker und wissenschaftliche Publikationen sind folglich im Einflechten von Zitaten, der Übernahme von Begriffen sowie Gemeinsamkeiten in der Kunstauffassung auszumachen. Gleichzeitig trägt Waagens Werk *Kunstwerke und Künstler in England und Paris* Züge einer Reisebeschreibung, wie sie sich bei Fontane ebenfalls findet. Dieser Befund lässt sich mit Henrik Karges Aussage bestätigten, wonach Fontane beim Erstellen solcher Listen die »Darstellungsart zeitgenössischer Galerieführer« sowie die »Verbindung von Reisebeschreibungen und inventarartigen Aufzählungen«, wie sie in Waagens Kunstführer für England und Paris vorkommen, als Vorbild dienen.[356] Die Ausführlichkeit der Notizen Fontanes ist sehr unterschiedlich; während es sich bei einigen lediglich um Aufzählungen des Gesehenen handelt,[357] sind bei anderen auch wertende Kommentare zu einzelnen Kunstwerken enthalten.[358] Bezüglich des verwendeten Vokabulars zur Beschreibung von Kunstgegenständen lassen sich jedoch deutliche Unterschiede festmachen. Häufige Beschreibungsmerkmale der Farbgebung bei Kugler, Lübke und Waagen sind: »fleißig«[359]/»fleißige Ausführung«, »elegant«/»Eleganz«,

---

gesunden Menschenverstand und von der Wahrheit. Nicht darin liegt der Grund wahrhaft großer Wirkungen und dichterischer Effekte, daß sie vom Hergebrachten abweichen, sondern daß sie sich über das Hergebrachte hinaus zu einer höheren, reineren Wahrheit erheben« (Max Schasler, *Berliner Kunstschau.* In: *Die Dioskuren* 5 (1864), Beilage, S. 45). Unklar ist, ob Schasler für Fontane eine direkte Referenz ist; dass damit ein Abweichen »vom Hergebrachten« beschrieben wird, ist jedoch auch für Fontanes Begriffsverwendung zutreffend. Zumindest machen Schaslers Bemerkungen deutlich, dass der Terminus nicht einzig von Fontane verwendet wird.

356 Karge, *Poesie und Wissenschaft*, S. 272. Parallelen lassen sich ebenso zu Burckhardts *Cicerone* ausmachen, in dem Beschreibungen manchmal äußerst kurz ausfallen, »woraus sich ein eigentümliches Staccato ergibt« (Stefan Kummer, *Kunstbeschreibungen Jacob Burckhardts im ›Cicerone‹ und in der ›Baukunst der Renaissance in Italien‹*. In: Gottfried Boehm und Helmut Pfotenhauer (Hrsg.), *Beschreibungskunst – Kunstbeschreibung. Ekphrasis von der Antike bis zur Gegenwart*, München 1995, S. 359).

357 Vgl. Theodor Fontane, Tagebucheintrag vom 15.10.1874, GBA XI/3, S. 314; ders., Tagebucheintrag vom 08.10.1874, ebd., S. 314f.; ders., Tagebucheintrag vom 12.10.1874, ebd., S. 326; ders., Tagebucheintrag vom 13.10.1874, ebd., S. 328.

358 Vgl. ders., Tagebucheintrag vom 07.10.1874, GBA XI/3, S. 311; ders., Tagebucheintrag vom 10.08.1875, GBA XI/3, S. 377 sowie ders., Tagebucheintrag vom 14.10.1874, GBA XI/3, S. 331).

359 Bei Fontane kommt das Kriterium »fleißig« ebenfalls vor, allerdings nur selten und sowohl positiv als auch negativ konnotiert: »Drei davon […] sind gute Arbeiten, wie

»warmer«/»tiefer« »Ton«[360], »Helligkeit des Tons«, »Fleischton«/»Ton des Fleisches«/»Localton« sowie »geistreich«[361]. Einzelne Merkmale kommen bei Fontane zwar vor, insbesondere die zahlreichen Varianten zur Beschreibung des Farbtons finden sich bei ihm jedoch nicht. Eine direkte Übernahme damaliger kunsthistorischer Kriterien lässt sich folglich für diese Aspekte nicht bestätigen, was Fontanes Zugang als Kunstkritiker in Abgrenzung zum Kunsthistoriker offenlegt. Dennoch sind Aneignungen wissenschaftlicher Kritierien auszumachen; so sind Angaben zur Größe sowie zur Provenienz der Werke sowohl in kunsthistorischen Kompendien als auch bei Fontane vorhanden.[362] Insofern liegt eine Mischform vor zwischen der Anlehnung an wissenschaftliche Publikationen, die bei den *Wanderungen* zu verorten wäre, sowie der Funktion von Gedankenstützen, die eher für Tage- und Notizbücher geltend zu machen wäre. Diese Art der stichwortartigen Beschreibung scheint Fontane nur beschränkt zugesprochen zu haben. In mehreren Textstellen – sowohl in privaten Briefen als auch in Zeitungsartikeln finden sich Bemerkungen dazu, dass zu viele Gemälde ausgestellt seien, oder Fontane sieht explizit von einem ausführlichen Kommentar ab.[363] In den publizierten Artikeln finden sich denn auch keine dergestaltigen Listen, was möglicherweise auf Vorgaben der Zeitung zurückzuführen ist. Plausibler ist jedoch die Annahme, dass Fontane

---

sie von einem gewissenhaften Künstler und einem Akademiedirektor zu gewärtigen sind. Tüchtig, fleißig, respektabel – aber nichts mehr« (ders., *Aus Manchester. 7. Brief*, NFA XXIII/1, S. 104). In Bezug auf Menzels Malerei ist »Fleiß« wiederum positiv konnotiert: »Gaben, wer hätte sie nicht? Talente – Spielzeug für Kinder, / Erst der Ernst macht den Mann, erst der Fleiß das Genie« (ders., *Unter ein Bildnis Adolf Menzels*, GBA II/1, S. 253).

360 Den Begriff »Ton« verwendet auch Fontane, z. B. in der Beschreibung der Bilder im Ahnensaal des Schlosses Tamsel: »1. *Portrait Friedrichs des Großen*. (Kniestück.) Vorzügliches Bild, wenn nicht von Pesne selbst herrührend, so doch wahrscheinlich unter seiner Leitung gemalt. Es erinnert wenigstens in Ton und Auffassung an andere Friedrichs-Portraits dieses Meisters« (ders., *Wanderungen. Das Oderland*, GBA V/2, S. 387). Zu den Präraffaeliten schreibt Fontane: »Bedeutendere Gaben entfalten sich schon in der überraschenden Auffassung und Wiedergabe eines fast an die Minute gebundenen Luft- und Lichttons«, um damit auf die Abend- und Morgendämmerung anzuspielen (ders., *Aus Manchester. 10. Brief*, NFA XXIII/1, S. 146). Vgl. auch ders., *Aus Manchester. 9. Brief*, NFA XXIII/1, S. 129; z. B. Lübke, *Grundriss der Kunstgeschichte*, Bd. 1, S. 64, 145, 172, 231, 241.

361 Vgl. z. B. Kugler, *Handbuch der Kunstgeschichte*, 1842, S. 369, 510, 625, 828, 831, 860.

362 Vgl. z. B. Waagen, *Kunstwerke und Künstler in England und Paris*, Bd. 1, S. 236; Fontane, *Hildebrandt-Ausstellung [1869]*, NFA XXIII/1, S. 394.

363 »Mit Kunstgeschichte unterhalte ich Dich nicht. Siehe Burckhardt, Förster, Lübke, Baedecker« (Theodor Fontane an Karl und Emilie Zöllner, 07.10.1874, HFA IV/2, S. 475).

Listen in Anbetracht seines Bestrebens der Kunstvermittlung nicht als tauglich erachtet. Narrative Passagen sowie Anekdoten und Hintergrundinformationen zu Künstlern scheinen ihm hierfür wohl als das geeignetere Instrument.

Neben Inventarisierungen zeigt auch Fontanes Auseinandersetzung mit unterschiedlichen Werten von Kunstgegenständen sowie Datierungsfragen auf, dass die Lektüre kunsthistorischer Publikationen sowie der Austausch mit Vertretern der Berliner Schule sein Bewusstsein für die Kunstwissenschaft entscheidend geprägt haben. Es liegen auch Texte vor, die wie eine wissenschaftliche Gegenstandsbeschreibung anmuten, wie zum Beispiel die Beschreibung des Dagmarkreuzes im Reisebericht zu Kopenhagen: Fontane attestiert dem Kreuz kunsthistorischen Wert und berücksichtigt Datierung, Epochenzuordnung, Masse, Material, Bemalung, Verzierung sowie Ikonografie und Symbolik des Kreuzes, was einer fundierten Gegenstandsbeschreibung gleichkommt.[364] Ein weiteres Beispiel liefert seine Bewertung der Porträtgalerie der Manchester-*Exhibition*:

> Die Bedeutung dieser Galerie ist eine dreifache; sie ist von *historischem*, von *kunsthistorischem* und von *künstlerischem* Interesse.[365] Das historische und kunsthistorische Interesse prävaliert. Eine vollständigere Illustration der englischen Geschichte seit mehr denn vierhundert Jahren ist nicht denkbar, und das Vorüberziehen berühmter Namen, reizvoll wie es ist, gibt uns zu gleicher Zeit Gelegenheit, das Wachstum und das Sinken oder (wenn Reynolds und Gainsborough dem van Dyck ebenbürtig sind) die Wellenbewegungen der Kunst, ihr *periodisches* Fallen und Steigen zu beobachten.[366]

Die Aussage sowie die Wortwahl decken auf, dass Fontane mit der Vorgehensweise der Kunsthistoriker vertraut ist, die zu dieser Zeit unter anderem darum bemüht sind, die einzelnen Schulen und deren Vertreter in eine Chronologie einzureihen, wofür stellvertretend die Museumskonzeptionen stehen können.[367] Darüber hinaus wird die Galerie von Fontane zu einem Ort erhoben, an dem Kunstgeschichte anhand anschaulicher Beispiele erlernt und durch das

364 Vgl. Fontane, *Kopenhagen. IV. Das Dagmarkreuz*, HFA III/3/1, S. 700f. Eine weitere Textstelle, die belegt, dass sich Fontane mit dem kunsthistorischen Wert von Gegenständen auseinandersetzt, findet sich in den Aufzeichnungen zur Italienreise von 1875 (vgl. ders., Tagebucheintrag vom 23.08.1875, GBA XI/3, S. 393f.).

365 Eine ähnliche Aussage enthalten Porträtbeschreibungen in den *Wanderungen*: »So häßlich die Bilder sind und so unfähig, ein künstlerisches Wohlgefallen zu wecken, so wecken sie doch immerhin ein gewisses künstlerisches *Interesse*. Der Hang zum Charakteristischen ist unverkennbar« (ders., *Wanderungen. Das Oderland*, GBA V/2, S. 436). Vgl. auch ders., *Wanderungen. Die Grafschaft Ruppin. Radensleben II*, GBA V/1, S. 48.

366 Ders., *Aus Manchester. 4. Brief*, NFA XXIII/1, S. 67.

367 Vgl. Kapitel II.2.

Erforschen periodischer Bewegungen der eigene Blick geschult werden könne. Indessen wird deutlich, dass Fontane Kunstgeschichte nicht als Fortschrittsgeschichte sieht, sondern vielmehr »Wellenbewegungen« ausmacht:

> Die Lelys und Knellers, die mich noch beschäftigen könnten, haben in der Tat nur relativen Wert: sie stehen inmitten zweier Epochen der Porträtmalerei, von denen jede, die vorhergehende und die folgende, größer war als sie selbst. Sie reichen nicht an van Dyck heran und wurden von Reynolds und Gainsborough überflügelt.[368]

Das Bewusstsein der Meisterschaft niederländischer Künstler kann auf Fontanes Bekanntschaft mit Waagen und Schnaase zurückgeführt werden. Letzterer hatte 1834 die *Niederländischen Briefe* publiziert, während Waagen bereits 1822 die Publikation *Ueber Hubert und Johann van Eyck* veröffentlicht. In seinem Buch *Kunstwerke und Künstler in England und Paris*[369] besucht Waagen zudem in Chatsworth den Sitz eines Herzogs, der zahlreiche Gemälde van Dycks besitzt. Er betont mehrfach den Einfluss italienischer Künstler wie Tizian sowie des Niederländers Rembrandt auf van Dyck.[370] Das Konzept gegenläufiger Bewegungen in der Kunst lässt sich auch bei Kugler und Schnaase ausmachen, wobei beide von einer fortschreitenden Entwicklung der Kunst von der Renaissance bis zur Gegenwart ausgehen.[371]

Andernorts nimmt Fontane – wie beim Dagmarkreuz – Datierungen von Kunstwerken vor und wendet dafür Methoden an, die der damaligen kunsthistorischen Praxis entsprechen:

> Das älteste vorhandene Porträt ist das dem Domkapitel von Westminster-Abtei zugehörige und von demselben eingesandte Bildnis Richards II. Es kann kein Zweifel sein, daß es noch zu Lebzeiten des Königs gemalt wurde. Vielleicht kam es damals schon in Besitz der

368 Fontane, *Aus Manchester. 4. Brief*, NFA XXIII/1, S. 77. »Unter den Privatsammlungen zur Zeit König Carls II. war die des Sir Peter Lely, der als Bildnismaler in jener Zeit dieselbe Rolle spielte, wie van Dyck unter Carl I., wohl die bedeutendste« (Waagen, *Kunstwerke und Künstler in England und Paris*, Bd. 1, S. 37). Vgl. auch ebd., Bd. 2, S. 35, 46, 440).

369 Hinsichtlich der Frage nach der Bedeutung respektive Wertschätzung der französischen Malerei ist zu erwähnen, dass von Waagens dreibändiger Publikation der erste und der zweite Band der englischen Kunst gewidmet sind. Lediglich der dritte Band befasst sich mit französischer Kunst, zusätzlich beschränkt auf Paris.

370 »Das höchst Edle und Zarte der Empfindung, die schönste, liebevollste Durchbildung, die Klarheit der warmen Färbung, welche in den Lichtern einem hellgehaltenen Rembrandt nahe kommt, sprechen dafür, daß der Meister das Bild nach seiner Rückkunft aus Italien, während seines Aufenthalts in den Niederlanden gemalt hat« (ebd., S. 117; vgl. dazu auch: S. 19, 86).

371 Vgl. Karge, *Projecting the future in German art historiography of the nineteenth century*, S. 13.

Mönche von Westminster, denn der Klerus war dem unglücklichen Fürsten in gleichem Maße zugetan, wie Adel und Volk ihn haßten. Die Lancastrier, die ihm folgten und länger als ein halbes Jahrhundert [...] siegreich regierten, konnten natürlich keine Veranlassung haben, den vom Throne gestoßenen York in lebensgroßen Bildnissen zu verewigen. Als endlich mit Eduard IV. die Yorks wiederum zur Herrschaft kamen, hatte sich inzwischen die Ölmalerei (Hubert und Jan van Eyck) zu einer so verhältnismäßigen Höhe entwickelt, daß es eines *geflissentlichen* Zurückgehens auf frühere Stadien der Malerei bedurft hätte, um ein steifes, im großen ganzen wenig individualisiertes Staatsbild *mit goldenem Hintergrund* herzustellen. Es ist wahrscheinlich ums Jahr 1390 gemalt. Mit Rücksicht auf diese frühe Zeit ist es, trotz aller seiner Schwächen, eine überraschende Leistung und namentlich in der Farbe trefflich erhalten.[372]

Um eine Datierung des Bildnisses vorzunehmen, bezieht Fontane den historischen Kontext in seine Argumentation ein.[373] So sind Machtverhältnisse Indizien dafür, wann das Bildnis in Auftrag gegeben worden sein könnte. In diese Ausführungen fließt auch die Reflexion über die Besitzverhältnisse mit ein.[374] Weiterführend dienen Fontane Entwicklungen der Malerei, namentlich die Ölmalerei als Beleg. In einem anderen Abschnitt koppelt er Datierungsprobleme an die kunsthistorisch entscheidende Frage nach dem Einfluss van Eycks auf die englische Malerei.[375] Zudem geht er auf den Erhaltungszustand des Werks ein. Eine eigentliche Beschreibung des Porträts liefert Fontane lediglich indirekt, indem er es als »ein steifes, im großen ganzen wenig individualisier-

372 Fontane, *Aus Manchester. 4. Brief*, NFA XXIII/1, S. 69f.

373 Fontane stellt auch in den *Wanderungen* Vermutungen über die Provenienz von Kunstwerken an, z. B. bei der Beschreibung der Ausstattung der Kirche Tamsel: »Alles, was sich in den Schlössern und Kirchen unserer ›Türkenbesieger‹ vorfindet, ist regelmäßig ›aus Ungarn mitgebracht‹. Ich meinerseits halte mich überzeugt, daß selbst die Seite 341 erwähnten, berühmten Stuckarbeiten im Tamseler Schloß einfach von Berliner Künstlern herrühren, an denen unter der Regierung König Friedrichs I. in der brandenburgischen Hauptstadt kein Mangel war. Der ›Christus am Kreuz‹ konnte freilich damals von keinem Berliner Maler gemalt werden und stammt wahrscheinlich aus Dresden, wo, wie wir gesehen haben (vergleiche Seite 358), Feldmarschall Schöning von 1691 an lebte und 1696 starb« (ders., *Wanderungen. Das Oderland*, GBA V/2, S. 383f.). Fontane führt folglich ein textinternes Verweissystem, das seine Argumente stützen soll, und ist bemüht, seine Behauptungen mit biografischen Daten und Vergleichen zu belegen.

374 Auf die Besitzverhältnisse geht Fontane auch bei anderen Porträts ein (vgl. ders., *Aus Manchester. 4. Brief*, NFA XXIII/1, S. 71).

375 »*[J]enseits* eine typisch-symbolische Malerei, *diesseits* die ersten rohen, aber keineswegs ganz mißlungenen Versuche, charakteristisch und individuell zu sein. Das Bild ist wahrscheinlich ums Jahr 1410 gemalt. Hubert van Eyck wurde 1366 geboren, war also um diese Zeit vierundvierzig Jahre. Es wäre interessant zu verfolgen, ob der Einfluß des älteren Eyck um diese Zeit bereits groß genug war, um annehmen zu dürfen, daß er reformierend bis nach England hinüber gewirkt hat« (ebd., S. 70f.).

tes Staatsbild mit goldenem Hintergrund« bezeichnet. Fontane zieht folglich historische, kunsthistorische und künstlerische Maßstäbe zur Beurteilung hinzu – womit exakt die drei Elemente genannt sind, die er in den einführenden Erläuterungen zur Porträtgalerie als in derselben repräsentiert erklärt. Die rudimentäre Bildbeschreibung wäre demnach die konsequente Folge, weil er eingangs schreibt, dass das künstlerische Interesse der Galerie hinter dem historischen und dem kunsthistorischen zurückstehe.[376]

Ein weiteres Beispiel für Fontanes Adaption wissenschaftlicher Vorgehensweisen liefern seine Recherchen für das Blechen-Projekt, wozu er sämtliche Akten der Akademie der Künste durchforstet und damit veritable Quellenforschung betreibt. Ähnliches kann für Fontanes Biografie zu Wilhelm Gentz geltend gemacht werden, die er darüber hinaus nicht um eigene narrative Passagen ergänzt, sondern das Material für sich sprechen lässt. Die biografischen Dokumente erfahren dadurch eine Aufwertung und gewinnen an Authentizität. Sie sind also dem, was Fontane später beispielsweise in *Von Zwanzig bis Dreißig* praktiziert, diametral entgegengesetzt. Bezüglich der Einbindung historischer Quellen lassen sich Parallelen zu kunsthistorischen Vorgehensweisen ausmachen. Kugler greift beispielsweise im *Handbuch der Kunstgeschichte* auf schriftliche Zeugnisse zurück, was er in Fußnoten kenntlich macht.[377] Die angeführten Textstellen legen folglich Fontanes Adaption wissenschaftlicher Vorgehensweisen und Argumentationen offen, die auf den Einfluss der Berliner Schule sowie deren Publikationen zurückzuführen ist.

5.2 »Ich treibe einen wahren Mißbrauch mit Gänsefüßchen«[378]: Deklaration und Unterschlagung von Quellen

Das obenstehende Zitat Fontanes stammt aus einem Brief an Ludwig Pietsch, in dem Fontane auf den Vorwurf reagiert, er habe in den Kriegsberichten Texte von Pietsch übernommen, ohne dies auszuweisen. Fontane behauptet im Schreiben, dass er sich »nirgends mit fremden Federn [schmücke], ohne jedesmal bestimmt zu erklären: Leser, hier kommen fremde Federn«[379]. Er bekennt, dass sein »Stoff […] aus hundert Schriftstücken entlehnt, aus tausend Notizen zu-

376 Vgl. ders., *Aus Manchester. 4. Brief*, NFA XXIII/1, S. 67.

377 Beispielsweise zieht Kugler bezüglich der hinduistischen Kunst in China den Bericht eines Gesandtschaftsreisenden hinzu (vgl. Kugler, *Handbuch der Kunstgeschichte*, Bd. 1, ⁵1872, S. 332).

378 Theodor Fontane an Ludwig Pietsch, 21.02.1874, abgedr. in: Lieselotte E. Kurth-Voigt, *Briefe Theodor Fontanes an Ludwig Pietsch*. In: *Jahrbuch der deutschen Schillergesellschaft* 21 (1977), S. 51f.

379 Ebd., S. 51.

sammengetragen« sei: »Ich treibe einen wahren Mißbrauch mit Gänsefüßchen; mehr ist am Ende nicht zu verlangen.«[380] Was Fontane über die Kriegsbücher schreibt, ist auch für seine Kunstkritiken geltend zu machen. So trägt er beispielsweise den Text zum Denkmal Albrecht Thaers aus verschiedenen Quellen zusammen: Einerseits greift er auf den biografischen Artikel zurück, den er für die *Wanderungen* verfasst hat, übernimmt aber die Beschreibung sowie die Entstehungsgeschichte des Denkmals lediglich mit geringfügigen Änderungen aus dem »Gedenkblatt«, welches das »Comité für das Thaer=Denkmal«[381] verfasst hat. Für die Beurteilung des Denkmals zitiert er schließlich über eineinhalb Seiten lang Lübke, ohne dazu selbst Stellung zu nehmen.[382] Aufschluss über dieses Vorgehen liefern teilweise die Tagebücher, die gleichzeitig belegen, dass Fontanes kunstkritische Zeitungsartikel auf mehrfacher eigenständiger Betrachtung der Kunstgegenstände beruhen.[383] Er verbindet folglich die eigenen Beobachtungen mit ausführlichen Recherchen, für die er – wie im obenstehenden Exempel an Lübke aufgezeigt – beträchtlich von den Schriften und Kenntnissen von Freunden und Bekannten profitiert, wofür insbesondere Friedrich und Karl Eggers Beispiele sind.

Theodor Fontane als Kopist Friedrich Eggers'?

Friedrich Eggers ist entscheidend für Fontanes Mitgliedschaft in diversen Vereinen verantwortlich, steht mit ihm in regem Briefkontakt und veranlasst ihn darüber hinaus zum Verfassen von Artikeln für das *Deutsche Kunstblatt*. Friedrich Eggers' eigenes Werk bleibt indessen bruchstückhaft: Er schreibt für das *Deutsche Kunstblatt* und hält Vorträge über Carstens, Thorwaldsen, Schinkel und Rauch,[384] doch seine umfassende Biografie zu Rauch, die Fontane später rezensiert, kann er ebenso wenig beenden wie die geplante *Geschichte der*

---

380 Ebd., S. 51f.

381 [ungez.] *Die Enthüllung des Thaer=Denkmals zu Berlin*. In: Präsidium des Königl. Landes-Oekonomie-Collegium (Hrsg.), *Annalen der Landwirthschaft in den Königlich Preußischen Staaten* 13/36 (1860), S. 426–433.

382 Vgl. Fischer, *Denkmal Albrecht Thaer's zu Berlin*, S. 87–124. Der Umstand, dass diese Zusammenhänge erst 2011 von Fischer zusammengetragen wurden, belegt das Fehlen einer textkritischen Fontane-Philologie.

383 Vgl. z. B. Theodor Fontane, Tagebucheintrag vom 22.06.1852, GBA XI/1, S. 34f.; ders., Tagebucheintrag vom 30.06.1852, GBA XI/1, S. 38.

384 Die Vorträge erscheinen auch in Buchform: Friedrich Eggers, *Vier Vorträge aus der neueren Kunstgeschichte. [Jacob Asmus Carstens, Ueber Thorwaldsen, Erinnerung an Schinkel, Rauch und die neuere Bildhauerei]*, Berlin 1867.

Kunst von Winckelmann bis zur Gegenwart.[385] Fontane greift für verschiedene seiner Kunstkritiken auf Texte Eggers' zurück, weshalb im Folgenden an verschiedenen Beispielen dargelegt wird, inwiefern er sich abgrenzt oder Eggers' Ansichten übernimmt.

Ein Exempel für direkte Einflüsse Eggers' auf Fontanes Kunstkritiken ist die Biografie über den Bildhauer Friedrich Wilhelm Wolff, den beide von den Treffen im *Tunnel* persönlich kennen.[386] In den Berichten zur Berliner Kunstausstellung von 1862 lobt Fontane Wolff für dessen »volle Meisterschaft«[387] auf dem Gebiet der Gussfiguren, befasst sich aber erst in einem biografischen Artikel für das Lexikon *Männer der Zeit* ausführlicher mit dem Bildhauer.[388] Für diesen Aufsatz übernimmt Fontane ganze Textpassagen aus dem Werkstattbericht zu Wilhelm Wolff, den Eggers 1856 im *Deutschen Kunstblatt* publiziert hat,[389] allerdings ohne dies zu kennzeichnen[390] – die behauptete Markierung durch »Gänsefüßchen«[391] hält er folglich nicht immer ein. Eggers geht zu Beginn des *Kunstblatt*-Artikels ausführlich auf Tierdarstellungen als solche, deren historische Entwicklung und Darstellungsformen ein, was Fontane im Lexikoneintrag vermutlich aufgrund der biografischen Zielsetzung ausspart. Die nachstehenden Textpassagen Eggers' sind hingegen teilweise selbst in der Satzstruktur nur geringfügig abweichend und manchmal wörtlich übernommen.[392] Eggers beendet seinen Bericht mit der Schilderung des Ateliers, was bei Fontane wiederum fehlt, da es sich bei seinem Text nicht um einen Werkstattbericht handelt. Ohne Vorlage bei Eggers ist allerdings Fontanes Behauptung, dass die Tiere bei Wolff eine ähnliche Funktion

385 Vgl. Riemann-Reyher, *Friedrich Eggers und Menzel*, S. 247.

386 Ein Nachweis für die Verbindung zwischen Künstler- und Vereinstätigkeit sind Wolffs Reliefporträts der Vereinsmitglieder Paul Heyse, Bernhard von Lepel und Wilhelm von Merkel, die sowohl Eggers als auch Fontane in ihren Texten erwähnen (vgl. Fontane, *Friedrich Wilhelm Wolff*, NFA XXIII/1, S. 459f.). Fontane ergänzt seine Aufzählung zudem um Wolffs Büste Franz Kuglers (vgl. ebd.).

387 Ders., *Die diesjährige Kunstausstellung [1862]*, NFA XXIII/1, S. 239.

388 Ders., *Friedrich Wilhelm Wolff*, NFA XXIII/1, S. 457–460.

389 Friedrich Eggers, *Künstler und Werkstätten. VII. Wilhelm Wolff*. In: *DKB* 7 (24.04.1856), S. 143–146.

390 Ein Verweis auf diesen Sachverhalt findet sich im Katalog *Fontane und die bildende Kunst* (vgl. Keisch, Schuster et al. (Hrsg.), *Fontane und die bildende Kunst*, S. 167f.).

391 Theodor Fontane an Ludwig Pietsch, 21.02.1874, abgedr. in: Kurth-Voigt, *Briefe Theodor Fontanes an Ludwig Pietsch*, S. 51f.

392 Vgl. z. B. den einleitenden Satz Fontanes, der sich in nahezu identischer Weise bei Eggers findet: »Zu den ausgezeichnetsten Thierbildnern der Gegenwart gehört ohne Frage Wilhelm Wolff« (Eggers, *Künstler und Werkstätten. VII. Wilhelm Wolff*. In: *DKB* 7 (24.04.1856), S. 144); »Zu den ausgezeichnetsten Tierbildnern der Gegenwart gehört unstreitig Friedrich Wilhelm Wolff, geboren zu Fehrbellin am 6. April 1816« (Fontane, *Friedrich Wilhelm Wolff*, NFA XIII/1, S. 457).

wie bei Edwin Landseer hätten, »der sich abwechselnd darin gefällt, das Tier in seiner einfachen Lebenswahrheit zu geben oder aber, satirisch-symbolisch, es auszunutzen sucht als bloßes Mittel zum Zweck.«[393] Zudem schaffe Wolff auch humoristische Kompositionen, die Fontane mit Darstellungen Wilhelm Kaulbachs assoziiert. Mit der Erwähnung Landseers bringt Fontane seine Kenntnisse der englischen Kunst zum Ausdruck, die in Eggers' Text nicht enthalten sind. Der anschließende Vergleich mit Kaulbach – ebenfalls ohne Vorlage bei Eggers – zeigt jedoch auf, dass es Fontane nicht nur darum geht, sein Wissen über englische Kunst unter Beweis zu stellen, sondern dass vergleichbare Werke dem Leser zur Veranschaulichung dienen sollen. Bei Eggers' fehlen außerdem die Ausführungen zu den Begriffen Satire, Symbol und Humor. Da es sich dabei um zentrale Stichworte von Fontanes Kunstauffassung handelt, lässt sich resümierend festhalten, dass Fontane zwar Einiges aus Eggers' Text übernimmt, seine eigene Kunstanschauung jedoch ebenfalls einbringt.

Ein weiteres Projekt Fontanes, bei dem sich Anleihen an Friedrich Eggers ausmachen lassen, sind seine Recherchen zu Johann Gottfried Schadow im Rahmen der *Wanderungen*.[394] Er greift dafür auf Eggers' Artikel über Schadow im *Deutschen Kunstblatt* zurück.[395] Außerdem kontaktiert er verschiedene Schüler Schadows und bittet zusätzlich Eggers darum, für ihn Erkundigungen bezüglich Schadow zu tätigen. Fontane nutzt folglich das Netzwerk der Vereine, im gegebenen Exempel des *Rütli*, um an Informationen für seine kunstkritischen Schriften zu gelangen. Der letzte Abschnitt verdeutlicht, dass er bereits Recherchen getätigt hat und diese noch um – die für ihn bezeichnenden – Anekdoten ergänzen möchte. Friedrich Eggers liefert ihm auf sein Bitten hin einen Band mit Schadows Schriften[396] und verweist auf den Artikel im *Deutschen Kunstblatt*, »wo ich [Eggers, CA] sein Leben beschrieben habe und im Schadow-Jahrgang, wo ein Aufsatz von ihm selber drin steht«[397]. Hinsichtlich Fontanes Anliegen, Anekdoten über Schadow zu ermitteln, schlägt

393 Ebd., S. 459.

394 Ders., *Märkisches Bild: Dorf Saalow. (Ein Kapitel vom alten Schadow)*, erscheint am 31.03.1861 in der *Kreuzzeitung* (vgl. Berbig, *Fontane Chronik*, Bd. 2, S. 1110).

395 Friedrich Eggers, *Johann Gottfried Schadow und seine Werke*. In: *DKB* 11 (18.03.1850), S. 81–83; 12 (25.03.1850), S. 89–91; 13 (01.04.1850), S. 97f.

396 Für die Arbeit am Kapitel über das Dorf Saalow, in dem er über Schadow schreibt, benötigt Fontane eine Publikation der Schriften Schadows, die ihm Eggers mit diesem Brief überlässt. Bei der Ausgabe handelt es sich um: Johann Gottfried Schadow, *Kunstwerke und Kunst-Ansichten*, Berlin 1849 (vgl. Berbig (Hrsg.), *Theodor Fontane und Friedrich Eggers*, S. 244, FN 637).

397 Friedrich Eggers an Theodor Fontane, 19.12.1860, abgedr. in: Berbig (Hrsg.), *Theodor Fontane und Friedrich Eggers*, S. 244.

ihm Eggers verschiedene Ansprechspersonen vor.[398] Auf dem Umschlag des Briefes steht: »hiebei 1 Buch: Schadows Denkwürdigkeiten durch Güte des Herrn Baumeister Lucä.«[399] Fontanes Brief an Eggers zeugt folglich davon, dass Fontanes journalistische Artikel im *Rütli* Thema sind und dass er seine Vereinskontakte gezielt zur Informationsbeschaffung nutzt. Außerdem ist aus Fontanes Brief ersichtlich, dass sein Abschnitt zu Schadow in den *Wanderungen* ein anderes Ziel verfolgt als Eggers' Beiträge für das *Kunstblatt*. Während Eggers einen Überblick über Schadows Lebenswerk vermittelt, konzentriert sich die Darstellung Fontanes auf die letzten 15 Jahre Schadows. Zudem unterscheiden sich die Texte in ihrer Ausrichtung; das *Deutsche Kunstblatt* wird von einem Fachpublikum rezipiert, was die ausführliche Thematisierung der Kunstwerke und die Fokussierung auf Schadow als Künstler erklärt. In den *Wanderungen* verfolgt Fontane hingegen das Ziel, die Mark und ihre Bewohner darzustellen, weshalb er auf Schadows Kindheit eingeht und sämtliche Züge betont, die zum Lob des Märkischen passen, wie der Dialekt. Um die Einwände zu widerlegen, die Fontane offenbar bezüglich dieser Passage erhalten hat, weist er in einer ausführlichen Fußnote auf seine brieflichen Nachforschungen bei zeitgenössischen Malern und Bildhauern Schadows hin. Die Berichte von Zeitgenossen sollen folglich für die Authentizität der Aussage garantieren und belegen gleichzeitig die Bedeutung dieses Aspekts für Fontane. Zur Betonung des Märkischen trägt außerdem bei, dass er die Abschnitte zu Schadow mit einer Passage zum Dorf Saalow einleitet, worauf Ausführungen zum Schneider-Beruf des Vaters folgen, da Schadow von ihm zeichnen gelernt habe. Diese Angabe nutzt Fontane, um im Erzählfluss eine Prolepse vorzunehmen und Schadow im folgenden Textabschnitt als Akademiedirektor zu inszenieren, der seinen Schülern das Zeichnen beibringt. Eggers bleibt indessen bei einer chronologischen Folge und geht detaillierter auf den familiären Hintergrund Schadows ein. Fontane ist um stilistische Diversität bemüht, fügt Dialoge ein, die Schadow auf anekdotische Weise

398 Dem Wunsch, Frau Carsten zu besuchen, gedenkt Eggers indes nicht nachzukommen, da sie kränklich sei und ihn bereits zweimal nicht mehr vorgelassen habe. Eggers wendet allerdings ein, dass es »für die *Art* von Charakterzügen, die Du gerade wünschest« (ebd.) ohnehin bessere Quellen gäbe und verweist auf Hermann Weiss, desgleichen Mitglied im *Tunnel*, der einige Zeit Schüler Schadows gewesen ist. Als weitere Ansprechperson empfiehlt Eggers Johann Heinrich Strack, einen Schüler Schinkels, mit dem Fontane ebenfalls bekannt ist (vgl. ebd.).

399 Friedrich Eggers an Theodor Fontane, 19.12.1860, abgedr. in: Berbig (Hrsg.), *Theodor Fontane und Friedrich Eggers*, S. 245. Schadow ist mit der Familie Lucae befreundet, worauf Fontane im *Wanderungen*-Aufsatz ebenfalls eingeht, indem er auf humoristische Weise nacherzählt, wie sich Richard Lucae als »junges Bürschchen« um die Aufnahme in die Gipsklasse Schadows beworben habe (vgl. Fontane, *Wanderungen. Ein Kapitel vom alten Schadow*, GBA V/4, S. 333).

charakterisieren und setzt damit seine im zitierten Brief geäußerte Absicht um. Er weist auf Schadows Betonung des Handwerklichen hin, verzichtet aber auf eine Beschreibung bestimmter Kunstwerke. Es ist Fontane folglich weniger daran gelegen, Schadow als Künstler zu porträtieren, sondern vielmehr als Menschen, sowie dessen charakteristische Sprechweise und damit die Verortung in der Mark Brandenburg darzulegen.[400] Der »preußisch-brandenburgische Zug« lässt sich gemäss Fontane sowohl in der Historie als auch in der Landschaftsmalerei Schadows nachweisen. Die Verortung des Künstlers in der Mark betont Fontane zudem in einer Fussnote, in der er festhält, dass sich Schadow »halb scherzhaft, halb ernsthaft gegen das ›ewige Italien-Malen‹« gewendet habe, was thematisch auf die Omnipräsenz der italienischen Kunst referiert, der gegenüber Darstellungen deutscher Themen in den Hintergrund treten, und poetologisch wiederum mit einem humoristischen Zitat Schadows unterstrichen wird.[401] Die akribische Recherche zu Schadows Dialekt lässt vermuten, dass Fontane dies als Beleg für Schadows Verwurzelung in der Mark ansieht und weist außerdem voraus auf das Romanwerk, in dem Fontane die jeweiligen Figuren ebenfalls ihren Dialekt sprechen lässt.[402] Wie der Vergleich mit Eggers' chronologisch und sachlich gehaltenen *Kunstblatt*-Artikeln deutlich macht, zeigt sich Fontane bereits in seinen kunstkritischen Schriften und im vorliegenden Beispiel den *Wanderungen* als gewandter Erzähler.[403] Eggers hingegen fokussiert stärker auf die künstlerischen Errungenschaften Schadows und geht auf Werke und Lehrer ein, die für dessen Werdegang von Bedeutung sind. Der Titel der Egger'schen Artikelfolge lautet denn auch *Johann Gottfried Schadow und seine Werke*, während Fontane die Überschrift *Saalow. Ein Kapitel vom alten Schadow* setzt.[404]

400 Dafür spricht auch Fontanes Behauptung: »Durch das ganze Schaffen des Alten ging, wie schon angedeutet, ein vaterländischer, ein preußisch-brandenburgischer Zug« (Fontane, *Wanderungen. Ein Kapitel vom alten Schadow*, GBA V/4, S. 343).

401 »[U]n die Bööme gefallen mir nu schon jar nich. Immer diese Pinien un diese Pappeln. Un was is es denn am Ende damit? De eenen sehn aus wie uffgeklappte Regenschirme un die andern wie zugeklappte« (ebd., S. 344).

402 Vgl. z. B. die Erzählung *Ellernklipp*, in der Joost und Grissel sich im Dialekt unterhalten (vgl. z. B. ders., *Ellernklipp. Nach einem Harzer Kirchenbuch*, GBA I/5, Berlin 2012, S. 114f.).

403 Eine autoreflexive Bemerkung im Text fokussiert ebenfalls auf die Sprache. Fontane behauptet nämlich, Schadow habe während des Siebenjährigen Krieges trotz fehlender Sprachkenntnisse mit einem Russen Freundschaft geschlossen: »Er [Schadow, CA] hatte hier praktisch erfahren, daß es nur darauf ankomme, das *rechte* Wort zu treffen!« (ders., *Wanderungen. Ein Kapitel vom alten Schadow*, GBA V/4, S. 338).

404 Zur Ausrichtung des Artikels hält Fontane fest: »Es ist nicht Absicht dieser Zeilen, den Charakter Schadows nach allen Seiten hin zu zeichnen; aber *ein* Zug darf schließlich nicht vergessen sein, der entschieden in das Bild des Alten gehört: seine Loyalität, sein

Bemerkenswert ist, dass das Naturstudium Schadows bei Eggers betont,[405] bei Fontane auf Züge des Realismus hin zugespitzt ist: »[E]bensowenig wie er den Realismus *ausschließlich* wollte, ebensowenig verkannte er sein Recht.«[406] Fontane vertritt den Standpunkt, dass Schadows Kunst nicht ein »einfach dem Schönheitsideal nachstrebendes Ding« sei, »sondern vielmehr sollte sie dem wirklichen Leben in der Vielheit seiner Erscheinungen und Ansprüche dienen, um es hinterher zu beherrschen«[407]. Fontane ist folglich darum bemüht, realistische Züge in Schadows Werk zu betonen, was er mit anderem Vokabular als Eggers tut: In der Gegenüberstellung von Schönheitsideal und wirklichem Leben lässt Fontane sein spezifisches Realismusverständnis der künstlerischen Bearbeitung der Wirklichkeit durchblicken.[408]

Ein Künstler, über den ebenfalls sowohl Fontane als auch Eggers schreiben, ist Alfred Rethel. Fontane erwähnt im Reisebericht aus London im Kapitel *Herrn Marcus' Bilderladen* Rethels Kupferstiche,[409] während Eggers im *Deutschen Kunstblatt* über die als Holzschnitte erschienenen Werke *Der Tod als Freund* und *Der Tod als Erwürger* schreibt.[410] Unter den Titel seines Gedichts *Der Maskenball* schreibt Eggers: »Nach einer Todtentanz-Zeichnung von Alfred Rethel«.[411] Dies ist ein Beispiel einerseits für den Einfluss Rethels auf Eggers' Schaffen und andererseits für die von Eggers stark gemachte Verknüpfung von Dichtung und Malerei, die er auch im Artikel für das *Deutsche Kunstblatt* betont: »Beide Blätter haben in ihrer ernsten Poesie, in Composition

Herz für Preußen und die Mark« (ders., *Wanderungen. Ein Kapitel vom alten Schadow*, GBA V/4, S. 342).

405 »Was er all' seinen Schöpfungen zu Grunde zu legen pflegte – die lebende Natur« (Eggers, *Künstler und Werkstätten. VII. Johann Gottfried Schadow und seine Werke.* In: *DKB* 11 (18.03.1850), S. 82). Vgl. auch ders., *ebd.* In: *DKB* 13 (01.04.1850), S. 98.

406 Fontane, *Wanderungen. Ein Kapitel vom alten Schadow*, GBA V/4, S. 344.

407 Ebd.

408 Vgl. Kapitel III.

409 Der Artikel erscheint zuerst in *Die Zeit* (F., *Herrn Marcus' Bilderladen. London im Juli.* In: *Die Zeit* 159 (10.07.1856)) und zwei Jahre später unter der Überschrift ›Von der Weltstadt Strassen‹ in der *Neuen Preussischen (Kreuz-)Zeitung* (»†«, *Von der Weltstadt Strassen. 5. Herrn Marcus' Bilderladen.* In: *NPZ* 133 (11.06.1858), Beilage; 147 (27.06.1858), Beilage).

410 Friedrich Eggers, *Holzschnitte: ›Der Tod als Freund.‹ ›Der Tod als Erwürger‹ (erstes Auftreten der Cholera auf einem Maskenball in Paris 1831).* Zwei Holzschnitte, gezeichnet von Alfred Rethel, in Holz geschnitten von Jungtow und Steinbrecher, Düsseldorf, Ed. Schulte (Buddeus'sche Sortim.-Buchh.). In: *DKB* 9 (26.02.1853), S. 78f.

411 Rethel hat die Totentanz-Bilder für Fresken im Kaisersaal in Aachen entworfen. Mit der Ausführung beginnt er 1848, beendet aber nur vier Abbildungen. 1848 erscheint die Publikation *Auch ein Todtentanz* von Rethel in Leipzig (vgl. Berbig (Hrsg.), *Theodor Fontane und Friedrich Eggers*, S. 377, FN 10).

und Ausführung etwas von Balladen im Volkston, ein Gebiet, welches anzubauen [...] Rethel durchaus das Talent [...] hat.«[412] Darüber hinaus liefert Eggers eine detaillierte Beschreibung der beiden Holzschnitte, wohingegen Fontane den Schwerpunkt auf den Kontext legt, in dem die Werke gezeigt werden. Die Überschrift seines Artikels lautet demgemäß *Herrn Marcus' Bilderladen*, nach einem Geschäft, das bei Fontane auf Zustimmung stößt, weil dessen Inhaber den Engländern deutsche Kunst näherbringt. Es geht ihm darum, die Rezeption der deutschen Künstler in England zu beleuchten, weshalb er auch erwähnt, welche Künstler neben Rethel noch vertreten sind. Menzels Werke *Keith*, das sowohl Schottland als auch Preußen thematisiere, und der *Eybelsche Große Kurfürst* seien hingegen Dinge, über die er »nicht stillschweigend hinweggehen«[413] dürfe. Fontane beschreibt die Gemälde folgendermassen: »Die Dragoner hauen ein und der englische Philister steht davor und murmelt treu und gutherzig vor sich hin: these Prussians, gallant fellows they are, no doubt about that.«[414] Damit bringt Fontane die Bewunderung der Engländer für die Preußen zum Ausdruck, wofür auch Herrn Marcus' Bilderladen als solcher stehen kann.[415] Dieselben Holzschnitte, die Eggers in seinem Artikel bespricht, sind im Bilderladen ausgehängt und werden von Fontane als »echt Rethelsche Bilder, geistreich, finster, dämonisch«[416] bezeichnet. Er nennt die Rethel'schen Werke in Herrn Marcus' Laden ein »poetisch-unheimliche[s] Schattenspiel an der Wand«, eine »gemalte Gespenstergeschichte« und stellt damit – wie Eggers – den Bezug zur Dichtkunst her.[417] Eggers spricht ebenfalls von einer »dämonischen Grazie«, mit der sich der »Knochenmann« bewege, und schreibt den Blättern ebenso, wie oben zitiert, »ernste Poesie« zu. Während Fontane und Eggers ihre Artikel folglich nach unterschiedlichen Schwerpunkten ausrichten, ergibt sich in der Wertung des künstlerischen Gehalts eine auffällige Korrelation. Zudem verweisen beide auf Kaulbach; Eggers tut dies, um die Popularität der Totentänze darzulegen[418], Fontane, um das – im Vergleich zu Kaulbach – kleinere Format der Rethel'schen Werke zu veranschaulichen. Es ist anzunehmen, dass Fontane

412 Friedrich Eggers, *›Der Tod als Freund.‹ ›Der Tod als Erwürger‹*. In: *DKB* 9 (1853), S. 79.

413 Fontane, *Herrn Marcus' Bilderladen*, HFA III/3/1, S. 547.

414 Ebd.

415 Fontane äußert abschließend den Wunsch, dass Herr Marcus den guten Glauben an die Deutschen bei Kraft und Leben erhalten möge (vgl. ebd.).

416 Ebd., S. 546.

417 Ebd.

418 »Es war überhaupt eine Zeit der Todtentänze; der geheime Reiz dieses grossen ernsten Stoffes hatte manches Künstlergemüth angezogen und Kaulbach hält, wie wir wissen, noch mit einem ganzen Cyklus von Compositionen der Art hinter dem Berge« (Friedrich Eggers, *›Der Tod als Freund.‹ ›Der Tod als Erwürger‹*, S. 79).

Eggers' Beitrag für das *Deutsche Kunstblatt* gelesen hat, der drei Jahre vor seinem Artikel über den Londoner Bilderladen erschienen ist. Erhärten lässt sich diese Vermutung anhand eines Briefs von 1852, der belegt, dass Fontane über Eggers' Interesse an Rethel Bescheid weiß.[419]

Die herausgearbeiteten Bezüge zwischen Fontanes Werk und demjenigen Friedrich Eggers' zeigen, dass Eggers' Artikel Fontanes Publikationen über verschiedene Künstler entscheidend beeinflusst haben. Die Beispiele zu Wolff, Schadow und Rethel belegen Fontanes Lektüre des *Deutschen Kunstblatts* und erhellen, dass Fontane Eggers als Informationsquelle für seine kunstkritischen Schriften nutzt. Besonders im Artikel zu Schadow weicht er allerdings deutlich von Eggers' Vorlage ab. Er legt andere Schwerpunkte als Eggers, indem er denjenigen Aspekten den Vorzug gibt, die auf Biografie und Anekdote abzielen.

Karl Eggers als Bücherlieferant und Informationsquelle Fontanes

Mit Friedrich Eggers' Bruder Karl tauscht sich Fontane in Zusammenhang mit seinen kunstkritischen Schriften ebenfalls aus; Karl scheint jedoch in den Vereinen im Vergleich zu Friedrich eine Randfigur geblieben zu sein. So fällt der Briefwechsel zwischen Fontane und Karl Eggers weniger umfangreich aus als derjenige mit Friedrich, und er ist außerdem von einem formellen Ton dominiert.[420] Im *Deutschen Kunstblatt* seines Bruders veröffentlicht Karl lediglich Reiseschilderungen aus Tirol sowie eine Rezension über eine venezianische Pinakothek.[421] Für die Entstehung einzelner kunstkritischer Artikel Fontanes ist Karl indessen nicht weniger wichtig als Friedrich. Beispielsweise erbittet Fontane ausgehend

419 »Was Dich interessiren wird: der große (jetzt wiederhergestellte) Krönungs- und Kaiserstuhl erhält 8 Fresken von Rethel [...]. – So weit ich es beurtheilen kann sind die Sachen bedeutend, wie wohl hart in der Farbe und wenig einschmeichlerisch für das Auge des Laien. N° II schien mir an Kühnheit der Behandlung und Eigenthümlichkeit der Composition (der mit 6 weissen Stieren bespannte Kriegswagen auf dem der Maurenkönig ficht, wendet sich zur Flucht) den Preis zu verdienen« (Theodor Fontane an Friedrich Eggers, 09.04.1852, abgedr. in: Berbig (Hrsg.), *Theodor Fontane und Friedrich Eggers*, S. 80f.).

420 Auch in *Von Zwanzig bis Dreißig* ist Karl lediglich in einer Fußnote zum Abschnitt zu Friedrich berücksichtigt, wobei auch Lübke in derselben Publikation lediglich namentlich erwähnt, aber nicht in einem eigenen Kapitel berücksichtigt ist (vgl. Fontane, *Von Zwanzig bis Dreißig*, GBA III/3, S. 200).

421 Karl Eggers, *Reisebemerkungen in Tirol. (Mit Abbildungen)*. In: *DKB* 9 (April 1858), S. 95–96, 137–138, 157–158; ders., *Pinacoteca veneta, da Francesco Zanotto. Fasciolo I. [Besprechung]*. In: *DKB* 9 (April 1858), S. 169.

von einem Artikel Friedrichs bei Karl um Auskunft über Rembrandt[422] für seine Parodie auf Julius Langbehns Buch *Rembrandt als Erzieher*.[423] Dabei geht es Fontane nicht um Rembrandts künstlerische Errungenschaften, sondern darum, ob Rembrandt bisweilen übermässig Alkohol konsumiert hat,[424] was wiederum von Fontanes Interesse für Biografistisches und Anekdotisches zeugt. Zudem bittet Fontane Karl Eggers in einem Brief vom 20.10.1879 um Georg Kaspar Naglers *Künstlerlexikon*[425], um Informationen über den deutschen Baumeister Friedrich Gilly zu sammeln.[426] Des Weiteren ist Karl Eggers Informationsquelle für einen Artikel Fontanes »im *Cotta'schen* Kunstblatt« über Samuel Roesel, einen Landschaftsmaler und Professor an der Berliner Akademie der Künste. Fontane schreibt in den *Wanderungen* über Roesel,[427] verwendet die angeforderte Quelle in seinem Text allerdings nicht.[428] In demselben Brief fragt Fontane außerdem, wo Athanasius Raczinskis *Geschichte der neueren deutschen Kunst* erhältlich sei,[429] was belegt, dass sich Fontane mittels kunsthistorischer Publikationen aktiv Wissen über zeitgenössische Kunst aneignet.

422 Friedrich Eggers verfasst zu zwei Fotografie-Kunstalben (das erste zu Anthonis van Dyck, das zweite zu Rembrandt) die jeweiligen Begleittexte (vgl. Berbig (Hrsg.), *Theodor Fontane und Friedrich Eggers*, S. 453).

423 Fontanes Parodie erscheint unter dem Titel *Nante Strump als Erzieher* am 19.04.1890 ungezeichnet in der Zeitschrift *Deutschland* (vgl. [ungez.] *Nante Strump als Erzieher. Von einem Berliner. Frei nach ›Rembrandt als Erzieher‹*. In: *Deutschland. Wochenschrift für Kunst, Literatur, Wissenschaft und soziales Leben* 1/29 (19.04.1890), S. 493–494). In einem Brief an Friedrich Stephany verurteilt Fontane das Werk als »geistreichtuende[n] Blödsinn« (Theodor Fontane an Friedrich Stephany, 04.06.1894, HFA IV/4, S. 363).

424 »Ein Lebemann, glaub ich, war er [Rembrandt, CA] comme il faut, aber goss er auch oft einen (zu oft) hinter die Binde, mit anderen Worten stand er ein bisschen an der *Süffel*grenze? Es wäre mir wichtig, zu wissen ›ja‹ oder ›nein‹. Und wenn es sein kann umgehend. Ihr Th. F.« (Theodor Fontane an Karl Eggers, [10.4.1890], abgedr. in: Berbig (Hrsg.), *Theodor Fontane und Friedrich Eggers*, S. 314).

425 Georg Kaspar Nagler, *Neues allgemeines Künstlerlexikon*, 22 Bde., München 1835–1852.

426 Theodor Fontane an Karl Eggers, 20.10.1879, abgedr. in: Berbig (Hrsg.), *Theodor Fontane und Friedrich Eggers*, S. 293. Friedrich Gilly kommt in Zusammenhang mit Schinkel in den *Wanderungen* vor (vgl. Fontane, *Wanderungen. Steinhöfel*, GBA V/2, S. 445f.).

427 Der Artikel *Havel und Haveldörfer* mit dem Zusatz (*Bei Sanssouci*), in dem Rösel erwähnt wird, erscheint zuerst in der Zeitschrift *Über Land und Meer* und wird später in den dritten Teil der *Wanderungen*, *Havelland. Wer war er?* aufgenommen (vgl. Fontane, *Wanderungen. Havelland*, GBA V/3, S. 260–275).

428 Vgl. Berbig (Hrsg.), *Theodor Fontane und Friedrich Eggers*, S. 293, FN 70.

429 Athanasius Raczynski, *Histoire de l'art moderne en Allemagne*, 3 Bde., Paris 1836–1841. Friedrich Eggers kennt Raczynski seit dem Oktober 1857 persönlich, als dieser sich

Als weiteres Beispiel, das die journalistische Zusammenarbeit Fontanes mit den Brüdern Eggers und überdies die Gemeinsamkeit der Interessensgebiete Kuglers und Friedrich Eggers' aufzeigt, ist Friedrich Eggers' Buchprojekt zu Christian Daniel Rauch zu nennen. Kugler verfasst »ein[en] große[n] kunsthistorische[n] kritische[n] Aufsatz[] über Rauch«[430], der 1858 im *Deutschen Kunstblatt* erscheint,[431] während Friedrich Eggers mit etwa fünfzig Jahren beginnt, eine als Lebenswerk konzipierte Biografie über Rauch zu schreiben.[432] Da Friedrich vor seinem Tod lediglich die erste Hälfte des Werkes fertigstellen kann, gibt schließlich sein Bruder Karl das Buch heraus. Karl wiederum hat sich betreffs der Rauch-Biografie mit Fontane ausgetauscht; so bittet er ihn um Auskunft über den Polen Anton Waga, wofür sich Fontane an Friedrich Wilhelm Holtze wendet. Im Brief an Holtze äußert Fontane die Vermutung, dass Waga 1820 »von angeblich hohen menschheitlichen, in Wahrheit aber von polnisch-französischen Anschauungen ausgehend, den Entwurf zur Rauch'schen Blücherstatue attackirt haben«[433] soll. Als Antwort darauf erhält er offenbar einen »forsche[n] Brief«[434], den er Karl Eggers übermittelt. Dieser Briefwechsel ist ein weiteres Exempel dafür, wie die Bekanntschaften aus der Vereinstätigkeit die Kontakte vermitteln, die für den Erhalt spezifischer Informationen ausschlaggebend sind. Darüber hinaus wird das Werk im *Rütli* diskutiert[435], und Fontane rezensiert die Rauch-Biografie für die *Vossische Zeitung*.[436]

---

auf Empfehlung von Paul Heyse an ihn wendet (vgl. Berbig (Hrsg.), *Theodor Fontane und Friedrich Eggers*, S. 294, FN 71).

430 Franz Kugler an Theodor Fontane, 08.01.1858, abgedr. in: Berbig (Hrsg.), *Franz Kugler und Theodor Fontane. 1. Briefe Kuglers an Fontane*, S. 14.

431 Franz Kugler, *Christian Daniel Rauch. Eine Charakteristik seiner künstlerischen Wirksamkeit*. In: *DKB* 9 (Februar 1858), S. 33–45.

432 Berbig (Hrsg.), *Theodor Fontane und Friedrich Eggers*, S. 52.

433 Jutta Neuendorff-Fürstenau, *Briefe Theodor Fontanes an Friedrich Wilhelm Holtze*. In: *Jahrbuch der Deutschen Schillergesellschaft* 4 (1960), S. 366.

434 Theodor Fontane an Karl Eggers, 17.03.1876, abgedr. in: Berbig (Hrsg.), *Theodor Fontane und Friedrich Eggers*, S. 291.

435 Berbig verweist auf Hermann Frickes *Fontane Chronik*, in der folgender Eintrag aufgeführt ist: »Mai 24. [1883] Lange Erörterung über K. Eggers Schadow- u. Rauchbuch im Rhythly« (Hermann Fricke, *Theodor Fontane. Chronik seines Lebens von Hermann Fricke*, Berlin 1960, S. 65).

436 [ungez.] *Christian Daniel Rauch. I.-II.* In: *VZ* 52 (25.12.1874); *VZ* 1 (03.01.1875). Eine weitere Rezension in der *Vossischen Zeitung* erscheint anlässlich der Veröffentlichung des vierten Bandes: Th. F., *Christian Daniel Rauch von Friedrich und Karl Eggers. Vierter Band, 2. Hälfte (Schlußlieferung), Berlin 1887, Carl Dunckers Verlag*. In: *VZ* 609 (30.12.1887), Erste Beilage.

In der Rezension fasst Fontane hauptsächlich die Biografie Rauchs und damit den Inhalt des Werks, das »in vorzüglicher Ausstattung«[437] vorliege, zusammen, ohne es mit eigenen wertenden Kommentaren zu versehen. Bei zahlreichen Passagen handelt es sich schlicht um Zitate, die er – als solche gekennzeichnet – aus dem Buch übernimmt. Fontane schließt mit dem Fazit: »Unsere Auszüge werden gezeigt haben, wie reich und erschöpfend das Material war, das dem Biographen zur Verfügung stand, wie klar und übersichtlich er es zu gruppieren verstand.«[438] Er beabsichtigt folglich, in der Rezension einen möglichst präzisen Eindruck des Werkes zu geben, was die direkten Übernahmen erklärt. Als »wertvoll« erachtet er außerdem einen Abschnitt, in dem Eggers »essayartig ein Gesamtbild des damaligen Kunstlebens«[439] gibt. Das sind allerdings die einzigen analytischen Kommentare Fontanes, was vermuten lässt, dass ihm die Authentizität des Textes besonders wichtig scheint. Für diese Argumentation spricht, dass für die Publikation erstmals Briefe und Tagebücher Rauchs zur Verfügung gestanden haben.[440] Im Briefwechsel mit Karl Eggers spricht Fontane in ironisch-selbstkritischer Weise über seine Rezension der Rauch-Biografie: »Mein Artikel über den 1. Band (vorzugsweise Auszüge) hat um die Weihnachts[zeit] in zwei Sonntagsnummern der Vossin gestanden[441] und ist, wie ich höre, mit Vergnügen gelesen worden, was lediglich das *Buch* nicht aber meine Papierscheeren-Arbeit trifft.«[442] Fontanes Aussage spiegelt seine Zurückhaltung angesichts des Werks der Geschwister Eggers wider. Da wertende Anmerkungen weitgehend und Kritik gänzlich fehlen, liegt der Schluss nahe, dass Fontane seine Rezension als Freundschaftsdienst sieht.[443] Dies scheint auch für seine Rezension von Ludwig Pietschs Werk *Olympia* zuzutreffen, das Fontane

437 [ungez.] *Christian Daniel Rauch. I*, NFA XXIII/1, S. 572.

438 [ungez.] *Christian Daniel Rauch. II*, NFA XXIII/1, S. 595. Karl Eggers erhält nach der Veröffentlichung der Rauch-Biografie eine Anstellung im Rauch-Museum, um ein Rauch-Archiv einzurichten und eine Katalogisierung der Werke vorzunehmen, was die Bedeutung des Werks bestätigt. Außerdem verfasst Karl Eggers ein 1877 erstmalig erscheinendes Buch über das Rauch-Museum. Es wird unter dem Titel *Das Rauch-Museum. Verzeichnis seiner Sammlungen nebst geschichtlichem Vorbericht und Lebensabriss Rauch's* 1892 in Berlin vorgelegt.

439 [ungez.] *Christian Daniel Rauch. II*, NFA XXIII/1, S. 595.

440 Vgl. [ungez.] *Christian Daniel Rauch. I*, NFA XXIII/1, S. 572.

441 *Vossische Zeitung* vom 25.12.1874 und 03.01.1875. Weitere Rezensionen Fontanes erscheinen am 06.12.1881 sowie am 30.12.1887 (vgl. Berbig (Hrsg.), *Theodor Fontane und Friedrich Eggers*, S. 399f.).

442 Theodor Fontane an Karl Eggers, März 1875, abgedr. in: Berbig (Hrsg.), *Theodor Fontane und Friedrich Eggers*, S. 284.

443 Fontane rezensiert außerdem Gedichtbände der Brüder Eggers (vgl. [gez. Th. F.] *Tremsen. Plattdeutsche Dichtungen von Friedrich und Karl Eggers. Breslau, Verlag von R. Hoffmann 1875*. In: *VZ* 11 (12.03.1876), Sonntagsbeilage).

explizit anbietet, in der *Gegenwart* zu rezensieren,[444] um bei anderer Gelegenheit um Rezensionen der eigenen Werke zu bitten.[445]

Sechs Jahre nach Erscheinen der Buchbesprechung erbittet sich Fontane zudem in einem Brief an Karl Eggers »die Rauch-Notiz«[446], wobei nicht ermittelt ist, worum es sich dabei handelt. Berbig mutmaßt, dass es Informationen betrifft, die Fontane für das Rauch-Kapitel in den *Wanderungen* benötigt.[447] Des Weiteren hat Karl einen Eintrag zu Schadow und Rauch in der Reihe *Kunst und Künstler des 19. Jahrhunderts* verfasst,[448] der bei Fontane auf Zustimmung stößt:

> In den letzten Tagen hab ich endlich Ihren Schadow-Rauch-Essay gelesen, sehr mit Vergnügen und zu meiner Belehrung. Ich freue mich besonders auch dessen was Sie über den Schadowschen Dialekt gesagt haben. Diese Beweisführung, wenn ich mich so ausdrücken darf aus der Gesammt-Sit. heraus, ist sehr gut. In herzlichster Ergebenheit Th. Fontane.[449]

Fontanes Freude über die Berücksichtigung der Sprache Schadows rührt daher, dass er sich im *Wanderungen*-Kapitel zu Schadow (1861) um Belege dafür bemüht, dass Schadow Dialekt gesprochen hat, worin er sich durch Aussagen Karl Eggers' nun bestätigt sieht. Zugleich plausibilisiert diese Tatsache die Vermutung, dass es sich bei den gegenseitigen Rezensionen um Gefälligkeiten unter Freunden handelt. Als weiteres Zeugnis der engen Verknüpfung von Privatem, Vereinskontakten und Pressetätigkeit kann der Umstand dienen, dass Karl Eggers' Buch *Rauch und Goethe. Urkundliche Mittheilungen* im Verlag von Fontanes Sohn, Friedrich Fontane, erscheint.[450]

---

444 »Liegt Ihnen daran, daß über Ihr Olympia-Buch eine 1 oder 1½ Spalten lange Kritik in der Gegenwart erscheint und zwar bis etwa zum 8. Dezmbr, so kann ich das, Lindaus Zustimmung u. Promptheit vorausgesetzt, leisten« (Theodor Fontane an Ludwig Pietsch, 20.11.1878, abgedr. in: Kurth-Voigt, *Briefe Theodor Fontanes an Ludwig Pietsch*, S. 58).

445 »Wenn Sie ein paar freundl. Worte sagen, so, wenn's sein kann, in der Schlesischen, woran mir, wegen meiner schlesischen Beziehungen, sehr liegt. In der Vossin wird wohl Schlenther schreiben, vorausgesetzt, daß Stephany nicht andre Beschlüsse faßt« (Theodor Fontane an Ludwig Pietsch, 10.02.1888, abgedr. in: Kurth-Voigt, *Briefe Theodor Fontanes an Ludwig Pietsch*, S. 73f.).

446 Theodor Fontane an Karl Eggers, 09.09.1880, abgedr. in: Berbig (Hrsg.), *Theodor Fontane und Friedrich Eggers*, S. 294.

447 Vgl. ebd., FN 72.

448 Karl Eggers, *Johann Gottfried Schadow und Christian Daniel Rauch* (= Kunst und Künstler des 19. Jahrhunderts), Leipzig 1882.

449 Theodor Fontane an Karl Eggers, 10.02.1883, abgedr. in: Berbig (Hrsg.), *Theodor Fontane und Friedrich Eggers*, S. 302.

450 Karl Eggers (Hrsg.), *Rauch und Goethe. Urkundliche Mittheilungen von Karl Eggers*, Berlin 1889.

Abschließend ist festzuhalten, dass Karl Eggers innerhalb von Fontanes Vereinstätigkeit eine Nebenfigur zu bleiben scheint. Auch die Anreden in den Briefen wie »Theuerster Senator«[451] lassen auf eine geringere Nähe zu Karl Eggers schließen als zwischen Fontane und dessen Bruder Friedrich Eggers, den er mit »Mein lieber Eggers«[452] anschreibt. Gemäß Berbig hat Fontane jedoch »im persönlichen Umgang« Karl »den Vorzug vor Friedrich [gegeben], mit dessen Hang zu Exaltiertheit er nie etwas beginnen konnte«[453]. Dafür spricht, dass Fontane kleinere Beiträge Karls in der *Vossischen Zeitung* platziert und »sich sogar für die Geldvermittlung nicht zu schade«[454] ist. Unabhängig davon, wem Fontane persönlich nähersteht, ist bemerkenswert, dass Fontanes Rezensionen der Biografie über Rauch äußerst ausführlich ausfallen. Nicht einmal Fontanes Buchbesprechungen zu Lübkes Werken haben auch nur annähernd denselben Umfang.

Franz Kuglers und Gustav Waagens Texte über Karl Friedrich Schinkel als Vorlagen für Fontanes Schinkel-Biografie

Ein weiteres Exempel, an dem sich Einflüsse aus dem Vereinsumfeld Fontanes nachweisen lassen, ist seine Biografie über Karl Friedrich Schinkel, die anlässlich der *Wanderungen* entsteht.[455] Für seinen Text zieht Fontane Publikationen Franz Kuglers und Gustav Friedrich Waagens hinzu. Bemerkenswert ist, dass Fontane – anders als beispielsweise in den Berichten über die Berliner Kunstausstellungen – seine Quellen offenlegt[456] und mehrfach auf Kuglers oder Waagens Meinung zu bestimmten Aspekten verweist.[457] Der Aufbau

451 Vgl. z. B. Berbig (Hrsg.), *Theodor Fontane und Friedrich Eggers*, S. 334.

452 Ebd., S. 79.

453 Ebd., S. 62.

454 Ebd.

455 Waagen gibt an, Kuglers *Karl Friedrich Schinkel, eine Charakteristik seiner künstlerischen Wirksamkeit* ebenfalls als Quelle benutzt zu haben (vgl. Gustav Friedrich Waagen, *Karl Friedrich Schinkel als Mensch und Künstler*. In: *Berliner Kalender* 1844, S. 305–428; Wiederabdruck in: Ders., *Kleine Schriften*, S. 298).

456 Allerdings trifft dies nicht immer zu; die Anekdote zur Verpflegung im italienischen Gasthaus übernimmt Fontane ebenfalls von Waagen, ohne dies zu kennzeichnen (vgl. Fontane, *Wanderungen. Karl Friedrich Schinkel*, GBA V/1, S. 111). Fontane erwähnt seine Quellen für die zweite Überarbeitung in einem Brief an den Verleger vom 11. oder 12.05.1864 (vgl. ders., *Wanderungen. Die Grafschaft Ruppin. Anmerkungen*, GBA V/1, S. 643): Kugler, *Karl Friedrich Schinkel*; Waagen, *Karl Friedrich Schinkel*; Carl August Alfred von Wolzogen, *Aus Schinkels Nachlaß. Reisetagebücher, Briefe und Aphorismen*, Berlin 1862; ders., *Schinkel als Architekt, Maler und Kunstphilosoph. Ein Vortrag*, Berlin 1864.

457 Vgl. z. B. »Vor Allem verdienen hier auch die für das kleine Gropius'sche Theater gemalten ›sieben Wunder der alten Welt‹ eine besondere Erwähnung. Er entwarf sie im

des Textes folgt dabei Waagen, wobei die umfassenden Beschreibungen der Schinkel'schen Werke und die ausführliche Kontextualisierung zur allgemeinen Lage der Architektur in Berlin sowie zu Schinkels Förderern bei Fontane wegfallen.[458] Fontane adaptiert das – auch bei Waagen nachweisbare – populäre Rezeptionsmuster, sowohl den Menschen als auch den Künstler zu berücksichtigen.[459] In der Biografie zu Wilhelm Gentz macht Fontane geltend: »Eine Biographie darf aber auch an dem Menschen und, wenn dieser ein Künstler, an seiner Kunst nicht vorübergehen.«[460] Bezüglich Waagens Gewichtung von Schinkel als Maler, die von der Forschung als fortschrittlich erachtet wird, ist festzuhalten, dass auch Fontane ausführlich auf Schinkels Malerei eingeht:[461]

> Waagen indes äußert sich dahin, daß das, was anfänglich unbedingt als eine schwere Fügung des Schicksals erscheinen mußte, schließlich der *mehrseitigen* Entwicklung Schinkels fördersam gewesen sey und auf seine *reifere* Ausbildung zum praktischen Architekten den wohltätigsten Einfluß ausgeübt habe. Wir lassen dies dahingestellt sein und verzeichnen unsererseits nur die Thatsache, daß unser Ruppiner Superintendentensohn, den wir uns alle längst gewöhnt haben als Architekten und *nur* als solchen zu kennen und zu bewundern, daß unser Schinkel, sag ich, zum Teil der eigenen Neigung, aber mehr noch dem Zwang gebieterischer Umstände nachgebend, zehn Jahre lang (von 1805 – 1815), wenn nicht ausschließlich, so doch vorzugsweise ein *Landschaftsmaler* war.[462]

Jahr 1812, und speciell diese Arbeiten gaben ihm eine erwünschte Gelegenheit, neben der vollen Entfaltung seines malerischen Geschicks sich als genialen Architekten auf's glänzendste zu bewähren. Franz Kugler nennt diese Arbeiten ›die geistreichsten Restaurationen der Wunderbauten des Alterthums‹« (Fontane, *Bilder und Geschichten aus der Mark Brandenburg. Karl Friedrich Schinkel*, GBA V/1, S. 111).

458 Vgl. Waagen, *Karl Friedrich Schinkel*, S. 303, 306.

459 Vgl. Michael Ewert, *Lebenswege. Formen biographischen Erzählens in Fontanes Wanderungen durch die Mark Brandenburg*. In: Berbig (Hrsg.), *Fontane als Biograph*, S. 98. Waagen betitelt seinen Aufsatz demgemäß mit »Karl Friedrich Schinkel als Mensch und Künstler«.

460 Das Zitat stammt aus Fontanes Aufsatz zu Wilhelm Gentz (vgl. Fontane, *Wanderungen. Wilhelm Gentz*, GBA V/1, S. 181). Gentz wird ebenfalls als »Mensch und Künstler« porträtiert (ebd., S. 176). Zu Fontanes Künstlerbiografien vgl. Stefan Greif, *Tunnelfahrt mit Lichtblick. Fontanes anekdotische Künstlerbiographien*. In: *Fontane Blätter* 65–66 (1998), S. 285–299.

461 Vgl. Ewert, *Lebenswege*, S. 98.

462 Fontane, *Wanderungen. Karl Friedrich Schinkel*, GBA V/1, S. 110. In der GBA werden im Vergleich zum Zeitungsartikel im *Morgenblatt* die Schreibweise angepasst, die Satzstellung geringfügig verändert und die Korrektur vorgenommen, dass Schinkel zehn Jahre lang Landschaftsmaler gewesen sei, während es im *Morgenblatt* noch heißt »eilf Jahre lang (von 1805 bis 1816)« ([ungez.] *Bilder und Geschichten aus der Mark Brandenburg. Karl Friedrich Schinkel.* In: *MB* 45 (04.11.1864), S. 1065).

Während Waagen die Malerei Schinkels gewissermassen zur Vorarbeit für Schinkels Tätigkeit als Architekt reduziert,[463] will sich Fontane diesbezüglich einer Positionierung entziehen, betont aber dennoch, dass Schinkel, sowohl aus eigenem Antrieb als auch aus Fremdbestimmung, lange Zeit als Landschaftsmaler tätig ist und darüber hinaus zahlreiche Theaterkulissen fertigt.[464] Der Sprachgestus, in dem Fontane diesen Sachverhalt darlegt, weist darauf hin, dass er dem vorherrschenden Bild Schinkels – »den wir uns alle längst gewöhnt haben als Architekten und *nur* als solchen zu kennen und zu bewundern« Schinkels gesamtes Tätigkeitsfeld entgegenhalten will. Als Hinweis auf Fontanes Gewichtung kann die Episode aus Schinkels Kindheit dienen, wonach dessen Vater ihm öfters Vögel auf Papier gemalt habe, mit denen Karl aber nicht zufrieden gewesen sei, weil Vögel doch anders aussehen würden.[465] Fontane akzentuiert darüber hinaus, dass während Schinkels Italienreise »der *Maler* [prävalierte]«[466]. Zur Untermauerung dieser Aussage stützt er sich auf Schinkels Briefe, von denen sich aus den Reisejahren nach Italien »nur wenige« mit Architektur beschäftigten, obwohl Schinkel »unzweifelhaft als Architekt nach Italien gezogen« sei.[467] In der Bezugnahme auf die der Briefe besteht ein markanter Unterschied von Fontanes Aufsatz und Kuglers sowie Waagens Texten hinsichtlich der Quellenlage, denn erst ab 1862 liegt Carl August Alfred von Wolzogens Ausgabe der Briefe[468] Schinkels vor.[469] Fontane geht verschiedentlich auf diese Quellen ein, insbesondere bezüglich des Aufenthalts Schinkels in England, der bei Waagen nur geringe Berücksichtigung findet, Fontane jedoch wohl aus persönlicher Affinität zum Inselstaat besonders interessiert. Passend dazu vergleicht er das

463 Allerdings hat es sich auch Waagen als erklärtes Ziel gesetzt, die »Vielseitigkeit« von Schinkels Tätigkeit zu betonen (Waagen, *Karl Friedrich Schinkel*, S. 297).

464 Informationen zu Schinkels Theaterkulissen dürfte Fontane auch von einem Artikel Kuglers aus dem *Deutschen Kunstblatt* bezogen haben (vgl. Franz Kugler, *Die Dekorationsmalerei der Bühne und Schinkels Entwürfe. Festrede (gehalten am Schinkelfeste im Architekten-Verein zu Berlin den 13. März 1855)*. In: *DKB* 6 (22.03.1855), S. 101–105).

465 Bei Waagen und Kugler fehlt diese Episode ebenso wie Fontanes allgemeine Reflexionen über die Schwierigkeit der Recherche zu den Kinderjahren von Berühmtheiten (vgl. Fontane, *Wanderungen. Karl Friedrich Schinkel*, GBA V/1, S. 104f.).

466 Ebd., S. 109.

467 Ebd.

468 Wolzogen, *Aus Schinkels Nachlaß. Reisetagebücher, Briefe und Aphorismen.*

469 Die Urfassung des Schinkel-Kapitels erscheint im September 1860 in der *Kreuzzeitung* und wird mit einer leicht gekürzten Überschrift in das Kapitel 5 des Neuruppin-Zyklus eingegliedert. Für die zweite Auflage der *Grafschaft Ruppin* kündigt Fontane aufgrund »des jetzt reichlich vorhandenen Materiales (Waagen, Wolzogen, Adler, Eggers)« dem Verleger eine Überarbeitung an (Fontane, 11. oder 12.05.1864 an den Verleger, abgedr. in: Fontane, *Wanderungen. Die Grafschaft Ruppin. Anmerkungen*, GBA V/1, S. 643).

Talent Schinkels mit demjenigen William Turners. Die Genialität dieser beiden Maler macht er darin aus, dass sie beide fähig gewesen seien, mit den reduziertesten malerischen Mitteln ein Bild zu schaffen.[470] Fontane bringt mit der Wendung »ein kleines Wunderding« ausdrücklich seine Bewunderung für die entsprechende Malweise zum Ausdruck. Für die Bewertung von Schinkels Malerei dient Fontane ferner das Urteil Waagens als Referenz, bezeichnenderweise – wie schon in Bezug auf Turner in den Briefen *Aus Manchester* – an der Stelle, wo er sein höchstes Lob ausspricht.[471] Ein weiteres ausführliches Zitat Waagens, das Fontane mit geringfügigen Abweichungen übernimmt, ist die Passage zu Schinkels Krankheit und dem zu dieser Zeit erfolgten Besuch Thorwaldsens.[472] Fontane fügt Waagens Bericht wohl einerseits ein, weil derselbe als Augenzeuge beim Treffen der bedeutenden Künstler anwesend war.[473] Andererseits findet die Zusammenkunft statt, als Schinkel bereits schwer krank ist, was der Schilderung zusätzliche Dramatik verleiht.

Ein weiterer Bereich von Schinkels Tätigkeit ist das Kunsthandwerk, was gemäß Fontane direkte Auswirkungen auf das Alltagsleben hat und zu »edlere[n] Formen« geführt habe: »*In dieser Welt Schinkelscher Formen leben wir noch*, die wenigsten unter uns wissen es, aber dies Nichtwissen ändert nichts an der Tatsache. Seine Schule blüht und durchdringt unser Leben.«[474] Fontane hält verallgemeinernd fest, dass »[d]as ganze Kunst*handwerk* […] [ein] wichtige[r] Zweig modernen Lebens« sei.[475] Dies verdeutlicht, dass er im Kunsthandwerk eine Möglichkeit sieht, das Bewusstsein für Kunst und Formensprache in der

470 »Auch den Briefen aus England, wie gleich hier bemerkt werden mag, sind solche Federzeichnungen beigegeben, flüchtige Skizzen, die durch die überaus geniale Art der Behandlung an ähnliche Arbeiten des schon einmal zitierten William Turners erinnern, der, wie Schinkel, es verstand, mit zwölf Strichen und ebenso vielen Punkten ein ganzes Landschaftsbild zu geben. Die Schinkelsche Skizze von Manchester […] ist mir nach dieser Seite hin immer wie ein kleines Wunderding erschienen« (Fontane, *Wanderungen. Karl Friedrich Schinkel*, GBA V/1, S. 117).

471 Vgl. ebd., S. 107, 111.

472 Vgl. Waagen, *Karl Friedrich Schinkel*, S. 377; Fontane, *Wanderungen. Karl Friedrich Schinkel*, GBA V/1, S. 119. Die Fußnote zu Thorwaldsens Tod findet sich einzig bei Fontane.

473 Ähnlich auch bei der Schilderung von Schinkels Charakter, wozu Fontane Waagen zitiert, da »ihn [Schinkel, CA] niemand trefflicher geschildert [habe] als Waagen, der ihm, so viele Jahre hindurch, in Kunst und Leben nahestand« (ebd., S. 121).

474 Ebd., S. 115. Fontane relativiert die Aussage in einer Fußnote; da der Artikel vor mehr als zwanzig Jahren erschienen sei, habe inzwischen die Renaissance »die Schinkelsche Welt abgelöst« (ebd., S. 115).

475 Ebd.

Gesellschaft zu verankern.[476] Indem er auf diesen Aspekt hinweist, trägt er zusätzlich dazu bei, die Überzeugung dieser Tatsache zu verbreiten.

Über Fontanes Schinkel-Biografie hinaus macht Hubertus Fischer einen Einfluss von Schinkels Landschaftsbildern auf Fontanes *Wanderungen* geltend. Seiner Auffassung nach sind Fontanes Abendbild um Schloßberg und Burg Uchtenhagen sowie das Landschaftsbild eingangs des Kapitels Gusow »im besten Sinne[] von Schinkel inspirierte historische Landschaftsmalerei mit Worten«[477]. Diesem Befund ist umso mehr zuzustimmen, als im einleitenden Text zum Kapitel Gusow der Begriff »Coulissenbild[]« vorkommt, zumal Schinkel zahlreiche Theaterkulissen geschaffen hat.[478] Darüber hinaus lautet die Überschrift zum originalen Zeitungsartikel »Märkische Bilder« und im Nachdruck im *Morgenblatt für gebildete Stände* »Bilder und Geschichten aus der Mark Brandenburg«[479], was die Überlagerung von Text und Bild explizit macht.

Fontane und der »berufene[] Kollege[]«[480] Ludwig Pietsch. Inszenierter Dilettantismus

Während sich Fontane, wie im obenstehenden Kapitel zu den Referenzen herausgearbeitet, auf andere Kunstkritiker beruft, um sein Kunsturteil zu legitimieren, beharrt er andernorts nachdrücklich auf seiner Eigenständigkeit. Dabei schreckt er auch nicht davor zurück, gegen Juryurteile zu argumentieren, wie der Zeitungsartikel zur Ausstellung über die Denkmäler für das Wellington-Grabmal aufzeigt.[481] Ein weiteres Beispiel dafür, dass Fontane vehement

476 Das Kunsthandwerk ist auch in den Überblickswerken Kuglers und Lübkes Thema (vgl. z. B. Kugler, *Handbuch der Kunstgeschichte*, 1842, S. 127; Lübke, *Grundriss der Kunstgeschichte, Anhang. Das antike Kunsthandwerk*, Bd. 1, 1873, S. 220–227).

477 Fischer, *Märkische Bilder*, S. 133.

478 Fontane, *Wanderungen. Das Oderland*, GBA V/2, S. 195.

479 Vgl. Theodor Fontane, *Märkische Bilder*. In: *NPZ* 61 (11.05.1860); [ungez.], *Bilder und Geschichten aus der Mark Brandenburg. Karl Friedrich Schinkel*. In: *MB* 45 (04.11.1864), S. 1062–1069; *MB* 46 (11.11.1864), S. 1085–1089 (wiederabgedr. in: GBA V/1, S. 104–126).

480 Fontane, *Kunstausstellung [1874]*, NFA XXIII/1, S. 405.

481 »Das sei bereits im voraus bemerkt, daß man alle Ursache hat, dies Sachverständigenurteil in Bausch und Bogen als zutreffend und gerecht anzuerkennen. Man hat neun Preise erteilt, und meinem Dafürhalten nach durchaus an diejenigen neun Arbeiten, die unter den eingesandten fünfundachtzig den größten Anspruch darauf haben. Nur die Rangierung der Preise untereinander ist bedenklich. Nr. 3 z. B. müßte Nr. 1 sein etc.« (Fontane, *Die Ausstellung der Modelle zum Wellington-Grabmal*, NFA XXIII/1, S. 39). Vgl. ebenso ders., *Die Wellington-Monumente in Westminster-Hall*, NFA XXIII/1, S. 38.

für sein eigenes Urteil eintritt, liefern seine Aussagen zu Ludwig Pietsch, einem Mitarbeiter bei der *Vossischen Zeitung*, wobei die analysierten Textstellen die These nahelegen, dass Fontane zwar für sein Urteil einsteht, seine prononcierte Eigenständigkeit aber auch als Autorschaftsinszenierung zu lesen ist. Er schwankt damit zwischen Zurückhaltung gegenüber dem Kollegen und Inanspruchnahme eines unabhängigen Kritikerdaseins.

Pietsch ist überdies der einzige zeitgenössische deutsche Kunstkritiker, auf den Fontane in den kunstkritischen Schriften explizit Bezug nimmt. Seit 1864 Kunstreferent der *Vossischen Zeitung*, avanciert Pietsch neben Friedrich Pecht in München und Adolf Rosenberg in Berlin zu den einflussreichsten konservativen deutschen Kritikern nach der Reichsgründung.[482] Fontanes Berufung auf Pietsch kommt zustande, weil er an Pietschs Stelle die Berichterstattung über die Berliner Kunstausstellungen von 1872 sowie 1874 in der *Vossischen Zeitung* übernimmt. Fontane weist in beiden Artikeln auf diesen Umstand hin und inszeniert dabei Pietsch als den eigentlichen Könner und betont die Subjektivität seines eigenen Urteils:

> Keinen Vexierknäuel, in dem sich die Keime zu zehn Berichtigungen und doppelt so vielen persönlichen Bemerkungen schabernackisch bergen, möchten wir dem [...] Kollegen bei seiner Rückkehr tückisch lächelnd überreichen, ihm, dem Vielgereisten, dem Bangersehnten, der [...] vielleicht der einzig Lebende ist, der die großen Fragen dieser Ausstellung zu lösen vermag [...].
>
> Und so dann noch einmal:
>
> > Er komme bald uns, welchem der »Vossischen«
> > Ratschluß verliehn ruhmwürdiges Richteramt,
>
> und ziehe die Lose, blind und gerecht, die wir nur übermütig geschüttelt haben. Denn die *wissende* Hand, wie die Hand des Schicksals greift nicht fehl.[483]

Das Zitat verdeutlicht, wie Fontane seine Kunstkritiken eingeordnet sieht oder spiegelt zumindest einen ironisch-kritischen Blick auf sein eigenes Schaffen wider. Er kokettiert mit seinem Status als Laie und dem daraus resultierenden subjektiven Urteil gegenüber Pietschs »*wissende[r]* Hand«, da dieser eine

482 Vgl. Lintl, *Ludwig Pietsch und Adolph Menzel*, S. 283. Pietsch absolviert zunächst eine Ausbildung als Maler an der Berliner Akademie, beginnt aber bald Zeichnungen für illustrierte Zeitungen und Bücher anzufertigen. Zudem ist er als Publizist tätig und schreibt Kunst- und Gesellschaftsberichte über Berlin, ab 1858 für die *Spenersche Zeitung*, später auch für die *Schlesische Zeitung*. Seit 1864 ist Pietsch Mitarbeiter der *Vossischen Zeitung* für Kunstkritik, Gesellschafts- und Reiseberichte. Wie Fontane ist er ebenfalls als Kriegsberichterstatter tätig, namentlich bei den militärischen Einsätzen deutscher Truppen im Krieg gegen Frankreich 1870/71 (vgl. ebd., S. 274).

483 Fontane, *Die diesjährige Kunstausstellung [1872]*, NFA XXIII/1, S. 398f.

Ausbildung als Maler absolviert hat.[484] Zugleich nimmt Fontane in seinen Berichten mittels Untertreibung mögliche Kritikpunkte vorweg und treibt das Lob Pietschs mit der Floskel, dass derselbe »vielleicht der einzig Lebende [sei], der die großen Fragen dieser Ausstellung zu lösen verm[öge]« derart auf die Spitze, dass ein ironischer Unterton deutlich wird. Allerdings anerkennt Fontane Pietschs Talent und drückt auch in der privaten Korrespondenz mehrfach seine Wertschätzung für dessen Schaffen aus.[485] Für eine freundschaftliche Verbindung sprechen außerdem Fontanes Rezensionen einer Ausstellung von Pietschs Zeichnungen[486] und zweier Publikationen sowie das Erscheinen von Pietschs Autobiografie im Verlag von Friedrich Fontane.[487]

Die Verwendung der Text-Metapher »Vexierknäuel«, die in ähnlicher Weise in einem weiteren Artikel ebenfalls vorkommt,[488] lässt sich als Hinweis auf die Bedeutung lesen, die Fontane der sprachlichen Ausgestaltung der Texte beimisst, gerade auch vor dem Hintergrund, dass er Pietschs Schreibtalent bewundert.[489] Dies kommt insbesondere in Fontanes Rezensionen der Werke Pietschs zum Ausdruck, in denen er bemerkenswerterweise mehrfach Parallelen zieht zwischen Pietschs Schreibweise und der bildenden Kunst. So stellt Fontane im Artikel zu

484 Fontanes Hochachtung gegenüber Pietsch wird außerdem in einem Brief an Hermann Kletke deutlich, in dem Fontane die Übernahme von Pietschs Berichterstattung vorschlägt »An Pietsch würd' ich eventuell eigens noch schreiben, um auch den leisesten Verdacht des ›sich eindrängeln wollens‹ zu vermeiden« (Theodor Fontane an Hermann Kletke, 23.01.1871, HFA IV/2, S. 373).

485 In Briefen an Pietsch spricht Fontane ebenfalls seine »Bewunderung« für Pietschs Artikel und »Anerkennung« für dessen »deskriptive Begabung« aus (Theodor Fontane an Ludwig Pietsch, 16.02.1874, HFA IV/2, S. 453; vgl. 12.06.1876, HFA IV/2, S. 526). Die Anerkennung für Pietschs Texte hält über die gemeinsame Tätigkeit bei der *Vossischen Zeitung* hinaus an, was ein lobender Kommentar zu Pietschs Artikel zu Menzels 80. Geburtstag aufzeigt (vgl. Fontane an Maximilian Harden, 08.12.1895, HFA IV/4, S. 510).

486 Vgl. Fontane, *L. Pietsch's Handzeichnungen im Lokal des Berliner Künstlervereins*, NFA XXIII/2, S. 164–167.

487 Vgl. Pietsch, *Wie ich Schriftsteller geworden bin.*

488 Eine ähnliche Text-Metapher findet sich im zwei Jahre später ebenfalls an Pietschs Stelle verfassten Bericht, den Fontane mit den Worten abschließt, dass er seinem »berufenen Kollegen L. P. möglicherweise ein so verfitztes Garn [hinterlassen habe], daß selbst seine kunstgeübte Hand Mühe finden wird, das Wirrsal wieder zu lösen« (Fontane, *Kunstausstellung [1874]*, NFA XXIII/1, S. 405).

489 In der Rezension über Pietschs *Nach Olympia* schreibt Fontane: »Im einzelnen wird L. P. vielfach übertroffen, von diesem an stilvoller Kunst, von jenem an Witz, von diesem an Geschmack, von jenem an Gelehrsamkeit, aufs *Ganze* hin angesehn nehme ich nicht Anstand, ihn auf dem nichtpolitischen Gebiete für das größte journalistische Talent zu halten, das ich kennengelernt habe« (ders., *Nach Olympia*, NFA XVIII, S. 591).

Nach Olympia »die gelegentliche Verwendung der ›heroischen Landschaft‹ [fest]. Manche Szenerien aus dem Abschnitte ›Quer durch den Peloponnes‹ wirken, wenn Kleineres mit Größerem verglichen werden darf, wie Poussin.«[490] Darüber hinaus attestiert er Pietsch ein »*Malerauge*«, was den »Schilderungen ihren Reiz und ihren Wert verleih[e]«.[491] Der Austausch zwischen Fontane und Pietsch ist unter anderem in 48 Briefen überliefert,[492] wobei Fontane Pietsch meist aus aktuellem geschäftlichem Anlass schreibt, um sich für Rezensionen zu bedanken oder Pietsch für einen Artikel oder ein Buch zu loben.[493] Auch Pietsch rezensiert mehrere Werke Fontanes, darunter den bei der Leserschaft wegen Unsittlichkeit Empörung hervorrufenden Roman *Irrungen, Wirrungen*,[494] was Letzterer sehr schätzt.[495] In einem Dankesschreiben für eine Rezension äußert Fontane zudem seine Begeisterung für Menzel und den mit Pietsch befreundeten Turgenjew: »Sie haben Menzel und Turgenjew genannt und zu Beiden blick ich als zu meinen Meistern und Vorbildern auf.«[496] Pietsch scheint folglich Fontanes Kunstauffassung bestens zu kennen. In Bezug auf das Romanwerk zeigt sich Fontanes

---

490 Ebd., S. 590.

491 Ebd., S. 589. Ein ähnliches Zitat findet sich in Fontanes Rezension zu Pietschs Publikation *Marokko*: Die Reiseschilderungen werden »nicht bloß mit scharfem Auge gesehen, es findet hinterher auch eine so plastische und farbenreiche Darstellung, wie sie der beste ›Afrikareisende von Fach‹, wenn er nicht eine eminent künstlerische Begabung mit auf die Reise nahm, seinen Berichten nie zu geben imstande sein wird« (ders., *Marokko*, NFA XVIII, S. 578).

492 Vgl. Kurth-Voigt, *Briefe Theodor Fontanes an Ludwig Pietsch*, S. 31–87.

493 Vgl. z. B. »[...] mit ebenso viel Freude wie Ueberzeugung wiederhole ich Ihnen das oft Gesagte, daß Ihr Buch das beste, frischeste, lesbarste unter allem Erschienenen ist. Für das historische Genre wird es auch N° 1 bleiben, denn *hinterher* ist dergleichen nicht mehr zu machen« (Theodor Fontane an Ludwig Pietsch, 21.02.1874, HFA IV/2, S. 455).

494 Fontane hat Pietsch offenbar um eine Rezension gebeten: »Wenn Sie ein paar freundl Worte sagen, so, wenn's sein kann, in der Schlesischen, woran mir, wegen meiner schlesischen Beziehungen, *sehr* liegt« (Theodor Fontane an Ludwig Pietsch, 10.02.1888, HFA IV/3, S. 584). Berbig ist der Auffassung, dass Pietsch »wesentlich zu Fontanes Durchsetzung als Romancier« beigetragen habe (Berbig, *Theodor Fontane im literarischen Leben*, S. 77). Einerseits, da Pietsch eine herausragende öffentliche Stellung innehatte und andererseits weil Rezensionen Pietschs nicht nur in der *Vossischen Zeitung*, sondern auch in der Zeitschrift *Die Gegenwart* erscheinen und somit Breitenwirkung entfalten (vgl. ebd.).

495 Dies zeigt sich darin, dass Fontane einem Journalisten, der einen Artikel über ihn verfassen will, neben eigenhändig verfassten Texten auch eine Rezension Pietschs sendet (vgl. Fontane, *Briefe. Kommentar*, HFA IV/5, S. 371). Darüber hinaus liefern diese Briefwechsel weitere Belege dafür, dass es sich bei den Rezensionen um freundschaftliche Dienste handelt.

496 Theodor Fontane an Ludwig Pietsch, 23.12.1885, HFA IV/3, S. 441.

Hochachtung für Pietsch in einer Bezugnahme in *L'Adultera*, als Van der Straaten den Bericht zum Subscriptionsball in der *Morgenzeitung* liest.[497] Überdies ist durch Tagebuch-Einträge aus dem Jahre 1881 belegt, dass Fontane sich mit dem Verfassen einer »L. P.-Novelle« beschäftigt hat. Die Vorlage findet beim Verleger jedoch kein Gehör, sodass Fontane das geplante Werk nicht ausführt.[498] Überliefert ist ein fragmentarischer Entwurf, der sich jedoch nicht mit Pietschs Tätigkeit als Journalist und Kunstkritiker befasst, sondern mit dem unehelichen Kind von Pietschs ältester Tochter Anna.[499]

In einem Brief an Georg Friedlaender positioniert sich Fontane allerdings kritisch gegenüber seinem Arbeitskollegen. Zwar zeigt er sich von Pietschs »Talent und Wissen« beeindruckt, stellt ihn jedoch als manipulierbaren Kritiker dar, der sich von der »Autoritätengruppe« anerkannter Künstler in seinem Urteil beeinflussen lasse, was Fontane als »große Schwäche«[500] verstanden haben will:

> Wenn seine Schreiberei plötzlich solche Abschwenkung zeigt, so hängt das immer mit persönlichen Begegnungen und Einflüsterungen Anderer zusammen. In diesem Falle steckt vielleicht Menzel dahinter; mitunter ist es Anton v. Werner, oder Reinhold Begas oder irgend ein andrer, natürlich immer ein tüchtiger Kerl, gescheidt, in seiner Kunst hervorragend und *einflußreich*.[501]

497 Vgl. Fontane, *L'Adultera*, GBA I/4, S. 8f. In der ersten Niederschrift steht *Vossische Zeitung* (vgl. ebd., *Anmerkungen*, S. 211).

498 Am 11. Januar 1881 vermerkt Fontane im Tagebuch: »Vorbereitungen zu der Biographie von L. Pietsch« (Theodor Fontane, Tagebucheintrag vom 11.01.1881, GBA XI/2, S. 82). Gut einen Monat später, am 18. Februar, ist das Scheitern des geplanten Werks dokumentiert: »Brief von Lipperheide; er findet meine L. P. Biographie nicht interessant genug. Zuletzt werden für ›Gartenlaube‹ und Consorten auch noch die Waschzettel im Feuilleton-Stil geschrieben werden müssen. [...] Briefe geschrieben an Pietsch und Lipperheide« (ebd., S. 92). Danach finden sich zu Ludwig Pietsch keine Tagebuch-Einträge mehr.

499 Vgl. Fontane, *L. P.-Novelle*, NFA XXIV, S. 301–305.

500 Theodor Fontane an Georg Friedlaender, 04.10.1891, HFA IV/4, S. 158f. Vgl. auch Kapitel I.1.4, FN 112.

501 Theodor Fontane an Georg Friedlaender, 04.10.1891, HFA IV/4, S. 158. Als weiterer Hinweis für Pietschs Manipulierbarkeit könnte ein Brief Fontanes gelesen werden, in dem er Pietsch berichtet: »Landschafter Helmut Raetzer aus Carlsruhe, jetzt in Rügen, bittet Sie durch mich seiner bei Besprechung der Landschaftsbilder freundlich gedenken zu wollen. Ich glaube er ist sehr talentvoll und ein Künstler in seiner Kunst, scheint mir aber dem Titel seines diesjährigen Bildes nach (ich hab es noch nicht gesehen) zu tiftlig zu werden« (Theodor Fontane an Ludwig Pietsch, 13.09.1879, HFA IV/3, S. 41f.).

Dass Fontane Menzel als erstes Beispiel nennt, erstaunt kaum, weiß Fontane doch wahrscheinlich darüber Bescheid, dass Menzel Pietschs Rezensionen über seine Kunstwerke Korrektur liest.[502] Im Umkehrschluss geht Fontane aus dieser Anklage an Pietsch selbst als eigenständiger Kritiker hervor und suggeriert, dass er sich von Urteilen anderer nicht beeinflussen lasse,[503] was auf seine Äußerungen zu Künstlern wie Turner, den Präraffaeliten, Menzel, Blechen oder Böcklin auch tatsächlich zutrifft.

Einen – zumindest von Pietschs Seite her – öffentlich ausgefochtenen Disput führen er und Fontane 1874 über Werke des Künstlers Lawrence Alma-Tadema, die auf der Berliner Kunstausstellung gezeigt werden.[504] Fontane kritisiert im stellvertretend für Pietsch verfassten Bericht Alma-Tadema für dessen »ägyptisiert[e]« Darstellungen:

> *Alma-Tademas* Bilder, von der Künstlerwelt wieder bewundert, können uns kein tieferes Interesse einflößen. Stofflich sind sie langweilig, in ihrer Behandlungsweise aber so durchaus übereinstimmend mit den genugsam bekannten altrömischen und ägyptischen Bildern ebendieses Meisters, daß wir, für unser Teil, hinter diesem modernen Zimmer-Ausschmückungs-Apparat immer noch einen toten oder lebenden Ägypter suchten und ihn, für unser Gefühl, im wesentlichen auch fanden.[505]

Fontane grenzt seine Kritik im Artikel explizit von der Auffassung »der Künstlerwelt« ab. Letztere zeige zwar Bewunderung, doch Fontane erachtet weder den Stoff noch die Malweise der Bilder als interessant, was er mit der für ihn bezeichnenden humoristischen Bemerkung veranschaulicht, dass die Werke zur Suche nach »eine[m] toten oder lebenden Ägypter« animieren würden. Fontanes Kritikpunkt betrifft damit die Diskrepanz zwischen »moderne[m] Zimmer-Ausschmückungs-Apparat« und der ägyptischen Tradition, die sich seines Erachtens nicht in Einklang bringen lassen. Auf dem beschriebenen Bild hat sich der ursprünglich niederländische Künstler mit seiner Frau dargestellt, was Fontane aus seinem oben zitierten Text das Fazit ziehen lässt: »alles ägyptisiert«[506]. Der Kunstkritiker Friedrich Pecht scheint dieses Urteil, trotz

---

502 Vgl. Lintl, *Ludwig Pietsch und Adolph Menzel*, S. 281.

503 Pietsch gegenüber wagt Fontane allerdings keine Kritik zu üben, sondern lobt denselben für dessen »[b]eneidenswerthes Talent« (Theodor Fontane an Ludwig Pietsch, 06.10.1880, HFA IV/3, S. 106) und beschreibt ihn als »eine ganz exceptionelle Erscheinung«, »etwas noch nie Dagewesenes« (Theodor Fontane an Ludwig Pietsch, 10.11.1878, HFA IV/2, S. 632).

504 Zu Verstimmung zwischen Pietsch und Fontane hat indessen geführt, dass Fontane in *Der Krieg gegen Frankreich 1870–71* Pietschs Werk als Vorlage genutzt hat, ohne dies zu kennzeichnen (vgl. Nürnberger und Storch, *Fontane-Lexikon*, S. 347).

505 Fontane, *Kunstausstellung [1874]*, NFA XXIII/1, S. 402f.

506 Ebd., S. 403.

aller Faszination, die er für Alma-Tadema hegt, zu teilen.[507] Pietsch jedoch veröffentlicht als Replik auf Fontanes Kritik in der *Vossischen Zeitung* eine »Richtigstellung« und bezeichnet darin die ausgestellten Gemälde Alma-Tademas als »Hauptwerke«, wobei er argumentiert, dass die Gegenstände nicht Ägyptisches zeigten, sondern »dem Leben der römischen Kaiserzeit entlehnt« seien.[508] Daraufhin schreibt Fontane am 13. September 1874 in einem Brief an Pietsch, der sich als Inszenierung und Untertreibung Fontanes lesen lässt: »Ich kann es mir denken, welchen Schreck Sie gekriegt haben, einen N°1 Mann so mit Bummelwitzen abgefertigt zu sehn.«[509] Über den inhaltlichen Disput hinaus liefert die öffentliche Berichtigung Pietschs einen Beleg dafür, dass Fontanes Kritiken gelesen und rezipiert werden, da Pietsch dieses Vorgehen ansonsten wohl kaum für nötig erachtet hätte. Sein Brief an Pietsch ist auch deshalb interessant, weil Fontane darin verschiedene Aspekte seiner Kunstauffassung pointiert:

> Wie in allem, so sind wir auch in unsern Bildern unter der Macht des Herkömmlichen, die abzuschütteln oder zu durchbrechen, in meinen Augen (ich gehe darin sicherlich zu weit) immer ein Verdienst ist. Alles Aparte, Courageuse, die Tradition lachend bei Seite Schiebende, reizt mich[.][510]

Fontane spitzt im Zitat zu, dass er sich besonders für Traditionsbrüche interessiere, was beispielsweise auch seinem Zuspruch für die Präraffaeliten inhärent ist. Noch höher schätzt er solche Abkehr vom »Herkömmlichen« ein, wenn sie scherzend geschieht, was er in einem weiteren Satz bekräftigt, in dem er erklärt, dass er »auch bei meinen Theaterkritiken[] die scherzhafte Behandlung«[511] für

507 Pecht bezeichnet Alma-Tadema als Künstler, »der sich darin gefällt, uns das gesellige Leben bald der alten Aegypter vor drei, das der Römer vor zwei, bald der alten fränkischen Könige vor anderthalb Jahrtausenden, mit dem trockensten genauesten Realismus zu schildern, und dazu unendliche archäologische Studien zu machen« (Friedrich Pecht, *Kunst und Kunstindustrie auf der Weltausstellung von 1867. Pariser Briefe*, Leipzig 1867, S. 149).

508 Ludwig Pietsch, *[Berliner Kunstausstellung]*. In: *VZ* 214 (13.09.1874), wiederabgedr. in: Christa Schultze (Hrsg.), *Theodor Fontanes Briefe an Ludwig Pietsch*. In: *Fontane Blätter* 2 (1969), S. 33.

509 Theodor Fontane an Ludwig Pietsch, 13.09.1874, HFA IV/2, S. 472. Alma-Tadema werden 1874 die große goldene Medaille für Kunst und 1872 die kleine goldene Medaille verliehen (vgl. *Verzeichniß der Werke lebender Künstler, ausgestellt in den Sälen des Königl. Akademie-Gebäudes zu Berlin 1872*, S. XIX sowie *Verzeichniß der Werke lebender Künstler, ausgestellt in den Sälen des Kgl. Akademie-Gebäudes zu Berlin 1874*, S. X). Hinzu kommen weitere Auszeichnungen in anderen Ländern, was von der Reputation Alma-Tademas zeugt.

510 Theodor Fontane an Ludwig Pietsch, 13.09.1874, HFA IV/2, S. 472.

511 Ebd., S. 473.

einen Vorzug erachte. Dies verdeutlicht, dass der Humor ein Merkmal von Fontanes Schaffen darstellt, das sich durch sämtliche seiner Schriften zieht und von ihm bewusst als formales Mittel eingesetzt wird. Fontane relativiert allerdings in der Klammerbemerkung, dass er darin zu weit gehe, womit er sich Pietschs Meinung gegenüber doch zurücknimmt. Nachdruck verleiht er diesem Sachverhalt mit der Aussage, nicht den Eindruck vermitteln zu wollen, dass er glaube, »doch eigentlich Recht« zu haben und bekennt daher, dass er »irrthümlich« verfahren sei, aber »doch im Letzten ganz überzeugungsvoll«[512]. Fontane lässt folglich durchblicken, dass er seinen Standpunkt trotzdem für gerechtfertigt hält. Als Mangel Alma-Tademas arbeitet er denn auch nochmals heraus, dass dieser nicht eine produktive Weiterentwicklung der Tradition tätige, sondern »eine persönliche Spezial-Tradition« pflege und in die immergleichen Darstellungsmuster verfalle.[513] »Modernität«, definiert Fontane ausgehend vom Beispiel Alma-Tademas als »eigenartige, mit *neuem* Auge gesehene« Darstellungsweise.[514]

Neben den zitierten Texten, die Fontanes Zurückhaltung gegenüber dem Urteil Pietschs zum Ausdruck bringen, legt einer seiner Briefe an Paul Lindau nahe, dass Fontanes Befürchtung, mit Pietsch in Konkurrenz zu stehen, ein weiterer Grund sein könnte für seine ausbleibende publizistische Verwertung der Italienreisen. Fontane schreibt Lindau, dass er dessen Aufforderung nicht nachkommen könne, dass er »als L[udwig] P[ietsch] II nach Rom und Neapel gehen soll. [...] Das L. P. II könnte mißverstanden werden. Ich werde seinen Spuren folgen, aber nur in Italien, nicht in den Spalten der Vossin.«[515] Der Brief folgt zwei Tage nach dem oben zitierten Brief Fontanes an Pietsch und legt nahe, dass er einer weiteren Konfrontation mit Pietsch ausweichen und nicht, wie Franz Schüppen behauptet, mit Pietschs Feuilletons wetteifern will.[516] Dass Fontane wiederholt die Berechtigung des Laien für das Kunsturteil einfordert, ist folglich auch damit in Verbindung zu bringen, dass er sich selbst mit entsprechender Kritik konfrontiert sieht. Die Meinungsverschiedenheit mit Pietsch verdeutlicht, dass er trotz zugespitzter Formulierung und mehr-

512 Ebd.

513 Ebd., S. 472.

514 Ebd., S. 473. Genau diese »Selbständigkeit des *Sehens*« attestiert Fontane auch den Präraffaeliten. »Sie (die Präraffaeliten) sind in Dünkel, Eigensinn und Jugendübermut vielfach zu weit gegangen, aber sie haben der Kunst durch den dreisten Satz, den sie aufgestellt (und der wenigstens zu neuen ernsten Proben führen mußte), einen wesentlichen Dienst geleistet« (Fontane, *Die diesjährige Kunstausstellung [1862]*, NFA XXIII/1, S. 230).

515 Theodor Fontane an Paul Lindau, 15.09.1874, HFA IV/2, S. 473f.

516 Vgl. Schüppen, *Paradigmawechsel im Werk Theodor Fontanes*, S. 86, FN 180.

fach reklamierter Eigenständigkeit im gegebenen Fall Rücksicht und Zurückhaltung walten lässt. Die unterschiedliche Auffassung hinsichtlich der Werke Alma Tademas ficht Fontane denn auch nicht in weiteren Zeitungsartikeln aus, sondern verlagert diese auf die private Korrespondenz. Die Debatte zeigt dennoch auf, dass sich Fontane nicht scheut, eigene Positionen und damit einen bewusst subjektiven Standpunkt einzunehmen und diesen auch gegen Einwände zu verteidigen. Darüber hinaus liefert das Rechtfertigungsschreiben Fontanes eine Bestätigung dafür, wie wichtig er die sprachliche Gestaltung nicht nur seiner eigenen, sondern auch anderer Kunstkritiken erachtet. Zugleich bietet eine humoristische Darstellung die Möglichkeit, die Fallhöhe zu verringern, was Fontane in Anbetracht seines mehrfach betonten Dilettanten-Daseins entgegenkommen dürfte.

6 Kunstgenuss und subjektives Kunsturteil. Bezüge zu den Ursprüngen der Kunstkritik

Mit seinen subjektiven Kunsturteilen reiht sich Fontane ein in die Tradition der Kunstkritik als literarischer Gattung, für die Diderots *Salons* (1761) und Baudelaires Schrift *A quoi bon la critique?* (1845) bahnbrechend sind. Insgesamt hat Frankreich in Bezug auf den Wandel der Kunstverhältnisse große Bedeutung, sowohl was die Salons als auch was die Rolle von Ausstellungen, Kunsthandel und bürgerlichem Käuferpublikum anbelangt.[517] Spezifisch für die Kunstkritik nehmen Diderot und Baudelaire für sich in Anspruch, fern der akademischen Doktrin über Kunst urteilen zu können, was eine heftige Debatte auslöst, weil diese Kompetenz bis dahin den Akademien vorbehalten ist. Der Disput über den Wert des Laienurteils treibt auch Fontane noch immer um, er entzieht sich aber im Allgemeinen der Partizipation an derartigen ideologischen Debatten. Eine ausführliche Auseinandersetzung mit dieser Thematik findet sich lediglich im posthum publizierten Text *Hat der Laie, der Kunstschriftsteller eine Berechtigung zur Kritik über Werke der bildenden Kunst oder nicht?* Darüber hinaus gilt es festzuhalten, dass kunsthistorische Wertmaßstäbe und entsprechendes Vokabular sich insgesamt in einem Entwicklungsstadium befinden.[518] Bemerkungen Fontanes wie die, dass ihn ein Werk »kalt« lasse, weisen nach, dass das Urteil aufgrund des persönlichen Empfindens zustande kommt. Allerdings verwendet Waagen denselben Ausdruck in seiner Publikation *Kunstwerke und Künstler in England und Paris* ebenfalls als

517 Vgl. Peter H. Feist, »… das bittere Kraut ›muss‹«. *Menzel und die Kunstverhältnisse seiner Zeit.* In: *Jahrbuch der Berliner Museen* 41 (1999), S. 67.

518 Vgl. Kapitel II.2.

Werturteil.[519] Zudem kommt der Begriff in Fontanes Beurteilung des Wallraf-Richartz-Museums[520] sowie in einem Artikel vor, den Fontane für das *Deutsche Kunstblatt* und damit für eine kunsthistorische Fachzeitschrift verfasst.[521] Ungeachtet dessen gerät die Schulung des künstlernahen, subjektiven, auch klassenspezifischen Kunsterlebnisses, für das die Kunstkritik im Allgemeinen und Fontane im Besonderen steht, seit dem sogenannten Holbein-Streit und später etwa vonseiten Giovanni Morellis und der aufkommenden wahrnehmungspsychologischen Kunstwissenschaft in Bedrängnis. Beim Holbein-Streit handelt es sich sowohl um die Frage, ob die Madonnendarstellung in Dresden oder diejenige in Frankfurt das Original sei, als auch um die adäquate Methode, wie die Echtheit eines Gemäldes belegt werden kann.[522] Die Debatte gilt als Schlüsselereignis der Kunstgeschichte und zugleich als Paradigma für die Wissenschaftsgeschichte der Kunstgeschichte.[523] Mit Kugler, Waagen und Lübke sind am Holbein-Streit Kunsthistoriker beteiligt, mit denen Fontane in engem Kontakt steht, was vermuten lässt, dass er mit diesen Diskussionen vertraut ist. Kugler hegt bereits Jahrzehnte vor der Entscheidung des Holbeinstreits im *Handbuch der Kunstgeschichte* Zweifel an der Originalität des Dresdener Gemäldes, was Burckhardt jedoch in der zweiten Auflage ändert.[524] Waagen, der die These von zwei Originalen stützt, und Kugler studieren die Objekte vor Ort, wobei jedoch deutlich wird, dass für einen direkten Vergleich Reproduktionen der Gemälde notwendig sind.[525] Mit dem als kunsthistorischem Erkenntnis-, Begriffs- und Vermittlungsinstrument praktizierten vergleichenden

519 »Die leere und langweilige Fabrikarbeit derselben läßt einen durchaus kalt« (Waagen, *Kunstwerke und Künstler in England und Paris*, Bd. 1, S. 391). Neben dieser Formulierung, die nahezu identisch ist mit derjenigen Fontanes, verwendet Waagen Ausdrücke des Wärme- oder Kälteempfindens meist als Bezeichnung für Farbtöne: »[D]ie Färbung des Fleisches ist zart, klar und dabei warm« (ebd., Bd. 2, S. 128). Vgl. auch ebd., S. 129. Ebenso schreibt Lübke von Francesco Francia, dass dessen Gemälde dem »meistens im warmen Ton gehaltenen Colorit dem Perugino sehr nahe« seien (Lübke, *Grundriss der Kunstgeschichte*, 1873, Bd. 1, S. 162).

520 Vgl. »Das meiste läßt freilich kalt« (Fontane, Tagebucheintrag zum 29.08.1865, HFA III/3/2, S. 874).

521 »*Hähnel* in Dresden vertritt Deutschland auf dieser Ausstellung. Seine Arbeit ist sehr verdienstlich, aber doch etwas kalt. Man hat den Ausdruck der Ruhe und Vornehmheit, aber nichts weiter. Es fehlt der Pulsschlag drin« (Fontane, *Die Ausstellung der Modelle zum Wellington-Grabmal*, NFA XXIII/1, S. 43).

522 Vgl. Lena Bader, *Bild-Prozesse im 19. Jahrhundert. Der Holbein-Streit und die Ursprünge der Kunstgeschichte*, Paderborn 2013, S. 9.

523 Vgl. ebd., S. 20.

524 Vgl. ebd., S. 52.

525 Vgl. ebd., S. 53, 73.

Sehen transformiert sich die Kunstgeschichte in eine Bildwissenschaft.[526] Die Methode des vergleichenden Sehens betreibt auch Fontane, allerdings mit der Absicht, die Spezifika von Kunstwerken herausarbeiten zu können, nicht, um deren Echtheit zu belegen. Allerdings deckt sein Artikel über die Broschüre ›*Die Alba-Madonna, ein ächter Rafael in Berlin*‹ von Hans Robert Bussler auf, dass sich Fontane mit Zuschreibungsmethoden von Kunstwerken auseinandersetzt.[527] Die Echtheitskritik wird folglich zu einem zentralen Aufgabenbereich der Kunstgeschichte, ein Prozess, zu dem auch Morelli beiträgt, dessen Formkritik keine übergreifenden Kategorien, sondern die Konzentration auf Einzelwerke und Fragen der Urheberschaft beinhaltet.[528] Damit einher geht die Abwertung des intuitiven und ästhetischen Urteils,[529] das Fontane – in der Tradition Diderots stehend – praktiziert, was sich in der Rezeptionsgeschichte seiner Kunstkritiken spiegelt.

Eine entscheidende Differenz zwischen Fontane und Diderot besteht bezüglich des Lesepublikums ihrer Schriften: Diderots Salonkritiken sind dem engen Kreis um den Kunstschriftsteller und Gelehrten Friedrich Melchior Grimm vorbehalten.[530] Im Gegensatz dazu erreichen Fontanes Kritiken in den Tageszeitungen eine breite Öffentlichkeit. Diderots Leserschaft lebt darüber hinaus nicht in Paris und kennt die Salons daher nicht aus eigener Anschauung,[531] was als Erklärung für Diderots teilweise ausführliche Bildbeschreibungen dienen kann.

Parallelen zwischen Diderot und Fontane lassen sich hinsichtlich der Entwicklung von Narrativen ausmachen, die auch mit einer erotischen Komponente versehen sein können. Exemplarisch sei hierfür auf Diderots Beschreibung von Greuzes Werk *La fille qui pleure son oiseau mort* verwiesen. Im entsprechenden Abschnitt ersinnt Diderot ausgehend von der Darstellung die Erzählung, dass das von einem Liebhaber verführte Mädchen dem Vogel keine Beachtung geschenkt habe und dieser infolgedessen verstorben sei. Über den primären Gehalt der Darstellung hinaus geht Diderot auf eine sekundä-

526 Vgl. ebd., S. 65.

527 Vgl. Fontane, ›*Die Alba-Madonna, ein ächter Rafael in Berlin*‹, NFA XXIII/1, S. 564f.

528 Vgl. Bader, *Bild-Prozesse im 19. Jahrhundert*, S. 188. Morellis Zuschreibungs-Methode basiert auf der Überzeugung, dass sich die Handschrift des Künstlers am deutlichsten in nebensächlichen Detailformen wie Händen, Füßen und Ohren zeige (vgl. Prange (Hrsg.), *Kunstgeschichte 1750–1900*, S. 15).

529 Vgl. Bader, *Bild-Prozesse im 19. Jahrhundert*, S. 188.

530 Diderots *Salon* von 1765 erscheint erst 1795 in großer Auflage (vgl. Dresdner, *Die Entstehung der Kunstkritik*, S. 332).

531 Vgl. Gaehtgens, *Genremalerei*, S. 278.

re Bedeutungsebene des Gemäldes ein.[532] Dabei tritt der Kunstschriftsteller passagenweise in einen Dialog mit dem Mädchen und weitet die suggerierte Interaktion durch Apostrophe aus. Eine weitere Gemeinsamkeit Diderots und Fontanes liegt in der variierenden Erzählweise: Diderot dokumentiert Unterhaltungen, Anekdoten, nimmt Charakterisierungen vor, schreibt romantisch, satirisch, enthusiastisch, moralisch und weitschweifig,[533] was für Fontane ebenfalls geltend gemacht werden kann. Parallelen bestehen überdies hinsichtlich der Vergleiche mit anderen Werken,[534] der engen Verknüpfung von Dichtung und bildender Kunst – auch auf der sprachlichen Ebene –, in der erotischen Konnotation sowie in der Konzeption von Narrativen.[535] Letztgenannter Sachverhalt rekurriert auf die These, wonach Fontane inbesondere ausgehend von der Beschreibung von Genrebildern Narrative entwickelt, was eine weitere Analogie zu Diderot wäre, der eine besondere Affinität zur Genremalerei hegt: Nach Diderot vermag die Genremalerei moralische Aussagen zu treffen, weshalb er ihr das Potenzial zuschreibt, die Gesellschaft verändern zu können: »D'abord le genre me plaît. C'est la peinture morale. [N]e devons-nous pas être satisfaits de le [le pinceau, CA] voir concourir enfin avec la poésie dramatique à nous toucher, à nous instruire, à nous corriger et à nous inviter à la vertu?«[536] Diderot stellt diese Frage ausgehend von Gemälden Greuzes, wobei Greuze sowie Claude Vernet seines Erachtens als »Maler der guten Sitten«[537] gelten. Als Beispiel aus Fontanes Kunstkritiken, in dem sich zahlreiche der erwähnten Aspekte wiederfinden, kann die Beschreibung von William Powell Friths Gemälde *Pope erklärt Lady Montagu seine Liebe* dienen:

> Der Künstler hat seine Aufgabe glänzend gelöst. Wir sehen das Studierzimmer des Dichters, Bücherbände und mächtige Folianten im Hintergrunde; am Schreibtisch aber, dran vor wenigen Minuten noch vielleicht unsterbliche Zeilen niedergeschrieben wurden, steht jetzt, mit der rechten Hand sich auf die Tischplatte stützend und den Kopf vor herzlichem

532 Denis Diderot, *Salon de 1765*, Paris 1766, wiederabgedr. in: Ders., *Salon de 1765. Essais sur la peinture. Beaux-Arts I*, hrsg. von Else Marie Bukdahl, Annette Lorenceau et al., Paris 1984 (= Œuvres complètes de Diderot, Bd. XIV): La Jeune Fille qui pleure son oiseau mort, S. 179–184.

533 Vgl. Dresdner, *Die Entstehung der Kunstkritik*, S. 328.

534 Diderot macht Gemeinsamkeiten und Unterschiede zwischen Greuzes Werken aus: »Ne pensez-vous pas qu'il y aurait autant de bêtise à attribuer les pleurs de la jeune fille de ce Salon à la perte d'un oiseau, que la mélancolie de la jeune fille du Salon précédent à son miroir cassé?« (Diderot, *Salon de 1765*, S. 183).

535 Diderot bezeichnet das Gemälde als »petit poème« (ebd., S. 182).

536 Denis Diderot, *Salon de 1763*. In: Ders., *Arts et lettres (1739–1766). Critique I*, hrsg. von Jacques Chouillet, Jean Garagnon et al. (= Œuvres complètes, Bd. XIII), Paris 1980, Bd. 1, S. 394.

537 Prange (Hrsg.), *Kunstgeschichte 1750–1900*, S. 27.

> Lachen in den Nacken gebogen, die schöne Lady, mehr eine italienische als eine englische Schönheit. Das volle dunkle Haar in seiner Flechtenfülle macht den Eindruck, als sei es der Kammerfrau am Morgen schwer gefallen, Raum für diesen Reichtum zu schaffen; der rote Morgenschuh mit der chinesisch umgebogenen Spitze guckt kokett unter dem bauschigen Schleppenkleid hervor, und das weit ausgeschnittene Mieder macht die Raserei des Dichters doppelt begreiflich. Ach, und selbst ihr Lachen leiht ihr nur neuen Reiz: der halbgeöffnete Mund und diese Doppelreihe blendendweißer Zähne wären allein schon genug für eine Liebeserklärung und doch spricht dies selbe Lachen sein Todesurteil.[538]

Fontane beschreibt, wie der Schriftsteller zwischen seiner Arbeit und der verführerischen Dame hin- und hergerissen ist. Er liefert zwar eine detaillierte Bildbeschreibung, stellt diese aber stets in Verbindung zu einer unter der primären Darstellung verborgenen Geschichte dar, was bereits eingangs mit der Mutmaßung, dass der Dichter soeben noch »unsterbliche Zeilen« niedergeschrieben haben könnte, einsetzt. Auffällig ist, wie Fontane in seine Beschreibung der Dame die Farbe miteinbezieht; das dunkle Haar steht in Kontrast zu den blendend weißen Zähnen. Statt des Mundes wird die rote Farbe des Schuhs akzentuiert und durch die »kokett« hervorguckende Spitze mit Erotik aufgeladen. Fontane identifiziert sich darüber hinaus mit dem Dichter, wenn er betont, dass »das weit ausgeschnittene Mieder […] die Raserei des Dichters doppelt begreiflich [mache]«. Die Körperhaltung der Dame mit dem in den Nacken gebogenen Kopf, ihr südländisches Aussehen, ihre Kleidung, die durch das Attribut »bauschig« Taktilität evoziert, ihr volles Haar sowie ihr Lachen lassen sie in Fontanes Beschreibung zur Verführerin werden und betonen die erotische Komponente des Bildes. Mit der Erotik ist außerdem ein Aspekt angesprochen, der für die thematischen Überschneidungen zwischen Fontanes Kunstkritiken und seinem Romanwerk stehen kann.[539] Zugleich wird, wenn auch nicht stringent, ein zeitlicher Ablauf suggeriert, der die Vorbereitungen der Dame für das Treffen ausstellt. Damit wird implizit auf die Künstlichkeit der Szene hingewiesen und die Realität der Genredarstellung als konstruierte Wirklichkeit offengelegt. Der Tagesgang wird allerdings jäh durch das »Todesurteil« durchbrochen. Im metaphorischen Sinne erfolgt dieses auf zweifache Weise: Einerseits ist dem Dichter das Weiterschreiben verunmöglicht und das Werk somit – zumindest vorübergehend – dem Ende geweiht. Andererseits wird prognostiziert, dass die Dame den Herrn zugrunde richten werde. Die

538 Fontane, *Aus England und Schottland. Die Kunstausstellung*, NFA XXVII, S. 66f. (Abb. 17).

539 Bezüglich der Erotik in Fontanes Werken sei exemplarisch auf das Treibhaus-Motiv in *L'Adultera* verwiesen (vgl. ders., *L'Adultera*, GBA I/4, S. 93–95) sowie das Gespräch zwischen Effi und Innstetten über das Verführerische (vgl. ders., *Effi Briest*, GBA I/15, S. 143f.).

damit evozierte Verschränkung von Leben und Werk lässt sich mit dem Bezug auf »unsterbliche Zeilen« plausibilisieren. Die zitierte Textstelle liefert folglich ein Beispiel dafür, dass sich zwischen Fontane und Diderot Parallelen ausmachen lassen, gerade hinsichtlich der narrativen Komponente und der Wendung weg von der Kunstbeschreibung hin zur Beschreibungskunst.

Des Weiteren besteht zwischen Diderot und Fontane ein Berührungspunkt im Anspruch, dass ein Kunstwerk eine emotionale Wirkung haben und »etwas für Herz und Geist« bieten soll: Diderot will von Kunstwerken »gerührt, ergriffen, erhoben sein«[540], wobei dieses Ziel nicht mit mythologischen Stoffen, sondern ebensogut mit alltäglichen Familienszenen zu erreichen ist,[541] was sich als nahezu identisches Gedankengut bei Fontane findet:

> In meinem Gemüthe steht es aber felsenfest, daß es in aller Kunst – wenn sie mehr sein will als Dekoration – doch schließlich auf etwas Seelisches, zu Herzen Gehendes ankommt, und daß alles was mich nicht erhebt, oder erschüttert, oder erheitert, oder gedanklich beschäftigt (wie beispielsweise die großen und doch so einfachen Sachen Michelangelos) keinen Schuß Pulver werth ist.[542]

Die Meisterschaft Michelangelos liegt gemäß Fontane folglich darin, auf einfache Art und Weise Großes zu schaffen. Kunst muss nach Fontane Emotionen wecken oder zur philosophischen Auseinandersetzung anregen, was sich mit Diderots Forderungen deckt. Es ist anzunehmen, dass Fontane Diderots Schriften gekannt hat, allerdings wird davon ausgegangen, dass direkte Einflüsse infolge der zeitlichen Distanz und der unterschiedlichen Exponate kaum zu vermuten sind, sondern sich in die Tradition der Kunstgeschichtsschreibung im Allgemeinen einreihen lassen. Fontane dürfte aber mit Diderots Kunstkritiken oder zumindest der literarischen Kunstkritik im Allgemeinen vertraut gewesen sein, was die erotische Komponente, Favorisierung der Genremalerei sowie die erwähnten Maßstäbe wie der Anspruch, von Kunst ergriffen zu werden, nahelegen. Dasselbe mag für Parallelen zu Baudelaire geltend gemacht werden, die beispielsweise in Bezug auf Hogarth auszumachen sind. Auch Baudelaire erkennt, dass es in Hogarths Bildern von Anspielungen, Allegorien, Allusionen, Hieroglyphen und Bilderrätseln wimmelt.[543] Demgegenüber

540 Dresdner, *Die Entstehung der Kunstkritik*, S. 369. Das Postulat, den Betrachter zu bewegen und dadurch Belehrung und Genuss zugleich zu verschaffen, findet sich bereits in der Malereitheorie Leon Battista Albertis (vgl. Prange (Hrsg.), *Kunstgeschichte 1750–1900*, S. 27).

541 Vgl. ebd.

542 Theodor Fontane an Karl Zöllner, 03.11.1874, HFA IV/2, S. 486f.

543 Vgl. Charles Baudelaire, *Curiosités esthétiques. L'Art romantique et autres œuvres critiques*, hrsg. von Henri Lemaitre, Paris 1962, S. 507f.

fasst Lichtenberg, der sich ebenfalls vertieft mit dem Œuvre Hogarths auseinandersetzt, dessen Werke als Texte auf.[544] Auch Fontane betont die narrative Komponente von Hogarths Werk, die er als derart wichtig erachtet, dass er die Aussage tätigt, es seien »Aschermittwochs-Predigten«[545], die ihre Wirkung auch ohne Farbe entfalten würden.

Ein anderer in der Tradition der Kunstkritikschreibung zu verortender Text, zu dem sich Gemeinsamkeiten ausmachen lassen, ist August Wilhelm Schlegels *Die Gemählde* (1798), ein Werk, das seinerseits als Antwort auf Diderot zu lesen ist. Schlegels Text setzt mit der Beschreibung des Elbufers als Reminiszenz an Reisebeschreibungen des 18. Jahrhunderts ein; erst daran anschließend erfolgt der Besuch der Gemäldegalerie, wobei der »romantische[] Dialog als eine intertextuelle Revision des winckelmannschen Klassizismus zu verstehen [ist]«.[546] Fontanes Briefe *Aus Manchester* beginnen ebenso mit einer Reisebeschreibung, die zuerst die Schilderung der Geschehnisse in der Industriestadt und der Anreise zum Ausstellungsgelände beinhaltet. Auch vom Fluss wird geschrieben: Er zeige »jene unaussprechliche Farbe, die ein Glas Wasser annimmt, wenn ein Knabe seinen neuen Tuschkasten durchprobiert hat«[547]. Malerei ist folglich bereits in dieser Beschreibung als kindliches Farbenspiel präsent.

Eine weitere Gemeinsamkeit besteht – wie bereits für Diderots *Salons* geltend gemacht – in der dialogischen Form. Schlegels Text gründet auf einem Gespräch, das drei Figuren während eines Spaziergangs entlang der Elbe über die Dresdner Galerie führen,[548] wobei die Form des Gesprächs bereits von André Félibien in die Kunstliteratur eingeführt wird.[549] In Analogie dazu weist

544 Vgl. Hans-Georg von Arburg, *Kunst-Wissenschaft um 1800. Studien zu Georg Christoph Lichtenbergs Hogarth-Kommentaren*, Göttingen 1998 (= Lichtenberg-Studien, Bd. 11), S. 209. Lichtenberg erwirbt während seiner zweiten Englandreise 1774/75 das Gesamtwerk Hogarths, um dessen Œuvre dem deutschen Publikum zugänglich zu machen (vgl. ebd., S. 13).

545 Fontane, *Aus Manchester. 5. Brief*, NFA XXIII/1, S. 80. Vgl. dazu auch Kapitel III.3.

546 Weddigen, *Ein Modell für die Geschichte der Kunst*, S. 48.

547 Fontane, *Aus Manchester. 1. Brief*, NFA XXIII/1, S. 51.

548 Zur Dresdner Galerie finden sich außerdem Aufzeichnungen von Goethe, der eine Liste mit Titel, Maler sowie stichwortartiger Bewertung des jeweiligen Gemäldes erstellte (vgl. Johann Wolfgang Goethe, ›*Dresdner Galerie*‹. In: Ders., *Sämtliche Werke. Ästhetische Schriften 1771–1805, Bd. 18*, hrsg. von Friedmar Apel, Frankfurt am Main 1998, S. 288–310). Ähnliche Verzeichnisse, allerdings weniger streng methodisch gehalten, erstellt auch Fontane (vgl. Fontane, *Wanderungen. Tamsel II. Das Schloss*, GBA V/2, S. 386–390). Formen systematisierter Kunstbetrachtung praktiziert Goethe vermehrt in Zusammenarbeit mit Heinrich Meyer, der oft Goethes Begleiter ist, weshalb einige Kommentare auch von Meyer stammen könnten (vgl. Goethe, ›*Dresdner Galerie*‹. *Kommentar*, S. 1178).

549 Vgl. Prange (Hrsg.), *Kunstgeschichte 1750–1900*, S. 38.

Fontanes Berichterstattung mit Apostrophen, rhetorischen Fragen und eingefügter direkter Rede ebenfalls dialogische Momente auf.[550] Darüber hinaus praktizieren die Figuren in *Die Gemählde* mit vergleichendem Sehen eine Methode, die Fontane desgleichen mehrfach anwendet.

Elemente von Fontanes Schreibgestus wie das Dialogische, Erotische, Narrative, die Vorliebe für die Genremalerei – und damit Komponenten, die für sein späteres Romanwerk prägend sind – lassen sich folglich auf die Tradition der Kunstkritikschreibung zurückführen. Eine profunde Auseinandersetzung mit derselben scheint jedoch, so die Schlussfolgerung zu obenstehenden Befunden, nicht erfolgt zu sein. Einschränkend ist darauf zu verweisen, dass Fontane zahlreiche Nachschlagewerke besitzt, allerdings nicht konsequent offenlegt, wenn er diese benutzt. Dasselbe gilt für Zeitungsartikel anderer wichtiger Kunstkritiker wie Adolf Rosenberg, Alfred Lichtwark, Ernst Förster, Friedrich Pecht, Eduard Magnus, Bruno Meyer, Max Schasler und Paul Lindau. Fontane verweist an keiner Stelle namentlich auf einen derselben, was aber vor dem Hintergrund des erwähnten Umstands nicht heißen muss, dass er deren Kunstkritiken nicht gelesen hat – gerade in Anbetracht dessen, dass Fontane ein leidenschaftlicher Zeitungsleser ist. Wichtiger sind für Fontane aber Kunstkritiker aus seinem näheren Umfeld wie der bereits erwähnte Ludwig Pietsch oder aber Jacob Burckhardt, auf dessen Schriften sich Fontane in den *Italienischen Aufzeichnungen* des Öftern bezieht, was im anschließenden Kapitel eingehender thematisiert wird.

Jacob Burckhardt als Fontanes »Anleitung zum Kunstgenuss«

Jacob Burckhardts und Theodor Fontanes Lebensdaten sind nahezu identisch, doch es ist ungewiss, ob Fontane Burckhardt persönlich kennt. Gesichert ist, dass Burckhardts *Cicerone* Fontane als Lektüre über italienische Kunst dient. Darüber hinaus verkehren beide im Haus Kuglers,[551] ob sie sich dort auch treffen, bleibt jedoch unklar.[552] Kugler beeinflusst indessen die Kunstauffassung seines Studenten Burckhardt maßgeblich, was Letzterer in einer Widmung im

550 Dies trifft nicht einzig für die Briefe *Aus Manchester* zu, sondern kann für sämtliche Kunstkritiken geltend gemacht werden (vgl. Kapitel III.4).

551 Fontane zählt in *Von Zwanzig bis Dreißig* Burckhardt unter den Personen auf, die im Hause Kuglers ein und aus gehen (Fontane, *Von Zwanzig bis Dreißig*, GBA III/3, S. 196). Burckhardt hält sich von 1839 bis 1843 in Berlin auf und verkehrt im Kreise Kuglers, Fontane erst ab etwa 1849. Daher ist davon auszugehen, dass der gemeinsame Verkehr bei Kuglers nicht zu einer Begegnung zwischen Fontane und Burckhardt geführt hat.

552 Vgl. dazu Wüsten, *Theodor Fontanes Gedanken zur historischen Architektur*, S. 99.

Cicerone festhält: »Ich könnte sie Dir widmen, […] weil ich überhaupt den besten Teil meiner Bildung Dir verdanke […]. Mögest Du, liebster Freund, […] in diesem Stationenbuch wenigstens Deine Schule gerne wiedererkennen.«[553] Diese Aussage verwundert in Anbetracht der Tatsache, dass Kugler in der kunsthistorischen Forschung der Gegenwart – im Gegensatz zu Burckhardt – kaum mehr Berücksichtigung findet. Burckhardts methodischer Standpunkt weicht allerdings entscheidend von demjenigen Kuglers ab: Kugler hat Fragen der Ästhetik und Kunstphilosophie bewusst nicht berücksichtigt und sich stattdessen auf Bestimmung, Datierung und Zuordnung von Kunstwerken konzentriert. Bei Burckhardt ist die Beschreibung der einzelnen Werke zumindest in späteren kunsttheoretischen Reflexionen auf ein Minimum beschränkt, während stattdessen einzelne, meist wertende Feststellungen eingefügt sind.[554] In Kuglers Schriften sind die Beschreibungen instrumentalisiert und dienen der Einordnung in eine entwicklungsgeschichtliche Ordnung,[555] während es Burckhardt vielmehr darum geht, »eine Anleitung zum ästhetischen Genuss des einzelnen Kunstwerks« zu bieten, was der Untertitel des *Cicerone* »Eine Anleitung zum Genuss der Kunstwerke Italiens« explizit macht.[556] Gesichert ist durch die ›Erinnerungen‹ in den *Italienischen Aufzeichnungen* von 1875 sowie durch einen Brief an Karl und Emilie Zöllner,[557] dass Fontane den *Cicerone* rezipiert, allerdings beschränkt sich dies auf wenige Erwähnungen. In den Tage- und Notizbucheinträgen von 1875 kommt Burckhardt nicht vor, ebenso wenig in den Aufzeichnungen zur Italienreise von 1874. Deshalb erstaunt es umso mehr,

553 Burckhardt, *Der Cicerone*, S. XIXf.

554 Vgl. Karge, *Kunst als kulturelles System*, S. 40.

555 Vgl. Kummer, *Kunstbeschreibungen Jacob Burckhardts*, S. 360f. Vgl. z. B. Kuglers Ausführungen zum gotischen Profanbau in Oberitalien in *Geschichte der Baukunst* von 1860 (vgl. Franz Kugler, *Geschichte der Baukunst*, Bd. 1, Stuttgart 1859, S. 572–574).

556 Das Werk erscheint im selben Jahr wie Franz Kuglers *Geschichte der Baukunst* (drei Bände, bis 1860). Daher drängt sich die Frage auf, ob Burckhardt nicht der Kunstanschauung Schnaases nähersteht, der neben dem Studium der Rechtswissenschaft philosophische Vorlesungen bei Hegel und Solger hörte (vgl. Karge, *Kunst als kulturelles System*, S. 141). Zwischen Burckhardt und Schnaase Zusammenhänge herzustellen, liegt auch deshalb nahe, weil Burckhardt die Studie *Kunstwerke der belgischen Städte* von 1842 bewusst als Ergänzung zu Schnaases *Niederländischen Briefen* von 1834 konzipiert (vgl. ders., S. 142). Dasselbe Werk würdigt Burckhardt im Artikel zu Schnaase im Brockhaus-Konversationslexikon von 1846 (Jacob Burckhardt, *Art. Schnaase*. In: *Allgemeine deutsche Real-Enzyklopädie für die gebildeten Stände. Conversations-Lexikon (Brockhaus)*, 9. Aufl., Bd. 12, Leipzig 1847, S. 714f.).

557 »Mit Kunstgeschichte unterhalte ich Dich nicht. Siehe Burckhardt, Förster, Lübke, Baedecker« (Theodor Fontane an Karl und Emilie Zöllner, 07.10.1874, HFA IV/2, S. 475). Auf Lübke verweist Fontane erstaunlicherweise weder in den Tage- und Notizbucheinträgen noch in den Erinnerungen.

dass Fontane in *Ein letzter Tag in Italien*, dem einzigen publizistischen Text über seine Italienreisen, auf Burckhardt verweist, während er bei Förster und Baedecker *expressis verbis* von Zitaten absieht.[558] Im erwähnten Artikel bezeichnet Fontane Burckhardt als »ruhige[n] Beurteiler«, dessen Äußerungen »zu bestreiten« ihm »nicht in den Sinn kommen« könne.[559] Doch er stellt Burckhardts Wertung eine »entgegenstehende[] *Empfindung*« gegenüber, indem er für eine Aufwertung der Großen Mediceer-Kapelle plädiert, da diese »ein gewisses *Behagen*« und »wohlige[] Wärme« ausstrahle, während man in der Kleinen Kapelle »fröstelnde[s] Unbehagen« empfinde.[560] Fontane zweifelt das Fachwissen Burckhardts nicht an,[561] vermerkt aber dennoch seine eigene »*Empfindung*«, wobei an dieser Stelle daran zu erinnern ist, dass Burckhardts Urteil ebenfalls von seinem persönlichen Eindruck geprägt ist, denn fundierte Stilanalysen kommen im *Cicerone* nicht vor.[562] Vielmehr ist die Publikation auf das individuelle Kunsterlebnis hin ausgerichtet,[563] was wiederum Fontanes Herangehensweise entspricht. Burckhardt macht im *Cicerone* in seinen Formulierungen stets kenntlich, wenn die getätigten Aussagen nicht auf seiner eigenen Anschauung beruhen.[564] Fontane betont ebenfalls mehrfach die Notwendigkeit der selbstständigen Kunstbetrachtung, wofür seine Auseinandersetzung mit Burckhardts Schriften stellvertretend stehen kann. Gerade in Bezug auf seine Meinung zu Werken italienischer Künstler nimmt er eine prononciert eigenständige Position ein, was dazu führt, dass er sich darüber in kunsthistorisch bewanderten Kreisen nicht exponieren will.[565]

558 Fontane schildert, wie er von einem Kirchendiener zur *Capella degli Spagnuoli* geführt wird: »Diese kurze Vorstellung genügte vollkommen. Ich hatte jetzt den *Namen* der Sache, wußte also auch, mit Hilfe von Förster und Baedeker, die grün und rot aus meinen Seitentaschen emporwuchsen, wo ich nach Weiterem zu suchen hatte. Der Leser wolle übrigens keine Zitate befürchten. Es wird sich großenteils um Eindrücke handeln, die ich empfangen« (Fontane, *Ein letzter Tag in Italien*, HFA III/3/1, S. 757).

559 Ebd., S. 753.

560 Ebd.

561 Gemäss Franz Schüppen »[muß] man anders fühlen als es seine [Burckhardts, CA] klassizistische Ideologie erlauben kann« (Schüppen, *Paradigmawechsel im Werk Theodor Fontanes*, S. 87).

562 Vgl. Kummer, *Kunstbeschreibungen Jacob Burckhardts*, S. 365.

563 Vgl. Wagner-Douglas, *Alte Meister*, S. 240.

564 Vgl. z. B.: »In den Abruzzen soll *Aquila* ein vorzügliches Gebäude der Renaissance besitzen […]. (In der Kirche selbst, wie ich durch Mitteilung eines Freundes vernehme, ein großes Altarwerk von Robbia)« (Burckhardt, *Der Cicerone*, S. 185).

565 Vgl. »In die Heimath zurückgekehrt, werde ich meine Zunge sehr hüten müssen, auch schon deshalb, weil ich selber sehr wohl empfinde, daß es mir nach einer ganz bestimmten Seite hin an etwas sehr Wesentlichem gebricht, was nun mein Urtheil

Abgesehen von den Kommentaren in den ›Erinnerungen‹ zu den *Italienischen Aufzeichnungen* sowie den obenstehend aufgezeigten Parallelen, scheint es hypothetisch, Gemeinsamkeiten zwischen Fontane und Burckhardt herausarbeiten zu wollen. Dem von Hoffmann vermuteten Zusammenhang zwischen Fontanes häufiger Erwähnung von Renaissance-Gemälden und Burckhardts Neubesinnung auf die bildende Kunst der Renaissance ist vor dem Hintergrund der wenigen Verweise auf Fontanes Burckhardt-Lektüre mit Vorsicht zu begegnen.[566] Neben der Betonung der subjektiven Herangehensweise an Kunstwerke lassen sich allerdings als weitere Übereinstimmung Parallelen zwischen Fontane und Burckhardt in Bezug auf die Bewertung der Malerei Correggios[567] und Jacopo Tintorettos ausmachen. Bemerkenswert ist die scheinbare Übereinstimmung der Meinungen Fontanes und Burckhardts hinsichtlich Tintorettos Gemälde *L'Adultera.* Während Burckhardt zu Tintorettos Werk im Allgemeinen äußerst kritische Bemerkungen tätigt, indem er dessen Gemälde mit Ausdrücken wie »Sudelei« und »Barbarei«[568] versieht, zeigt er sich gegenüber *L'Adultera* milder gesinnt: »Dann eine ebenfalls noch schön gemalte Darstellung der Ehebrecherin, welcher man es ansieht, daß sie den gemeinen Christus nicht respektiert«[569], notiert Burckhardt im *Cicerone.* Auch Fontane ist Tintorettos Werk gegenüber in den *Italienischen Aufzeichnungen* von 1874 und 1875 negativ eingestellt.[570] Ebenso schreibt er 1876 in einem Text zur *Italienischen*

einseitig und ungerecht macht« (Theodor Fontane an Karl Zöllner, 03.11.1874, HFA IV/2, S. 486).

566 Vgl. Hoffmann, *Photographie, Malerei und visuelle Wahrnehmung*, S. 350f. Burckhardt setzt sich mit dieser Zeitspanne detailliert in der Publikation *Kultur der Renaissance* auseinander (vgl. Jacob Burckhardt, *Die Kultur der Renaissance in Italien. Ein Versuch*, Basel 1860).

567 Vgl. Theodor Fontane, *Italienische Aufzeichnungen. Erinnerungen*, HFA III/3/2, S. 1039. In diesem Eintrag stimmt Fontane Burckhardts Tadel an Correggios Werk *Placidus und Flavia* zu: »(Das ›Verbuhlte‹ in seiner [Corregios, CA] Malerei, von dem Burckhardt sehr richtig spricht, zeigt sich hier, wie in vielen anderen Bildern, beispielsweise auch in der ›Himmelfahrt Mariä‹)« (ebd., S. 1046). Ein weiterer Eintrag enthält Kritik an fehlenden Inhalten (vgl. ebd., S. 1040).

568 Vgl. Burckhardt, *Der Cicerone*, S. 930.

569 Ebd., S. 931.

570 Vgl. Theodor Fontane an Karl und Emilie Zöllner, 10.10.1874, HFA IV/2, S. 478; Theodor Fontane, Tagebucheintrag vom 07.10.1874, GBA XI/3, S. 315. Vgl. Kapitel I.1.8. Allerdings ist festzuhalten, dass es sich bei der Assoziation von Tintoretto mit Schnellmalerei um einen damals gängigen Topos handelt, den Fontane nicht zwingend von Burckhardt übernommen haben muss. Im *Grundriss der Kunstgeschichte* schreibt Lübke zuerst positiv gesinnt, Tintoretto gehöre »zu den kühnsten und sichersten Malern, welche die Kunstgeschichte kennt« (Lübke, *Grundriss der Kunstgeschichte*, ^{4}1868, S. 612). Außerdem habe sich Tintoretto lange davor zu hüten gewusst, »in rohe Deko-

Reise Goethes negativ über Tintoretto: »Er nimmt zu den Bauten Palladios eine Stellung, ist von Tintoretto entzückter, als mir nötig scheint.«[571] Im Herbst 1879 beginnt Fontane schließlich mit der Materialsammlung für die Novelle *L'Adultera*, die im Juni/Juli 1880 in der Zeitschrift *Nord und Süd* erscheint.[572] Dieser Roman macht deutlich, dass die Malerei Tintorettos Fontane immerhin derart fasziniert haben muss, dass er sich vier Jahre nach der zweiten Italienreise nochmals damit auseinandersetzt. Zumindest wird das gleichnamige Gemälde Tintorettos zum Namensgeber und einem wichtigen Gegenstand der Novelle. Ob Fontanes Interesse für *L'Adultera* auf Burckhardts *Cicerone* zurückzuführen ist, lässt sich jedoch nicht eindeutig bestimmen.

In einem Tagebucheintrag von 1857 hält Fontane die Lektüre einer Rezension zu Jacob Burckhardts *Die Zeit Constantin's des Großen* fest, kommentiert dies jedoch nicht weiter.[573] Graevenitz vermerkt allerdings, dass Burckhardts Idealisierung Karls des Großen in fundamentalem Kontrast zu Fontane und Menzel stehe.[574] Burckhardts Auffassung von »Größe« steht in Opposition zum Gedankengut Georg Simmels, indem er sich »gegen das ›Knirpstum‹ und die ›allgemeine Verflachung‹« wendet. Burckhardt hält stattdessen »große[] Männer« für »notwendig«, um »abgestorbene[] Lebensformen« und »reflektierende[s] Geschwätz« überwinden zu können.[575] Anders die Auffassung Fontanes, der große historische Ereignisse im Kleinen, im Alltagsleben verortet. Ebensowenig zeichnet Menzel gloriose Herrschaftsbilder, sondern stellt Friedrichs Niederlage in der Schlacht bei Hochkirch oder Friedrich vor Leuthen dar.[576] Fontanes und Menzels Heldenbild steht damit in Kontrast zu Merkmalen, in denen Burckhardts Held der Moderne zu verorten ist. Burckhardt stellt dem Spezialisierungs- und Differenzierungsunwesen der Moderne das Uni-

rationsmalerei zu verfallen«, doch am Ende habe er »nur auf grosse Masseneffekte in Licht und Schatten« abgezielt und sei »schliesslich dann doch auch in arge Dutzendmalerei« versunken (ebd., S. 613). Die *Glorie des Paradieses* bezeichnet Lübke als »ein ziemlich wildes Durcheinander« (ebd.) und die Werke in der *Scuola di San Rocco* sind seines Erachtens »Kolossalarbeiten« im negativen Sinne (ebd.).

571 Fontane, *Johann Wolfgang Goethe. Italienische Reise*, HFA III/1, S. 469.

572 Vgl. ders., *L'Adultera*, Anhang, GBA I/4, S. 177.

573 Vgl. Theodor Fontane, Tagebucheintrag vom 14.[02].1857, GBA XI/1, S. 224; Jacob Burckhardt, *Die Zeit Constantin's des Großen*, Basel 1853.

574 Vgl. Graevenitz, *Theodor Fontane*, S. 154.

575 Jacob Burckhardt, *Weltgeschichtliche Betrachtungen [über geschichtliches Studium]*. In: *Historisch-kritische Gesamtausgabe*, mit einer Einleitung und textkritischem Anhang von Rudolf Stadelmann, Tübingen 1949, S. 255, 299; vgl. Graevenitz, *Theodor Fontane*, S. 154f.

576 Vgl. Kapitel III.2.2.

versalgenie der Renaissance gegenüber.[577] In Opposition zu den beschleunigten Bewegungen und dem Sturm der Moderne positioniert Burckhardt das große Individuum, das den Sturm bändigt, indem es zur konzentrierten Betrachtung führt. Diesen Mechanismus bringt Graevenitz mit Fontanes Tätigkeit des »Verklärens« in Verbindung, die ebenfalls »der Herstellung von Größe« diene.[578] Allerdings ist einzuwenden, dass Fontane Größe am Kollektiv, nicht am Individuum festmacht. Kritik Fontanes an Burckhardts Forderung nach der Idealisierung von Helden findet sich jedoch nirgends explizit. Der *Cicerone* wird hingegen im Romanwerk sowie in Briefen ebenfalls erwähnt, indes humoristisch, in Verbindung mit »wohlmeinendem Erklärungseifer«[579]. Eine Textstelle, die Fontanes Bewusstsein für die Bedeutung Burckhardts bekräftigt, ist die Wertschätzung Burckhardts und Lübkes als »Darsteller jener großen kulturgeschichtlichen Erscheinung«[580]. Einzuschränken gilt es die Relevanz Burckhardts für Fontane insofern, als – wie auch auf die Werke Schnaases oder Kuglers zutreffend – keine Hinweise auf eine systematische oder vollständige Lektüre der Publikationen vorliegen. Für eine lediglich partielle Auseinandersetzung spricht zudem der Umstand, dass Burckhardt hinsichtlich zeitgenössischer Kunst den Standpunkt vertritt, dass einem Kunstwerk jeglicher Naturalismus oder Realismus schade, womit er sich als Erbe der klassizistischen Tradition erweist.[581] Burckhardt folgt damit der gängigen Auffassung seiner Zeitgenossen, für welche die Kunst ihrer Zeit »ein explizites Nicht-Thema«[582] ist. Burckhardt begründet dies damit, dass für die moderne Kunst, die er ab dem Ende des 18. Jahrhunderts ansetzt, »fast jedermann feste Maßstäbe« mitbringe,[583] was indirekt wiederum Fontanes Laienurteil legitimiert.

577 Vgl. Graevenitz, *Theodor Fontane*, S. 152.

578 Vgl. ebd., S. 154.

579 Fontane, *Cécile*, GBA I/9, S. 11.

580 Ders., *Wilhelm Lübkes ›Geschichte der italienischen Malerei‹ [1880]*, NFA XXIII/1, S. 608.

581 Vgl. Kummer, *Kunstbeschreibungen Jacob Burckhardts*, S. 366.

582 Christoph Höcker, *Jacob Burckhardts ›Cicerone‹ – Der Kunstreiseführer einst und heute.* In: Peter Betthausen und Max Kunze (Hrsg.), *Jacob Burckhardt und die Antike*, Mainz 1998 (= Kulturgeschichte der antiken Welt, Bd. 85), S. 126. Vgl. Kapitel II.2.

583 Burckhardt, *Der Cicerone. Vorrede*, S. XVI.

III Fontanes Kunstkritiken als implizite Poetik und Laboratorium für Schreibweisen

Fontane setzt sich in seinen kunstkritischen Schriften mit Darstellungsfragen auseinander, die darauf abzielen, wie Wirklichkeit abgebildet werden kann. Die Kunstkritiken bezwecken allerdings nicht das Etablieren theoretischer Grundlagen mit entsprechendem Vokabular. Stattdessen sind sie als implizite Poetik zu lesen, zumal sich aus Fontanes Aussagen über einzelne Kunstwerke indirekt sein Kunstverständnis aufzeigen lässt. Als zentrale Komponenten seiner Kunstauffassung gilt es den Gegenwartsbezug, die Affinität für das Kleine, das Anekdotische sowie die Dehierarchisierung geltend zu machen. Das Realismusverständnis, das dabei zum Ausdruck kommt, ist gekennzeichnet von Reflexionen über die mediale Verfasstheit der Realität,[1] die geprägt ist von einer »Überdingung«[2] und einer zeichenhaften Auffassung von Realismus. Ebenso wie in seinen Stellungnahmen zu zeitgenössischen Kunstdebatten, spiegelt sich dies darin, welche Kunstformen und Künstler Fontanes Zuspruch erhalten. Bemerkenswert ist dabei, dass Fontane seine Poetik in den Kunstkritiken avancierter formuliert als in seinen programmatischen Schriften. Allerdings treten auch Inkonsistenzen zwischen Fontanes verschriftlichten Beobachtungen und nachfolgenden Passagen auf, in denen er über dieselben reflektiert. Zugleich sind die Kunstkritiken als literarische Texte zu lesen, die ein Laboratorium für Schreibweisen darstellen, in denen Fontane Literarizität erprobt und herausbildet. Daraus resultieren Analogien zwischen seinen journalistischen und literarischen Texten.

1 Stellungnahmen Fontanes zu zeitgenössischen Kunstdebatten

Der Gegenwartsbezug von Fontanes Kunstkritiken ist primär darin auszumachen, dass er sich mit der zeitgenössischen Kunst im 19. Jahrhundert auseinandersetzt und zu aktuellen Kunstdebatten Stellung bezieht. Quantitativ am stärksten vertreten sind Texte zu zeitgenössischen Berliner Künstlern, die gleichzeitig Auskunft geben über die Berliner Kunstszene, deren Netzwerke, deren Ausstellungslandschaft und gegenwärtige kunsthistorische sowie künstlerische Fragestellungen. Die Zugehörigkeit Fontanes zu Kreisen der Berliner Künstlerwelt liefert ferner einen weiteren Beleg für die Bedeutung Berlins im

1 Vgl. Helmstetter, *Medialer (und medealer) Realismus*, S. 20.
2 Ders., *Verlorene Dinge*, S. 217.

DOI 10.1515/9783110516098-004

Rahmen seiner kunstkritischen Schriften. Im Allgemeinen gilt es zu betonen, dass Fontanes Auswahl an Künstlern stark kontext-, ausstellungs-, und ortsgebunden ist. Damit lässt sich beispielsweise erklären, weshalb Maler wie Pieter Breughel als prägende Figur für die von Fontane geschätzte Genremalerei kaum Berücksichtigung finden.[3] Die Verfügbarkeit von Kunstwerken ist folglich ein bestimmender Faktor dafür, welche Kunstgegenstände Fontane beschreibt. Um Werke von Berliner Künstlern zu sehen, bieten neben Kunstwerken im öffentlichen Raum die biennalen Berliner Akademieausstellungen Gelegenheit. Darüber hinaus sind private Beziehungen ausschlaggebend; so ist anzunehmen, dass Fontane durch den privaten Austausch für die Abfassung der »biografischen Skizze« zu Wilhelm Gentz mit einem großen Teil des Werks des Malers bekannt gewesen sein dürfte. Wie erwähnt, gilt es folglich die privaten Korrespondenzen, Tage- und Notizbucheinträge sowie die Romane zu berücksichtigen, um die Haltung Fontanes gegenüber einzelnen Künstlern auszuloten. Aufschlussreich ist beispielsweise, dass Fontane über Eduard Hildebrandt zwar quantitativ ebenso viele Zeitungsartikel verfasst wie zu Menzel, während Hildebrandt aber in den privaten Aufzeichnungen lediglich in Form eines Verwechslungsspiels erwähnt wird.[4]

---

3 Werke niederländischer Künstler sind auch auf der Manchester-*Exhibition* zu sehen und bei Waagen sowie in den Artikeln im *Deutschen Kunstblatt* berücksichtigt (vgl. Gustav Friedrich Waagen, *Ueber besonders ausgezeichnete Bilder in der Kunstausstellung zu Manchester*. In: *DKB* 24 (11.06.1857), S. 206) nicht jedoch in Fontanes Berichterstattung. Breughels Malerei ist ihm folglich nicht unbekannt, er hat sie aber nie eigenständig besprochen. Er verweist lediglich auf Brueghel den Jüngeren, um *Walpurgisnacht* von Gustav Spangenberg zu charakterisieren, und zwar dessen »Schönheit [...] des Dämonischen«: »so hing denn alles davon ab, dem Bilde ebenjene Mischung von Schönheit und Grausen zu geben, womit uns Buonarottis ›Jüngstes Gericht‹ oder, wenn das zu hoch gegriffen ist, so doch eine Breughelsche Hölle erfüllt« (Fontane, *Die diesjährige Kunstausstellung [1862]*, NFA XXIII/1, S. 249). In der Rezension zu Hugo von Blombergs *Der Teufel und seine Gesellen in der bildenden Kunst* zitiert Fontane die Aussage, dass Bosch und Breughel die »beiden Teufels- und Höllenmaler[] par excellence« seien (ebd., S. 562). In den Aufzeichnungen zum *Camposanto* ist Breughel eher negativ konnotiert: »Der Höllen-Salat ist nicht nach meinem Geschmack; der ganze Breughel steckt hier drin« (Fontane, *Italienische Aufzeichnungen*, Notizbucheintrag zum 20.08.1875, HFA III/3/2, S. 1066).

4 Vgl. Theodor Fontane an Georg Friedlaender, 14.05.1894, HFA IV/4, S. 353.

1.1 Fontanes Haltung gegenüber religiöser Kunst: Idealistischer »*Geist*«[5] oder »moderne[] Paletten«[6]

Die quantitative Präsenz eines Künstlers in den kunstkritischen Schriften steht folglich nicht zwingend mit der persönlichen Wertschätzung Fontanes in Zusammenhang. In Bezug auf das weitgehende Ausbleiben von Kommentaren zu Kunst religiösen Inhalts liegt allerdings die Vermutung nahe, dass dies tatsächlich auch damit in Verbindung zu bringen ist, dass diese nicht Fontanes Vorstellung einer der Gegenwart zugewandten und gesellschaftsorientierten Kunst entspricht. Neben dem – auch durch den Publikationskontext bedingten – Bezug zur zeitgenössischen Kunst, sind auch ästhetische Gründe geltend zu machen. Am Beispiel von Fontanes Haltung zu religiösen Darstellungen lässt sich veranschaulichen, dass er sich in der Wertung derselben an der Frage nach dem Verhältnis von Form und Inhalt abarbeitet.

Auffällig ist, dass Werke religiösen Inhalts zahlreicher italienischer Künstler bei Fontane auf Unverständnis oder Abneigung stoßen und sich Äußerungen zur Gruppierung der Nazarener lediglich vereinzelt finden.[7] Besonders in Bezug auf italienische Kunstwerke hat daran wohl der Umstand Anteil, dass für Fontane nicht das Vermitteln des etablierten Kanons, sondern die Auseinandersetzung mit aktuellen Kunstobjekten und -auffassungen im Fokus steht. Dieser Gegenwartsbezug deckt sich mit seinem Anspruch, Kunst stärker in der Gesellschaft zu verankern. Eine rückwärtsgewandte Kunst, wie sie die Nazarener praktizieren, scheint diesem Realitätsbezug diametral entgegenzustehen.[8] Folgerichtig nimmt Fontane daher eine Abgrenzung der Präraffaeliten von den Nazarenern vor, zumal er das Innovationspotenzial der ersteren akzentuieren will.[9]

5 Fontane, *Die Londoner Kunstausstellung*, NFA XXIII/1, S. 32.

6 Ders., *Der Stechlin*, GBA I/17, S. 241.

7 Friedrich Overbeck kommt lediglich in Aufzählungen vor, profunde Aussagen zu seiner Kunst fehlen. Auch Julius Schnorr von Carolsfeld ist in Fontanes Kunstkritiken nur an wenigen Stellen erwähnt (vgl. Fontane, *Aus Manchester. Zweiter Brief*, NFA XXIII/1, S. 59; ders., *Luise Seidler*, NFA XXIII/1, S. 503). In der Rezension zur Ausstellung der Erinnerungsstücke aus der Zeit der Befreiungskriege verweist Fontane auf eine »wertvolle[]« Bleistiftzeichnung Carolsfelds (ders., *Erinnerungsstücke aus der Zeit der Befreiungskriege*, NFA XXIII/1, S. 258).

8 Fontane ist jedoch sensibilisiert für mögliche Einflüsse der Konfession auf die Stoffwahl: »Inwieweit die durch die konfessionellen Verhältnisse gebotene Nichtexistenz der kirchlichen Malerei hierauf einwirkt, wäre interessant zu untersuchen« (ders., *Die Londoner Kunstausstellung*, NFA XXIII/1, S. 30, FN).

9 In Abgrenzung zu den Präraffaeliten bezeichnet Fontane die Nazarener als die »wahren Präraffaeliten dieser Zeit« (ders., *Aus Manchester. 10. Brief*, NFA XXIII/1, S. 139).

Allerdings steht Fontane kirchlicher Kunst nicht *per se* ablehnend gegenüber, zumal er Martha für einen allfälligen Besuch in Köln den Ratschlag gibt, »das Bild [Gustav Spangenberg *Jungfrauen von Köln, dem Rhein Blumen streuend*, CA] zu sehn, außerdem das alte Altarbild im Dom (thronende Maria) und im Museum, wenn ich nicht irre, ›Maria in der Rosenlaube‹«[10]. Sämtliche drei Bilder sind christlichen Inhalten gewidmet, wobei Fontane auch für Tizians *Assunta* äußerst lobende Worte findet. Ausgehend vom Werk *Abraham opfert Isaak* von Andrea del Sarto schreibt er: »Es macht einen großartigen, erschütternden Eindruck, wie kein andres Bild, das ich während dieser an schönen Bildern wieder so reichen Reise gesehn habe.«[11] In Fontanes Schriften reihen sich zudem ein Nekrolog auf Peter von Cornelius sowie in Zusammenhang mit Totentanzliteratur Anmerkungen zur Kunst Alfred Rethels ein. Allerdings werden die beiden an betreffender Stelle weder als Nazarener bezeichnet, noch deren Werk als von ebendiesen Merkmalen geprägt herausgestellt.[12] Fontane anerkennt jedoch die Verdienste Wilhelm von Kaulbachs und Peter von Cornelius' im Gebiet der religiösen Malerei. Er attestiert ihnen »*Geist* und *Energie*«[13] und benennt sie als »Meister im großen Stil«[14], welche die sieben Todsünden angemessen darstellen könnten. Dieser Kommentar lässt indessen erahnen, dass er ihre Bildthemen als eingeschränkt erachtet und die rückwärtsgewandte Frömmigkeit der Nazarener ablehnt. Zu Kaulbach,

---

Er weist mit dieser Aussage wohl darauf hin, dass sich die Nazarener mit der Kunst Dürers, Peruginos und des frühen Raffael auseinandersetzen und der Askese sowie der Sittenstrenge huldigen. Die Präraffaeliten wenden sich stattdessen gegen den akademischen Kanon und Fontane betont – in Anlehnung an Ruskin – deren Naturstudium (vgl. ders., *Anmerkungen*, NFA XXIII/2, S. 260).

10 Theodor Fontane an Martha Fontane, 13.05.1889, HFA IV/3, S. 690.

11 Theodor Fontane, *Italienische Aufzeichnungen*, Notizbucheintrag zum 20.08.1875, HFA III/3/2, S. 1058. Vgl. auch ders., Tagebucheintrag vom 14.06.1852, GBA XI/1, S. 26f.

12 Im Nekrolog zu Cornelius heißt es in Bezug auf seinen Umzug nach Rom: »Hier erschloß sich ihm, in Gemeinschaft mit gleichstrebenden Künstlern, namentlich mit Overbeck, die hohe Bedeutung der großen Meister« (ders., *Peter von Cornelius*, NFA XXIII/1, S. 491). Als großen Erfolg Cornelius' vermerkt Fontane die *Apokalyptischen Reiter* (vgl. ebd., S. 492).

13 Ders., *Die Londoner Kunstausstellung*, NFA XXIII/1, S. 32.

14 Ders., *Berliner Kunstausstellung [1864]*, NFA XXIII/1, S. 315. In Briefen mokiert sich Fontane über die Faszination Kaulbachs für Eggers (vgl. Theodor Fontane an Bernhard von Lepel, 08.09.1851, HFA IV/1, S. 192) und hält anlässlich der Besichtigung der Darstellungen zum Konstanzer Konzil fest, dass Huß darauf »natürlich wieder Porträt von Friede Eggers [sei]. Die ganze Münchner Schule, Kaulbach an der Spitze, hat sich an ihm versehn« (Theodor Fontane an Emilie Fontane, 07.08.1875, HFA IV/2, S. 509).

der jeweils lediglich als Vergleichsbeispiel dient, schreibt Fontane, dieser habe »trotz all seiner Mängel und Affektiertheiten« doch immer »eine bedeutende Wirkung auf unser Gemüt«[15] erreicht. Bemerkenswert scheint jedoch, dass er Kaulbachs Fresken für das Neue Museum in keinem Artikel bespricht, obwohl die Ausführung des Bildprogramms bis 1865 dauert[16] und damit zu einer Zeit stattfindet, zu der Fontane als Kunstkritiker aktiv ist.[17] Dies lässt vermuten, dass die idealistische Historienmalerei sowie die betont patriotische Dimension von Kaulbachs Bildprogramm Fontane nicht entsprechen. In ähnlicher Weise lassen sich seine Kommentare zu Cornelius' Schaffen fassen. Fontane anerkennt ihn als »Altmeister moderner Kunst, der Repräsentant des großen Stils«[18] und verteidigt ihn sowie weitere deutsche Maler gegen den Vorwurf, ihre Malerei sei »unfähig«[19] gewesen, eine Schule zu gründen, der in *The Times* erhoben wird. Fontane rekapituliert darin die Gegenüberstellung, wonach es deutschen Künstlern »ausschließlich auf den *Gedanken* ankäme« und die zeichnerischen und malerischen Fertigkeiten nebensächlich seien, während für englische Künstler das Gegenteilige zutreffe.[20] Dem stellt er entgegen, dass »Gestalten-können […] freilich unerläßlich [sei], aber es ist ein Minimum; erst der große Gedanke schafft das große Kunstwerk«[21]. Damit greift Fontane zurück auf das Paradigma der Ideenkunst, das dem Verhältnis von Linie und Farbe – *disegno e colore* –, einem Topos der Kunstgeschichte[22], inhärent ist. Giorgio Vasari gilt das Ausdrücken einer Idee als »intellektuelle Leistung des disegno«[23]. Diese Leistung kann nur durch »de[n] große[n] Gedanke[n]« des künstlerischen Genies »und seiner individuellen Einbildungskraft« erbracht werden.[24] Fontane hält folglich daran fest, dass neben technischen Fertigkeiten der Einfallsreichtum unabdingbar sei. Darin manifestiert sich das Paradox, dass er sich im Sinne der Moderne der Machart verpflichtet, aber dennoch die künstlerische Idee auf der Seite des *disegno* verortet. Er hält an dieser Stelle

15 Fontane, *Kunstausstellung [1874]*, NFA XXIII/1, S. 401.

16 Vgl. Hubert Locher, *Deutsche Malerei im 19. Jahrhundert*, Darmstadt 2005, S. 64.

17 Über die Lektüre des *Deutschen Kunstblatts* hätte sich Fontane über die Fresken informieren können, die darin mehrfach Thema sind (vgl. z. B. Wilhelm Lübke, *Wandmalereien im neuen Museum zu Berlin*. In: *DKB* 13 (27.03.1852), S. 108–110).

18 Fontane, *Peter von Cornelius*, NFA XXIII/1, S. 492.

19 Ders., *Deutsche Kunst und englische Kritik*, UK I, S. 265.

20 Ebd.

21 Ebd.

22 Vgl. Weddigen, *Pittura ama Disegno*, S. 25–34.

23 Georges Didi-Hubermann, *Ähnlichkeit und Berührung. Archäologie, Anachronismus und Modernität des Abdrucks*, Köln 1999, S. 57; vgl. Graevenitz, *Theodor Fontane*, S. 726.

24 Ebd.

folglich an den Verdiensten der idealistischen Richtung fest, wohl auch vor dem Hintergrund, die englische Kritik nicht gelten lassen zu wollen und im Wissen darum, dass die von der *Kreuzzeitung* anvisierte Leserschaft der idealistischen Kunstrichtung nahesteht. Dies verdeutlicht ein Leserbrief, der sich auf einen Artikel bezieht, den Fontane vier Jahre später in der *Kreuzzeitung* publiziert. Er stellt darin Cornelius' Kartons für das *Camposanto* auf eine Ebene mit dem Krönungsbild Menzels, was die erwähnte Leserzuschrift provoziert und eine Stellungnahme Fontanes erfordert. Während Cornelius akademisch orientierte Inventionskunst praktiziert, setzt Menzel auf eine »künstlerische Verarbeitung der phantasmagorischen Realität des Mythos Friedrich«[25], weshalb es sich aus Sicht des entsprechenden Lesers um einen unstatthaften Vergleich handelt. Fontane nimmt folglich eine Parallelsetzung von idealistischer und realistischer Kunst vor, allerdings nicht in Bezug auf deren Darstellungsqualitäten, sondern lediglich hinsichtlich der Singularität des jeweiligen Künstlers auf seinem Gebiet. In der Replik hält er mit Nachdruck fest, dass das *Krönungsbild* trotz seiner Schwächen »eine Leistung ersten Ranges« sei,[26] was Fontanes Wertschätzung für Menzel sowie seine Affinität für Historienmalerei im Sinne Menzels verdeutlicht. Fontanes Stellungnahme sowie die Erwähnung der »Schwächen«[27] veranschaulichen, dass er mit seiner Zusprache für Menzel eine moderne Position vertritt. Dass das Bild ein Politikum ist, bestätigt indes nicht einzig der Leserbrief, auch in Fontanes Atelierbericht – überdies der einzige Atelierbericht, den Fontane verfasst, während im *Deutschen Kunstblatt* dafür eine eigene Rubrik existiert – ist dieser Umstand Thema. Fontane weist im Artikel darauf hin: »[…] wir glauben, daß es unsere Leser und zwar ganz speziell *unsere* Leser interessieren wird zu vernehmen, daß die Arbeit rüstig fortschreitet.«[28] Damit wird deutlich, dass der Text, der in der regierungstreuen *Kreuzzeitung*[29] erscheint, auf deren anvisiertes Lesepublikum hin verfasst ist, was – wie der zitierte Leserbrief offenlegt – allerdings nicht immer in zureichendem Maße der Fall ist. Eine analoge Textstelle findet sich in Fontanes Bericht zur Erinnerungsausstellung an Friedrich den Großen, der ebenfalls in der *Kreuzzeitung* publiziert ist. Fontane eröffnet den Artikel mit dem Aufruf,

25 Hubertus Kohle, *Adolph Menzels Friedrich. Eine Apologie historischer Größe?* In: Generaldirektion Stiftung SPSG (Hrsg.), *Friederisiko. Friedrich der Grosse. Die Essays* [Katalog der Ausstellung: Friederisiko. Friedrich der Große, Potsdam, Neues Palais und Park Sanssouci, 28.04.–28.10.2012], München 2012, S. 277.

26 Fontane, *Zur Aufklärung*, NFA XXIII/1, S. 341 (Abb. 25).

27 Ebd., S. 341.

28 Ders., *Das Krönungsbild von Adolf Menzel [1863]*, NFA XXIII/1, S. 261.

29 Berbig, *Theodor Fontane im literarischen Leben*, S. 62–70.

dass jeder, »der ein Interesse nimmt an vaterländischer Geschichte«[30], diese Ausstellung besuchen sollte, um anschließend in einem Einschub die Vermutung zu äußern, dass dieses Interesse wohl bei allen Lesern der Zeitung vorhanden sei. Darüber hinaus sind im Rahmen der Bildbeschreibung zahlreiche »Prinzen und Würdeträger[] des Königlichen Hauses«[31] namentlich erwähnt, was ebenso als Ehrerweisung gewertet werden kann. Die Leserbriefe fördern allerdings auch zutage, dass der Publikationskontext Fontane nicht daran hindert, für seine Kunstauffassung einzustehen, und dieser kommt Menzels Kunst eindeutig näher als diejenige Cornelius'. Eine literarische Umsetzung dieses Standpunktes findet sich in *Der Stechlin* wieder, nämlich in der Klage des Professors Cujacius darüber, dass die Zeichnungen Cornelius' in der Nationalgalerie durch die »modernen Paletten«[32] aus herausgedrückten Farbtuben ersetzt werden sollen.

1.2 »[E]in Protest gegen die *Gleichgültigkeitsproduktion*«[33]: französische Impressionisten und Berliner Sezessionisten

Eine Bestätigung für die Modernität von Menzels Malerei liefert die Tatsache, dass er die französischen Impressionisten beeinflusste. An Äußerungen Fontanes zu Künstlern dieser Gruppierung ließe sich folglich seine Haltung gegenüber der modernen Malerei schärfer konturieren. Allerdings bleiben Aussagen Fontanes zu den französischen Impressionisten rar, obschon er am Werk Turners Anzeichen des Impressionismus beschreibt. Die Forschung erhob daher auch Vorwürfe gegen Fontanes vermeintliche Ignoranz,[34] doch es gilt in diesem Kontext das allgemein angespannte Verhältnis zwischen Deutschland und Frankreich zu berücksichtigen, das in den Jahren 1870–1871 im deutsch-französischen Krieg mündet, den Fontane als Kriegsgefangener hautnah miterlebt.[35] Die politischen Differenzen haben 1889 eine »offizielle[] Nicht-

30 Fontane, *Die Ausstellung zur Erinnerung an Friedrich den Großen*, NFA XXIII/1, S. 253.

31 Ders., *Das Krönungsbild von Adolf Menzel [1863]*, NFA XXIII/1, S. 261.

32 Ders., *Der Stechlin*, GBA I/17, S. 241.

33 Ders., *Über das Gemeinsame im Realismus und Idealismus der modernen Kunstbestrebung*, NFA XXIII/2, S. 171.

34 Vgl. Siedler, *Nachdenkliche Absage*, S. 9f. Siedler hält fest, dass in Fontanes letzten Jahren im intellektuellen Berlin die französischen Impressionisten und die deutschen Sezessionisten Furore gemacht hätten. »Er [Fontane, CA] selber scheint sie alle nicht zur Kenntnis genommen zu haben. [...] darin zeigt sich vielleicht doch gerade, dass man nicht nur in den Stärken, sondern auch in den Schwächen seiner Zeit verfangen ist« (ebd., S. 9).

35 Vgl. Berbig, *Das königlich-kaiserliche Berlin des Rütlionen Theodor Fontane*, S. 213.

beschickung der Pariser Ausstellung«[36] zur Folge, woran sich jedoch beispielsweise Menzel nicht hält und deswegen in konservativen Zeitungen um eine Erklärung ersucht wird. Fontane stellt die Vermutung an, »daß er unschuldig ist und daß diese Einsendungen von Besitzern seiner Bilder herrühren«[37]. In dieser, in einem Brief an Martha geäußerten Einschätzung fährt Fontane mit der Behauptung fort, dass sich »Kunstangelegenheiten immer mehr zu geradezu politischen Fragen auf[puffen]«[38], was er, dem Wortlaut zufolge, nicht befürwortet. Daran anschließend nimmt er Stellung zu von Werners Absicht, Kunstminister zu werden, wofür dieser gemäß Fontane »das Zeug dazu hat. […] [E]r hat große Gaben der Rede, des Ausdrucks, des Haranguirens, noch viel mehr als des flott Malenkönnens«[39], »sittliche Größe[]«[40] spricht Fontane ihm allerdings ab. Die Äußerungen verdeutlichen Fontanes Skepsis Kunstangelegenheiten zu stark an politische Interessen zu koppeln, was hinsichtlich der Aussagen zu von Werner als Absage an die konservative Kulturpolitik gewertet werden kann. Die Unschuldsvermutung bezüglich Menzel lässt derweil nicht eindeutig bestimmen, ob Fontane für den Maler Partei ergreifen will oder sich tatsächlich dafür ausspricht, dass der verordneten Kulturpolitik Folge zu leisten wäre. Die Passage zu von Werner zeigt einerseits Fontanes Geringschätzung für dessen künstlerische Produktion und verdeutlicht andererseits, dass von einer solchen Leitung wenig Entgegenkommen gegenüber neuen Strömungen wie dem französischen Impressionismus zu erwarten ist. Fontanes spärlich ausfallende Auseinandersetzung mit dem Impressionismus und der französischen Kunst im Allgemeinen gilt es vor diesem möglichen Erfahrungshorizont zu relativieren. Umso erstaunlicher hingegen, dass er sich indirekt – über die Auseinandersetzung mit Turner – für diese Malweise ausspricht.

Französische Kunst sieht Fontane unter anderem Mitte Oktober 1856 bei Besuchen in Paris sowie Versailles, über die er in Briefen berichtet und in Tagebucheinträgen seine Eindrücke festhält.[41] Er scheint hauptsächlich die großen Galerien wie den Louvre, das Palais du Luxembourg und die Gemäldesammlung in Versailles zu besuchen, wo die Impressionisten nicht vertreten sind. Insgesamt ist er der französischen Kunst zugetan: Während er sich über die Stadt Paris auslässt, die nicht mit London mithalten könne, erhofft er sich

36 Theodor Fontane an Martha Fontane, 13.05.1889, HFA IV/3, S. 691.

37 Ebd.

38 Ebd.

39 Ebd.

40 Ebd., S. 692.

41 Fontane korrespondiert mit Emilie, ein Brief richtet sich an seinen Vater, enthält jedoch keine Aussagen über bildende Kunst (vgl. Theodor Fontane an Louis Henri Fontane, 19.10.1856, HFA IV/1, S. 536–540).

von den Pariser »Kunstschätze[n]« »das beste«.[42] Über die schließlich gefassten Meinungen eine fundierte Aussage zu treffen, erweist sich allerdings als diffizil, zumal den Briefen lediglich verallgemeinernde Aussagen zu entnehmen sind und die Tagebücher hauptsächlich Listen der gesehenen Werke enthalten, vereinzelt mit wertenden Adjektiven versehen:

> Dann nach dem Luxembourg (Palais du Senat). Einzelne sehr schöne Sachen von Ingres (Homère deifié), Delacroix (den ich indeß weniger bewundern konnte als ich erwartete) Delaroche (»die Söhne Eduards«; »der Tod Elisabeth's« der im Katalog steht, war nicht zu finden) Devèria (die Geburt Heinrichs IV; famos), Couture (»Romains de la décadence«), Vernet (Judith und Holofernes; Raphaël im Vatikan etc), Henry Scheffer (Charlotte Corday's Ergreifung nach der Ermordung Marat's), Gleyre (der Abend) Rosa Bonheur (Viehstücke) etc.[43]

Der Eintrag deckt auf, dass Fontane – wie bei Museumsbesuchen üblich – auch in Paris die Museumskataloge zu Hilfe nimmt.[44] Die Namensnennungen geben den Kanon der französischen Kunst wieder; Maler, die der Strömung des Impressionismus' zugeschrieben werden, finden keine Erwähnung.[45] Eine erste Gelegenheit für Fontane, impressionistische Bilder in Berlin zu sehen, besteht erst 1882, als das Ehepaar Bernstein seine in Paris erworbenen Kunstwerke privat zeigt. 1883 werden beim Berliner Kunsthändler Franz Gurlitt diese Werke, ergänzt um Leihgaben des Pariser Händlers Paul Durand-Ruel, öffent-

42 Theodor Fontane an Emilie Fontane, 14.10.1856, GBA XII/1, S. 407. Im darauffolgenden Brief bekennt Theodor einschränkend, dass die Schuld seines »ennuyir[ens]« an ihm und nicht an Paris liege (Theodor Fontane an Emilie Fontane, 16.10.1856, GBA XII/1, S. 408). Zur Bedeutung, die Fontane den Pariser Galerien beimisst vgl. auch Theodor Fontane, Tagebucheintrag vom 18.10.1856, GBA XI/1, S. 184f.

43 Theodor Fontane, Tagebucheintrag vom 17.10.1856, GBA XI/1, S. 183f. Des Weiteren sieht Fontane im Louvre Bilder von Jean-Antoine Gros, Jacques Louis David, François Gérard, Anne-Louis Girodet-Trioson (»das Sündfluthbild mit dem Geizhals und dem brechenden Ast«), Jean Baptiste Paulin Guérin sowie Théodore Géricault (Theodor Fontane, Tagebucheintrag vom 15.10.1856, S. 180f.).

44 Vgl. z. B. »In meinem Kataloge mehrten sich die Ausrufungszeichen und der Vorrat von Bewunderungsadjektiven, der unserer Sprache zur Verfügung steht, war rasch erschöpft« (Fontane, *Kopenhagen. Das Thorwaldsen-Museum*, HFA III/3/1, S. 688f.). Einen Beleg für dasselbe Vorgehen liefert der Tagebucheintrag zum Besuch von *Marlborough House*, dem ein Verzeichnis der Werktitel beiliegt, von denen Fontane einige unterstreicht und vereinzelt wertende Adjektive notiert (vgl. ders., Tagebucheintrag vom 10.11.1856, GBA XI/1, S. 195).

45 Fontane beschäftigt sich im Louvre indessen nicht einzig mit französischen Künstlern, sondern sieht sich auch die Werke italienischer Künstler an und gibt sogar an, »besonders um einiger Tizians willen« nochmals den Louvre besucht zu haben (ders., Tagebucheintrag vom 22.10.1856, GBA XI/1, S. 188).

lich ausgestellt.[46] Selbst Ludwig Pietsch, der mit der realistischen Schule der französischen Maler vertraut ist, wertet die Ausstellung in der Galerie Gurlitt in seinem Bericht negativ.[47] Festzuhalten ist jedoch, dass Pietsch immerhin eine Rezension verfasst, während von Fontane keine Berichterstattungen zur Galerie Gurlitt vorliegen. Er scheint sich folglich nicht exponieren zu wollen, beziehungsweise er geht in seinem Einsatz für moderne Kunst nicht so weit, eigenständig in der *Vossischen Zeitung* oder einem anderen Organ dafür Partei zu ergreifen. Einschränkend gilt es zu festzuhalten, dass Fontane 1883, was die Kunstkritiken betrifft, einzig eine Rezension zu einer Publikation Lübkes verfasst; der letzte Ausstellungsbericht erscheint 1878. Fontane ist zum damaligen Zeitpunkt folglich als journalistischer Kunstkritiker nicht mehr so aktiv wie noch in den 1860er Jahren. Es liegt lediglich ein Zeitungsausschnitt vor, der belegen soll, dass Fontane vom Tod Édouard Manets Notiz genommen hat. Eine Äußerung zu dessen Kunst findet sich dort jedoch nicht, ein Indiz dafür, dass Fontane Manets Kunst positiv gesinnt sein könnte, legt der Umstand nahe, dass der Zeitungsartikel dem Aufsatz *Über das Gemeinsame im Realismus und Idealismus der modernen Kunstbestrebung* beigelegt ist.[48] Fontane schreibt darin: »Das, was jetzt überall in der Kunst unter den verschiedensten Namen: ›Realismus‹, ›Naturalismus‹, ›Impressionismus‹ etc. etc. [läuft], ist au fond nichts als ein Protest gegen die *Gleichgültigkeitsproduktion* [...] und unterscheidet sich nur vom Akademischen, Herkömmlichen.«[49] Dies zeigt einerseits, dass Fontane die Termini als wenig aussagekräftig erachtet, andererseits beinhaltet die Behauptung die ausgangs des kurzen Artikels getätigte Forderung nach »etwas *Neue[m]*, eine neue Anschauung des Äußerlichen oder Innerlichen, Erweiterung oder Vertiefung«[50]. Im auf dem Manuskript aufgeklebten Artikel zu Manet wird dessen Kunst negativer Einfluss auf die jungen französischen

46 Vgl. Angelika Wesenberg, *›Dass sie mich mit Fontane vergleichen, ist mir sehr schmeichelhaft‹. Vom Kritiker zum Künstlerkollegen. Der Romancier und der Maler*. In: Keisch, Schuster et al. (Hrsg.), *Fontane und die bildende Kunst*, S. 320f. Gezeigt werden unter anderem Werke von Renoir, Manet und Monet (vgl. Lintl, *Ludwig Pietsch und Adolph Menzel*, S. 285).

47 »Wie die Kundgebungen dieser neuen Schule auf ihrer ersten Sonderausstellung in Paris ... entrüstetes Erstaunen oder Gelächter erregten, so dürften sie hier erst recht keine andere Wirkung machen. Der Widerspruch in diesen Malereien gegen Alles, was ein Bild zum Kunstwerk und zum Gegenstand des Wohlgefallens für Augen und Geist macht, ist zu krass« (Ludwig Pietsch, *Gurlitt's Ausstellung*. In: *VZ* 573 (10.10.1883), 1. Beilage).

48 Vgl. Theodor Fontane, *Theodor Fontane. Aufzeichnungen zur Literatur. Ungedrucktes und Unbekanntes*, hrsg. von Hans-Heinrich Reuter, Berlin 1969, S. 376.

49 Ders., *Über das Gemeinsame im Realismus und Idealismus*, NFA XXIII/2, S. 171.

50 Ebd.

Maler attestiert. Seine Genrebilder seien »zwar lebensvoll[], aber im allgemeinen roh[]«[51]. Auch Friedrich Pecht lehnt sowohl den Impressionismus als auch den Naturalismus ab, obwohl er den Eigenwert von Farben und Formen anerkennt.[52] Die erste große Ausstellung mit Werken der französischen Impressionisten in Berlin findet erst 1892 im Hotel Kaiserhof statt.[53] Das Echo in der Presse ist gering, sodass vier Jahre später in einer großen Ausstellung in Berlin weder Bilder der Impressionisten noch der Post-Impressionisten gezeigt werden.[54] Einen Beleg dafür, dass das wilhelministische Deutschland geradezu in Opposition zum Modernismus gestanden hat,[55] liefert die Kritik am Direktor der Nationalgalerie, Hugo von Tschudi. Während Wilhelm von Bode auf der Museumsinsel in Berlin ein Renaissancemuseum initiiert, beginnt von Tschudi, sich für französische Impressionisten zu interessieren.[56] Als Tschudi Ende 1896 im Cornelius-Saal statt der Kartons mit Zeichnungen von Cornelius eine Ausstellung seiner aufsehenerregenden Neuerwerbungen moderner Malerei zeigt, bedeutet dies einen historischen Umbruch. Von Tschudis Handeln hat Restriktionen zur Folge und führt auf Erlass Wilhelms II. 1899 zur Rückordnung der Galerie.[57] 1908 wird von Tschudi nach einem Eklat über den geplanten Ankauf einiger Bilder der Schule von Barbizon beurlaubt.[58] Vor diesem Hintergrund scheint der Vorwurf, Fontane habe die Anzeichen der Moderne nicht erkannt, zu kurz gegriffen. Außerdem lässt sich die Aussage Cujacius' in *Der Stechlin*, dass ihm die Kartons von Cornelius als »das Bedeutendste scheinen, was wir überhaupt hier haben. [...] [E]in Kohlenstrich von

51 Zitiert nach: Ders., *Theodor Fontane. Aufzeichnungen zur Literatur*, Anmerkungen, S. 376. Sofern sich vom Zeitungsartikel Rückschlüsse auf die Datierung des Aufsatzes ziehen lassen, zeugt dieser davon, dass Fontanes Auseinandersetzung mit bildender Kunst über die Kunstkritiken hinaus anhält, allerdings in anderer Form, zumal der zitierte Aufsatz erst posthum publiziert wird.

52 Vgl. Bringmann, *Die Kunstkritik als Faktor der Ideen- und Geistesgeschichte*, S. 126f.

53 Vgl. Donald C. Riechel, *Theodor Fontane and the Fine Arts: A Survey and Evaluation.* In: *German Studies Review* 7 (1984), S. 46.

54 Vgl. Moffett, *Meier-Graefe as Art Critic*, S. 163, FN 177.

55 Vgl. Riechel, *Theodor Fontane and the Fine Arts*, S. 46.

56 Vgl. Hennig Bock, *Gemäldegalerie Berlin. Staatliche Museen zu Berlin. Preußischer Kulturbesitz*, Antwerpen 1997 (= Museen, Schlösser und Denkmäler in Deutschland, hrsg. von Thomas W. Gaehtgens), S. 32–35. Tschudi kauft seit Beginn seines Direktorats im Februar 1896 mit Unterstützung von Max Liebermann und großbürgerlichen Mäzenen Werke von Manet, Monet, Cézanne und weiteren Künstlern an (vgl. Angelika Wesenberg, *Die Alte Nationalgalerie Berlin. Zur Sammlungsgeschichte.* In: Dies. und Eve Förschl (Hrsg.), *Nationalgalerie Berlin. Das XIX. Jahrhundert. Katalog der ausgestellten Werke*, Leipzig 2001, S. 16).

57 Vgl. Wesenberg, *Die Alte Nationalgalerie Berlin*, S. 17.

58 Vgl. ebd., S. 18.

Cornelius ist mehr wert als alle modernen Paletten zusammengenommen«[59], wenn auch nicht als explizite Anprangerung doch als hochironischer Kommentar zu dieser Debatte lesen.

Ausgehend von Fontanes Zuspruch für Turner sowie allgemein für Neuerungen und Abweichungen von der »*Gleichgültigkeitsproduktion*« im Bereich der Kunst, was der Text *Über das Gemeinsame im Realismus und Idealismus der modernen Kunstbestrebung* nahelegt,[60] in dem der Impressionismus explizit genannt wird, müsste er Werke dieser Kunstrichtung befürwortet haben.[61] Dafür spricht auch, dass sich der Impressionismus dem Alltag zuwendet, weg vom Historismus mit historischer Inszenierung und entsprechendem Kostüm. In den privaten Schriften ebenso wie in den Romanen[62] ist französische Kunst vertreten, nicht hingegen in publizierten Zeitungsartikeln. Dies legt die Vermutung nahe, dass es auch den Publikationsumständen zuzuschreiben ist, dass sich Fontane mit den Impressionisten lediglich am Rande auseinandersetzt. Darüber hinaus gilt es zu berücksichtigen, dass selbst die Kunst zeitgenössischer deutscher Künstler als zweitrangig erachtet wird. Dies zeigt sich, wie bereits erwähnt, an der Ausrichtung der kunsthistorischen Grundlagenwerke, der dürftigen Präsenz zeitgenössischer Kunst in Museen, und den – auch von Fontane bemängelten – schlechten Bedingungen für die biennalen Berliner Kunstausstellungen.[63] Stellvertretend dafür kann sein Fazit im Artikel über Louis Edouard Dubufe stehen: »Es ist leicht, solche Bilder mit dem einen Wort ›modern!‹ abzufertigen; doch haben sie, wo so viel Talent vorliegt wie hier, Anspruch auf ernstere Erwägung.«[64] »[M]odern« scheint folglich geradezu ein Schimpfwort zu sein respektive implizit zu verlauten, dass eine vertiefte Auseinandersetzung nicht lohnenswert sei, was Fontane so nicht befürwortet. Dies bezeugt auch seine Beschäftigung mit Werken Böcklins, mit der er für einen Künstler Partei bezieht, der in Berlin ebenfalls umstritten ist. Allerdings gilt Fontanes Zuspruch für Gemälde Böcklins mit Einschränkungen, zumal er von der *Kreuzabnahme* den »Eindruck des Abschreckens, selbst des Degoutanten« hat und Maria Magdalena und Johannes als »allertrübseligste, nach Salon

59 Fontane, *Der Stechlin*, GBA I/17, S. 241.

60 Vgl. ders., *Über das Gemeinsame im Realismus und Idealismus*, NFA XXIII/2, S. 171.

61 Vgl. dazu auch Riechel, *Theodor Fontane and the Fine Arts*, S. 56.

62 Vgl. z. B. Cujacius Mahnung an Woldemar, Millet, den »Vollblutpariser oder wenigstens Franzose[n]« nicht mit Millais zu verwechseln: »Der französische Millet ist eine Null, ein Zwerg, neben dem der englische vergleichsweise zum Riesen anwächst, wohlverstanden vergleichsweise« (Fontane, *Der Stechlin*, GBA I/17, S. 281). Vgl. auch ders., *Cécile*, GBA I/9, S. 29.

63 Den »Mittelsaal« der Akademie bezeichnet Fontane gar als »Totenkammer« (ders., *Berliner Kunstausstellung [1866]*, NFA XXIII/1, S. 369).

64 Fontane, *Zwei Gemälde über den Sündenfall*, NFA XXIII/1, S. 47.

und Katheder schmeckende Gestalten« beschreibt.[65] Darüber hinaus zeigt er sich in einem Tagebucheintrag gegenüber Böcklins Werken *Toteninsel* sowie *Odysseus und Calypso* ebenfalls kritisch eingestellt.[66] Eine subtile Bezugnahme auf Böcklins Kunst ist die Passage in *Effi Briest*, in der Vetter Dagobert seiner Cousine Böcklins *Die Gefilde der Seligen* – ein vom König ebenfalls denunziertes Kunstwerk[67] – zeigen möchte: »Fräulein Kousine stehe zwar auf dem Punkte, sich zu verheiraten, es sei aber doch vielleicht gut, die ›Insel der Seligen‹ schon vorher kennen gelernt zu haben.«[68] Der »Schlag mit dem Fächer«, den er daraufhin von seiner Tante erhält, ist »mit einem so gnädigen Blick [begleitet], daß er keine Veranlassung hatte, den Ton zu ändern«[69]. Zugleich behält auch Fontane seine ironische Einstellung bei, mit der er offenbar der Verunglimpfung des Gemäldes gegenübersteht.

Dass die genannten Beispiele mit Positionsnahmen Fontanes zu Berliner Kunstskandalen aus den Romanen stammen, rührt daher, dass er zu dieser Zeit hinsichtlich seiner Tätigkeit als Kunstkritiker hauptsächlich Buchrezensionen schreibt, aber keine Ausstellungskritiken mehr. Möglicherweise deshalb wurde auch Fontanes Gesinnung gegenüber Künstlern der Avantgarde in Deutschland nicht weiter verfolgt. Festzuhalten ist jedoch, dass Fontane zu Künstlern, die sich in der Berliner Sezession zusammenschließen, persönliche Kontakte unterhält:[70] Max Liebermann als Mitbegründer der Vereinigung der XI porträtiert ihn, Franz Skarbina lernt er über gemeinsame Bekannte wie Friedrich Eggers und das Fabrikantenehepaar Heckmann kennen und verkehrt mit ihm beim Akademieprofessor August von Heyden.[71] Zu Liebermanns Kunst äußert sich Fontane allerdings nicht, wobei die ausbleibenden publizistischen Texte zu Liebermann kein hinreichendes Indiz sind, dass er dessen Malerei

65 Ders., *Zwei Bilder in der Kommandantenstraße*, NFA XXIII/1, S. 409 (Abb. 19).

66 »Böcklins ›Toteninsel‹ ist schön, wirkt aber doch, als hab er bei sich selbst eine Anleihe gemacht, es erinnert an verschiedene frühere Bilder von ihm; ›Odysseus und Calypso‹ ist nicht übel, aber lächerlich« (ders., Tagebucheintrag vom 08.04.1884, GBA XI/2, S. 211).

67 Vgl. Kapitel I.1.12 (Abb. 9).

68 Fontane, *Effi Briest*, GBA I/15, S. 24 (Abb. 16).

69 Ebd.

70 Max Liebermann, Walter Leistikow und Franz Skarbina gründen 1892 die »Vereinigung der Elf«, die 1898 mit der Gründung der Berliner Sezession überflüssig wird (vgl. Matthias Eberle, *Max Liebermann 1847–1935. Werkverzeichnis der Gemälde und Ölstudien*, Bd. 1, München 1995, S. 20).

71 Vgl. Dieter Kafiz, *Theodor Fontanes Roman ›Der Stechlin‹ aus der Perspektive des Décadence-Diskurses der 90er Jahre des 19. Jahrhunderts*. In: Gabriele Radecke (Hrsg.), *›Die Décadence ist da‹. Theodor Fontane und die Literatur der Jahrhundertwende. Beiträge zur Frühjahrstagung der Theodor Fontane Gesellschaft vom 24. bis 26. Mai 2001 in München*, Würzburg 2002, S. 27.

nicht wertschätzt. Im Gegenteil deckt der Briefverkehr mit Martha seine Anerkennung für Liebermanns Werk auf: »Ich freue mich aber drauf [auf die Sitzungstage, Maltage, CA], einmal weil es nun doch endlich mal ein richtiger Maler ist, dem ich in die Hände falle, dann weil Liebermann ein ebenso liebenswürdiger wie kluger Mann ist.«[72] Das Porträt Fontanes wird für einen Abdruck in der Kunstzeitschrift *PAN* gefertigt, für die mit Malern wie Heinrich Vogeler-Worpswede, Walter Leistikow, Max Liebermann sowie Arnold Böcklin ebenfalls Vertreter der Berliner Sezession tätig sind.[73] Fontane veröffentlicht in *PAN* mehrere Gedichte sowie Teile aus *Von Zwanzig bis Dreißig*[74] und betätigt sich zu Beginn im beratenden Ausschuss der Redaktion.[75] Dieses Engagement verdeutlicht, dass Fontane sich mit Künstlern der Berliner Sezession auseinandersetzt und ihre Anliegen zumindest partiell teilt.[76]

Skarbina ist zudem in *Der Stechlin* Thema: Er zeigt seine Werke regelmäßig auf den Berliner Kunstausstellungen, wo auch die Romanfigur Melusine Gemälde von ihm sieht.[77] Besonders schwärmt sie für die Darstellung eines Hotelkorridors, bei der die »Hauptsache« die »Beleuchtung« sei, »ein Licht«, welches das Ganze »vergoldete«.[78] Was daran anschließt, liest sich wie eine Einführung in die moderne Malerei: In der Fortsetzung des Gesprächs ist von »Ton und Farbe«[79] die Rede, was die zentrale Bedeutung der Farbe in Skarbinas impressionistisch geprägter Malerei akzentuiert. Nachfolgend nimmt Melusine eine Gegenüberstellung alter und gleichzeitig religiöser sowie zeitgenössischer Kunst vor: »[W]ährend meiner italienischen Tage hab' ich vor so vielen Himmelfahrten gestanden, daß ich jetzt für Stiefeletten im

72 Theodor Fontane an Martha Fontane, 19.03.1896, HFA IV/4, S. 544.

73 Vgl. Dieterle, *Theodor Fontane und Martha Fontane*, S. 290.

74 Die Auszüge aus *Von Zwanzig bis Dreißig* erscheinen von April bis November 1895 in drei Ausgaben. Ab der zweiten Ausgabe wird *PAN* im Verlag von Friedrich Fontane publiziert (vgl. Riechel, *Theodor Fontane and the Fine Arts*, S. 44).

75 Vgl. Berbig, *Theodor Fontane im literarischen Leben*, S. 301. Ab 1897 wird die Zeitschrift von Friedrich Fontane verlegt (vgl. Regina Dieterle, *Fontane und Böcklin. Eine Recherche*. In: Hanna Delf von Wolzogen (Hrsg.), *Theodor Fontane. Am Ende des Jahrhunderts, Bd. 1: Der Preuße, die Juden, das Nationale*, Würzburg 2000, S. 270).

76 Liebermann fertigt außerdem nach Fontanes Tod Zeichnungen zu einer illustrierten Ausgabe von *Effi Briest* (vgl. Theodor Fontane, *Effi Briest, mit Steinzeichnungen von Max Liebermann*, hrsg. von Fritz Behrend, Hamburg 1926).

77 Als sarkastischen Kommentar auf vermeintliches Kunstkennertum liest sich zudem Melusines Antwort auf die Frage, ob sie Skarbina kenne. Sie entgegnet darauf, dass sie ihn »sehr gut« kenne, um nachzuschieben: »allerdings erst von der letzten Ausstellung her« (Fontane, *Der Stechlin*, GBA I/17, S. 269).

78 Ebd. Das Gemälde wurde nicht ermittelt (vgl. ebd., *Kommentar*, S. 646).

79 Ebd., S. 270.

Sonnenschein bin.«[80] Melusines Absage an die religiöse Malerei mutet wie eine kritische Bilanz Fontanes zu seinen Italienreisen an.[81] Dem stattdessen erfolgenden Zuspruch für moderne Malerei stimmt die Gesprächspartnerin, Baronin Berchtesgaden, unumwunden zu. Ferner bekennt die Baronin, sie sei »jetzt nebenher auch noch fürs Japanische: Wasser und drei Binsen und ein Storch daneben«[82]. Der Bildinhalt ist dabei auf derart triviale Art und Weise heruntergebrochen, dass sich die Lesart des Zitats als ironischen Kommentar auf den potenziellen Vorwurf der Inhaltsleere aufdrängt. Auch diese Passage legt nahe, dass sich Fontane mit dem Zusammenspiel von Form und Inhalt beschäftigt. Es bleibt jedoch bei einer oberflächlichen Auseinandersetzung, zumal Fontane beispielsweise auf die Komposition, wie diese Gegenstände nebeneinander angeordnet sind, nicht eingeht. Zugleich wird mit der japanischen Kunst, die in Berlin beim Kunsthändler Pächter in der Dessauer Straße zu sehen ist,[83] auf ein zentrales Vorbild impressionistischer Maler verwiesen. Dieser komprimierte Lehrgang zur modernen Malerei wird durch ein Plädoyer Melusines für realistische Darstellung geschlossen: »Sie waren immer für das, was sie jetzt Realismus nennen, was meistens mehr Ton und Farbe hat […]. Deshalb lieb' ich Sie ja gerade so sehr. Ach, daß doch das Natürliche wieder obenauf käme.«[84] Skarbina wird in *Der Stechlin* folglich zum Exempel für einen Wandel in der Vorstellung realistischer Darstellung, hin zur Dominanz der Farbe, wobei Melusines Aussage gleichzeitig vom Bewusstsein für die Veränderung derartiger Zuschreibungen zeugt. Auf jeden Fall verdeutlicht die zitierte Romanpassage, dass Fontane sich durchaus für impressionistische und sezessionistische Strömungen in der Malerei interessiert und – wie die Erwähnung der japanischen Kunst belegt – über deren künstlerische Herangehensweise Bescheid weiß. Der Textabschnitt bestätigt im Übrigen, dass Fontanes Beschäftigung mit bildender Kunst nach den journalistischen Zeitungsartikeln keineswegs zu Ende ist, sondern im Romanwerk ihre Fortsetzung findet.[85] Zugleich ver-

80 Ebd., S. 269.

81 Vgl. Kap. I.1.8.

82 Fontane, *Der Stechlin*, GBA I/17, S. 269.

83 Vgl. Riechel, *Theodor Fontane and the Fine Arts*, S. 60. Pächter, ein Freund Liebermanns, stellt außerdem Werke von Menzel, Degas, Manet, Signac und Whistler aus (vgl. ebd.).

84 Fontane, *Der Stechlin*, GBA I/17, S. 270.

85 Die Modernität Fontanes betreffend Literatur lässt sich exemplarisch an seinem Einsatz für die Dramen Gerhart Hauptmanns sowie an einer Rezension des umstrittenen Stücks *Die Familie Selicke* von Arno Holz und Johannes Schlaf aufzeigen (vgl. Fontane, *Holz/Schlaf, Die Familie Selicke. Kielland, Auf dem Heimwege*, HFA III/2, S. 845–848). Fontane schreibt darin, dass »wir hier *eigentlichstes* Neuland haben«; bis dahin hätten Gerhart Hauptmann mit *Vor Sonnenaufgang* und Leo Tolstoi mit *Die*

deutlicht dies Fontanes Schreibökonomie, zumal er aus freien Stücken nicht publizistisch agiert, um beispielsweise für Liebermann Partei zu ergreifen.

1.3 Das »wirkliche Leben […], ohne klassischen Faltenwurf und ohne französische Perücke«: Fontanes Position zur Kostümfrage

Während Fontane in Bezug auf Menzels Malerei sowie die Impressionisten und Sezessionisten nur mit Einschränkungen für die Moderne Partei ergreift, tut er dies gänzlich ohne Vorbehalte beim Denkmal für Friedrich den Großen von Christian Daniel Rauch. Daran entzündet sich die Diskussion, ob bildliche Darstellungen in antikisierendem Kostüm oder in zeitgenössischer Kleidung erfolgen sollen.

In Berlin wird die Entscheidung mit der Errichtung des Standbilds Friedrichs des Großen Unter den Linden zugunsten der zeitgenössischen Kleidung gefällt.[86] Die lange Planungszeit und die mehrfachen Entwürfe für das Friedrich-Denkmal von 1839 bis 1851 sind nicht zuletzt auf Entscheidungsschwierigkeiten in dieser Frage zurückzuführen.[87] Im *Deutschen Kunstblatt* wird in einer Artikelfolge über das Projekt berichtet, die verschiedenen Entwürfe vorgestellt,[88] und im abschließenden Bericht nimmt Friedrich Eggers

Macht der Finsternis »nur den Mut gehabt, in diesem und jenem über die bis dahin traditionell innegehaltene Grenzlinie hinauszugehen«, nun aber würden die Fragen gestellt, »wie soll ein Stück sein?« und »sind nicht Stücke denkbar, die von dem bisher Üblichen vollkommen abweichen?« (ebd., S. 845). Fontane beanstandet einiges, zieht jedoch das Fazit, dass »diesen Stücken, ›die keine Stücke sind‹, doch die Zukunft gehören« werde und zwar »auch mit Recht« (ebd., S. 847).

86 Ob Kostüme bei Denkmälern zeitgemäß oder antikisierend dargestellt werden sollten, wird bereits im 17. Jahrhundert debattiert und derselbe Streit um 1800 unter anderem von Goethe und Schadow ausgefochten (vgl. Johann Wolfgang von Goethe, *Flüchtige Übersicht über die Kunst in Deutschland.* In: *Propyläen* 3 (1800), S. 165–169; Johann Gottfried Schadow, *[Über historisches und ideales Kostüm]*, 1791/1802, wiederabgedr. in: Ulrich Bischoff (Hrsg.), *Kunsttheorie und Kunstgeschichte des 19. Jahrhunderts in Deutschland. Skulptur und Plastik*, Ditzingen 1985 (= Texte und Dokumente, Bd. 3), S. 30f.) und Johann Gottfried Schadow, *Über einige in den Propyläen abgedruckte Sätze Goethes die Ausübung der Kunst in Berlin betreffend.* In: *Eunomia* 1 (1801), S. 487–519).

87 Jutta von Simson, *Wie man die Helden anzog – Ein Beitrag zum ›Kostümstreit‹ im späten 18. und beginnenden 19. Jahrhundert.* In: *Zeitschrift des deutschen Vereins für Kunstwissenschaft* 43/2 (1989), S. 53.

88 Vgl. Hermann Weiss, *Zur Geschichte des Denkmals Friedrichs des Grossen. [Fortsetzung].* In: *DKB* 23 (07.06.1851), S. 180f. Die Debatte um die Frage nach dem Kostüm des Königs ist in Hermann Weiss' Beiträgen allerdings von zweitrangiger Bedeutung. Der

eine ausführliche Beschreibung des Denkmals vor.[89] In Fontanes Vereinsumfeld ist die Diskussion außerdem im Rahmen der Illustrationen Menzels für Kuglers *Geschichte Friedrichs des Großen* präsent. Menzel ist der Überzeugung, dass die Darstellung zeitgenössischer Kostüme dem Erreichen der »größtmöglichste[n] Authenticität« diene,[90] während sich Kugler als Erbe der klassizistischen Tradition zeigt: Im Grundsatz fordert er zwar historisch exakte Darstellung, allzu wirklichkeitsnahe Wiedergabe der zeitgenössischen Kleidung droht aber seines Erachtens den idealen Kern des Kunstwerks zu mindern.[91] Allerdings hat Menzel die »›Modificationen‹, die Kugler 1837 bei der Kostümdarstellung fordert, wenn ein ›höheres Werk der Kunst‹ hervorgebracht werden solle, [...] nicht vorgenommen – und nichts deutet darauf hin, daß Kugler daran Anstoß genommen hätte«[92]. Im Gegenteil haben Wolfgang Hardtwig zufolge Menzels Illustrationen Kuglers Vorstellungen zeitgemäßer Historienmalerei geöffnet und radikalisiert.[93]

Fontane seinerseits führt infolge der Kostümdebatte den Realismus in den Künsten auf die Bildhauerei zurück, weshalb die vergleichsweise wenigen Zeitungsartikel zu dieser Kunstform nicht repräsentativ sind für die Bedeutung, welche die Bildhauerei zu Beginn seiner Auseinandersetzung mit bildender Kunst für seine Auffassung von realistischer Darstellung hat. In *Unsere lyrische und epische Poesie seit 1848* resümiert Fontane den Beschluss zugunsten der historischen Wirklichkeit und nennt mit Johann Gottfried Schadow und Christian Daniel Rauch die prägenden Fürsprecher. Schadow fordert als Fazit zu seinen eingeholten Zweitmeinungen: Das Denkmal »soll wahr, characteristisch, deutlich, mit den Sitten des Helden übereinstimmend sein. Mit einem Worte, es soll sich selbst erklären«[94]. Dieselben Forderungen spiegeln sich in Fontanes Verständnis von Realismus und werden von ihm auch für die Malerei geltend gemacht sowie ausgehend von der bildenden Kunst zum Vorbild für die Dichtung erhoben.[95] Verknüpft ist dies mit Fontanes Postulat, wonach Kunstwerke ohne Begleittexte, sondern selbsterklärend jedem verständ-

---

Schwerpunkt liegt auf der Entstehungsgeschichte und den verschiedenen – auch der Außenpolitik geschuldeten – Verzögerungen bei der Errichtung des Denkmals.

89 Vgl. Friedrich Eggers, *Das Denkmal Friedrich's des Grossen von Chr. Rauch*. In: *DKB* 22 (31.05.1851), S. 170–173.

90 Adolph Menzel an J. J. Weber, 23.04.1839, abgedr. in: Hans Wolff (Hrsg.), *Adolph von Menzels Briefe*, Berlin 1914, S. 27.

91 Vgl. Hardtwig, *Kugler, Menzel und das Bild Friedrichs des Großen*, S. 216f.

92 Ebd., S. 218.

93 Vgl. ebd.

94 Johann Gottfried Schadow, *Die bronzenen Arbeiten in Stockholm und St. Petersburg betreffend* (1791). In: Ders.: Aufsätze, hrsg. von Julius Friedländer, Stuttgart 1980, S. 38.

95 Vgl. Fontane, *Unsere lyrische und epische Poesie seit 1848*, NFA XXI/1, S. 8.

lich sein sollten. Damit kommt Fontanes Credo für »Gestalten des wirklichen Lebens«[96] zum Ausdruck. Er ergreift statt für das Große und Besondere für das Kleine und Alltägliche Partei.[97] Gemäß Graevenitz ist das öffentliche Denkmal »das Objekt, in dem sich am dichtesten die Ikonographien und die Rituale des sozialen und politischen Imaginären kreuzen«[98]. Indem Fontane sich für die zeitgenössische Kleidung ausspricht, wendet er sich gegen die Ikonografie des klassischen Herrscherbildes und nimmt stattdessen einen progressiven Standpunkt ein. Darin zeigt sich die Brisanz, die dieser Debatte zukommt, und Fontane auch als solche bewusst ist, zumal er in der Übertragung auf die Literatur einen »Meister Rauch unter den Poeten«[99] fordert. Zusätzlich betont er die gesellschaftliche Komponente des Ereignisses und überträgt dessen Errungenschaften auf die Kunst als solche, indem er Kunst die Fähigkeit attestiert, gesellschaftliche Vorgänge aufzugreifen und wiederzugeben: »Dieser Realismus unserer Zeit findet in der *Kunst* nicht nur sein entschiedenstes Echo, sondern äußert sich vielleicht auf keinem Gebiet unsers Lebens so augenscheinlich wie gerade in ihr.«[100] Kunst ist folglich der »augenscheinlich[e]«, sichtbare und an Öffentlichkeit gebundene Ausdruck gesellschaftlicher Vorgänge, wobei diese Eigenschaft der Bildhauerei durch ihre Präsenz im öffentlichen Raum besonders inhärent ist.[101]

Das antike Kostüm bezeichnet Fontane als »[r]idikül«, während die neue Richtung seines Erachtens »[f]risch[]« und »[l]ebensfähig[]« ist,[102] was verdeutlicht, dass er Zeitgenossenschaft als Notwendigkeit realistischer Darstellungen erachtet. Als Beispiele in der Malerei nennt er hierfür – wenig erstaunlich – »als besonders charakteristisch *Adolf Menzel* und den Amerikaner *Karl*

96 Ders., *Lindaus ›Zug nach dem Westen‹*. In: Ders. *Schriften zur Literatur*, S. 109.

97 Vgl. Theodor Fontane an Emilie Fontane, 08.08.1883, GBX XI/3, S. 361; Fontane, *Marokko*, NFA XVIII, S. 578.

98 Graevenitz, *Theodor Fontane*, S. 209.

99 Ebd.

100 Ebd. Bemerkenswerterweise ist das Kostüm in Eggers' Bericht zur Enthüllungsfeier des Denkmals nicht explizit Thema (vgl. Friedrich Eggers, *Die Enthüllungsfeier des Denkmals Friedrichs des Grossen*. In: *DKB* 23 (07.06.1851), S. 177f.).

101 Schadow beispielsweise ist in Berlin durch die Quadriga auf dem Brandenburger Tor sowie die Skulpturen des Grafen von Schwerin und des Generals von Winterfeld präsent. Auch im *Deutschen Kunstblatt* wird in der Begründung, weshalb der Versuch einer Kostümreform in England gescheitert sei, der Konnex zwischen Kunst und Gesellschaft zum entscheidenden Faktor erhoben. Es sei nicht ausreichend, wenn sich nur die Maler für dieses Vorhaben einsetzten, sondern »die wichtigste Hülfe müsste ihnen aus dem veredelten Geschmack in der Gesellschaft erwachsen« (ebd.), was jedoch nur allmählich geschehen könne ([ungez.] *London*. In: *DKB* 49 (09.12.1850), S. 392).

102 Fontane, *Unsere lyrische und epische Poesie seit 1848*, NFA XXI/1, S. 8.

Leutze«[103]. Allerdings erhebt Fontane den Anspruch auf Lebendigkeit nicht einzig in Bezug auf Historienmalerei, sondern auch hinsichtlich Porträts, von denen er diejenigen als »vortrefflich« lobt, die »voller Wahrheit und Leben« sind.[104] Der Begriff »Leben« lässt sich folglich mit Fontanes Wirklichkeits- und Gegenwartsbezug in Verbindung bringen, den er 1866, 13 Jahre nach dem Erscheinen des programmatischen Texts *Unsere lyrische und epische Poesie seit 1848*, unter Berufung auf die Kostümfrage ein weiteres Mal bekräftigt. Nicht von ungefähr liegt Fontanes Fokus in den kunstkritischen Schriften denn auch auf der zeitgenössischen Kunst. Der Gegenwartsbezug ist ein Grundzug seines Schaffens, bis hin zu den Gesellschaftsromanen, die sich auf reale Geschehnisse sowie auf authentische Sprache und Schauplätze zurückführen lassen.

Die proklamierte Übertragung auf die Literatur nimmt Fontane allerdings lange vor den Romanen in Form von Gedichten vor, indem er zur Enthüllungsfeier des Friedrich-Denkmals das Poem *Der Alte Fritz* verfasst.[105] Auch die Gedichte *Der alte Derffling* und *Der alte Dessauer* enthalten Anspielungen auf die Kostümdebatte, ebenso *Der alte Zieten*, das Eggers in seinem *Kunstblatt*-Artikel zitiert.[106] Mehrfach verwendet Fontane den »Zopf«[107] als Metonymie für die Kleidung oder greift auf die Figur des Schneiders zurück, um die

103 Ebd. Leutze ist allerdings einzig in drei kunstkritischen Artikeln berücksichtigt, wobei sich Fontane stets auf das Gemälde *Washington Crossing the Delaware* beruft, das im Kupferstich weit verbreitet ist. Im Artikel zur Londoner Kunstausstellung beispielsweise verneint Fontane die rhetorische Frage, ob die Ausstellung den Berlinern genügen würde, und notiert, dass Leutzes *Washington Crossing the Delaware* sowie Menzels *Hochkirch* fehlten (vgl. Fontane, *Die Londoner Kunstausstellung*, NFA XXIII/1, S. 30). Zur Bedeutung Menzels für Fontanes Auffassung von Realismus vgl. Kapitel III.3.

104 Fontane, *Die Kunstausstellung [London]*, NFA XXIII/1, S. 19, FN.

105 Das Gedicht wird im *Deutschen Musenalmanach* publiziert (vgl. ders., *Der Alte Fritz*. In: *Deutscher Musenalmanach für das Jahr 1852*, hrsg. von Otto Friedrich Gruppe, Berlin 1851, S. 310f.). Fontane hat an der Enthüllungsfeier teilgenommen (vgl. ders., *Gedichte (Sammlung 1898). Aus den Sammlungen ausgeschiedene Gedichte, Anmerkungen*, GBA II/1, S. 582f.). Gemäß Graevenitz variiert Fontanes Gedicht *Der Alte Fritz* »Kernmotive des Kugler-Menzelschen Friedrichs, de[m] König fürs Volk« (Graevenitz, *Theodor Fontane*, S. 225).

106 Vgl. ebd., S. 142–145; Fontane, *Der alte Derffling*, GBA II/1, S. 187–189; ders., *Der alte Dessauer*, GBA II/1, S. 189f.; ders., *Der alte Zieten*, GBA II/1, S. 190f.; ders., *Der alte Fritz*, GBA II/1, S. 237f. Zur poetischen Auseinandersetzung mit Fontanes Kunstkritikerdasein vgl. auch das unpublizierte Gedicht *Noch leb ich oder Aber, ach wie lange noch* (GBA II/2, S. 459f.).

107 So auch in *Unsere lyrische und epische Poesie seit 1848*: »Als *Gottfried Schadow* die Kühnheit hatte, den Zopf in die Kunst einzuführen, nahm er ihr zugleich den Zopf« (Fontane, *Unsere lyrische und epische Poesie seit 1848*, NFA XXI/1, S. 8). Bei der Beschreibung des Karl Stuart-Denkmals in London erwähnt Fontane ebenfalls den »wohlangebrachten Zopf im Rücken« (ders., *Ein Sommer in London*, NFA XVII, S. 21).

Kostümfrage zu thematisieren.[108] Vier Jahre nach dem Erscheinen von *Unsere lyrische und epische Poesie seit 1848* zitiert er die in Bezug auf Schadow getätigte Aussage, dieser habe »die Kühnheit« gehabt, »den Zopf in die Kunst einzuführen«, und ihr damit »zugleich den Zopf genommen«[109], im siebten Brief *Aus Manchester*, ausgehend von Werken Benjamin Wests. Er revidiert darin seine Ansicht, wonach Schadow den Wandel in der Kostümfrage herbeigeführt habe, dahingehend, dass West bereits zwanzig Jahre vor Schadow zeitgenössische Kostüme dargestellt habe.[110] Fontane bezeichnet dementsprechend Wests Gemälde *Der Tod des Generals Wolfe*, *Die Schlacht von La Hogue* und *Die Schlacht an der Boyne* als Werke, »die ein kühner Griff ins wirkliche Leben waren und dies Leben in aller Treue und Wahrheit wiedergaben, ohne klassischen Faltenwurf und ohne französische Perücke. Dieser Umstand kann nicht laut genug hervorgehoben werden.«[111] Waagen verbindet Wests Gemälde ebenfalls mit Realismus und Zeitgenossenschaft: »[H]is talents were of a realistic tendency, and he may in some measure be looked upon as the founder of that mode of representing coeval history.«[112] Das bei Waagen lediglich als Tendenz ausgemachte Merkmal spitzt Fontane allerdings zu und preist West als großes Vorbild für »die Realisten in der Kunst«[113]:

> [W]as ich durch eine Besprechung dieses Mannes erreicht haben möchte, ist einfach das, daß alle diejenigen, die froh sind, den Dreimaster und den Krückstock anstelle der Toga und des Lorbeerkranzes eingeführt zu sehen, in Zukunft mit einem Gefühl der Pietät an dem hockenden Indianer vorbeigehen und seines Urhebers gedenken mögen.[114]

---

108 Fontane vertritt diese Meinung nicht einzig in Bezug auf West, sondern auch hinsichtlich weiterer Denkmäler: »Man denke sich den Schwerin vom Wilhelmsplatz zwischen den York und Blücher am Opernplatz gestellt; wie würd' es sich ausnehmen? Nicht zum besten« (ders., *Die Ausstellung der Modelle zum Wellington-Grabmal*, NFA XXIII/1, S. 42). Ergänzend schreibt er dazu in einer Fußnote: »Schwerin ist nämlich, wie wir für die Leser bemerken, welche die Statuen nicht kennen, in echt Rokokoantikem Stile gearbeitet, die anderen beiden Feldherrn in dem modernen Kostüme« (ebd., S. 42, FN).

109 Ders., *Unsere lyrische und epische Poesie seit 1848*, NFA XXI/1, S. 8.

110 Vgl. ders., *Aus Manchester. 7. Brief*, NFA XXIII/1, S. 105. Fontane relativiert Schadows Vorreiterrolle außerdem durch die Erwähnung von Daniel Nikolaus Chodowieckis und Jean Pierre Antoine Tassaerts Verdiensten in Zusammenhang mit der Kostümfrage (vgl. ders., *Aus Manchester. 6. Brief*, NFA XXIII/1, S. 105). Auf die diesbezügliche Bedeutung Chodowieckis weist er ein weiteres Mal im biografischen Artikel zu Adolph Menzel hin (vgl. ders., *Adolf Menzel*, NFA XXIII/1, S. 431).

111 Ders., *Aus Manchester. 7. Brief*, NFA XXIII/1, S. 105 (Abb. 14).

112 Waagen, *Treasures of Art in Great Britain*, Bd. 1, S. 366.

113 Fontane, *Aus Manchester. 7. Brief*, NFA XXIII/1, S. 104.

114 Graevenitz, *Theodor Fontane*, S. 106.

Die Eingangspassage des Zitats verdeutlicht, dass Fontane den Anspruch erhebt, den Lesern übergreifende Grundsätze zu vermitteln, wobei es signifikant ist, dass es sich hierbei um ein Anliegen zur realistischen Darstellung handelt. Mit der Gegenüberstellung von Dreimaster und Krückstock sowie Toga und Lorbeerkranz steht Fontane gleichzeitig gegen die Heroisierung von Kriegsdarstellungen ein, die Wests Gemälde infolge der Themenwahl als Darstellung des sterbenden Generals bereits inhärent ist. Wests Bild ist umstritten, weil er »ein nur wenige Jahre zurückliegendes Ereignis zum Gegenstand seines Historienbildes [wählt]«[115]. Das Gemälde reflektiert folglich den Sachverhalt, dass »Idealisierung und Wirklichkeitstreue [...] längst in einen intensiven Konflikt geraten«[116] sind. West zufolge mangelt es der Gattung Historienmalerei an Aktualität, was ihn zur Forderung veranlasst, dass sich die Historie auch zeitgenössischer Ereignisse und deren Deutung annehmen solle.[117] In Opposition dazu verlangt Reynolds – wie Diderot ebenfalls – »die Idealisierung, die das Historienbild vom Genre absetzt«[118]. Fontane vertritt den progressiven Standpunkt Wests und verleiht dem mit der Behauptung Nachdruck, dass Reynolds nach der Fertigstellung des Werkes seine Einwände zurückgenommen und dem Bild *»eine Revolution in der Kunst«* attestiert habe.[119] Fontane verzichtet mit dem Verweis darauf, dass »es wenige Blätter geben dürfte, die (auch bei uns) einer größeren Gekanntheit und Popularität genössen als ›Der Tod des Generals Wolfe‹«, gänzlich auf eine Beschreibung.[120] Stattdessen veranschaulicht er – symptomatisch für Fontane – die Bekanntheit des Gemäldes in Form einer Erzählung, wie der Reisende selbst in den abgeschiedensten Gasthöfen diesem Werk begegne.[121]

115 Gaehtgens, *Historienmalerei*, S. 46. Für die Ungewöhnlichkeit dieses Vorgehens bürgt die Tatsache, dass Joshua Reynolds, der Präsident der *Royal Academy*, West persönlich in dessen Atelier trifft, um ihn von seinem Vorhaben abzuhalten. Reynolds argumentiert, dass die Darstellung zeitgenössischer Kostüme einem Historiengemälde unangemessen sei und hässlich wirke (vgl. ebd.).

116 Ebd.

117 Vgl. ebd., S. 47.

118 Ebd., S. 50. »The wish of the genuine painter must be more extensive: instead of endeavouring to amuse mankind with the minute neatness of his imitations, he must endeavour to improve them by the grandeur of his ideas« (Joshua Reynolds, *Discourses on Art*, hrsg. von Robert R. Wark, New Haven/London, ^{2}1975, S. 41f.).

119 Fontane, *Aus Manchester. 7. Brief*, NFA XXIII/1, S. 107.

120 Ebd., S. 106 (Abb. 14).

121 »Wer, der jemals unsere östlichen Provinzen bereist und in den kleinen Gasthöfen kleiner Städte zur Nacht gegessen hat, hätte nicht, wenn er die baufällige Treppe mit Schlüssel und Nachtlicht hinaufstolperte, auf dem ersten Treppenabsatz jene drei unvermeidlichen Kupferstiche gesehen: ›Schwerin bei Prag‹, ›Seydlitz bei Roßbach‹, und ›General Wolfe vor Quebec‹, umstanden von trauernden Soldaten und neugierig ange-

1.4 »Die Koloristen sind das Unglück in der Kunst«[122]: Zur Divergenz von Farbe und Linie

In zugespitzter Form findet sich der Zwiespalt von *disegno e colore* in Fontanes Auseinandersetzung mit dem Kolorismus, der ihm zum Prüfstein dafür wird, ob in der Malerei der Farbe oder der Linie der Vorzug zuzusprechen sei. Diese vermeintliche Polarität ist allerdings in den Texten nicht als solche zu fassen, sondern erscheint vielmehr vereint in der Vorstellung einer zeichenhaft verfassten Realität. Das Verhältnis von *disegno e colore* beschäftigt Fontane seit der Betrachtung des Werks William Turners und damit vom Beginn seiner Tätigkeit als Kunstkritiker über die Berichte zu den Berliner Kunstausstellungen bis hin zu seinem letzten Roman *Der Stechlin*.[123] Wie die Kostümdebatte ist auch diese Diskussion in Fontanes Berliner Umfeld präsent: Kugler beharrt auf der Einhaltung der Linien[124] und Eggers warnt ebenfalls davor, »dass man sich hüten muss, ein Bild mehr nach seiner Farbe, als nach dem künstlerischen Wert seines Inhalts zu betrachten«[125]. Fontanes Auseinandersetzung erfolgt allerdings insofern eigenständig, als er die Debatte, wie einleitend erwähnt, auf die Frage nach dem realistischen Gehalt der Darstellung hin zuspitzt. In Anbetracht seiner Detailverliebtheit ist seine Ablehnung rein koloristischer Bilder folgerich-

starrt von jener kauernden Rothaut, dem unbestreitbaren Vater aller jener Unkas und Chingachgooks, die in Bildern und Romanen seit beinah fünfzig Jahren das Entzücken unsrer europäischen Jugend gewesen sind« (ebd.).

122 Ders., *Der Stechlin*, GBA I/17, S. 282.

123 Graevenitz liest die Gegenüberstellung der Barby's und Cujacius' als Anspielung auf die Opposition von klassischer und romantischer Malerei. So vertritt Cujacius als Cornelius-Enthusiast die Position der *dessinateurs* und spricht sich gegen Turner aus. Die Präraffaeliten überzeugen ihn zumindest noch in ihren Anfängen, was das Verschenken einer Kopie des Gemäldes *Sir Isumbras* von Millais an Woldemar verdeutlicht (vgl. ebd., S. 283). Melusine hingegen steht für Kolorit sowie neue Themen ein und befürwortet unter anderem Böcklins Malerei (vgl. Graevenitz, *Theodor Fontane*, S. 660f.).

124 »Auch der entschiedene Realist *Courbet*, der sich übrigens nicht auf landschaftliche Darstellungen beschränkt, ist hier anzuschliessen. Allein dieser Weg ist ein abschüssiger; er hat zur Vernachlässigung der Linien, des plastischen Elements, ja zur vollen Trivialität und Hässlichkeit geführt; und selbst in Deutschland, zuvörderst bei einigen Berliner Malern, ist man blindlings diesen Vorbildern gefolgt und gefällt sich in styllosen Farbenpotpurri's, die mitunter bis zu völliger Geist- und Formlosigkeit herabsinken. Eine verwandte Richtung auf blendende Lichteffekte hat der begabte englische Landschafter *Turner* verfolgt, während *Constable* u. a. m. dem entschiedenen Realismus huldigen« (Kugler, *Handbuch der Kunstgeschichte*, [5]1872, Bd. 2, S. 596). In der Erstausgabe ist diese Passage noch nicht enthalten und daher Lübke zuzuschreiben.

125 Friedrich Eggers, *Ueber die zweckmässige Anordnung und Aufstellung der Bilder bei Kunstausstellungen*. In: *DKB* 39 (30.09.1850), S. 305f.

tig. So schreibt er zu Eduard Hildebrandts Gemälden – in nahezu identischem Wortlaut wie zur Kunst William Turners: »*Auf die Dauer* mußte es auf Irrwege führen, nur Luft und Licht malen zu wollen.«[126] Davon ausgehend plädiert Fontane dafür, den Ausdruck »bildende Kunst« wörtlich zu nehmen:

> [D]ie Malerei soll sich nicht von aller Form trennen, soll nicht in bloße, noch dazu oftmals mehr wunderliche als wohltuende Farbenakkorde verklingen wollen, und wenn sie's *doch* tut, so gebiert sich daraus zuletzt [...] eine Art Farbenwahnsinn, eine Hasardierlust, ein halb bewußtes, halb unbewußtes Nachtwandlertum, das zuletzt nicht ohne Einfluß bleibt auf den Menschen selbst. Jeder, der in London war und die Turner-Galerie studiert hat, wird uns zustimmen.[127]

Fontane hält folglich an gegenständlicher Malerei fest und nimmt mit der Anspielung auf Turner eine psychologisierende Lesart vor – sonst in den Kunstkritiken eine seltene Argumentationsweise. Er greift damit einen Gemeinplatz auf, den neben zahlreichen Weiteren auch Kugler sowie Lübke zementieren.[128] Der Ausspruch des Malerprofessors in *Der Stechlin*, die Koloristen seien »das Unglück in der Kunst«[129] und mit dem Verschwinden der Linien in der Kunst seien auch die Formen in der Gesellschaft verloren gegangen, klingt an dieser Stelle bereits an. Während die Romanfigur eindeutig Züge ironischer Distanzierung von Seiten des Erzählers trägt, fehlt diese kritische Sichtweise in den Kunstkritiken noch. Fontane überträgt die Kritikpunkte sogar auf einen weiteren Künstler: In eine Reihe mit Turner und Hildebrandt stellt er den russischen Marinemaler Iwan Aiwasowskij.[130] Fontanes Äußerungen zu dessen Kunst verdeutlichen einen weiteren Tadel gegenüber dem Kolorismus: »Wir haben diesen Aiwasowskijschen Bildern gegenüber nicht das Gefühl des Echten, des Zuverlässigen.«[131] Diese Kritik sowie der Vergleich Hildebrandts mit Aiwasowskij findet sich auch bei Bruno Meyer, der in Bezug auf Aiwasowskij festhält: »[M]an weiß, welche

126 Fontane, *Eduard Hildebrandt*, NFA XXIII/1, S. 496. Die analoge Textstelle zu Turner lautet: »*er schien mit Licht malen zu wollen*« (ders., *Aus Manchester. 9. Brief*, NFA XXIII/1, S. 139). Eine weitere Parallelstelle betrifft den Begriff Effekte: Gemäß Fontane weisen Hildebrandts Bilder »besondere[] Licht- und Lufterscheinungen (Effekte)« auf (ders., *Eduard Hildebrandt*, NFA XXIII/1, S. 493). Zu Turner vgl. ders., *Aus Manchester. 9. Brief*, NFA XXIII/1, S. 138. Vgl. dazu auch Kapitel II.4.1.

127 Fontane, *Eduard Hildebrandt*, NFA XXIII/1, S. 496.

128 Lübke beschreibt Turner als einen »durch seine glänzenden Lichtwirkungen berühmten, zuletzt aber bis ins Form- und Gestaltlose verirrten Landschaftsmaler [...], dessen Darstellungsweise allerdings später ins phantastisch Unmögliche ausartete« (vgl. Lübke, *Grundriss der Kunstgeschichte*, [4]1868, S. 746).

129 Fontane, *Der Stechlin*, GBA I/17, S. 282.

130 Vgl. ders., *Eduard Hildebrandt*, NFA XXIII/1, S. 497.

131 Ders., *Aiwasowskij [1865]*, NFA XXIII/1, S. 330.

Ueberfülle von berechneter, kalter und verfehlter Effekthascherei die Berufung auf diesen Namen bezeichnet.«[132] Gemäß Meyer sind Hildebrandts Werke »outrirte[] Effektstücke[]«[133]. Bei Fontane steht dieser Vorwurf damit in Zusammenhang, dass sich reiner Kolorismus nicht auf dessen Realitätsgehalt hin überprüfen lässt, was er andernorts gar zur Kritik zuspitzt, dass es Hildebrandt an »Korrektheit und Gewissenhaftigkeit«[134] mangle. Derselbe Vorwurf findet sich bereits in einem *Kunstblatt*-Artikel von 1852, in dem Friedrich Eggers schreibt, dass es Hildebrandt »nur um Lichteffekt zu thun ist[. Er, CA] rückt und dreht die Pyramiden nach Belieben, ohne daran zu denken, dass gerade dadurch der charakteristische Eindruck des Nilufers mit verrückt wird.«[135] »Lichteffekt« ist eindeutig negativ konnotiert und wird mit Einbuße an Darstellungstreue in Verbindung gebracht.[136] Nicht nur der zu vermittelnde »charakteristische Eindruck« leide, sondern es wird bemängelt, dass Hildebrandt damit »auf Kosten der Naturwahrheit gesteigerte Wirkung« erzielen wolle.[137] Fontane hält sodann fest, dass Hildebrandt »[a]uf Reisen, im unmittelbaren Anschauen und Genießen der Natur«[138] die Flügel gewachsen seien, womit das Naturstudium und die unmittelbare Betrachtung zur Voraussetzung für eine wirklichkeitsgetreue Abbildung erhoben werden. Gleichzeitig macht Fontane jedoch die Reisen verantwortlich für Hildebrandts »Vorliebe für sogenannte Wirkungsbilder«[139]. Er formuliert allgemein: »Die Stilisten der Landschaftsmalerei machen es ihm zum Vorwurf, daß er die Zeichnung dem Kolorit und der Wirkung zum Opfer bringe.«[140] Fontane schwächt seine Kritik zwar insofern ab, als er einwirft, dass Hildebrandt gar nichts anderes anstrebe, er selbst ist jedoch ebenfalls unter den Gegnern zu

132 Bruno Meyer, *Eduard Hildebrandt*. In: *Zeitschrift für bildende Kunst* 4 (1896), S. 266.

133 Ebd., S. 268.

134 Fontane, *David Roberts*, NFA XXIII/1, S. 491. Ähnlich lautet der Vorwurf an Turner, der »Effekte erringen wollte und sich nicht mehr darum kümmerte, ob der Gegenstand zu seiner Laune paßte oder nicht. So entstanden Themse-Bilder auf denen es glüht wie auf Chios oder Madeira« (ders., *Aus Manchester. 9. Brief*, NFA XXIII/1, S. 138).

135 »Fast aus allen seinen, in ihrer Art unübertroffenen Schöpfungen spricht die Absicht, wirken zu wollen« (Eggers, *Die diesjährige Berliner Kunstausstellung. [Fortsetzung]*. In: *DKB* 44 (30.10.1852), S. 374).

136 Auch in der durch Lübke überarbeiteten fünften Ausgabe von Kuglers *Handbuch der Kunstgeschichte* sind die Lichteffekte in Hildebrandts Werken negativ bewertet und der Maler wird als »der frühverstorbene begabte, aber in raffinirtem Haschen nach blendenden Lichteffekten sich nur zu sehr gefallende *Ed. Hildebrandt*« vorgestellt (Kugler, *Handbuch der Kunstgeschichte*, [5]1872, Bd. 2, S. 595).

137 Eggers, *Die diesjährige Berliner Kunstausstellung. [Fortsetzung]*. In: *DKB* 44 (30.10.1852), S. 375.

138 Fontane, *Zwei Hildebrandts im Lokale des Kunstvereins [1866]*, NFA XXIII/1, S. 344.

139 Ders., *Eduard Hildebrandt*, NFA XXIII/1, S. 486.

140 Ebd., S. 489.

verorten. Seine Aussage, dass Hildebrandts Gemälde *Rangoon* »rein äußerlich, nur ein *Farbenwunder*«[141] sei, darüber hinaus jedoch keine Wirkung erzeuge, verdeutlicht die Ablehnung der Auflösung der Linien zugunsten des Vorrangs der Farbe. Mit der Aussage, Farbe sei »rein äußerlich« argumentiert Fontane mit dem Stereotyp, wonach Linie mit Gedanke, Idee und Innerlichkeit zu verbinden sei, während Farbe mit Oberflächlichkeit und Effekt assoziiert werde. Für die vorbereitende Skizze findet Fontane hingegen lobende Worte und attestiert ihr »ein[en] poetische[n] Zauber, etwas Indisch-Geheimnisvolles«[142]. Der Zuspruch für die Zeichnung ist vor dem Hintergrund der Kritik am ausgeführten Gemälde als symptomatisch für Fontanes Kunstverständnis aufzufassen, zumal in der Skizze – gemäß Fontanes Vorstellung – die Linie als primäres und die Farbe als sekundäres Gestaltungsmittel fungieren. Der Skizze misst er folgerichtig hinsichtlich Blechens Œuvre höchsten Stellenwert bei,[143] mit der Behauptung, Blechen sei »am größten und genialsten«[144] in seinen Skizzen. In Bezug auf das Werk Theodor Mintrops kommt außerdem Fontanes Affinität für das Fragmentarische zum Ausdruck: »Am bedeutendsten sind mir seine dem religiösen Gebiet angehörigen Arbeiten erschienen, und zwar umso bedeutender, je unfertiger sie sind.«[145] In der Befürwortung von Skizze und Fragment erweist sich Fontane als modern, zumal in der zeitgenössischen Kritik nach wie vor einzig das ausgeführte Bild als vollgültiges Kunstwerk gilt.[146]

Neben der mangelnden Naturwahrheit und der Vernachlässigung der Zeichnung führt Fontane betreffs Hildebrandt als weiteren Kritikpunkt an, dass dieser den »poetischen Gehalt« eines Kunstwerks gegenüber der Demonstration technischer Fertigkeiten als zweitrangig einstufe:[147] »[E]in Geltendmachen

141 Ders., *Zwei Hildebrandts im Lokale des Kunstvereins [1866]*, S. 342.

142 Ebd., S. 342.

143 Uwe Hebekus bezeichnet die Moderne als »Epoche der Fragmentarisierung«, was verdeutlicht, dass es sich dabei um eine progressive Einstellung Fontanes handelt (Uwe Hebekus, *Ästhetische Ermächtigung. Zum politischen Ort der Literatur im Zeitraum der Klassischen Moderne*, München 2009, S. 89).

144 Fontane, *Karl Blechen [Fragment]*, NFA XXIII/1, S. 534. Fontane attestiert Blechen die »Gabe des mit ein paar Strichen Festhaltens, des Erkennens und Treffens des *charakteristischen Punktes* in der Landschaft« (ebd.).

145 Ders., *Fünfte Ausstellung der Nationalgalerie [1878]*, NFA XXIII/1, S. 417.

146 Vgl. Liebermann, *Die Phantasie in der Malerei*, S. 146.

147 Diese Kritik macht Fontane auch für Friedrich Kraus geltend, der »[z]u unseren besten Koloristen gehört«: »Beurteilen wir seine diesjährigen Bilder lediglich nach der *koloristischen* Seite hin, so begegnen wir derselben Machfertigkeit, vielleicht sogar einer gesteigerten Virtuosität. Wo diese Bilder aber, über das bloß Äußerliche hinaus, einen geistigen Inhalt, eine jenseits des Alltäglichen liegende Charakterisierung zu geben trachten, da scheitern sie« (Fontane, *Berliner Kunstausstellung [1864]*, NFA XXIII/1, S. 279). Vgl. auch ders., *Aus Manchester. 9. Brief*, NFA XXIII/1, S. 132.

der *Virtuosität* auf Kosten echten poetischen Gehalts«[148] erachtet er als negative Entwicklung in der Nachfolge Hildebrandts.[149] Bezeichnenderweise illustriert Fontane die konstatierte Herabsetzung der Linie auf Kosten der Wahrheit am Beispiel zweier Anekdoten in der Fussnote. Die eine beinhaltet die Behauptung, wonach Hildebrandt während der Arbeit Jacken »als *Gradmesser* für die Farbe«[150] benutzt haben soll, womit wohl auf die fragwürdige Authentizität seiner Farbgebung angespielt werden soll. Die zweite Anekdote erachtet Fontane als »charakteristisch für seine Stellung zur *Formenwelt*«, zumal sie besagt, dass Hildebrandt auf den Vorwurf, auf seinem Gemälde seien die Beine einer Kuh zu dick geraten, geantwortet haben soll, dass Kuhbeine in der Natur eigentlich zu dünn seien. Hiermit wird ebenfalls die Wahrheitstreue von Hildebrandts Darstellung infrage gestellt. Fontane zufolge hat sich Hildebrandt in den letzten drei Jahren seines Schaffens »in der Decadence«[151] befunden, insbesondere was die Ölbilder betreffe. In dieser Textstelle – der einzigen in den Kunstkritiken, in der Fontane den Begriff »Decadence« verwendet – ist der Terminus mit Zerfall und Vergänglichkeit konnotiert. Es handelt sich um einen Nekrolog auf den Maler, in dem Fontane im weiteren Lauftext gar den Ausspruch »wag[t]«: »Künstlerisch genommen war es Zeit für ihn, daß er starb«[152], was er auf die Monotonie von Hildebrandts Bildmotiven zurückführt: »Die Ära der

148 Ders., *Die Berliner Kunstausstellung [1860]*, HFA III/5, S. 462.

149 Dasselbe Argument ist in einem anderen Artikel zu Hildebrandt angeführt: »Wir plädieren für das Stille gegen das Laute, für das Schüchterne, das sucht und strebt, gegen das Fertige, das in jedem Pinselstriche zeigt: ›Ich kann‹, aber uns auch in jedem Pinselstriche dies Können *versichert*« (ders., *Zwei Hildebrandts im Locale des Kunstvereins*, NFA XXIII/1, S. 343). Vgl. auch ders., *Berliner Kunstausstellung [1864]*, NFA XXIII/1, S. 278; ders., *Italienische Aufzeichnungen. Erinnerungen*, HFA III/3/2, S. 961. Im Bericht zur Kunstausstellung von 1866 hält Fontane Ähnliches fest: »Wir wissen sehr wohl, daß es in den bildenden Künsten ebensosehr auf das ›Wie‹ ankommt als auf das ›Was‹, und wir wissen, im Einklang damit, den Wert des Machenkönnens, der Farbe und einer brillanten Technik sehr wohl zu schätzen; aber dann erbitten wir uns auch, wenn wir auf Tieferes verzichten müssen, etwas, was dem Glanz der Venezianer, der Wahrheit der Niederländer wenigstens nahekommt. Fehlt es daran, so fehlt auch das, was vornehm unsre Frage ablehnen könnte, die Frage: *Was* wurde gemalt?« (ders., *Berliner Kunstausstellung [1866]*, NFA XXIII/1, S. 347); vgl. auch Theodor Fontane an Emilie Fontane, 21.10.1856, GBA XII/1, S. 415. Das Poetische wird derweil nicht nur zum Maßstab für Landschaftsmalerei, sondern auch für Genre- sowie Historienbilder geltend gemacht, wobei dem »Poetischen« gegenüber technischen Mängeln Priorität beigemessen wird: »Das Poetische hat den Sieg über die Mängel der Technik davon getragen« (Theodor Fontane an Martha Fontane, 13.05.1889, HFA IV/3, S. 690).

150 Vgl. Fontane, *Eduard Hildebrandt*, NFA XXIII/1, S. 495.

151 Ebd.

152 Ebd.

Sonnenuntergänge ist selbst im Untergehn.«[153] Mangelnde Innovation wird zum künstlerischen Todesurteil, der Zerfallsbegriff lässt sich jedoch auch mit der Auflösung der Zeichen in Verbindung bringen, einer Hinwendung zum reinen Formalismus und visuellen Radikalismus, die von Fontane infolge seines zeichenhaften Verständnisses von Realismus nicht gebilligt werden kann.

Trotz aller semiologischer Raffinesse und Zeichenbewusstheit bleibt Fontanes Realismuskonzept folglich an die Gegenständlichkeit und ihre Symbolträchtigkeit gebunden. Fontanes Reiseschilderung, die sich mit der Darstellung der Via Mala-Schlucht Böcklins überlagert, zeugt vom erwähnten Aspekt des Symbolischen:[154]

> Beständig drängte sich mir die Erinnerung an das Böcklinsche Bild auf; alles war da; nur der Ichthyosaurus kuckte *nicht* aus seinem Felsenfenster heraus. Und dennoch fehlte auch *er* nicht; denn der Ichthyosaurus, den der Künstler so genial erfunden hat, ist allerdings der Genius loci dieses Orts, nichts als die Verkörperung des Schreckhaften, des Elementar-Ungeheuerlichen, das, aus Fabelzeiten her, hier seine Stätte hat.[155]

Der zitierte Brief an Emilie liefert einerseits einen Beleg für Fontanes von Bildern geprägte Wahrnehmung:[156] Fontane erlebt nicht die Via Mala-Schlucht, sondern das Gemälde Böcklins: »Bilder formen auch die Sicht des Wirklichen.«[157] Realität ist demnach eine Konstruktion aus Wahrgenommenem sowie visueller Erinnerung. Andererseits wird deutlich, dass Fontane den Drachen als Metapher auffasst, die den Ort kongenial verkörpert. Der Drache wird als Reminiszenz auf »Fabelzeiten« gesehen, woraus eine Überlagerung von Gegenwart und Vergangenheit resultiert. Fontane lädt folglich in seinen Beschreibungen das Dargestellte mit Symbolik auf.[158] Der Drache als ungezähm-

153 Fontane, *Zwei Hildebrandts im Lokale des Kunstvereins [1866]*, S. 343f.

154 Das Gemälde *Drachen in einer Felsenschlucht* ist auch in *Der Stechlin* Thema und veranlasst zu einem Verwechslungsspiel mit Böcklins Namen (vgl. ders., *Der Stechlin*, GBA I/17, S. 379).

155 Theodor Fontane an Emilie Fontane, 09.08.1875, GBA XII/3, S. 40f. (Abb. 18).

156 Ein weiteres Beispiel hierfür liefert ein Gedicht Fontanes an Paula Schlenther-Conrad: »In San Remo, in Hesperien, / Ach, was sind mir das für Ferien! / Statt erhoffter Blüthenglocken / Immer neue Winterflocken, / Statt Böcklinscher Meeresbläue / Plus nur von Berlinscher Gräue; / Könnt ich doch, mit einem Satze, / Heim zu meinem alten Platze, / Heim zu meinem alten Rexe, / Belle Allianceplatz Nummer sechse, / Statt hier, unter ewgem Frieren, / Zeit und Geld nur zu verlieren…« (Theodor Fontane an Paula Schlenther-Conrad, 11.02.1895, HFA IV/4, S. 419).

157 Graevenitz, *Theodor Fontane*, S. 662.

158 Vgl. auch Fontanes Kommentar zu einer Darstellung des Sündenfalls von Dubufe, in dem er den Augapfel des Löwen mit Symbolik versieht (vgl. Fontane, *Zwei Gemälde über den Sündenfall*, NFA XXIII/1, S. 47).

tes Tier und Fabelwesen entzieht sich der physischen Greifbarkeit und fordert daher zur gedanklichen Sinnstiftung heraus. Fontanes Zeichenverständnis gilt es daher zwischen realistischen sowie symbolistischen Tendenzen zu verorten, insofern als sowohl die Kunstkritiken als auch die Romane Passagen aufweisen, in denen sich Zeichen durch ihre Eigenpräsenz selbst genügen. Die Dinge in Fontanes erzählten Innenräumen haben keinen Nutzer, sie scheinen um ihrer selbst willen vorzukommen, sind aber integriert in die Erzählräume.[159] Allein schon durch ihre Präsenz tragen sie zur Konstitution von Wirklichkeit bei, ein Phänomen, das Brinkmann mit dem Terminus »faktophiler Realismus«[160] fasst. Der Zeichencharakter wird folglich zugunsten einer Selbstpräsenz der dargestellten Gegenstände eliminiert.[161] An anderen Stellen praktiziert Fontane, wie am Beispiel von Böcklins *Drache in einer Felsenschlucht* aufgezeigt, ausgehend von Metaphern, Bild- und Symbolsprache, eine forcierte Hermeneutik.[162] Eine strikte Trennung der beiden Termini erscheint daher in Bezug auf Fontanes Poetik unangebracht, zumal er zahlreiche Realien, wie beispielsweise die Schaukel in *Effi Briest* oder die Aloe in *Der Stechlin* mit symbolischer Bedeutung auflädt. Gleichzeitig erschließt sich daraus, weshalb Fontane sich nicht nur für Gemälde interessiert, die dem Realismus, sondern auch für solche, die dem Symbolismus zugeschrieben werden. Gemeinsam ist beiden Darstellungsparadigmen die Überzeugung, dass Wirklichkeit und Bedeutungen nicht festgelegt und nur über Formen und Zeichen eingeholt werden können.

Trotz seines dergestalt charakterisierten Realismusverständnisses bekennt Fontane, dass »die Landschaft […], die – *vielleicht, weil sie dem Geistigen am fernsten steht* – mehr als irgendein anderer Zweig der Malerei auf die Zauber der Farbe angewiesen ist, […] auch, mit einer Art von Notwendigkeit, *innerhalb der Farbenwelt ihre Fortentwickelung erfahren* [muß]«[163]. »Geist« wird demzufolge auch an dieser Stelle mit Linie und Intellekt in Verbindung gebracht. Unmittelbar anschließend relativiert Fontane allerdings:

> Vielleicht sagen wir richtiger: »ihre Wandelungen durchmachen« – denn es mag dahingestellt bleiben, ob der *Schritt* aus der Stimmungs-Landschaft in die koloristische Landschaft (den wir getan) auch zugleich als ein *Fortschritt* innerhalb der Landschaft zu bezeichnen ist.[164]

159 Vgl. Helmstetter, *Verlorene Dinge*, S. 235.
160 Brinkmann, *Der angehaltene Moment*, S. 460.
161 Vgl. Schneider, *Die Dinge und die Zeichen. Einleitung*, S. 11.
162 Vgl. Meyer, *Im ›Banne der Wirklichkeit‹?*, S. 346 (Abb. 18).
163 Fontane, *Berliner Kunstausstellung [1864]*, NFA XXIII/1, S. 284.
164 Ebd.

Fontane nimmt diese Definition in Abgrenzung zum Genre vor, das »allenfalls *ohne* Farbe bestehen [könne], Hogarth und Menzel haben ihr Bestes mit dem Griffel geleistet«[165] und räumt hierbei dem *disegno* den Vorrang gegenüber dem *colore* ein. Obschon er das Potenzial der Farbe für eine Weiterentwicklung der Landschaftsmalerei bestätigt, liegen seine Präferenzen auf Seiten der konventionellen Stimmungslandschaft.[166] Auffällig ist an dieser Stelle außerdem die sprachlich markierte Differenz von »*Schritt*« und »*Fortschritt*« als Versuch, die Nuancen in der Darstellung begrifflich zu fassen. Ausgehend von Gemälden Oswald Achenbachs verortet sich Fontane denn auch unter den Anhängern »jener älteren Schule [...], die von einer Landschaft vor allem Stimmung verlangt«[167]. Zwei Jahre später konkretisiert er dies dahingehend, dass »[d]ie ›Stimmung‹, weil sie dem Geistigen näher steht als das bloße Treffen der Farbe, [...] an und für sich immer ein Höheres sein [werde]«[168]. Wiederum bezieht Fontane das Geistige in die Betrachtung mit ein, indem er insofern Gegenständlichkeit einfordert, als dass die Identifizierung der Landschaft garantiert sein muss:

> Die echtesten Realisten unter den Stimmungsmalern müssen es dahin bringen (und sie *werden* es dahin bringen), daß jeder, der z. B. das norddeutsche Flachland in allen seinen Teilen kennt, ohne alle Mühe wird ausrufen können: Das ist märkisch, das ist holländisch, das ist die Weichsel und das ist Holstein.[169]

---

165 Ebd.

166 Dies wird auch in der Besprechung zur Kunstausstellung von 1862 deutlich, in der Fontane die »Stimmungsmaler[]« als »unsere[] eigentlichen Freunde[]« bezeichnet (ders., *Die diesjährige Kunstausstellung [1862]*, NFA XXIII/1, S. 230). Vgl. auch ders., *Berliner Kunstausstellung [1866]*, NFA XXIII/1, S. 371.

167 Ders., *Die diesjährige Kunstausstellung [1862]*, NFA XXIII/1, S. 228f. Fontane bekräftigt dies mit den Begriffen »poetische[] Stimmung« nochmals im biografischen Artikel zu Oswald Achenbach, was nahelegt, dass er seine eigenen kunstkritischen Artikel als Vorlage nutzt (vgl. ders., *Oswald Achenbach*, NFA XXIII/1, S. 479). Ein weiteres Zitat, das die Bedeutung von »Stimmung« in der Landschaftsmalerei bekräftigt, lautet: »Die Ansprüche, die unsre Zeit [an die Landschaftsmalerei, CA] stellt, heißen: Wahrheit und *Stimmung*« (ders., *Aus Manchester. 9. Brief*, NFA XXIII/1, S. 125).

168 Ders., *Berliner Kunstausstellung [1864]*, NFA XXIII/1, S. 284.

169 Ders., *Die diesjährige Kunstausstellung [1862]*, NFA XXIII/1, S. 232f. Signifikant ist, dass Fontane auch an dieser Stelle in der Fortsetzung der Passage die Sprache sowie Gehör und Sehsinn in seine Überlegungen mit einbezieht: »Denn die verschiedenen Provinzen haben allerdings ihre ganz verschiedene Sprache auch in der *Landschaft*, und wie es dem geübten Ohr nicht schwerfällt, einen Königsberger von einem Hamburger zu unterscheiden, so wird es, wenn die Landschafter erst alle auf ihrer Höhe sein werden, auch einem geübten Auge nicht schwerfallen, eine ostpreußische Heide von einer ostfriesischen zu unterscheiden« (ebd.).

Die Präzision der Darstellung hat folglich ein Maß an Detailgenauigkeit zu erreichen, das es erlaubt, die Landschaft zu dechiffrieren und dem realen Ursprungsort zuzuschreiben. Dieses Vermögen spricht Fontane den Koloristen ab, wie oben am Beispiel Hildebrandts veranschaulicht. Landschaft als losgelöst von ihrem Referenten, als Landschaft um ihrer Eigenpräsenz willen, ist in Fontanes Realismusverständnis folglich undenkbar. Detailtreue und Realismus der Darstellung scheinen allerdings nicht gleichbedeutend mit Stimmung: So ist Bennewitz von Loefen nach Fontane »in sehr ausgeprägter Weise ein Realist unter den Landschaftern«, er ordnet ihn aber dennoch nicht unter den »Stimmungsmalern« ein.[170] Signifikant ist, dass Fontane in Loefens auf Genauigkeit und Details ausgerichteter Darstellungsweise Potenzial für Neuerungen der Maltechnik ausmacht:[171] »Vielleicht sollten wir […] von einer ganz aparten Art des *Sehens* sprechen. Jedenfalls ist das anders Sehen vorausgegangen und dann das anders Malen gefolgt«[172]. Mit ganz ähnlichen Worten hat Fontane fünf Jahre zuvor die Malerei der Präraffaeliten beschrieben, mit denen er Loefen im Anschluss vergleicht. Am Beispiel Loefens führt er allerdings präziser aus, was seine Faszination für diese Technik ausmacht, die seines Erachtens darin besteht,

> daß alles unendlich bestimmter, abgegrenzter, mit reicherem, klarer erkennbarem Detail an uns herantritt. An die Stelle des Totaleindrucks, d. h. an die Stelle jener allgemeinen Linien und Formen, die ausreichten, jenen Totaleindruck zu geben, treten jetzt zahllose Einzelzüge; und Dinge, die just noch groß genug sind, um vom Auge kontrolliert zu werden, wenden sich nunmehr auch an das korrekte Auge und nicht an die unkorrekte, willfährig nachhelfende Phantasie.[173]

Das Konzept des Totaleindrucks scheint mit der Kritik am Kolorismus zu konvergieren, der infolge der Auflösung der Konturen eine Identifikation und Ver-

170 Ebd., S. 230.

171 Fontanes Wertschätzung für das Detail zeigt sich desgleichen in seiner Anerkennung für Hans Frederik Gudes Landschaftsmalerei: »Die anerkannten Vorzüge seiner Bilder bestehen in einer großen Natürlichkeit und Klarheit der Motive, in wohlstudierter Zeichnung des Details und zumal in einer durch kräftige Farbe und gewandte Technik unterstützten phantastischen Gesamtwirkung. Eine Art Ossianischer Poesie weht über seine Hochebenen dahin, und die oft nur durch Rentiere belebte, großartige Einöde spricht unsern Geist wundersam poetisch an« (ders., *Hans Gude*, NFA XXIII/1, S. 467f.).

172 Ders., *Die diesjährige Kunstausstellung [1862]*, NFA XXIII/1, S. 229. Fontane greift diesen Aspekt bezüglich der Werke, die Loefen in der Ausstellung von 1864 zeigt, nochmals auf und streicht die Besonderheit dieser Herangehensweise heraus (vgl. ders., *Berliner Kunstausstellung [1864]*, NFA XXIII/1, S. 289).

173 Ders., *Die diesjährige Kunstausstellung [1862]*, NFA XXIII/1, S. 229f.

ortung der dargestellten Landschaft verunmöglicht. Anders bei Loefen, dessen Präzision der Darstellung das Ausdifferenzieren »zahllose[r] Einzelzüge« und »Dinge« ermögliche. Bemerkenswert ist hierbei das von Fontane aufgegriffene Wahrnehmungsparadigma, welches »das korrekte Auge« der »unkorrekte[n], willfährig nachhelfende[n] Phantasie« gegenüberstellt. Auch an dieser Stelle ist es folglich das Gegenständliche, eine Anhäufung exakt abgebildeter Dinge, das von Fontane zum Garant für den Realismus der Darstellung erhoben wird. Dies ermöglicht zugleich den Wechsel vom Allgemeinen – den »allgemeinen Linien und Farben« – zum Speziellen und Individuellen als zentraler Darstellungsabsicht Fontanes im Generellen.[174]

Die verschiedenen Aussagen Fontanes verdeutlichen, dass er zwischen Anerkennung und Ablehnung der koloristischen Kunst schwankt, was auch daran liegt, dass er sich stärker auf den Einzelfall als auf die übergreifende Perspektive einlässt. So bezeichnet er Oswald Achenbachs Werk *An den westlichen Abhängen des Sabinergebirges* als »Meisterstück[] der koloristischen Kunst und der Kunst überhaupt«[175], schätzt den Maler aber gleichzeitig für dessen Stimmungsmalerei. Im Artikel für das Lexikon *Männer der Zeit* schreibt Fontane, dass Oswald Achenbach der »*idealistischen* Auffassung und Benutzung der Natur«[176] zuzuordnen sei, im Gegensatz zu dessen Bruder, der die »*realistische* Richtung« vertrete. Die Erwähnung von Stimmung und Poesie in Zusammenhang mit idealistischer Darstellungsweise verdeutlicht, dass Fontane diesbezüglich einem konventionellen Denken verpflichtet bleibt. Die zitierte Aussage des Malerprofessors Cujacius, ein Kohlenstrich von Cornelius sei »mehr wert als alle modernen Paletten zusammengenommen«[177], deckt jedoch auf, dass Fontane seine Meinung ändert. Er zieht bereits 1862 die Trennlinie keineswegs in dieser Schärfe, sondern scheint vielmehr um die Zusammenführung der Pole bemüht, was allerdings nicht vollends gelingt.[178] Der Blick auf

174 Vgl. hierzu Kapitel III.3 sowie die folgende Passage aus Fontanes drittem Brief *Aus Manchester*: »Von der St.-Georges-Halle […], der Börse und der eleganten Lord-Straße will ich Sie nicht unterhalten; jede große und reiche Stadt hat eine Reihe solcher Sehenswürdigkeiten, und nur das Besondere kann interessieren« (Fontane, *Aus Manchester. 3. Brief*, NFA XXIII/1, S. 63).

175 Ders., *Berliner Kunstausstellung [1864]*, NFA XXIII/1, S. 285.

176 Ders., *Oswald Achenbach*, NFA XXIII/1, S. 479.

177 Ders., *Der Stechlin*, GBA I/17, S. 241.

178 Betreffs Eduard Meyerheims Kunst spricht Fontane beispielsweise von »Meyerheimsche[r] Saubermalerei«: »Es ist alles sehr gut, sehr schön, aber es ist eben *zu* gut, *zu* schön« (Fontane, *Die diesjährige Kunstausstellung [1862]*, NFA XXIII/1, S. 200). Fontane wünscht sich, »daß eine gewisse *realistische* Auffassung mehr und mehr dabei zur Geltung kommt« (ebd., S. 201). Stattdessen kultiviere Meyerheim »einen gewissen *Idealismus der Dinge*«: »er idealisiert nicht die Köpfe, nicht den Hergang,

das Romanwerk entlarvt Fontanes Aussagen in den Kunstkritiken denn auch als inkonsistent. So liegt der Schwerpunkt in seinen Erzählungen auf der »Mache«, wie er in einem Brief über *Die Poggenpuhls* bekennt: »Das Buch ist kein Roman und hat keinen Inhalt, das ›Wie‹ muß für das ›Was‹ eintreten – mir kann nichts Lieberes gesagt werden. Natürlich darf eine Literatur nicht auf den Geschmack ganz, ganz alter Herren aufgebaut werden. Aber so nebenher geht es.«[179] Das Fehlen von Inhalten, das Fontane insbesondere bei Landschaftsmalern bemängelt, die er dem Kolorismus zuordnet, trifft folglich auf sein eigenes Schreiben ebenfalls zu. Die Verlagerung vom Inhalt auf die Form kann einerseits als genuines Merkmal von Spätwerken aufgefasst werden,[180] andererseits zeigt es, dass Fontane in seinen Kunstkritiken wohl moderner denkt, als er sich selbst eingestehen will.[181] Letzteres lässt sich an seiner Beschreibung von Turners *Peace – Burial at Sea* veranschaulichen, in der Fontane selbst das Geschehen ausblendet und auf die Farbe fokussiert.[182] Die Wendung vom ›Was‹ auf das ›Wie‹ und damit hin zu den Zügen der Décadence, die in der Aufspaltung der Handlung in zahlreiche Gespräche sowie im Fokus auf Details und Ne-

aber er *idealisiert die Pelzmützen und die Jahrmarktstücher*« (ebd.). Gemäß Fontane liegt die Problematik darin, dass das Dargestellte und die Darstellungsweise nicht konvergieren: »Dorfjungen aber verlangen einen breiteren Pinsel« (ebd., S. 202).

179 Theodor Fontane an Siegmund Schott, 14.02.1897, HFA IV/4, S. 635. Vgl. auch die analoge und vielzitierte Ankündigung Fontanes an den Verleger Adolf Hoffmann zu *Der Stechlin*: »Zum Schluß stirbt ein Alter und zwei Junge heiraten sich; – das ist so ziemlich alles, was auf 500 Seiten geschieht. […] Alles Plauderei, Dialog, in dem sich die Charaktere geben, und mit ihnen die Geschichte« (Theodor Fontane an Adolf Hoffmann, Mai/Juni 1897 [Entwurf], HFA IV/4, S. 650).

180 Vgl. Thomas Mann über den Spätstil Fontanes (Thomas Mann, *Der alte Fontane*. In: Ders., *Werke – Briefe – Tagebücher*, hrsg. von Heinrich Detering unter Mitarbeit von Stephan Stachorski, Frankfurt am Main 2002 (= Große kommentierte Frankfurter Ausgabe, Bd. 14.1), S. 245–274); Adorno vermerkt dazu: »Daß also das Sinnliche des Kunstwerks in einem so zunehmenden Maße Träger eines Geistigen wird, das haben Sie ja ganz unabhängig davon an dem Spätstil von Fontane auch hervorgehoben. Oder ich würde doch sagen, daß die Tendenz zur Schrumpfung oder die Tendenz zum Formelhaften, zum bedeutend Formelhaften, – daß das doch Phänomene sind, die man in den Spätstilen sehr verschiedener Künstler finden kann« (Theodor W. Adorno und Hans Mayer, *Über Spätstil in Musik und Literatur. Ein Rundfunkgespräch*, hrsg. von Rolf Tiedemann, München 2001, S. 135).

181 Moritz Wullen bekräftigt ebenfalls, dass Fontane in seinen Texten zu den Werken Turners exakt das »Auseinanderdriften von Kunst und Wirklichkeit« aufgreife und damit »die ersten entwicklungsgeschichtlichen Anzeichen der kommenden Moderne [erkläre], ohne sie als solche zu erkennen« (Moritz Wullen, *Venice: Sta. Maria della Salute, Night Scene with Rockets*. In: Keisch, Schuster et al. (Hrsg.), *Fontane und die bildende Kunst*, S. 71).

182 Vgl. Kapitel II.4.1 (Abb. 12).

bensächliches festgemacht werden können, sind sowohl in den Kunstkritiken als auch in den Romanen zentral für das Abbilden von Realität. Die Wirklichkeit wird dabei aufgeteilt und in Details zersetzt, die lediglich Ausschnitte des Ganzen darstellen.

1.5 »[P]oetische[] Stimmung« als »höchste[r] Reiz und Vorzug aller Landschaftsbilder«:[183] Intermediale Bezüge in der Landschaftsmalerei

Hinsichtlich der Zusammenhänge zwischen den kunstkritischen Schriften und dem Erzählwerk ist interessant, dass Fontane ausgehend von der Landschaftsmalerei intermediale Verknüpfungen zwischen Malerei, Sprache und Musik ausmacht. Vielfältige Anregungen für die interdisziplinäre Herangehensweise erhält Fontane von seiner Sehgemeinschaft, die den »Medienmix als eines der Merkmale des neuen kollektiven Imaginären«[184] im *Kunstblatt* sowie in der *Argo* praktiziert. Wie bei Fontane werden auch im *Kunstblatt* nicht nur Bild und Text, sondern ebenso die Musik einbezogen. Moritz Lazarus verfasst 1854 den Aufsatz *Die Vermischung und Zusammenwirkung der Künste*, in dem er dafür plädiert, Medien grundsätzlich als gemischte Medien zu behandeln. Zum Tragen kommt dieses Prinzip unter anderem in Wagners »Gesamtkunstwerk«.[185] Graevenitz bezeichnet die Erzählkunst Fontanes in Anlehnung daran als »gemischtes Medium«[186]. Diese Form der Erzählung hat sich Fontane jedoch nicht nur angeeignet, weil sie – wie Graevenitz schreibt – »den größten Erfolg versprach«[187], sondern auch und gerade weil er in den Kunstkritiken als Übertragung visueller Eindrücke in schriftliche Form diesen Medienwechsel längst selbst umgesetzt hat. Besonders hinsichtlich der Landschaftsmalerei kommt bei ihm als weiteres Medium die Musik hinzu. Die Landschaftsmaler sind seines Erachtens »die *Lyriker* in ihrer Kunst«[188], sodass er für Hildebrandts Werk *Rangoon* denn auch behauptet: »[d]ies Stück Natur, großartig und einsam, wirkt wie ein Gedicht.«[189] Über die metaphorische Bezugnahme führt Fontane Malerei und Dichtung auf der Ebene der Wirkungsästhetik zusammen. »[P]

183 Fontane, *Oswald Achenbach*, NFA XXIII/1, S. 479.

184 Graevenitz, *Theodor Fontane*, S. 336.

185 Vgl. ebd., S. 288.

186 Ebd., S. 341.

187 Ebd.

188 Fontane, *Die Berliner Kunstausstellung [1860]*, HFA III/5, S. 462.

189 Ders., *Eduard Hildebrandt [1864]*, NFA XXIII/1, S. 321. Fontane publiziert bis zum Zeitpunkt des Verfassens dieser Kunstkritik bereits die Novelle *Geschwisterliebe*, Gedichte, Übersetzungen, Teile der *Wanderungen* und beginnt die Arbeit an *Vor dem Sturm* (vgl. Probst, *Chronik*, S. 29–34).

oetische[] Stimmung« resultiert seinen Ausführungen zufolge aus dem Zusammenspiel von Komposition, Zeichnung und Farbgebung. Paradox an dieser Aussage ist, dass Fontane die »Behandlung von Farbe und Licht« gegenüber den anderen Aspekten priorisiert, während die voranstehende Analyse die Bedeutung der Linie, des *disegno* für seine Kunstauffassung aufgezeigt hat.

> Weder seine [Oswald Achenbachs, CA] Komposition noch seine Zeichnung ist ersten Ranges, aber in Behandlung von Farbe und Licht leistet er Außerordentliches, und der Hauch poetischer Stimmung, worin wir den höchsten Reiz und Vorzug aller Landschaftsbilder erkennen, liegt anmutig über allen seinen Arbeiten.[190]

Die Farbe kann gemäß der zitierten Passage für sich allein stehen, Zeichnung und Komposition sind zweitrangig, wenn es darum geht, Stimmung zu erzeugen. Bezeichnenderweise ist es eine Landschaftsdarstellung, die Fontane zu dieser Äußerung veranlasst, insbesondere bei dieser Gattung arbeitet er sich nämlich an der Frage ab, wie weit das ›Was‹ hinter das ›Wie‹ zurücktreten darf.[191] Der Einbezug der Poesie bestätigt, dass es sich dabei um eine übergreifende ästhetische Anschauung handelt, die sämtliche Künste umfasst. Der Begriff Poesie bleibt im zitierten Abschnitt jedoch abstrakt, er scheint sich auch nicht explizit auf die Dichtung zu beziehen, sondern als Umschreibung des Vermögens, eine künstlerische Wirkung zu erzeugen. Fontane ist die Bedeutung der Farbe demzufolge bewusst, doch dahinter müssen offenbar stets noch Komposition und Zeichnung erkennbar sein, eine gänzliche Loslösung von denselben scheint nicht möglich.

Der Aspekt von Poesie als literarischer Form wird indessen stärker berücksichtigt, wenn Fontane beispielsweise Oswalds Bruder Andreas Achenbach das Verdienst zuschreibt, »der Natur nicht eine Seele, aber [...] die Sprache [zu geben]; er weiß, was sie sagen will, und er löst ihr die Zunge«[192]. Bemerkenswerterweise fügt Fontane anschliessend zum Werk *Wassermühle* desselben

190 Fontane, *Oswald Achenbach*, NFA XXIII/1, S. 479. Auch Andreas Achenbachs »Nordlandsbilder[n]« bescheinigt Fontane »poetischen Reiz« (Fontane, *Andreas Achenbach*, NFA XXIII/1, S. 477).

191 Vgl. Kapitel III.1.4.

192 Fontane, *Die diesjährige Kunstausstellung [1862]*, NFA XXIII/1, S. 226. Fontane macht die Verschränkung von Dichtung und Malerei nicht nur in Bezug auf Landschaftsmalerei geltend: »Wer die Sieben Todsünden malen will, der braucht erst in zweiter Linie Maler zu sein; vor allem muß er ein *Poet* sein, eine große *innerliche* Kraft, ein Original, ein Denker, ein *Kompositionstalent*« (ders., *Berliner Kunstausstellung [1864]*, NFA XXIII/1, S. 315). Fontane stellt außerdem die Forderung, dass der Künstler, insbesondere bei bekannten Bildtopoi wie den sieben Todsünden, »*aus sich heraus*« (ebd., S. 316) schaffen müsse, was sein Plädoyer für Originalität und künstlerische Idee verdeutlicht.

Künstlers einen Zweizeiler aus Nikolaus Lenaus Gedicht *Die Sinne* ein.[193] Dieses Vorgehen der intermedialen Bezugnahme praktiziert er mehrmals, um die Gemeinsamkeiten der beiden Medien hervorzuheben.[194]

Neben der Verknüpfung von Dichtung und Malerei stellt Fontane ausgehend von Landschaftsmalerei[195] auch Bezüge zur Musik her:[196] »Wie Paganini, wenn er wollte, nur auf der G-Saite spielte, so spielte Hildebrandt auf Chromgelb oder Zinnober oder Ultramarin.«[197] Fontane bezeichnet Hildebrandts Werk *Rangoon* als »geniales Impromptu«[198], eine musikalische Improvisation,[199] was er allerdings negativ gewertet hätte, »wenn nicht, die Wirkung vertiefend, ein poetischer Zauber, etwas Indisch-Geheimnisvolles um dies Stück ›Rangoon‹ gewesen wäre«[200]. Über den Verweis auf die Musik hinaus erinnert diese Aussage in der Wortwahl an impressionistische Gemälde, welche die subjektive Wahrnehmung eines bestimmten Augenblicks, eines *impromptu*, darstellen. Bekräftigt wird der Bezug zum flüchtigen Darstellen eines bestimmten Moments durch Fontanes Aussage, dass Hildebrandt »an

---

193 »Hörbar rauscht die Zeit vorüber / An des Mädchens Einsamkeit« (ders., *Die diesjährige Kunstausstellung [1862]*, NFA XXIII/1, S. 227).

194 In den Kommentar zu Wilhelm Stryowskis Gemälde *Flissen an der Weichsel bei Danzig* integriert Fontane Nikolaus Lenaus Lied *Die drei Zigeuner*, das er als dessen Äquivalent in dichterischer Form erachtet (vgl. Fontane, *Die diesjährige Kunstausstellung [1862]*, NFA XXIII/1, S. 217). Ausgehend von einem Vergleich zu Gentz' Malerei schreibt Fontane über Freiligrath: »Er hat *auch* Bilder gemalt (es tut nichts, ob mit Worten oder Farben)« (ebd., S. 219) und zitiert anschließend Freiligraths Gedicht *Gesicht des Reisenden* (vgl. ebd., S. 218). Vgl. auch ders., *Berliner Kunstausstellung [1864]*, NFA XXIII/1, S. 298.

195 Vgl. auch ders., *Die diesjährige Kunstausstellung [1862]*, NFA XXIII/1, S. 192; ders., *Berliner Kunstausstellung [1864]*, NFA XXIII/1, S. 277f.).

196 Vgl. ders., *Zwei Hildebrandts im Lokale des Kunstvereins [1866]*, NFA XXIII/1, S. 344. Im *Kunstblatt*-Artikel zu Blechen ist ebenfalls von »Farbenakkorden« die Rede. Blechens Bilder und Skizzen seien »getränkt vom köstlichsten Zauber hesperischer Schönheit und berauschen mit ihrem feinen Duft wie mit Aeolsharfentönen die Seele mächtiger, als die üppigen Farbenakkorde von Dutzenden moderner Veduten jemals vermögen« ([ungez.] *Kunstausstellung in der Akademie der Künste zu Berlin.* In: *DKB* 23 (07.06.1855), S. 201).

197 Nicht einzig mit Paganini, sondern auch mit Liszt wird Hildebrandt von Fontane verglichen. Er bezeichnet Hildebrandt als den »glänzendste[n]« unter den Koloristen, »das eigentliche Farbengenie, der uns immer vorgekommen ist, als behandle er die Palette wie Franz Liszt die Klaviatur, genialisch, mit einer Mischung von Gewalt und Nonchalance« (Fontane, *Eduard Hildebrandt [1868]*, NFA XXIII/1, S. 285).

198 Ders., *Zwei Hildebrandts im Lokale des Kunstvereins*, NFA XXIII/1, S. 341.

199 Ein Beleg für Fontanes Kenntnisse von Impromptus als musikalischer Form findet sich in *Von Zwanzig bis Dreißig* (vgl. ders., *Von Zwanzig bis Dreißig*, GBA III/3, S. 178).

200 Ders., *Zwei Hildebrandts im Lokale des Kunstvereins [1866]*, NFA XXIII/1, S. 341f.

den Küsten vorüberfahrend, wie auf zugeworfene Stichworte hin, in Farben improvisier[e]«[201]. Da Fontane reine ›Lichtmalerei‹ missbilligt,[202] spricht er konsequenterweise der Improvisation die vertiefende Wirkung ab, scheint aber dennoch von ihr fasziniert zu sein, zumal er die Skizze *Rangoon* als »genial« bezeichnet.[203] Aufschluss über den Zusammenhang von Kolorismus und Musikalität gibt Fontanes Aussage zum Gemälde *Sitzung des Dogen im Geheimen Rat* von Karl Becker, den er ebenfalls zu den Koloristen zählt:

> Die »Conseil-Sitzung beim Dogen« ist beinahe inhaltsleer: es geschieht nichts, und in den Köpfen spiegelt sich nichts. [...] Es ist die Arbeit eines ausschließlichen Koloristen, der in Farben schwelgt, wie ein anderer in Tönen; harmonische Farbenwirkung ist alles, was erstrebt wird, und das Zusammenklingen der Farben bezaubert hier das Auge, wie der Zusammenklang von Tönen das Ohr entzückt.[204]

Wie bei Hildebrandts Landschaftsmalerei tritt in Beckers Darstellung das Narrativ zugunsten der »harmonische[n] Farbenwirkung« zurück, was Fontane an dieser Stelle befürwortet; die Musikalität kann offenbar – analog zur Poesie in den obenstehenden Beispielen – ersatzweise für das Geschehen einstehen. Hierin liegt eine Parallele zu den Erzählstrategien des Realismus im Allgemeinen und Fontanes im Besonderen, die »quer stehen zu den Konventionen eines auf Spannung und Ereignisfolge abgestellten historischen Erzählens«[205]. Dies zeigt, dass die Gemeinsamkeiten zwischen Fontanes Erzählwerk und den poetologischen Aussagen in den Kunstkritiken eng miteinander verknüpft sind und Fontane in den Kunstkritiken – wenn auch nicht frei von Widersprüchen – so doch avancierter argumentiert als in seinen programmatischen Schriften. Zu den Ungereimtheiten der Argumentation ist festzuhalten, dass Fontane, obwohl er im obenstehenden Beispiel der Farbe den Vorzug gibt, einen »Zusammenklang« fordert, was wiederum mit dem Konzept von Stimmung in Verbindung gebracht werden kann, zumal Stimmung als ein Zustand

201 Ebd., S. 344.

202 Diesen Sachverhalt macht er bereits 16 Jahre zuvor in seinen Schriften über Turner deutlich, mit der Begründung, dass »[d]ie Ansprüche, die unsre Zeit stellt [...] Wahrheit und *Stimmung*« heißen (vgl. ders., *Aus Manchester. 9. Brief*, NFA XXIII/1, S. 125).

203 Ähnliche Äußerungen sind im *Deutschen Kunstblatt* zu finden (vgl. Eggers, *Die diesjährige Berliner Kunstausstellung [Fortsetzung]*. In: *DKB* 44 (30.10.1852), S. 375).

204 Fontane, *Berliner Kunstausstellung [1864]*, NFA XXIII/1, S. 277. Dasselbe Gemälde wird auch in *Die Dioskuren* besprochen und dort als »malerische Pointe in der virtuosen Variirung des Themas ›Roth‹« sowie »ein Meisterstück technischer Bravour« bezeichnet, während das Motiv als weniger stark berücksichtigt erachtet wird (Max Schasler, *Kunst-Kritik. (Forts.)*. In: *Die Dioskuren* 44 (1864), S. 389).

205 Schneider, *Die Dinge und die Zeichen. Einleitung*, S. 13.

der Wahrnehmungssteigerung, der »Erfahrung, dass sich bestimmte Ereignisse, Sinne und Gedanken, Erinnerungen und Gefühle zu einem einheitlichen Klang verdichten können«[206], zu konkretisieren ist. Der Begriff Klang ist hinsichtlich des Beschreibens einer Bildstimmung jedoch insofern unzureichend, als er die Sinne auf das Auditive reduziert, obschon es sich um einen synästhetischen Zugang zu handeln scheint. Damit bestätigen diese Umschreibungen, dass über Stimmung lediglich in Metaphern gesprochen werden kann, was auch der Kommentar Fontanes zur Landschaftsdarstellung in der *Kreuzabnahme* von Arnold Böcklin nahelegt, den er als »Meister des Stimmungsbildes«[207] betitelt. Im gegebenen Fall zeichnet sich dieses dadurch aus, dass »mit scheinbar einfachsten Mitteln [...] ein Außerordentliches erreicht [ist]. Wie schön passen sich diese grauen Dämmertöne, und dazwischen das weiße Gemäuer, dem Hergang an!«[208] Der »Zusammenklang« resultiert folglich aus der Konvergenz von Dargestelltem und Farbgebung sowie Bildthema und gewähltem Hintergrund, wobei der Fokus von Fontanes Beschreibung insgesamt nicht auf der Landschaftsdarstellung, sondern auf den Figuren sowie deren Charakteristik und Ausdruck liegt. Entscheidend scheint, dass Stimmung nicht über Manifestation technischen Könnens, sondern im Gegensatz dazu mit »scheinbar einfachsten Mitteln« erreicht werden soll. Während der »mit Sternblumen übersäte[] Wiesengrund«[209] zu seiner anfänglichen Verstimmung bei der Betrachtung des Bildes beigetragen hat, geht ihm anschließend »gleichzeitig mit der Schönheit dieser drei Köpfe [Petrus, Maria und Josef, CA] [...] auch die Schönheit der Landschaft«[210] auf. Der Gesichtsausdruck der Figuren erzeugt folglich eine Atmosphäre, die in der Landschaft ihren ›Widerhall‹ findet, der schließlich Stimmung erzeugt. Fontane zeigt sich im Einzelnen den Figuren gegenüber zwar zwiespältig eingestellt, die Stimmung erachtet er allerdings als uneingeschränkt gelungen, was dieselbe unverkennbar als übergreifende Kategorie herausstellt, im Kleinen über das Dargestellte hinweg und im Großen als Gemeinsamkeit der verschiedenen Künste.

206 Kerstin Thomas, *Bildstimmung als Bedeutung in der Malerei des 19. Jahrhunderts.* In: Anna-Katharina Gisbertz (Hrsg.), *Stimmung. Zur Wiederkehr einer ästhetischen Kategorie*, München 2011, S. 218.

207 Fontane, *Zwei Bilder in der Kommandantenstraße*, NFA XXIII/1, S. 408 (Abb. 19).

208 Ebd., S. 408.

209 Ebd., S. 407.

210 Ebd., S. 408.

1.6 Zur »Innehaltung einer Staffel vom Wichtigeren zum Unwichtigeren«[211]: mechanische Totalansicht oder künstlerische Selektion

Fontanes Schwanken zwischen Abstraktion und Präzision der dargestellten Gegenstände lässt sich einerseits in Bezug auf die Landschaftsmalerei festmachen. Andererseits arbeitet sich Fontane hinsichtlich der Bildkomposition im Sinne einer Gliederung nach der Bedeutung des Dargestellten an denselben Fragen ab. Im Zentrum scheint die Frage nach der künstlerischen Tätigkeit zu stehen, die nach Fontane unter anderem darin besteht, eine eindeutige Unterscheidung von Haupt- und Nebensache des Dargestellten zu gewährleisten. Das Bedürfnis nach einer Rangierung der Bildelemente kann auch als Gegenbewegung zum »Sturm der Moderne«[212] verortet werden, indem angesichts der »beschleunigten Bewegungen des ganzen Weltprozesses«[213] die Konzentration auf einen ausgewählten Aspekt erfolgen soll. Veranschaulichen lässt sich dies an Fontanes Haltung gegenüber der Fotografie, an der er die Gleichbehandlung sämtlicher Gegenstände und damit das Fehlen eines Mittelpunktes kritisiert. Im Übrigen zeugen davon seine Kommentare über Gemälde, die Landschafts- und Genredarstellungen als gleichrangige Bildelemente vereinen. Das Kriterium der »Staffel vom Wichtigeren zum Unwichtigeren« ist außerdem daran gekoppelt, dass Fontanes Kunstbetrachtung im Hinblick auf den Rezipienten erfolgt, dessen Blick zum Verständnis des Kunstwerks gelenkt werden soll. Allerdings gilt es hinsichtlich Fontanes Erzählwerk festzuhalten, dass sich dieses exakt durch das kritisierte Wegfallen einer Ausdifferenzierung von Haupt- und Nebensache auszeichnet, was sich in der Aufwertung des Details und einer generellen Dehierarchisierung zeigt.[214] Die Auseinandersetzung mit bildender Kunst erweist sich folglich in Bezug auf diese Darstellungsfrage als wegweisend.

211 Ders., *Kunstausstellung [1874]*, NFA XXIII/1, S. 401.

212 Graevenitz, *Theodor Fontane*, S. 153.

213 Burckhardt, *Weltgeschichtliche Betrachtungen [über geschichtliches Studium]*, S. 23; vgl. Graevenitz, *Theodor Fontane*, S. 754. Graevenitz' Argumentation bezieht sich auf Burckhardts Forderung nach großen Individuen, dient jedoch im vorliegenden Zusammenhang lediglich als allgemeine Referenz für eine Zeitdiagnose.

214 Vgl. Kapitel III.3 »[D]as Hineinragen des Großen in das Kleinleben«: Genrehafte Historienmalerei.

Ein Fehler, »dem man bei Menzel öfter's begegnet, – *kein eigentlicher Mittelpunkt*«[215]

Der Zusammenhang zwischen dem angeführten Credo Fontanes und der Moderne lässt sich an der Malerei Adolph Menzels illustrieren, dessen »Industrie- und Großstadt-Moderne«[216] sich aus zahlreichen einzelnen Stücken zusammensetzt, wie beispielsweise in *Piazza d'Erbe zu Verona*[217] und *Pariser Wochentag*. Trotz aller Wertschätzung für Menzels Malerei kritisiert Fontane, dass Menzels Werke oft den Mangel eines fehlenden »*eigentliche[n] Mittelpunkt[s]*« aufweisen würden.[218] Dieser Eindruck resultiert seines Erachtens aus der Gleichbehandlung von Zentrum und Peripherie, die Menzels Werke mit der Fotografie gemeinsam haben.[219] Der Tadel, dass durch die »Details ohne Ganzheit«[220] das Bildganze verloren gehe, ist ein Topos der Menzel-Rezeption:[221] Für Liebermann ist Menzel gar ein »Kind des photographischen Zeitalters«[222]. Fontane äußert diesen Kritikpunkt allerdings nicht nur bezüglich Menzels Werken, sondern auch hinsichtlich weiterer Künstler.[223] Seiner Meinung nach schreibt die »äußerliche Richtigkeit [...] die Innehaltung einer Staffel vom Wichtigeren zum Unwichtigeren oder umgekehrt vor[...]«[224]. Das scheinbar Paradoxe daran ist, dass die Aufwertung des Nebensächlichen ein zentraler Aspekt ist, der besonders in Fontanes späten Romanen zum Programm wird. Im Bericht zur Berliner Kunstausstellung von 1860 gesteht er ein, dass er durch Menzels *Überfall bei Hochkirch* seine Meinung dahingehend geändert habe, neben einem »Mittelpunkt für unser Interesse« auch »die poetische Fülle einzelner Gruppen als gleichberechtigt an[zu]erkennen«[225]. Damit lässt sich am Beispiel von Fontanes Rezeption dieses Kunstwerks belegen, dass in seiner Kunstauffassung eine Veränderung stattfindet, die auch

215 Fontane, Tagebucheintrag vom 27.09.1856, GBA XI/1, S. 172.
216 Graevenitz, *Theodor Fontane*, S. 497.
217 Abb. 20.
218 Fontane, Tagebucheintrag vom 27.09.1856, GBA XI/1, S. 172.
219 Kohle, *Adolph Menzel als Kunsttheoretiker*, S. 182.
220 Werner Busch, *Adolph Menzel. Leben und Werk*, München 2004, S. 120.
221 Vgl. dazu auch die Position Liebermanns (vgl. Liebermann, *Die Phantasie in der Malerei*, S. 137; Jenns E. Howoldt, *Max Liebermann und Adolph Menzel – Dialog und Konflikt*. In: *Jahrbuch der Berliner Museen* 41 (1999), S. 290).
222 Howoldt, *Max Liebermann und Adolph Menzel*, S. 290.
223 Vgl. Fontane, *Die Londoner Kunstausstellung*, NFA XXIII/1, S. 35.
224 Ders., *Kunstausstellung [1874]*, NFA XXIII/1, S. 401.
225 Ders., *Die Berliner Kunstausstellung [1860]*, HFA III/5, S. 476. Auf denselben Aspekt geht Fontane betreffs des Gemäldes *Vor dem Reichstage* August von Heydens ein (vgl. ders., *A. v. Heyden: ›Vor dem Reichstage‹ [1866]*, NFA XXIII/1, S. 390; Kap. III.3).

für sein Erzählwerk prägend ist.[226] Parallelen zwischen Fontanes Schreiben und der Fotografie lassen sich nicht nur in der Detailfülle sowie dem Wegfall einer Hierarchie von Haupt- und Nebensache ausmachen; Fontanes Erzählweise adaptiert außerdem spezifische Qualitäten von Daguerreotypie und Fotografie. In zahlreichen Schriften – und in den Kunstkritiken *per se* – hat das Visuelle Priorität vor den anderen Sinnesorganen. Fontanes Reflexionen über die Vermitteltheit von Wahrnehmungsprozessen sind folglich durch die Auseinandersetzung mit bildender Kunst geschult.[227] Darüber hinaus fungieren Fotografien in Fontanes Romanwerk als Zeichen, beispielsweise wenn Melanie Ebenezer Rubehn nicht *in personam*, sondern vermittels einer »Visitenkarte-Photographie« vorgestellt wird.[228] Ausgehend von Melanies Kommentar kann die durch das Medium der Fotografie stattfindende Übertragung als Merkmal der Distanz gelesen werden. Fotografien referieren demzufolge auf diverse Bedeutungsebenen und sind Teil eines Referenzsystems, indem sie innerhalb des Textes Analepsen und Prolepsen generieren, wobei Gemälde oder Denkmäler dieselbe Funktion einnehmen können. Eigenständige Texte zur Fotografie sind von Fontane allerdings nicht überliefert, was vor dem Hintergrund, dass bei Fontane die Medien und Gattungen der Massenbilder oft »im negativen Modus aufscheinen«[229] als bezeichnend zu erachten ist.

Neben dem in Bezug auf Malerei angeführten Kritikpunkt, der auf das Fehlen eines Mittelpunktes abzielt, richtet sich Fontanes Ablehnung auch direkt gegen das Medium: Er konnotiert Fotografie mit Begriffen wie »kühl« sowie »seelenlos« und nutzt ebendiese Termini, um Gemälde zu kritisieren. So dienen ihm Daguerreotypien als Negativbeispiel für leblose, kalte und handlungsarme Bilder, die er als »Zustandsbilder« bezeichnet. Er wirft ihnen unklare Intentionen und Mangel an poetischem Gehalt vor. Seines Erachtens sind sie geeignet zur Belehrung, aber weder dem Intellekt noch der Schönheit dienlich.[230] Diese Auffassung wird auch von Fontanes Berliner Umfeld

---

226 Auf den Zwiespalt über die Gleichzeitigkeit des Bestrebens nach dem Wirken als Ganzem und der Fülle von Details weist auch Emilie hin, die hinsichtlich Menzels *Piazza d'Erbe zu Verona* in Bezug auf die genannten Aspekte eine Parallele zwischen Fontane und Menzel ausmacht (vgl. Emilie Fontane an Theodor Fontane, 11.06.1884, GBA XII/3, S. 389) (Abb. 20).

227 Vgl. Hoffmann, *Photographie, Malerei und visuelle Wahrnehmung*, S. 344.

228 Fontane, *L'Adultera*, GBA I/4, S. 20.

229 Graevenitz, *Theodor Fontane*, S. 658.

230 »Die Gentzschen Bilder sind, wenigstens mit Freiligrath verglichen, seelenlos; es sind kühle, daguerrotypenhafte Zustandsbilder, wo wir Wärme, Leben, Aktion verlangen, verlangen *müssen*, wenn ein lebhafter zustimmendes Urteil als ein bloßes: ›Ah, das ist also *so*‹ über unsere Lippe kommen soll. Dann und wann glauben wir einem tieferen poetischen Anlauf zu begegnen, aber die Poesie verliert sich alsbald in Kaprice oder

geteilt: In einem Artikel im *Deutschen Kunstblatt* heißt es, Fotografie sei »weit eher eine Wissenschaft als eine Kunst«[231], worauf im Anschluss die chemischen Prozesse beschrieben werden, die bei der Übertragung des immateriellen Abbilds auf das Trägermedium auszuführen sind. Kugler und Lübke setzen sich zudem in ihren kunsthistorischen Kompendien mit den »nachbildenden und vervielfältigenden Künste[n] unserer Zeit«[232] auseinander, wobei sich Kugler gegenüber Daguerreotypie und Fotografie, die er als »die Wunder-Erfindung unserer Zeit« bezeichnet, skeptisch zeigt. Kugler spricht diesen Medien – wie Fontane – künstlerisches Potenzial ab: »Es versteht sich von selbst, dass es bei Maschinen-Arbeiten sich nicht um geistig künstlerische Interessen handelt.«[233] Kugler zeigt sich insofern als weitsichtig, als er anerkennt, dass »eine mehrfach verschiedene Rückwirkung derselben auf den Kunstbetrieb [...] jedoch ebenfalls nicht ausbleiben [könne]«[234]. Der Fotograf als künstlerischer Akteur wird demnach ausgeblendet und der Fokus auf die mechanischen und technischen Aspekte gelegt, was eine Abgrenzung der Malerei von den teilweise als Konkurrenzmedium interpretierten fotografischen Verfahren ermöglicht.[235] In einem Brief an Martha behauptet Theodor, dass Fotografien von einer toten Maschine ohne kreative oder intellektuelle Fähigkeiten hergestellt würden.[236] Diese zeitgenössische Metapher lässt sich mit Fontanes Auffassung von Realismus als künstlerischer Bearbeitung der Wirklichkeit in Zusammenhang bringen: Der »todte Apparat« vermag seines Erachtens »nur die Linien wieder[zugeben] und hat nicht die Kraft, *den* Zug, der doch mit dem Seelischen zusammenhängt, herauszufinden«[237]. Im Gegensatz dazu ist er überzeugt, dass der Malerei die Eigenschaft innewohne, die gewünschte künstlerische Adaption der

Unklarheit der Intention. Es sind Bilder zur *Belehrung*; aber sie dienen weder dem Geist noch der Schönheit. [...] [O]hne jene tieferen innerlichen Eigenschaften [...], die eine mehr oder minder brillante Farbenleinwand zu einem Kunstwerk höherer Gattung erheben« (Fontane, *Die diesjährige Kunstausstellung [1862]*, NFA XXIII/1, S. 219f.).

231 [ungez.] *Photographie auf Papier*. In: *DKB* 24 (17.06.1850), S. 186.

232 Kugler, *Handbuch der Kunstgeschichte*, 1842, S. 859. Kugler und Lübke berücksichtigen in ihren Ausführungen neben Daguerreotypie und Fotografie zusätzlich Holzschnitt, Kupferstich, Stahlstich, Lithografie und Stereoskopie (vgl. Lübke, *Grundriss der Kunstgeschichte*, [4]1868, S. 747).

233 Kugler, *Handbuch der Kunstgeschichte*, 1842, S. 860.

234 Ebd.

235 Beispielsweise wird die Daguerreotypie durch ihre Konstruiertheit und Gestelltheit als totes Spiegelbild verunglimpft (vgl. Hoffmann, *Photographie, Malerei und visuelle Wahrnehmung*, S. 67).

236 Vgl. Theodor Fontane an Martha Fontane, 09.08.1895, HFA IV/4, S. 467f.

237 Fontane kennzeichnet diese Passage im Brief als Zitat und führt sie als »eine[] zweite[], neuere[] Erklärung« ein, der er ausdrücklich seine Zustimmung gibt (ebd., S. 467).

Wirklichkeit umzusetzen.[238] Die Setzung eines Schwerpunkts innerhalb eines Kunstwerks ist für Fontane folglich eine genuin künstlerische Tätigkeit, die an seine Kunstauffassung gekoppelt ist. So wertet er bei Daniel Maclises *Peter der Große am Deptford Dockyard* negativ, dass »[a]lles mit gleicher Wichtigkeit behandelt, alles ebenbürtig«[239] sei. Der Künstler sei »in den Fehler verfallen, in den alle vorgeblichen Realisten hineingeraten, bevor sie sich über das Wesen des *echten* Realismus klar geworden sind: sie wollen *wahr* sein, und weil sie die Wahrheit mit Philister- statt mit Künstleraugen suchen, so werden sie *unwahr*.«[240] Wahrheit bedeutet demnach nicht die getreue Wiedergabe des Vorgefundenen, sondern die künstlerische Selektion, was Fontane andernorts mit der Unterteilung in »innerliche« oder »poetische« und »äußerliche Wahrheit der Dinge« zu fassen versucht:[241] »Jeder, der sich nur oberflächlich mit der Kunst beschäftigt hat, weiß, daß die äußerliche Wahrheit der Dinge vielfach das Falscheste ist, was man bringen kann. In der Kunst heißt es: Man muß so lange suchen, bis man eine Wahrheit findet, die *paßt*.«[242] Diese Adaption des Vorgefundenen ist – Fontane zufolge – der Fotografie als mechanischem Abbild jedoch nicht möglich. Dies lässt sich als Grundzug des Realismus im Allgemeinen ausmachen: Nicht der Abdruck des Wirklichen,[243] »sondern der seiner Idee und Wahrheit verpflichtete, nur aus dem Intellekt und der Phantasie des Künstlers hervorzubringende *disegno* konnte Anspruch darauf erheben, ein den Normen der abendländischen Ästhetik genügender ›Realismus‹ zu sein.«[244] Positiv wertet Fontane fotografische Verfahren hingegen, wenn es um Gedächtnisleistung geht: Er erklärt es zum allgemeinen Merkmal hervorragender Künstler, dass »[d]as Geschaute […] wie ein Lichtbild in ihre Seele

238 Dies erklärt wohl auch, weshalb Fontane keine journalistischen Artikel über Fotografie publiziert, während zur bildenden Kunst mehr als hundert journalistische Texte vorliegen.

239 Fontane, *Die Londoner Kunstausstellung*, NFA XXIII/1, S. 35.

240 Ebd. Die Gleichförmigkeit und Willkürlichkeit dieser Art und Weise der Darstellung spiegelt sich auf der Textebene, wenn Fontane schreibt, dass »im Vordergrund ein Lieblingsmohr, ein Lieblingszwerg, ein Lieblingsaffe und eine Lieblingstänzerin« dargestellt seien (ebd., S. 34).

241 Fontane bekräftigt die Forderung nach »Poesie« indem er als Negativbeispiel zu *Die Schlacht bei Gravelingen* von van Severdonck festhält, dass »alle Poesie, all und jedes geistige Element [fehle]; es ist Totschlage-Wirtschaft von Anfang bis Ende; Pferde, Menschen, Waffen, aber kein Gedanke« (ders., *Die Berliner Kunstausstellung [1860]*, HFA III/5, S. 476).

242 Ders., *Berliner Kunstausstellung [1864]*, NFA XXIII/1, S. 267.

243 Vgl. Bernd Stiegler, *Philologie des Auges. Die photographische Entdeckung der Welt im 19. Jahrhundert*, München 2001, S. 54.

244 Graevenitz, *Theodor Fontane*, S. 727.

[falle] und [sich daselbst] fixiert«[245]. Dies verdeutlicht, dass Fontane Fotografie in Bezug auf die Präzision der Darstellung positiv assoziiert. Das daraus resultierende Kunstwerk ist aber wiederum ein gemaltes Bild – im zitierten Beispiel eine Landschaftsdarstellung Schinkels.

Die »verfehlte Zusammenwürflung«[246] von Genre und Landschaftsmalerei

Was hinsichtlich der Fotografie als Fehlen einer Unterteilung in Haupt- und Nebensache gefasst wurde, wird in Bezug auf die Zusammenführung von Genre und Landschaft in ein und demselben Bild zur Kritik an einer mangelnden Ausdifferenzierung von Vorder- und Hintergrund. Dies veranschaulichen Fontanes Äußerungen zu Wilhelm Riefstahl, den er als »ausgezeichnete[n] Künstler, der uns jahrelang, neben Andreas Achenbach, der liebste unter den *Landschaftern* war«[247], bezeichnet. Fontane attestiert Riefstahl die Begabung, sowohl Landschafts- als auch Genremalerei zu beherrschen, worin jedoch zugleich sein zentraler Kritikpunkt liegt, weil seiner Meinung nach die Relation von Landschaft und Genre zueinander nicht immer eindeutig ersichtlich ist.[248] Ausgehend von Gemälden Riefstahls und Gentz' entwickelt Fontane seine Grundsätze über das »*Verhältnis*, das Genre- und Landschaft zueinander einzunehmen haben«[249], wobei er beanstandet, dass bei Riefstahls Gemälde das Größenverhältnis zwischen Genrefiguren und Landschaft inkorrekt sei.[250]

245 Fontane, *Karl Friedrich Schinkel*, GBA V/1, S. 108, FN. Neben Schinkel, der Fontane zu dieser Aussage veranlasst, dient ihm hierfür Turner als Beispiel, was er in einer Fußnote mit zwei Episoden veranschaulicht, die Turner eine außerordentliche Erinnerungsgabe zusprechen (vgl. ebd.).

246 Ders., *Die diesjährige Kunstausstellung [1862]*, NFA XXIII/1, S. 221.

247 Ders., *Berliner Kunstausstellung [1864]*, NFA XXIII/1, S. 313. Bereits in der Artikelfolge zur Kunstausstellung von 1862 bezeichnet Fontane Riefstahl als »[u]nser[] Liebling« (ders., *Die diesjährige Kunstausstellung [1862]*, NFA XXIII/1, S. 234). Vgl. auch ebd., S. 236; ders., *Berliner Kunstausstellung [1866]*, NFA XXIII/1, S. 351.

248 Diesen Kritikpunkt expliziert Fontane ausgehend vom Gemälde *Feldandacht von Passeier Hirten. Gegend von Meran, am Fuß der Hochwilde.* Er vertritt den Standpunkt, dass die Landschaft in den Hintergrund treten müsse, um sich stärker vom Genre abzuheben (vgl. ders., *Berliner Kunstausstellung [1864]*, NFA XXIII/1, S. 313).

249 Ebd.

250 Vgl. ders., *Die diesjährige Kunstausstellung [1862]*, NFA XXIII/1, S. 235. Auf das Verhältnis von Genre- und Landschaftsdarstellung in Riefsthals Gemälden geht Fontane gleich mehrfach ein; einmal im Vergleich mit Gentz, dann zwei Jahre später am Beispiel des Werks *Feldandacht von Passeier Hirten. Gegend von Meran, am Fuß der Hochwilde* (vgl. ders., *Berliner Kunstausstellung [1864]*, NFA XXIII/1, S. 313). Vgl. auch ders., *Berliner Kunstausstellung [1866]*, NFA XXIII/1, S. 361.

Betreffs Gentz' *Lager der großen Mekka-Karawane* spricht Fontane explizit von einer »verfehlte[n] Zusammenwürflung zweier Gattungen der Malerei, die wenigstens an dieser Stelle nicht zusammengestellt werden durften«[251].

Zum ebenfalls konstatierten Verlust der Größenverhältnisse kommt hinzu, dass nach Fontane die Einteilung in Vorder- und Hintergrund fehlt. Das Bild sei zugleich die Darstellung einer Wüstenlandschaft und »ein jahrmarkt- oder messeartiges Genrebild«[252]: »[D]ie Wüste verschlingt die Karawane.«[253] Der Versuch, Genre und Landschaft auf demselben Gemälde darzustellen, scheitert nach Fontane, weil bildende Kunst – sofern sie nicht »ihre Wirkung« verfehlen wolle – kein »*Totales*« geben könne.[254] Daraus folgt, dass Fontane Wirkung auf künstlerische Selektion zurückführt, was die Fokussierung auf einen bestimmten und bewusst gewählten Ausschnitt aus einem Ganzen bedeutet. Dahinter steht auch Pragmatismus im Wissen darüber, dass das Ganze nicht zu haben ist. Daher entwirft Fontane an dieser Stelle eine Poetik des Ausschnitts, die nach dem Konkreten fragt, nicht nach der Wüste als Ganzem: Pars soll also pro toto stehen. Dies verdeutlicht zugleich, dass Fontane für ein Kunstwerk die Wahl eines Gegenstands und eine Darstellungsintention erwartet, aber keine dokumentarische Wiedergabe einer Gesamtszene. Hinsichtlich des Gemäldes von Gentz macht er diesbezüglich konkrete Gestaltungsvorschläge:

> Wollte er die Poesie der Wüstenöde geben, so mußte dieser Krimskrams fortfallen, der in tausend Kamelen und Kamelchen mitten im Bilde lagert; wollte er umgekehrt das genrehafte Leben der Karawane geben, so mußte er das, was wir mit voller Überlegung »Krimskrams« genannt haben, gestaltungsreicher, detaillierter, lebens- und wechselvoller an uns herantreten lassen.[255]

Der Begriff »Krimskrams« sowie die Verwendung des Diminutivs von Kamel suggerieren auf sprachlicher Ebene, dass das Darstellen kleiner Gegenstände in Landschaftsgemälden Fontane zufolge für unfreiwillige Komik sorgt. In Genrebildern habe ebendieser »Krimskrams« hingegen seine Berechti-

251 Ders., *Die diesjährige Kunstausstellung [1862]*, NFA XXIII/1, S. 221 (Abb. 21). Dieselbe Kritik wiederholt Fontane im Folgeartikel zu Wilhelm Riefstahls *Hochtal am Säntis; Trauerversammlung vor einer Kapelle* (vgl. ebd., S. 234).

252 Ebd., S. 221.

253 Ebd., S. 222. Um auch noch positive Worte für Gentz' Kunst zu finden, stellt Fontane die Mutmassung an, Gentz habe vielleicht »die *Poesie* der Karawane geben« wollen; »Wir tun unser Möglichstes, wenn wir dem Maler diese Idee ohne weiteres unterschieben« (ebd., S. 221). Dies verdeutlicht Fontanes Wertschätzung für Gentz' Malerei, die im entsprechenden *Wanderungen*-Kapitel knapp dreißig Jahre später ebenfalls zum Ausdruck kommt (vgl. Kapitel I.1.3).

254 Fontane, *Die diesjährige Kunstausstellung [1862]*, NFA XXIII/1, S. 221.

255 Ebd.

gung, allerdings unter verschiedenen Bedingungen, die auf die Genauigkeit der Darstellung abzielen. Dies liest sich zugleich als Definition dessen, was Fontane von Genredarstellungen erwartet. Deutlich wird, dass es sich nicht um tote und funktionslose Requisiten handeln kann. Stattdessen muss der »Krimskrams« durch ästhetische Gestaltung ein Eigenleben, eine eigene Bedeutung gewinnen. Die Details dienen folglich nicht der Dokumentation, sondern holen über ihren Eigenwert ihre Daseinsberechtigung ein. Wüstenöde hingegen verlange als Äquivalent die Absenz von Gegenständen, eben eine Ödnis. Weil »(nicht technisch, aber sachlich genommen)« alles Hintergrund sei, fehlt gemäß Fontane »jegliches *einzelne*, womit wir uns menschlich befreunden könnten; das Bild nimmt einen Anlauf zum Genre und bietet doch nichts innerlich Genrehaftes«[256]. Das Genre, das sich nach Fontane durch die Darstellung von Individuen und deren Charakteristika – und damit durch das Menschliche – kennzeichnet, ist folglich zu wenig berücksichtigt. Wie die Kritik zu Gentz' Gemälde *Markt in Kairo* aufzeigt, geht es dabei um die Präzision der Darstellung: Das Werk weise dieselbe Überfülle an Figuren auf, im Hintergrund sei diese annehmbar, wenn sie als farbliche »Illusion [...] das Gewühl des Marktes« darstellen solle. Im Vordergrund müssten sich aber »klar erkennbare Gruppen« befinden, die den Betrachter »alle *Details*« des Marktes erkennen lassen.[257] Fontane nimmt folglich betreffs seines Anspruchs auf Genauigkeit eine deutliche Abgrenzung von Vorder- und Hintergrund vor. Bezüglich Riefstahls Zusammenführung von Genre und Landschaft bemängelt er dementsprechend, dass »*alles* bestimmte Formen an[nehme], auch das, was besser nebelhaft und verschwommen geblieben wäre«[258]. In beiden Äußerungen zeigt sich Fontanes Haltung, nicht an einem Totaleindruck, sondern an spezi-

---

256 Ebd., S. 222.

257 Ders., *Berliner Kunstausstellung [1866]*, NFA XXIII/1, S. 353. Der Verbleib des Bildes ist nach Regelind Heimann unbekannt, ebenso fehlt eine bildliche Dokumentation (vgl. Heimann, *Wilhelm Gentz (1822–1890)*, S. 338. Fontane zeigt sich jedoch hinsichtlich der Zusammenführung von Genre und Landschaft nicht allzu dogmatisch: Gude-Tidemand gelingt es aus Fontanes Sicht, Genre und Landschaft auf einem Bild zusammenzuführen, indem sie verstanden hätten, »*Raum* und *Weite* zu schaffen«; der Künstler »muß das Bild *panoramatisch* schaffen und, ohne auf die Zauber einer Vorder- und Mittelgrundslandschaft Verzicht zu leisten, doch jene Abstufungen zu schaffen wissen, die den Eindruck machen, *als läge der Schwerpunkt der Landschaft nach hinten zu*« (vgl. ders., *Berliner Kunstausstellung [1864]*, NFA XXIII/1, S. 314).

258 Ebd., S. 313. Fontane misst seinem in der Berichterstattung von 1862 festgehaltenen Urteil insofern große Bedeutung bei, als er im 1864 verfassten Artikel behauptet, Riefstahl habe sich zwar durch die Bemerkungen nicht beirren lassen, doch darum bemüht, die Bestrebungen »zu vervollkommnen«, was ihm in »hohem Grade geglückt« sei (ders., *Berliner Kunstausstellung [1866]*, NFA XXIII/1, S. 351).

fisch gewählten Topografien, Szenen und deren Details interessiert zu sein.[259] Er geht so weit, den »*Totaleffekt*«[260] als gegen die »Grundgesetze, nach denen geschaffen werden soll«[261], verstoßend darzustellen.

Trotz der selbstbewussten Proklamation von »Grundgesetzen« ist sich Fontane der Grenzen dieser Aussagen bewusst: »Das Aussprechen dieser Theorien wird freilich nichts fruchten; Kritik hilft selten und natürlich am seltensten da, wo ihr eine starke und ausgebildete Eigenart begegnet.«[262] Fontane schränkt an dieser Stelle den Einflussbereich seiner Kritik dahingehend ein, dass er ihr einen Einfluss auf die spezifische Darstellungsweise eines Künstlers abspricht. Offenbar hat Gentz allerdings Änderungen vorgenommen oder Fontane will dies im zwei Jahre später verfassten Bericht zumindest so erkannt haben und misst damit seiner Kritik implizit dennoch einen größeren Geltungsbereich bei: »Gentz' früheres Bild schien uns die Gesetze, die hierbei zur Geltung kommen, nicht in aller Korrektheit innegehalten zu haben, während seine diesjährigen Arbeiten, nach dieser und jener Seite hin, sich als mustergültig erweisen.«[263] Dasselbe macht Fontane im Übrigen für Werke Wilhelm Riefsthals geltend.[264] Auch in der Besprechung der Ausstellung von 1866 lobt Fontane Gentz wiederum für ebendiesen Sachverhalt:

> Wir haben hier eine gleiche Fülle von Gestalten, aber während die Farbenpünktchen des Hintergrundes eine treffliche Illusion schaffen und das Gewühl des Marktes endlos fortzuspinnen scheinen, haben wir im Vordergrunde sauber ausgeführte, klar erkennbare Gruppen, die uns nicht nur klar das Massenhafte, das verschwimmend Unbestimmte eines orientalischen Marktes, sondern auch alle *Details* desselben erkennen lassen.[265]

Die einleitende Passage mutet wie die Beschreibung eines impressionistischen Gemäldes an, und Fontane erkennt an, dass sich daraus eine Konvergenz aus abzubildendem Gegenstand und Darstellungsweise ergibt. Er bleibt jedoch dabei, diese Malweise lediglich im Hintergrund zu goutieren, während im Vordergrund »alle *Details*« erkennbar sein müssten. Im Hinblick auf Fontanes Erzählwerk ist signifikant, dass er seinen Roman *Vor dem Sturm* als »Vielheits-

259 Dies verdeutlicht auch Fontanes Kommentar zum »Malen aus der Vogelperspektive« ausgehend von Werken Stanislaus Graf von Kalckreuths: »Wir bewundern den Mut, das Geschick, die Ausdauer, womit unser Maler ans Werk gegangen ist, aber er hat leisten wollen, was die Kunst weder leisten kann noch soll« (ders., *Die diesjährige Kunstausstellung [1862]*, NFA XXIII/1, S. 223).

260 Ebd., S. 222.

261 Ebd., S. 223.

262 Ebd.

263 Ders., *Berliner Kunstausstellung [1864]*, NFA XXIII/1, S. 283.

264 Vgl. ders., *Berliner Kunstausstellung [1866]*, NFA XXIII/1, S. 351f.

265 Ebd., S. 353.

Roman, mit all seinen Breiten und Hindernissen, mit seinen Portraitmassen und Episoden«[266], gegenüber Paul Heyses Kritik verteidigt, dem es »des Historischen, Anekdotischen, Kulturfarbigen zuviel [ist], gegenüber dem eigentlich Geschehenden«[267]. Fontane räumt zwar ein, dass Romanen mit einem Helden »[d]as größre dramatische Interesse« beizumessen sei, an Kunst – »nicht an Wirkung« – sei der »Vielheits-Roman« jedoch ebenbürtig.[268] Fünf Jahre später bekräftigt Fontane diese Auffassung in einem Brief an Emilie: »Das Große spricht für sich selbst; es bedarf keiner künstlerischen Behandlung um zu wirken.«[269] Auch in dieser Passage bringt Fontane demnach Wirkung mit der Zuspitzung der Handlung auf einen Helden hin in Verbindung. Er sieht folglich in seinem Roman das am Beispiel von Gentz' Malerei ausformulierte Prinzip umgesetzt, während Heyse die eigentliche Handlung vermisst. Dies verdeutlicht, dass das in Bezug auf *Die Poggenpuhls* sowie *Der Stechlin* geäußerte Prinzip, wonach das ›Wie‹ gegenüber dem ›Was‹ stärker zu gewichten sei, bereits in Fontanes erstem Roman zur Darstellungsmaxime wird, was die Kopplung desselben an die Kunstkritiken zusätzlich plausibilisiert.[270]

Hinsichtlich der Synthese von Genre- und Landschaftsmalerei bleibt Fontane demzufolge insgesamt der konventionellen Auffassung der beiden Gattungen verpflichtet, obwohl er in seiner poetischen Produktion eigentlich den progressiven Standpunkt vertritt. In den Kunstkritiken scheint er jedoch statt einer Zusammenführung von Genre- und Landschaftsbild vielmehr die Darstellung von Landschaften mit Staffage zu befürworten, was er beispielsweise in Blechens *Semnonenlager auf den Müggelbergen* vorfindet:

> Es ist in jedem Betracht eine sehr bedeutende Komposition, auch wenn ich sie jetzt, wo ich diese Zeilen schreibe, nicht mehr *so* originell finde wie vor zwanzig Jahren oder länger. […] Es gehört doch immer noch sehr viel Originalität und sehr viel Mut dazu, angesichts eines Poussin auf den Gedanken zu kommen: Ich will die zwei Meilen vor den Toren Berlins gelegenen Müggelsberge zum Rang einer heroischen Landschaft erheben.[271]

266 Ders. an Paul Heyse, 09.12.1878, HFA IV/2, S. 639.

267 Paul Heyse an Wilhelm Hertz, 04.11.1878, abgedr. in: Fontane, *Vor dem Sturm. Anhang*, GBA I/1–2, S. 419.

268 Theodor Fontane an Paul Heyse, 09.12.1878, HFA IV/2, S. 639.

269 Theodor Fontane an Emilie Fontane, 08.08.1883, GBA XI/3, S. 361.

270 Vgl. Theodor Fontane an Siegmund Schott, 14.02.1897, HFA IV/4, S. 635 sowie Theodor Fontane an Adolf Hoffmann, Mai/Juni 1897 [Entwurf], HFA IV/4, S. 650.

271 Fontane, *Karl Blechen [Fragment]*, NFA XXIII/1, S. 524f. Vgl. auch ders., *Auf der Kuppe der Müggelberge (Semnonen-Vision)*, GBA II/1, S. 63; ders., *Wanderungen*, GBA V/4, S. 115 (Abb. 22).

Auf der Ebene der Darstellung ist das Gemälde mit Poussin als Vorgänger nicht eigenständig, wobei Fontane hinsichtlich der italienischen Landschaftsbilder[272] Blechen selbst zum Vorbild erhebt; seine Werke seien »für die Kunstgeschichte von hohem Wert und, wenn ich recht urteile, geniale Vorläufer«[273]. Neu am *Semnonenlager* ist die Thematik, die Transformation der Müggelberge in eine heroische Gegend. Fontane erachtet folglich die Idee Blechens als original, die märkische Landschaft aufzuwerten – was in Analogie zu seinem *Wanderungen*-Projekt steht und damit seinem Plädoyer für die Aufwertung des Lokalen und vermeintlich Nebensächlichen gleichkommt. Die Faszination für das Märkische in Blechens Bild führt dazu, dass Fontane eine Beschreibung des Gemäldes in die *Wanderungen* integriert. In Bezug auf Blechens Landschaftsbilder schreibt er, dass ihn Blechen »unter den Modernen ganz besonders an Böcklin« erinnere, und er weitet die Gemeinsamkeiten von den Bildthemen auf den Rezeptionshintergrund aus: »Ich glaube, daß es der Kunsthistorie dermaleinst vorbehalten sein wird, diese Parallele zu ziehen«[274], womit Fontane tatsächlich Recht behalten sollte.[275]

Ein weiterer zentraler Aspekt von Fontanes Kunstauffassung, der sich an seinen Schriften zu Blechen aufzeigen lässt, ist seine Affinität für das Anekdotische »oder das je eigene Verhältnis zum Humoristischen«[276].

Der in Bezug auf die Fontane-Forschung komplexe Begriff Humor lässt sich hinsichtlich Fontanes Kunstkritiken an seinen Kommentaren zu Blechens Malerei exemplifizieren. Mit Humor als ästhetischem Mittel wird der mimetischen Reproduktion von objektiver Realität Gegensteuer gegeben und stattdessen ein neues, individuelles Reales geschaffen. Wolfgang Preisendanz fasst den Humor denn auch als Möglichkeit des Realitätsgewinns auf, was im Hin-

272 Fontane bezieht sich auf *Villa d'Este*, *Die Schlucht bei Amalfi*, *Castel Gandolfo*, *Golf von Spezia* (vgl. ders., *Karl Blechen [Fragment]*, NFA XXIII/1, S. 533).

273 Ebd. Fontane gesteht ein, dass Blechen von Riefstahl, Gaetke, Oswald Achenbach sowie Hildebrandt übertroffen werde, argumentiert jedoch, dass man ihn »um ihm gerecht zu werden, […] aus seiner Zeit heraus beurteilen [müsse], und für seine Zeit war er phänomenal« (ebd.). In einer Ausstellungsrezension lobt Fontane Blechens »wundervoll[e]« Wiedergabe italienischer Landschaften (ders., *Fünfte Ausstellung der Nationalgalerie [1878]*, NFA XXIII/1, S. 419).

274 Ders., *Karl Blechen [Fragment]*, NFA XXIII/1, S. 533. Parallelen sieht Fontane in *Das Semnonenlager*, *Bau der Teufelsbrücke*, *Einschlagender Blitzstrahl* »und mehrere[n] der unheimlich düstren Blechenschen Landschaften« (ebd.) (Abb. 22, 29).

275 Vgl. Rolf Andree (Hrsg.), *Arnold Böcklin. Die Gemälde*, 2. ergänzte und überarbeitete Auflage, Basel/München 1998, S. 211, 222, 239.

276 Streiter-Buscher, *Die nichtvollendete Biografie*, S. 169.

blick auf Fontanes Texte eindeutig zu bestätigen ist.[277] Gemäß Fontane ist er »das Darüberstehen, das heiter-souveräne Spiel mit den Erscheinungen dieses Lebens«[278]. Dass es sich um ein grundlegendes Darstellungsprinzip handelt, verdeutlicht die Tatsache, dass Fontane den Begriff sowohl für Genremalerei, als auch für Blechens Landschaften verwendet. Fontane etabliert im Blechen-Fragment denn auch die Kategorien »*Phantastisch groteske Landschaften*« sowie »Landschaften mit *humoristischer Staffage*, in denen der Humor mal einfach humoristisch, mal grotesk humoristisch ist«[279]. Damit akzentuiert er Humor und Groteske als zentrale Elemente von Blechens Malerei und bezeichnet darüber hinaus den »groteske[n] Humor« explizit als »eine Force der Blechenschen Kunst«[280]. Heide Streiter-Buscher zufolge ist die von Fontane im Blechen-Fragment getroffene Auswahl an Bildern denn auch »mehr fontanesch als blechensch«[281]. Unter Berufung auf Graevenitz ließe sich darin eine Parallele zu *Der Stechlin* ausmachen, zumal er den Roman als grotesken Chronotop liest.[282]

Was Blechen indessen fehlt, sind nach Fontane »Zartheit, Grazie, *delikater* Humor«[283]. An Blechens *Das Venusfest* stört Fontane dementsprechend, dass die Faune »nicht ein Ding für sich, sondern einfach eine Menschheitskarikatur«[284] seien. Nicht der Wirklichkeit entstammende Wesen müssen demzufolge eindeutig als solche gekennzeichnet sein respektive symbolischen Charakter aufweisen. Gleichzeitig verdeutlichen diese Kommentare, dass Fontane Figuren innerhalb der Landschaftsmalerei akzeptiert, solange sie »Staffage« bleiben und nicht in Konkurrenz zur Landschaftsdarstellung treten.

2 Genremalerei als Poetologie des Kleinen

Im gattungsspezifischen Vergleich fällt Fontanes Affinität zur Genremalerei ins Auge, die sich auf die hohe Korrelation dieser Bildgattung mit seiner Kunstauffassung zurückführen lässt: Die Hinwendung zum Kleinen, zum Detail, das Anekdotische, das Narrativ sowie die Detailverliebtheit[285] sind dieser Gattung

277 Vgl. Wolfgang Preisendanz, *Humor als dichterische Einbildungskraft. Studien zur Erzählkunst des poetischen Realismus*, München 1976, S. 214–241.
278 Fontane, *Willibald Alexis*, NFA XXI/1, S. 154–213.
279 Ders., *Karl Blechen [Fragment]*, NFA XXIII/1, S. 532.
280 Ebd., S. 526.
281 Streiter-Buscher, *Die nichtvollendete Biografie*, S. 169.
282 Vgl. Graevenitz, *Theodor Fontane*, S. 674–684.
283 Fontane, *Karl Blechen [Fragment]*, NFA XXIII/1, S. 525.
284 Ebd., S. 526 (Abb. 23).
285 Vgl. auch Kapitel III.1.5.

in besonderer Ausprägung inhärent. Genrebilder zeigen eine »Simulation von Realität«[286], indem eine »Hinwendung zu den Gegenständen des Alltags«[287] erfolgt, die allerdings durch die Darstellung dem Alltäglichen enthoben werden. Hinzu kommt, dass das Genre als »eines der beherrschenden Dispositive für die kulturelle Wahrnehmung«[288] des 19. Jahrhunderts gilt, was bei Fontane in der metaphorischen Formulierung »das Genre blüht in allen Zweigen«[289] seine Bestätigung findet. In der fünften Auflage von Kuglers *Handbuch der Kunstgeschichte* wird die Genremalerei als »[e]in[] weitere[r] Schritt in's wirkliche Leben«[290] beschrieben und damit deren Wirklichkeitsbezug betont, der »mit tief poetischem Sinn, bald mit humoristischer Absicht«[291] umgesetzt worden sei. Als zentraler Bestandteil von Genremalerei wird »genaues Eingehen auf alle Einzelheiten«[292] geltend gemacht, was mit Fontanes Fokus auf das Detail korreliert.[293]

2.1 »[D]as Still- und Kleinleben öffnet seine Tür«[294]

Fontanes Vorliebe für die Genremalerei und die auffälligen Parallelen derselben zu seinem eigenen Schreiben[295] zeigen sich bereits in den Briefen *Aus Manchester*, in denen er sich für die Detailgenauigkeit und das Naturstudium der Präraffaeliten begeistert und dies explizit mit Darstellungsformen des Realismus in Verbindung bringt: »[D]ie Präraffaeliten sind eine Abzweigung der großen realistischen Schule.«[296] Ausgehend von Gemälden der Präraffaeliten impliziert realistische Wiedergabe der Wirklichkeit Präzision bis ins Detail sowie die Anhäufung von Dingen, die als Zeichen fungieren und das Erschließen weiterer Bedeutungsebenen ermöglichen. Fontanes Äußerungen verdeutlichen, dass dieser Realismus lediglich über die eigene Anschauung einzuholen ist, was der Abkehr der Präraffaeliten von akademischen Normen gleichkommt: »Sie predigen Rückkehr zur Natur. ›Unmittelbarkeit! Nichts aus zweiter Hand‹, so lau-

286 Graevenitz, *Theodor Fontane*, S. 349.
287 Schneider, *Die Dinge und die Zeichen. Einleitung*, S. 17.
288 Graevenitz, *Theodor Fontane*, S. 505.
289 Fontane, *Die Berliner Kunstausstellung [1860]*, HFA III/5, S. 467.
290 Kugler, *Handbuch der Kunstgeschichte*, [5]1872, Bd. 2, S. 593.
291 Ebd., S. 594.
292 Ebd.
293 Helmstetter schreibt diesbezüglich von der »Überdingung« der modernen Welt (Helmstetter, *Verlorene Dinge*, S. 217).
294 Fontane, *Die diesjährige Kunstausstellung [1862]*, NFA XXIII/1, S. 182.
295 Vgl. Kapitel III.2.
296 Fontane, *Aus Manchester. 10. Brief*, NFA XXIII/1, S. 140.

tet ihr Feldgeschrei und ihre Losung.«[297] Das Beharren auf der Wichtigkeit der eigenen Anschauung zieht sich im Folgenden durch sämtliche kunstkritischen Texte Fontanes hindurch.[298]

Die Malweise der Präraffaeliten gründet darauf, nicht über das Studium alter Meister, sondern durch die eigene Betrachtung des in der Wirklichkeit Vorhandenen, einen unmittelbareren Zugang zur Realität zu gewinnen. Dass dies nicht auf die Produktion eines mimetischen Abbilds angelegt ist, fasst Fontane in seiner Formulierung, »daß wir es innerhalb des Präraffaelitentums keineswegs mit jenem *plumpen* Realismus zu tun haben«[299]. Die Präraffaeliten würden sich nicht mit einem Realismus zufrieden geben, »der da glaubt, das Seine getan zu haben, wenn sich irgendeine Apellesfliege auf seine Natürlichkeiten setzt«[300]. Es entspricht folglich nicht Fontanes Intention, die Realität möglichst präzise abzubilden, um dadurch eine gelungene Täuschung zu schaffen. Statt einer mimetischen Darstellung wird den Dingen vielmehr Zeichencharakter verliehen und damit eine zeichenhaft verfasste Realität generiert. Dabei handelt es sich um denselben Effekt, der für Fontanes literarische Produktion geltend gemacht werden kann. Diesbezüglich ist bemerkenswert, dass er die Präraffaeliten mit »Poeten«[301] gleichsetzt: »*Sie malen Romanzen, stimmungsreiche* Darstellungen eines Hergangs, Episches mit stark *lyrischer Färbung.*«[302] Die Interdisziplinarität, die hinsichtlich Fontanes Vereinstätigkeit sowie seines Schreibens herausgearbeitet wurde, trifft folglich auch auf das Schaffen dieser Künstlergruppe zu.

Neben dem Bemühen um das Hervorheben der Zusammenhänge zwischen den Künsten, spiegelt dies die Entwicklung, dass die Disziplinen erst im Begriff sind, sich auszudifferenzieren, weshalb die Grenzen zwischen Kunst

---

297 Ebd., S. 139.

298 Die Rückkehr zur Natur ist der Wahlspruch, den auch Ruskin den Präraffaeliten zuschreibt: »The Pre-Raphaelites imitate no pictures: they paint from nature only« (Ruskin, *Pre-Raphaelitism*, S. 23).

299 Fontane, *Aus Manchester. 10. Brief*, NFA XXIII/1, S. 140.

300 Ebd. Von Apelles, dem Hofmaler Alexanders des Großen, sind zwar keine Bilder, aber zahlreiche Anekdoten überliefert. Eine lautet, dass er eine Fliege so gegenständlich gemalt haben soll, dass ein Betrachter des Bildes danach gegriffen habe (vgl. ebd., *Anmerkungen*, NFA XXIII/2, S. 261).

301 Ders., *Aus Manchester. 10. Brief*, NFA XXIII/1, S. 146.

302 Ebd., S. 142. Die Zeitschrift *The Germ* erscheint vier Mal zwischen Januar und Mai 1850 und enthält neben Darstellungen, Gedichten, Buchbesprechungen und Kurzgeschichten auch Artikel über Ästhetik. Fontane bezeichnet den Titel als »etwas sonderbar klingend« (ebd.), verwendet den Ausdruck jedoch gleichwohl in seiner Stellungnahme, wonach die Kunstauffassung der Präraffaeliten »Keime für die Zukunft« enthalte (ebd., S. 145).

und einzelnen Wissenschaften fließend sind.[303] Hiervon zeugen Freundschaften zwischen Kritikern, Kunstsoziologen und Künstlern,[304] was sich an Fontanes Kontakten sowie seinem eigenen Werk exemplarisch zeigen lässt. Er stellt die Präraffaeliten Literaten gegenüber, was insofern naheliegend ist, als die Präraffaeliten mit *The Germ. Thoughts Towards Nature in Poetry, Literature, and Art*, selbst eine Zeitschrift publizieren, die getreu dem Titel Verbindungen zwischen den verschiedenen Künsten herstellt. Gemäß Fontane haben sie mit dem Literaten Achim von Arnim »den Haß gegen das konventionell Philiströse und das Streben nach Gefühlsvertiefung« gemein. Er macht zudem Parallelen aus zu Victor Hugos »Le laid c'est le beau« und zuletzt zum »Adalbert-Stifter-Charakter«[305], der »die ›Studie‹ (wenigstens oft) zum Zweck« gemacht habe.[306] Mittels dieser Vergleiche fasst Fontane die Abkehr der Präraffaeliten von akademischen Normen, die Darstellung des Alltäglichen ebenso wie die Detailgenauigkeit als wichtige Aspekte präraffaelitischer Werke. Gerade in Bezug auf Stifter ist festzuhalten, dass dessen Texte stark von einer zeichenhaft gefassten und von Dingen geprägten Realität zeugen.[307] Folglich ist mit Nachdruck zu betonen, dass es sich bei der zeichenhaften Verfasstheit von Realität um einen Aspekt handelt, den Fontane ausgehend von Kunstbetrachtungen auf die Literatur und sein eigenes Schreiben überträgt.

Darüber hinaus kann der Vergleich mit der Literatur als symptomatisch dafür gewertet werden, dass Fontane der Genremalerei narrativen Gehalt attestiert. Bei seiner Bildbeschreibung zu John Everett Millais' *Autumn Leaves* interessiert er sich daher besonders für die Frage, welches Geschehnis der Grund für die wehmütigen Blicke der dargestellten Figuren sein könnte.[308] Während

303 Vgl. Danko, *Kunstsoziologie*, S. 22.

304 Vgl. ebd.

305 Nicht nur Fontane selbst, sondern auch die Forschung sieht hinsichtlich Fontanes Poetik des Kleinen Parallelen zu Adalbert Stifter (vgl. Franziska Frei-Gerlach, *Die Macht der Körnlein. Stifters Sandformationen zwischen Materialität und Signifikation*. In: Schneider und Hunfeld (Hrsg.): *Die Dinge und die Zeichen*, S. 109–122).

306 Fontane, *Aus Manchester. 10. Brief*, NFA XXIII/1, S. 141. Fontane spielt damit wohl auf Stifters Novellensammlung *Studien* (1844–1850) an (vgl. ebd., *Anmerkungen*, NFA XXIII/2, S. 261).

307 Vgl. Sabine Schneider, *Adalbert Stifter, die Literatur des 20. Jahrhunderts und die methodischen Paradigmenwechsel der Literaturwissenschaft*. In: Boris Previšić (Hrsg.), *Die Literatur der Literaturtheorie*, Bern 2010, S. 187–199; Barbara Hunfeld, *Zeichen als Dinge bei Stifter, Keller und Raabe. Ironisierung von Repräsentation als Selbstkritik des Realismus*. In: Sabine Schneider und Barbara Hunfeld (Hrsg.), *Die Dinge und die Zeichen. Dimensionen des Realistischen in der Erzählliteratur des 19. Jahrhunderts*, Würzburg 2008, S. 123–142.

308 Fontane, *Aus Manchester. 10. Brief*, NFA XXIII/1, S. 144 (Abb. 15).

Fontane andernorts um der Typik willen auf Köpfe fokussiert,[309] geht es ihm an dieser Stelle darum, die Emotionen der Dargestellten zu erfassen und ausgehend davon Rückschlüsse auf vorgängig Geschehenes zu ziehen. Vor dem Hintergrund dieses exemplarischen Textbefunds erweist es sich nicht als gerechtfertigt, Fontanes Realismus als Ästhetik der Oberfläche zu lesen, ein Ansatz, den Graevenitz verfolgt.[310] Das Konzept ist nach wie vor ein semiotischer Realismus mit einer »Tiefenstruktur«[311], die zur Deutung aufruft. Rein Oberflächliches wird weder in der zitierten Textstelle noch in Fontanes Erzählwerk verhandelt. Die Details der Innenraumgestaltung in den Romanen beispielsweise fungieren als soziale Zeichen, wie die Kopie der Jenny Lind in *Der Stechlin*.[312] Es handelt sich dabei eben lediglich um ein Duplikat und kein Original, was unter anderem als Indiz für den sozialen Status Pastor Lorenzens fungiert. Zudem werden die Figuren über Dinge als Zeichen charakterisiert; es ist daher nicht bedeutungslos, dass Lorenzen neben der erwähnten Aquarellkopie noch einen Stich der *Kreuzabnahme* von Rubens besitzt und mit Koseleger über diese Darstellungen plaudert.[313] Im Gegensatz zu dem, was Graevenitz darlegt, wird in diesen Plaudereien nicht nur nichts verhandelt,[314] sondern sie zeugen von Fontanes Lust an der Bedeutungsklauberei und dem Festhalten am Narrativ, die durch ästhetisierende Ornamentik nicht eingeholt werden können.

Am Gemälde *Autumn Leaves* lässt sich dieses Bemühen um Bedeutungszuweisung exemplarisch aufzeigen. Indem sich das Dargestellte der Kausalität und Deutung entzieht, verleitet es zu infiniten Sinnstiftungen,[315] was Fontane am Beispiel seines Bildkommentars vorführt. Seine Behauptung, es sei ein Qualitätsmerkmal guter Kunst, den Leser zu Fragen zu veranlassen, wendet er auf den Einzelfall an, indem er in seine Bildbeschreibung eine Aneinanderreihung von Fragen einschließt.[316] Dies liesse sich demnach als strategische Inszenierung lesen, um das Gemälde besonders auszuzeichnen.[317] Fontane zufolge ist das Werk ein »echt präraffaelitisches Bild«[318] und da es zugleich

309 Vgl. ders., *Adolf Menzel*, NFA XXIII/1, S. 517.

310 Vgl. Graevenitz, *Theodor Fontane*, Kap. C.VI.3. Unterm Birnbaum: *Oberflächen des Imaginären*, S. 394–456.

311 Vgl. Ulf Eisele, *Der Dichter und sein Detektiv. Raabes ›Stopfkuchen‹ und die Frage des Realismus*, Tübingen 1979, S. 13.

312 Vgl. Fontane, *Der Stechlin*, GBA I/17, S. 317f.

313 Vgl. ebd., S. 202.

314 Vgl. Graevenitz, *Theodor Fontane*, S. 728.

315 Vgl. Schneider, *Die Dinge und die Zeichen. Einleitung*, S. 13.

316 Ein analoges Beispiel hierfür ist Fontanes Beschreibung von Clarkson Stanfields *Das verlassene Schiff* (vgl. Fontane, *Aus Manchester. 9. Brief*, NFA XXIII/1, S. 133).

317 Vgl. ders., *Aus Manchester. 10. Brief*, NFA XXIII/1, S. 144f.

318 Ebd., S. 145.

das einzige Werk eines präraffaelitischen Künstlers ist, das er ausführlich beschreibt, ist dieser Bildbeschreibung exemplarischer Charakter beizumessen. An ihr lässt sich die Verknüpfung von Fontanes Auffassung von Realismus und Zeichenhaftigkeit als Verweissystem auf die »sinnstiftende Dimension der Wirklichkeit«[319] zeigen. Im Gestus der Frage versucht Fontane die Bedeutungen zu ergründen, und eröffnet damit gleichzeitig neue, in deren Folge die Bildgegenstände zu Zeichen werden, die Vieldeutigkeiten generieren. Die besondere Leistung des Gemäldes liegt seines Erachtens in dessen Rätselhaftigkeit, in der Unbestimmtheit, in der »ein reiches inneres Leben« verborgen liege, das, »statt einseitiger Befriedigung, eine vielfache und fruchtbare Anregung gibt«[320]. Den Vorwurf der lächerlichen Detailgenauigkeit vonseiten der Kritiker der Präraffaeliten entkräftet Fontane durch die Beobachtung, dass sich »[b]edeutendere Gaben [...] in der überraschenden Auffassung und Wiedergabe eines fast an die Minute gebundenen Luft- und Lichttons« entfalten würden.[321] Das Momenthafte, Flüchtige, Ephemere wird von Fontane folglich ebenso zur Meisterschaft der Präraffaeliten erklärt. Es handle sich bei den Abend- und Morgendämmerungen, die Millais in *Autumn Leaves* sowie Henry Wallis in *Chattertons Tod* darstellen, »nicht mehr um ein mußevolles Kopieren der Natur, sondern um das Festhalten im Geist eines ganz bestimmten Moments«[322]. Tiefer Gehalt wird folglich nicht durch das Beharren auf dem Gegenständlichen, sondern durch die Auflösung desselben respektive eine übergreifende Darstellungsweise erzeugt. Die Tendenz dieser Aussage hin zum Sublimen und Vergänglichen weist Züge der Décadence auf, die verstärkt in Fontanes Texten zum Werk William Turners zum Ausdruck kommen.[323] Fontane koppelt mit der Detailfülle und gleichzeitigem »Luft- und Lichtton[]«[324] scheinbar Unvereinbares in ein und derselben Argumentation.

Zur Auflösung des Paradoxons erweist sich der Einbezug der Wirkungsästhetik als aufschlussreich, zumal Präzision der Darstellung gemäß Fontane nicht ausreicht, um das »Herz« des Betrachters zu gewinnen: »Wir rufen aus: ›Wie wahr, wie treffend‹, aber es fehlt ein Etwas, das uns all dies scharf Beobachtete menschlich näherführt. Unser Urteil ist befriedigt, aber unser Herz

319 Christian Begemann (Hrsg.), *Realismus. Epoche – Autoren – Werke. Einleitung*, Darmstadt 2007, S. 8.
320 Fontane, *Aus Manchester. 10. Brief*, NFA XXIII/1, S. 145.
321 Ebd., S. 146.
322 Ebd., S. 146 (Abb. 15).
323 Vgl. Kapitel III.1.4.
324 Fontane, *Aus Manchester. 10. Brief*, NFA XXIII/1, S. 146.

hat nichts davon.«[325] Neben der »glänzendste[n] Gabe der Charakteristik«[326], Humor[327] und »meisterhafter Technik« erfordere das Herz »einen sentimentalen oder einen humoristischen oder am besten vielleicht einen allgemein *poetischen* Zug«[328]. Es erstaunt daher wenig, dass Fontane die Präraffaeliten als »Poeten«[329] bezeichnet, wobei dieser Aspekt neben Millais noch bei weiteren Genremalern erwähnt wird. Zu David Wilkies *Der blinde Fiedler* und *Das Dorffest* schreibt er:

> Wir haben in diesen nicht leicht zu überschätzenden Arbeiten die Wirklichkeit ohne Roheit, wir haben den Hauch des Idealen ohne Einbuße an der Wahrheit, wir haben schlichte, leibhaftige Menschen, aber wir haben sie in Sonntagsstimmung und in verklärender Freude. Nicht die gewöhnliche häusliche Verrichtung, nicht das Gleichgültige und platt Alltägliche tritt uns entgegen, das nur durch Schärfe der Auffassung uns frappiert, sondern das innerste heiligste Leben des Volkes offenbart sich vor unseren Blicken. Eine Fülle von Gemüt erschließt sich vor uns, und die Heiterkeit, die über uns kommt, ist eine geweihte wie die Heiterkeit des Bildes selbst. Wer je den »Blinden Fiedler« gesehen, wird mir zustimmen. Wir fühlen uns beim Anblick dieses Bildes nicht nur im Kreise *fröhlicher*, sondern vor allem *guter* Menschen, und während wir über das Glück derselben lächeln, kommt ein stilles Glück über unser eignes Herz.[330]

Fontane expliziert in dieser Bildbeschreibung sein eigenes poetisches Programm, welches das Aufladen von Alltagsszenen und -gegenständen mit Bedeutung beinhaltet. Er schreibt von »verklärender Freude«, welche die Darstellung jedoch nicht zur Harmlosigkeit abstuft, sondern geradezu eine sakrale Szenerie erzeugt. In der Feststellung, dass »schlichte, leibhaftige Menschen« dargestellt

---

325 Ders., *Berliner Kunstausstellung [1864]*, NFA XXIII/1, S. 307; vgl. auch Fontanes Beschreibung von Karl Beckers *Der Besuch*, vor dem er »niemals auch nur eine halbe Minute […] zugebracht [habe], ohne daß wir das leise Anklopfen dieser schönen Dame an unserem eigenen Herzen gefühlt und so freudig wie mutmaßlich der beneidenswerte Unbekannte hinter der braunen Tür ›Herein‹ gerufen hätten« (ders., *Die diesjährige Kunstausstellung [1862]*, NFA XXIII/1, S. 192).

326 Welche Bedeutung Fontane der Charakterisierung beimisst, macht der Umstand deutlich, dass er gerade diesen Aspekt auch für Historienbilder fordert: »Der Ausdruck in den beiden Hauptköpfen des Bildes, im Kopfe des Kaisers und des Kaufherrn, verrät eine Begabung auch für die jenseit [sic] des bloß Genrehaften liegenden Aufgaben der Kunst« (ders., *Berliner Kunstausstellung [1866]*, NFA XXIII/1, S. 350; vgl. Kapitel III.3).

327 Hinsichtlich der Kunstwerke Ludwig Knaus' lobt Fontane den »phantastischen Humor[]« als »den charakteristisch und zugleich […] brillantesten Zug« seiner Bilder (ders., *Drei Bilder von Knaus [1865]*, NFA XXIII/1, S. 331).

328 Ders., *Berliner Kunstausstellung [1864]*, NFA XXIII/1, S. 307. Vgl. auch ders., *Die Berliner Kunstausstellung [1860]*, HFA III/5, S. 474.

329 Ders., *Aus Manchester. 10. Brief*, NFA XXIII/1, S. 146.

330 Ders., *Aus Manchester. 8. Brief*, NFA XXIII/1, S. 116f. (Abb. 11).

seien, kommt Fontanes Auffassung zum Ausdruck, dass sich der »Durchschnittsmensch« am besten zur Darstellung eignet, weil dieser am meisten Identifikationsmöglichkeit bietet.[331] Der Ekphrase ist damit seine Auffassung von Verklärung inhärent, ein Begriff, den er im programmatischen Essay *Unsere lyrische und epische Poesie seit 1848* etabliert. Eine Parallele zwischen den verklärten Genrebildern und Fontanes Realismuskonzept besteht darin, dass sie »so wenig wie seine [Fontanes, CA] deutschen Realismus-Kollegen« die soziale Frage direkt ansprechen.[332] Wie in Fontanes Romanen zeigen sich an den Dingen die »*gesellschaftliche[n]* Verhältnisse«[333]. Allerdings verhandelt Fontane in seinen Romanen durchaus soziale Probleme, was sich beispielsweise am Grisettenroman *Irrungen, Wirrungen* an der Reflexion über das Wohnen jenseits und diesseits der Stadtgrenze aufzeigen lässt.[334] Oder daran, dass in *Effi Briest* am Duellwesen Anstoß genommen wird.

Fontane fordert die »Wirklichkeit ohne Roheit«, den »Hauch des Idealen«, womit er den künstlerischen Bearbeitungsvorgang, das Darzustellende von der Wirklichkeit zur Wahrheit zu transformieren, umschreibt. Nicht die Werktage, sondern eine »Sonntagsstimmung« ist darzustellen, damit aus der funktionslosen Schärfe der Auffassung das Innerliche zutage treten kann. Diese Bearbeitung geschieht mit der Absicht, die Emotionen des Betrachters zu wecken und damit die Heiterkeit vom Bild auf den Rezipienten zu übertragen.[335] Durch die Beschreibung dieses Sachverhalts nimmt Fontane gewissermaßen ein dem Gemälde analoges Vorgehen auf textueller Ebene vor. Deutlich wird mit dem »Kreise [...] *guter* Menschen« außerdem der moralische Impetus, was veranschaulicht, dass Fontane im Genre die Möglichkeit sieht, gesellschaftliche Themen anzusprechen. Dies geschieht durchaus auch aus kritischer Perspektive, was im Kommentar zu Benjamin Vautiers *Der Bauer und der Makler* noch deutlicher wird: »Durch das ganze Bild geht ein Zug tiefer Wahrheit und eines ernsten Lebensschicksals, das mit dramatischer Lebendigkeit das Herz des Beschauers erfaßt.«[336] Bei diesem Gemälde stellt Fontane dem zitierten Fazit ebenfalls eine ausführliche Nacherzählung der Genreszene voran und erdenkt eine Rede der Bauernfrau, womit er indirekt die Verbindung von Genre und Narrativ bekräftigt. Pointiert kommt der Zusammenhang von Genre und Narrativ in Bildfolgen zum Ausdruck, wie sie William Hogarth malt und

331 Vgl. Isabel Nottinger, *Fontanes Fin de Siècle. Motive der Dekadenz in ›L'Adultera‹, ›Cécile‹ und ›Der Stechlin‹*, Würzburg 2003, S. 18.

332 Graevenitz, *Theodor Fontane*, S. 9.

333 Helmstetter, *Verlorene Dinge*, S. 235.

334 Vgl. Graevenitz, *Theodor Fontane*, S. 476.

335 Vgl. auch Fontane, *Eine Kunstausstellung* [London], NFA XXIII/1, S. 24.

336 Ders., *Berliner Kunstausstellung [1866]*, NFA XXIII/1, S. 351.

damit Fontanes höchste Zustimmung erhält. Dies kulminiert in der Behauptung, Hogarth müsse gar nicht im Original gesehen werden, denn

> [e]r besticht weder durch Farbe noch durch Lichteffekte; er wirkt einzig und allein durch die Geschichte, die er uns erzählt. Diese Geschichte in ihrer Kürze und Energie, in der Durchsichtigkeit der Komposition bei endloser Fülle von Details, diese Geschichte, sag' ich, ist es, dies Stück Leben, das uns in seiner furchtbaren Realität ergreift.[337]

Hogarth wird von Fontane folglich als Geschichtenerzähler gesehen, wobei die Geschichten mit den Zuschreibungen von »endloser Fülle von Details«, »Leben« und »furchtbare[r] Realität« zentrale Komponenten von Fontanes Realismusverständnis aufweisen. Er attestiert Hogarth mit der »Durchsichtigkeit der Komposition« auch malerische Verdienste, fokussiert jedoch insgesamt auf das Narrativ[338] – durchaus im Bewusstsein, damit eine verkürzte Perspektive einzunehmen.[339] Gemäß Fontane sind Hogarths Bilder »Aschermittwochs-Predigten, die zufällig nicht gesprochen, sondern gemalt sind; es handelt sich nur darum, sie in jedem feinsten Zug, in jedem Wort und Komma zu *verstehen*«[340]. Mit der Aschermittwochs-Predigt schreibt Fontane Hogarths Werken eine moralische Komponente zu,[341] legt den Schwerpunkt jedoch auf das Verstehen von Hogarths Bildern, die er durch seine Formulierung zum Text mit »Wort und Komma« werden lässt.[342] Fontane zufolge wirken Hogarths Bilder »durch ihren Witz, ihre Einfälle, ihren Sarkasmus und vor allem durch ihren sittlichen Ernst«, weshalb sie sich »an den Geist des Beschauers, nicht an seine Sinne« wenden.[343] Fontane nimmt demzufolge eine Unterscheidung zwischen intellektueller und sinnlicher Kunstbetrachtung vor. In Verbindung mit der Aus-

337 Ders., *Aus Manchester. 5. Brief*, NFA XXIII/1, S. 80.

338 Vgl. Kap. II.6.

339 Dies macht der Passus deutlich, der an den zitierten Abschnitt anschließt: »Irrt' ich auch in dieser Behauptung, so würd' ich doch jedenfalls darin Recht behalten, daß die Manchester-Ausstellung nicht der beste Platz ist, um Hogarth kennenzulernen« (Fontane, *Aus Manchester. 5. Brief*, NFA XXIII/1, S. 80).

340 Ebd.

341 Hogarth betitelt sich in seinen *Autobiographical Notes* selbst als Maler von »modern moral subjects«, was diesen Bezug rechtfertigt (vgl. Gaehtgens, *Die Genremalerei*, S. 34).

342 Waagen nimmt hinsichtlich Hogarths Kunst ebenfalls Vergleiche zwischen Malern und Schriftstellern vor: Gemäß Waagen entwickelte Hogarth eine neue Gattung der Malerei, »nämlich die moralisch-humoristische«, »welche in dem allgemeinen Gebiete der Malerei ungefähr die Stelle einnimmt, wie das bürgerliche Drama in der Poesie, so daß Hogarth sich etwa zu Raphael verhält, wie Moliere zu Sophocles« (Waagen, *Kunstwerke und Künstler in England und Paris*, Bd. 1, S. 228).

343 Fontane, *Aus Manchester. 5. Brief*, NFA XXIII/1, S. 80.

sage, es sei ausreichend, Hogarths Bilder als Kupferstiche zu sehen, zeigt sich erneut, dass Fontane an der Unterscheidung von *disegno e colore* festhält und dabei ersteres mit kognitiver Leistung assoziiert. Fontane behauptet, Hogarth habe für diesen Stoff »ins Leben des Tages hinein«[344] gegriffen, wobei es sich um eine Verschränkung von Alltagsszene und historischem Ereignis handelt. Der Zusammenhang zwischen Genre, Narrativ und realistischer Darstellung lässt sich anhand von Fontanes Kommentar zum Werk *Southwark Fair* präziser fassen. Fontane bezeichnet die Darstellung als »ein echter Hogarth« und hält fest: »Er schreibt hier weder eine moralische noch eine politische Satire; er greift nur hinein ins volle Menschenleben und weiß eben: ›wo er es packt, da ist's interessant‹.«[345] Das Zitat stammt aus dem Vorspiel auf dem Theater in Goethes *Faust* und ist dort ein Ratschlag der lustigen Person, die Stoffe der Dichter umsetzen soll.[346] Der Narr bei Goethe fordert den Griff ins volle Leben »aus *wirkungs*ästhetischen Gründen«[347]. Dies bestätigt, dass Fontanes Präferenz für das Genre auch mit der Ausrichtung auf die Rezipienten in Verbindung zu bringen ist. Denselben Sachverhalt betont Fontane in Bezug auf Hogarths Darstellung *The March of the Guards to Finchley*.

Wie er Jahre später in Bezug auf Menzels *Abreise Wilhelms I. zur Armee am 31. Juli 1870* die Formel vom »Hineinragen des Großen in das Kleinleben«[348] aufstellen wird, schildert er hinsichtlich Hogarths thematisch ähnlichem *The March of the Guards to Finchley* die Auswirkungen des historischen Ereignisses auf das Leben des Volkes.[349] Bezeichnend ist, dass er Hogarth für dessen »Humor und Charakteristik« – zwei zentrale Merkmale sowohl von Genre- als auch von Historienmalerei im Sinne Fontanes – lobt, um anschließend selbst zu einer Szene eine humoristische Beschreibung zu verfassen:

---

344 Ebd., S. 84 (Abb. 13). Eggers verwendet fünf Jahre zuvor exakt dasselbe Zitat in seinem *Kunstblatt*-Aufsatz *Ueber Stoffe für Genre- und Landschaftsmaler*: »Und hier möchten wir nun daran erinnern, dass es für die Sehenden gar Vieles zu sehen giebt, was manche Suchende nicht finden. Wir möchten hier unsern Göthe gleich zweimal citiren und mit ihm den Genremalern zurufen: ›Greift nur hinein ins volle Menschenleben! / Ein jeder lebt's, nicht vielen ist's bekannt, / Und wo ihr's packt, da ist's interessant‹« (Eggers, *Ueber Stoffe für Genre- und Landschaftsmaler*. In: *DKB* 13 (27.03.1852), S. 107).

345 Fontane, *Aus Manchester. 5. Brief*, NFA XXIII/1, S. 83.

346 Vgl. Johann Wolfgang Goethe, *Faust I. Vorspiel auf dem Theater*, S. 19.

347 Helmstetter, *Verlorene Dinge*, S. 220.

348 Theodor Fontane an Adolph Menzel, 02.07.1871, abgedr. in: Adolph Menzel, *Briefe*, hrsg. von Claude Keisch und Marie Ursula Riemann-Reyher, Berlin 2009, Bd. 2, S. 684. Vgl. Kapitel III.3 (Abb. 27).

349 Nicht von ungefähr sieht sich Menzel in der Tradition Hogarths stehend (vgl. Busch, *Adolph Menzel*, S. 120) (Abb. 13).

Der baumstarke Grenadier, der von zwei Weibern, einer alten und einer jungen, in Anspruch genommen und nach rechts und links zugleich gezogen wird; der bezeichnungsvolle Hinweis, durch welchen die jüngere ihr bessers Anrecht auf ihn geltend zu machen sucht; die stupide Entschlossenheit der älteren, die aufs äußerste gewillt scheint, ihr Ehefrauenrecht zu verteidigen; die verlegenen großen Augen des schmucken Kerls, der eigentlich nur einen Trost hat: Prätendent und Finchley – all das ist unübertrefflich.[350]

Seiner Überzeugung entsprechend schenkt Fontane in der Bildbeschreibung dem historischen Ereignis – dem im Hintergrund dargestellten Ausmarsch der Garden – keine Beachtung und konzentriert sich stattdessen auf die Verabschiedungsszene im Vordergrund. Bezug auf das historische Geschehen nimmt er dabei lediglich indirekt über die männliche Figur des Grenadiers. Sein Fokus liegt auf der Dreierkonstellation und dem Ausschmücken respektive Versprachlichen des Konflikts, den er zwischen den Figuren ausmacht. Der einleitende sowie der letzte Teilsatz beschäftigen sich mit dem Grenadier, während die dazwischengeschobenen, mittels Semikolons getrennten Teilsätze, durch das Aufzählen von Gegensätzen die Polarität der Streiterinnen auf der Satzebene aufgreifen. Der Grenadier scheint daher auch auf Textebene zweigeteilt. Darüber hinaus nimmt Fontanes Beschreibung über die Charakterisierung der Figuren selbst genrehafte und humoristische Züge an und transformiert das Bild zum Narrativ. Das Beispiel zeigt, dass Fontane in den Kunstwerken nach Stoff für Anekdoten sucht und diese wiederum seinerseits mit ebensolchen versieht.

Ausgehend von Karl Beckers *Kaiser Karl V. hebt dem Tizian den Pinsel auf* weist Fontane darauf hin, dass »[d]ie Behandlung des Anekdotischen, wo dennoch zugleich ein Kunstwerk höherer Gattung geschaffen werden soll, […] immer besondere Schwierigkeiten bieten«[351] werde. Die »Idealisierung des Anekdotischen [sei] oft sehr schwierig«[352]. Implizit verdeutlicht diese Aussage, dass Fontane die Anekdote einerseits als dem Genre zugehörig erachtet und andererseits als Mittel zur realistischen Darstellungsweise einordnet. Es erstaunt daher nicht, dass die Anekdote ein wesentliches Merkmal von Fontanes Texten ist – bereits in den Kunstkritiken wie auch im Erzählwerk.[353] Ausge-

350 Fontane, *Aus Manchester. 5. Brief*, NFA XXIII/1, S. 84.

351 Ders., *Die diesjährige Kunstausstellung [1862]*, NFA XXIII/1, S. 193. Karl Becker ist gemäss Fontane »ein[] besondere[r] Liebling[] unseres Publikums und mit Recht« (ebd., S. 190). Becker stellt für ihn eine verlässliche Konstante der Berliner Kunstausstellungen dar (vgl. Fontane, *Die diesjährige Kunstausstellung [1866]*, NFA XXIII/1, S. 363).

352 Fontane, *Die diesjährige Kunstausstellung [1862]*, NFA XXIII/1, S. 194.

353 Beispielsweise erzählt Fontane eine Anekdote zu Ernst Albert Becker, unter dessen Genrebildern auf der Kunstausstellung von 1866 er lediglich eines erwähnt, das »ebenso durch seine Naturwahrheit wie durch seinen ungesuchten Humor zu interessieren weiß« (ders., *Berliner Kunstausstellung [1866]*, NFA XXIII/1, S. 372). Als

hend von der Verbindung von Anekdote und Genremalerei lassen sich außerdem, wie bereits angedeutet, Rückschlüsse ziehen auf Fontanes Verständnis von Historienmalerei. Seines Erachtens zeigt sich im Genrebild

> [n]ichts mehr von Schlacht und Krieg, von historischen Personen und historischen Momenten, das Speziellste tritt an die Stelle des Allgemeinsten, und das Still- und Kleinleben öffnet seine Tür. Nur wenn diese Tür uns an die offene Tafel von Maler- oder Dichtergrößen führt [...], so wachsen solche Bilder, oft ohne es zu wollen, über sich selbst hinaus und reihen sich den historischen Bildern an.[354]

Im Genre mit seiner Hinwendung zum »Still- und Kleinleben« manifestiert sich folglich Fontanes Poetologie des Kleinen, mit der Überzeugung, dass dem Singulären und dem Detail das Allgemeine und Große inhärent sind. Das bedeutsame historische Ereignis gilt es daher am Beispiel des Kleinen, des Individuellen zu fassen. Die Formulierung, dass hierfür »Maler- oder Dichtergrößen« von Nöten seien, kann einerseits als Verweis auf die Bedeutung des Narrativs gewertet werden. Andererseits verdeutlicht dies, dass Fontane die Darstellung des Kleinen als höhere Kunst einstuft, als die des Großen.[355] Geschichtsschreibung, die in der kleinformatigen Genremalerei das Individuelle berücksichtigt, ist für Fontane folglich dem monumentalen Historienbild ebenbürtig, wenn nicht gar überlegen. Diese Auffassung spiegelt sich auch in Fontanes Kriegsberichten, in denen er Genreszene an Genreszene reiht und dabei die eigentlichen Kampfhandlungen ausblendet.[356]

2.2 »[D]as Hineinragen des Großen in das Kleinleben«[357]: genrehafte Historienmalerei

Fontanes Vorstellung von Historienmalerei im Speziellen und Geschichtsschreibung im Allgemeinen lässt sich treffend fassen mit der Formel des »historische[n] Gepräge[s] innerhalb des Genre, d[e]s Hineinragen[s] des Gro-

---

geradeso interessant wie die Werke scheint er allerdings die Anekdote zum Namen des Künstlers – Q. Becker – zu erachten, »der, seinem Vornamen zuliebe und zugleich zur Unterscheidung von vier andern Beckers, auf allen seinen Bildern eine *Kuh* anzubringen pflegt« (ebd.).

354 Fontane, *Die diesjährige Kunstausstellung [1862]*, NFA XXIII/1, S. 182.

355 Vgl. Theodor Fontane an Emilie Fontane, 08.08.1883, GBX XI/3, S. 361.

356 Vgl. Kap. I.1.11. Osborne macht für Fontanes Kriegsbücher »›gernehafte[]‹ Details und ›malerische Szenen‹« geltend (vgl. Osborne, *Theodor Fontane: Vor den Romanen. Krieg und Kunst*, S. 167).

357 Theodor Fontane an Adolph Menzel, 02.07.1871, abgedr. in: Menzel, *Briefe*, Bd. 2, S. 684. Vgl. Kapitel III.3.

ßen in das Kleinleben«[358], mit der er Menzels *Abreise Wilhelms I. zur Armee am 31. Juli 1870* beschreibt. Äußerungen zum Lob des Genres innerhalb der Historienmalerei finden sich jedoch nicht nur in Bezug auf Menzels Malerei, sondern auch zu Wilhelm Camphausen, betreffs dessen Gemälde Fontane explizit die vermeintlich nebensächlichen Genredarstellungen zur »Hauptsache« erklärt.[359] Allerdings ist Menzel für Fontane der unangefochtene Meister unter den Berliner Historienmalern, gerade was die Verknüpfung von Genre und Historienmalerei anbelangt.[360] Dass es sich dabei nicht nur um eine Zuschreibung Fontanes handelt, macht eine Bemerkung Max Schaslers deutlich, wonach Menzels Bilder »mehr dem historischen Genre als der Historie im engeren Sinn«[361] angehörten.

In Fontanes Zuspruch für genrehafte Historiengemälde zeigt sich seine Affinität zur Bedeutung der Geschichte für das Individuum, die auch Schriften wie die *Wanderungen* sowie *Von Zwanzig bis Dreißig* prägt: Historische Bedeutung kommt den wenigsten darin berücksichtigten Persönlichkeiten zu, umso wichtiger sind jedoch die Anekdoten, die sich um sie ranken und denen in konzentrierter humoristischer Kleinform die gesamte Historie inhärent ist.[362] Im Nachtrag zum vierten Band der *Wanderungen* schreibt Fontane in Bezug auf

358 Ebd., S. 684 (Abb. 27).

359 Fontane hält zu Camphausens *Rheinübergang der schlesischen Armee bei Kaub, am Neujahrsmorgen 1814* fest: »Unser Interesse, viel mehr noch als auf die Feldherren-Gruppe oder auf den landschaftlichen Reiz des Bildes, konzentriert sich auf die 12 oder 20 Landwehrmänner im Vordergrunde, unter die sich die ländliche Bevölkerung der Nachbarschaft, Männer und Frauen allergemütlichst gedrängt haben. [...] Diese selbst sind die Hauptsache« (Fontane, *Die Berliner Kunstausstellung [1860]*, HFA III/5, S. 477).

360 Im Bericht zur Berliner Kunstausstellung von 1860 bilanziert Fontane, es sei »keine Leistung allerersten Ranges vertreten. Adolph Menzel fehlt; kein ›Friedrich II. in Sanssouci‹ am allerwenigsten ein ›Überfall bei Hochkirch‹, der vor 4 Jahren, selbst fast wie ein Überfall, alle Herzen im Sturm nahm« (Fontane, *Die Berliner Kunstausstellung [1860]*, HFA III/5, S. 470). Vgl. ders., *Die diesjährige Kunstausstellung [1862]*, NFA XXIII/1, S. 176; ders., *Berliner Kunstausstellung [1864]*, NFA XXIII/1, S. 264; ders., *Die diesjährige Kunstausstellung [1872]*, NFA XXIII/1, S. 397; ders., *Kunstausstellung [1874]*, NFA XXIII/1, S. 399. Auch in der Bewertung Camphausens ist Menzel Fontanes Gradmesser (vgl. ders., *Wilhelm Camphausen*, NFA XXIII/1, S. 482).

361 Max Schasler, *[Zu Bildern Adolph Menzels]* 1856, zitiert nach: Claude und Marie Ursula Riemann-Reyher (Hrsg.), *Adolph Menzel 1815–1905. Das Labyrinth der Wirklichkeit* [Katalog der Ausstellung: Adolph Menzel 1815–1905. Das Labyrinth der Wirklichkeit, Paris, Musée d'Orsay, 15.04.–28.07.1996; Washington, Gallery of Art, 15.09.1996–05.01.1997; Berlin, Nationalgalerie im Alten Museum, 15.04.–28.07.1996], Köln 1996, S. 528.

362 In einer Gegenüberstellung von kulturhistorischem Roman und Historie behauptet Fontane: »Tut jener seine Schuldigkeit, malt er wirklich in scharfen und frischen Zü-

einen längeren Abschnitt, den er aus einem Manuskript von Alexander Gentz übernimmt: »Wer solche Quellen [Texte mit Spöttereien gegen den Vater oder Großvater, CA] aus Familienrücksichten absperren will, der steht nicht bloß der historischen Forschung (zu deren vorzüglichsten Objekten auch das Studium des *Kleinlebens* gehört), sondern vor allem auch sich selbst und den Seinen im Lichte.«[363] Hierin offenbart sich Fontanes Überzeugung, wonach die Historie anhand der Schilderung des Kleinlebens und des Anti-Heroischen zu erzählen sei. Gleichzeitig ermutigt er dazu, menschliche Schwächen als Quelle von Selbstironie aufzufassen. Fontane überträgt folglich sein ausgehend von der Kunstbetrachtung entwickeltes Prinzip des Kleinen im Großen auf literarisches Schreiben: »Aufgabe des modernen Romans scheint mir die zu sein, ein Leben, eine Gesellschaft, einen Kreis von Menschen zu schildern, der ein unverzerrtes Wiederspiel *des* Lebens ist, das wir führen.«[364] Gemäß Fontane soll Historie nicht am Beispiel von Heroen, sondern von »Durchschnittsmenschen«[365], die weder ganz gut noch ganz schlecht sind, dargelegt werden, da für ihn in Kontrast zu Typisierungen Menschlichkeit wichtig ist.[366]

Von Schlachtenbildern fordert er dann auch einen *»persönliche[n] Mittelpunkt«*[367]. In einem Vergleich von Schlachtenbildern der Berliner Historienmaler Georg Bleibtreu und Adolph Menzel, die Fontane zufolge verschiedene »Richtungen«[368] bezeichnen, kommt dies deutlich zum Ausdruck: Während Menzel die Figuren in seinen Historienbildern mit ausgeprägter Charakteristik darstellt, ist Bleibtreus »Eigentümlichkeit und Verdienst« die »Personifizierung des Massenangriffs«[369]. Gemäß Fontane sind der Darstellungsweise Bleibtreus jedoch enge Grenzen gesetzt: Wenn der »*charakteristische[]* Zug« erschöpft sei, »beginnt eben jenes bloße Ausstopfen von Uniformen, jene geistlos langweilige Anhäufung von Tschakos und Achselklappen, denen weder durch sentimentale noch humoristische Einlagestückchen aufgeholfen werden kann«[370]. Einerseits lässt sich daraus ableiten, dass Gegenstandsfülle lediglich gewünscht ist, wenn die Details bedeutungstragend sind. Andererseits geht in einer Massenszene das

---

gen das Kleinleben einer Epoche, so steht er vollkommen ebenbürtig neben der Historie oder überragt sie noch« (Fontane, *Marokko [Rezension]*, NFA XVIII, S. 578).

363 Ders., *Wanderungen*, GBA V/1, S. 553f.

364 Ders., *Der Zug nach dem Westen [Rezension zu Paul Lindaus gleichnamigem Werk]*, HFA III/1, S. 568.

365 Theodor Fontane an Emilie Fontane, 05.04.1880, GBA XII/3, S. 206.

366 Vgl. Nottinger, *Fontanes Fin de Siècle*, S. 18.

367 Fontane, *Berliner Kunstausstellung [1864]*, NFA XXIII/1, S. 274.

368 Ebd., S. 264.

369 Ebd., S. 274. Vgl. auch ders., *Die diesjährige Kunstausstellung [1862]*, NFA XXIII/1, S. 174.

370 Ders., *Berliner Kunstausstellung [1864]*, NFA XXIII/1, S. 275.

Individuum und damit das Potenzial zur Anekdote verloren, was im Zitat durch die metonymische Ersetzung der Soldaten durch Uniformen zum Ausdruck kommt. Als positives Gegenbeispiel rekurriert Fontane auf Menzels *Hochkirch*-Bild, das bezeichnenderweise lediglich einen Ausschnitt der Schlacht präsentiert, auf dem einzig die Preußen dargestellt sind. Wie in der Genremalerei bietet Menzel folglich nicht eine Gesamtansicht, sondern »eine[n] momenthaften Ausschnitt[] aus simulierter Realität«[371]. Hinsichtlich des Aspekts des Individuellen hätte sich Fontane die Darstellung der Infanteristen noch ausdrucksstärker gewünscht.[372] Konventionell gesinnten Kritikern wie Schasler zufolge gehört Charakteristik dem Genre zu und ist daher in der Historienmalerei zu vermeiden, in der nur dargestellt werden dürfe, was »Anspruch auf objektive Allgemeinheit«[373] hat. Fontanes Plädoyer für das Charakteristische und Vaterländische ist jedoch in Zusammenhang mit der Frage nach der Realitätstreue der Abbildung zentral, was sich auch darin zeigt, dass Schadow in seiner Replik auf den mit Goethe ausgefochtenen Disput bezüglich des Friedrich-Denkmals ebendiese Aspekte als Grundlage der Kunst verteidigt.[374] Für Fontane ist es jedoch gerade die Konzentration auf die Nebenfiguren, welche die Werke Menzels ausmacht, was in seiner Beschreibung des *Hochkirch*-Bilds deutlich wird:[375]

> Die aus der Tiefe heraufkletternden Vordergrundsgrenadiere mit ihrem schon an der Hand verwundeten alten Major an der Spitze (der Alte selbst ein pommerscher Schwerins-Kopf), die schräg durch das Bild hin im Schatten stehende Feuerlinie mit dem Sponton-Unteroffizier am linken Flügel, endlich der König selbst, wie ein Rasender aus der Dorfgasse herausjagend, ohne Hut, das Haar im Winde – welch ein Bild![376]

371 Graevenitz, *Theodor Fontane*, S. 349.

372 »Der alte Stabsoffizier (die 3te Figur in der Reihe) zählt zu dem Besten was Menzel gemalt hat, aber die beiden vor ihm den Hügel erklimmenden Figuren, namentlich der Offizier an der Spitze, könnten ausdrucksvoller sein. Es läßt sich rechtfertigen nicht *zu viel* geben zu wollen, aber es ist (was diese Figur angeht) doch fast zu wenig« (Fontane, Tagebucheintrag vom 27.09.1856, GBA XI/1, S. 173 (Abb. 19)). Vgl. auch ders., *Camphausens ›Erstürmung von Schanze II‹ [1865]*, NFA XXIII/1, S. 333.

373 Kohle, *Adolph Menzels Friedrich*, S. 280. Die Forderung an das Historienbild lautet, »alle zufälligen, nur den genremäßigen Menschen betreffenden Spezialitäten« zu unterlassen ([ungez.] *Kritische Wanderungen durch die Kunstinstitute und Ateliers von Berlin*. In: *Die Dioskuren* 26 (1858), S. 17).

374 Vgl. Jäger, *Der Realismusbegriff in der Kunstkritik*, S. 11.

375 Das Gemälde stösst auch im *Rütli* auf Begeisterung; Lepel verfasst anlässlich der vom *Rütli* veranstalteten Feier des mit Begeisterung aufgenommenen Gemäldes einen Toast, in dem er die Verschmelzung sämtlicher Gattungen im *Hochkirch*-Gemälde thematisiert. Fontane nimmt den Trinkspruch in sein Kapitel zu Bernhard von Lepel in *Von Zwanzig bis Dreißig* auf und lobt ihn ausdrücklich (vgl. Fontane, *Von Zwanzig bis Dreißig*, GBA III/3, S. 317–319).

376 Ders., *Adolf Menzel*, NFA XXIII/1, S. 517.

Fontane erwähnt mit den Grenadieren im Vordergrund zuerst die größten Figuren des Bildes, womit er einen zentralen Aspekt der Bildkomposition aufgreift, der durch die damit verbundene Verdrängung des Königs in den Hintergrund zugleich gegen die Konvention des Historienbilds verstößt.[377] Mit der Bezeichnung derselben als »Vordergrundsgrenadiere«, indem er sie also nicht über ihre Tätigkeit im Kriegsgeschehen definiert, sondern über ihre Position im Gemälde, scheint Fontane diesen Sachverhalt zusätzlich zu akzentuieren. Daran anschließend erfolgt eine ausführliche Beschreibung des Zustands und des Aussehens des Majors, dessen Charakteristik so präzise ausgeführt ist, dass Fontane ihn als »pommersche[n] Schwerins-Kopf« identifizieren kann. Obwohl er nicht auf die Farbe des Gemäldes eingeht,[378] werden durch die Erwähnung der »im Schatten stehende[n] Feuerlinie«[379] farbliche Assoziationen evoziert respektive mit Licht und Schatten fundamentale Aspekte der malerischen Farbgestaltung genannt.[380] Mit der nachfolgenden Bemerkung, dass die Feuerlinie schräg durch das Bild verlaufe, wird auf Textebene der Blick des Betrachters imitiert, der durch die indizierte Diagonale zum Bildhintergrund geführt wird. Erst im Anschluss daran erwähnt Fontane »endlich« den König selbst, womit sich die dreistufige Gliederung des Satzes als Äquivalent der Bildkomposition herausstellt: Der König ist aus dem Zentrum in den Hintergrund gerückt, was mit Fontanes Text korreliert, in dem der Monarch ebenfalls an letzter Stelle steht.

Aus der Position des Königs sowie den ungleich größer dargestellten Grenadieren resultiert eine Dehierarchisierung,[381] die sich in der Satzstruktur von Fontanes Beschreibung spiegelt: Während die Grenadiere und die Feuerlinie

377 Vgl. Kohle, *Adolph Menzels Friedrich*, S. 277.

378 Menzels Farbgebung lobt Fontane in einem anderen Artikel, obschon »Menzels glänzendste Seiten keineswegs auf dem koloristischen Gebiete liegen« (Fontane, *Berliner Kunstausstellung [1864]*, NFA XXIII/1, S. 268).

379 Ders., *Adolf Menzel*, NFA XXIII/1, S. 517.

380 Verifizierbar sind die Farben nicht mehr, denn das Bild ist »mit ziemlicher Sicherheit am Ende des Zweiten Weltkrieges im Berliner Friedrichshainbunker verbrannt« (Kohle, *Adolph Menzels Friedrich*, S. 273), ohne dass eine Farbreproduktion davon erhalten wäre.

381 Ein weiteres Exempel dafür, dass Fontane in der Dehierarchisierung ein charakteristisches Merkmal von Menzels Kunst sieht, liefert Fontanes Gegenüberstellung von Mantegna und Menzel: »[A]n und in der Wand [des Dogenpalasts in Venedig, CA] aber ein großes Freskobild von Mantegna. […] aber da bin ich doch für Menzel. Der Duca sitzt nämlich in der Mitte des Bildes, mehr nach links, die Mantuesen huldigen ihm. […] Dennoch ist das Ganze nach unsren heutigen Vorstellungen langweilig. Nur noch wer als Portraitmaler die Köpfe einzeln studiert, hat etwas davon. Jedem andren bietet es zu wenig« (Fontane, *Italienische Aufzeichnungen. Notizen*, HFA III/3/II, S. 1037f.). Denkbar ist, dass Fontane bei der Niederschrift Menzels *Krönungsbild* vor

in zwei langen Teilsätzen mit mehreren Satzgliedern erläutert werden, sind die Satzgefüge bei der Schilderung des Monarchen drastisch verkürzt. Das späte Wahrnehmen des Königs wird gleichsam dramatisch inszeniert, wodurch mit Wortwahl und Satzgestaltung die Unruhe und die Hast, die ihn als »Rasenden« auf dem galoppierenden Pferd kennzeichnen, sprachlich nachvollzogen werden.[382] Die dramatische Zuspitzung auf der Satzebene kulminiert vorerst im Verstummen, markiert durch den Gedankenstrich, um am Ende im Ausruf »welch ein Bild!«[383] zu gipfeln. Das »Rasen« des Königs ist mit dem Verlauf des Schlachtgeschehens zu erklären, da das preußische Heerlager in der historischen Schlacht von Hochkirch im Jahre 1758 nachts von der österreichischen Armee aus dem Hinterhalt angegriffen wurde. Menzel stellt also eine Niederlage dar, was die antiheroischen Züge des Gemäldes zusätzlich unterstreicht. Nachdruck verliehen wird denselben durch den Titel des Werks: *Friedrich II. und die Seinen in der Schlacht bei Hochkirch*. Offenbar widerlegt Menzel diesen Aspekt in einem Brief an den König erfolgreich,[384] in »Vorwegnahme eines sicherlich kritischen Argumentes«[385].

Vor diesem Hintergrund scheint das Vorgehen Fontanes, den Grenadieren große Aufmerksamkeit zu widmen, folgerichtig und als sprachliche Umsetzung dessen, wie die Figuren zueinander ins Verhältnis gesetzt sind. Menzel selbst schreibt in einem Brief an Friedrich Wilhelm IV., er habe »den Kernpunkt des menschlichen Interesses an diesem Vorgange [gesucht]: Charakterisierung des Verhältnisses des Heldenkönigs zu seinem Heere«.[386] Mit dem »Menschlichen« nennt Menzel den erwähnten Aspekt des Individuellen als Ziel von Fontanes eigener Geschichtsschreibung, im Sinne seiner Überzeugung, dass »[d]as pro-

Augen hat, für das Menzel unzählige Porträtstudien tätigte. Fontane berichtet in zwei Zeitungsartikeln über das Gemälde.

382 Fontanes Beschreibung, dass Friedrichs »Haar im Winde« wehe, soll vermutlich den Eindruck verstärken, dass der König ins Kampfgeschehen involviert ist, was gemäß Fontane auch dem Bildbetrachter widerfährt, dessen Seele durch das Gemälde »fortgerißen« werde (Fontane, *Adolf Menzel*, NFA XXIII/1, S. 517).

383 Ebd.

384 Das Vorhaben, eine Niederlage statt eines Siegs darzustellen, begründet Menzel damit, dass der Sieg für den Gegner keine Früchte getragen und stattdessen »seine scheue Ehrfurcht nur noch steigert« (Adolph Menzel an Friedrich Wilhelm IV., 01.10.1856, abgedr. in: Menzel, *Briefe*, Bd. 2, S. 490). Der König erachtet diese Argumentation Menzels offenbar als plausibel und kauft das Gemälde, worüber am 20.11.1856 im *Deutschen Kunstblatt* eine Mitteilung erfolgt (vgl. Friedrich Eggers, *Zeitung. Berlin*. In: *DKB* 47 (20.11.1856), S. 414).

385 Kohle, *Adolph Menzels Friedrich*, S. 281.

386 Adolph Menzel an Friedrich Wilhelm IV., 01.10.1856, abgedr. in: Menzel, *Briefe*, Bd. 2, S. 490. Vgl. auch [ungez.], *Künstler und Werkstätten: Adolf Menzel [Fortsetzung]*. In: *DKB* 2 (12.01.1854), S. 11.

testantische Volk [...] keine Heiligen« verlange, sondern »eher das Gegenteil; es verlangt Menschen«[387]. Dies bedeutet auch, menschliche Schwächen darzustellen, wie Menzel es in seinen Friedrichsdarstellungen tut und Fontane gleichzeitig in seinem literarischen Schaffen ebenfalls, beispielsweise in den Biografien der *Tunnel*-Mitglieder in *Von Zwanzig bis Dreißig*.[388]

In Anbetracht von Fontanes Zuspruch für die geschilderte Dehierarchisierung scheint es symptomatisch, dass er die Kunst Anton von Werners, des »›offiziellen‹ Maler[s] des deutschen Kaiserreichs«[389], lediglich im Rahmen der Berichterstattung zur Berliner Kunstausstellung von 1874 berücksichtigt.[390] Im Gegensatz zu von Werner gelingt es Menzel gemäß Fontane selbst bei offiziellen Aufträgen wie dem *Krönungsbild*, »etwas ganz bestimmt Gegebenes in realistischer Treue und zugleich in künstlerischer Verklärung darzustellen. Erst wo diese Verschmelzung glückt, da wird aus dem bloßen Tableau ein *historisches* Bild«[391]. Das Zitat verdeutlicht die hohe Kongruenz zwischen Fontanes Auffassung von Realismus und Menzels Malweise: Das *Krönungsbild* wird von Fontane zum Lehrstück dessen erhoben, »was Kunst ist, wie man Kunst (auf jedem Gebiete) zu üben hat, – Kunst, die nichts Nebensächliches kennt und in Kleinem und Großem nur eines anstrebt – die Vollkommenheit«[392]. Mit »Nebensächlichem« sowie der Kontrastierung von »Kleinem« und »Gro-

387 Fontane, *Wanderungen*, GBA V/1, S. 554.

388 Vgl. z. B. »Durch mehr als vierzig Jahre hin bin ich an meines alten Lepels Seite gegangen. Blick' ich auf diesen langen Abschnitt zurück, so drängt sich's mir auf, daß sein Leben ein zwar interessantes und zeitweilig auch glückliches, im ganzen aber doch ein verfehltes war« (Fontane, *Von Zwanzig bis Dreißig*, HFA III/4, S. 448).

389 Vgl. Fontane, *Kunstausstellung [1874]. Anmerkungen*, NFA XXIII/2, S. 323.

390 In den *Italienischen Aufzeichnungen* erwähnt Fontane außerdem, dass er Zuschauer gewesen sei, als ein Werk Werners als Mosaik gefertigt wurde (vgl. Fontane, Tagebucheintrag vom 07.10.1874, HFA III/3/2, S. 955). Die Abneigung gegenüber Werner mag auch persönliche Gründe haben – Fontane ist Werner zu seiner Zeit als Akademiesekretär unterstellt, was ihm offenbar nicht behagt: »Es dient sich schlecht mit sechsundfünfzig unter einem jugendlichen Herrn von zweiunddreißig« (Theodor Fontane an Friedrich Hitzig [Entwurf], [28].05.1876, HFA IV/2, S. 522). Fontane attestiert Werner zwar sämtliche Fähigkeiten zur Besetzung des Ministerpostens, bescheinigt ihm aber kritisch mehr Rede- als Malkunst (vgl. Theodor Fontane an Martha Fontane, 13.05.1889, HFA IV/3, S. 691f.). Die Diskrepanzen zwischen Werners Kunst und Fontanes Vorstellung von realistischen Darstellungsformen sind eindeutig; Thomas W. Gaehtgens verwendet für Werners Kunst auch den Begriff der »bildimmanenten Scheinrealität« (Thomas W. Gaehtgens, *Anton von Werner. Die Proklamierung des Deutschen Kaiserreiches. Ein Historienbild im Wandel preußischer Politik*, Frankfurt am Main 1990, S. 23).

391 Fontane, *Das Krönungsbild von Adolf Menzel*, NFA XXIII/1, S. 260 (Abb. 25).

392 Ebd., S. 261.

ßem« nennt Fontane zentrale Aspekte seiner Kunstauffassung, die er in Menzels Werken wiederfindet. Im zweiten Artikel zum *Krönungsbild* bezeichnet er dasselbe als etwas »bis dahin Unübertroffene[s]« »auf dem Gebiete *realistischer* Kunst«[393]. In Kontrast dazu wird das Bild in *Die Dioskuren* – wie das *Hochkirch*-Gemälde ebenso – für dessen »ungemeine Lebendigkeit im Detail, namentlich auch in den Physiognomien der Vordergrundfiguren«[394] gescholten. Gerade diese konventionell dem Genre zuzuordnenden Aspekte machen für Fontane den realistischen Gehalt und damit das gelungene Historienbild aus, während die idealistisch orientierte Kunstkritik dem Werk aus exakt denselben Gründen das genuin Historische abspricht.[395]

Das *Hochkirch*-Bild ist gewissermaßen der Inbegriff dessen, was Fontane von Historienmalerei fordert, zumal es ihm als Beispiel für die Umsetzung einer humoristischen Darstellung dient, einem weiteren elementaren Aspekt seiner Kunstauffassung. Humor – in Bezug auf sein eigenes Schreiben eng gekoppelt an die Anekdote, die er für die geeignetste Form der Geschichtsschreibung hält –,[396] erklärt er in einem Vergleich mit französischer Schlachtenmalerei zu einem Vorzug des *Hochkirch*-Bilds.[397] Fontane bezieht sich hierbei

---

393 Ders., S. 339.

394 Max Schasler, *Kunstkritik. Die akademische Kunst-Ausstellung in Berlin [Fortsetzung]*. In: *Die Dioskuren* 36 (07.10.1866), S. 287.

395 Max Osborn schreibt diesbezüglich: »Er war so gleichsam ein Mitbürger der fridericianischen Welt geworden, und so wurden seine Friedrichsbilder eigentlich keine ›Historien‹ mehr. In ihrer unerhörten Lebenswahrheit geben sie uns die Illusion, als seien es zeitgenössische Schilderungen« (Max Osborn, *Adolph von Menzel*. In: *Westermanns illustrierte deutsche Monatshefte* 1899/1900, S. 310). Vgl. auch Friedrich Pecht, *Zum 70. Geburtstage Adolf Menzels*. In: *Die Kunst für Alle* 1 (1885/86), S. 68.

396 Bezeichnend ist, dass Fontane ausgerechnet zu einem der von ihm am meisten geschätzten Gemälde Menzels ebenfalls eine Anekdote zu erzählen weiß. Geradezu autoreflexiv scheint zudem, dass in ihr das Absägen eines Treppenknaufs, eines Details, die Lösung des Problems darstellt: »Als ›Hochkirch‹ endlich fertig war, ergab sich die Unmöglichkeit, das Riesenbild die Treppe hinunterzuschaffen, am sperrendsten und gefährlichsten aber erwiesen sich die Treppenknäufe, Kugeln mit einer Spitze darauf, die der Hauswirt für das eben fertig gewordene Haus (Ritterstrasse) hatte erstellen lassen. Da geschah das Unerhörte. Menzels Hauswirt, nachdem er den Wirt in sich besiegt, erschien mit einer Handsäge, sägte persönlich die Treppenknäufe ab und machte dadurch das Defilé frei. Wenn über Berliner Hauswirte gesprochen wird, – was man so sprechen nennt, – so ermangele ich nie hinzuzusetzen: ›Alles richtig. Aber da war mal einer…‹« (Fontane, *Von Zwanzig bis Dreißig*, GBA III/3, S. 317, FN).

397 Die einzige Darstellung, die »an poetisch innerlicher Gewalt mit diesem Hochkirch-Bilde wetteifern kann« (ders., *Adolf Menzel*, NFA XXIII/1, S. 517), ist gemäß Fontane die *Hunnenschlacht* von Wilhelm von Kaulbach, zu der von ihm jedoch keine Beschreibung vorliegt. Ähnlich wie in Bezug auf Bleibtreus Schlachtenmalerei argumentiert Fontane, dass »die meisten Schlachtenbilder, selbst die Versailler nicht ausge-

auf Schlachtendarstellungen des französischen Historienmalers Antoine-Jean Gros,[398] der Gefechte hauptsächlich – wie in der traditionellen Schlachtenmalerei Usus – als Aufeinandertreffen zweier mehr oder weniger geordneter Schlachtenreihen mit deutlich als solchen erkennbaren Anführern inszeniert.[399] Menzels Bruch mit diesen Traditionen führt Fontane zum Fazit: »Es giebt nur 2 Arten diese Dinge zu traktiren *entweder ganz im großen historischen Styl, oder aber mit Humor.* Das erstre thut Gros, das andre thut Menzel.«[400] Das Zitat bekräftigt Fontanes Zuspruch für Menzels unkonventionelle Form von Historienmalerei und kann gleichzeitig als autoreflexive Aussage gewertet werden: Nicht nur Menzel, auch Fontane hat sich dem Humor verschrieben.

Humor als ästhetisches Mittel bietet die Möglichkeit der »Neuproduktion des Realen«[401], anstelle einer mimetischen Reproduktion von objektiver Wirklichkeit. Dem Humor ist die Berechtigung der Einbildungskraft des Künstlers inhärent, sodass dieser nicht zur objektiven Schilderung verpflichtet ist.[402] Wenn Humor als diejenige Zutat gilt, die Fontanes Realismus von der Dokumentation zur Kunst erhebt,[403] so kann dasselbe für Menzels Malerei geltend gemacht werden. Menzel nimmt sich die künstlerische Freiheit, eine Niederlage darzustellen, einen prägenden Ausschnitt abzubilden, statt einer Entität, wie dies auf Gros' Gemälde zutrifft. Statt für den »*großen historischen Stil*« spricht Fontane sich für Kleinformen und damit für das Genrehafte und Anekdotische aus, oder, mit Eggers gesprochen, für die Auflösung des Historienbildes in »ein Kaleidoskop [von] 100 und aber 100 kleine[n] Genrebilder[n]«[404]. Historische Realität – Fontane lobt das *Hochkirch*-Bild auch für dessen »Lebenswahrheit«[405] – ist folglich über das Genre einzuholen

schlossen, […] uns von den Wänden her an[gähnen]« nicht so aber das *Hochkirch*-Bild (ebd.) (Abb. 24).

398 Vgl. z. B. »Gros – wenn man die 2 großen Stücke im Louvre mitrechnet – ist der Meister, nächst ihm Lebrun und van der Meulen, David, Steuben. Vernet steht, wenigstens in diesen Schlachtenbildern, *unter* den genannten. Er wird erst groß, wenn er Wüstensand unter den Füßen hat« (Theodor Fontane, Tagebucheintrag vom 18.10.1856, GBA XI/1, S. 185).

399 Vgl. Kohle, *Adolph Menzels Friedrich*, S. 273.

400 Theodor Fontane an Emilie Fontane, 21.10.1856, GBA XII/1, S. 415.

401 Sabina Becker, *Bürgerlicher Realismus: Literatur und Kultur im bürgerlichen Zeitalter 1848–1900*, Tübingen/Basel 2003, S. 136.

402 Vgl. Preisendanz, *Humor als dichterische Einbildungskraft*, S. 272.

403 Vgl. Helen Chambers, *Theodor Fontanes Erzählwerk im Spiegel der Kritik. 120 Jahre Fontane-Rezeption*, Würzburg 2003, S. 43; vgl. Preisendanz, *Humor als dichterische Einbildungskraft*, S. 240.

404 Eggers, *Ueber Stoffe für Genre- und Landschaftsmaler*. In: *DKB* 13 (27.03.1852), S. 108.

405 Fontane, *Adolf Menzel*, NFA XXIII/1, S. 433.

und resultiert sowohl bei Fontane als auch bei Menzel aus der Hinwendung zum Nebensächlichen und zur Detailfülle.

Selbst an Menzels *Eisenwalzwerk*, der Darstellung eines Industriebetriebs, interessiert Fontane besonders die Genreszene im Vordergrund der rechten Bildhälfte.[406] Bemerkenswert ist in diesem Zusammenhang allerdings, dass Fontane Menzels *Festblatt zum 50. Jubliäum der Firma Heckmann*, das ebenfalls eine Fabrikdarstellung zeigt, außerordentlich lobt. In diesem Kontext ist auf die Form der Arabeske hinzuweisen, die auf dem entsprechenden Blatt mit präzise ausgeführten Details die Fabrikdarstellungen ziert und dieselben umrahmt.[407] Dass dieses Austarieren von Haupt- und Nebensache auch in Fontanes Erzählwerk prägend ist, veranschaulicht ein Dialog in der Erzählung *Frau Jenny Treibel*:

> Distelkamp lächelte. »Das sind so Schmidtiana. Du warst immer fürs Anekdotische, fürs Genrehafte. Mir gilt in der Geschichte nur das Große, nicht das Kleine, das Nebensächliche.« – »Ja und nein, Distelkamp. Das Nebensächliche, so viel ist richtig, gilt nichts, wenn es bloß nebensächlich ist, wenn nichts drin steckt. Steckt aber was drin, dann ist es die Hauptsache, denn es gibt einem dann immer das eigentlich Menschliche.«[408]

Im zitierten Gespräch finden sich zahlreiche, in Bezug auf Menzels genrehafte Historienmalerei herausgearbeitete Merkmale. Es geht um die Aufwertung des Kleinen,[409] des Nebensächlichen, weil in diesem erst »das eigentlich Mensch-

406 Hierbei scheint signifikant, dass Fontane das *Eisenwalzwerk* als eines von Menzels »merkwürdigsten und epochemachendsten Bilder[n]« bezeichnet (Fontane, *Adolf Menzel*, NFA XXIII/1, S. 518 (Abb. 26)). Er reiht das Gemälde in die »rein künstlerischen Aufgaben« Menzels ein, als Versuch der »malerischen Wiedergabe von Rot- und Weißglühlicht« (ebd.). In *Irrungen, Wirrungen* schildert Fontane ebenfalls Arbeiter bei der Mittagspause (vgl. ebd., *Irrungen, Wirrungen*, GBA I/10, S. 108). Mit Rudolf Schick unterhält sich Fontane über Parallelen zwischen dem *Hochkirch*-Gemälde und dem *Eisenwalzwerk* und teilt anschließend in einem Brief sein besonderes Augenmerk für die »Rechts-Ecke des Bildes« mit, in der Arbeiter bei der Essenspause dargestellt sind (Theodor Fontane an Rudolf Schick, 27.02.1875, HFA IV/2, S. 494). Mit der Darstellung einer Fabrikszene erfüllt Menzel das von Eggers geäußerte Postulat, wonach auch Industrieszenen als neue Stoffe für die Genre- und Historienmalerei zu berücksichtigen seien (vgl. Eggers, *Ueber Stoffe für Genre- und Landschaftsmaler*. In: *DKB* 13 (27.03.1852), S. 108; vgl. Graevenitz, *Theodor Fontane*, S. 111–122). Graevenitz sieht in der Zusammensetzung von Einzelszenen im *Eisenwalzwerk* eine gegenstandsimmanente Folge der Strukturierung industrieller Arbeitsabläufe, wie sie aus dem Taylorismus resultiert (vgl. ebd., S. 115).

407 Zum Aspekt der Arabeske vgl. Werner Busch, *Die notwendige Arabeske. Wirklichkeitsaneignung und Stilisierung in der deutschen Kunst des 19. Jahrhunderts*, Berlin 1985.

408 Fontane, *Frau Jenny Treibel*, GBA I/14, S. 80.

409 Vgl. dazu auch: »Die Kunst der Darstellung, ihre Wahrheit und Lebendigkeit ist das allein Entscheidende. […] Es gibt nichts so Kleines und Alltägliches, das nicht, durch

liche« stecke.[410] Die Komponenten des Genre, des Alltäglichen, des Nebensächlichen, der Historie sowie der Anekdote werden folglich in einen direkten Zusammenhang gebracht.[411] Als Kleinform ist die Anekdote nicht bestrebt, einen historischen Überblick zu verschaffen, sondern nimmt, ausgehend von einem exemplarischen Ausschnitt, eine Persönlichkeitscharakterisierung vor. Aufgrund ihrer spezifischen Eigenschaft, auf das Nebenereignis zu fokussieren – im gegebenen Fall nicht auf das Bild, sondern auf dessen angeblichen Entstehungskontext – wird die Anekdote von Joel Fineman als »historeme« bezeichnet. Als »the smallest minimal unit of the historiographical fact«[412]. Dabei nimmt die Anekdote als selbstreflexive Dimension der Beobachtung ein prekäres Verhältnis zur Geschichte respektive zur Realität ein,[413] indem sie mit dem Historem ein Körnchen Wahrheit beinhaltet, dieses aber durch die Narration als Konstrukt entlarvt.

Anekdoten liefern damit einen bruchstückhaften Einblick in die Geschichte und stellen aus, dass neben dem Wahrheitsgehalt eines historischen Ereignisses die Ebene der Geschichtsschreibung, der Narration, ebenso bedeutsam ist. Daraus resultiert ein Zusammenspiel von erzählerischer Konstruktion und Quellenforschung, das nicht nur für Fontanes Bildkommentare, sondern auch für seine Künstlerviten von zentraler Wichtigkeit ist. Im Kleinen, in Handlungen des Alltagslebens einer bekannten Persönlichkeit, soll deren Charakter prägnant veranschaulicht werden. Mit der Fokussierung auf das Nebensächliche, die Begleitumstände des eigentlichen Ereignisses – des vollendeten

künstlerische Behandlung geadelt, dem größten aber ungenügend behandelten Stoff überlegen wäre« (ders., *Hans und Grete*, HFA I/7, S. 442).

410 Dass es sich dabei um einen Grundsatz von Fontanes Kunstauffassung handelt, zeigt der Bericht zur Berliner Kunstausstellung von 1860, in dem Fontane das Fehlen eines »sympathetische[n] Element[s]« konstatiert: »Das Bild ist langweilig bis zum Exzeß. Ich glaube, es liegt dieser Art von Malerei eine totale Verkennung dessen zu Grunde, worauf es in der Kunst überhaupt ankommt. […] Wir sehen eine Menge kämpfender Figuren, aber zu keiner einzigen fühlen wir uns hingezogen, da ist nicht eine, die den Wunsch in uns weckt, ihre Geschichte kennenzulernen. Unsere moderne Schlachtenmalerei ist auf Abwegen« (ders., *Die Berliner Kunstausstellung [1860]*, HFA III/5, S. 475). Das Zitat verdeutlicht, dass Fontane nach Geschichten der Figuren und damit nach Narrativen sucht.

411 Im Artikel für das Lexikon *Männer der Zeit* schreibt Fontane über die Terminologie reflektierend, es sei der »eigentlichen Kunstleistungen Adolf Menzels auf demselben Gebiet, d. h. also seiner großen historischen Bilder oder doch seiner historischen Genrestücke aus der Zeit und dem Leben des Großen Königs«, zu gedenken (ders., *Adolf Menzel*, NFA XXIII/1, S. 432).

412 Joel Fineman, *The History of the Anecdote. Fiction and Fiction*. In: Harold Veeser (Hrsg.), *The New Historicism*, New York 1989, S. 56.

413 Vgl. Schneider, *Die Dinge und die Zeichen. Einleitung*, S. 15.

Werks – verkörpert die Anekdote folglich exakt diejenigen Aspekte, die für Fontanes Verständnis von Geschichtsschreibung prägend sind.[414] Dies veranschaulicht, dass es sich dabei um einen grundlegenden Aspekt von Fontanes Poetik handelt, der nicht nur für seine Auffassung von Historie, sondern auch für sein Schreiben insgesamt zentral ist. Das Friedrichsbild Menzels und Fontanes Auffassung von Historie weisen folglich durch die Humanisierung des Herrscherbildes, genrehafte Züge sowie den Fokus auf das Nebensächliche, das stellvertretend für das Ganze steht, deutliche Parallelen zur anekdotischen Form der Geschichtsschreibung auf.

Dies lässt sich mit Fontanes Kommentar zu Menzels *Abreise Wilhelms I. zur Armee am 31. Juli 1870* fundierter belegen: Der Schwerpunkt des Bildes ist fort vom historischen Ereignis, hin zum Alltagsleben verlagert.[415] Im Zentrum scheinen statt der Kutsche mit König Wilhelm die Bürger zu stehen; die einen dicht im Gedränge, die anderen distanziert beobachtend, weitere gar abgewandt und in die Zeitungslektüre vertieft.[416] Fontanes Lob für diesen ungewohnten Blickwinkel entsprechend, befürwortet er in Bezug auf ein Werk Wilhelm Camphausens dessen Entscheidung, nicht die Schlacht, sondern nur die Zuschauer derselben darzustellen.[417] Betreffs August von Heydens Werk *Vor dem Reichstage* begrüsst Fontane ebenfalls, dass Luther und Frundsberg zwar den Mittelpunkt des Bildes bilden würden, jedoch »mehr äußerlich als innerlich. Was das Bild sonst an Figuren hat, steht *neben* den genannten Beiden, nicht *unter* ihnen.«[418] Dieselbe Nivellierung ist bei Menzels Gemälde auszumachen; ursprünglich hat dasselbe denn auch nicht den Titel *Abreise Wilhelms I. zur Armee am 31. Juli 1870* getragen, sondern *Linden Berlins am*

414 Vgl. Kapitel III.2.2.

415 Fontane reduziert Menzel allerdings nicht auf dessen Friedrichsbilder: Im Artikel im Lexikon *Männer der Zeit* betont er, dass Menzel weit mehr und Originelleres geschaffen habe als Historienbilder. Die Bezeichnung Menzels als der »preußische Horace Vernet« ist gemäß Fontane eine »einseitige Auffassung seines Schaffens« sowie die »Verkennung seiner völligen Originalität« (Fontane, *Adolf Menzel*, NFA XXIII/1, S. 429 (Abb. 22)). Menzels Universalität bringt Fontane auch im Gedicht *Auf der Treppe von Sanssouci* zum Ausdruck (vgl. ders., *Auf der Treppe von Sanssouci*, GBA II/1, S. 250–253).

416 Die Skepsis, mit der Menzel die Szene darstellt, lässt sich auch an den verhedderten Fahnen zeigen. Auftraggeber ist diesmal der Bankier Magnus Herrmann, ein Freund Menzels (vgl. Keisch und Riemann-Reyher (Hrsg.), *Adolph Menzel 1815–1905*, S. 254).

417 Fontanes Äußerung bezieht sich auf Camphausens Gemälde *Auf dem Observatorium bei Dünth am Morgen des 18. April* (vgl. Fontane, *Berliner Kunstausstellung [1864]*, NFA XXIII/1, S. 268).

418 Ders., *A. v. Heyden: ›Vor dem Reichstage‹ [1866]*, NFA XXIII/1, S. 390.

Nachmittag des 31. Juli 1870, womit der König in der Überschrift absent war. Fontane spricht Menzel in einem Brief sein Lob für das Werk aus:

> Das schöne Blatt, das Ihre Güte mir heute früh zugestellt hat, hat uns, d. h. meiner Frau und mir eine große Freude gemacht. Was ja eine Ihrer Forcen ist: das historische Gepräge innerhalb des Genre, das Hineinragen des Großen in das Kleinleben (während so viele ›Historiker mit dem Pinsel‹ das Großleben mit ihrer eigenen Alltäglichkeit füllen) – das ist es, was mir dieses Ihr letztes Bild gleich so wert machte.[419]

Fontane beschreibt die Überlagerung von Historien- und Genregemälde, wobei sein Fokus – aufgrund der Formulierung zu schließen – auf dem Genre liegt: Das »historische Gepräge« ist »innerhalb« des Genres auszumachen. Das Große ragt »in das Kleinleben« hinein. Das Kleine ist also vorgängig existent und wird um die Historie ergänzt. Diese Herangehensweise Menzels steht nach Fontane in Kontrast zu anderen Historienmalern, die das »Großleben« darstellen und es nachträglich »mit ihrer eigenen Alltäglichkeit füllen«. Das Kleine, die Details sollen stattdessen ein Eigenleben erhalten. Damit wird der Blick vom historischen Ereignis auf die Reaktionen des Bürgertums und damit auf das Kleine, das Nebensächliche verlagert. Auch in *Abreise Wilhelms I. zur Armee am 31. Juli 1870* werden die Hierarchien insofern infrage gestellt, als die Bürger im Vordergrund des Bildes so groß dargestellt sind und derart viel Platz einnehmen, dass die Kutsche des Königs beinahe übersehen werden könnte. Die Akzentverschiebung auf das Nebensächliche bestätigt, dass das Reale in Menzels Darstellung in der Dichte des Alltags, den zahlreichen Gegenständen und Figuren, der Fülle der Details liegt. Nicht von ungefähr zählt Fontane Menzel neben Iwan Turgenjew zu seinen »Meistern und Vorbildern«[420]. Exakt dasselbe kann nämlich für sein eigenes Werk geltend gemacht werden, wie Emilie Fontane feststellt:

> Gestern waren wir auch vor Menzel's Bilde; es wirkt erst wie ein Sammelsurium u. macht auf mich als Ganzes gar keinen Eindruck. Verzeih, auch darin Deiner Produktion etwas ähnlich. Aber die Details, die kostbaren, interessanten Details, ich konnte mich garnicht losreißen u. wünschte ich könnte tagelang eine Stunde es studieren u. mich an jeder neuen Entdeckung eines Zuges, einer Person erfreuen[.][421]

Emilie stellt zwischen dem Werk Fontanes und demjenigen Menzels in Bezug auf die Behandlung der Details und den damit verbundenen Verlust des Bild-

419 Theodor Fontane an Adolph Menzel, 02.07.1871, abgedr. in: Menzel, *Briefe*, Bd. 2, S. 684.
420 Theodor Fontane an Ludwig Pietsch, 23.12.1885, HFA IV/3, S. 441.
421 Emilie Fontane an Theodor Fontane, 11.06.1884, GBA XII/3, S. 389 (Abb. 19).

ganzen explizit eine Parallele her. Dies bestätigt, dass die Aneignung von Wirklichkeit sowohl bei Fontane als auch bei Menzel über die Detailfülle geschieht, was in Bezug auf Fontanes Erzählwerk an der Anhäufung von »Requisiten«[422] festgemacht wurde. Zu Fontanes »Requisiten« gehören auch Bilder, weshalb es nicht erstaunt, dass eine Anspielung auf Menzels *Hochkirch*-Bild in einem Roman vorkommt: Die Ahnengalerie der Poggenpuhls ist bestückt mit einem Ölbild, das »den historisch bedeutendsten Moment aus dem Leben der Familie darstellt[]«, den

> Ueberfall von Hochkirch, die Oesterreicher bestens ›ajustiert‹, die armen Preußen in einem pitoyablen Bekleidungszustande. Ganz in Front aber stand ein älterer Offizier in Unterkleid und Weste, von Stiefeln keine Rede, dafür ein Gewehr in der Hand. Dieser Alte war Major Balthasar von Poggenpuhl [...].[423]

Die Darstellung des wenig ruhmreichen Auftritts des Majors Poggenpuhl wird von der Familie besonders gewürdigt: Das Bild ist das einzige in der Galerie mit Barockrahmen, weshalb die Haushälterin mit dem Werk auf Kriegsfuß steht, weil das Gemälde infolge des Gewichts beim Abstauben wiederholt von der Wand fällt. Der Bildernagel wird danach jedes Mal wieder neu befestigt, doch da die Wand an der betreffenden Stelle bereits sehr schadhaft ist, bricht der eingegipste Nagel bald darauf erneut.[424] Im übertragenen Sinne bröckelt nicht nur die Wand der Poggenpuhls, sondern auch das Bild des historischen Helden bei Fontane und Menzel.

3 Deskription, Narration, Dialog – Formen der Versprachlichung von Bildern

Die sprachlichen Merkmale der kunstkritischen Schriften Fontanes wurden bis heute kaum von der Forschung beachtet. Dies, obwohl die Texte von hohem Bewusstsein um ihre sprachliche Verfasstheit zeugen: »Ich spreche absichtlich ganz allgemein von ›Arbeiten‹ und nicht von ›Bildern‹, denn gleich die erste Arbeit ist kein einzelnes Bild, sondern eine Reihenfolge von Bildern«.[425] Reflexionen über Begriffe schliessen auch feststehende Termini ein, wie die Bezeichnung »Präraffaeliten«, die Fontane als missverständlich auffasst und

422 Brinkmann, *Der angehaltene Moment. Requisiten – Genre – Tableau bei Fontane.*
423 Fontane, *Die Poggenpuhls*, GBA I/16, S. 14 (Abb. 24).
424 Vgl. ebd., S. 15.
425 Fontane, *Die Londoner Kunstausstellung*, NFA XXIII/1, S. 32.

deshalb genauer definiert.[426] In Bezug auf Bezeichnungen zur formalen Beschreibung von Malerei ist er ebenfalls um Präzision bemüht: »Daniel Maclise, Mitglied der Akademie, hat ›die Geschichte der Eroberung‹ […] in zweiundvierzig Kartons – wenn man so kleinen Blättern diese Bezeichnung geben darf – dargestellt.«[427] Diese Exempel zeigen auf, dass Fontane die bestehenden Begriffe auf ihre Tauglichkeit hin überprüft und um Verständlichkeit derselben bemüht ist, was als Merkmal der leserorientierten Ausrichtung der Kunstkritiken gewertet werden kann.[428] Zugleich zeigt sich im reflektierten Umgang mit sprachlichen Ausdrücken zur Beschreibung von Kunstobjekten der im voranstehenden Kapitel aufgezeigte Einblick Fontanes in den Prozess der Herausbildung der Kunstgeschichte als wissenschaftliche Disziplin.

Ein weiterer Aspekt, der den hohen Grad an Sprachreflexion bezüglich des Medientransfers in den Kunstkritiken veranschaulicht, ist das Bewusstsein für die Problematik, im Modus der Sprache absenten Bildern Präsenz zu verleihen. Fontane macht kenntlich, sich der Unzulänglichkeit des Beschreibens von Bildern mit Worten bewusst zu sein: »In meinem Kataloge mehrten sich die Ausrufungszeichen und der Vorrat von Bewunderungsadjektiven, der unserer Sprache zur Verfügung steht, war rasch erschöpft.«[429] An anderer Stelle schreibt er ausgehend vom Werk *Ostende*[430] von Andreas Achenbach explizit, dass »[d]as Beschreiben von Landschaften […] immer sein Mißliches [habe]. Dennoch sei es versucht«,[431] worauf eine ausführliche Bildbeschreibung folgt. Nicht nur hinsichtlich des eigenen Schreibens finden sich Bemerkungen Fon-

426 »Die Präraffaeliten! Wer sind sie? Was sind sie? Sie sind zunächst nicht das, als was sie sich bezeichnen, zum wenigsten nicht Präraffaeliten in dem Sinne, der bei uns gang und gebe ist, und haben durch die Annahme dieses Namens, der ihnen, wenn überhaupt, nur sehr bedingungsweise zukommt, eine gewisse Konfusion in ihre eigenen Angelegenheiten gebracht« (ders., *Aus Manchester. 10. Brief*, NFA XXIII/1, S. 139); vgl. auch daran anschliessend: »Die englischen Präraffaeliten sind nicht *Prä-*, sondern *Anti-*Raffaeliten. Auch dieses Wort erfordert eine Auseinandersetzung« (ebd.).

427 Ders., *Die Londoner Kunstausstellung*, NFA XXIII/1, S. 32.

428 Vgl. auch Kapitel I.2.

429 Fontane, *Kopenhagen. II. Das Thorwaldsen-Museum*, HFA III/3/1, S. 688f. Zur Problematik des Beschreibens von Bildern mit Worten vgl. auch Fontanes Bemerkung zum Werk *Der Besuch* von Karl Becker: »Das Bild zu beschreiben ist nicht leicht; der Zauber liegt in Auffassung, Farbe, Haltung, Ausdruck – der Hergang selbst ist gleich Null« (ders., *Die diesjährige Kunstausstellung [1862]*, NFA XXIII/1, S. 192).

430 Einen Beleg für den nachhaltigen Eindruck, den Achenbachs Darstellungen von Ostende bei Fontane hinterlassen, liefert ein Brief an Emilie aus Emden: »Beständig treten mir die Andreas Achenbachschen Ostende-Bilder vor die Seele« (Theodor Fontane an Emilie Fontane, 18.07.1880, GBA XII/3, S. 219).

431 Fontane, *Berliner Kunstausstellung [1866]*, NFA XXIII/1, S. 387.

tanes, sondern auch zur Begriffswahl in Ausstellungskatalogen.[432] Zum Katalog der Kunstausstellung von 1860 behauptet er, dass derselbe »nach dem Andeutungsprinzip abgefaßt [sei], er läßt nur *ahnen*. Mitunter ist er ein wahrer Schalk und treibt bare Eulenspiegelei.«[433] Nach Fontanes Überzeugung sollte der Bildinhalt folglich ohne weiterführenden Kommentar für den Rezipienten erschließbar sein. In sämtlichen der zitierten Textabschnitte wird die Problematik des Medientransfers verhandelt, wobei Fontane über die Unausweichlichkeit des Verschriftlichens von Eindrücken, vorgegeben durch die Form des Zeitungsartikels reflektiert.

Im Hinblick auf die Betonung des literarischen Eigenwerts der Kunstkritiken ist außerdem Fontanes Bildbeschreibungen erhöhte Beachtung zu schenken. Bereits angedeutet wurde dies mit der Analyse seines Kommentars zum Gemälde *Peace – Burial at Sea*, in dem er eine sprachliche Umsetzung von Turners Farbensymbolik vornimmt.[434] Zudem überträgt Fontane Begriffe aus der bildenden Kunst auf sein eigenes Schreiben, beispielsweise wenn er seine Landschaftseindrücke mit Termini aus der Malerei beschreibt und, über die *Wanderungen* reflektierend, explizit den Begriff »Genreszenen«[435] verwendet.

Für die starke Prägung seiner Perzeption durch die Kunstbetrachtung sind zudem in Bildern wahrgenommene Bahnfahrten ein Exempel: Fontane schreibt, dass er von den »Ortschaften, die wir zu passiren hatten [...] um so klarere Bilder gewinnen konnte[], als die Bahn immer in einiger Entfernung an den hochgelegenen Städten und Flecken vorübergeht«.[436] Eine analoge Szene findet sich in *Der Stechlin*, in einer Passage zu einer Fahrt auf dem Dampfer, die zur Beschreibung der Landschaft in Form wechselnder gerahmter Bilder veranlasst.[437] Hinsichtlich der bildhaften Wahrnehmung ist außerdem auf die

432 Beispielsweise empört sich Fontane, dass zu einem »prächtige[n] Frauenbildnis« im Katalog schlicht »[e]in weibliches Bildnis« vermerkt sei, was er mit der Bemerkung »[s]chnödes Spiel! als ob wir *darüber* in Zweifel gewesen wären« kommentiert (ders., *Die Berliner Kunstausstellung [1860]*, HFA III/5, S. 461). Vgl. auch ders., *Berliner Kunstausstellung [1866]*, NFA XXIII/1, S. 373.

433 Ders., *Die Berliner Kunstausstellung [1860]*, HFA III/5, S. 460f. In ironischem Tonfall vermerkt Fontane, dass der Katalog dem Leser Rätsel aufgebe, wenn geschrieben stehe »Porträt der Gräfin P.« und er herausfinden müsse, welche Gräfin nun gemeint sein könnte (ebd., S. 461). Vgl. auch ders., *Die diesjährige Kunstausstellung [1862]*, NFA XXIII/1, S. 246.

434 Vgl. Kapitel II.4.1 (Abb. 12).

435 Fontane, *Wanderungen. Spreeland*, GBA V/4, S. 440.

436 Ders., Tagebucheintrag vom 15.10.1874, GBA XI/3, S. 333; vgl. auch ebd., S. 332.

437 »Jeder Bogen schuf den Rahmen für ein dahinter gelegenes Bild, das natürlich die Form einer Lunette hatte. [...] Unsre Reisenden sprachen wenig, weil unter dem raschen Wechsel der Bilder eine Frage die andre zurückdrängte« (ders., *Der Stechlin*, GBA I/17, S. 164). Als weiteres Beispiel ist auf Fontanes Rezension zu Lübkes *Le-*

zahlreiche Verwendung von Metaphern hinzuweisen:[438] Fontane schreibt oftmals, »dem Leser ein Bild«[439] geben zu wollen, oder nutzt in den *Italienischen Aufzeichnungen* die Metapher des erlöschenden und angezündeten Lichts, um eine organische Abfolge der verschiedenen Kunststile zu beschreiben[440] – darin Kuglers und Lübkes kunsthistorischen Kompendien folgend. An anderer Stelle setzt er Omnibusse mit »wahre[n] Leviathans« gleich:

> Der hiesige Omnibus ist eine Arche Noah, und seit gestern, wo der Himmel seine Schleusen geöffnet hat, ist er in der Tat zu einem großen Rettungskasten geworden, in dem, unter Schreien und Winken, jeder Fußgänger, der leichtsinnig genug war, seinem Regenschirm zu vertrauen, Hilfe sucht.[441]

Vom »Leviathan« wird der Omnibus zur »Arche Noah« und diese schließlich zum »großen Rettungskasten«, was eine drastische Fallhöhe impliziert. Zugleich wird damit die humoristische Komponente der Metaphorik deutlich, zusätzlich akzentuiert durch den eingeschobenen Nebensatz über die Unzulänglichkeit von Regenschirmen. Die zitierte Passage stammt aus dem ersten Artikel der Berichterstattung *Aus Manchester*, in dem die Fahrt zum Ausstellungsgebäude in Form einer Aneinanderreihung von Episoden geschildert wird.[442] Als Sequenz von Genreszenen gelesen, beinhalten diese zugleich eine Charakterisierung der verschiedenen Ausstellungsbesucher.

Eine davon ist die Schilderung, wie vier Damen den Omnibus besteigen, die durch die Formulierung eindeutig als fiktiv markiert ist: »Die Ladies, nehmen wir an eine Alte und drei Töchter, können dem verbindlichen, einschmeichlerischen Lächeln der Sonne nicht widerstehen und machen sich, hoffnungsvoll wie Damen immer sind, auf den Weg.«[443] Im Folgenden ist der gesamte Ablauf der Omnibusfahrt der Damen geschildert; Gespräche

---

benserinnerungen zu verweisen, in der er gleichsam mit Licht- und Schattenwurf der Malerei zu argumentieren scheint (vgl. ders., *›Lebenserinnerungen‹ von Wilhelm Lübke*, NFA XXIII/1, S. 615f.).

438 Vgl. z. B. »Die Gerechtigkeit hat den Weißrock erteilt« (ders., *Die diesjährige Kunstausstellung [1862]*, NFA XXXIII/1, S. 200); vgl. ebenso die Beschreibung Fontanes, in der die englische Landschaftsmalerei personifiziert wird: »Die englische Landschaftsmalerei ist nicht jung mehr und hat seit länger als einem Jahrhundert neben der Porträtmalerei gewissenhaft Schritt gehalten. Aber es war ein sonderbarer Wettlauf: die eine vornehm in Karossen, die andre barfuß nebenher« (ders., *Aus Manchester. 9. Brief*, NFA XXIII/1, S. 127).

439 Ders., *Aus Manchester. 1. Brief*, NFA XXIII/1, S. 57.

440 Vgl. ders., *Italienische Aufzeichnungen. Erinnerungen*, HFA III/3/II, S. 1079.

441 Ders., *Aus Manchester. 1. Brief*, NFA XXIII/1, S. 54.

442 Vgl. ders., *Aus Manchester. 2. Brief*, NFA XXIII/1, S. 54–57.

443 Ebd., S. 53.

mit Zugbegleiter und Fahrgästen sind eingeflochten und die Streiche sowie Turneinlagen der Straßenjugend werden beschrieben. Damit reiht sich eine Genreszene an die nächste, wobei sich diese Erzählung bis über die Hälfte des zweiten Briefes erstreckt und damit einen beträchtlichen Umfang einnimmt.[444] Gleichzeitig liefert die Passage ein Beispiel für die Verknüpfung der Kunstkritiken mit der Reiseberichterstattung und dafür, dass Fontane auch unabhängig von Gemälden Genreszenen nacherzählt. Letzteres ist auch für die Romane zu konstatieren; verwiesen sei beispielsweise auf die Schilderung des Weihnachtsabends in *Vor dem Sturm*.[445]

3.1 Bilderzählungen als Genreszenen

Hinsichtlich des Sachverhalts, dass Fontane Genreszenen einen narrativen Gehalt attestiert, ist bemerkenswert, dass er zu mehreren Genrebildern eine Erzählung erfindet oder Bilder durch seine Beschreibung in Genreszenen transformiert.[446] Terminologisch kommt dies im Kommentar zu Wilhelm Ambergs Werk *Onkel Toby und Witwe Wadman* zum Ausdruck, das Fontane mit einem »humoristische[n] Romankapitel«[447] gleichsetzt. Ausgeführt liegt dieser Befund in der Beschreibung des Werks *Die Näscherin* desselben Künstlers vor:

> Anders das vierte Ambergsche Bild »Die Näscherin«, nicht nur entschieden das beste unter den genannten, auch überhaupt ein Kabinettstück: heiter in Farbe und Inhalt, graziös und kräftig zugleich, so recht ein Bild zur Erlabung. Wir blicken in ein Stück Korridor, just da wo die letzten Treppenstufen münden. Alles verrät niederländische Gediegenheit und

444 Anlass zu einem weiteren Exkurs gibt die Besichtigung der Flotte »Niagara«: Fontane beschreibt in demselben das Geschehen auf der Fregatte, versetzt mit dialogischen Elementen und darüber hinaus als soziologisch anmutende Schilderung der Besatzungsmitglieder (vgl. ders., *Aus Manchester. 3. Brief*, NFA XXIII/1, S. 64–66).

445 Vgl. Graevenitz, *Theodor Fontane*, S. 358–361; Fontane, *Vor dem Sturm*, GBA I/1–2, S. 7–15.

446 Vgl. dazu auch die Beschreibung des Werks *Nach der Schule* von Benjamin Vautier (vgl. Fontane, *Die diesjährige Kunstausstellung [1862]*, NFA XXIII/1, S. 202). Ebenso Fontanes Ausführungen zum Gemälde *Dorfschule* von Eduard Meyerheim (vgl. ebd., S. 200). Ein weiteres Exempel ist der Kommentar zu Philipp Arons *Musterung der Toilette* (vgl. ebd., S. 182f.). Vgl. auch ders., *Ein neues Bild Carl Gussows*, NFA XXIII/1, S. 410–412; ders., *Fünfte Ausstellung der National-Gallerie. [I.-II.]*, NFA XXIII/1, S. 416. Aufgrund der narrativen Passagen vermerkt John Osborne, dass in Fontanes Kunstkritiken das »Beschreiben [...] in Erzählen verwandelt« wird (John Osborne, *Theodor Fontane: Vor den Romanen. Krieg und Kunst*, Göttingen 1999, S. 173).

447 Fontane, *Die diesjährige Kunstausstellung [1862]*, NFA XXIII/1, S. 186. Vgl. auch die Besprechung der weiteren Bilder Ambergs, die 1862 ausgestellt sind (vgl. ebd., S. 184–188).

> Wohlhabenheit. Auf dem Flur steht ein schwerer Eichenschrank auf gedrechselten Füßen; ein Teppich bedeckt die Stufen, und die Treppenwandung hinunter zieht sich ein rotwollener Strick mit dicker Quaste. Die »Hausjungfer«, eine echt flandrische Schönheit, voll, üppig, von weißestem Teint, und mit einer roten Schoßjacke über dem grünen Kleid, ist mit den Resten eines Frühstücks soeben die Treppe herabgekommen. Auf dem Präsentierbrett, das sie mit der Rechten an sich preßt, steht die reich emaillierte Weinkaraffe mit dem langen Hals, steht der blau-weiße Ingwertopf, wie man ihm in Seestädten so oft begegnet, und stehen vor Allem die Spitzgläser mit Sherryresten oder mit Resten von Cyperwein, je nachdem der Geschmack jedes Einzelnen seiner Phantasie die Richtung gibt. Hier an der letzten Treppenstufe, hier genau auf halbem Wege zwischen der Herrschaft oben im Saale und der Dienerschaft unten in der Küche, – hier muß es geschehen. »Jetzt oder nie«, wie es der Spruch Wilhelms III., des typischen Holländers, war, so ist es auch hier der Spruch einer typischen Holländerin. Sie hat das eine der Gläser ergriffen, und den Kopf voll graziöser Sinnlichkeit in den Nacken gebogen, schlürft sie den Sherry wie süßes Feuer. Jeder aber, der das Bild sieht, trinkt mit und fühlt es behaglich werden in Blut und Herz.[448]

In dieser Bilderzählung wird das Interieur äußerst detailliert beschrieben, auch der Materialität der Gegenstände sowie deren Farbe wird große Beachtung geschenkt, wobei die Fülle an Details mit dem additiven Sprachgestus korreliert. Indessen verdeutlicht die Passage zum Präsentierbrett, dass der Fokus auf der minutiösen Schilderung der Gegenstände liegt – das verwendete Verb »stehen« bleibt hingegen identisch. Außerdem werden die herumgetragenen Dinge zu Prototypen dessen erhoben, was Fontane mit Flandern assoziiert, und damit gewissermaßen zu dechiffrierbaren kulturellen Zeichen. In der Beschreibung sämtlicher Requisiten scheinen die Interieurs und Finessen von Fontanes Spätwerk bereits antizipiert. Darüber hinaus verortet er das Gemälde in der Tradition der holländischen Genremalerei, womit er auf kunsthistorisches Wissen ebenso wie – mit Wilhelm III. – auf politische Bezüge verweist. Bedeutsam ist dabei, dass die Näscherin über ihre Requisiten ebenso wie ihr Umfeld charakterisiert und erst im Anschluss daran das Geschehnis selbst beschrieben wird, was der Ausgestaltung des Innenraums nachdrücklich Relevanz verleiht.

Die anschliessende Nacherzählung des Ereignisses ist dramatisch aufgeladen und mittels deiktischer Worte gesteigert. Ausgerechnet auf der letzten Stufe muss es geschehen, zusätzlich akzentuiert durch das Zitat: »Jetzt oder nie«. In der Trennung zwischen Saal und Küche, respektive zwischen der Herrschaft in der höheren Etage des Hauses und der Dienerschaft in den unteren Etagen, liegt auch die gesellschaftliche Implikation des Genrebilds verborgen, auf die Fontane jedoch nicht weiter eingeht. Die Komposition ist für ihn stattdessen

448 Ebd., S. 186 (Abb. 28). Als ergänzendes Beispiel für eine ausführliche Bildbeschreibung vgl. Fontanes Kommentar zu Andrea del Sartos *Abraham opfert Isaac* (vgl. Theodor Fontane, *Italienische Aufzeichnungen*, Notizbucheintrag zum 10.08.1875, HFA III/3/2, S. 1058f.).

in Bezug auf die Temporalität wichtig, durch den Umstand, dass die Näscherin im Korridor neben den letzten Treppenstufen steht. Die in der Bilderzählung erzeugte Spannung wird intensiviert durch die Beschreibung, wie das Dienstmädchen schließlich aus dem Glas trinkt: Der in den Nacken gebogene Kopf sowie die Metaphorik des »süße[n] Feuer[s]« verdeutlichen, dass der Text dem Bild zusätzlich eine erotische Komponente einschreibt.[449] Einerseits kommt folglich eine Wechselwirkung zwischen Bild und Text in Gang, andererseits eine Interaktion zwischen Betrachter und Gemälde. Fontane schreibt, dass das Bild der »Erlabung« diene und stellt damit eine Analogie zwischen Hausjungfer und Betrachter her, der es ihr gleichtun wolle.[450] Dabei überlässt er es der »Phantasie« des Rezipienten, den Geschmack des Weins zu bestimmen, was dem Einbezug des Betrachters sowie dessen beschriebener emotionaler Rührung Nachdruck verleiht.[451] Die Verwendung der Begriffe »Blut und Herz« korreliert zudem mit Fontanes Forderung, dass das Genre »an das Gemüt«[452] appellieren solle. Mit der suggerierten Temporalität, der Sequenzialität, der Ausführung bis ins Detail, der Ausarbeitung des Charakters der Näscherin und dem Ersinnen eines Zwiespalts, in dem sie sich befindet, könnte die Bildbeschreibung geradezu einem Roman Fontanes entnommen sein.[453] Hinsichtlich der Bedeutung der Dinge lässt sich dasselbe geltend machen wie für das Erzählwerk: Die Gegenstände auf dem Präsentierbrett sind zu Requisiten der Hausjungfer geworden. Es sind »Vorzeige-Dinge«, die keine »persönliche oder eine andere als die vorgegebene, gesellschaftlich vorgesehene Bedeutung haben«[454]. Nicht die Relevanz der Requisiten für die Hausjungfer steht im

449 Verwiesen sei an dieser Stelle auf das Kapitel II.6, in dem aufgezeigt wird, dass sich Fontanes Beschreibungen diesbezüglich in die Tradition Diderots einreihen lassen.

450 Eine weitere Textstelle, die dieses Postulat Fontanes verdeutlicht, sind seine Kommentare zu Werken Benjamin Vautiers und Karl Laschs. Deren Genrebilder hätten »ein quickeres Publikum, […] das sich *von selber* einstellt und zwanglos, lediglich dem Zuge eigenen Herzens nachgebend, lächelnd-teilnahmevoll den kleinen Hergängen folg[e]« (Fontane, *Berliner Kunstausstellung [1864]*, NFA XXIII/1, S. 307).

451 Er führt dies gleich selbst vor, indem er die Flüssigkeit zuerst als Cyperwein und anschließend als Sherry bezeichnet (vgl. ders., *Die diesjährige Kunstausstellung [1862]*, NFA XXIII/1, S. 186).

452 »Das Genre appelliert an das Gemüt« (ders., *Berliner Kunstausstellung [1864]*, NFA XXIII/1, S. 307).

453 Analoge Merkmale bezüglich Erzählgestus, Temporalität sowie erotischer Komponente weisen Fontanes Ausführungen zum Gemälde *Pope erklärt der Lady Montague seine Liebe* von William Powell Frith auf (vgl. ders., *Die Kunst-Ausstellung*, HFA III/3/1, S. 65 (Abb. 17)). Das Werk erinnert Fontane »an die gelungensten Arbeiten unseres Adolph Menzel« (ebd.), womit er Menzels Werk eindeutig mit Genremalerei in Verbindung bringt.

454 Helmstetter, *Verlorene Dinge*, S. 235.

Zentrum, sondern die Tatsache, dass sie diese in ihrer Funktion als Hausangestellte in den Saal der Herrschaft und wieder zurück in die Küche tragen muss.

Als autoreflexiv bezüglich der narrativen Eigenschaften der Kunstkritiken kann Fontanes Kommentar zum Gemälde *Ariost am Hofe des Herzogs von Ferrara* von Constantin Wauters gewertet werden, insofern es sich um die Darstellung eines Dichters handelt:

> Der Dichter, eine schöne männliche Gestalt, steht blühend wie das Leben selbst im Vordergrunde, und die Papierrolle lässig in der Hand, deren Nachhülfe sein Gedächtnis nicht bedarf, spricht er sicher und doch ohne Anmaßung jene melodischen Stanzen, den wortgewordenen Wohlklang. Fast ist es, als zöge das Geschaffene den Schöpfer mit in seinen Bann, denn des Dichters Haupt neigt sich ein wenig vor, als lausch' er dem Zauber seiner eignen Verse. Und wie er selbst sich ihnen neigt, so neigt sich alles ringsum: Verklärung, etwas Paradiesisches, das noch die Sünde nicht kannte, zieht über das Antlitz der schönen Frauen und der Herzog selbst, hingerissen von der Macht des Wortes, vergißt auf Augenblicke die schöne Hand zu drücken, die in der seinen ruht. Die alte Orpheussage scheint wieder lebendig zu werden: auch das Leblose lauscht, leiser plätschert die Kaskade, und das Kinn auf den Treppenknauf gelegt, blickt das Gesicht des Mohren so starr zum Dichter auf, als ahn' er Tiefres, als die Übrigen *verstehn.*[455]

Fontane zeigt sich in seinen Erläuterungen bemüht, die Vereinigung der Künste Dichtung und Musik in Form eines Gemäldes einzuholen. Die Bedeutung, die er der Poesie beimisst, wird daran deutlich, dass der Dichter durch die Beschreibung zur blühenden Personifikation des Lebens selbst emporgehoben wird. Die Verschränkung des Poeten mit allem Umliegenden manifestiert sich außerdem im Chiasmus »Und wie er selbst sich ihnen neigt, so neigt sich alles ringsum.« Der Einbezug der Kunstgattung der Musik erfolgt einerseits durch die Erwähnung von Tönen, andererseits evoziert der Text durch die Alliterationen »wortgewordene[r] Wohlklang«, »das Leblose lauscht« sowie durch die Verwendung des Begriffs »Plätschern« Musikalität. Der »Macht des Wortes« wird dadurch Nachdruck verliehen, dass der Herzog vergisst, die Damenhand zu drücken, was indes lediglich durch die Beschreibung, nicht aber durch das Gemälde eingeholt werden kann und damit die »Macht des Wortes« auch im übertragenen Sinne unterstreicht. Zumindest vordergründig wird dies mit der Macht des gesprochenen Wortes in Verbindung gebracht, zumal der Dichter nicht auf die Papierrolle angewiesen ist. Da der Text aber dennoch auf der Rolle geschrieben steht, kann dies als *mise en abyme* gewertet werden. Allerdings scheint der semantischen Ebene der Sprache gegenüber ihrem Klang lediglich sekundäre Bedeutung zuzukommen, zumal Fontane behauptet, dass der »Mohr[]«, der die Worte nicht »*versteh[t]*«, das Vorgetragene tiefer

455 Fontane, *Eine Kunstausstellung in Gent*, NFA XXIII/1, S. 11.

zu ergründen wisse. Nicht nur bezüglich des Wortklangs, sondern auch auf der thematischen Ebene findet durch den Verweis auf die Orpheussage eine Verschränkung von Musik und Dichtung statt, wobei der Dichtung dasselbe Vermögen zugesprochen wird wie der Musik, nämlich die Verlebendigung des Leblosen. Abschliessend karikiert Fontane Dichter-Darstellungen mit der Behauptung, dass er mit diesem Stoff nun so »ausgesöhnt« sei, »daß ich wieder drei Tasso-Eichen und ebensoviel rote Dante-Mäntel, nebst allem Zubehör, ertragen kann«[456]. Dies ist wiederum ein Beispiel dafür, dass die humoristischen Betrachtungsweisen Fontanes nicht nur den Bilderzählungen selbst inhärent, sondern auch auf der Metaebene präsent sind.

Die Bedeutung der narrativen Komponente von Fontanes Bilderzählungen unterstreicht der Umstand, dass das im Bild Dargestellte teilweise lediglich von sekundärer Relevanz sein kann. Ein Beispiel hierfür liefert Fontanes retrospektives Narrativ zu Blechens Werk *Einschlagender Blitzstrahl*:[457]

> Ein Fuhrwerk fährt durch den Wald. Ein Blitz fährt nieder und schlägt unmittelbar vor dem Fuhrwerk ein, das Pferd bäumt, und der Kutscher wird tot oder nicht tot vom Sitz geschleudert, an der Stelle aber, wo der Blitz aufschlug, erhebt sich eine Säule bis zur Höhe der Baumwipfel, eine Säule, die genau wie ein aufsteigender und wieder niederfallender Springbrunnenstrahl aussieht und von der man nicht weiß, ob sie aus Staub und Erdreich oder wirklich aus Wasser besteht, das vielleicht als Quell unter der Erde hinfloß.[458]

Fontanes Beschreibung ist als chronologisches Narrativ angelegt, das die Schilderung eines sukzessiven Ablaufs der Ereignisse beinhaltet. Der Erzähler ist allerdings nicht allwissend, sondern gibt zu verstehen, über die genauen Geschehnisse im Unklaren zu sein. So lässt er offen, ob der Kutscher verstorben ist, und ist darüber hinaus über die Substanz der Säule im Ungewissen. In

456 Ebd. Zu Beginn dieser Passage macht Fontane geltend, dass ihm »die gelbledernen Dante-Gesichter [...] mit der mageren langen Nase und dem unvermeidlichen Lorbeerkranz« sowie »die schwärmerischen Tassos, gleichviel ob deklamierend oder sterbend [...] unerträglich geworden« seien (ebd.).

457 Fontane bezeichnet Blechen als »Malergenie ersten Ranges« (ders., *Karl Blechen* [Fragment], NFA XXIII/1, S. 533), eine Auffassung, die er mit Menzel teilt. Letzterer hat als Siebzehnjähriger 1833 und 1834 zwei Semester an der Berliner Akademie die Gipszeichenklasse Blechens besucht, was sich nach Hugo von Tschudi sowie Max Liebermann durchaus in Menzels Werk niedergeschlagen hat (vgl. Hugo von Tschudi, *[Einleitung]*. In: Vorstand der deutschen Jahrhundertausstellung (Hrsg.), *Ausstellung deutscher Kunst aus der Zeit von 1775–1875 in der Königlichen Nationalgalerie Berlin 1906*. München 1906, S. XXIV; Max Liebermann, *Die Phantasie in der Malerei. Schriften und Reden*, hrsg. und eingeleitet von Günter Busch, Frankfurt am Main 1978, S. 145).

458 Fontane, *Karl Blechen [Fragment]*, NFA XXIII/1, S. 533f. (Abb. 29).

formaler Hinsicht auffällig ist der parataktische erste Satz, auf den eine umso längere Hypotaxe folgt; die Erzählung setzt folglich an derselben Stelle ein wie das Gemälde. Wie einleitend vermerkt, stößt dabei der potenzielle Hergang auf grösseres Interesse als die tatsächlichen Bildgegenstände: Es wird unterschlagen, dass vor die Kutsche ein zweites Pferd gespannt ist, ebenso bleibt die komplette Zerstörung des Fuhrwerks ausgeklammert. Der weggeschleuderte Hut ist außer Acht gelassen, desgleichen der durch den Blitz zertrennte Baumstamm, der sich bogenförmig über den Weg legt. Farben, Licht und Schatten sind nicht thematisiert. Letztere sind in einer weiteren Beschreibung desselben Bildes erwähnt, die allerdings stichwortartig ausfällt: »146. Der einschlagende Blitz. Wald, vorher Sandfläche, Fuhrwerk, tief herabhängendes graues Gewölk, aus dem der Blitz fuhr und einschlug, daß es grau und leis schweflig und rot fontänenhaft aufsteigt. Doch immerhin sehr interessant.«[459] Bezüglich der Ausführlichkeit von Fontanes Beschreibung gilt es zu berücksichtigen, dass der von ihm verfasste Text über Blechen Fragment geblieben ist.

An den obenstehenden Beispielen zeigt sich, dass Fontanes Texte als Exempel für den von Pfotenhauer festgemachten Wandel von der Kunstbeschreibung hin zur Beschreibungskunst gelten können. Die Affinität zur Beschreibung beschränkt sich allerdings nicht nur auf das Kunstwerk selbst, das eine erzählerische Umsetzung erfährt, sondern kann auch dessen Entstehungsgeschichte betreffen, wie Fontane in Bezug auf Hogarths Werke in der *Art Treasures Exhibition* klarstellt:

»Von der Mehrzahl dieser sechzehn Bilder verlohnt es sich nicht zu sprechen; fast alle sind interessanter um der Geschichte willen, die sich daran knüpft, als um ihrer selbst willen.«[460] Ebenso schreibt er zu *Sigismunda, weinend über dem Herzen ihres Buhlen*: »An diesem Bilde ist nichts interessant als seine Geschichte.«[461] Daraufhin schildert Fontane die Anekdote, dass Hogarth das Gemälde mit der Intention gefertigt habe, dafür eine höhere Bezahlung zu erhalten als Correggio ehemals bezahlt wurde, was allerdings völlig fehlgeschlagen sei.[462] Mit dem anekdotischen Erzählen greift Fontane einen Aspekt auf,

459 Ebd., S. 537. Fontane versieht das Bild mit einem anderen Titel. Vgl. auch Fontanes Beschreibung des aufspringenden Wasserstrahls zu Beginn von *Der Stechlin* (vgl. ders., *Der Stechlin*, GBA I/17, S. 5).

460 Ders., *Aus Manchester. 5. Brief*, NFA XXIII/1, S. 81. Betreffs der Porträtmalerei auf der *Exhibition* macht Fontane ebenfalls Mängel geltend (vgl. ders., *Aus Manchester. 4. Brief*, HFA III/3/I, S. 439).

461 Ders., *Aus Manchester. 5. Brief*, NFA XXIII/1, S. 83. Eine Parallelstelle findet sich in den *Wanderungen* (vgl. ders., *Wanderungen. Das Oderland*, GBA V/2, S. 429).

462 Werden Fontanes weitere Aussagen zu Hogarth hinzugezogen, die abzüglich der Kommentare zu den Porträts alle positiv ausfallen, scheint es bezeichnend, dass Fontane

der Hogarths Werk zwar unbestritten inhärent ist, pointiert ihn jedoch mit seiner Vorgehensweise, hauptsächlich die Merkmale herauszugreifen, die sich für anekdotische Schilderungen eignen, zusätzlich.[463]

3.2 Kunstgespräche

Statt von einem distanzierten Erzähler berichtet zu werden, sind die Bilderzählungen bisweilen um Gespräche oder Monologe ergänzt. Ein Beispiel findet sich in Fontanes Beschreibung des Werks *Orpheus* von Frederick Leighton:

> Orpheus, um seine Gattin zu befreien, spielt die Violine an der Pforte des Hades. Pluto, olivengrün und mit einer Schlange als Halsband, ist eingenickt, während Proserpina, deren ausgebildeter Oberkörper keinen Zweifel darüber läßt, daß sie die wirkliche Tochter der Göttin der Fruchtbarkeit ist, mit unzweideutigem Wohlgefallen zu Orpheus hinüberlugt. Hinter diesem erhebt sich aus der Tiefe die zu befreiende Gattin, rotäugig, verschlafen und die Hände voll Unmut ringend, als wollte sie sagen: »Orpheus, warum stören Sie mich? Spielen Sie, wo Sie wollen, nur nicht hier.«[464]

Der ausformulierte sprechende Blick Eurydikes unterschlägt die Tragik der dargestellten Szene und unterstreicht die sarkastische Färbung der Beschreibung zusätzlich. So sehnt sich Eurydike nicht etwa nach der Erlösung durch Orpheus, sondern fühlt sich vielmehr durch ihn in ihrem Schlaf gestört. Außerdem ist die Figur der Proserpina erotisch konnotiert, was sie gewissermaßen als Verführerin zur Kontrastfolie der sich vermeintlich abweisend verhaltenden Eurydike macht. Fontane übt an dieser Stelle folglich auf humoristische Art und Weise Kritik daran, dass die Darstellung seines Erachtens den Hergang der Sage unzureichend wiedergibt. Dies nimmt er indessen nicht auf der Metaebene vor, sondern lässt seine Bilderzählung für sich sprechen, was derselben umso mehr Gewicht verleiht.

Nicht nur fiktive Monologe,[465] auch mögliche Gedankengänge dargestellter Figuren erfindet Fontane. Beispielsweise stellt er die Medaillonporträts Maria Stuarts, »von denen eins immer reizender ist als das andere«, Elisabeth ge-

die Kritik am Gemälde nicht selbst vornimmt, sondern hierfür Horace Walpole zitiert (vgl. ders., *Aus Manchester. 5. Brief*, NFA XXIII/1, S. 83).

463 Vgl. ders., *Wanderungen. Gentzrode*, GBA V/1, S. 554 sowie Kapitel III.2 und III.3.

464 Ders., *Die Kunstausstellung [London]*, NFA XXIII/1, S. 22f., FN (Abb. 10).

465 Weitere Beispiele hierfür sind die Handbewegung Christi in Leonardo da Vincis *Abendmahl*, die Fontane zu folgender Interpretation veranlasst: »Er sagt resigniert: ›ja, es ist nun mal so; ich weiß es; ich muß es tragen und ich werd' es‹« (ders., *Italienische Aufzeichnungen*, Notizbucheintrag zum 10.08.1875, HFA III/3/2, S. 1025). Oder er lässt Johannes in Böcklins *Kreuzabnahme* Magdalena »das Trosteswort« zurufen: »Len-

genüber, die »im großen Goldrahmen hängt und ein Gesicht macht, als wisse sie ganz genau, was in dem Herzen jedes Beschauers zu lesen sei«[466]. Fontane überträgt folglich die historische Rivalität der beiden Königinnen auf deren bildliche Darstellungen und ersinnt die Haltung Elisabeths gegenüber dem Rezipienten.

Außerdem arbeitet Fontane Gespräche ein, die er in seiner Funktion als Verfasser der Kunstkritiken führt, was sich als Strategie zur Erlangung größerer Glaubwürdigkeit lesen lässt. Diese Lektüreweise legen zumindest diejenigen Konversationen nahe, die Fontane als Berichterstatter mit Personen vor Ort geführt haben will und anschließend in den Kunstkritiken nacherzählt. So erwähnt er zwei sich im Dom zu Stendal befindende Grabsteine – die »sehr markante und sprechende Gesichter« zeigten – und berichtet nachfolgend von einem Gespräch mit dem Küster, der ihm erzählt habe, dass vor einigen Jahren Offiziere den Dom besucht hätten, von denen einige von denselben Familien abstammten. Diese hätten sich über die »Ähnlichkeit der Züge« erstaunt gezeigt.[467] Die Nachfahren – und Fontanes Nacherzählung – bürgen damit für die Porträttreue.

Andernorts ermöglichen Verweise auf fiktive Freunde, dem Bericht eine Dramaturgie zu verleihen, wie in der Einleitung zu Fontanes begeisterter Besprechung von Edwin Landseers Gemälde *Saved*: »›Landseer ist alt geworden‹ – sagte mir Tages vorher ein Freund –, ›er malt nicht mehr, und ich zweifle, ob Sie irgend etwas von ihm finden werden.‹ In *der* Erwartung ging ich hin.«[468] Mit dem Zitat erzielt Fontane beim Betrachter dieselbe Erwartungshaltung, die er beim Betreten der Ausstellungsräume selbst verspürt hat. Zugleich dient ihm der Verweis auf das Gespräch mit dem Freund als Kunstgriff, die Entdeckung des Gemäldes regelrecht zu inszenieren und anschließend behaupten zu können, das Bild sei ihm »sofort«[469] aufgefallen. Ein weiteres Beispiel, das Fontanes Kunstkritiken als literarisch durchkomponiert und die Nacherzählung von Gesprächen als erzählstrategisches Mittel ausweist, liefert der Bericht zur Kunstausstellung in Gent, in dem Fontane ein Gespräch mit dem Kunstsachverständigen August Reichensperger[470] in der Eisenbahn

---

chen, die Zeit heilt alles« (ders., *Zwei Bilder in der Kommandantenstraße [1876]*, NFA XXIII/1, S. 409) (Abb. 19).

466 Ders., *Aus Manchester. 4. Brief*, NFA XXIII/1, S. 75.

467 Ders., *Stendal und die Winckelmann-Statue*, NFA XXIII/2, S. 147.

468 Ders., *Eine Kunstausstellung [London]*, NFA XXIII/1, S. 24.

469 Ebd.

470 Reichensperger war preußischer Politiker und Kunstsachverständiger mit besonderem Fokus auf die Kunst der Gotik (vgl. ders., *Eine Kunstausstellung in Gent. Anmerkungen*, NFA XXIII/2, S. 203).

rapportiert. Fontane, »traurig grübelnd darüber: ob unsre Zeit denn wirklich nur Nachahmungstalent, ja nur Nachahmungs*beruf* habe«, lässt sich beinahe durch die »siegende[] Beredsamkeit« seines Gesprächspartners umstimmen.[471] Exakt in diesem Moment hält jedoch der Zug, und Fontane kommentiert, dass damit auch seine »tristen Gedanken«[472] abfallen. Die Dauer der Eisenbahnfahrt bestimmt folglich die Dauer der Erzählung, woraus eine strukturelle Koinzidenz von Gedankengang und Geschehen resultiert.[473]

Fiktive Dialoge stellen außerdem ein Mittel dar, Meinungen anderer in den Text einzuarbeiten und ermöglichen Fontane zugleich, umso pointierter seine eigene Position zu akzentuieren.[474] Bezeichnenderweise nutzt er dieses Mittel auch, als es um seine Bewertung der Präraffaeliten geht, wo seine Meinung markant von der vorherrschenden abweicht.[475] Das Einflechten fiktiver Dialoge lässt sich folglich in engen Zusammenhang zur Leserorientierung der Texte stellen.[476] Dieser Aspekt wird zusätzlich betont, wenn Fontane Aussagen von Ausstellungsbesuchern zitiert, wie die einer Tochter zu ihrer Mutter auf der *Manchester-Exhibition*: »[E]h' noch die Fingerspitze das Glas über einem Frauenporträt mit Reithut und Halskrause berührt hatte, erklangen hinter mir in heimatlichem Berlinisch die Worte: ›Ach, Mutter sieh – Maria Stuart.‹«[477]

Unter anderem dient Fontane die Szene dazu, aufzuzeigen, dass sich die Betrachtung von Kunst je nach Bildungshintergrund unterscheidet, respektive die Tochter über entsprechende Bildung verfügen muss, damit ihr der Name

471 Ders., *Eine Kunstausstellung in Gent*, NFA XXIII/1, S. 9.

472 Ebd., S. 10.

473 Eine analoge Dramaturgie findet sich in der Schilderung der Reise nach Liverpool, wo die Einfahrt in den Tunnel von Glockenklängen begleitet wird: »Als wir um sechs Uhr abends zurückfuhren, läutete die Glocke zum Gebet, und unter ihren feierlichen Klängen lenkten wir in die Tiefe des Tunnels ein« (ders., *Aus Manchester. 3. Brief*, NFA XXIII/1, S. 62f.).

474 Vgl. dazu auch den Dialog mit einem »mir bekannten Dreizehnjährigen«, dessen Aussage mit Fontanes Befund übereistimmt, dass von Ludwig Richter »alles schön, alles begehrenswert« sei (ders., *Fünfte Ausstellung der Nationalgalerie [1878]*, NFA XXIII/1, S. 424). Gleichzeitig dient ihm der Dialog dazu, seine Position als Kunstverständiger zu verdeutlichen, indem er die Passage mit der Aussage schließt: »Aber für den, der zu sehen versteht, doch schließlich mit einem Unterschied« (ebd.).

475 »Deutsche Freunde, mit denen ich Gelegenheit fand, diese Frage [ob den Präraffaeliten Keime für die Zukunft inhärent seien, CA] zu erörtern, haben meine Ansicht nur sehr annäherungsweise geteilt. Ihre Auffassung läuft auf den alten Satz hinaus: Das Gute ist nicht neu, und das Neue ist nicht gut. Ich muß das bestreiten« (ders., *Aus Manchester. 10. Brief*, NFA XXIII/1, S. 145).

476 Vgl. dazu Kapitel I.2.3.

477 Fontane, *Aus Manchester. 4. Brief*, NFA XXIII/1, S. 68.

ein Begriff sein kann.[478] Er mokiert sich allerdings insofern über die beiden, als er das »prüde[] Blaß« der Tochter »unverkennbar auf Lesekränzchen und Schiller-Begeisterung« zurückführt und kritisiert, dass das Interesse der Frauen nicht dem Bild, sondern nur dem Namen gelte.[479] An dieser Stelle werden Klischees über Ausstellungsbesucher etabliert und zementiert und damit implizit auf die gesellschaftliche Dimension von Kunstausstellungsbesuchen verwiesen. Gleichzeitig dienen Fontanes Kunstkritiken dazu, den Lesern kunsthistorische Bildung zu vermitteln, wobei er diese mit Kommentaren wie dem obenstehenden zu kritischen Reflexionen anregt. Dieses Bestreben scheint einem – an die Tradition der platonischen Dialoge erinnernden – fiktiven Gespräch zwischen Joshua Reynolds und dessen Lehrer zugrunde zu liegen, das Fontane einflicht:

> [...] Hudson, sein alter Lehrer [...] rief nach langer Musterung: »Das wird nichts, das ist anders gemalt, wie Sir Godfrey (Kneller) malte.« »Allerdings!« antwortete Reynolds lakonisch. »Unsinn!« fuhr Hudson fort, »Shakespeare für die Poeten und Kneller für die Maler, so ist es und so soll es bleiben.« Solche Szene ist freilich dazu angetan, den Widerspruch wachzurufen.[480]

Fontane scheint daran gelegen zu sein, den Konflikt zwischen akademischen Normen und dem Bestreben nach neuen Malweisen möglichst anschaulich darzustellen. Zugleich fordert er indirekt die Rezipienten seiner Schriften zu einer Stellungnahme auf respektive animiert dazu, das vermeintlich Unumstößliche zu hinterfragen, was den didaktischen Zug des zitierten Dialogs verdeutlicht. Bemerkenswert ist, dass an dieser Stelle ein Vergleich zwischen Dichtung und Malerei zum Zuge kommt, der nahelegt, dass sich die beiden Künste nach ihren je eigenen Vorbildern zu richten hätten.[481] Diese verkürzte Perspektive dürfte Fontane vor dem Hintergrund seiner interdisziplinär ausgerichteten Tätigkeit ebenfalls Anlass zum Widerspruch gegeben haben.[482]

---

478 Fontane zufolge würden bei einem »kaschubische[n] Tagelöhner« die Namen Bayard, Gustav Adolf oder Washington keine Assoziationen hervorrufen (ebd., S. 67).

479 Ebd., S. 68. Zugleich dient ihm diese Szene als Legitimation dafür, am Ende der Berichterstattung ein Namensverzeichnis anzufügen (vgl. ebd. sowie ders., *Aus Manchester. Nachschrift*, NFA XXIII/1, S. 154–161).

480 Ders., *Aus Manchester. 6. Brief*, NFA XXIII/1, S. 89.

481 Bezugnahmen auf die Literatur oder Literaturzitate finden sich in zahlreichen weiteren Textstellen: vgl. z. B. »Es lebt in diesem Bilde [Der Schiffbruch des Minotaurus, CA] so was wie im zweiten Akt des ›Macbeth‹« (ders., *Aus Manchester. 9. Brief*, NFA XXIII/1, S. 137); »Blut ist ein ganz besonderer Saft« (ders., *Stendal und die Winckelmann-Statue*, NFA XXIII/2, S. 147; Goethe, *Faust I. Paktszene*, V. 1740, S. 77).

482 Vgl. Kapitel I.1.

Schlussfolgerungen

In memoriam Nicolai lautet der Titel von Fontanes eingangs zitiertem Abgesang auf die Kunstschätze Italiens. »[D]en unbedingten Begeistrungsschritt« mag er nicht mitmachen und bildet sich stattdessen sein eigenes, teilweise mit »kalt« und »heiß« auch das Temperaturempfinden berücksichtigende Kunsturteil.[1] Dies bedeutet allerdings nicht nur Kunstgenuss. Die Auseinandersetzung mit Kunst hat stattdessen für Fontane »ihren Preis«, was sich auf seine fleißige Lektüre kunsthistorischer Kompendien und zahlreicher Guidenliteratur beziehen lässt. Er erarbeitet sich Fachvokabular und verkehrt in Vereinen mit den Vertretern der Berliner Schule, die an der Etablierung der Kunstgeschichte als universitäres Fach maßgeblichen Anteil haben. Daher weiß Fontane um die Bedeutung von »Bellin, Giorgione, Raffael« und Tizian, doch die nächtliche Begegnung »mit dem Heerwurm höllischer Mächte« lässt ihn am Morgen nicht »weihevoll« vor deren religiöse Darstellungen treten. Stattdessen schweigen in ihm – auch infolge der Kenntnisse über die Herangehensweisen der Kunsthistoriker – »alle höhren Register«, was hinsichtlich der ausbleibenden publizistischen Auswertung für die italienischen Aufzeichnungen tatsächlich zu bestätigen ist. Oder er inszeniert das erworbene Kunstwissen wie im zitierten Gedicht. Die Kunst der Renaissance lässt Fontane im »Grab des Busento [v]ersink[en]« und wendet sich stattdessen der Kunst der Gegenwart zu.

Wenn auch verkürzt und instrumentalisiert, zeigt diese Gedichtlektüre zentrale Aspekte von Fontanes Kunsturteil auf und verdeutlicht, dass eine Analyse von Fontanes Kunstkritiken eine interdisziplinäre Ausrichtung zwischen Germanistik und Kunstgeschichte einzuschlagen hat. Die Verknüpfung dieser beiden Fachgebiete ermöglicht, sowohl eine Einordnung von Fontanes Kunsturteilen vorzunehmen, als auch den literarischen Qualitäten derselben gerecht zu werden. Die Beschäftigung mit bildender Kunst hat Auswirkungen auf das gesamte Schaffen Fontanes, sowohl in thematischer als auch in darstellungstheoretischer Hinsicht. Reflexionen über bildende Kunst, Künstler und Kunstwerke erwiesen sich als Konstante in Briefen, Tage- und Notizbüchern, Kriegsbüchern sowie dem Erzählwerk. Insbesondere in Bezug auf die *Wanderungen*, die Reiseberichte sowie die Kriegsbücher wurde darauf hingewiesen, dass einerseits zahlreiche von Fontanes kunstkritischen Texten in

1 Für sämtliche Zitate des nachstehenden Abschnitts vgl. Fontane, *In memoriam Nicolai*, GBA II/1, S. 50.

DOI 10.1515/9783110516098-005

Verbindung mit Reisen entstehen und andererseits Fontanes Wahrnehmung von Landschaften stark durch die Betrachtung bildender Kunst geprägt ist. Als weitere Gemeinsamkeit sämtlicher Schriften stellte sich das Interesse für Historisches heraus, das Fontane für einen erschöpfenden Zugang zu bildender Kunst und Gesellschaft anderer Kulturen als unabdingbar erachtet. Mit Vorliebe verknüpft er Historie mit Anekdoten, die den Schwerpunkt vom eigentlichen historischen Ereignis auf Nebenschauplätze und vermeintlich Nebensächliches verlagern. Dies kann sowohl für Fontanes Bildbeschreibungen geltend gemacht werden, als auch für die Historiengemälde, denen Fontanes ausdrücklicher Zuspruch gilt, was als in hohem Maße für Menzels genrehafte Historienmalerei als zutreffend herausgearbeitet wurde. Nicht auf heroische Darstellungen, sondern auf die Auswirkungen historischer Ereignisse auf das Alltagsleben richtet sich Fontanes Aufmerksamkeit. Auch in den Kriegsberichten nimmt er neben den Schilderungen der eigentlichen Kampfhandlungen die jeweilige Lokalität als Kulturlandschaft in den Blick. Eine weitere Parallele konnte im Interesse Fontanes für Biografisches ausgemacht werden, das sich in den zahlreichen »biographischen Skizzen«, die er für das Lexikon *Männer der Zeit* verfasst, und diejenigen, die er im Rahmen der *Wanderungen* erarbeitet, niederschlägt. Diese Texte zeugen sowohl von der vorgenommenen Verbindung von Anekdote und Geschichtsschreibung als auch von der Hinwendung zum Kleinen. Nicht die Helden werden von Fontane berücksichtigt, sondern die lokalen Persönlichkeiten, deren Charakteristika er pointiert beschreibt. Sein Fokus liegt – auch im Erzählwerk – auf den Individuen und deren Eigenheiten, die er mittels anekdotischen Erzählens am besten einzuholen glaubt. Dazu wurden das Ausbleiben einer Künstlerverehrung sowie die fehlende Partizipation an Ideologiedebatten in Relation gestellt.

Obschon sich übergreifende Aspekte an allen Texten Fontanes aufzeigen lassen, galt es für eine umfassende Analyse der Kunstkritiken deren spezifischen Publikationskontext aufzuarbeiten. An der Fülle der unterschiedlichen Zeitungen und Zeitschriften, in denen Fontanes Kunstkritiken erscheinen, ließ sich die Vielfalt der damaligen Berliner Presselandschaft und zugleich Fontanes Vernetzung innerhalb derselben aufzeigen. Außerdem stellte sich die Berücksichtigung des Publikationskontexts nicht nur in Bezug auf die Themenwahl, sondern auch auf den Schreibstil als signifikant heraus. Da Fontane hauptsächlich für Tageszeitungen berichtet, besteht seine Aufgabe darin, die Kunstausstellungen in der Öffentlichkeit publik zu machen und die Leserschaft zum Besuch der Ausstellungen zu animieren, was unter anderem an den Angaben zum Veranstaltungsort und den Öffnungszeiten bei mehreren Artikeln nachgewiesen wurde. Neben seinen langjährigen Anstellungen bei der *Kreuzzeitung* und der *Vossischen Zeitung* wurde aufgedeckt, dass seine Vereinskontakte Veröffentlichungen in verschiedenen weiteren Presseorganen ermöglichten. Die unterschiedliche Gestaltung und Ausrichtung von Fontanes kunstkritischen Schriften wurde unter anderem auf diese Vielfalt an Zeitungen und Zeitschriften zurückgeführt. Dass sich eine Gattungsdefinition des Feuilletons als diffiziles Unterfangen erweist, fand in diesem Zusammenhang für Fontanes Kunstkritiken eine Bestätigung, wobei diese Ausgangslage gleichzeitig die vorgenommene Ausrichtung legitimierte, auch weitere Texte in die Analyse miteinzubeziehen. Darüber hinaus stellte sich die Berücksichtigung des Publikationskontextes hinsichtlich Rückschlüssen auf den Stellenwert und die Rezeption von Fontanes Kunstkritiken als bedeutsam heraus: So konnte ein Konnex zwischen der Platzierung von Artikeln und der ihnen beigemessenen Relevanz aufgezeigt werden. Diesbezüglich ist darauf hinzuweisen, dass eine systematische Feuilletonforschung ebenso fehlt wie Forschungsarbeiten zu Kunstzeitschriften. Ausstehend ist eine umfassendere Berücksichtigung der Texte im *Deutschen Kunstblatt*, in dem prägende Exponenten der Kunstgeschichte zu sämtlichen kunsthistorischen Debatten des 19. Jahrhunderts Position beziehen. Lohnenswert scheint zudem eine Untersuchung der Text-Bild-Interferenzen sowie des anvisierten Lesepublikums der Zeitschrift *PAN*.

Über die visuelle Erscheinungsweise der Texte hinaus wurden Merkmale wie die Häufung von Anekdoten und die Ausrichtung auf ein Lesepublikum in Fontanes Texten mit feuilletonistischem Schreiben in Verbindung gebracht. Mit der Analyse von Leserzuschriften wurde ferner belegt, dass Fontanes Kunstkritiken beim zeitgenössischen Publikum auf Interesse stoßen und dass er durch sein spezifisches Wissen zur Informationsquelle wird. Zugleich verdeutlichen Rückmeldungen auf Fontanes Artikel Ablehnung gegenüber seinen pointierten Äußerungen, die ihm mitunter sogar Kritik von Fachkollegen wie Pietsch einbringen. Fontanes Beglaubigungsstrategien, die exemplarisch an der Rechtfertigung seines Urteils über Turner aufgezeigt wurden, lassen sich in diesem Kontext verorten. Ausgehend von der Empörung über Fontanes Gleichstellung von Cornelius und Menzel wurde zudem argumentiert, dass er progressive Auffassungen vertritt und neue Tendenzen in der Kunst befürwortet, was sowohl mit seinen Darlegungen über koloristische Malerei und genrehafte Historie als auch mit der Auslotung seines Standpunkts gegenüber den Strömungen des französischen Impressionismus' und der Berliner Sezession untermauert wurde. Darlegen ließ sich außerdem, dass Phänomene wie die Zuspitzung des Urteils sowie die Wahl bestimmter Sachverhalte in didaktischer Absicht erfolgen. Fontane beabsichtigt, in Analogie zu den Popularisierungsbestrebungen der Kunsthistoriker der Berliner Schule, der anvisierten Leserschaft Kunst näherzubringen und damit einen Beitrag zu deren Bildung zu leisten. Sein Feld, um dieser Intention nachzukommen, ist allerdings – anders als in den kunsthistorischen Kompendien – die Kunst der Gegenwart. Dies wurde auch darauf zurückgeführt, dass die Tagespresse Berichte über aktuelle, ephemere Ausstellungen fordert. Mittels zahlreicher Textbelege erfolgte die Beweisführung, dass die im Zuge des Bemühens um Leserfreundlichkeit vorgenommenen Vereinfachungen keineswegs bedeuten, dass Fontane des Fachvokabulars nicht mächtig gewesen wäre. Die Gegenüberstellung der Artikel zum Wellington-Grabmal in der *Kreuzzeitung* und im *Deutschen Kunstblatt* konnte dies einwandfrei belegen. Vielmehr konnten für den Verzicht auf Fachvokabular spezifisch publikums- und publikationsorientierte Gründe angeführt werden. Fontanes Texte haben sich im anekdotischen, narrativen und das eigene Urteil zelebrierenden Schreiben, in Selbstkommentaren, Klammerbemerkungen, Adressatenbezug, Plauderton, Formulierungen in der 1. Person Plural sowie rhetorischen Fragen als durch feuilletonistisches Schreiben geprägt herausgestellt.

Als Forschungsfrage könnte es über die kunstkritischen Schriften hinaus aufschlussreich sein, das Spätwerk Fontanes, auf dessen Publikationshintergrund und damit auf die fragmentarische Form hin neu zu überdenken.[2] Dies drängt sich auf, da zahlreiche Erzählungen Fontanes als Beiträge in Zeitschriften erschienen sind und die Großgattung Roman im Feuilleton folglich aus relativ eigenständigen Teilen aufgebaut ist. Es wäre beispielsweise zu untersuchen, ob Kunstgesprächen in den Romanen die Funktion von Gelenkstellen zugeschrieben werden kann. Insgesamt gilt es zu betonen, dass die Erscheinungsweise der Texte, die Publikationspolitik der verschiedenen Organe sowie die Meinungsbildung von Gruppenöffentlichkeit in Analysen von Fontanes Texten stärker zu berücksichtigen sind.

Welche Kunstwerke Fontane bespricht und welchen Künstlern vermehrte Aufmerksamkeit zukommt, hat sich – neben seinen persönlichen Interessen – als in hohem Grade durch die aktuellen Ereignisse in der Kunstszene Berlins vorgegeben erwiesen. Es wurde gerade hinsichtlich Fontanes Haltung gegenüber den französischen Impressionisten zu bedenken gegeben, dass die Selektion der besprochenen Künstler stark davon beeinflusst ist, welche Kunst in Berlin überhaupt ausgestellt wird. Als weitere Einflussfaktoren für die Auswahl an rezensierten Werken und besuchten Ausstellungen wurden das Publikationsorgan sowie der Wohnort und damit die ›Verfügbarkeit‹ von

2 Die Vermutung, dass der abschnittsweise Vorabdruck in Zeitschriften Konsequenzen für den Aufbau hatte, findet sich auch bei Neuhaus (vgl. Neuhaus, *Und nichts als die Wahrheit?*, S. 189). Graevenitz gelangt in Bezug auf *Unterm Birnbaum* zum Befund, dass der Text durchkomponiert und in *Die Gartenlaube* sehr wohl aber wahrscheinlich zufällig passend in einzelne Ausgaben gegliedert sei (vgl. Graevenitz, *Theodor Fontane*, S. 427).

Kunstwerken ausgewiesen. Damit ließ sich auch Fontanes breites Wissen über Berliner Künstler erklären, das er durch den Besuch der Berliner Akademieausstellungen und das Verfassen der entsprechenden Zeitungsartikel erwirbt. Der Schwerpunkt von Fontanes kunstkritischen Schriften liegt dann auch auf der Auseinandersetzung mit zeitgenössischen Künstlern aus der Stadt Berlin und deren Umkreis. Beispielsweise sind der Kontakt zu Menzel und die Beschäftigung mit dessen Kunst durch den Wohnort Berlin sowie die Vereinskontakte gegeben. Neben seinen umfassenden Kenntnissen über deutsche Kunst verfügt Fontane infolge seiner Tätigkeit als Korrespondent in London von 1855 bis 1858 außerdem über profunden Sachverstand zur englischen Kunst. Aus der Zeit in England stammen die umfangreichen Berichte zur Kunstausstellung in Manchester von 1857 sowie Schilderungen zahlreicher Museums- und Ausstellungsbesuche. Es wurde darauf verwiesen, dass er sich damit als Experte profilieren kann, weil das deutsche Publikum damals kaum mit englischer Kunst in Berührung kommt. Indessen ist dem gängigen Rezeptionsmuster ein Gegengewicht gegeben worden, den Fokus auf Fontanes Aussagen zur bildenden Kunst Englands, insbesondere auf die Briefe *Aus Manchester*, zu beschränken. Stattdessen erfolgte eine fundierte Analyse der Texte zur deutschen Kunst, die überdies quantitativ stärker vertreten ist. Es konnte nachgewiesen werden, dass sich Fontanes Kunstauffassung in den Texten zur deutschen Kunst ebenso wiederfindet. Die in diesem Zusammenhang zahlreich vorgenommenen Vergleiche Fontanes zwischen deutscher und englischer Kunst sind einerseits darauf zurückgeführt worden, dass er um Anwendung seines erworbenen Wissens bemüht ist, andererseits hat sich das vergleichende Betrachten als eine grundlegende Methode Fontanes herausgestellt, die sich in der Tradition der Kunstgeschichtsschreibung verorten lässt: Gegenüberstellungen praktiziert er sowohl innerhalb des Werkes eines Künstlers als auch zwischen Künstlern derselben und verschiedener Nationen. Aufgezeigt wurde, dass es Fontane dabei nicht um die Zementierung nationaler Differenzen geht, sondern dass es sich um eine Strategie handelt, deutschen Lesern eine möglichst präzise Anschauung dessen geben zu können, was sie selbst nicht vor Augen haben. Möglichkeiten, Werke anderer Künstler zu sehen, bieten sich Fontane auf seinen Reisen nach Dänemark, England, Schottland und Italien. Er erweist sich dabei als beflissener Ausstellungs- und Museumsbesucher, wobei er sich auch in den Museen weniger den Prachtstücken der Sammlungen als vielmehr den Kleinigkeiten und den Kuriositäten zuwendet.

Der Kanon an Kunstwerken und Künstlern, den Fontane berücksichtigt, weicht ab von der akademischen Kunstwissenschaft mit ihrer Vorliebe für die italienische Kunst, vor allem der italienischen Renaissance. Mit Künstlern wie Blechen, Menzel, Turner, Hogarth, den Präraffaeliten und Böcklin ist Fontanes Auswahl bemerkenswert eigenständig für deutsche Gegenwartskunst. Zu Blechen plant er ein umfangreiches Projekt, das jedoch Fragment geblieben, vermutlich den Kürzungen des Verlegers zum Opfer gefallen ist. Dies kann als Beleg dafür dienen, dass Fontanes Interesse für Blechen der Kunstauffassung der Zeit voraus ist. Desgleichen verdeutlicht es die Abhängigkeit seiner Texte von publizistischen Vorgaben und damit die Zweckgebundenheit seines Schreibens. Mit Blick auf Menzel oder Böcklin ist Fontanes Faszination für Blechen gut nachvollziehbar, lassen sich doch bezüglich der düster-dämonischen Darstellungen Blechens durchaus Parallelen zu Böcklin ziehen. Im Vergleich mit Menzel erstaunen die Korrelationen einzelner Bildthemen, wie der Industrie oder Ausblicke auf Hinterhöfe. Aussagen zu Böcklin sind von Fontane lediglich spärlich vorhanden, was auch damit in Zusammenhang steht, dass dieser in der Majorität der von Fontane rezensierten Ausstellungen nicht präsent ist. Fontane scheint an Böcklins Gemälden besonders der symbolische Gehalt mit mythologischen Bezügen, die jedoch statt der tradierten Mythologie etwas Eigenständiges schaffen, zu faszinieren. Außerdem eignet sich Böcklins Polarisierung der Kunstwelt für den kritischen Blick auf die Gesellschaft in Fontanes Romanen und zeugt damit vom Interesse für das Subversive innerhalb des Staatstragenden. Fontanes politische Handhabe, um mit solchen Themen umzugehen und sich damit nicht in staatstragende Diskussionen einbinden zu lassen, ist der Humor, den er mit Darstellungsweisen Menzels sowie Hogarths teilt. Mit den Anzeichen des Impressionismus, die Fontane an der Malerei Turners beschreibt, ist er seiner Zeit deutlich voraus und greift unbewusst seiner eigenen poetischen Produktion vor, in der die Form zum zentralen Element wird. Der prägende Einfluss auf das Erzählwerk trifft auch für die Präraffaeliten zu, die darüber hinaus ebenfalls eine Randerscheinung innerhalb der Kunstszene sind, wie es bei Turner der Fall ist. Auffällig ist allgemein, dass sich Fontane vorzugsweise mit Künstlern beschäftigt, die in der Öffentlichkeit auf wenig Anklang stoßen. Darüber hinaus sind zahlreiche der genannten Maler zwischen Konservatismus und Moderne zu verorten, was für Fontanes Kunsturteil ebenfalls zutrifft, wie beispielsweise an seinen Stellungnahmen zur Bildgestaltung mit Vorder- und Hintergrund oder seines Festhaltens am Primat des *disegno* aufgezeigt wurde. An der Konstitution des bürgerlichen Geschmacks teilzuhaben bedeutet für Fontane folglich, seine Eigenständigkeit zu bewahren, sein persönliches Urteil zu verteidigen und sich damit der konservativen Kulturpolitik zu entziehen. Mit seinem uneingeschränkten Gegenwartsbezug grenzt er sich außerdem ab von den Kunsthistorikern und deren Stilkriterien und verfestigt damit seine Verortung als Kunstkritiker.

Bezüglich der personalen, institutionellen und medialen Kontexte erwies sich die Aufarbeitung von Fontanes Beziehungen zum Kreis um den Kunsthistoriker Franz Kugler als entscheidend. Es wurde aufgezeigt, dass das Vereinsgeflecht in seiner Beschaffenheit aus Personen, die ein spezifischer Gedankenaustausch verbindet, Fontanes journalistische Tätigkeit in Form von Empfehlungsschreiben, Debatten in Vereinen, dem Vermitteln von Informationen und der gegenseitigen Lektüre maßgeblich beeinflusst. Beispielsweise entpuppt sich Fontane in den biografischen Artikeln zu Schinkel, Schadow, Gentz und dem Blechen-Fragment als profunder Quellenforscher, darin dem Vorgehen der Vertreter der Berliner Schule ähnlich. Zudem liest er zur Vorbereitung und Erarbeitung von kunstkritischen Schriften verschiedene Texte von Kunsthistorikern und anderen Kritikern. Fontane zeigt sich allerdings als eigenständiger Beurteiler, der dezidiert für sein Dasein als Connaisseur einsteht. Dieses Selbstverständnis Fontanes wurde mit seinem Austausch mit Exponenten der sich herausbildenden Kunstgeschichte als universitäres Fach in Verbindung gebracht. Er betreibt zwar fundierte Recherchen und liest kunsthistorische Publikationen, erachtet jedoch die Frage, ob das Kunstwerk den Betrachter emotional zu rühren vermag, als ausschlaggebendes Kriterium, was im zitierten Gedicht pointiert formuliert ist. Dies wurde auf den Sachverhalt zurückgeführt, dass die Texte auf den Kunstrezipienten ausgerichtet sind und Fontane Kunst und Gesellschaft als eng miteinander verknüpft denkt, was sich auch im Erzählwerk in zahlreichen Künstlerfiguren, Kunstgesprächen sowie der Verwendung von Kunst als Gebrauchsgegenstand wiederfindet. Außerdem kommt in den Romanen sowohl Kunstbesitz als auch Kunstwissen als gesellschaftlichen Distinktionsmerkmalen Bedeutung zu. Kunst und Bildung in Beziehung zueinander zu stellen, ist eine Zielsetzung, die Fontane mit den Mitgliedern der Berliner Schule teilt. Hinsichtlich seiner Ausstellungsberichte wurde dieser Aspekt an den Apostrophen und Aufforderungen zum Besuch der Ausstellungen dargelegt, die das ausdrückliche Bemühen erkennen lassen, die Leserschaft zur Betrachtung von bildender Kunst anzuregen. Dies führte zum Fazit, dass Fontane, wenn er auch als Kritiker in der partiellen Übernahme von Gedankengut anderer und der marginalen Berücksichtigung einzelner Kunstrichtungen unselbstständig scheint, in der Art und Weise der Berichterstattung doch eigenständig ist. Diese Eigenständigkeit zeichnet sich durch einen hohen Grad an sprachlicher Reflektiertheit, die Vorliebe für das Anekdotische und die Akzentverschiebung auf das Nebensächliche aus, was mit dem Erzählen im Allgemeinen und mit historischen und von Genredarstellungen geprägten Narrativen im Besonderen in Zusammenhang gebracht wurde. Im Hinblick darauf, wie sich Fontanes Kunstbeschreibungen von den Methoden in den kunstkritischen Schriften des 19. Jahrhunderts unterscheiden, erfolgte neben den unterschiedlichen methodischen und thematischen Ausrichtungen und den Narrativen die Ausarbeitung des gehäuften Vorkommens von Kunstgesprächen als weiterem Kennzeichen. Dieses wurde einerseits auf Fontanes Vermittlungsabsichten der Kunstkritiken hin ausgelegt, andererseits mit seinem spezifischen Erzählstil in Verbindung gebracht, zumal in den späten Romanen das Aneinanderreihen von Gesprächen zum Charakteristikum wird. Darüber hinaus stellte sich die Zuspitzung auf semiologische und darstellungstheoretische Fragen als ein Spezifikum von Fontanes Texten heraus. Es gilt folglich mit Nachdruck zu betonen, dass Fontane zu den Darstellungsformen, die er in seinen Erzählwerken umsetzt, durch die Auseinandersetzung mit bildender Kunst gelangt.

Ausgangspunkt war es, die Kunstkritiken als implizite Poetik zu lesen, denen ein avancierteres Verständnis von Realismus inhärent ist als Fontanes programmatischen Schriften. Es konnte nachgewiesen werden, dass er seine Auffassung des Abbildens von Wirklichkeit ausgehend von der Betrachtung bildender Kunst entwickelt. Veranschaulicht wurde dies unter anderem an Fontanes Stellungnahmen zu zeitgenössischen Kunstdebatten. So diente sein in Zusammenhang mit dem Kostümstreit geäußertes Plädoyer für die zeitgenössische statt die antikisierende Kleidung als Beleg dafür, dass er sich für Realismus im Sinne eines Gegenwartsbezugs stark macht. An Fontanes Beschreibungen öffentlicher Denkmäler liess sich außerdem aufzeigen, dass er auf soziologische Aspekte von Kunst eingeht und diese auf ihre öffentliche Wirksamkeit hin befragt, wobei er hierfür auch den jeweiligen Standort als aussagekräftig erachtet. Ebenso konnte seine Forderung, Kunst müsse aus dem Volk heraus entstehen, auf diesen Sachverhalt zurückgeführt werden. Diese Überzeugung rückte insbesondere bei der Betrachtung von Bildhauerei und Architektur im Rahmen der *Wanderungen* sowie auf Reisen in den Fokus der Aufmerksamkeit.

Hinsichtlich quantitativer Berücksichtigung der einzelnen Kunstgattungen wurde ermittelt, dass sich die Majorität von Fontanes Kunstkritiken mit Malerei beschäftigt, während die Aussagen zur Bildhauerei sowie zur Architektur in geringerer Zahl ausfallen. Dies ließ sich mit dem Publikationskontext in Verbindung bringen, da diese Kunstformen zum Zuge kommen, wenn sich ein Aktualitätsbezug ausmachen lässt, wie die Enthüllung eines Denkmals oder der Neubau eines Gebäudes. Bezüglich Fontanes Präferenzen von Gattungen der Malerei erwies sich seine Faszination für die Genremalerei als zentral, die mit seiner Affinität zum Narrativen und zur Anekdote in Zusammenhang gestellt wurde. Beispielsweise konnte an Fontanes Ausführungen zu einem Gemälde Ambergs aufgezeigt werden, dass er ausgehend von Genredarstellungen vielmehr Bilderzählungen statt Bildbeschreibungen liefert. Dies führte zur Darlegung, dass er dazu unter anderem durch humoristische Darstellungen ebenso wie durch die Detailfülle entsprechender Kunstwerke angeregt wurde.

Zusätzlich wurde Fontanes Vorliebe für diese Gattung auf die gesellschaftliche Komponente zurückgeführt, was sich beispielsweise an Bildfolgen Hogarths zeigen ließ, die als Gesellschaftssatiren gewertet wurden. Als weiteres Merkmal von Fontanes Poetik, das sich in der Affinität zur Genremalerei ebenfalls offenbart, hat sich die Hinwendung zum Kleinen herausgestellt: Mit besonderem Interesse wendet sich Fontane dem Genre, den Alltagsszenen und damit dem Nebensächlichen zu. Gerade den scheinbar inhaltsleeren Details misst er höchste Aufmerksamkeit bei und lädt sie mit Bedeutung auf, was seinem Realismusverständnis entspricht, wonach sich in der detailreichen Darstellung des Alltäglichen die Wirklichkeit am wahrheitsgetreusten wiedergeben lässt. Dieser Sachverhalt ließ sich durch das Hinzuziehen seiner Aussagen zur in den kunstkritischen Schriften lediglich marginal vertretenen Fotografie präziser fassen, was in Zusammenhang mit Fontanes Kunstauffassung als signifikant dargestellt wurde. Dieser Standpunkt korreliert nicht nur mit der allgemein abwertenden Einstellung der Vertreter des Realismus gegenüber der Fotografie, sondern wurde von Fontane ausgehend von der Malerei eigenständig herausgearbeitet. Es bewahrheitete sich, dass er im fotografischen Abbild respektive Gemälden, die Eigenschaften der Fotografie imitieren, seine Forderung nach einer Unterscheidung in Detail- und Überblicksdarstellung nicht erfüllt sieht. Hiervon wurden Darstellungsqualitäten abgeleitet, die Fontane mit genuin künstlerischer Tätigkeit in Verbindung bringt, wie die Unterscheidung in Haupt- und Nebensache, die ihn dazu veranlassen, fotografieanalogen Darstellungsweisen künstlerischen Wert abzusprechen. Allerdings ergaben sich diesbezüglich Inkonsistenzen, da besonders Fontanes spätes Romanwerk dieselbe Dehierarchisierung und damit eine Anhäufung scheinbarer Nebensächlichkeiten aufweist, die er der mechanischen Totalansicht zum Vorwurf macht. Daraus ergaben sich Gemeinsamkeiten zu seinen Aussagen über koloristische Kunstwerke, die zwischen Ablehnung und Anerkennung von deren Darstellungsmöglichkeiten schwanken. Er macht darin implizit den Wandel vom ›Was‹ der Darstellung auf das ›Wie‹ derselben fest, der in seinem eigenen Spätwerk zum Programm wird. Ausgehend von der Malerei reflektiert er die Überwindung eines mimetischen Realismus', was ihn zur Décadence führt mit einer Fragmentierung der Wirklichkeit in einzelne Dinge, die als Realien fungieren. Die Reflexionen über die Darstellungsqualitäten künstlerischer Formen zur Abbildung von Realität zeugen von der Auslegung, Wirklichkeit als durch Medien generierte, niemals unmittelbar einzuholende zu verstehen. Diese Ästhetik der Moderne ließ sich auf seine Auseinandersetzung mit bildender Kunst zurückführen. Mit der Verlagerung von Inhalten auf die Form vollzieht er in seinen literarischen Werken das, was er Jahre zuvor an der Kunst Turners sowie Hildebrandts beschreibt. Die literarische Überbietung der eigenen theoretischen Normen, respektive das komplexe Verhältnis der Literatur zu den programmatischen Vorgaben, ist ein Spezifikum von Fontanes Schaffen, das aber zugleich für das Innovationspotential der Epoche des Realismus allgemeingültigen Charakter hat und dadurch Bezüge zu weiteren Vertretern dieser Strömung öffnet.[3]

Es ist zu vermuten, dass sich die genannten Darstellungsparadigmen, die Fontane in der Betrachtung bildender Kunst etabliert, auch in seinen Theaterkritiken finden, zumal er während seiner Anstellung bei der *Vossischen Zeitung* zeitgleich sowohl Kunst- als auch Theaterkritiken verfasst. Diese beiden Konvolute gilt es daher noch vermehrt auf Gemeinsamkeiten zu überprüfen, da Fontane auch in den Theaterkritiken die Rolle des aufmerksamen und aufs Detail bedachten Betrachters einnimmt. Zudem ist der Ansatz, die eigenen Beobachtungen schriftlich zu reflektieren und einer Leserschaft zu vermitteln, derselbe. Außerdem wäre es wünschenswert, in Analogie zur Rekonstruktion der Bibliothek Fontanes als derzeitiges Projekt des Fontane-Archivs[4] einen Bilderatlas derjenigen Werke zu rekonstruieren, die Fontane sah, und darüber hinaus, in welchen Kontexten er sie zu sehen bekam. Dies erfordert allerdings eine stärkere Berücksichtigung der Sammlungsgeschichte und fundiertere Recherchen zum Kunstmarkt und zu den Kunstausstellungen in Berlin im 19. Jahrhundert, als sie in der vorliegenden Arbeit geleistet werden konnten. Gesichert ist jedoch, dass Fontane viel mehr Bilder sah, als er in Artikeln beschrieb; dies belegen seine Briefe und Tagebucheinträge, in denen er Kunstwerke bespricht, die in keinem Artikel Erwähnung finden.

Darüber hinaus stellt Fontane mit seiner von bildender Kunst geprägten Auffassung von Realismus im 19. Jahrhundert kein Einzelphänomen dar. Adalbert Stifter, Gottfried Keller und Wilhelm Raabe sind sogar selbst als Maler tätig und befassen sich ebenfalls mit den künstlerischen Formen realistischer Darstellung. Die vorliegende Forschungsarbeit liefert Ansätze, um Vergleiche mit diesen und anderen Schriftstellern zu ermöglichen; Keller beispielsweise setzt sich wie Fontane mit der Kunst Arnold Böcklins auseinander, Hugo von Hofmannsthal verfasst Texte zu Kunstwerken der Präraffaeliten.[5] Eine Analyse dieser Zusammenhänge könnte dazu beitragen, die Verbindungen zwischen Darstellungsfragen in Literatur und bildender Kunst präziser zu fassen.

---

3 Vgl. Schneider, *Die Dinge und die Zeichen. Einleitung*, S. 11.

4 http://www.fontanearchiv.de/projekte/imaginaere-bibliothek.html (Stand 02.07.2015).

5 Vgl. Günter Hess, *Die Bilder des grünen Heinrich. Gottfried Kellers poetische Malerei.* In: Gottfried Boehm und Helmut Pfotenhauer (Hrsg.), *Beschreibungskunst – Kunstbeschreibung. Ekphrasis von der Antike bis zur Gegenwart*, München 1995, S. 375.

Anhang

Verzeichnis der kunstkritischen Schriften[1]

Siglen Zeitungen und Zeitschriften

APZ	*Allgemeine Preußische (Stern-)Zeitung*
DKB	*Deutsches Kunstblatt*
GW	*Die Gegenwart*
IZ	*Illustrirte Zeitung* (Leipzig)
MB	*Morgenblatt für gebildete Leser*
MDZ	*Männer der Zeit. Biographisches Lexikon der Gegenwart*
NPZ	*Neue Preußische (Kreuz-)Zeitung*
PAZ	*Preußische (Adler-)Zeitung*
VZ	*Vossische Zeitung (Königlich privilegirte Berlinische Zeitung von Staats- und gelehrten Sachen)*
WB	*Wochenblatt der Johanniter-Ordens-Balley Brandenburg*

Kommentiertes Verzeichnis der kunstkritischen Schriften

[ungez.] *Ein Tag in einer englischen Familie. Reise-Erinnerung.* In: *Deutsche Reform* 889 (09.05.1850), Morgenausgabe, S. 788–789; *Deutsche Reform* 893 (12.05.1850), Morgenausgabe, S. 805 (wiederabgedr. in: HFA III/3/1, S. 150–156, unter dem Titel *The hospitable English House*).
Besuch Fontanes bei einem englischen Gutsherrn, Kunst kommt in Praxis und Produktion, als Wandschmuck der Villa und als Gesprächsgegenstand vor

[gez.: F.] *Ein Gang durch den leeren Glaspalast.* In: *PAZ* 121 (26.05.1852), S. 613 (wiederabgedr. in: HFA III/3/1, S. 11–13).
Besuch des *Crystal Palace* in London, der als Ausstellungsgebäude für die Weltausstellung von 1851 diente und nun vom Zerfall geprägt ist

[gez.: F.] *Eine Kunstausstellung in Gent.* In: *PAZ* 126 (02.06.1852), S. 633–634 (wiederabgedr. in: NFA XXIII/1, S. 9–12).
Ausdifferenzierung zwischen ephemerer Ausstellung und gewichtigerem Museum, Vergleich mit Kunstausstellungen in Berlin, Bildbeschreibungen zu *Barmherzige Schwestern, Brot vertheilend* von Alfred Hunin sowie *Ariost am Hofe des Herzogs von Ferrara* von Constantin Wauters

1 Als Referenzen für die nachstehende Auflistung dienen: Berbig, *Fontane Chronik* sowie Wolfgang Rasch, *Theodor Fontane Bibliographie*, hrsg. von Ernst Osterkamp und Hanna Delf von Wolzogen, 3 Bde., Berlin 2006. Die Angaben zu den gedruckten Ausgaben beziehen sich prioritär auf die Nymphenburger Ausgabe.

DOI 10.1515/9783110516098-006

[gez.: F.] ***Londoner Briefe. 1. Die öffentlichen Denkmäler.*** **In:** ***PAZ*** **161 (13.07.1852), S. 794–795 (wiederabgedr. in: HFA III/3/1, S. 18–24).**
Präsenz von Kunst in der Öffentlichkeit, Londons Monumente: Denksäule aus dem Jahr 1677 zur Erinnerung an das große Feuer in London, Statue König Wilhelms IV., Nelson-Säule, Reiterstatue Georgs III., Statue des Herzogs Wellington

[gez.: F.] ***Londoner Briefe. 5. Die Manufaktur in der Kunst. – Richmond.*** **In:** ***PAZ*** **187 (12.08.1852), S. 906–907 (wiederabgedr. in: HFA III/3/1, S. 50–52).**
Kunsthandwerk, England als »das Land der Manufaktur«, das Nachahmekunst fabriziert, Popularität von Kunstdrucken alter Meister, Anekdote zur Thematik der Nachahmekunst

[gez.: F.] ***Londoner Briefe. 8. Die Kunst-Ausstellung.*** **In:** ***PAZ*** **192 (18.08.1852), S. 926–927 (wiederabgedr. in: HFA III/3/1, S. 64–68).**
Artikel über eine Ausstellung neuester Gemälde in der *National Gallery*, Einfluss des Kunstmarkts auf die Kunstproduktion, Kosmopolitismus in der Kunst; besprochene Werke/Künstler: William Powell Frith *Pope erklärt der Lady Montague seine Liebe*, Edward Matthew Ward *Charlotte Corday auf ihrem Todesgange*, Adolph Menzel

[gez.: F.] ***Londoner Briefe. Alte Helden, neue Siege.*** **In:** ***PAZ*** **226 (21.11.1852), S. 1076–1077 (wiederabgedr. in: HFA III/3/1, S. 140–145).**
Besuch der Gemäldegalerie von Dulwich, in der lediglich zweitrangige Raffaels, Correggios, Tizians und Michelangelos zu sehen seien

[ungez.] ***Krystallpalast-Bedenken. London, im Mai.*** **In:** ***VZ*** **123 (29.05.1856), 1. Beilage, S. 3–4 (wiederabgedr. in: HFA III/1, S. 124–128).**
Beschreibung des Kristallpalasts als gegenwärtige Touristenattraktion, Fontane prüft das Bauwerk im Artikel daraufhin, »ob das Volk von England einen Segen von diesem modernsten Wunderbau hat oder nicht und wie weit dieser Segen reicht« (ebd., S. 125)

[ungez.] ***Die Kunstausstellung.*** **In:** ***VZ*** **148 (27.06.1856), 1. Beilage, S. 1–4 (wiederabgedr. in: NFA XXIII/1, S. 15–25).**
Beschreibung der *Exhibition of the Royal Academy of Arts* sowie der mit ihr konkurrierenden sezessionistischen *Exhibition of the National Institution of Fine Arts*; besprochene Werke/Künstler: *Das Dämmern des neunzehnten Jahrhunderts*, Holman Hunt *The Scapegoat*, Edward Matthew Ward *Marie Antoinettens Abschied von ihren Kindern*, Adolph Menzel, Edwin Landseer

[gez.: F …] ***Herrn Marcus Bilderladen. London im Juli.*** **In:** ***Die Zeit*** **159 (10.07.1856) (wiederabgedr. in: HFA III/3/1, S. 545–547).**[2]
Beschreibung von Herrn Marcus und dessen Bilderladen in der Oxford-Street, der den Engländern deutsche Kunst näherbringen wolle; besprochene Werke/Künstler: Alfred Rethel *Der Tod als Freund*, *Der Tod als Erwürger. Erster Auftritt der Colera auf einem Maskenball in Paris 1831*, Adolph Menzel *Keith*, *Der Eybelsche Große Kurfürst*

[gez.: Nl.] ***London. [Die Verlegung der Royal Academy.].*** **In:** ***DKB*** **31 (13.07.1856), S. 274–275 (wiederabgedr. in: NFA XXIII/2, S. 141–143).**
Bericht über die Pläne der Verlegung der *Royal Academy* nach Kensington Gore, Reflexion über das Verhältnis alter Meister und zeitgenössischer Kunst

---

2 Der Artikel erscheint zwei Jahre später in der *NPZ* (vgl. Rasch, *Theodor Fontane Bibliographie*, Bd. 1, S. 369, 399).

[gez.: Nl.] *London. [Zur Kunstausstellung in Manchester.]*. In: *DKB* 34 (21.08.1856), S. 299–300 (weder in HFA noch in NFA abgedruckt).
Ankündigung der Kunstausstellung von Manchester, Manchester als Industriemetropole, die zum Austragungsort einer Kunstausstellung wird, Vorschlag Prinz Alberts, eine chronologische und systematische Anordnung der Werke vorzunehmen

[gez.: Noel.] *Zwanzig Turner'sche Landschaften in Marlborough-House*. In: *DKB* 3 (15.01.1857), S. 25–26 (wiederabgedr. in: NFA XXIII/1, S. 25–29).
Besprechung einer Ausstellung in der Vernon-Galerie, die Gemälde William Turners über einen Zeitraum von beinahe fünfzig Jahren seines Schaffens ausstellt, chronologischer Überblick über Turners Werk und Rezeptionsgeschichte

[gez.: *†*] *Die Londoner Kunst-Ausstellung. London, im Mai*. In: *NPZ* 140 (19.06.1857), Beilage (wiederabgedr. in: NFA XXIII/1, S. 29–36).
kritischer Vergleich der Londoner Kunstausstellung mit Ausstellungen in Berlin; besprochene Werke/Künstler: Daniel Maclise *Die Geschichte der Eroberung*, *Peter der Große als Schiffszimmermann auf den Werften von Deptford*

[gez.: *†*] *London, 18. Juni. Das kunstvolle Manchester und die Abschlagszahlung Horace Vernets*. In: *NPZ* 144 (24.06.1857) (wiederabgedr. in: NFA XXIII/2, S. 221–222).
Bericht über die Vorbereitungen der Kunstausstellung in Manchester; Tadel am Dünkel der Engländer gegenüber Horace Vernets Darstellung der Schlacht an der Alma

[gez.: F] *Manchester.*[3] In: *Die Zeit*, 14 Folgen: 156 (03.07.1857), Abends; 161 (07.07.1857), Morgens; 169 (11.07.1857), Morgens; 301 (26.09.1857), Morgens; 306 (29.09.1857), Abends; 307 (30.09.1857), Morgens; 309 (01.10.1857), Morgens; 311 (02.10.1857), Morgens; 327 (11.10.1857), Morgens; 341 (20.10.1857), Morgens; 343 (21.10.1857), Morgens; 345 (22.10.1857), Morgens; 349 (24.10.1857), Morgens; 367 (04.11.1857), Morgens; 373 (07.11.1857), Morgens (wiederabgedr. in: NFA XXIII/1, S. 51–161).
1. *Manchester. Erste Eindrücke. Die Stadt im Festkleid. Der Einzug der Königin*; 2. *II. Die Fahrt nach dem Ausstellungsgebäude. Das Ausstellungsgebäude selber*; 3. *III. Der Wolkenbruch. Ausflug nach Liverpool. Besuch auf der Fregatte ›Niagara‹*; 4./5. *›Die Galerie englischer Porträts‹. I.–II.*; 6. *Neue Meister und ihre Bilder. I. Hogarth*. 7. *Neue Meister und ihre Bilder II. Reynolds, Gainsborough, Lawrence etc.*; 8. *Neue Meister und ihre Bilder III. Die Historienmaler: Benjamin West, Edward Matthew Ward, Daniel Maclise, Horsley, Cope, Goodall*; 9./10. *Neue Meister und ihre Bilder IV.–V. Die Genremaler: David Wilkie, Landseer, Leslie, Mulready, Webster*; 11./12. *Neue Meister und ihre Bilder VI.–VII.*; 13. *Neue Meister und ihre Bilder VIII. Die Prä-Raphaeliten*; 14. *IX. Abschied. Ausflug nach Chester. Rückkehr nach London.*
Nachschrift mit »Verzeichnis des Nächstliegenden und Sehenswertesten«, geordnet nach Namensüberschriften

3 Die Bezeichnung von Fontanes Berichten mit »Aus Manchester« findet sich erstmals im Abdruck der *Zeit* 169 (11.07.1857). Die ersten drei Artikel sind mit »F.« gezeichnet, die Folgeartikel mit »Th. F.«.

[gez.: *†*] *London im Juli 1857, Waltham Abbey.* In: *NPZ* 173 (28.07.1857) (wiederabgedr. in: HFA III/3/1, S. 554–558).
Besuch der Abteikirche in Waltham Abbey, die sowohl Stoff für Dichtung als auch für Malerei gewesen sei, Reflexion über die Kirche als »Musterkarte aller Baustile« (ebd., S. 557)

[gez.: †] *Die Wellington-Monumente in Westminster-Hall. London, 29. August.* In: *NPZ* 206 (04.09.1857) (wiederabgedr. in: NFA XXIII/1, S. 36–38). Wiederabdruck in *Die Dioskuren* 1857, S. 169f. (ungezeichnet und mit Tilgung des ersten Satzes).
Rezension der Ausstellung mit Entwürfen für das Wellington-Grabmal, Anekdote zur trivialen Symbolik von Bildhauern, Kritik am Urteil der Jury

[gez.: Noel.] *Die Ausstellung der Modelle zum Wellington-Grabmal. London, 29. August.* In: *DKB* 38 (17.09.1857), S. 329–331 (wiederabgedr. in: NFA XXIII/1, S. 36–38).
Artikel, der zuvor in der *NPZ* erscheint, wird von Fontane umgearbeitet, die Kritik am Juryurteil bleibt dieselbe, ebenso die Reflexion über Symbolik; systematische Vorgehensweise durch Einteilung der Exponate in acht verschiedene Gruppen

[gez.: *†*] *Zwei Gemälde über den Sündenfall. London, 12. Nov.* In: *NPZ* 271 (19.11.1857) (wiederabgedr. in: NFA XXIII/1, S. 46–47).
Besprechung zweier Darstellungen des Sündenfalls von Louis Edouard Dubufe

[gez.: Te.] *Stendal und die Winckelmann-Statue.* In: *NPZ* 242 (16.10.1859), Beilage (wiederabgedr. in: NFA XXIII/2, S. 143–148).
Artikel anlässlich der Enthüllung der Winckelmann-Statue, in dessen Geburtsort Stendal, Beschreibung der Statue und deren Standort, Bericht über die Stadt Stendal und ihre Kirchen, Thematisierung der Kostümfrage

[gez.: Te.] *Märkische Bilder. Das Schinkelsche Haus und der Superintendentensohn. Kleine Notizen aus Schinkels Knabenjahren. Ein Schinkelscher Brief aus Sizilien.* In: *NPZ* 61 (11.03.1860), Beilage.
biografischer Artikel über Karl Friedrich Schinkel; Artikel erscheint vollständig umgearbeitet 1864 im *Morgenblatt für gebildete Leser* ([ungez.] *Bilder und Geschichten aus der Mark Brandenburg. Karl Friedrich Schinkel. MB* 45 (04.11.1864), S. 1062–1069; *MB* 46 (11.11.1864), S. 1085–1089 (wiederabgedr. in GBA V/1, S. 104–126)) mit ausführlicher Schilderung des künstlerischen Werdegangs Schinkels, der als vielseitiger Künstler dargestellt wird; besondere Berücksichtigung seiner Tätigkeit als Maler; Artikel wird in den ersten Band der *Wanderungen* aufgenommen

[UK, gez.: *†*] *London, 22. August. Der Sommer und die Themse. Das London der Zukunft.* In: *NPZ* 199 (25.08.1860) (wiederabgedr. in: UK I, S. 76–78).
Bericht über den geplanten Bau eines Quais an der Themse, dessen Konstruktion eine Einfahrt bieten würde, »wie sie bisher nur die Phantasie eines William Turner geschaffen hat, wenn er Karthago und die heimkehrende Flotte einer Dido malte« (ebd., S. 78)

[UK, gez.: *†*] *London, 21. November. Die Reise der Französischen Kaiserin. Hamilton-Palace.* In: *NPZ* 277 (24.11.1860) (wiederabgedr. in: UK I, S. 88–90).
Reise der französischen Kaiserin Eugenie wird zum Anlass, über Hamilton-Palace zu berichten, Beschreibung der Kunstgegenstände im Inneren; Kunsthandwerk, Bildergalerie mit alten Meistern und englischen Künstlern seit William Hogarth

[gez.: Th. Fontane] *Die Berliner Kunstausstellung [1860]*. In: *Das Vaterland. Zeitung für die österreichische Monarchie*, Wien, Jg. 1 (in vier Folgen: [*I.*] 23 (27.09.1860), Beilage; *II.* 26 (30.09.1860); *III.* 36 (12.10.1860); *III.* *(Schluß)* 37 (13.10.1860); die letzten drei Folgen erscheinen jeweils auf der Titelseite (wiederabgedr. in HFA III/5, S. 459–478).
vierteiliger Bericht über die 42. Kunstausstellung der Königlichen Akademie der Künste

Fontane, Theodor, *Karl Blechen [Fragment, 1861–1882]*, NFA XXIII/1, S. 520–547.
umfangreiche, Fragment gebliebene Recherchen Fontanes zu Karl Blechen mit Berücksichtigung der Biografie, des künstlerischen Werdegangs, Blechen-Sammlern, Blechen-Fond und Blechen-Stiftung sowie Kommentaren zu einzelnen Bildern

[gez.: Te.] *Märkische Bilder: Dorf Saalow. (Ein Kapitel vom alten Schadow)*. In: *NPZ* 76 (31.03.1861) (wiederabgedr. in: GBA V/4, S. 330–344).
Artikel über Johann Gottfried Schadow, hauptsächlich mit Anekdoten aus dessen letzten Lebensjahren

[UK, gez.: *†*] *London, 20. Juli. Gegensätze und Inconsequenzen. Die William-Turner-Galerie*. In: *NPZ* 175 (30.07.1861) (wiederabgedr. in: UK I, S. 145–147).
Beschreibung der William-Turner-Galerie im Oberhaus der Nationalgalerie, Erläuterungen zur Entstehung der Galerie, chronologischer Abriss über Turners Leben und Werk, Lob von Turners Malerei

[62.] *Adolf Menzel*. In: *Männer der Zeit. Biographisches Lexikon der Gegenwart. Mit Supplement: Frauen der Zeit*, Leipzig: Lorck 1862, Sp. 133–136 (wiederabgedr. in: NFA XXIII/1, S. 429–433).
biografischer Artikel zu Adolph Menzel[4]

[62.] *Daniel Maclise*. In: *MDZ*, Sp. 138–139 (wiederabgedr. in: NFA XXIII/1, S. 433–435).

[62.] *Edward Matthew Ward*. In: *MDZ*, Sp. 139–140 (wiederabgedr. in: NFA XXIII/1, S. 436–438).

[62.] *Hermann Stilke*. In: *MDZ*, Sp. 140–141 (wiederabgedr. in: NFA XXIII/1, S. 438–439).

[65.] *Alexander von Minutoli*. In: *MDZ*, Sp. 202–204 (wiederabgedr. in: NFA XXIII/1, S. 440–443).

[66.] *Sir Edwin Landseer*. In: *MDZ*, Sp. 225–227 (wiederabgedr. in: NFA XXIII/1, S. 443–446).

[66.] *Sir Charles Eastlake*. In: *MDZ*, Sp. 227–229 (wiederabgedr. in: NFA XXIII/1, S. 447–450).

[66.] *George Cruikshank*. In: *MDZ*, Sp. 229–230 (wiederabgedr. in: NFA XXIII/1, S. 450–452).

[66.] *William Mulready*. In: *MDZ*, Sp. 230–231 (wiederabgedr. in: NFA XXIII/1, S. 452–453).

[66.] *Thomas Webster*. In: *MDZ*, Sp. 231 (wiederabgedr. in: NFA XXIII/1, S. 454).

[62.] *Ludwig Wichmann*. In: *MDZ*, Sp. 231–233 (wiederabgedr. in: NFA XXIII/1, S. 454–457).

4 Bei sämtlichen nachstehenden Artikeln aus dem Lexikon *Männer der Zeit* handelt es sich um biografische Artikel, weshalb die folgenden unkommentiert bleiben.

[62.] *Friedrich Wilhelm Wolff.* In: *MDZ*, Sp. 233–234 (wiederabgedr. in: NFA XXIII/1, S. 457–460).
[66.] *Sir Charles Barry.* In: *MDZ*, Sp. 304–306 (wiederabgedr. in: NFA XXIII/1, S. 460–462).
[62.] *Teutwart Schmitson.* In: *MDZ*, Sp. 309–311 (wiederabgedr. in: NFA XXIII/1, S. 462–465).
[62.] *Hans Gude.* In: *MDZ*, Sp. 311–312 (wiederabgedr. in: NFA XXIII/1, S. 465–468).
[62.] *Adolf Tidemand.* In: *MDZ*, Sp. 312–314 (wiederabgedr. in: NFA XXIII/1, S. 468–470).
[62.] *Caspar Scheuren.* In: *MDZ*, Sp. 315–317 (wiederabgedr. in: NFA XXIII/1, S. 471–473).
[62.] *Theodor Hildebrandt.* In: *MDZ*, Sp. 317–318 (wiederabgedr. in: NFA XXIII/1, S. 473–476).
[62.] *Andreas Achenbach.* In: *MDZ*, Sp. 333–334 (wiederabgedr. in: NFA XXIII/1, S. 476–479).
[62.] *Oswald Achenbach.* In: *MDZ*, Sp. 334–335 (wiederabgedr. in: NFA XXIII/1, S. 479–481).
[62.] *Wilhelm Camphausen.* In: *MDZ*, Sp. 335–337 (wiederabgedr. in: NFA XXIII/1, S. 481–483).
[62.] *Gilbert Scott.* In: *MDZ*, Sp. 356–358 (wiederabgedr. in: NFA XXIII/1, S. 483–485).
[62.] *Eduard Hildebrandt.* In: *MDZ*, Sp. 364–365 (wiederabgedr. in: NFA XXIII/1, S. 486–489).
[62.] *David Roberts.* In: *MDZ*, Sp. 366–367 (wiederabgedr. in: NFA XXIII/1, S. 489–491).

[UK, gez.: *†*] *London, 15. Febr., Sir Edwin Landseer. Ein Maler und ein Schneider. Enger Rock und hoher Preis].* In: *NPZ* 42 (19.02.1862) (wiederabgedr. in: UK I, S. 197–199).
Bericht über einen Gerichtsprozess, in dem sich Sir Edwin Landseer, der im Artikel als hervorragender Tiermaler gelobt wird, gegenüber zwei Schneidern verteidigen musste. Er wollte ihnen wegen mangelhafter Passform des erworbenen Rocks die Rechnung nicht bezahlen

[ungez.] *›Rom und die Campagna‹.* In: *NPZ* 105 (06.05.1862), Beilage (weder in NFA noch in HFA abgedruckt).
Anzeige der Neuerscheinung des Reiseführers von Theodor Fournier

[UK, gez.: *†*] *London, 14. Mai. Die Ausstellung. Das Gebäude. Schön oder unschön. Österreich und der Zollverein. Berliner Porzellan. Mr. Veillard und fair play.* In: *NPZ* 114 (17.05.1862) (wiederabgedr. in: UK I, S. 217–219).
erster Artikel einer sechsteiligen Folge zur Londoner Zollvereins-Ausstellung, Beschreibung des Ausstellungsgebäudes und der Raumaufteilung, Besprechung der Exponate des Zollvereins, Lob der Vasen aus der Berliner Porzellan-Manufaktur

[UK, gez.: *†*] ***London, 19. Mai. Kein Regiment und streng Regiment. Germanicus. Die Puppenschau. Das Orchestrion.*** **In:** ***NPZ*** **120 (24.05.1862) (wiederabgedr. in: UK I, S. 219–222).**
Aufgreifen der Frage, inwiefern die Organisatoren der Ausstellung in die Anordnung der Exponate eingreifen sollen, Fontane plädiert zugunsten der Aussteller, Rechtfertigung der kritisierten Exponate aus Preußen

[UK, gez.: *†*] ***London, 30. Mai. Kunst und Künstler. Palgraves Catalogue raisonné. Mr. Woolner und die Gefahren der Freundschaft. Godiva und Venus.*** **In:** ***NPZ*** **128 (04.06.1862) (wiederabgedr. in: UK I, S. 222–225).**
Reflexionen über das Verhältnis von Bildhauerei und Malerei, Bericht über die Kritik gegenüber dem Ausstellungskatalog von Palgrave, Vergleich der Skulpturen in England mit Frankreich, Deutschland und Skandinavien

[UK, gez.: *†*] ***London, 9. Juni. Die Zollvereins-Ausstellung. Eine heikle Frage. Woran es liegt. Vornehm geworden. Ehrenrettung der deutschen Spielwaren.*** **In:** ***NPZ*** **134 (12.06.1862) (wiederabgedr. in: UK I, S. 225–227).**
Stellungnahme zum Vorwurf, die mangelnde Qualität der Exponate sei ein Grund für die geringen Besucherzahlen

[UK, gez.: *†*] ***London, 12. Juni. Fuller und Gibson. Godiva und Venus.*** **In:** ***NPZ*** **137 (15.06.1862) (wiederabgedr. in: UK I, S. 227–229).**
letzter Artikel zur Serie über die Zollvereins-Ausstellung, ausgehend von Fullers *Godiva* und Gibsons *Venus* Reflexionen über Polychromie mit Referenz auf Lessings *Laokoon*, Kugler und Semper

[UK, gez.: *†*] ***London, 19. Juni. Noch einmal die Sculptur. Dänemark à la tète. ›Thorwaldsen hier, Thorwaldsen dort‹. Kunst und Handwerk. Thorwaldsen und Schinkel.*** **In:** ***NPZ*** **146 (26.06.1862) (wiederabgedr. in: UK I, S. 229–231).**
ausgehend von Thorwaldsen Referenz auf das Nord-Süd-Paradigma der bildenden Kunst: Italiens Vorrangstellung gegenüber dem Norden habe Einbussen erlitten, Lob des Kunsthandwerks am Beispiel Thorwaldsens und Schinkels

[UK, gez.: *†*] ***London, 28. Juni. Nach Golde drängt, am Golde hängt u.s.w. Perlen wie Kirschen. Kunstwert und Metallwert. Der Tafelaufsatz des Herrn Haussmann.*** **In:** ***NPZ*** **151 (02.07.1862) (wiederabgedr. in: UK I, S. 233–236).**
Beschreibung der Gold- und Metallschmiedekunst, die an der Weltausstellung in London gezeigt wird, Kritik, dass bei den Arbeiten der englischen Juweliere »der *Metall*wert in erster Reihe und der *Kunst*wert erst in zweiter« (ebd., S. 235) stehen würden, was mittels einer Anekdote illustriert wird

[UK, gez.: *†*] ***London, 2. Juli. Deutsche Goldschmiede. Der rheinische Schild. Sy und Wagner, und Vollgold und Sohn. Friedeberg und Weishaupt. John Bull und die preußischen Orden.*** **In:** ***NPZ*** **154 (05.07.1862) (wiederabgedr. in: UK I, S. 236–239).**
Artikel über das deutsche Kunsthandwerk auf der Weltausstellung in London, mit Fokus auf die Goldschmiedekunst, die Fontane ausdrücklich lobt, Kritik des Ausstellungskonzepts; statt einer Gruppierung nach Manufakturen Vorschlag einer thematischen Zusammenstellung der Exponate, um einen Gesamteffekt zu erzielen

[UK, gez.: *†*] *London, 7. Juli. Vom Gold zum Eisen. Kruppscher Gußstahl und Ilsenburger Klingen.* In: *NPZ* 159 (11.07.1862) (wiederabgedr. in: UK I, S. 239–241).
Besprechung deutscher Exponate aus Eisen auf der Londoner Weltausstellung, Lob der wissenschaftlichen Anordnung und des materiellen Reichtums

[UK, gez.: *†*] *London, 30. Juli. Alhambra-Court und Türkischer Hof. Tschibuk und Kangiloh. Die Macht der Farbe. Brussa-Seide und Kaschmir-Shawls.* In: *NPZ* 178 (02.08.1862) (wiederabgedr. in: UK I, S. 248–249).
Fontane empfiehlt in dieser Folge zur Weltausstellung den Besuch des Türkischen Hofs im Ausstellungspalast: »Es ist als träte man in einen Bildersaal voll Turnerscher oder (da man diesen bei uns daheim wenig kennt) voll Hildebrandtscher Sonnen-Untergänge, alles Glanz und Glut.« (ebd., S. 248)

[UK, gez.: *†*] *London, 6. Septbr. 1862, Deutsche Kunst und Englische Kritik.* In: *NPZ* 211 (10.09.1862) (wiederabgedr. in: UK I, S. 263–266).
Empörung über das ungerechte Urteil in *The Times* zu Gemälden deutscher Maler auf der Weltausstellung, Vermutung politischer Antipathien, technisches Können wird dem Gedanken gegenübergestellt und zugunsten des Letzteren entschieden

[gez.: †] *Die diesjährige Kunst-Ausstellung.* In: *APZ*, 8 Folgen: 482 (16.10.1862); 486 (18.10.1862); 494 (23.10.1862); 504 (29.10.1862); 508 (31.10.1862); 516 (05.11.1862); 524 (09.11.1862); 536 (16.11.1862) (wiederabgedr. in: NFA XXIII/1, S. 165–251).
umfangreiche Berichterstattung über die Kunstausstellung in der Berliner Akademie der Künste

***Denkmal Albrecht Thaer's zu Berlin. Nach d. Entwurf von Chr[istian Daniel] Rauch ausgeführt von H[ugo] Hagen. Nach Photographieen von L. Ahrends gezeichnet von Professor Holbein und in Holz geschnitten von C. Glantz. Mit Text von Th. Fontane*, Berlin: Bosselmann [1862] (= Annalen der Landwirthschaft in den Königlich Preußischen Staaten, Supplement), 50 S., 5 Taf., VIII S. 4°.**
großformatige Publikation, deren Text Fontane anschließend in die *Oderland*-Kapitel *Möglin* und *Kunersdorf* einarbeitet; Ausführungen zu Planung und Durchführung des Denkmals, Bericht und Verzeichnis der Teilnehmer an der Eröffnungsfeier, Abdruck der Ansprache des Vorsitzenden des Komitees, Beschreibung des Memorials unter Berücksichtigung der Reliefs, Abdruck von Äußerungen Lübkes zur künstlerischen Bedeutung des Denkmals, ausführliche Biografie Thaers und Kurzbiografien der auf den Reliefs dargestellten Personen

[gez.: Te.] *Bilder-Altäre.* In: *NPZ* 21 (25.01.1863), Beilage (wiederabgedr. in: NFA XVIII, S. 432f.).
Zuschrift Fontanes auf einen Artikel Karl Schnaases, in dem Fontane auf das zahlreiche Vorhandensein von Altar-Bildwerken in der Mark hinweist, Kritik an der gegenwärtigen Restaurierungspraxis

[gez.: Te.] *Die Menzelsche Ausstellung in der Kunst-Akademie.* In: *NPZ* 47 (25.02.1863) (wiederabgedr. in: NFA XXIII/1, S. 251–253).
Besprechung einer Ausstellung von Menzels Werken aus der friderizianischen Zeit, Erwähnung von deren großem Bekanntheitsgrad, Fontane verweist jedoch auch auf Menzels Genrebilder, Lob zahlreicher Gemälde Menzels

[gez.: Te.] *Die Ausstellung zur Erinnerung an Friedrich den Großen.* In: *NPZ* 166 (19.07.1863); 177 (01.08.1863) (wiederabgedr. in: NFA XXIII/1, S. 253–259).
zweiteilige Folge zur Ausstellung mit 113 Gemälden, Porträts und Schlachtenbildern, u. a. von Pesne, Knobelsdorff, Cunningham, Frisch, Graff, Berger, Kilian und Chodowiecki; Büsten, die gemäß Fontane »wesentlich besser sind als die Bilder und meist künstlerisch befriedigender wirken« (ebd., S. 257); verschiedene kunsthandwerkliche Gegenstände

[gez.: Te.] *Die neue Börse.* In: *NPZ* 226 (27.09.1863) (wiederabgedr. in: NFA XXIII/2, S. 148–151).
detaillierte, mit Fachbegriffen versehene Beschreibung des Baus der neuen Börse, Kritik an der mangelhaften Charakterisierung der Skulpturen, die Fontane verallgemeinert: »Unsere Künstler haben sich daran gewöhnt, das Charakterisierende in die beigegebenen *Attribute* statt in die *Köpfe* der dargestellten Figuren zu legen« (ebd., S. 150)

[gez.: Te.] *Das Krönungsbild von Adolf Menzel.* In: *NPZ* 252 (29.10.1863) (wiederabgedr. in: NFA XXIII/1, S. 260–262).
Atelierbesuch bei Adolph Menzel und Beschreibung des dort gesehenen, noch unfertigen *Krönungsbilds*; außerordentliches Lob des Gemäldes, das ein Lehrstück dafür sei, wie Kunst sein solle: »Kunst, die nichts Nebensächliches kennt und in Kleinem und Großem nur eines anstrebt – die Vollkommenheit« (ebd., S. 261)

[gez.: Te.] *Im Locale des Kunstvereins. Spangenberg: ›Jungfrauen von Köln.‹ – A. v. Heyden: ›Heilige Barbara.‹.* In: *NPZ* 19 (23.01.1864) (wiederabgedr. in: NFA XXIII/1, S. 262–263).
Bericht zur Ausstellung neuer Bilder im Lokal des Kunstvereins; drei Landschaften von Eschke, Weber und Oswald Achenbach, zwei Tierstücke von Steffeck, Fontane geht jedoch hauptsächlich auf die im Titel genannten Werke ein

[gez.: Te.] *Zur Kunstgeschichte. W. Lübkes Grundriß der Kunstgeschichte. Zweite durchgesehene Auflage.* In: *NPZ* 68 (20.03.1864), Beilage (wiederabgedr. in: NFA XXIII/1, S. 551).
Rezension zur zweiten Auflage von Wilhelm Lübkes *Grundriß der Kunstgeschichte*; das Verfassen kunsthistorischer Handbücher wird als Prozess von Angebot und Nachfrage dargestellt

[gez.: -lg-] *Berliner Kunstausstellung.* In: *NPZ*, 4 Folgen: 237 (09.10.1864); 243 (16.10.1864), Beilage, Sp. 3; 249 (23.10.1864); 261 (06.11.1864) (wiederabgedr. in: NFA XXIII/1, S. 264–319).
III. Camphausen; H. Kretzschmer; Fritz Schulz. Über Schlachtenmalerei; IV. Die Koloristen; Richter; Becker; Hoguet; Kraus; L. v. Hagn; A. v. Heyden; W. Gentz; V. Die Koloristen in der Landschaft; Oswald Achenbach; A. Leu; Graf Kalckreuth. Die Leute der ›neuen Farbe‹; Eschke; Bennewitz v. Loefen; Th. Weber; Ockel; L. Spangenberg; Schlösser. Die Stimmungs-Landschafter: Albert und Richard Zimmermann; Valentin Ruths; Andreas Achenbach. Die biblischen Landschaften: J. W. Schirmer; VI. Biblische Historie; Plockhorst; Hübner; Hancke; v. Blomberg. Historie: Plüddemann; Piotrowsky. Historisches Genre: R. Lehmann; Graef; Pauwels; J. Schrader; VII. Allerlei Fragen: Knaus (Vautier, K. Lasch); Stryowski; Victor Müller; Riefstahl; Ewald; G. Spangenberg. Zum Schluß

[ungez.] *Bilder und Geschichten aus der Mark Brandenburg. Karl Friedrich Schinkel.* In: *MB* 45 (04.11.1864), S. 1062–1069; *MB* 46 (11.11.1864), S. 1085–1089 (wiederabgedr. in: GBA V/1, S. 104–126).
vollständige Umarbeitung des biografischen Artikels über Karl Friedrich Schinkel aus der *Kreuzzeitung* ([gez.: Te.] *Märkische Bilder. Das Schinkelsche Haus und der Superintendentensohn. Kleine Notizen aus Schinkels Knabenjahren. Ein Schinkelscher Brief aus Sizilien.* In: *NPZ* 61 (11.03.1860), Beilage); mit ausführlicher Schilderung des künstlerischen Werdegangs Schinkels, der als vielseitiger Künstler dargestellt wird; besondere Berücksichtigung seiner Tätigkeit als Maler; in den ersten Band der *Wanderungen* aufgenommen

[gez.: -lg-] *Eduard Hildebrandt.* In: *NPZ* 270 (17.11.1864) (wiederabgedr. in: NFA XXIII/1, S. 320–322).
Bericht über eine Ausstellung von Werken, die auf Hildebrandts Weltreise entstanden sind, besonderes Lob der Straßenperspektiven und Küstenbilder, ausführlichere Beschreibung eines Sonnenuntergangs am Chow-Phya-Fluss (Siam) und des Bildes *Typhon an der Japanischen Küste*

[gez.: -lg-] *In Sachses Salon.* In: *NPZ* 271 (18.11.1864) (wiederabgedr. in: NFA XXIII/1, S. 322–323).
Besprechung der Werke *Adam und Eva finden ihren Sohn Abel erschlagen* von Friedrich Kaulbach sowie *Gräfin Egmont im Gebet* von Eugène de Bièfve; zu Letzterem findet sich die Kritik, dass der Realismus »an jene bedenkliche Grenze [trete], wo die Schärfe der Beobachtung und die strikte Wiedergabe des Beobachteten mehr oder minder anfängt, die Schönheit zu beeinträchtigen« (ebd., S. 322)

[gez.: -lg-] *Sachses permanente Gemälde Ausstellung.* In: *NPZ* 18 (21.01.1865) (wiederabgedr. in: NFA XXIII/1, S. 323–325).
Besprechung der Werke *Der Taschenspieler* von Ludwig Knaus, *Garderobe einer Kunstreiter-Gesellschaft* von Carl d'Unker, *Luther vor Karl V. in Worms* von Plüddemann, *Die Erstürmung von Schanze IV. durch die Westfälischen Regimenter Nr. 53 und 55* von Emil Hünten sowie Aquarellblätter zur Legende des »Marienkindes« von Johanna Unger; ausgehend von Letzterem Reflexion über Substanzialität der Ölfarbe gegenüber Leichtigkeit der Wasserfarbe

[gez.: Te.] *Nach Rom. Rom und die Campagna. Neuer Führer für Reisende von Theodor Fournier.* In: *NPZ* 33 (08.02.1865), Beilage (wiederabgedr. in: NFA XXIII/1, S. 552).
Anzeige der zweiten Auflage des Werks von Theodor Fournier, *Rom und die Campagna*, Leipzig [1862], 1865; besonderes Lob für die Verbindung von »empirischer Vertrautheit mit den Dingen« und wissenschaftlicher »Gelehrsamkeit« (ebd.)

[gez.: Te.] *In Sachses Salon.* In: *NPZ* 48 (25.02.1865) (wiederabgedr. in: NFA XXIII/1, S. 325–327).
Besprechung der Gemälde *Gretchen im Kerker* von Johann Grund, *Wirtshausszene* von Albert Kindler, *Frühlingsanfang* von Ferdinand von Harrach, *Abendlandschaft* von Hugo von Blomberg

[gez.: Te.] ***Der Kupferstichverein.*** **In:** ***NPZ*** **54 (04.03.1865) (wiederabgedr. in: NFA XXIII/2, S. 151–152).**
Beschreibung der Tätigkeiten des von Max Schasler gegründeten »Vereins für Kupferstich in Linienmanier und Schwarzkunst. Museum für Kunst und künstlerische Interessen«, Erwähnung des Bestrebens »den Erwerb wertvoller Kunstblätter zu billigstem Preise zu ermöglichen« (ebd., S. 152); Aufforderung, dem Verein beizutreten

Fontane, Theodor, ***Kopenhagen.*** **In:** ***MB*****, 5 Folgen: 11 (12.03.1865), S. 241–245; 11 (12.03.1865), S. 245–247; 12 (19.03.1865), S. 272–275; 12 (19.03.1865), S. 275–276; 13 (26.03.1865), S. 300–302; 13 (26.03.1865), S. 302–305; 15 (09.04.1865), S. 348–350; 15 (09.04.1865), S. 350–353; 16 (16.04.1865), S. 370–374 (wiederabgedr. in: HFA III/3/1, S. 677–727).**
I. Erste Eindrücke. Die Stadt. Die Bevölkerung; *II. Das Thorwaldsen-Museum*; *III. Das Museum der nordischen Altertümer*; *IV. Das Dagmarkreuz.* [I]; *IV. Das Dagmarkreuz.* [II]; *V. Die dänische Malerschule*; *VI. Tivoli und Alhambra*; *VII. Der Tiergarten. Die Eremitage*; *VIII. Schloß Rosenborg*

[ungez.] ***Die Berliner Synagoge.*** **In:** ***NPZ*** **62 (14.03.1865) (wiederabgedr. in: NFA XXIII/2, S. 153–154).**
als Zusendung »von einem Kunstverständigen« inszenierter Zeitungsartikel zu Planung und Umsetzung sowie Beschreibung der Berliner Synagoge

[ungez.] ***Das Schinkel-Fest.*** **In:** ***NPZ*** **63 (15.03.1865) (wiederabgedr. in: NFA XXIII/2, S. 154–156).**
Rapport über die Feierlichkeiten anlässlich Schinkels Ehrentag, Bezugnahme auf die Festrede Richard Lucaes

[gez.: Te.] ***In Sachses Salon.*** **In:** ***NPZ*** **82 (06.04.1865) (wiederabgedr. in: NFA XXIII/1, S. 327–329).**
Besprechung neuer Exponate im Salon Sachse, darunter *Die Trauung der Princess Royal mit dem Prinzen Friedrich Wilhelm von Preußen im Januar 1858* des Engländers John Philipps, Vergleich mit dem *Krönungsbild* Adolph Menzels; weiter berücksichtigt sind die Werke *Adepten* von August von Heyden sowie *Benvenuto Cellini* von Hugo von Blomberg, gemäß Fontane »das Beste, was wir von diesem Künstler kennen« (ebd., S. 329)

[gez.: Te.] ***Aiwasowsky.*** **In:** ***NPZ*** **88 (13.04.1865) (wiederabgedr. in NFA XXIII/1, S. 329–330).**
Besprechung einer Ausstellung des Kunstvereins, in der vier Bilder des Russischen Marinemalers Aiwasowksy ausgestellt wurden[5]; Kommentierung der Beleuchtungseffekte und Vergleich mit Eduard Hildebrand

5 Es handelt sich um *Uferlandschaft am Schwarzen Meer* (Sonnenuntergang); *Venedig* (Sonnenaufgang); *Uferlandschaft in der Krim* (Mondschein) sowie *Uferlandschaft in der Krim* (Sonnenaufgang).

[gez.: Te.] ***Drei Bilder von Knaus*****. In:** ***NPZ*** **101 (30.04.1865) (wiederabgedr. in: NFA XXIII/1, S. 330–332).**
Besprechung eines Familienbilds und zweier Genrestücke von Ludwig Knaus, die im Lokal des Kunstvereins ausgestellt sind; das dritte Bild ist gemäß Fontane »voll jenes *phantastischen Humors*, den wir als den charakteristischsten und zugleich als den brillantesten Zug der eigentlichen Knausschen Bilder bezeichnen möchten« (ebd., S. 331)[6]; Kritik am ungenügend umgesetzten »*Mittelpunktsprinzip*«; »Phantastische[s]« wirke als »*vermittelndes* Element zwischen dem Realen und dem Idealen« (ebd., S. 332)

[gez.: Te.] ***Camphausens ›Erstürmung von Schanze II‹ [1865]*****. In:** ***NPZ*** **128 (03.06.1865) (wiederabgedr. in: NFA XXIII/1, S. 332–333).**
Besprechung des im Titel genannten Werks Wilhelm Camphausens aus einer Serie von drei Kriegsbildern, das sich gemäss Fontane durch drei Eigenschaften auszeichnet: »die aparte Art, wie das Lokale und Landschaftliche behandelt ist, die glückliche Benutzung der Anker-Episode und die Herausarbeitung der *nationalen Typen und Gegensätze*« (ebd., S. 333)

[gez.: Te.] ***Der Gaëta-Schild*****. In:** ***NPZ*** **156, 07.07.1865 (wiederabgedr. in: NFA XXIII/2, Anmerkungen, S. 305–306).**
Beschreibung des Ehrenschilds zur Schlacht von Gaëta, das König Franz II. als Erinnerungsstück dienen soll; Erläuterungen zu den Darstellungen auf dem Schild und zur Materialität desselben

[gez.: Te.] ***Die Malerei und die Kunstkritik. Kritische Forschungen im Gebiete der Malerei, von M. Unger. [Leipzig, Hermann Schultze, 1865]*****. In:** ***NPZ*** **184 (09.08.1865), Beilage (wiederabgedr. in NFA XXIII/1, S. 553–555).**
Rezension zu Manasse Ungers *Kritische Forschungen im Gebiete der Malerei*; Tadel Ungers am quantitativen Überfluss bei gleichzeitigem qualitativem Mangel der Kunstkritiker »von *Fach*« (ebd., S. 553); kritisches Hinterfragen von Seiten Fontanes, ob das Erkennen des Stils, das Unger für äußerst wichtig erklärt, für die Kunstkritik gewinnbringend sei, was er am Beispiel von Dichtungen exemplifiziert

[ungez.] ***Historische Bilder*****. In:** ***NPZ*** **287 (07.12.1865) (wiederabgedr. in: NFA XXIII/2, S. 157–159).**
Besprechung der Ausstellung der 1855 gegründeten Verbindung für historische Kunst mit folgenden Werken: *Die besiegten Mailänder vor Kaiser Friedrich Barbarossa* von Karl Swoboda, *Die Leiche Kaiser Ottos III. wird über die Alpen nach Deutschland gebracht* von Albert Baur und davon ausgehend Reflexionen über die Düsseldorfer Malerschule sowie *Das letzte Gastmahl der Wallensteinischen Generale bei Terzky* von Julius S. Scholtz

6 In *Der Stechlin* ist Knaus ebenfalls berücksichtigt, in der Äußerung Koselegers: »Aber sagen Sie mir, Lorenzen, wer war das entzückende Geschöpf? Wie ein Bild von Knaus. Halb Prinzeß, halb Rotkäppchen« (Fontane, *Der Stechlin*, GBA I/17, S. 203).

[ungez.] *Das Krönungsbild.* In: *NPZ* 1 (03.01.1866) (wiederabgedr. in NFA XXIII/1, S. 336–340).[7]
Artikel anlässlich der Ausstellung des *Krönungsbildes* im Oberlichtsaal des Königlichen Akademiegebäudes; der erste Teil enthält eine Bezugnahme auf einen Zeitungsartikel im *Staatsanzeiger*, im zweiten Teil nimmt Fontane Stellung dazu und rangiert Menzels Werk hierbei auf derselben Ebene mit Peter von Cornelius' Kartons für das *Camposanto*

[gez.: -lg-] *Zwei Hildebrandts im Locale des Kunstvereins.* In: *NPZ* 4 (06.01.1866) (wiederabgedr. in: NFA XXIII/1, S. 341–344).
Rückblende auf die Hildebrandt-Ausstellung von 1865 und nochmalige Beschreibung des damals als herausragend empfundenen Werks *Rangoon*, Vergleich desselben als Skizze mit dem ausgestellten Ölgemälde, das bei Fontane auf Ablehnung stößt

[gez.: -n] *[Zur Aufklärung.] Es gehen uns....* In: *NPZ* 8 (11.01.1866) (wiederabgedr. in: NFA XXIII/1, S. 340–341).
Stellungnahme Fontanes zum Vorwurf der unrechtmäßigen Parallelisierung von Cornelius und Menzel im Bericht über das *Krönungsbild* (03.01.1866)

[gez.: Te.] *Schinkel-Fest.* In: *NPZ* 66 (15.03.1866) (wiederabgedr. in: NFA XXIII/2, S. 160–162).
Bericht über die Feierlichkeiten zum Schinkel-Fest, bei dem auch dem jüngst verstorbenen Stüler gedacht wird, Zusammenfassung der Rede des Bauinspektors Aßmann, Schilderung der Preisverleihung und Resümee der Festrede Friedrich Eggers'

[gez.: Te.] *[Baukunst.] Geschichte der Architektur von den ältesten Zeiten bis auf die Gegenwart. Dargestellt von Dr. Wilhelm Lübke. Dritte Aufl., mit 583 Holzschnitt-Illustr.* In: *NPZ* 74 (29.03.1866), Beilage (wiederabgedr. in: NFA XXIII/1, S. 555–558).
Rezension der 3. Auflage von Wilhelm Lübke, *Geschichte der Architektur von den ältesten Zeiten bis auf die Gegenwart*, Leipzig 1866; Betonung von Lübkes Verdiensten um die Popularisierung der Kunstgeschichte

[gez.: Th. Fontane] *Denkmäler in der Schweiz. (Ein Vortrag, gehalten im Conservativen Verein der Lucas Gemeinde zu Berlin von Th. Fontane.).* In: *Wochenblatt der Johanniter-Ordens-Balley Brandenburg* 15 (11.04.1866), S. 85–88 (wiederabgedr. in: HFA III/3/1, S. 728–736).
gedruckte Form eines Vortrags zu Denkmälern in der Schweiz; Lob der Einfachheit der Schweizer Denkmäler; als Beispiele dienen das Löwendenkmal in Luzern, der Schillerstein im Vierwaldstättersee und die Tellskapelle in Bürglen; Aufgreifen der Themen Alt und Neu sowie Kunst und Gesellschaft

[gez.: -lg-] *Vier Porträts bei Sachse.* In: *NPZ* 103 (05.05.1866) (wiederabgedr. in: NFA XXIII/1, S. 344–345).
Besprechung von Frauenporträts Gustav Richters, Adalbert Begas' und F. Schauß'

---

7 Die Zuschreibung des Artikels an Fontane ergibt sich durch den als Reaktion auf Leserzuschriften erscheinenden Artikel [gez.: -n] *[Zur Aufklärung.] Es gehen uns....* In: *NPZ* 8 (11.01.1866) (wiederabgedr. in: NFA XXIII/1, S. 340–341).

[gez.: -lg-] ***Die Kunst-Ausstellung für 1866.***[8] **In:** ***NPZ*****, 5 Folgen: 216 (16.09.1866); 234 (07.10.1866), Beilage; 240 (14.10.1866), Beilage; 246 (21.10.1866); 252 (28.10.1866), Beilage (wiederabgedr. in: NFA XXIII/1, S. 345–389).**
I.: Überblick über die Kunstausstellung; II.: K. Graeb, K. Becker, Vautier, Riefstahl, W. Gentz, G. Spangenberg, Piotrowsky, Scherres, P. Meyerheim, W. Sohn, Ockel; *III.*: Landschaftsmalerei; *IV.*: Landschafts-, Genre- und Historienmalerei; *V.* Skulpturen, Aktsaal mit Porträts, Landschaften und historischem Genre

[ungez., aber eventuell von Fontane] ***Die diesjährige Kunstausstellung.*** **In:** ***NPZ*** **225 (27.09.1866) (wiederabgedr. in: NFA XXIII/2, S. 312).**
Notiz zu den ausgestellten Porträts bekannter Berliner Persönlichkeiten

[gez.: Te.] ***Kirchliche Kunst. Wilhelm Lübke's ›Vorschule zum Studium der kirchlichen Kunst‹.*** **In:** ***NPZ*** **270 (18.11.1866), Beilage) (wiederabgedr. in: NFA XXIII/1, S. 558–559).**
Anzeige zu Wilhelm Lübke, *Vorschule zum Studium der kirchlichen Kunst*, 5. und vermehrte Aufl., Leipzig 1866; als »wesentliche[r] Vorzug der Lübkeschen Bücher« werden »Klarheit und Anschaulichkeit« (ebd., S. 559) hervorgehoben

[gez.: -lg-] ***A. v. Heyden: ›Vor dem Reichstage‹.*** **In:** ***NPZ*** **279 (29.11.1866) (wiederabgedr. in: NFA XXIII/1, S. 389–390).**
Besprechung des Bildes von August von Heyden im Salon Karfunkel, das die Begegnung Martin Luthers und Georg von Frundsbergs auf der Wormser Reichstags-Treppe zeigt; Fontane spricht sich begeistert für diese Stoffwahl aus

[gez.: Te.] ***Die Hohenzollern in Bild und Wahlspruch. Gezeichnet von Ludwig Burger. Berlin, F. Lobeck 1866.*** **In:** ***NPZ*** **286 (07.12.1866), Beilage (wiederabgedr. in: NFA XXIII/1, S. 559–560).**
Rezension eines Katalogs mit Bildnissen der Hohenzollernschen Kurfürsten und Könige, den Fontane den Lesern als Weihnachtsgeschenk anpreist; Fontane lobt Burger für »seine Korrektheit, seine sprudelnde Fülle, die ihn befähigt, in Allegorien und Emblemen immer neu und erfinderisch zu sein« (ebd., S. 560)

[gez.: Te.] ***Das Buch vom Preußischen Soldaten. Kriegsbilder und Friedensscenen, der Preußischen Jugend in Versen erzählt.*** **Berlin, Stuhrsche Buchhandlung. 1866. In:** ***NPZ*** **288 (09.12.1866), Beilage (wiederabgedr. in: NFA XXIII/1, S. 560).**
Anzeige der obenstehend genannten Publikation von Maximilian Gerstmann; Fontane behauptet, dass die Bilder im zitierten Werk der Jugend gefallen würden, weil es »hübsche, bunte Bilder« seien »und muntere Verse dazu« (ebd.)

[gez.: -lg-] ***Düppel. Den Johannitern.*** **In:** ***NPZ*** **290 (12.12.1866), Beilage (wiederabgedr. in: NFA XXIII/2, S. 162–163).**
Besprechung je eines Bildes von Camphausen und Cretius, die im Rahmen einer Bilderserie mit dem Titel »Kriegers Ruhm und Künstlers Ehre« im Verlag von Alexander Duncker vervielfältigt wurden

8 In der vorliegenden Arbeit mit dem Titel der NFA zitiert als Fontane, *Berliner Kunstausstellung [1866].*

[gez.: Te.] ***Festbilder. Die Christlichen Feste. Acht chromolithographierte Illustrationen von Hermine Stilke. Mit poetischem Texte von Gerok, Kauffer, Rückert, Spitta. Leipzig, Arnoldische Buchhandlung.*** **In:** ***NPZ*** **292 (14.12.1866), Beilage (wiederabgedr. in: NFA XXIII/1, S. 560f.).**
Anpreisung der Chromolithografien nach Gemälden der Blumenmalerin Hermine Stilke als Weihnachtsgabe; Fontane lobt die »unübertroffen[e] technische[] Meisterschaft« Stilkes

Fontane, Theodor, ***Victor Hehns ›Italien‹*****, NFA XXIII/1, S. 561.**[9]
Rezension des gleichnamigen Werks, durch das man Italien besser kennenlerne als mit Goethe; Hehn sei wie ein »*Naturforscher*« vorgegangen; die zweite Hälfte des Werks sei allerdings »breit, langweilig, Spezialistenkram« (ebd.)

[gez.: -lg-] ***In Sachses Salon.*** **In:** ***NPZ*** **13 (16.01.1867) (wiederabgedr. in: NFA XXIII/1, S. 391–393).**
Besprechung der Landschafts- respektive Tiermalerei des Holländers Johannes Hubertus Leonardus de Haas, die Fontane mit Darstellungen Teutwart Schmitsons vergleicht; Albert Bogislav Lüdecke wird für die »Einzelnheiten« seines Werks gelobt, »die an Andreas Achenbach erinnern« (ebd., S. 392); Berücksichtigung eines Gemäldes ohne Titel von Ferdinand von Harrach

[gez.: Te.] ***Die Königliche Porzellanmanufactur.*** **In:** ***NPZ*** **26 (31.01.1867) (wiederabgedr. in: NFA XVIII, S. 542–544).**
Übersicht über die Objekte der Königlichen Porzellan-Manufaktur, die zur Ausstellung für den Pariser Industrie-Palast bestimmt sind; Akzentuierung der Malereien, der Berliner Porzellan-Manufaktur und Verweis auf den diffizilen Herstellungsprozess derselben; im Weiteren Präsentation der Kunstobjekte nach Tischen und damit nach der Epochenzuteilung

[gez.: Te.] ***Peter von Cornelius.*** **In:** ***NPZ*** **56 (07.03.1867) (wiederabgedr. in: NFA XXIII/1, S. 491–492).**
Nekrolog auf Peter von Cornelius, der am Tag zuvor verstorben ist; erwähnt sind Cornelius' Zeichnungen zu *Faust* und zum *Nibelungenlied*, eine Serie von Darstellungen zum Trojanerkrieg sowie seine Kartons für das *Camposanto* und *Die apokalyptischen Reiter*; Cornelius wird als »Altmeister moderner Kunst, der Repräsentant des großen Stils« (ebd., S. 492) bezeichnet

---

9 Erstveröffentlichung in NFA XXIII/1, S. 561. Angaben dazu im Fontane-Archiv: »2 S. 2° und 1 beschr. Umschlagseite. Eigenh. Besprechung im Umschlag mit eigenhändiger Aufschrift. Gegenstand der Aufzeichnungen: Das Werk ›Italien. Ansichten und Streiflichter‹, ersch. 1867. – Formale und inhaltliche Ausarbeitung: Nicht weiter durchgearbeitete Niederschrift des Leseeindrucks. Sehr positive Stellungnahme zu der Art, wie Italien gesehen und das Gebotene angeordnet wird. Abfassungszeit: Term. post quam 1867. Weitere Anhaltspunkte nicht ermittelt« (zitiert nach: NFA XXIII/2, S. 402). In der *Fontane Chronik* ist die Lektüre des Werks dem Jahr 1868 zugeordnet (vgl. Berbig, *Fontane Chronik*, Bd. 2, S. 1483).

[UK, gez.: P*] ***London, 15. Juni. Pariser Ausstellung. Besuch des Sultans. Flotten Revue. Zur Reformbill.*** **In: *NPZ* 140 (19.06.1867) (wiederabgedr. in: UK II, S. 781–784).**
Artikel zur Weltausstellung in Paris 1867, wobei die Ausstellung selbst kaum Thema ist, sondern vielmehr das Verhältnis zwischen Frankreich und England; die Engländer würden sich gegenüber der Pariser Ausstellung gleichgültig verhalten

[ungez.] ***Aus dem Sachseschen Salon.*** **In: *NPZ* 167 (20.07.1867) (wiederabgedr. in NFA XXIV, S. 644f.).**
Besprechung von Bildern Ludwig Burgers, die im Sachseschen Salon ausgestellt sind; Lob der Aquarell-Porträts, die Skizzen in Ölfarben würden erst nach längerer Betrachtung interessant, dann aber befriedige »das realistisch lebendige […], die exakte Wiedergabe der malerischen Lokalität, die frappante Wahrheit in allem Kleinen und Großen, in Kopf und Knopf […] den Kenner lebhaft« (ebd., S. 645)

[gez.: Te.] ***Der Verein der Künstlerinnen und Kunstfreundinnen.*** **In: *NPZ* 272 (23.11.1867) (wiederabgedr. in: Zand (Hrsg.), *Journalistische Gefälligkeiten*, S. 16–18).**
Erörterung der praktischen und ideellen Ziele des Vereins, wie die Förderung und Unterstützung von Künstlerinnen, der Einsatz für eine Zeichenschule sowie Vorlesungen über Kunstgeschichte, da Künstlerinnen an der Kunstakademie nicht zugelassen werden; anschließend Schilderung der Ausstellung und Besprechung einzelner Exponate

[gez.: Te.] ***Ausstellung in Schloß Monbijou. Berlin, 9. Mai.*** **In: *NPZ* 109 (10.05.1868) (wiederabgedr. in: NFA XVIII, S. 545–547).**
Besprechung einer Ausstellung von Erinnerungsstücken an Preußen und Hohenzollern, aus der Zeit des Großen Kurfürsten bis auf König Friedrich Wilhelm IV., Erläuterungen zu einzelnen Exponaten und Verweis auf das Erscheinen des ausführlichen Katalogs

[gez.: Te.] ***Eine Kunststudie. Der Teufel und seine Gesellen in der bildenden Kunst.*** **Von Hugo Frhrn. v. Blomberg. Berlin, C. Duncker, 1867. In: *NPZ* 143 (21.06.1868), 1. Beilage (wiederabgedr. in: NFA XXIII/1, S. 562–563).**
Vermerk von Hugo von Blombergs »Doppeleigenschaft« als Maler und Schriftsteller; Thematik wird als »heikle[r] und schwierige[r] Gegenstand« dargestellt, Blomberg habe jedoch »die wissenschaftliche Frage […] sehr wesentlich geklärt und gefördert« (ebd., S. 563)

[gez.: Te.] ***Eduard Hildebrandt.*** **In: *NPZ* 263 (08.11.1868) (wiederabgedr. in: NFA XXIII/1, S. 492–497).**
Nachruf auf den am 25. Oktober verstorbenen Landschaftsmaler Eduard Hildebrandt; biografischer Abriss, künstlerische Ausbildung, Erwähnung der »Vorliebe für sogenannte Wirkungsbilder« respektive »Bilder mit besonderen Licht- und Lufterscheinungen (Effekte)« (ebd., S. 493), Lob Hildebrandts als »hervorragender Künstler innerhalb seiner Sphäre ein Genie. Die Luft und das Licht waren sein Studium; er brachte es dahin, dass man von ihm sagen kann: er war ein Virtuose in Sonnenuntergängen, gleichviel, ob am Nordkap oder am Äquator« (ebd., S. 495); Vergleich Hildebrandts mit Paganini, Kritik des »Farbenwahnsinn[s]« (ebd., S. 496)

[gez.: Te.] ***Eduard Hildebrandts Aquarellen...*** **In: *NPZ* 269 (15.11.1868), 1. Beilage (wiederabgedr. in: NFA XXIII/1, S. 563f.).**
Artikel anlässlich der Publikation von Hildebrandts Aquarellen als Chromo-Faksimiles, ein von Hildebrandt gefördertes Unternehmen, weil sich seine Werke weitgehend in privater Hand befänden und die Neuerscheinung daher zu deren Popularisierung beitrage

[gez.: Te.] ***›Die Alba-Madonna, ein ächter Rafael in Berlin‹.*** **In: *NPZ* 279 (27.11.1868), Beilage (wiederabgedr. in: NFA XXIII/1, S. 564f.).**
Besprechung der gleichnamigen Broschüre von Hans Robert Bussler über die Beweisführung, eine Madonnendarstellung Raffael zuzuschreiben

[gez.: Te.] ***Hildebrandt-Ausstellung.*** **In: *NPZ* 72 (26.03.1869) (wiederabgedr. in: NFA XXIII/1, S. 393–395).**
Besprechung der posthum veranstalteten Gedächtnis-Ausstellung zu Ehren Eduard Hildebrandts; die Werke seien vor allem »nach der koloristischen Seite hin [...] hervorragende[] Schöpfungen« (ebd., S. 393), was besonders zur Geltung komme, weil es eine monografische Ausstellung sei und »fremde konkurrierende Stoffe oder Beleuchtungen« (ebd., S. 395) fehlten

[gez.: Te.] ***Die Ausstellung im Deutschen Gewerbe-Museum.*** **In: *NPZ* 87 (15.04.1869) (wiederabgedr. in: NFA XXIII/2, S. 163–164).**
Besprechung der Ausstellung, die »den Einfluß der bildenden Künste auf Handwerk und Gewerbe« (ebd., S. 163) aufzeige, Vermerk, dass Deutschland in Sachen Kunsthandwerk gegenüber Frankreich und England im Hintertreffen sei

[gez.: Te.] ***Die Ausstellung von Aquarellen. Im Königlichen Schloß, zum Besten der Königin Elisabeth-Vereins-Stiftung.*** **In: *NPZ* 91 (20.04.1869) (wiederabgedr. in: NFA XXIII/1, S. 395–397).**
Ausstellung von 900 Landschaftsgemälden, die nach Denkmälern oder Örtlichkeiten gegliedert sind: »Alle die genannten haben einen bedeutenden *künstlerischen* Wert; neben ihnen bietet sich Vielfaches von mehr *persönlichem*, manches von einem bloßen *Kuriositäts-Interesse*« (ebd., S. 396)

[ungez.] ***Die Ausstellung des Vereins der Künstlerinnen im Raczinskyschen Palais.*** **In: *NPZ* 251 (27.10.1869) (wiederabgedr. in: Zand (Hrsg.), *Journalistische Gefälligkeiten*, S. 19–22).**
Ausstellung des Vereins der Künstlerinnen, zu der auch Exponate von Männern zugezogen wurden, Erwähnung der großen Anzahl Blumenstücke, was »nicht nur selbstverständlich, sondern auch wünschenswert« sei, denn auf diesem Gebiete seien alle Damen »zu Hause«, Behauptung, dass nach einer Mischung der Bilder des Professors Carl Scherres und der Schülerinnen, die vom Professor stammenden Originale nicht mehr zu bestimmen seien

[gez.: Te.] ***Eduard Hildebrandts Aquarelle.*** **In: *NPZ* 291 (22.12.1869), 1. Beilage (weder in NFA noch in HFA abgedruckt).**
Meldung der zweiten Lieferung von Chromo-Faksimiles nach Aquarellen von Eduard Hildebrandt mit den wichtigsten Orten von dessen Weltreise: Indien, China und Kalifornien; Lob der Technik des Buntfarbendrucks

[gez.: Th. F.] ***Dr. Friedrich Eggers.*** **In:** ***VZ*** **191 (17.08.1872), 1. Beilage (wiederabgedr. in: Berbig,** ***Theodor Fontane und Friedrich Eggers. Der Briefwechsel*****, S. 375f.).**
Bericht über die Trauerfeier für Friedrich Eggers, Aufzählung zahlreicher Teilnehmer, darunter namhafter Persönlichkeiten aus dem Ministerium, der Kunst, Wissenschaft und Dichtung, darunter Drake, Menzel, Gropius, Adler, Reuleur und Scherenberg; Fontane betont nachdrücklich sein enges freundschaftliches Verhältnis zu Eggers

[gez.: Th. F.] ***Die diesjährige Kunstausstellung [1872].*** **In:** ***VZ*** **205 (03.09.1872), 2. Beilage (wiederabgedr. in: NFA XXIII/1, S. 397–399).**
kurzer Übersichtsartikel zur Kunstausstellung in Stellvertretung Ludwig Pietschs; ein großes Bild Gustav Richters empfange den Besucher »wie ein Siegestor« und führe »wie im Triumphe, in die glänzenden Säle der Ausstellung ein« (ebd., S. 398)

[gez.: Th. F.] ***Die deutsche Renaissance.*** **In:** ***VZ*** **13 (30.03.1873), Sonntags-Beilage (wiederabgedr. in: NFA XXIII/1, S. 565–571).**
Rezension zu Wilhelm Lübkes Publikation *Die deutsche Renaissance*, Stuttgart 1872; Erläuterung, dass Lübke »[s]ehr feinsinnig und sehr gerecht« (ebd., S. 568) die Entwicklung nachzeichne, wie der gotische Stil als überholt gewertet und stattdessen die italienische Renaissance zum Vorbild der anderen europäischen Länder wurde und wie sich das auf die einzelnen Kunstformen auswirkt; das Gebiet der Kunstgeschichte sei durch die »umfassende Arbeit W. Lübkes sehr wesentlich erweitert worden« (ebd., S. 571)

[gez.: Th. F.] ***Luise Seidler.*** **In:** ***VZ*** **51 (01.03.1874), 1. Beilage, Sonntagsbeilage Nr. 9 (wiederabgedr. in: NFA XXIII/1, S. 497–508).**
Rezension der Autobiografie der Malerin Luise Seidler[10]; Lob der Schilderung der Schlacht bei Jena und Auerstedt als »außerordentlich interessant und zwar speziell dadurch, dass sie alles Allgemeine vermeidet und sich auf Wiedergabe ihrer persönlichen Erlebnisse beschränkt« (ebd., S. 500f.); Befürwortung des Vorgehens – das Fontane auch selbst praktiziert – »auf jede auch nur angedeutete Charakterschilderung ihrerseits Verzicht« zu leisten und es stattdessen »Briefen, die sie von den Betreffenden mitteilt, [zu überlassen,] diese Schilderung zu geben« (ebd., S. 503)

[gez.: Th. F.] ***Kunstausstellung.*** **In:** ***VZ*** **210 (09.09.1874), 2. Beilage (wiederabgedr. in: NFA XXIII/1, S. 399–405).**
stellvertretend für Pietsch verfasster Bericht zur Berliner Kunstausstellung; ausführlichere Erwähnung finden *Luther auf einem Familienfeste* von Anton von Werner, *Nero* von Ferdinand Keller, *Walkürenritt* von August von Heyden, *Vagabunden* von Gustav Seyffert, *Das letzte Tiroler Aufgebot 1809* von Franz von Defregger, *Kreuzigung* von Eduard von Gebhart, Landschaften Albert Hertels, Porträts Gustav Richters und zwei Bilder Alma-Tademas, die Fontane harsch kritisiert, was eine Stellungnahme Pietschs nach sich zieht

[ungez.] ***Christian Daniel Rauch. I.-II.***[11] **In:** ***VZ*** **52 (25.12.1874);** ***VZ*** **1 (03.01.1875) (wiederabgedr. in: NFA XXIII/1, S. 572–595).**
ausführliche Rezension der von Friedrich Eggers geplanten und dessen Bruder Karl fertiggestellten Biografie des Bildhauers Christian Daniel Rauch, Überblick und Auszüge aus einzelnen Kapiteln des Werks, Bericht über die Entstehung verschiedener Denkmäler

10 Vgl. Hermann Uhde (Hrsg.), *Erinnerungen und Leben der Malerin Louise Seidler*, Berlin 1874.

11 Der zweite Artikel ist gezeichnet mit »Th. Fontane«.

[Theodor Fontane] *Ein letzter Tag in Italien.* In: *VZ* 1 (03.01.1875), Sonntags-Beilage (wiederabgedr. in: HFA III/3/1, S. 752–760).
Schilderung der Reise, der Verhältnisse im Gasthaus, sowie der Besichtigung verschiedener Kirchen und deren Kunstwerke, Referenz auf den *Cicerone* Jacob Burckhardts

[gez.: Th. Fontane] *L. Pietsch's Handzeichnungen im Lokal des Berliner Künstlervereins.* In: *VZ* 113 (19.05.1875), 3. Beilage (wiederabgedr. in: NFA XXIII/2, S. 164–167).
Besprechung der präsentierten Zeichnungen, die Fontane mit einem »Kriegs- und Reise-Album, von Ost und West, von Suez-Kanal und Pariser Belagerung« (ebd., S. 165) vergleicht; Gegenüberstellung Pietschs und Hildebrandts in Bezug auf Darstellungen Ägyptens: Hildebrandt habe Pietsch ein »geschärfteres Auge für das Landschaftliche« sowie »den ganzen Zauber des Colorits voraus« (ebd., S. 165), Pietsch verfüge stattdessen über die Fähigkeit der exakten Darstellung von Menschen, was ihm die Qualitäten eines Genremalers verleihe

[gez.: Th. Fontane] *Ludwig Burger.* In: *IZ* 67/1728 (12.08.1876), S. 145–146 (wiederabgedr. in NFA XXIII/1, S. 508–516).
biografischer Artikel zum Maler Ludwig Burger, der mit Fontane persönlich befreundet ist, mit ihm im *Tunnel* verkehrt und die Kriegsbücher Fontanes illustriert; Fontane schließt den Artikel mit der Aussage, Burger sei »ein Nürnberger Meister« gewesen; »treu, fleißig, arbeitsam, ohne Phrase und ohne falsches Gefühl, ein echter Künstler und ein ganzer Mann« (ebd., S. 516)

[gez.: Theodor Fontane] *Zwei Bilder in der Commandantenstraße.* In: *Die Gegenwart* 10/51 (16.12.1876), S. 406–407 (wiederabgedr. in: NFA XXIII/1, S. 405–410).
Besprechung der Gemälde *Der Christuskopf auf dem Schweißtuch der heiligen Veronika* von Gabriel Max und Arnold Böcklins *Kreuzabnahme*; Max' Werk anfänglich wohlgesinnt, bezeichnet Fontane dasselbe bei der zweiten Betrachtung als »Lüge«, zumal »Künstelei […] an die Stelle der Kunst« (ebd., S. 406) getreten sei; im zweiten Teil des Artikels beschreibt Fontane Böcklins Werk, das wiederum beim zweiten Blick zumindest partiell auf seine Zustimmung stößt; Böcklin bezeichnet er als »Meister des Stimmungsbildes«, der »mit scheinbar einfachsten Mitteln […] ein Außerordentliches« (ebd., S. 408) erreiche

[gez.: Th. Fontane] *Ein neues Bild Carl Gussows.* In: *Die Gegenwart* 11/10 (10.03.1877), S. 153–154 (wiederabgedr. in: NFA XXIII/1, S. 410–412).
Beschreibung des Porträts einer Großmutter von Carl Gussow, das zur Charakterbeschreibung der Dargestellten wird; davon ausgehend Reflexionen über das Verhältnis von »allerwirklichste[r]« und »wahrheitsvolle[r] Wirklichkeit«, mit Favorisierung der letzteren

[gez.: T.Φ.] *Fünfte Ausstellung der National-Gallerie. [I.-II.].* In: *VZ* 127 (02.06.1878), 3. Beilage; 131 (07.06.1878), 3. Beilage (wiederabgedr. in: NFA XXIII/1, S. 412–426).
Bericht über die von Max Jordan konzipierte Ausstellung in der Nationalgalerie
erster Artikel: Besprechung von Werken und Biografie Heinrich Funks, dem Fontane jedoch Einförmigkeit zuschreibt; analoges Vorgehen bei Theodor Mintrop mit Ergänzung um Zitate Max Jordans, dessen Urteil Fontane weitgehend zustimmt
zweiter Artikel: Schilderungen zu August und Julius Elsassers biografischem Hintergrund ebenso wie zu ausgewählten Werken derselben, denen es gemäß Fontane jedoch an Originalität mangelt; Plädoyer für realistische statt komponierte Landschaftsbilder; Ausführungen zu Werk und Biografie Ludwig Richters

[gez.: T.Φ.] ***Geschichte der italienischen Malerei vom 4. bis ins 16. Jahrhundert von Wilhelm Lübke*****, 3 Folgen:** ***VZ*** **27 (07.07.1878), Sonntags-Beilage; 272 (24.11.1878), 1. Beilage; 50 (14.12.1879) (wiederabgedr. in: NFA XXIII/1, S. 595–604).**
Rezension der verzeichneten Publikation Wilhelm Lübkes, in der gemäß Fontane »alles klar, ohne nutzlosen Gelehrsamkeitsballast in gefälliger Sprache dargestellt« (ebd., S. 597) sei und das sich »durch seine Übersichtlichkeit und *praktische Anordnung*« (S. 604) auszeichne; Bemerkung Lübkes, seine Eindrücke und Urteile »aus eigener Anschauung« (ebd., S. 603) gewonnen zu haben, stößt auf Fontanes Zustimmung; Erwähnung, dass sich Kaiser Wilhelm der Widmung des Buches angenommen habe; Anpreisung des Werks als Weihnachtsgeschenk

[gez.: T. Φ.] ***Kunst, Wissenschaft, Literatur. Wilhelm Lübkes ›Karl Schnaase‹*****. In:** ***VZ*** **50 (14.12.1879), Sonntags-Beilage (wiederabgedr. in: NFA XXIII/1, S. 613–614).**
Anzeigen zu Wilhelm Lübke, *Die Geschichte der italienischen Malerei vom 4. bis ins 16. Jahrhundert* sowie Wilhelm Lübke, *Carl Schaase*, Stuttgart 1879; Empfehlung von Letzterem an Leser, die »eine auf religiöser Grundlage ruhende Kunst- und Lebensrichtung« (ebd., S. 613) mit Schnaase teilten; Fontane attestiert Schnaase eine »hohe Bedeutung für die Kunstgeschichte, ganz besonders für den Abschnitt Gotik« (ebd., S. 614)

W[ilhelm] Camphausen, ***Vaterländische Reiterbilder aus drei Jahrhunderten. Text von Theodor Fontane. Illustrationen des Textes gezeichnet von L[udwig] Burger*****, Berlin 1880, 91 S., 17 Taf. 2°.**
Fontanes Text beinhaltet die Biografien der dargestellten Mitglieder der Königsfamilie, Generäle und Feldherren,[12] bezieht sich aber nicht auf die Reiterbilder; am Ende des Bandes finden sich Erläuterungen Burgers zu den Wappen und Sinnsprüchen der Illustrationen zu Beginn des jeweiligen Texts

[gez.: Th. Fontane] ***W. Lübkes Geschichte der italienischen Malerei.*** **In:** ***Die Gegenwart*** **17/22 (29.05.1880), S. 342–344 (wiederabgedr. in: NFA XXIII/1, S. 604–613).**
Rezension des verzeichneten Werks; teilweise Übernahme von Passagen aus früheren Rezensionen zu Werken Lübkes; Betonung des Neuigkeitswerts der Publikation, zumal die italienische Malerei bisher hauptsächlich in der Guidenliteratur beschrieben worden sei; Akzentuierung der Leserfreundlichkeit, Erwähnung der zahlreichen Abbildungen abschließendes Fazit: »[B]ei glänzender Fülle des Details überall Gliederung, Klarheit und Mass. Mehr als irgendein anderer Schriftsteller seines Fachs, auch die berühmtesten nicht ausgenommen, hat Lübke zur Popularisierung kunstgeschichtlicher Kenntnis beigetragen. Und nicht bloß in Deutschland! Seine glückliche, dem Doktrinären abgewandte Natur, seine belebte Sprech- und Schreibweise ließen ihn die großen Resultate, wovon die zahlreichen Auflagen seiner Bücher Zeugnis ablegen, erringen« (ebd., S. 612f.)

[ungez.:] ***Journal- und Bücherschau.*** **In:** ***VZ*** **281 (21.06.1881), Morgenausgabe, 1. Beilage (weder in HFA noch in NFA abgedruckt).**
kurze Rezension über drei Publikationen, u. a. Wilhelm Lübkes *Geschichte der deutschen Renaissance*, zweite, umgearbeitete Aufl., Stuttgart 1881

12 Fontane bearbeitet zum Teil die vorhandenen Textvorlagen Albert Emil Brachvogels, der ursprünglich die Texte zu Camphausens Bildern schreiben sollte (vgl. Rasch, *Theodor Fontane Bibliographie*, Bd. 1, S. 919).

[gez.: Th. Fontane] *Das berühmte Bild Carl Blechens ›Ein Semnonenlager auf den Müggelsbergen‹….* In: *Der Bär* 51 (17.09.1881), S. 663–664 (weder in HFA noch in NFA abgedruckt).
Antwort auf eine Leserfrage, die in Nr. 47 vom 20.08.1881, S. 604 der Zeitschrift abgedruckt wurde, wo sich Blechens Bild befinde

[ungez.] *Journal- und Bücherschau. Friedrich und Karl Eggers, Christian Daniel Rauch.* In: *VZ* 569 (06.12.1881), Morgenausgabe (wiederabgedr. in: Berbig (Hrsg.), *Theodor Fontane und Friedrich Eggers. Der Briefwechsel,* S. 399f.).
Anzeige des dritten Bandes des obengenannten Werks, kurz gefasste Inhaltsbeschreibung

[ungez.] *Von Wilhelm Lübkes Geschichte der Renaissance in Deutschland ist […] eine 2. Auflage erschienen…* In: *VZ* 59 (04.02.1883), Morgenausgabe, 1. Beilage (weder in HFA noch in NFA abgedruckt).
Rezension der zweiten Auflage der verzeichneten Publikation Wilhelm Lübkes

[ungez.] *Christian Daniel Rauch von Friedrich und Karl Eggers. Vierter Bd.*, 2. Hälfte (Schlusslieferung). In: *VZ* 609 (30.12.1887), Morgenausgabe, 1. Beilage (wiederabgedr. in: Berbig (Hrsg.), *Theodor Fontane und Friedrich Eggers. Der Briefwechsel,* S. 400).
Anzeige des letzten Bandes der verzeichneten Publikation, die als Referenzwerk für künftige Forschung über Christian Daniel Rauch gepriesen wird

[ungez.] *Die Tracht der Kulturvölker Europas von A. v. Heyden.* In: *VZ* 547 (22.11.1889), Morgenausgabe, 1. Beilage (wiederabgedr. in: NFA XXIII/2, S. 480–481).
Rezension zur verzeichneten Publikation August von Heydens, der sich als Historienmaler und Professor für Kostümkunde für das Werk qualifiziert habe; das Handbuch zeichne sich »durch Klarheit und Übersichtlichkeit der Darstellung« (ebd., S. 481) aus

[ungez.] *Weihnachtliches. Anzeige der 15. Lieferung von Wilhelm Lübke, Geschichte der Deutschen Kunst (Stuttgart: Ebner & Seubert 1889).* In: *VZ* 547 (22.11.1889), Morgenausgabe, 1. Beilage (wiederabgedr. in: NFA XXIII/2, S. 397–398).[13]
Anpreisung von Lübkes Werk *Geschichte der Deutschen Kunst,* dessen noch fehlende Schlusslieferung es ermöglichen werde, »das populär gehaltene Werk des berühmten Professors zu einem Weihnachtsbuche im Kreise aller sich für Kunst Interessierenden zu machen« (ebd., S. 397)

13 Die Verfasserschaft Fontanes ist ungesichert, daher ist der Titel in Raschs *Theodor Fontane Bibliographie* nicht verzeichnet. In Berbigs *Chronik* ist der Artikel mit entsprechendem Vermerk aufgeführt (vgl. Berbig, *Fontane Chronik*, Bd. 4, S. 3043).

[ungez.] ***Weihnachtliches. Wilhelm v. Lübkes ›Geschichte der Deutschen Kunst‹ (Stuttgart: Ebner & Seubert 1889).*** **In: *VZ* 571 (06.12.1889), Morgenausgabe, 1. Beilage (wiederabgedr. in: NFA XXIII/2, S. 398).**[14]
Anzeige der letzten Lieferung der verzeichneten Publikation; Vermerk der Abbildungen sowie des Kapitels zur modernen deutschen Kunst; »Die Vorzüge aller Lübkeschen Bücher: reichstes Material, übersichtliche Gruppierung und natürliche gefällige Darstellung, der man überallhin leicht und verständnisvoll zu folgen vermag, zeichnen dies sein neuestes Werk in besonders hohem Maße aus« (ebd.)

[Theodor Fontane] ***Wilhelm Gentz. Ein Lebensbild von Theodor Fontane.*** **In: *Deutschland. Wochenschrift für Kunst, Literatur, Wissenschaft und soziales Leben* 1 (04.10.1890), S. 9–11; 2 (11.10.1890), S. 25–26; 3 (18.10.1890), S. 41–42; 5 (01.11.1890), S. 64–66; 7 (15.11.1890), S. 91–93; 9 (29.11.1890), S. 116–118; 10 (06.12.1890), S. 127–131 (wiederabgedr. in: GBA V/1, S. 140–189).**
Folge von biografischen Artikeln zum Künstler Wilhelm Gentz; Gentz stellt Fontane private Aufzeichnungen zur Verfügung, die dieser über weite Strecken zitiert; Bestandsaufnahme von Gentz' Werken mit Datierung, Titel, Standort sowie gegebenenfalls Auftraggeber

[gez.: Th. F.] ***›Lebenserinnerungen‹ von Wilhelm Lübke. Mit einem Bildnis des Verfassers. Berlin, F. Fontane, 1891.*** **In: *VZ* 25 (21.06.1891), Sonntags-Beilage (wiederabgedr. in: NFA XXIII/1, S. 614–616).**
Rezension der Autobiografie Lübkes, die »überall im Hinblick auf seine Wissenschaft erzählt [sei] und diese zum Mittelpunkt seiner Erzählungen mach[e]« (ebd., S. 614); Charakterisierung von Persönlichkeiten, mit denen Lübke verkehrt, ebenso wie Italienreisen seien berücksichtigt

[Theodor Fontane] ***Adolf Menzel.*** **In: *Die Zukunft* 13/10 (05.10.1895), S. 441–444 (wiederabgedr. in NFA XXIII/1, S. 516–519).**
Artikel zu Menzels achtzigstem Geburtstag, biografischer Abriss, Nennung und Erläuterungen zu den wichtigsten Werken: friderizianische, wilhelminische Bilder und »rein künstlerische[] Aufgaben« (ebd., S. 518)

14 Die Verfasserschaft Fontanes ist ungesichert, daher ist der Titel in Raschs *Theodor Fontane Bibliographie* nicht verzeichnet. In Berbigs *Chronik* ist der Artikel mit entsprechendem Vermerk aufgeführt (vgl. Berbig, *Fontane Chronik*, Bd. 4, S. 3047).

Bibliographie

Archivalien

Notizbücher

A 6 Fontane, Theodor, Notizbuch mit Einträgen über die Berliner Börse, Berlin, Staatsbibliothek zu Berlin – Preußischer Kulturbesitz, Handschriftenabteilung, Signatur A 6.

A 7 Fontane, Theodor, Notizbuch mit Einträgen zur Kunstsammlung des Majors von Kessel, Berlin, Staatsbibliothek zu Berlin – Preußischer Kulturbesitz, Handschriftenabteilung, Signatur A 7.

B 9 Fontane, Theodor, Notizbuch mit Einträgen zum Besuch einer Kunstausstellung, Berlin, Staatsbibliothek zu Berlin – Preußischer Kulturbesitz, Handschriftenabteilung, Signatur B 9.

E 2 Fontane, Theodor, Notizbuch mit Einträgen zum Besuch der Berliner Kunstausstellung 1864, Berlin, Staatsbibliothek zu Berlin – Preußischer Kulturbesitz, Handschriftenabteilung, Signatur E 2.

Primärliteratur

Fontane, Theodor, *Ein Sommer in London*, Katz, Dessau 1854.

[ungez.] *Shakespeare auf der modernen englischen Bühne. 1. Brief. (Heinrich VIII. im Prinzeß-Theater).* In: *Literaturblatt des Deutschen Kunstblattes* 22 (01.11.1855), S. 89–92.

[ungez.] *Shakespeare auf der modernen englischen Bühne. 2. Brief. (Richard III. im Soho-Theater).* In: *Literaturblatt des Deutschen Kunstblattes* 23 (15.11.1855), S. 93–95.

Fontane, Theodor, *Der deutsche Krieg von 1866. (Mit Illustrationen von Ludwig Burger.)*, Berlin 1870–1871; Bd. 1: *Der Feldzug in Böhmen und Mähren*, 1870; Bd. 2: *Der Feldzug in West- und Mitteldeutschland*, 1871.

[gez.: Th. F.] *Tremsen. Plattdeutsche Dichtungen von Friedrich und Karl Eggers. Breslau, Verlag von R. Hoffmann 1875.* In: *VZ* 11 (12.03.1876), Sonntagsbeilage).

[ungez.] *Nante Strump als Erzieher. Von einem Berliner. Frei nach ›Rembrandt als Erzieher‹.* In: *Deutschland. Wochenschrift für Kunst, Literatur, Wissenschaft und soziales Leben* 1/29 (19.04.1890), S. 493–494.

Fontane, Theodor, *Meine Kinderjahre. Autobiographischer Roman*, F. Fontane & Co., Berlin 1893.

Fontane, Theodor, *Von Zwanzig bis Dreißig. Autobiographisches*, F. Fontane & Co., Berlin 1898.

Fontane, Theodor, *Effi Briest, mit Steinzeichnungen von Max Liebermann*, hrsg. von Fritz Behrend, Hamburg 1926.

Fontane, Theodor, *Schriften zur Literatur*, hrsg. von Hans-Heinrich Reuter, Berlin 1960.

Fontane, Theodor, *Theodor Fontane. Aufzeichnungen zur Literatur. Ungedrucktes und Unbekanntes*, hrsg. von Hans-Heinrich Reuter, Berlin 1969.

Werkausgaben

Nymphenburger Ausgabe (NFA): Fontane, Theodor, *Sämtliche Werke*, Bd. 1–24 (mit Supplement, hrsg. von Edgar Groß, München 1959–1975.

NFA XVII Fontane, Theodor, *Aus England und Schottland*, unter Mitwirkung von Kurt Schreinert hrsg. von Charlotte Jolles, München 1963.

NFA XVIII Fontane, Theodor, *Unterwegs und wieder daheim*, gesammelt von Kurt Schreinert, fortgeführt und hrsg. von Jutta Neuendorff-Fürstenau, München 1972.

NFA XXI/1 Fontane, Theodor, *Literarische Essays und Studien. Erster Teil*, gesammelt und hrsg. von Kurt Schreinert, München 1963.

NFA XXIII/1 Fontane, Theodor, *Aufsätze zur bildenden Kunst. Erster Teil. Ausstellungsberichte 1852–1878, Kurzbiographien, Aufsätze und Aufzeichnungen über bildende Künstler 1862–1895, Buchbesprechungen 1863–1891*, gesammelt von Kurt Schreinert und Wilhelm Vogt. Fortgeführt und hrsg. von Rainer Bachmann und Edgar Groß, München 1970.

NFA XXIII/2 Fontane, Theodor, *Aufsätze zur bildenden Kunst. Zweiter Teil. Reisen nach Italien 1874–1875, Vermischte Aufsätze, Zur Kunsttheorie*, gesammelt von Kurt Schreinert und Wilhelm Vogt. Fortgeführt und hrsg. von Rainer Bachmann und Edgar Groß, München 1970.

NFA XXIV Fontane, Theodor, *Fragmente und frühe Erzählungen. Nachträge*, hrsg. von Rainer Bachmann und Peter Bramböck, München 1975.

Hanser Ausgabe (HFA): Fontane, Theodor, *Werke, Schriften und Briefe*, hrsg. von Walter Keitel und Helmuth Nürnberger, München 1962–1997.

HFA I/7 Fontane, Theodor, *Sämtliche Romane, Erzählungen, Gedichte, Nachgelassenes, Siebenter Band*, 2. Aufl., hrsg. von Walter Keitel und Helmuth Nürnberger, München 1984.

HFA III/1 Fontane, Theodor, *Aufsätze, Kritiken, Erinnerungen, Erster Band: Aufsätze und Aufzeichnungen*, hrsg. von Jürgen Kolbe, München 1969.

HFA III/2 Fontane, Theodor, *Aufsätze, Kritiken, Erinnerungen, Zweiter Teilband: Theaterkritiken*, hrsg. von Siegmar Gerndt, München 1969.

HFA III/3/1 Fontane, Theodor, *Erinnerungen, Ausgewählte Schriften und Kritiken. Dritter Band. Reiseberichte und Tagebücher. Erster Teilband Reiseberichte*, hrsg. von Helmuth Nürnberger unter Mitwirkung von Heide Streiter-Buscher, München 1975.

HFA III/3/2 Fontane, Theodor, *Erinnerungen, Ausgewählte Schriften und Kritiken. Dritter Band. Reiseberichte und Tagebücher. Zweiter Teilband Tagebücher*, hrsg. von Helmuth Nürnberger und Bernhard Zand unter Mitwirkung von Isabella Borinski und Gotthard Erler et al., München 1997.

HFA III/4 Fontane, Theodor, *Autobiographisches*, hrsg. von Walter Keitel, München 1973.

HFA III/5 Fontane, Theodor, *Zur deutschen Geschichte, Kunst und Kunstgeschichte*, hrsg. von Helmuth Nürnberger unter Mitwirkung von Christian Andree und Heide Streiter-Buscher, München 1986.

HFA IV/1 Fontane, Theodor, *Briefe. Erster Band 1833–1860*, hrsg. von Otto Drude und Helmuth Nürnberger, München 1976.

HFA IV/2 Fontane, Theodor, *Briefe. Zweiter Band 1860–1878*, hrsg. von Otto Drude und Gerhard Krause et al. unter Mitwirkung von Christian Andree und Manfred Hellge, München 1979.

HFA IV/3 Fontane, Theodor, *Briefe. Dritter Band 1879–1889*, hrsg. von Otto Drude und Manfred Hellge et al. unter Mitwirkung von Christian Andree, München 1980.

HFA IV/4 Fontane, Theodor, *Briefe. Vierter Band 1890–1898*, hrsg. von Otto Drude und Helmuth Nürnberger unter Mitwirkung von Christian Andree, München 1982.

Große Brandenburger Ausgabe (GBA)

I. Abteilung: Das erzählerische Werk, 21 Bde., Berlin 1997ff.

GBA I/1–2 Fontane, Theodor, *Vor dem Sturm*, hrsg. von Christine Hehle, GBA I, Bd. 1–2, Berlin 2011.

GBA I/4 Fontane, Theodor, *L'Adultera. Novelle*, hrsg. von Gabriele Radecke, GBA I, Bd. 4, Berlin 1998.

GBA I/5 Fontane, Theodor, *Ellernklipp. Nach einem Harzer Kirchenbuch*, hrsg. von Christine Hehle und Christina Salmen, GBA I, Bd. 5, Berlin 2012.

GBA I/6 Fontane, Theodor, *Schach von Wuthenow. Erzählung aus der Zeit des Regiments Gensdarmes*, bearb. von Katrin Seebacher, GBA I, Bd. 6, Berlin 1997.

GBA I/7 Fontane, Theodor, *Graf Petöfy. Roman*, hrsg. von Petra Kabus, GBA I, Bd. 7, Berlin 1999.

GBA I/8 Fontane, Theodor, *Unterm Birnbaum*, bearb. von Christine Hehle, GBA I, Bd. 8, Berlin 1997.

GBA I/9 Fontane, Theodor, *Cécile*, hrsg. von Hans Joachim Funke und Christine Hehle, GBA I, Bd. 9, Berlin 2000.

GBA I/10 Fontane, Theodor, *Irrungen, Wirrungen. Roman*, bearb. von Karen Bauer, GBA I, Bd. 10, Berlin 1997.

GBA I/11 Fontane, Theodor, *Stine*, hrsg. von Christine Hehle, GBA I, Bd. 11, Berlin 2000.

GBA I/14 Fontane, Theodor, *Frau Jenny Treibel oder ›Wo sich Herz zum Herzen find't‹*, hrsg. von Tobias Witt, GBA I, Bd. 14, Berlin 2005.

GBA I/15 Fontane, Theodor, *Effi Briest. Roman*, hrsg. von Christine Hehle, GBA I, Bd. 15, Berlin 1998.

GBA I/16 Fontane, Theodor, *Die Poggenpuhls*, hrsg. von Gabriele Radecke, GBA I, Bd. 16, Berlin 2006.

GBA I/17 Fontane, Theodor, *Der Stechlin*, hrsg. von Klaus-Peter Möller, GBA I, Bd. 17, Berlin 2001.

GBA I/20 Fontane, Theodor, *Mathilde Möhring*, hrsg. von Gabriele Radecke, GBA I, Bd. 20, Berlin 2008.

II. Abteilung: Gedichte, 3 Bde., 2., durchgesehene und erweiterte Aufl., Berlin [1989] 1995.

GBA II/1 Fontane, Theodor, *Gedichte (Sammlung 1898). Aus den Sammlungen ausgeschiedene Gedichte*, hrsg. von Joachim Krueger und Anita Golz, 2., durchgesehene und erweiterte Aufl., GBA II, Bd. 1, Berlin 1995.

GBA II/2 Fontane, Theodor, *Gedichte. Einzelpublikationen. Gedichte in Prosatexten. Gedichte aus dem Nachlaß*, hrsg. von Joachim Krueger und Anita Golz, 2., durchgesehene und erweiterte Aufl., GBA II, Bd. 2, Berlin 1995.

GBA II/3 Fontane, Theodor, *Gelegenheitsgedichte aus dem Nachlaß, Hamlet-Übersetzung, Dramenfragmente*, hrsg. von Joachim Krueger und Anita Golz. 2., durchgesehene und erweiterte Aufl., GBA II, Bd. 3, Berlin 1995.

III. Abteilung: Das autobiographische Werk, Berlin 2014ff., hrsg. von Gabriele Radecke und Heinrich Detering.

GBA III/3 Fontane, Theodor, *Von Zwanzig bis Dreißig. Autobiographisches*, hrsg. von der Theodor Fontane-Arbeitsstelle, kommentiert von Wolfgang Rasch, GBA III, Bd. 3, Berlin 2014.

V. Abteilung: Wanderungen durch die Mark Brandenburg, 8 Bde., Berlin 1994–1997.

GBA V/1 Fontane, Theodor, *Die Grafschaft Ruppin*, GBA V, Bd. 1, hrsg. von Gotthard Erler und Rudolf Mingau, Berlin 1997.

GBA V/2 Fontane, Theodor, *Das Oderland. Barnim-Lebus*, GBA V, Bd. 2, hrsg. von Gotthard Erler und Rudolf Mingau, 2. Aufl., Berlin 1994.

GBA V/3 Fontane, Theodor, *Havelland. Die Landschaft um Spandau, Potsdam, Brandenburg*, GBA V, Bd. 3, hrsg. von Gotthard Erler und Rudolf Mingau, 2. Aufl., Berlin 1994.

GBA V/4 Fontane, Theodor, *Spreeland. Beeskow-Storkow und Barnim-Teltow*, GBA V, Bd. 4, hrsg. von Gotthard Erler und Rudolf Mingau, 2. Aufl., Berlin 1994.

GBA V/5 Fontane, Theodor, *Fünf Schlösser. Altes und Neues aus Mark Brandenburg*, GBA V, Bd. 5, hrsg. von Gotthard Erler und Rudolf Mingau, unter Mitarbeit von Therese Erler, 2. Aufl., Berlin 1994.

GBA V/7 Fontane, Theodor, *Das Ländchen Friesack und die Bredows. Unbekannte und vergessene Geschichten aus der Mark Brandenburg II*, GBA V, Bd. 7, hrsg. von Gotthard Erler, unter Mitarbeit von Therese Erler, Berlin 1991.

XI. Abteilung: Tage- und Reisetagebücher, 3 Bde., Berlin 1994–2012.

GBA XI/1 Fontane, Theodor, *Tagebücher 1852, 1855–1858*, hrsg. von Charlotte Jolles unter Mitarbeit von Rudolf Muhs, Berlin 1994.

GBA XI/2 Fontane, Theodor, *Tagebücher 1866–1882, 1884–1898*, hrsg. von Gotthard Erler unter Mitarbeit von Therese Erler, Berlin 1994.

GBA XI/3 Fontane, Theodor, *Reisetagebücher*, hrsg. von Gotthard Erler und Christine Hehle, Berlin 2012.

XII. Abteilung: Briefe, 3 Bde., Berlin 1998.

GBA XII/1 Fontane, Theodor, *Dichterfrauen sind immer so. Der Ehebriefwechsel 1844–1857*, hrsg. von Gotthard Erler unter Mitarbeit von Therese Erler, GBA XII, Bd. 1, Berlin 1998.

GBA XII/2 Fontane, Theodor, *Geliebte Ungeduld. Der Ehebriefwechsel 1857–1871*, hrsg. von Gotthard Erler unter Mitarbeit von Therese Erler, GBA XII, Bd. 2, Berlin 1998.

GBA XII/3 Fontane, Theodor, *Die Zuneigung ist etwas Rätselvolles. Der Ehebriefwechsel 1844–1857*, hrsg. von Gotthard Erler unter Mitarbeit von Therese Erler, GBA XII, Bd. 3, Berlin 1998.

Unechte Korrespondenzen (UK)

UK I Fontane, Theodor, *Unechte Korrespondenzen 1860–1865*, hrsg. von Heide Streiter-Buscher, Berlin/New York 1995 (= Schriften der Theodor Fontane Gesellschaft, Bd. 1.1).

UK II Fontane, Theodor, *Unechte Korrespondenzen 1866–1870*, hrsg. von Heide Streiter-Buscher, Berlin/New York 1996 (= Schriften der Theodor Fontane Gesellschaft, Bd. 1.2).

Briefausgaben

Berbig, Roland (Hrsg.), *Franz Kugler und Theodor Fontane. 1. Briefe Kuglers an Fontane aus den Jahren 1850 bis 1858*. In: *Fontane Blätter* 47 (1989), S. 3–19.

Berbig, Roland (Hrsg.), *Franz Kugler und Theodor Fontane. 2. Franz Kuglers Empfehlungsschreiben an Johann Georg von Cotta und sein Gesuch an Emil Illaire.* In: *Fontane Blätter* 48 (1989), S. 3–21.

Berbig, Roland (Hrsg.), *Theodor Fontane und Friedrich Eggers. Der Briefwechsel. Mit Fontanes Briefen an Karl Eggers und der Korrespondenz von Friedrich Eggers mit Emilie Fontane*, Berlin/New York 1997 (= Schriften der Theodor Fontane Gesellschaft, Bd. 2).

Dieterle, Regina (Hrsg.), *Theodor Fontane und Martha Fontane. Ein Familienbriefnetz*, Berlin 2002 (= Schriften der Theodor Fontane Gesellschaft, Bd. 4).

Erler, Gotthard (Hrsg.), *Der Briefwechsel zwischen Theodor Fontane und Paul Heyse*, Berlin/Weimar 1972.

Hettche, Walter (Hrsg.), *Theodor Fontane. Briefe an Georg Friedlaender*, aufgrund der Edition von Kurt Schreinert und der Handschriften neu hrsg. und mit einem Nachwort versehen, Frankfurt am Main/Leipzig 1994.

Nürnberger, Helmuth (Hrsg.), *Theodor Fontanes Briefe an Hermann Kletke*, in Verbindung mit dem Deutschen Literaturarchiv Marbach a. N., München 1969.

Petersen, Julius (Hrsg.), *Theodor Fontane und Bernhard von Lepel. Ein Freundschaftsbriefwechsel*, 2 Bde., München 1940.

Pniower, Otto und Paul Schlenther (Hrsg.), *Briefe Theodor Fontanes. Zweite Sammlung. Briefe an seine Freunde*, 2 Bde., 2. Aufl., Berlin [1909] 1925.

Radecke, Gabriele (Hrsg.), *Theodor Fontane und Bernhard von Lepel. Der Briefwechsel*, Kritische Ausgabe, 2 Bde., Berlin 2006 (= Schriften der Theodor Fontane Gesellschaft, Bd. 5/1–2).

Schreinert, Kurt und Gerhard Hay (Hrsg.), *Theodor Fontane. Briefe an Wilhelm und Hans Hertz 1859–1898*, Stuttgart 1972.

Schultze, Christa (Hrsg.), *Theodor Fontanes Briefe an Ludwig Pietsch*. In: *Fontane Blätter* 2 (1969), S. 10–59.

Schultze, Christa (Hrsg.), *Theodor Fontanes Briefwechsel mit Wilhelm Wolfsohn*, Berlin/Weimar 1988.

Sekundärliteratur

Adorno, Theodor W. und Hans Mayer, *Über Spätstil in Musik und Literatur. Ein Rundfunkgespräch*, hrsg. von Rolf Tiedemann, München 2001, S. 135–145.

Andree, Rolf (Hrsg.), *Arnold Böcklin. Die Gemälde*, 2. ergänzte und überarbeitete Aufl., Basel/München 1998.

Arburg, Hans-Georg von, *Kunst-Wissenschaft um 1800. Studien zu Georg Christoph Lichtenbergs Hogarth-Kommentaren*, Göttingen 1998 (= Lichtenberg-Studien, Bd. 11).

Ath., *Zeitung. London*. In: *DKB* 13 (31.03.1851), S. 104.

Aust, Hugo, *Literatur- und Kunstkritik*. In: Christian Grawe und Helmuth Nürnberger (Hrsg.), *Fontane-Handbuch*, Stuttgart 2000, S. 878–888.

Avery-Quash, Susanna und Julie Sheldon, *Art for the Nation. The Eastlakes and the Victorian Art World*, London 2011.

Bader, Lena, *Bild-Prozesse im 19. Jahrhundert. Der Holbein-Streit und die Ursprünge der Kunstgeschichte*, Paderborn 2013.

Barthes, Roland, *L'effet de reel*. In: *Communications* 11 (1968), S. 84–89.

Baudelaire, Charles, *Curiosités esthétiques. L'Art romantique et autres œuvres critiques*, hrsg. von Henri Lemaitre, Paris 1962.

Becker, Sabina, *Bürgerlicher Realismus: Literatur und Kultur im bürgerlichen Zeitalter 1848–1900*, Tübingen/Basel 2003.

Begemann, Christian (Hrsg.), *Realismus. Epoche – Autoren – Werke. Einleitung*, Darmstadt 2007.

Belting, Hans, *Das unsichtbare Meisterwerk. Die modernen Mythen der Kunst*, München 1998.

Berbig, Roland, *»der Typus eines Geschichten-machers«. Gustav Friedrich Waagen und Theodor Fontane in England*. In: Peter Alter und Rudolf Muhs (Hrsg.), *Exilanten und andere Deutsche*, Stuttgart 1996, S. 120–141.

Berbig, Roland und Wulf Wülfing, *Art. Rütli [II] (Berlin)*. In: Wulf Wülfing, Karin Bruns et al. (Hrsg.), *Handbuch literarisch-kultureller Vereine, Gruppen und Bünde 1825–1933*, Stuttgart/Weimar 1997, S. 394–406.

Berbig, Roland, *Fontane und das ›Rütli‹ als Beiträger des Literarischen Centralblattes. Mit einem unveröffentlichten Brief an Friedrich Zarncke und bislang unbekannten Rezensionen Fontanes aus dem Jahr 1853*. In: *Fontane Blätter* 62 (1996), S. 5–26.

Berbig, Roland, *Theodor Fontane im literarischen Leben. Zeitungen und Zeitschriften, Verlage und Vereine*, Berlin/New York 2000.

Berbig, Roland, *Gruppierungen, Vereine, Institutionen und Geselligkeit*. In: Christian Grawe und Helmuth Nürnberger, *Fontane-Handbuch*, Stuttgart 2000, S. 255–280.

Berbig, Roland, *Theodor Fontane Chronik*, 5 Bde., Berlin 2010.

Berbig, Roland, *Das königlich-kaiserliche Berlin des Rütlionen Theodor Fontane*. In: Roland Berbig, Ivan-M. D'Aprile et al. (Hrsg.), *Berlins 19. Jahrhundert. Ein Metropolen-Kompendium*, Berlin 2011, S. 203–214.

Bickendorf, Gabriele, *Deutsche Kunst und deutsche Kunstgeschichte. Von Winckelmann bis zur Berliner Schule*. In: Thomas Schilp und Barbara Welzel (Hrsg.), *Dortmund und Conrad von Soest im spätmittelalterlichen Europa*, Bielefeld 2004, S. 29–44.

Bickendorf, Gabriele, *›Die Berliner Schule‹*. In: Ulrich Pfisterer (Hrsg.), *Klassiker der Kunstgeschichte 1: Von Winckelmann bis Warburg*, München 2007, S. 46–61.

Blomberg, Hugo von, *Der Teufel und seine Gesellen in der bildenden Kunst*, Berlin 1867.

Bock, Hennig, *Gemäldegalerie Berlin. Staatliche Museen zu Berlin. Preußischer Kulturbesitz*, Antwerpen 1997 (= Museen, Schlösser und Denkmäler in Deutschland, hrsg. von Thomas W. Gaehtgens).

Börsch-Supan, Helmut, *Die bildende Kunst im Spiegel von Theodor Fontanes ›Wanderungen durch die Mark Brandenburg‹*. In: Sibylle Badstübner-Gröger (Hrsg.), *Schlösser, Herrenhäuser, Burgen und Gärten in Brandenburg und Berlin. Festschrift zum zwanzigjährigen Jubiläum des ›Freundeskreises Schlösser und Gärten der Mark in der Deutschen Gesellschaft e.V.‹*, Berlin 2012, S. 212–221.

Bogner, Ralf Georg, *Der Zeitungs-Nachruf oder das Fortleben von Leichenpredigt und Epicedium im Feuilleton*. In: Kai Kauffmann und Erhard Schütz (Hrsg.), *Die lange Geschichte der Kleinen Form. Beiträge zur Feuilletonforschung*, Berlin 2000, S. 212–228.

Brachvogel, Albert Emil, *[Rezension Wanderungen]*. In: *Wochenblatt der Johanniter-Ordens-Balley Brandenburg* 50 (11.12.1861), S. 266 (recte 232), wiederabgedr. in: Fischer, *Märkische Bilder*, S. 134.

Braun, E., *›Es giebt so wenig eine Universalkunst wie eine Universalsprache; jeder Kunstausdruck ist national‹*. In: *DKB* 6 (11.02.1850), S. 41–42.

Braun, Dr. E., *Aller Kunstgeschmack ist einseitig und braucht sich seiner Beschränktheit nicht zu schämen*. In: *DKB* 10 (11.03.1850), S. 73–74.

Bringmann, Michael, *Die Kunstkritik als Faktor der Ideen- und Geistesgeschichte. Ein Beitrag zum Thema »Kunst und Öffentlichkeit« im 19. Jahrhundert*. In: Ekkehard Mai und Stephan Waetzoldt et al. (Hrsg.), *Ideengeschichte und Kunstwissenschaft, Philosophie und bildende Kunst im Kaiserreich*, Berlin 1983 (= Kunst, Kultur und Politik im deutschen Kaiserreich, Bd. 3), S. 253–278.

Brinkmann, Richard, *Der angehaltene Moment. Requisiten – Genre – Tableau bei Fontane*. In: *Deutsche Vierteljahrsschrift für Literaturwissenschaft und Geistesgeschichte* 53 (1979), S. 429–462.

Burckhardt, Jacob, *›Geschichte der bildenden Künste bei den christlichen Völkern‹ [Rezension]*. In: *Kölnische Zeitung*, 09.09.1845, Beilage.

Burckhardt, Jacob, *Weltgeschichtliche Betrachtungen [über geschichtliches Studium]*. In: *Historisch-kritische Gesamtausgabe*, mit einer Einleitung und textkritischem Anhang von Rudolf Stadelmann, Tübingen 1949.

Burckhardt, Jacob, *Art. Schnaase*. In: *Allgemeine deutsche Real-Enzyklopädie für die gebildeten Stände. Conversations-Lexikon (Brockhaus)*, Bd. 12, Leipzig [9]1847, S. 714–715.

Burckhardt, Jacob, *Die Zeit Constantin's des Großen*, Basel 1853.

Burckhardt, Jacob, *Die Kultur der Renaissance in Italien. Ein Versuch*, Basel 1860.

Burckhardt, Jakob, *Der Cicerone. Eine Anleitung zum Genuss der Kunstwerke Italiens*, Neudruck der Urausgabe, Stuttgart [3]1953.

Burger, Ludwig, *Zu den Illustrationen*. In: Theodor Fontane, *Der deutsche Krieg von 1866*, 2. Halbband, Berlin 1871, S. 724.

Busch, Werner, *Die notwendige Arabeske. Wirklichkeitsaneignung und Stilisierung in der deutschen Kunst des 19. Jahrhunderts*, Berlin 1985.

Busch, Werner, *Adolph Menzel. Leben und Werk*, München 2004.

Carbonneau, Jean Baptiste Charles, *The Art-Treasures Examiner. A Pictorial, Critical, and Historical Record of the Art-Treasures Exhibition, at Manchester, in 1857. Illustrated by Upwards of 150 Engravings of Wood*, Manchester/London 1857.

Cepl, Jasper, *Richard Lucae and the Aesthetics of Space in the Age of Iron*. In: Paul Dobraszczyk und Peter Sealy (Hrsg.), *Function and Fantasy: Iron Architecture in the Long Nineteenth Century*, London 2016, S. 91–109.

Chambers, Helen, *Theodor Fontanes Erzählwerk im Spiegel der Kritik. 120 Jahre Fontane-Rezeption*, Würzburg 2003.

Cusack, Andrew, *›Civibus aevi futuri‹: Geschichtsschreibung als Panorama in Fontanes ›Wanderungen durch die Mark Brandenburg‹*. In: Patricia Howe (Hrsg.), *Theodor Fontane. Dichter des Übergangs. Beiträge zur Frühjahrstagung der Theodor Fontane Gesellschaft 2010*, Würzburg 2013 (= Fontaneana, Bd. 10), S. 165–182.

D., E., *Theodor Fontane und die Bildhauer. Eine Umfrage*. In: *Berliner Lokal-Anzeiger* 313 (23.06.1907), 2. Beiblatt.

Danko, Dagmar, *Kunstsoziologie*, Bielefeld 2012.

Delf von Wolzogen, Hanna und Itta Shedletzky (Hrsg.), *Theodor Fontane und Wilhelm Wolfsohn – eine interkulturelle Beziehung*, Tübingen 2006 (= Schriftenreihe wissenschaftliche Abhandlungen des Leo-Baeck-Instituts).

Deutscher Verein für Kunstwissenschaft (Hrsg.), *Karl Blechen. Leben, Würdigung, Werk*, Berlin 1940 (= Denkmäler deutscher Kunst).

Diderot, Denis, *Salon de 1763*. In: Ders., *Arts et lettres (1739–1766). Critique I*, hrsg. von Jacques Chouillet, Jean Garagnon et al., Paris 1980 (= Œuvres complètes de Diderot, Bd. XIII), S. 333–415.

Diderot, Denis, *Salon de 1765. Essais sur la peinture. Beaux-Arts I*, hrsg. von Else Marie Bukdahl, Annette Lorenceau et al., Paris 1984 (= Œuvres complètes de Diderot, Bd. XIV), S. 28–332.

Didi-Hubermann, Georges, Ähnlichkeit und Berührung. Archäologie, Anachronismus und M*odernität des Abdrucks*, Köln 1999.

Dieterle, Regina, *Fontane und Böcklin. Eine Recherche*. In: Hanna Delf von Wolzogen (Hrsg.), *Theodor Fontane. Am Ende des Jahrhunderts, Bd. 1: Der Preuße, die Juden, das Nationale*, Würzburg 2000, S. 269–283.

Dresdner, Albert, *Die Entstehung der Kunstkritik im Zusammenhang der Geschichte des europäischen Kunstlebens. Mit einem Nachwort von Lothar Müller*, Dresden [1915] 2001.

Eberle, Matthias, *Max Liebermann 1847–1935. Werkverzeichnis der Gemälde und Ölstudien*, 2 Bde., München 1995.

Eggers, Friedrich, *Von der erziehenden Macht der Kunst auf die Jugend*, Rostock 1848 [als Dissertation: *Die Kunst als Erziehungsmittel für die Jugend*, eingereicht und angenommen von der Philosophischen Fakultät der Universität Rostock].

Eggers, Friedrich (Hrsg.), *Deutsches Kunstblatt. Zeitschrift für bildende Kunst, Baukunst und Kunsthandwerk. Organ der deutschen Kunstvereine* 1 (1850)–9 (1858).

Eggers, Friedrich, *Johann Gottfried Schadow und seine Werke*. In: *DKB* 11 (18.03.1850), S. 81–83; 12 (25.03.1850), S. 89–91; 13 (01.04.1850), S. 97–98.

Eggers, Friedrich, *Über die zweckmässige Anordnung und Aufstellung der Bilder bei Kunstausstellungen*. In: *DKB* 39 (30.09.1850), S. 305–306.

Eggers, Friedrich, *Die Zugänglichkeit der Museen*. In: *DKB* 4 (27.01.1851), S. 25–26.

Eggers, Friedrich, *Das Denkmal Friedrich's des Grossen von Chr. Rauch*. In: *DKB* 22 (31.05.1851), S. 170–173.

Eggers, Friedrich, *Die Enthüllungsfeier des Denkmals Friedrichs des Grossen*. In: *DKB* 23 (07.06.1851), S. 177–178.

Eggers, Friedrich, *Denkschrift über eine Gesammt-Organisation der Kunst-Angelegenheiten*. In: *DKB* 29 (19.07.1851), S. 225ff.

Eggers, Friedrich, *Ueber Stoffe für Genre- und Landschaftsmaler*. In: *DKB* 13 (27.03.1852), S. 107–108.

Eggers, Friedrich, *Die diesjährige Berliner Kunstausstellung. [Fortsetzung]*. In: *DKB* 44 (30.10.1852), S. 373–377.

Eggers, Friedrich, *Holzschnitte: ›Der Tod als Freund.‹ ›Der Tod als Erwürger‹ (erstes Auftreten der Cholera auf einem Maskenball in Paris 1831)*. Zwei Holzschnitte, gezeichnet von Alfred Rethel, in Holz geschnitten von Jungtow und Steinbrecher, Düsseldorf, Ed. Schulte (Buddeus'sche Sortim.-Buchh.). In: *DKB* 9 (26.02.1853), S. 78–79.

Eggers, Friedrich, *Künstler und Werkstätten. Wilhelm Wolff*. In: *DKB* 7 (24.04.1856), S. 143–146.

Eggers, Friedrich, *Die plastische Anstalt und Gipsgiesserei von G. Eichler in Berlin*. In: *DKB* 28 (24.07.1856), S. 267–270.

Eggers, Friedrich, *Zeitung. Berlin*. In: *DKB* 47 (20.11.1856), S. 414.

Eggers, Friedrich, Theodor Fontane et al. (Hrsg.), *Argo. Album für Kunst und Dichtung*, Breslau 1857–1860.

Eggers, Friedrich, *Wochenzettel*, 22.09.1860, AHSR NL Eggers, Sign. 1.4.7.33, Bl. 192.

Eggers, Friedrich, *Franz Theodor Kugler. Eine Lebensskizze*. In: *Handbuch der Geschichte der Malerei seit Konstantin dem Großen von Franz Kugler*, Leipzig [3]1867, S. 1–34.

Eggers, Friedrich, *Vier Vorträge aus der neueren Kunstgeschichte. [Jacob Asmus Carstens, Ueber Thorwaldsen, Erinnerung an Schinkel, Rauch und die neuere Bildhauerei]*, Berlin 1867.

Eggers, Friedrich, *Wochenzettel*, 23.20.1870, AHSR NL Eggers, Sig. 1.4.7.39.

Eggers, Karl, *Reisebemerkungen in Tirol. (Mit Abbildungen)*. In: *DKB* 9 (April 1858), S. 95–96, 137–138, 157–158.

Eggers, Karl, *Pinacoteca veneta, da Francesco Zanotto. Fasciolo I. [Besprechung]*. In: *DKB* 9 (April 1858), S. 169.

Eggers, Karl, *Kunsthistorische Wanderungen in und um Meran. Vortrag in der Sitzung der Section Meran des deutschen und österreichischen Alpenvereins am 13.12.1878*, Peterswaldau 1879.

Eggers, Karl, *Johann Gottfried Schadow und Christian Daniel Rauch* (= Kunst und Künstler des 19. Jahrhunderts), Leipzig 1882.

Eggers, Karl (Hrsg.), *Rauch und Goethe. Urkundliche Mittheilungen von Karl Eggers*, Berlin 1889.

Eisele, Ulf, *Der Dichter und sein Detektiv. Raabes ›Stopfkuchen‹ und die Frage des Realismus*, Tübingen 1979.

Erffa, Helmut von und Allen Staley, *The Paintings of Benjamin West*, New Haven/London 1986.

Ettlinger, Josef, *Die Fontane-Feier*. In: *Tägliche Rundschau*, Unterhaltungs-Beilage, 10.06.1907.

Ewert, Michael, *Lebenswege. Formen biographischen Erzählens in Fontanes Wanderungen durch die Mark Brandenburg*. In: Roland Berbig (Hrsg.), *Fontane als Biograph*, Berlin/New York (= Schriften der Theodor Fontane Gesellschaft, Bd. 7), S. 95–114.

Feist, Peter H., »… das bittere Kraut ›muss‹«. *Menzel und die Kunstverhältnisse seiner Zeit*. In: *Jahrbuch der Berliner Museen* 41 (1999), S. 65–68.

Fineman, Joel, *The History of the Anecdote. Fiction and Fiction*. In: Harold Veeser (Hrsg.), *The New Historicism*, New York 1989, S. 49–76.

Finke, Ulrich, *›… ein Musterungsplatz für die gesamte moderne Kunst‹. Die Art Treasures Exhibition in Manchester*. In: Claude Keisch, Peter-Klaus Schuster et al. (Hrsg.), *Fontane und die bildende Kunst*, Berlin 1998, S. 292–302.

Fischer, Hubertus, *Märkische Bilder. Ein Versuch über Fontanes Wanderungen durch die Mark Brandenburg, ihre Bilder und ihre Bildlichkeit*. In: *Fontane Blätter* 60 (1995), S. 117–143.

Fischer, Hubertus (Hrsg.), *›so ziemlich meine schlechteste Lebenszeit.‹ Unveröffentlichte Briefe an und von Theodor Fontane aus der Akademiezeit*. In: *Fontane Blätter* 63 (1997), S. 26–47.

Fischer, Hubertus, ›*Männer der Zeit*‹. *Fontanes biographische Artikel für Carl B. Lorck*. In: Roland Berbig (Hrsg.), *Fontane als Biograph*, Berlin/New York 2010 (= Schriften der Theodor Fontane Gesellschaft, Bd. 7), S. 187–204.

Fischer, Hubertus, ›*Denkmal Albrecht Thaer's zu Berlin [...] Mit Text von Th. Fontane*‹ *[1862]. Von den Tücken im Umgang mit Fontane-Texten oder Ein Buch und seine Folgen*. In: *Jahrbuch für die Geschichte Mittel- und Ostdeutschlands* 57 (2011), S. 87–124.

Förster, Ernst, *Handbuch für Reisende in Italien. Vierte verbesserte und vermehrte Auflage. Mit einem Wegweiser für Leidende von Dr. Rudolph Wagner. Mit vielen Karten und Plänen*, München 1848.

Förster, Ernst, *Geschichte der italienischen Kunst*, 5 Bde., 1869–1875.

Förster, Ernst, *Denkmale italienischer Malerei*, 4 Bde., 1870–1882.

Frei-Gerlach, Franziska, *Die Macht der Körnlein. Stifters Sandformationen zwischen Materialität und Signifikation*. In: Sabine Schneider und Barbara Hunfeld (Hrsg.), *Die Dinge und die Zeichen. Dimensionen des Realistischen in der Erzählliteratur des 19. Jahrhunderts*, Würzburg 2008, S. 109–122.

Fricke, Hermann, *Nicht auf Kosten des Lebens. Theodor Fontane als passionierter Kunstschriftsteller*. In: *Der Bär von Berlin* 25 (1976), S. 53–70.

Fricke, Hermann, *Theodor Fontane. Chronik seines Lebens*, Berlin 1960.

Gaehtgens, Barbara, *Die Genremalerei*, Berlin 2002 (= Geschichte der klassischen Bildgattungen in Quellentexten und Kommentaren, Bd. 4).

Gaehtgens, Thomas W., *Anton von Werner. Die Proklamierung des Deutschen Kaiserreiches. Ein Historienbild im Wandel preußischer Politik*, Frankfurt am Main 1990.

Gaehtgens, Thomas W. und Ulrich Fleckner (Hrsg.), *Historienmalerei*, Berlin 1996 (= Geschichte der klassischen Bildgattungen in Quellentexten und Kommentaren, Bd. 1).

Generaldirektion Stiftung SPSG (Hrsg.), *Friederisiko. Friedrich der Grosse. Die Essays* [Katalog der Ausstellung: Friederisiko. Friedrich der Große, Potsdam, Neues Palais und Park Sanssouci, 28.04.–28.10.2012], München 2012.

Goethe, Johann Wolfgang, *Flüchtige Übersicht über die Kunst in Deutschland*. In: *Propyläen* 3 (1800), S. 165–169.

Goethe, Johann Wolfgang, *Faust I*. In: Ders., *Sämtliche Werke. Faust. Texte*, hrsg. von Albrecht Schöne, Abt. 1, Bd. 7/1, Frankfurt am Main 1994.

Goethe, Johann Wolfgang, ›*Dresdner Galerie*‹. In: Ders., *Sämtliche Werke. Ästhetische Schriften 1771–1805*, hrsg. von Friedmar Apel, Frankfurt am Main 1998, Abt. 1, Bd. 18, S. 288–310.

Goethe, Johann Wolfgang und Friedrich Schiller, *Über den Dilettantismus. Entwurf zu einer Abhandlung*. In: Ders., *Sämtliche Werke. Ästhetische Schriften 1806–1815*, Abt. 1, Bd. 19, hrsg. von Friedmar Apel, Frankfurt am Main 1998, S. 778–780.

Gombrich, Ernst Hans, *The Preference for the Primitive*, London 2002.

Graevenitz, Gerhart von, *Theodor Fontane. Ängstliche Moderne. Über das Imaginäre*, Konstanz 2014.

Greif, Stefan, *Tunnelfahrt mit Lichtblick. Fontanes anekdotische Künstlerbiographien*. In: *Fontane Blätter* 65–66 (1998), S. 285–299.

Gretz, Daniela (Hrsg.), *Medialer Realismus*, Freiburg im Breisgau/Berlin et al. 2011 (= Rombach Wissenschaften, Reihe Litterae, Bd. 145).

Grevel, Lieselotte, *Fontane in Italien*. In: *Germanisch-Romanische Monatsschrift*, Neue Folge, Bd. 36, Heidelberg 1986, S. 415–416.

Grevel, Lieselotte, *Italien in der Prosa Fontanes: Vom (post-)romantischen zum zeitkritischen Bild des Landes in Fontanes Romanen*. In: Hubertus Fischer und Domenico Mugnolo (Hrsg.), *Fontane und Italien*, Würzburg 2011, S. 101–115.

Günter, Manuela, *Realismus in Medien. Zu Fontanes Frauenromanen*. In: Daniela Gretz (Hrsg.), *Medialer Realismus*, Freiburg im Breisgau/Berlin et al. 2011 (= Rombach Wissenschaften, Reihe Litterae, Bd. 145), S. 168–190.

Guthke, Karl Siegfried, *Fontanes ›Finessen‹. ›Kunst‹ oder ›Künstelei‹?* In: *Jahrbuch der deutschen Schillergesellschaft* 26 (1982), S. 235–261.

Habermas, Jürgen, *Strukturwandel der Öffentlichkeit. Untersuchungen zu einer Kategorie der bürgerlichen Gesellschaft*, 2., durchgesehene Aufl., Frankfurt am Main [1962] 1965.

Happ, Julia Stephanie, *›Die Décadence ist (wieder) da‹. Fontane und die literarische Dekadenz im deutschsprachigen ›Fin de siècle‹*. In: Patricia Howe (Hrsg.), *Theodor Fontane. Dichter des Übergangs. Beiträge zur Frühjahrstagung der Theodor Fontane Gesellschaft 2010*, Würzburg 2013 (= Fontaneana, Bd. 10), S. 123–146.

Hardtwig, Wolfgang, *Kugler, Menzel und das Bild Friedrichs des Großen*. In: *Jahrbuch der Berliner Museen* 41 (1999), Beiheft, S. 215–232.

Haus, Andreas, *Turner im Urteil der deutschen Kunstliteratur*. In: Hennig Bock und Ursula Prinz (Hrsg.), *J.M.W. Turner. Der Maler des Lichts* [Katalog der Ausstellung: J. M. W. Turner: Gemälde, Aquarelle, Berlin, Nationalgalerie, Staatliche Museen zu Berlin und Neuer Berliner Kunstverein, 15.09.–06.11.1972], Berlin 1972, S. 95–107.

Hebekus, Uwe, *Ästhetische Ermächtigung. Zum politischen Ort der Literatur im Zeitraum der Klassischen Moderne*, München 2009.

Heimann, Regelind, *Wilhelm Gentz (1822–1890). Ein Protagonist der deutschen Orientmalerei zwischen realistischer Anschauung und poesievoller Erzählkunst. Mit einem Verzeichnis der Ölgemälde, -skizzen und -studien*, Berlin 2011.

Helmstetter, Rudolf, *Verlorene Dinge, die Poesie der Siebensachen und der Realismus der Requisiten (Gottfried Keller, Aaron Bernstein, Theodor Fontane)*. In: Christiane Holm und Günter Oesterle (Hrsg.), *Schläft ein Lied in allen Dingen? Romantische Dingpoetik*, Würzburg 2011 (= Stiftung für Romantikforschung, Bd. 54), S. 213–239.

Helmstetter, Rudolf, *Medialer (und medealer) Realismus oder Die Schwierigkeiten des Zentaurs beim aufs Pferd steigen (›Realité oblige‹)*. In: Daniela Gretz (Hrsg.), *Medialer Realismus*, Freiburg im Breisgau/Berlin et al. 2011 (= Rombach Wissenschaften, Reihe Litterae, Bd. 145), S. 17–62.

Hess, Günter, *Die Bilder des grünen Heinrich. Gottfried Kellers poetische Malerei*. In: Gottfried Boehm und Helmut Pfotenhauer (Hrsg.), *Beschreibungskunst – Kunstbeschreibung. Ekphrasis von der Antike bis zur Gegenwart*, München 1995, S. 373–395.

Hillenbrand, Rainer (Hrsg.), *Franz Kuglers Briefe an Emanuel Geibel*, Frankfurt am Main 2001.

Höcker, Christoph, *Jacob Burckhardts ›Cicerone‹ – Der Kunstreiseführer einst und heute*. In: Peter Betthausen und Max Kunze (Hrsg.), *Jacob Burckhardt und die Antike*, Mainz 1998 (= Kulturgeschichte der antiken Welt, Bd. 85), S. 117–129.

Hoffmann, Nora, *Photographie, Malerei und visuelle Wahrnehmung bei Theodor Fontane*, Berlin/Boston 2011.

Hoffmann, Nora, *Weitblick, Künstlerauge und Spektralanalyse. Malerei- und photographieanaloge Wahrnehmungsweisen in Theodor Fontanes ›Cécile‹*. In: Patricia Howe (Hrsg.), *Theodor Fontane. Dichter des Übergangs. Beiträge zur Frühjahrstagung der Theodor Fontane Gesellschaft 2010*, Würzburg 2013 (= Fontaneana, Bd. 10), S. 183–200.

Howe, Patricia (Hrsg.), *Theodor Fontane – Dichter des Übergangs. Beiträge zur Frühjahrstagung der Theodor Fontane Gesellschaft 2010* (= Fontaneana, Bd. 10), Würzburg 2013.

Howoldt, Jenns E., *Max Liebermann und Adolph Menzel – Dialog und Konflikt*. In: *Jahrbuch der Berliner Museen* 41 (1999), S. 289–293.

Humfrey, Peter (Hrsg.), *Titian. The Complete Paintings*, Antwerpen 2007.

Hunfeld, Barbara, *Zeichen als Dinge bei Stifter, Keller und Raabe. Ironisierung von Repräsentation als Selbstkritik des Realismus*. In: Sabine Schneider und Barbara Hunfeld (Hrsg.), *Die Dinge und die Zeichen. Dimensionen des Realistischen in der Erzählliteratur des 19. Jahrhunderts*, Würzburg 2008, S. 123–142.

Jäger, Georg, *Der Realismusbegriff in der Kunstkritik*. In: *Realismus und Gründerzeit. Manifeste und Dokumente zur deutschen Literatur 1848–1880*, Bd. 1, Stuttgart 1976, S. 9–31.

Jolles, Charlotte, *Fontanes Studien über England*. In: Erich Teitge und Joachim Schobeß (Hrsg.), *Fontanes Realismus. Wissenschaftliche Konferenz zum 150. Geburtstag Fontanes in Potsdam. Vorträge und Berichte*, Berlin 1972, S. 95–104.

Jones, Stephen, Christopher Newall et al. (Hrsg.), *Frederic Lord Leighton. Eminent Victorian Artist* [Katalog der Ausstellung: Frederic Lord Leighton 1830–1896, London, Royal Academy of Arts, 15.02.–21.04.1996], New York 1996.

Jost, Erdmut, *Das poetische Auge. Visuelle Programmatik in Theodor Fontanes Landschaftsbildern aus Schottland und der Mark Brandenburg*. In: Hanna Delf von Wolzogen (Hrsg.), *Fontanes Wanderungen durch die Mark Brandenburg im Kontext der europäischen Reiseliteratur*, Würzburg 2003 (= Fontaneana, Bd. 1), S. 63–80.

Jung, Winfried, *Bildergespräche. Zur Funktion von Kunst und Kultur in Theodor Fontanes ›L'Adultera‹*, Stuttgart 1991.

Kafiz, Dieter, *Theodor Fontanes Roman ›Der Stechlin‹ aus der Perspektive des Décadence-Diskurses der 90er Jahre des 19. Jahrhunderts*. In: Gabriele Radecke (Hrsg.), *›Die Décadence ist da‹. Theodor Fontane und die Literatur der Jahrhundertwende. Beiträge zur Frühjahrstagung der Theodor Fontane Gesellschaft vom 24. bis 26. Mai 2001 in München*, Würzburg 2002, S. 9–32.

Karge, Henrik, *Poesie und Wissenschaft. Fontane und die Kunstgeschichte*. In: Claude Keisch und Peter-Klaus Schuster et al. (Hrsg.), *Fontane und die bildende Kunst*, Berlin 1998, S. 267–278.

Karge, Henrik, *Kunst als kulturelles System – Karl Schnaase und Jacob Burckhardt*. In: Peter Betthausen und Max Kunze (Hrsg.), *Jacob Burckhardt und die Antike*, Mainz 1998 (= Kulturgeschichte der antiken Welt, Bd. 85), S. 139–159.

Karge, Henrik, *Projecting the Future in German Art Historiography of the Nineteenth Century: Franz Kugler, Karl Schnaase, and Gottfried Semper*. In: *Journal of Art Historiography* 9 (2013), S. 1–26 (Online Journal).

Kauffmann, Kai, *Zur derzeitigen Situation der Feuilleton-Forschung*. In: Ders. und Erhard Schütz (Hrsg.), *Die lange Geschichte der Kleinen Form. Beiträge zur Feuilletonforschung*, Berlin 2000, S. 10–24.

Keisch, Claude und Marie Ursula Riemann-Reyher (Hrsg.), *Adolph Menzel 1815–1905. Das Labyrinth der Wirklichkeit* [Katalog der Ausstellung: Adolph Menzel 1815–1905.

Das Labyrinth der Wirklichkeit, Paris, Musée d'Orsay, 15.04.–28.07.1996; Washington, Gallery of Art, 15.09.1996–05.01.1997; Berlin, Nationalgalerie im Alten Museum, 15.04.–28.07.1996], Köln 1996.

Keisch, Claude, Peter-Klaus Schuster et al. (Hrsg.), *Fontane und die bildende Kunst* [Katalog der Ausstellung: Theodor Fontane und die bildende Kunst, Berlin, Nationalgalerie am Kulturforum, 04.09.–29.11.1998], Berlin 1998.

Keisch, Claude, *›Ja, wer ist Menzel?‹*. In: Claude Keisch, Peter-Klaus Schuster et al. (Hrsg.), *Fontane und die bildende Kunst*, Berlin 1998, S. 200–201.

Keisch, Claude, *Aus der Werkstatt des Kunstkritikers. Fontanes Notizen aus Berliner Kunstausstellungen*. In: Claude Keisch, Peter-Klaus Schuster et al. (Hrsg.), *Fontane und die bildende Kunst*, Berlin 1998, S. 279–291.

Kernmayer, Hildegard, *Sprachspiel nach besonderen Regeln. Zur Gattungspoetik des Feuilletons*. In: *Zeitschrift für Germanistik* XXII/3 (2012), S. 509–523.

Kernmayer, Hildegard, Barbara von Reibnitz et al., *Perspektiven der Feuilletonforschung*. In: *Zeitschrift für Germanistik* XXII/3 (2012), S. 494–508.

Kittelmann, Jana, *Fontanes Berichte aus England im Kontext des zeitgenössischen Kunst- und Reisefeuilletons*. In: Patricia Howe (Hrsg.), *Theodor Fontane. Dichter des Übergangs. Beiträge zur Frühjahrstagung der Theodor Fontane Gesellschaft 2010*, Würzburg 2013 (= Fontaneana, Bd. 10), S. 147–164.

Kitzbichler, Josefine, *›Die Macht des Stils‹. Beobachtungen zu Fontanes biographischen Lektüren*. In: Roland Berbig (Hrsg.), *Fontane als Biograph*, Berlin/New York 2010 (= Schriften der Theodor Fontane Gesellschaft, Bd. 7), S. 205–227.

Köster, Gabriele, *Das Tintoretto-Bild Burckhardts und Ruskins*. In: Hildegard Wiegel (Hrsg.), *Italiensehnsucht. Kunsthistorische Aspekte eines Topos*, München 2004 (= Münchener Universitätsschriften des Instituts für Kunstgeschichte, Bd. 3), S. 143–159.

Kohle, Hubertus, *Adolph Menzel als Kunsttheoretiker*. In: *Jahrbuch der Berliner Museen* 41 (1999), Beiheft, S. 181–190.

Kohle, Hubertus, *Adolph Menzels Friedrich. Eine Apologie historischer Größe?* In: Generaldirektion Stiftung SPSG (Hrsg.), *Friederisiko. Friedrich der Grosse. Die Essays* [Katalog der Ausstellung: Friederisiko. Friedrich der Große, Potsdam, Neues Palais und Park Sanssouci, 28.04.–28.10.2012], München 2012, S. 272–283.

Krieger, Murray, *Das Problem der Ekphrasis. Wort und Bild, Raum und Zeit – und das literarische Werk*. In: Gottfried Boehm und Helmut Pfotenhauer (Hrsg.), *Beschreibungskunst – Kunstbeschreibung. Ekphrasis von der Antike bis zur Gegenwart*, München 1995, S. 41–57.

Krings, Dorothee, *Theodor Fontane als Journalist. Selbstverständnis und Werk*, Köln 2008.

Kurth-Voigt, Lieselotte E., *Briefe Theodor Fontanes an Ludwig Pietsch*. In: *Jahrbuch der deutschen Schillergesellschaft* 21 (1977), S. 31–87.

Kugler, Franz, *Architektonische Denkmäler der Altmark Brandenburg in malerischen Ansichten*, Berlin 1833.

Kugler, Franz, *Ueber die älteren Kirchen Stettins*. In: Ders., *Baltische Studien* 2/1, Stettin 1833.

Kugler, Franz, *Ueber die Polychromie der griechischen Architektur and Sculptur und ihre Grenzen*, Berlin 1835.

Kugler, Franz, *Handbuch der Geschichte der Malerei von Constantin dem Großen bis auf die neuere Zeit*, Leipzig 1837.

Kugler, Franz, *Beschreibung der Kunstschätze von Berlin und Potsdam*, Berlin 1838.

Kugler, Franz, *Pommersche Kunstgeschichte. Nach den erhaltenen Monumenten dargestellt von Dr. F. Kugler*, Stettin 1840.

Kugler, Franz, *Gedichte*, Stuttgart/Tübingen 1840.

Kugler, Franz, *Handbuch der Kunstgeschichte*, Stuttgart 1842.

Kugler, Franz, *Karl Friedrich Schinkel. Eine Charakteristik seiner künstlerischen Wirksamkeit*, Berlin 1842.

Kugler, Franz, *Sendschreiben an Herrn Dr. Ernst Förster in München über die beiden Bilder von Gallait und de Biefve*. In: *Kunstblatt (zum Morgenblatt für gebildete Stände)* 58 (20.07.1843), S. 241–243, 246–248.

Kugler, Franz, *Zur Kunde und zur Erhaltung der Denkmäler*. In: *DKB* 12 (25.03.1850), S. 93–94.

Kugler, Franz, *Archiv für Niedersachsens Kunstgeschichte. Eine Darstellung mittelalterlicher Kunstwerke in Niedersachsen und nächster Umgebung, bearbeitet und herausgegeben von H. Wilh. H. Mithoff.* In: *DKB* 15 (15.04.1850), S. 114–115.

Kugler, Franz, *Kleine Schriften und Studien zur Kunstgeschichte*, 3 Bde., Stuttgart 1853–1854.

Kugler, Franz, *Die Dekorationsmalerei der Bühne und Schinkels Entwürfe. Festrede (gehalten am Schinkelfeste im Architekten-Verein zu Berlin den 13. März 1855)*. In: *DKB* 6 (22.03.1855), S. 101–105.

Kugler, Franz, *Geschichte der Baukunst*, 3 Bde., Stuttgart 1856–1859.

Kugler, Franz, *Christian Daniel Rauch. Eine Charakteristik seiner künstlerischen Wirksamkeit*. In: *DKB* 9 (Februar 1858), S. 33–45.

Kugler, Franz, *Grundbestimmungen für die Verwaltung der Kunst-Angelegenheiten im preussischen Staate. Entwurf. Aus dem Nachlasse des verstorbenen Geh. Ober-Regierungsraths Dr. Franz Kugler*, hrsg. von Paul Heyse, Berlin 1859.

Kugler, Franz, *Handbuch der Kunstgeschichte*, 5. Aufl., 2 Bde., bearbeitet von Wilhelm Lübke, Stuttgart 1872.

Kugler, Franz, *Briefe über die Geschichte Friedrichs des Großen*. In: *Die Neue Rundschau* 22/12 (Dezember 1911), S. 1723–1739.

Kummer, Stefan, *Kunstbeschreibungen Jacob Burckhardts im ›Cicerone‹ und in der ›Baukunst der Renaissance in Italien‹*. In: Gottfried Boehm und Helmut Pfotenhauer (Hrsg.), *Beschreibungskunst – Kunstbeschreibung. Ekphrasis von der Antike bis zur Gegenwart*, München 1995, S. 357–372.

Lazarus, Moritz, *Die Vermischung und Zusammenwirkung der Künste. Psychologische Andeutungen von Dr. M. Lazarus*. In: *DKB* 28 (13.07.1854), S. 243–247.

Liebermann, Max, *Die Phantasie in der Malerei. Schriften und Reden*, hrsg. und eingeleitet von Günter Busch, Frankfurt am Main 1978.

Lintl, Manuela, *Ludwig Pietsch und Adolph Menzel*. In: *Jahrbuch der Berliner Museen* 41 (1999), Beiheft, S. 273–288.

Locher, Hubert, *Deutsche Malerei im 19. Jahrhundert*, Darmstadt 2005.

Lübke, Wilhelm, *Wandmalereien im neuen Museum zu Berlin*. In: *DKB* 13 (27.03.1852), S. 108–110.

Lübke, Wilhelm, *Die mittelalterliche Kunst in Westfalen. Nach den vorhandenen Denkmälern dargestellt von Wilhelm Lübke*, Leipzig 1853.

Lübke, Wilhelm, *Kunstliteratur. Kleine Schriften und Studien zur Kunstgeschichte von Franz Kugler [Rezension]*. In: *DKB* 21 (21.05.1853), S. 179f.

Lübke, Wilhelm, *Geschichte der Architektur. Von den ältesten Zeiten bis auf die Gegenwart*, 2., stark vermehrte Aufl., Köln [1855] 1858.

Lübke, Wilhelm, *Grundriss der Kunstgeschichte*, 4., durchgesehene Aufl., Stuttgart [1866] 1868.

Lübke, Wilhelm, *Grundriss der Kunstgeschichte*, 2 Bde., 6., durchgesehene Aufl., Stuttgart [1866] 1873.

Lübke, Wilhelm, *Die Aufgabe der Kunstgeschichte*. In: *Zeitschrift für bildende Kunst* 5 (1867), Beiblatt II, S. 41–42.

Lübke, W[ilhelm], *Theodor Fontane*. In: *Über Land und Meer* 7 (1878), S. 127–128.

Lübke, Wilhelm, *Lebenserinnerungen*, Berlin 1891.

Lucae, Richard, *[ohne Titel], Mittheilungen aus Vereinen*. In: *Zeitschrift für Bauwesen* 12 (1862), S. 561–562.

Lucae, Richard, *Über die Macht des Raumes in der Baukunst*. In: *Zeitschrift für Bauwesen* 19 (1869), S. 294–306.

Lucae, Richard, *Über die ästhetische Ausbildung der Eisen-Constructionen, besonders in ihrer Anwendung bei Räumen von bedeutender Spannweite*. In: *Zeitschrift für Bauwesen* 20 (1870), S. 532–541.

Mann, Thomas, *Der alte Fontane*. In: Ders., *Werke – Briefe – Tagebücher*, hrsg. von Heinrich Detering unter Mitarbeit von Stephan Stachorski, Frankfurt am Main 2002 (= Große kommentierte Frankfurter Ausgabe, Bd. 14.1), S. 245–274.

Mendelsohn, Henri[ette], *Böcklin* (= Geisteshelden. Führende Geister. Eine Sammlung von Biographien, Bd. 40), Berlin 1901.

Menzel, Adolph, Eduard Mandel et al., Brief vom 03.05.1848 an das Ministerium, Geheimes Staatsarchiv Preußischer Kulturbesitz, Merseburg, Rep. 76 Ve/Sect. 4, Abt. XV, NR. 82.

Menzel, Adolph, *Briefe*, hrsg. von Claude Keisch und Marie Ursula Riemann-Reyher, 4 Bde., Berlin 2009.

Mergenthaler, Volker, *Sehen schreiben – Schreiben sehen. Literatur und visuelle Wahrnehmung im Zusammenspiel*, Tübingen 2002 (= Hermaea, Bd. 96).

Meyer, Bruno, *Eduard Hildebrandt*. In: *Zeitschrift für Bildende Kunst* 4 (1869), S. 261–272.

Meyer, Bruno, *Umschau auf dem Gebiete der Kunst und Kunstwissenschaft*. In: *Deutsche Warte. Umschau über das Leben und Schaffen der Gegenwart* 1 (1871), S. 228.

Meyer, Ingo, *Im ›Banne der Wirklichkeit‹? Studien zum Problem des deutschen Realismus und seinen narrativ-symbolischen Strategien*, Würzburg 2009 (= Epistemata; Reihe Literaturwissenschaft, Bd. 690).

Meyer, Jochen, *Der Bedeutendste unter den Bedeutenden. Anmerkungen zu Theodor Fontanes Schinkel-Bild*. In: *Fontane Blätter* 79 (2005), S. 58–72.

Mildenberger, Hermann, *Bertel Thorvaldsen und der Kult um Künstler und Genie*. In: *Künstlerleben in Rom. Bertel Thorvaldsen (1770–1844). Der dänische Bildhauer und seine deutschen Freunde* [Katalog der Ausstellung: Künstlerleben in Rom. Bertel Thorvaldsen (1770–1844). Der dänische Bildhauer und seine deutschen Freunde, Germanisches Nationalmuseum, Nürnberg, 01.12.1991–01.03.1992; Schleswig-Holsteinisches Landesmuseum Schloss Gottorf, Schleswig, 22.03.–21.06.1992], Nürnberg 1991.

mmr. [Melchior Meyr], *[Rezension zu] Theodor Fontane: ›Ein Sommer in London‹*. In: *Deutsches Museum* 45 (1854), S. 701–703.

Möller, Klaus-Peter, *Der Neuruppiner ›Gedächtnis-Ofen‹. Fontanes Provokation und die Berliner Bildhauerzunft*. In: *Fontane Blätter* 76 (2003), S. 26–42.

Moffett, Kenworth, *Meier-Graefe as art critic*, München 1973 (= Studien zur Kunst des 19. Jahrhunderts, Bd. 19).

Mugnolo, Domenico, *Theodor Fontanes italienische Reisen im Lichte der Wandlung des deutschen Italienbildes im 19. Jahrhundert*. In: Hubertus Fischer und Domenico Mugnolo (Hrsg.), *Fontane und Italien*, Würzburg 2011, S. 141–163.

Nagler, Georg Kaspar, *Neues allgemeines Künstlerlexikon*, 22 Bde., München 1835–1852.

Nationalgalerie Berlin (Hrsg.), *Werke von Ludwig Burger und Gustav Lüderitz* [Katalog der gleichnamigen Sonderausstellung, Nationalgalerie Berlin, 22.02.–30.04.1885], Berlin 1885.

Neuendorff-Fürstenau, Jutta, *Briefe Theodor Fontanes an Friedrich Wilhelm Holtze*. In: *Jahrbuch der Deutschen Schillergesellschaft* 4 (1960), S. 358–376.

Neuhaus, Stefan, *Und nichts als die Wahrheit? Wie der Journalist Fontane Erlebtes wiedergab*. In: *Fontane Blätter* 65–66 (1998), S. 188–213.

Nipperdey, Thomas, *›Verein als soziale Struktur in Deutschland im späten 18. und frühen 19. Jahrhundert. Eine Fallstudie zur Modernisierung I‹*. In: Ders., *Gesellschaft, Kultur, Theorie. Gesammelte Aufsätze zur neuen Geschichte*, Göttingen 1976, S. 174–205.

Noll, Thomas, *Das Ideal der Schönheit. Burckhardt, Winckelmann und die Antike*. In: Peter Betthausen und Max Kunze (Hrsg.), *Jacob Burckhardt und die Antike*, Mainz 1998, S. 7–26.

Nottinger, Isabel, *Fontanes Fin de Siècle. Motive der Dekadenz in ›L'Adultera‹, ›Cécile‹ und ›Der Stechlin‹*, Würzburg 2003.

Nürnberger, Helmuth, *Der frühe Fontane. Politik, Poesie, Geschichte 1840 bis 1860*, Hamburg 1967.

Nürnberger, Helmuth und Dietmar Storch, *Fontane-Lexikon: Namen, Stoffe, Zeitgeschichte*, München 2007.

Nürnberger, Helmuth, *›Rouen ist entzückend‹ oder Auf den ersten Satz kommt es an. Der Journalist Fontane auf Osterreise*. In: *Fontane Blätter* 90 (2010), S. 27–60.

Öhlschläger, Claudia, *›Das Maß der Dinge‹. Zur Poetologie anekdotischer Rahmung in Theodor Fontanes ›Chronique scandaleuse‹ ›Unwiederbringlich‹*. In: Sabine Schneider und Barbara Hunfeld (Hrsg.), *Die Dinge und die Zeichen. Dimensionen des Realistischen in der Erzählliteratur des 19. Jahrhunderts*, Würzburg 2008, S. 59–72.

Osborn, Max, *Adolph von Menzel*. In: *Westermanns illustrierte deutsche Monatshefte* 87 (1899/1900), S. 34–64; 305–340.

Osborne, John, *Theodor Fontane: Vor den Romanen. Krieg und Kunst*, Göttingen 1999.

Pacholski, Jan, *»Das ganze Schlachtfeld – ein zauberhaftes Schauspiel«. Theodor Fontane als Kriegsberichterstatter*, Wrocław/Görlitz 2005 (= Dissertationes inaugurales selectae, Bd. 14).

Panofsky, Erwin, *Albrecht Dürer*, Bd. 1, Princeton [2]1945.

Passavant, Johann David, *Rafael von Urbino und sein Vater Giovanni Santi*, 4 Bde., Leipzig 1839–1858.

Pecht, Friedrich, *Kunst und Kunstindustrie auf der Weltausstellung von 1867. Pariser Briefe*, Leipzig 1867.

Pecht, Friedrich, *Zum 70. Geburtstage Adolf Menzels*. In: *Die Kunst für Alle* 1 (1885/86), S. 68.

Pfau, Thomas, *Metasprache und Bilderfahrung in ›Der Stechlin‹*. In: *The German Quarterly* 86/4 (Herbst 2013), S. 421–443.

Pfotenhauer, Helmut, *Winckelmann und Heinse. Die Typen der Beschreibungskunst im 18. Jahrhundert oder die Geburt der neueren Kunstgeschichte*. In: Gottfried Boehm und Helmut Pfotenhauer (Hrsg.), *Beschreibungskunst – Kunstbeschreibung. Ekphrasis von der Antike bis zur Gegenwart*, München 1995, S. 313–340.

Pietsch, Ludwig, *[Berliner Kunstausstellung]*. In: *VZ* 214 (13.09.1874).

Pietsch, Ludwig, *Gurlitt's Ausstellung*. In: *VZ* 573 (10.10.1883), 1. Beilage.

Pietsch, Ludwig, *Wie ich Schriftsteller geworden bin. Der wunderliche Roman meines Lebens*, 2 Bde., F. Fontane & Co., Berlin 1892.

Prange, Regine (Hrsg.), *Kunstgeschichte 1750–1900. Eine kommentierte Anthologie*, Darmstadt 2007.

Preisendanz, Wolfgang, *Der Funktionsübergang von Dichtung und Publizistik*. In: Ders., *Heinrich Heine*, München 1973.

Preisendanz, Wolfgang, *Humor als dichterische Einbildungkraft. Studien zur Erzählkunst des poetischen Realismus*, München 1976.

Probst, Jürg, *Chronik*. In: Keisch, Schuster et al., *Theodor Fontane und die bildende Kunst*, Berlin 1998, S. 26–40.

R.P. [Robert Prutz], *[Rezension zu] ›Theodor Fontane: Aus England‹*. In: *Deutsches Museum* 6 (1861), S. 206–208.

Quast, Ferdinand von, *Reihenfolge und Charakteristik der vorzüglichsten Bauwerke des Mittelalters in Regensburg*. In: *DKB* 19 (08.05.1852), S. 164–166, Beilage.

Raczynski, Athanasius, *Histoire de l'art moderne en Allemagne*, 3 Bde., Paris 1836–1841.

Radecke, Gabriele, *Theodor Fontanes literarische Briefgespräche mit Wilhelm Wolfsohn und Bernhard von Lepel*, In: Hanna Delf von Wolzogen und Itta Shedletzky, *Theodor Fontane und Wilhelm Wolfsohn – eine interkulturelle Beziehung*, Tübingen 2006 (= Schriftenreihe wissenschaftlicher Abhandlungen des Leo Baeck Instituts, Bd. 71), S. 373–388.

Radecke, Gabriele, *Materialautopsie. Überlegungen zu einer notwendigen Methode bei der Herstellung von digitalen Editionen am Beispiel der Genetisch-kritischen und kommentierten Hybrid-Edition von Theodor Fontanes Notizbüchern*. In: Heike Neuroth, Andrea Rapp et al. (Hrsg.), *TextGrid: Von der Community – für die Community. Eine Virtuelle Forschungsumgebung für die Geisteswissenschaften*, Glückstadt 2015, S. 39–56.

Rasch, Wolfgang, *Theodor Fontane Bibliographie*, hrsg. von Osterkamp, Ernst und Hanna Delf von Wolzogen, 3 Bde., Berlin 2010.

Red., *Art. 29: Freie literarische Gesellschaft [Berlin]*. In: Wülfing, Wulf und Karin Bruns et al. (Hrsg.), *Handbuch literarisch-kultureller Vereine, Gruppen und Bünde 1825–1933*, Stuttgart/Weimar 1998 (= Repertorien zur deutschen Literaturgeschichte, Bd. 18), S. 102.

Renner, Ursula, *›Die Zauberschrift der Bilder‹. Bildende Kunst in Hofmannsthals Texten*, Freiburg im Breisgau 2000.

Reuter, Hans-Heinrich, *Fontane*, 2 Bde., München 1968.

Reuter, Hans-Heinrich, *Fontanes Realismus*. In: Erich Teitge und Joachim Schobeß (Hrsg.), *Fontanes Realismus. Wissenschaftliche Konferenz zum 150. Geburtstag Fontanes in Potsdam. Vorträge und Berichte*, Berlin 1972, S. 25–64.

Reynolds, Joshua, *Discourses on Art*, hrsg. von Robert R. Wark, New Haven/London, [2]1975.

Riechel, Donald C., *Theodor Fontane and the Fine Arts: A Survey and Evaluation*. In: *German Studies Review* 7 (1984), S. 39–64.

Riemann-Reyher, Marie Ursula, *Friedrich Eggers und Menzel.* In: *Jahrbuch der Berliner Museen* 41 (2002), S. 245–271.

Riegel, Hermann, *Georg Bleibtreu und seine vaterländischen Bilder*. In: Ders., *Deutsche Kunststudien*, Hannover 1868, S. 385–396.

Rollka, Bodo, *Feuilleton, Unterhaltung und Werbung. Frühes Berliner Feuilleton*. In: Kai Kauffmann und Erhard Schütz (Hrsg.), *Die lange Geschichte der Kleinen Form. Beiträge zur Feuilletonforschung*, Berlin 2000, S. 81–102.

Roquette, Otto, *Siebzig Jahre. Geschichte meines Lebens*, 2 Bde., Darmstadt 1894.

Rosenberg, Adolf, *Aus der Düsseldorfer Malerschule*, Leipzig 1889.

Rumohr, Karl Friedrich von, *Über Raffael und sein Verhältnis zu den Zeitgenossen*, Berlin/ Stettin 1831.

Rumohr, Karl Friedrich von, *Drei Reisen nach Italien*, Leipzig 1832.

Ruskin, John, *Modern Painters*, 5 Bde., London [1843–1860] 1906.

Ruskin, John, *The Stones of Venice. With Illustrations Drawn by the Author*, 3 Bde., London 1851–1853.

Ruskin, John, *Pre-Raphaelitism*, New York 1851.

[Ruskin, John], *To the Editor of the Times*. In: *London Times* 21/733 (05.05.1854), S. 9.

[Ruskin, John], *To the Editor of the Times*. In: *London Times* 21/750 (25.05.1854), S. 7.

Schadow, Johann Gottfried, *Die bronzenen Arbeiten in Stockholm und St. Petersburg betreffend* (1791). In: Ders.: *Aufsätze*, hrsg. von Julius Friedländer, Stuttgart 1980, S. 32–38.

Schadow, Johann Gottfried, *[Über historisches und ideales Kostüm]*, 1791/1802, zitiert in: Ulrich Bischoff (Hrsg.), *Kunsttheorie und Kunstgeschichte des 19. Jahrhunderts in Deutschland. Skulptur und Plastik*, Ditzingen 1985 (= Texte und Dokumente, Bd. 3), S. 30–31.

Schadow, Johann Gottfried, *Über einige in den Propyläen abgedruckte Sätze Goethes die Ausübung der Kunst in Berlin betreffend*. In: *Eunomia* 1 (1801), S. 487–519.

Schasler, Max, *Berliner Kunstschau*. In: *Die Dioskuren* 5 (1864), Beilage, S. 45.

Schasler, Max, *Kunst-Kritik. Die akademische Ausstellung in Berlin [Einleitung]*. In: *Die Dioskuren* 9 (1864), S. 334.

Schasler, Max, *Kunst-Kritik. Die akademische Ausstellung in Berlin (Forts.)*. In: *Die Dioskuren* 44 (1864), S. 387–390.

Schasler, Max, *Kunst-Kritik. Die akademische Kunst-Ausstellung in Berlin [Fortsetzung]*. In: *Die Dioskuren* 36 (07.10.1866), S. 287–288.

Schmidt, Katharina, *Non omnis moriar. Eine Einführung zu Arnold Böcklin*. In: Kunstmuseum Basel (Hrsg.), *Arnold Böcklin* [Katalog der Ausstellung: Arnold Böcklin – eine Retrospektive, Basel, Kunstmuseum, 19.05. – 26.08.2001 u.a.], Basel 2001, S. 11–21.

Schnaase, Karl, *Niederländische Briefe*, Stuttgart/Tübingen 1834.

Schnaase, Karl, *Geschichte der bildenden Künste*, Bd. 5: *Entstehung und Ausbildung des gothischen Styls*, Düsseldorf 1856.

Schneider, Lothar L., *Gedachte Intermedialität. Zur wechselseitigen Illustration der Künste in Ästhetiken der zweiten Hälfte des 19. Jahrhunderts*. In: Annette Simonis (Hrsg.), *Intermedialität und Kulturaustausch. Beobachtungen im Spannungsfeld von Künsten und Medien*, Bielefeld 2009, S. 211–227.

Schneider, Sabine und Barbara Hunfeld (Hrsg.), *Die Dinge und die Zeichen. Dimensionen des Realistischen in der Erzählliteratur des 19. Jahrhunderts*, Würzburg 2008.

Schneider, Sabine, *Adalbert Stifter, die Literatur des 20. Jahrhunderts und die methodischen Paradigmenwechsel der Literaturwissenschaft*. In: Boris Previšić (Hrsg.), *Die Literatur der Literaturtheorie*, Bern 2010, S. 187–199.

Schneider, Sabine, *Die Laokoon-Debatte: Kunstreflexion und Medienkonkurrenz im 18. Jahrhundert*. In: Claudia Benthien und Brigitte Weingart (Hrsg.), *Handbuch Literatur & Visuelle Kultur* (= Handbücher zur kulturwissenschaftlichen Philologie, Bd. 1), Berlin/Boston 2014, S. 68–85.

Schüppen, Franz, *Paradigmawechsel im Werk Theodor Fontanes. Von Goethes Italien- und Sealsfields Amerika-Idee zum preußischen Alltag*, Stuttgart/Freiburg im Breisgau 1993 (= Schriftenreihe der Charles-Sealsfield-Gesellschaft, Bd. 5).

Schuster, Peter-Klaus, *Effi Briest – Ein Leben nach christlichen Bildern*, Tübingen 1978.

Schuster, Peter-Klaus, *Vorwort*. In: Claude Keisch, Peter-Klaus Schuster et al. (Hrsg.), *Fontane und die bildende Kunst*, Berlin 1998, S. 7–8.

Schuster, Peter-Klaus, *Die Kunst bei Fontane*. In: Claude Keisch, Peter-Klaus Schuster et al. (Hrsg.), *Fontane und die bildende Kunst*, Berlin 1998, S. 11–25.

Semper, Gottfried, *Vorläufige Bemerkungen über die bemalte Architektur und Plastik bei den Alten*, Altona 1834.

Semper, Gottfried, *Die Anwendung der Farben in der Architectur und Plastik – dorisch-griechische Kunst*, Dresden 1836.

Siedler, Wolf Jobst, *Nachdenkliche Absage*. In: Claude Keisch, Peter-Klaus Schuster et al. (Hrsg.), *Fontane und die bildende Kunst*, Berlin 1998, S. 9–10.

Simson, Jutta von, *Wie man die Helden anzog – Ein Beitrag zum ›Kostümstreit‹ im späten 18. und beginnenden 19. Jahrhundert*. In: *Zeitschrift des deutschen Vereins für Kunstwissenschaft* 43/2 (1989), S. 47–63.

Stiegler, Bernd, *Philologie des Auges. Die photographische Entdeckung der Welt im 19. Jahrhundert*, München 2001.

Stockhausen, Tilmann von, *Gemäldegalerie Berlin. Die Geschichte ihrer Erwerbungspolitik 1830–1904*, Berlin 2000.

Streim, Gregor, *Feuilleton an der Jahrhundertwende*. In: Kai Kauffmann und Erhard Schütz (Hrsg.), *Die lange Geschichte der Kleinen Form. Beiträge zur Feuilletonforschung*, Berlin 2000, S. 122–141.

Streiter-Buscher, Heide, *Die nichtvollendete Biographie. Theodor Fontanes ›Karl Blechen‹-Fragment*. In: Roland Berbig (Hrsg.), *Fontane als Biograph*, Berlin 2010 (= Schriften der Theodor Fontane Gesellschaft, Bd. 7), S. 133–172.

Taylor, Tom, *A Handbook of the British Portrait Gallery in the Art Treasures Exhibition. Being a Reprint of Critical Notices Originally Published in ›The Manchester Guardian‹*, London 1857.

Thomas, Kerstin, *Bildstimmung als Bedeutung in der Malerei des 19. Jahrhunderts*. In: Anna-Katharina Gisbertz (Hrsg.), *Stimmung. Zur Wiederkehr einer ästhetischen Kategorie*, München 2011, S. 211–234.

Tschudi, Hugo von, *[Einleitung]*. In: Vorstand der deutschen Jahrhundertausstellung (Hrsg.), *›Ausstellung deutscher Kunst aus der Zeit von 1775–1875 in der Königlichen Nationalgalerie Berlin 1906‹*, München 1906, S. IX–XXXIX.

Uhde, Hermann (Hrsg.), *Erinnerungen und Leben der Malerin Louise Seidler*, Berlin 1874.

Ullrich, Titus, *Reise-Studien aus Italien, England und Schottland*, Berlin 1893 [1889].

Ulrich, Paul S. (Hrsg.), *Der Weihnachtswanderer von Alt-Berlin. Auszüge aus Ludwig Rellstabs Weihnachtswanderungen in der Vossischen Zeitung 1826–1859*, Berlin 2002.
[ungez.] *Photographie auf Papier*. In: *DKB* 24 (17.06.1850), S. 186–187.
[ungez.] *Kunstvereine. Aus dem siebenten Bericht über die Wirksamkeit des Magdeburgischen Kunstvereins*. In: *DKB* 32 (12.08.1850), S. 255–256.
[ungez.] *London*. In: *DKB* 49 (09.12.1850), S. 392.
[ungez.] *Künstler und Werkstätten: Adolf Menzel [Fortsetzung]*. In: *DKB* 2 (12.01.1854), S. 10–12.
[ungez.] *Minor Topics of the Month: Pre-Raphaelitism*. In: *Art Journal* 16 (01.08.1854), S. 250.
[ungez.] *Kunstausstellung in der Akademie der Künste zu Berlin*. In: *DKB* 23 (07.06.1855), S. 200–201.
[ungez.] *London*. In: *Die Dioskuren* 18 (1857), S. 169–170.
[ungez.] *Catalogue of the Art Treasures of the United Kingdom. Collected at Manchester in 1857*, Manchester 1857.
[ungez.] *Kritische Wanderungen durch die Kunstinstitute und Ateliers von Berlin*. In: *Die Dioskuren* 26 (1858), S. 15–17.
[ungez.] *Die Enthüllung des Thaer=Denkmals zu Berlin*. In: Präsidium des Königl. Landes-Oekonomie-Collegium (Hrsg.), *Annalen der Landwirthschaft in den Königlich Preußischen* Staaten 13/36 (1860), S. 426–433.
Unseld, Melanie und Christian von Zimmermann, *Vorwort*. In: Dies. und ders. (Hrsg.), *Anekdote – Biographie – Kanon. Zur Geschichtsschreibung in den schönen Künsten*, Köln/Weimar/Wien 2013, S. XI–XV.
Vasari, Giorgio, *Le vite de' più eccellenti architetti, pittori e scultori italiani, da Cimabue, insino a'tempi nostri: descritte in lingua Toscana*, 2 Bde., Florenz 1550.
Verzeichniß der Werke lebender Künstler, welche für die Kunstausstellung in den Sälen des Königl. Akademie-Gebäudes zu Berlin 1860 angemeldet worden [Katalog der Ausstellung: XLII. Kunstausstellung der Königlichen Akademie der Künste, Berlin, 01.09.–31.10.1860], Berlin 1860.
Verzeichniß der Werke lebender Künstler, welche für die Kunstausstellung in den Sälen des Königl. Akademie-Gebäudes zu Berlin 1862 angemeldet worden [Katalog der Ausstellung: XLIII. Kunstausstellung der Königlichen Akademie der Künste, Berlin, 07.09.–31.10.1862], Berlin 1862.
Verzeichniß der Werke lebender Künstler, welche in den Sälen des Königl. Akademie-Gebäudes zu Berlin 1864 ausgestellt sind [Katalog der Ausstellung: XLIV. Kunstausstellung der Königlichen Akademie der Künste, Berlin, 04.09.–06.11.1864], Berlin 1864.
Verzeichniß der Werke lebender Künstler, welche in den Sälen des Königl. Akademie-Gebäudes zu Berlin 1866 ausgestellt sind [Katalog der Ausstellung: XLV. Kunstausstellung der Königlichen Akademie der Künste, Berlin, 02.09.–04.11.1866], Berlin 1866.
Verzeichniß der Werke lebender Künstler, ausgestellt in den Sälen des Königl. Akademie-Gebäudes zu Berlin 1872 [Katalog der Ausstellung: XLVIII. Kunstausstellung der Königlichen Akademie der Künste, Berlin, 01.09.–03.11.1872], Berlin 1872.
Verzeichniß der Werke lebender Künstler, ausgestellt in den Sälen des Kgl. Akademie-Gebäudes zu Berlin 1874 [Katalog der Ausstellung: XLIX. Kunstausstellung der Königlichen Akademie der Künste, Berlin, 06.09–01.11.1874], Berlin 1874.
Vincenz, *Kunstausstellung in der Akademie der Künste zu Berlin*. In: *DKB* 23 (07.06.1855), S. 201–202.

Waagen, Gustav Friedrich, *Über Hubert und Johann van Eyck*, Breslau 1822.

Waagen, Gustav Friedrich, *Kunstwerke und Künstler in England und Paris*, 3 Bde., Berlin 1837–1839.

Waagen, Gustav Friedrich, *Karl Friedrich Schinkel als Mensch und Künstler*. In: *Berliner Kalender* 1844, S. 305–428; Wiederabdruck in: Ders., *Kleine Schriften*, Stuttgart 1875, S. 297–381.

Waagen, Gustav Friedrich, *Kunstwerke und Künstler in Deutschland*, 2 Teile, Leipzig 1843 und 1845.

Waagen, Gustav Friedrich, *To the Editor of the Times*. In: *London Times* 21/792 (13.07.1854).

Waagen, Gustav Friedrich, *Treasures of Art in Great Britain: Being an Account of the Chief Collections of Paintings, Drawings, Sculptures, Illuminated Mss., &c. &c.*, 3 Bde., London 1854.

Waagen, Gustav Friedrich, *A Walk Through the Art Treasures Exhibition at Manchester, Under the Guidance of Dr. Waagen, Author of ›Treasures of Art in Great Britain‹. A Companion to the Official Catalogue*, London 1857.

Waagen, Gustav Friedrich, *Ueber die Kunstausstellung in Manchester*. In: *DKB* 22 (28.05.1857), S. 185–187.

Waagen, Gustav Friedrich, *Ueber besonders ausgezeichnete Bilder in der Kunstausstellung zu Manchester*. In: *DKB* 24 (11.06.1857), S. 205–207; 213–215; 275–277; 283–285.

Waagen, Gustav Friedrich, *Handbuch der Geschichte der Malerei*, Stuttgart 1862.

Waagen, Gustav Friedrich, *Kleine Schriften*, Stuttgart 1875.

Wagner-Douglas, Immo, *Alte Meister. Von der Bildsprache zum Sprachbild*. In: Keisch, Schuster et al. (Hrsg.), *Fontane und die bildende Kunst*, Berlin 1998, S. 231–241.

Wandrey, Conrad, *Theodor Fontane*, München 1919.

Weddigen, Erasmus, *Theodor Fontane und Jacopo Tintoretto*. In: *Neue Zürcher Zeitung* (01.01.1971).

Weddigen, Tristan, *Ein Modell für die Geschichte der Kunst. Die Hängungen der Dresdener Gemäldegalerie zwischen 1747 und 1856*. In: *Dresdener Kunstblätter. Zweimonatsschrift der Staatlichen Kunstsammlungen* 52/1, Dresden 2009, S. 44–58.

Weddigen, Tristan, *Pittura ama Disegno. Zur Beziehung zwischen Malerei und Zeichenkunst*. In: Michael Brunner und Andrea C. Theil (Hrsg.), *Venezianische Malerei von 1500 bis 1800. Kontur oder Kolorit? Ein Wettstreit schreibt Geschichte*, Engen 2003, S. 25–34.

Weiss, Hermann, *Zur Geschichte des Denkmals Friedrichs des Grossen. [Fortsetzung]*. In: *DKB* 23 (07.06.1851), S. 180–181.

Wesenberg, Angelika, *›Dass sie mich mit Fontane vergleichen, ist mir sehr schmeichelhaft‹. Vom Kritiker zum Künstlerkollegen. Der Romancier und der Maler*. In: Claude Keisch, Peter-Klaus Schuster et al. (Hrsg.), *Fontane und die bildende Kunst*, Berlin 1998, S. 318–324.

Wesenberg, Angelika, *Die Alte Nationalgalerie Berlin. Zur Sammlungsgeschichte*. In: Dies. und Eve Förschl (Hrsg.), *Nationalgalerie Berlin. Das XIX. Jahrhundert. Katalog der ausgestellten Werke*, Leipzig 2001, S. 13–21.

Wezel, Elsa van, *Die Konzeption des alten und neuen Museums zu Berlin und das sich wandelnde historische Bewusstsein*. In: *Jahrbuch der Berliner Museen* 43 (2001), Beiheft, S. 1–244.

Wirth, Uwe, *Der Dilettantismus-Begriff um 1800 im Spannungsfeld psychologischer und prozeduraler Argumentationen*. In: Stefan Blechschmidt und Andrea Heinz (Hrsg.), *Dilettantismus um 1800*, Heidelberg 2007, S. 25–33.

Wirth, Uwe, *›Dilettantenarbeit‹ – Virtuosität und performative Pfuscherei*. In: Gabriele Brandstetter und Gerhard Neumann (Hrsg.), *Genie – Virtuose – Dilettant. Konfigurationen romantischer Schöpfungsästhetik*, Würzburg 2011, S. 277–288.

Wolff, Hans (Hrsg.), *Adolph von Menzels Briefe*, Berlin 1914.

Woltmann, Alfred, *Gustav Friedrich Waagen. Eine biographische Skizze*. In: Gustav Friedrich Waagen, *Kleine Schriften*, Stuttgart 1875, S. 1–52.

Wolzogen, Carl August Alfred von, *Aus Schinkels Nachlaß. Reisetagebücher, Briefe und Aphorismen*, Berlin 1862.

Wolzogen, Carl August Alfred von, *Schinkel als Architekt, Maler und Kunstphilosoph. Ein Vortrag*, Berlin 1864.

Wülfing, Wulf, *›Dilettantismus fürs Haus‹. Zu Gutzkows Kritik in den ›Unterhaltungen am häuslichen Herd‹ an Fontanes und Kuglers ›Argo‹*. In: Martina Lauster (Hrsg.), *Deutschland und der europäische Zeitgeist. Kosmopolitische Dimensionen in der Literatur des Vormärz*, Bielefeld 1994, S. 115–149.

Wülfing, Wulf, *Aussichten – Einsichten. Zur Rolle des Fensters in Theodor Fontanes Wanderungen durch die Mark Brandenburg*. In: Delf von Wolzogen, Hanna (Hrsg.), *Fontanes Wanderungen durch die Mark Brandenburg im Kontext der europäischen Reiseliteratur*, Würzburg 2003 (= Fontaneana, Bd. 1), S. 123–135.

Wüsten, Sonja, *Theodor Fontanes Gedanken zur historischen Architektur und bildenden Kunst und sein Verhältnis zu Franz Kugler*. In: *Fontane-Blätter* 3 (1975), S. 323–352.

Wüsten, Sonja, *Zu kunstkritischen Schriften Fontanes*. In: *Fontane Blätter* 4 (1978), S. 174–200.

Zand, Bernhard (Hrsg.), *Journalistische Gefälligkeiten. Sieben unbekannte Artikel aus Fontanes ›Kreuzzeitungs‹-Jahren*. In: *Fontane Blätter* 55 (1993), S. 12–32.

Online Quellen

http://www.cceh.uni-koeln.de/projekte/fontane/gartenlaube.html (Stand 02.12.2014).

http://www.fontanearchiv.de/projekte/imaginaere-bibliothek.html (Stand 02.07.2015).

Abbildungen

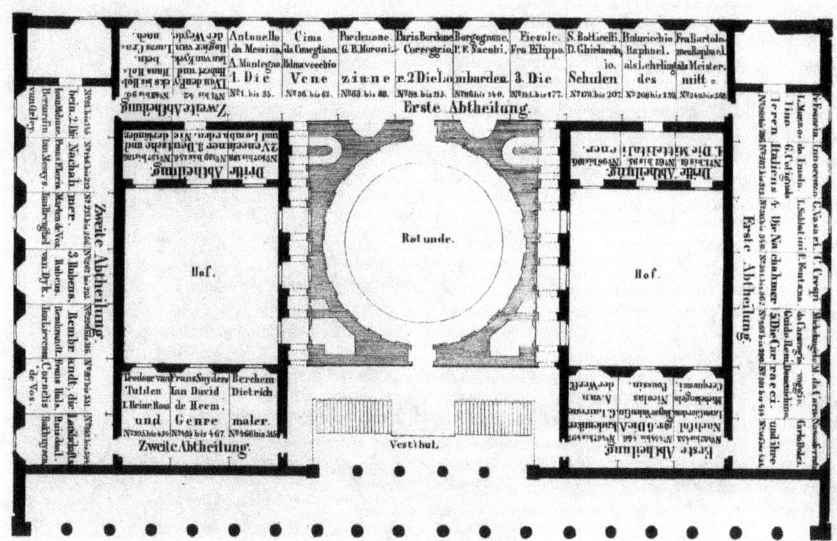

Abb. 1: *Grundriss der Gemäldegalerie im Alten Museum*, 1830

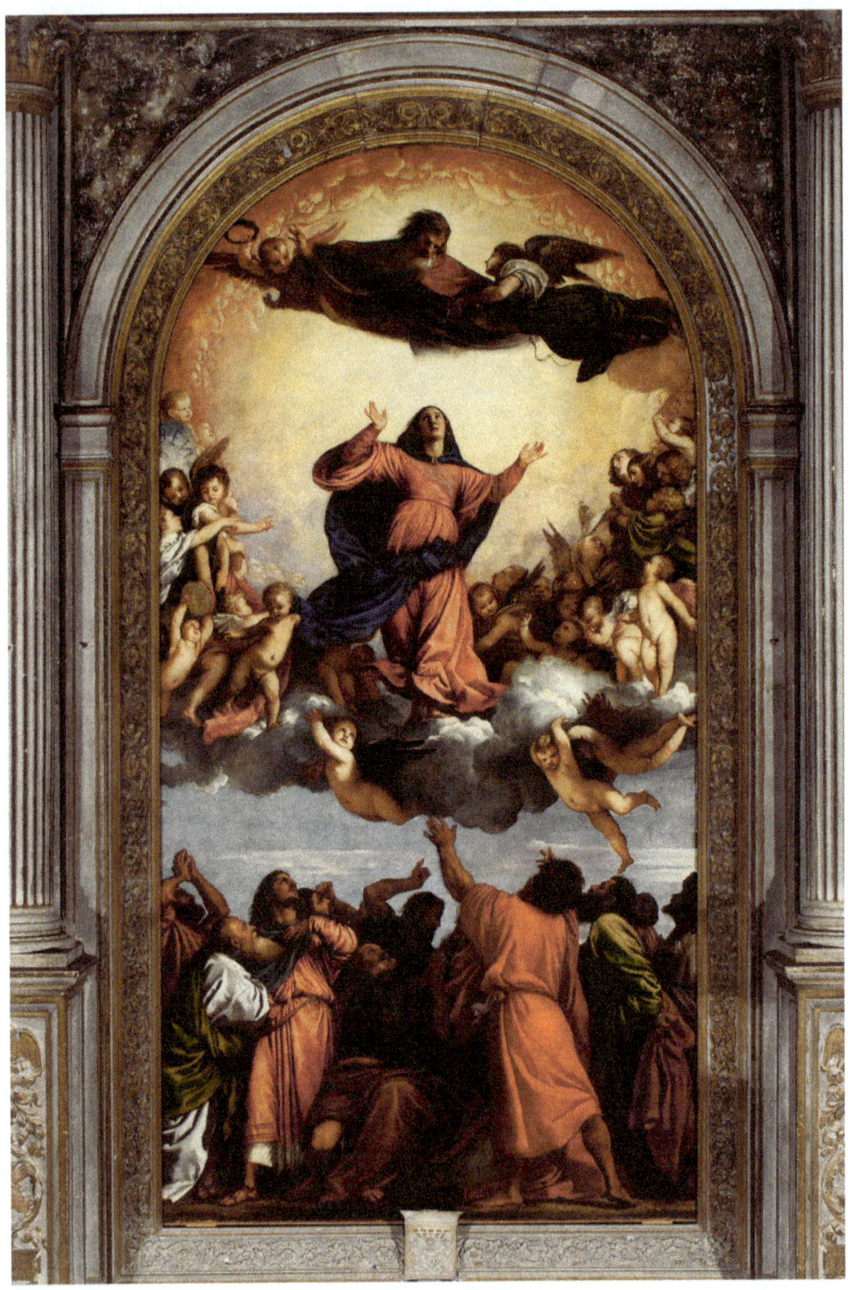

Abb. 2: Tizian, *Assunta*, 1515–1518, Holz, 690 x 360 cm, Venedig, Santa Maria Gloriosa dei Frari © Patriarcato di Venezia, Beni Culturali e Turismo

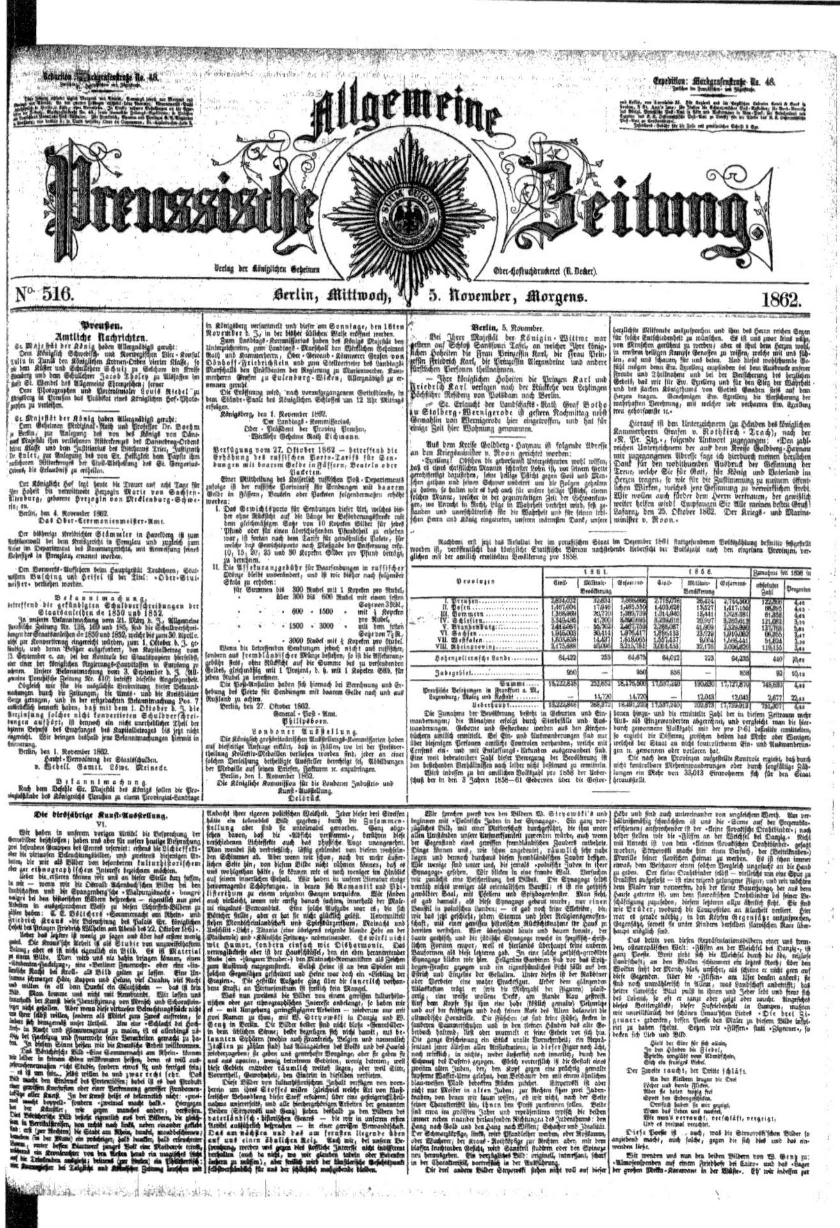

Allgemeine Preussische Zeitung

Verlag der Königlichen Geheimen Ober-Hofbuchdruckerei (R. Decker).

No. 516. Berlin, Mittwoch, 5. November, Morgens. 1862.

Preußen.

Amtliche Nachrichten.

Die diesjährige Kunst-Ausstellung.

VI.

Abb. 3: [gez.: †] *Die diesjährige Kunst-Ausstellung.* In: *APZ* 516 (05.11.1862) (wiederabgedr. in: NFA XXIII/1, S. 212–223) © Staatsbibliothek zu Berlin – Preußischer Kulturbesitz

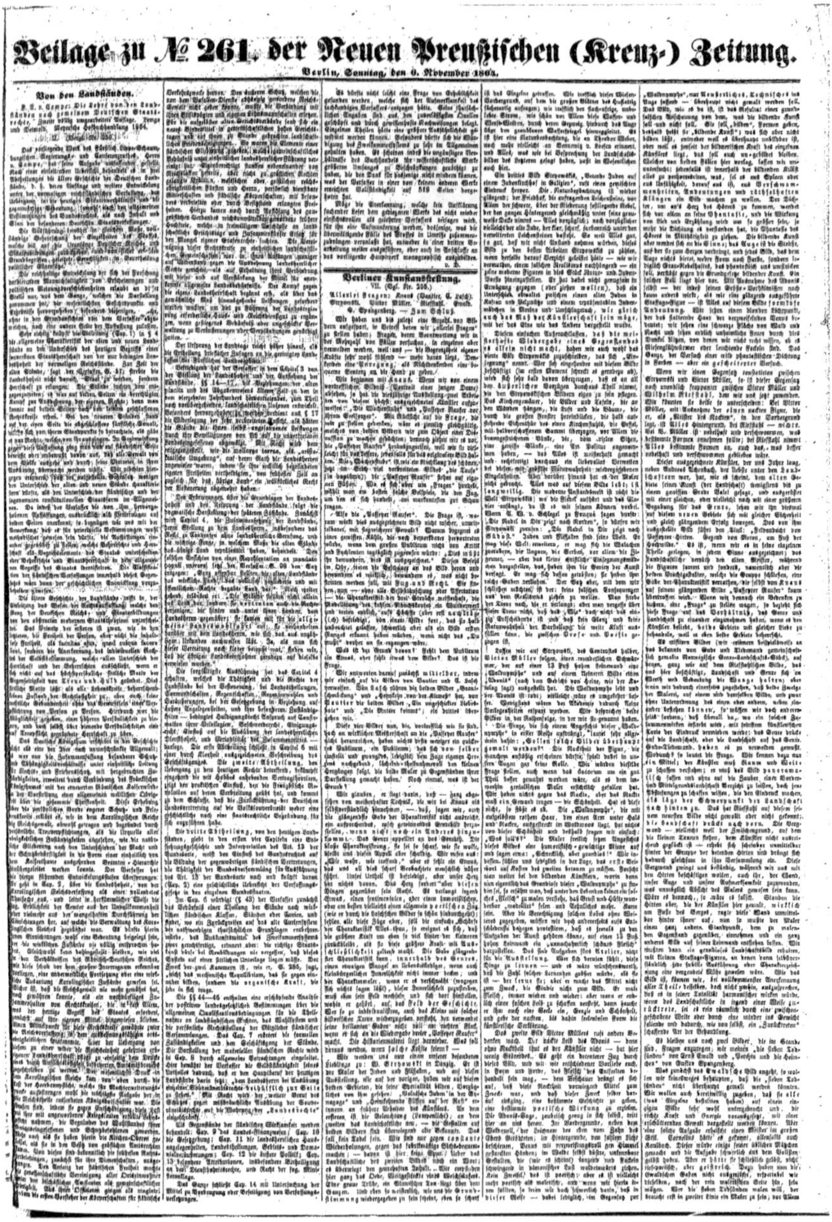

Beilage zu № 261. der Neuen Preußischen (Kreuz-) Zeitung.

Berlin, Sonntag, den 6. November 1864.

Abb. 4: [gez.: -lg-] *Berliner Kunstausstellung. VII. Allerlei Fragen: Knaus (Vautier, C. Lasch). Stryowski. Victor Müller. Riefstahl. Ewald. G. Spangenberg. – Zum Schluß.* In: *NPZ* 261, 06.11.1864, Beilage (wiederabgedr. in: NFA XXIII/1, S. 305–319) © Staatsbibliothek zu Berlin – Preußischer Kulturbesitz

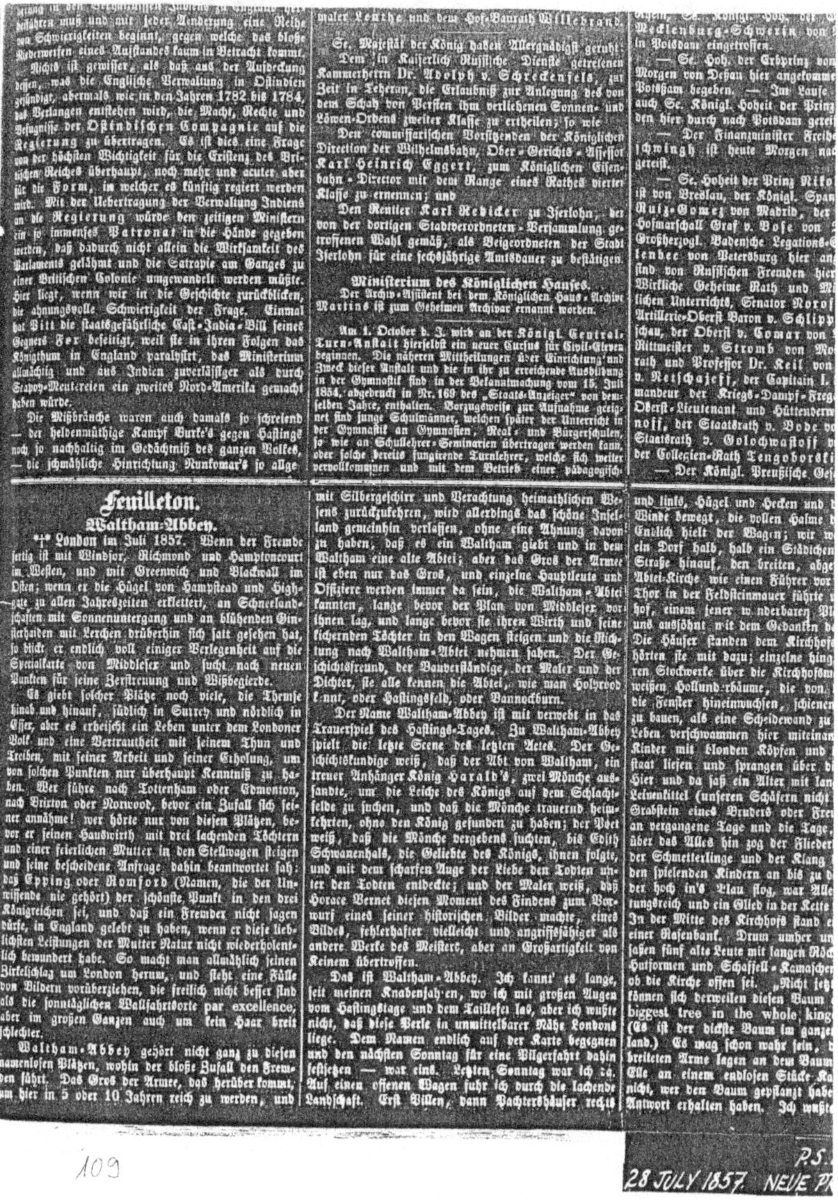

... bestehen muß und mit jeder Änderung eine Reihe von Schwierigkeiten beginnt, gegen welche das bloße Niederwerfen eines Aufstandes kaum in Betracht kommt.

Nichts ist gewisser, als daß aus der Aufdeckung dessen, was die Englische Verwaltung in Ostindien gesündigt, abermals wie in den Jahren 1782 bis 1784, das Verlangen entstehen wird, die Macht, Rechte und Befugnisse der Ostindischen Compagnie auf die Regierung zu übertragen. Es ist dies eine Frage von der höchsten Wichtigkeit für die Existenz des Britischen Reiches überhaupt, noch mehr und acuter aber für die Form, in welcher es künftig regiert werden wird. Mit der Uebertragung der Verwaltung Indiens an die Regierung würde den zeitigen Ministern ein so immenses Patronat in die Hände gegeben werden, daß dadurch nicht allein die Wirksamkeit des Parlaments gelähmt und die Satrapie am Ganges zu einer Britischen Colonie umgewandelt werden müßte. Hier liegt, wenn wir in die Geschichte zurückblicken, die ahnungsvolle Schwierigkeit der Frage. Einmal hat Pitt die staatsgefährliche East-India-Bill seines Gegners Fox beseitigt, weil sie in ihren Folgen das Königthum in England paralysirt, das Ministerium allmächtig und aus Indien zuverlässiger als durch Seapoy-Meutereien ein zweites Nord-Amerika gemacht haben würde.

Die Mißbräuche waren auch damals so schreiend — der heldenmüthige Kampf Burke's gegen Hastings noch so nachhaltig im Gedächtniß des ganzen Volkes, — die schmähliche Hinrichtung Nunkomar's so allge-

maler Lenthe und dem Hof-Baurath Willebrand.

Se. Majestät der König haben Allergnädigst geruht: Dem in Kaiserlich Russische Dienste getretenen Kammerherrn Dr. Adolph v. Schreckenfels, zur Zeit in Teheran, die Erlaubniß zur Anlegung des von dem Schah von Persien ihm verliehenen Sonnen- und Löwen-Ordens zweiter Klasse zu ertheilen; so wie Den commissarischen Vorsitzenden der Königlichen Direction der Wilhelmsbahn, Ober-Gerichts-Assessor Karl Heinrich Eggert, zum Königlichen Eisenbahn-Director mit dem Range eines Rathes vierter Klasse zu ernennen; und Den Rentier Karl Rebicker zu Iserlohn, der von der dortigen Stadtverordneten-Versammlung getroffenen Wahl gemäß, als Beigeordneten der Stadt Iserlohn für eine sechsjährige Amtsdauer zu bestätigen.

Ministerium des Königlichen Hauses.

Der Archiv-Assistent bei dem Königlichen Haus-Archive Martins ist zum Geheimen Archivar ernannt worden.

Am 1. October d. J. wird an der Königl. Central-Turn-Anstalt hierselbst ein neuer Cursus für Civil-Eleven beginnen. Die näheren Mittheilungen über Einrichtung und Zweck dieser Anstalt und die in ihr zu erreichende Ausbildung in der Gymnastik sind in der Bekanntmachung vom 15. Juli 1854, abgedruckt in Nr. 169 des „Staats-Anzeiger" von demselben Jahre, enthalten. Vorzugsweise zur Aufnahme geeignet sind junge Schulmänner, welchen später der Unterricht in der Gymnastik an Gymnasien, Real- und Bürgerschulen, so wie an Schullehrer-Seminarien übertragen werden kann, oder solche bereits fungirende Turnlehrer, welche sich weiter vervollkommnen und mit dem Betrieb einer pädagogisch-

Feuilleton.

Waltham-Abbey.

† London im Juli 1857. Wenn der Fremde fertig ist mit Windsor, Richmond und Hamptoncourt im Westen, und mit Greenwich und Blackwall im Osten; wenn er die Hügel von Hampstead und Highgate zu allen Jahreszeiten erklettert, an Schneelandschaften mit Sonnenuntergang und an blühenden Ginsterhaiden mit Lerchen drüberhin sich satt gesehen hat, so blickt er endlich voll einiger Verlegenheit auf die Specialkarte von Middlesex und sucht nach neuen Punkten für seine Zerstreuung und Wißbegierde.

Es giebt solcher Plätze noch viele, die Themse hinab und hinauf, südlich in Surrey und nördlich in Essex, aber es erheischt ein Leben unter dem Londoner Volk und eine Vertrautheit mit seinem Thun und Treiben, mit seiner Arbeit und seiner Erholung, um von solchen Punkten nur überhaupt Kenntniß zu haben. Wer führe nach Tottenham oder Edmonton, nach Brixton oder Norwood, bevor ein Zufall sich seiner annähme! wer hörte nur von diesen Plätzen, bevor er seinen Hauswirth mit drei lachenden Töchtern und einer feierlichen Mutter in den Stellwagen steigen und seine bescheidene Anfrage dahin beantwortet sah: daß Epping oder Romford (Namen, die der Unwissende nie gehört) der schönste Punkt in den drei Königreichen sei, und daß ein Fremder nicht sagen dürfe, in England gelebt zu haben, wenn er diese lieblichsten Leistungen der Mutter Natur nicht wiederholentlich bewundert habe. So macht man allmählich seinen Zirkelschlag um London herum, und sieht eine Fülle von Bildern vorüberziehen, die freilich nicht besser sind als die sonntäglichen Wallfahrtsorte par excellence, aber im großen Ganzen auch um kein Haar breit schlechter.

Waltham-Abbey gehört nicht ganz zu diesen namenlosen Plätzen, wohin der bloße Zufall den Fremden führt. Das Gros der Armee, das herüber kommt, um hier in 5 oder 10 Jahren reich zu werden, und mit Silbergeschirr und Verachtung heimathlichen Wesens zurückzukehren, wird allerdings das schöne Inselland gemeinhin verlassen, ohne eine Ahnung davon zu haben, daß es ein Waltham giebt und in dem Waltham eine alte Abtei; aber das Gros der Armee ist eben nur das Gros, und einzelne Hauptleute und Offiziere werden immer da sein, die Waltham-Abtei kannten, lange bevor der Plan von Middlesex vor ihnen lag, und lange bevor sie ihren Wirth und seine kichernden Töchter in den Wagen steigen und die Richtung nach Waltham-Abtei nehmen sahen. Der Geschichtsfreund, der Bauverständige, der Maler und der Dichter, sie alle kennen die Abtei, wie man Holyrood kennt, oder Hastingsfeld, oder Bannockburn.

Der Name Waltham-Abbey ist mit verwebt in das Trauerspiel des Hastings-Tages. Zu Waltham-Abbey spielt die letzte Scene des letzten Actes. Der Geschichtskundige weiß, daß der Abt von Waltham, ein treuer Anhänger König Harald's, zwei Mönche aussandte, um die Leiche des Königs auf dem Schlachtfelde zu suchen, und daß die Mönche trauernd heimkehrten, ohne den König gefunden zu haben; der Poet weiß, daß die Mönche vergebens suchten, bis Edith Schwanenhals, die Geliebte des Königs, ihnen folgte, und mit dem scharfen Auge der Liebe den Todten unter den Todten entdeckte; und der Maler weiß, daß Horace Vernet diesen Moment des Findens zum Vorwurf eines seiner historischen Bilder machte, eines Bildes, fehlerhafter vielleicht und angriffsfähiger als andere Werke des Meisters, aber an Großartigkeit von Keinem übertroffen.

Das ist Waltham-Abbey. Ich kannt' es lange, seit meinen Knabenjahren, wo ich mit großen Augen vom Hastingstage und dem Taillefer las, aber ich wußte nicht, daß diese Perle in unmittelbarer Nähe Londons liege. Dem Namen endlich auf der Karte begegnen und den nächsten Sonntag für eine Pilgerfahrt dahin festsetzen — war eins. Letzten Sonntag war ich da. Auf einem offenen Wagen fuhr ich durch die lachende Landschaft. Erst Villen, dann Pachtershäuser rechts

Abb. 5: [gez.: *†*] *London im Juli 1857, Waltham Abbey*. In: *NPZ* 173 (28.07.1857) (wiederabgedr. in: HFA III/3/1, S. 554–558) © Staatsbibliothek zu Berlin – Preußischer Kulturbesitz

als Photographie, aber in der Composition zurückzustehen, die etwas gesucht ist. Schon das Arrangement, auf dem sie liegt, aber nicht dies allein erinnert zu sehr an den Modelltisch, und das Naive, Natur-unmittelbare der andern Blätter tritt zurück.

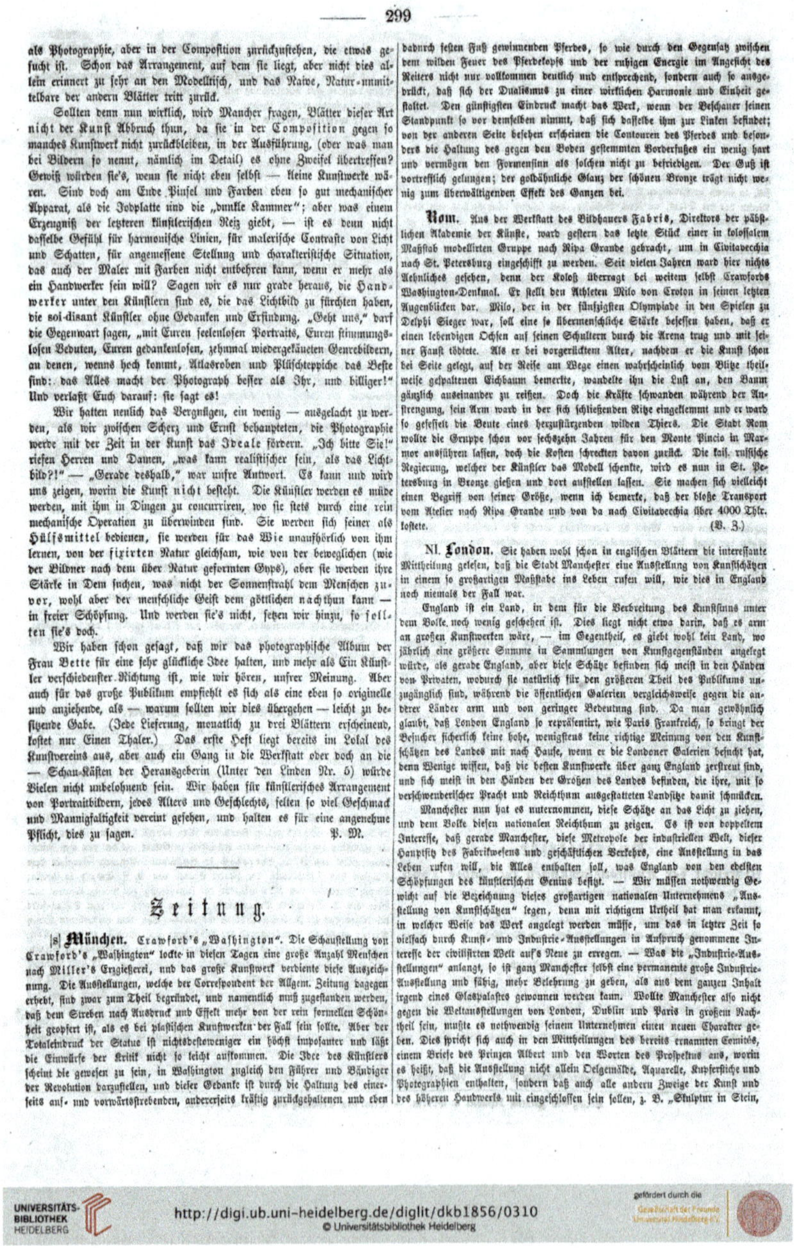

Sollten denn nun wirklich, wird Mancher fragen, Blätter dieser Art nicht der Kunst Abbruch thun, da sie in der Composition gegen so manches Kunstwerk nicht zurückbleiben, in der Ausführung, (oder was man bei Bildern so nennt, nämlich im Detail) es ohne Zweifel übertreffen? Gewiß würden sie's, wenn sie nicht eben selbst — kleine Kunstwerke wären. Sind doch am Ende Pinsel und Farben eben so gut mechanischer Apparat, als die Jodplatte und die „dunkle Kammer"; aber was einem Erzeugniß der letzteren künstlerischen Reiz giebt, — ist es denn nicht dasselbe Gefühl für harmonische Linien, für malerische Contraste von Licht und Schatten, für angemessene Stellung und charakteristische Situation, das auch der Maler mit Farben nicht entbehren kann, wenn er mehr als ein Handwerker sein will? Sagen wir es nur grade heraus, die Handwerker unter den Künstlern sind es, die das Lichtbild zu fürchten haben, die soi-disant Künstler ohne Gedanken und Erfindung. „Geht uns," darf die Gegenwart sagen, „mit Euren seelenlosen Portraits, Euren stimmungslosen Veduten, Euren gedankenlosen, zehnmal wiedergekäueten Genrebildern, an denen, wenns hoch kommt, Atlasroben und Plüschteppiche das Beste sind: das Alles macht der Photograph besser als Ihr, und billiger!" Und verlaßt Euch darauf: sie sagt es!

Wir hatten neulich das Vergnügen, ein wenig — ausgelacht zu werden, als wir zwischen Scherz und Ernst behaupteten, die Photographie werde mit der Zeit in der Kunst das Ideale fördern. „Ich bitte Sie!" riefen Herren und Damen, „was kann realistischer sein, als das Lichtbild?!" — „Gerade deshalb," war unsre Antwort. Es kann und wird uns zeigen, worin die Kunst nicht besteht. Die Künstler werden es müde werden, mit ihm in Dingen zu concurriren, wo sie stets durch eine rein mechanische Operation zu überwinden sind. Sie werden sich seiner als Hülfsmittel bedienen, sie werden für das Wie unaufhörlich von ihm lernen, von der fixirten Natur gleichsam, wie von der beweglichen (wie der Bildner nach dem über Natur geformten Gyps), aber sie werden ihre Stärke in Dem suchen, was nicht der Sonnenstrahl dem Menschen zuvor, wohl aber der menschliche Geist dem göttlichen nachthun kann — in freier Schöpfung. Und werden sie's nicht, setzen wir hinzu, so sollten sie's doch.

Wir haben schon gesagt, daß wir das photographische Album der Frau Bette für eine sehr glückliche Idee halten, und mehr als Ein Künstler verschiedenster Richtung ist, wie wir hören, unsrer Meinung. Aber auch für das große Publikum empfiehlt es sich als eine eben so originelle und anziehende, als — warum sollten wir dies übergehen — leicht zu besitzende Gabe. (Jede Lieferung, monatlich zu drei Blättern erscheinend, kostet nur Einen Thaler.) Das erste Heft liegt bereits im Lokal des Kunstvereins aus, aber auch ein Gang in die Werkstatt oder doch an die — Schau-Kästen der Herausgeberin (Unter den Linden Nr. 5) würde Vielen nicht unbelohnend sein. Wir haben für künstlerisches Arrangement von Portraitbildern, jedes Alters und Geschlechts, selten so viel Geschmack und Mannigfaltigkeit vereint gesehen, und halten es für eine angenehme Pflicht, dies zu sagen. P. M.

Zeitung.

|s| **München.** Crawford's „Washington". Die Schaustellung von Crawford's „Washington" lockte in diesen Tagen eine große Anzahl Menschen nach Miller's Erzgießerei, und das große Kunstwerk verdiente diese Auszeichnung. Die Ausstellungen, welche der Correspondent der Allgem. Zeitung dagegen erhebt, sind zwar zum Theil begründet, und namentlich muß zugestanden werden, daß dem Streben nach Ausdruck und Effekt mehr von der rein formellen Schönheit geopfert ist, als es bei plastischen Kunstwerken der Fall sein sollte. Aber der Totaleindruck der Statue ist nichtsdestoweniger ein höchst imposanter und läßt die Einwürfe der Kritik nicht so leicht aufkommen. Die Idee des Künstlers scheint die gewesen zu sein, in Washington zugleich den Führer und Bändiger der Revolution darzustellen, und dieser Gedanke ist durch die Haltung des einerseits auf- und vorwärtsstrebenden, andererseits kräftig zurückgehaltenen und eben dadurch festen Fuß gewinnenden Pferdes, so wie durch den Gegensatz zwischen dem wilden Feuer des Pferdekopfs und der ruhigen Energie im Angesicht des Reiters nicht nur vollkommen deutlich und entsprechend, sondern auch so ausgedrückt, daß sich der Dualismus zu einer wirklichen Harmonie und Einheit gestaltet. Den günstigsten Eindruck macht das Werk, wenn der Beschauer seinen Standpunkt so vor demselben nimmt, daß sich dasselbe ihm zur Linken befindet; von der anderen Seite besehen erscheinen die Contouren des Pferdes und besonders die Haltung des gegen den Boden gestemmten Vorderfußes ein wenig hart und vermögen den Formensinn als solchen nicht zu befriedigen. Der Guß ist vortrefflich gelungen; der golbähnliche Glanz der schönen Bronze trägt nicht wenig zum überwältigenden Effekt des Ganzen bei.

Rom. Aus der Werkstatt des Bildhauers Fabris, Direktors der päbstlichen Akademie der Künste, ward gestern das letzte Stück einer in kolossalem Maßstab modellirten Gruppe nach Ripa Grande gebracht, um in Civitavecchia nach St. Petersburg eingeschifft zu werden. Seit vielen Jahren ward hier nichts Aehnliches gesehen, denn der Koloß überragt bei weitem selbst Crawfords Washington-Denkmal. Er stellt den Athleten Milo von Croton in seinen letzten Augenblicken dar. Milo, der in der fünfzigsten Olympiade in den Spielen zu Delphi Sieger war, soll eine so übermenschliche Stärke besessen haben, daß er einen lebendigen Ochsen auf seinen Schultern durch die Arena trug und mit seiner Faust tödtete. Als er bei vorgerücktem Alter, nachdem er die Kunst schon bei Seite gelegt, auf der Reise am Wege einen wahrscheinlich vom Blitze theilweise gespaltenen Eichbaum bemerkte, wandelte ihn die Lust an, den Baum gänzlich auseinander zu reißen. Doch die Kräfte schwanden während der Anstrengung, sein Arm ward in der sich schließenden Ritze eingeklemmt und er ward so gefesselt die Beute eines herzustürzenden wilden Thiers. Die Stadt Rom wollte die Gruppe schon vor sechszehn Jahren für den Monte Pincio in Marmor ausführen lassen, doch die Kosten schreckten davon zurück. Die kais. russische Regierung, welcher der Künstler das Modell schenkte, wird es nun in St. Petersburg in Bronze gießen und dort aufstellen lassen. Sie machen sich vielleicht einen Begriff von seiner Größe, wenn ich bemerke, daß der bloße Transport vom Atelier nach Ripa Grande und von da nach Civitavecchia über 4000 Thlr. kostete. (B. Z.)

Nl. **London.** Sie haben wohl schon in englischen Blättern die interessante Mittheilung gelesen, daß die Stadt Manchester eine Ausstellung von Kunstschätzen in einem so großartigen Maßstabe ins Leben rufen will, wie dies in England noch niemals der Fall war.

England ist ein Land, in dem für die Verbreitung des Kunstsinns unter dem Volke noch wenig geschehen ist. Dies liegt nicht etwa darin, daß es arm an großen Kunstwerken wäre, — im Gegentheil, es giebt wohl kein Land, wo jährlich eine größere Summe in Sammlungen von Kunstgegenständen angelegt würde, als gerade England, aber diese Schätze befinden sich meist in den Händen von Privaten, wodurch sie natürlich für den größeren Theil des Publikums unzugänglich sind, während die öffentlichen Galerien vergleichsweise gegen die anderer Länder arm und von geringer Bedeutung sind. Da man gewöhnlich glaubt, daß London England so repräsentirt, wie Paris Frankreich, so bringt der Besucher sicherlich keine hohe, wenigstens keine richtige Meinung von den Kunstschätzen des Landes mit nach Hause, wenn er die Londoner Galerien besucht hat, denn Wenige wissen, daß die besten Kunstwerke über ganz England zerstreut sind, und sich meist in den Händen der Großen des Landes befinden, die ihre, mit so verschwenderischer Pracht und Reichthum ausgestatteten Landsitze damit schmücken.

Manchester nun hat es unternommen, diese Schätze an das Licht zu ziehen, und dem Volke diesen nationalen Reichthum zu zeigen. Es ist von doppeltem Interesse, daß gerade Manchester, diese Metropole der industriellen Welt, dieser Hauptsitz des Fabrikwesens und geschäftlichen Verkehrs, eine Ausstellung in das Leben rufen will, die Alles enthalten soll, was England von den edelsten Schöpfungen des künstlerischen Genius besitzt. — Wir müssen nothwendig Gewicht auf die Bezeichnung dieses großartigen nationalen Unternehmens „Ausstellung von Kunstschätzen" legen, denn mit richtigem Urtheil hat man erkannt, in welcher Weise das Werk angelegt werden müsse, um das in letzter Zeit so vielfach durch Kunst- und Industrie-Ausstellungen in Anspruch genommene Interesse der civilisirten Welt auf's Neue zu erregen. — Was die „Industrie-Ausstellungen" anlangt, so ist ganz Manchester selbst eine permanente große Industrie-Ausstellung und fähig, mehr Belehrung zu geben, als aus dem ganzen Inhalt irgend eines Glaspalastes gewonnen werden kann. Wollte Manchester also nicht gegen die Weltausstellungen von London, Dublin und Paris in großem Nachtheil sein, mußte es nothwendig seinem Unternehmen einen neuen Charakter geben. Dies spricht sich auch in den Mittheilungen des bereits ernannten Comités, einem Briefe des Prinzen Albert und den Worten des Prospektus aus, worin es heißt, daß die Ausstellung nicht allein Oelgemälde, Aquarelle, Kupferstiche und Photographien enthalten, sondern daß auch alle andern Zweige der Kunst und des höheren Handwerks mit eingeschlossen sein sollen, z. B. „Skulptur in Stein,

Abb. 6: [gez.: Nl.] *London. [Zur Kunstausstellung in Manchester.]*. In: *DKB* 34 (21.08.1856), S. 299 © Universitätsbibliothek Heidelberg, http://digi.ub.uni-heidelberg.de/diglit/dkb1856/0310?sid=6cc1fadcdddc4aefb2ee225de658e1f0

ıanden und am allerwenigsten die Serben von ihrem
chluß abbrachte, gelindere Saiten auf und bequemte
sammt seiner Schutzbefohlenen, der Türkei, zur Nach-
gkeit. Wie wenig indeß die Diplomatie an ihre
lge glaubt, beweist eine Aeußerung des Britischen
ndten Sir Henry Bulwer, als er sich, den Piemonte-
n Prinzen gegenüber, bei dem Abschiedsdiner dersel-
in dem Hotel ihrer Gesandtschaft wegen Zuspätkom-
entschuldigte: „Je viens de quitter la session,"
er; „nous avons fait de notre mieux pour
rer la paix, mais, c'est à regret que je dois
ire, elle est peu probable." Die Prinzen selbst
am vergangenen Freitage nach dem Empfange be-
higender Nachrichten aus ihrem Vaterlande über
und Kopf wieder abgereist; gleichzeitig veröffent-
der hiesige Italienische General-Consul, daß Sicilien
elagerungszustand erklärt und blokirt worden sei. —
der Asiatischen Türkei lauten alle Nachrichten
rst beunruhigend. In Syrien stehen die Drusen,
einer berechneten Treulosigkeit der Regierung ge-
neuerdings unter Waffen; in Irak sind die Scham-
und Amnesl-Araber auf der Streife, plündern und
ıen bis vor den Thoren von Beghard, Mossul und
richten Handel und Ackerbau gänzlich zu Grunde
werden, wenn sie zur Zeit der Dattelernte (im
ıst) nach Süden ziehen, wahrscheinlich die reichen
de des alten Babyloniens schonungslos verwüsten.
Entsetzlichste jedoch — eine verbürgte Thatsache —
ine scheußliche Christenmetzelei bei Merasch am
ih[…]n Klein-Armenien, wo der Gouverneur,
s Pascha, selbst die Blutfahne aufgesteckt, eine
ıe Tscherkessen, Kurden, Turkmen und anderes
ımmedanisches Gesindel unter dem Vorwande, der
m sei in Gefahr, geworben und die wehrlosen Dör-
er Christen überfallen hat. Schon in einem einzigen
lben wurden nahezu an 300 Männer, Weiber und
er ohne Unterschied niedergehauen und ihre Leichen
einen Haufen geworfen. Damit nicht genug, woll-
die unmenschlichen Mörder ihren beklagenswerthen
rn auch noch im Tode die höchste Schmach an-
, indem sie allerlei Unflath und die Aeser todter
ıe mit den entseelten Körpern vermengten. Dies
Blutbad ist wahrscheinlich nur das Vorspiel zu
ı größeren allgemeinen, wovon wir nächstens die
derhaften Details erfahren werden. Der Mord-
ıer Afis Pascha hatte bereits im ferneren Verlauf
: tückischen Anschläge die Bewohner des Seitun-
s aufgefordert, ihre Waffen auszuliefern und eine
heure Contribution zu leisten, widrigenfalls er sie
über die Klinge springen lassen würde. Die Ar-
er indeß bedauerten, auf seine liebreichen Vor-
ze, [a]ngesichts der von ihm verübten Schreckens-
n, nicht eingehen zu können, und erklärten, daß sie
nach Kräften zu vertheidigen gedächten. Diese
bewohner wehren sich vielleicht ihrer Haut; was
ieht aber mit ihren tausenden unbewaffneten, in-
n von mohammedanischen Völkerschaften zerstreut
den Religionsgenossen? Es ist immer die alte
hichte, aber England, das christliche England tritt
für den brutalen Despotismus des Halbmonds ein.

Serbien.

Belgrad, 8. September, Abends. Bei dem in
cza zwischen Serben und Türken stattgefundenen
lichen Conflict haben erstere 5 Todte und Ver-
dete. Der Verlust der Türken ist nicht bekannt.
sind seitens der Türkei und Serbiens Commissare
ı gesandt worden, um weitere Folgen zu verhüten.

Handwerkertag und volkswirthschaftlicher Congreß.

△* **Weimar**, 8. September. Heute führte der
ıdwerkertag in raschem Gange seine Geschäfte
inde. Der volkswirthschaftliche Congreß,
von vielen Handwerkern besucht war, zählte heute
mittag nur 137 Theilnehmer, unter ihnen 35 Hiesige
88 Professoren, Doctoren und Literaten.

Weimar, 8. September. Der volkswirthschaft-
e Congreß, der fünfte in der Reihe dieser Versammlun-
hat heute um 10 Uhr sich constituirt. Dr. Braun (Wies-
) wurde zum Präsidenten, Prof. Biedermann (Wei-

dagegen protestiren zu müssen erklärte, wenn er auch das im Vertrage zur Geltung kommende Princip einer umfänglichen Tarifreform anerkennen müsse), war gegen drei Stimmen (zwei Wiener und des Augsburgers) zuvor verworfen worden.

Deutsche Kunst und Englische Kritik.

† **London**, 6. Septbr.. Wüßt ich nicht, daß die Kunstberichterstatter, den Herren in Printing-House-Square gegenüber, eine durchaus selbständige Stellung einnehmen, und hätt ich mich nicht oftmals mit Augen überzeugt, daß die Times (sei sie im Uebrigen wie sie sei) es denn doch verschmäht, politische Antipathieen auch auf Gebiete zu übertragen, die mit der Politik nicht das Geringste zu schaffen haben, so würde ich, Angesichts eines mir eben vorliegenden Kunstberichts, in die Worte ausbrechen, daß selbst die Times nie kleinlicher, nie dünkelhafter, nie ungerechter gegen Deutschland verfahren sei, als in diesem Artikel. Ich hab es beim Lesen dieses Kunstberichts, worin zunächst die Deutschen Bilder der großen Ausstellung, dann die Deutschen Malerschulen überhaupt besprochen werden, in allen Fingern kribbeln gefühlt — genau, so wie wenn ich einen Engländer über Waterloo sprechen und ihn zum hundertsten Male versichern höre: es sei schade, daß die Preußen gekommen wären, denn sie beanspruchten nun, einen Ruhm zu theilen, der den Engländern allein zukomme. Beiläufig, möchten doch alle diese Tapferen den letzten Band von Thiers Geschichte des Kaiserreichs und nicht unsere, sondern eine Französische Darstellung der Schlacht von Waterloo lesen. Aber zurück zu dieser sein-sollenden Kunstkritik. Der Berichterstatter beginnt damit, ein Dutzend Bilder aufzuzählen (übrigens ebenfalls nur vieler Kühle), die wenigstens einen gewissen Eindruck auf ihn gemacht hätten. Es sind dies: Piloty's „Nero"; Richters „hübsche Dame" (handsome lady); Knaus „Begräbniß im Walde"; Meyerheims „Kartoffelschälen"; Hübners „Auswanderer"; Oswald Achenbachs „Neapel"; Andreas Achenbachs „die Bucht von Scheveningen" und Adolf Menzels „die Schlacht bei Hochkirch".

Gegen diese Aufzählung läßt sich nichts sagen; ich würde dieselben Bilder genannt haben. Ja, ich gehe weiter und bekenne, daß der englische Kritiker alles das, was da ist, mit richtigem Auge angeschaut und sein Lob wie seinen Tadel dem Vorhandenen gegenüber richtig vertheilt hat. Sein Tadel gegen all die halb-romantisirenden, halb den „Nazarenern" nacheifernden Bilder, die mit schwacher Hand die Schleppe vom Königsmantel unseres Peter v. Cornelius tragen, ist nur allzu gegründet. Aber ein wahrer Skandal ist es, wenn der Berichterstatter anfängt, zu generalisiren, Rückschlüsse zu machen, und anstatt den Lehrlingen einfach zu sagen: „Ihr seid Lehrlinge und werdet es bleiben," sich gegen die Meister selber richtet und die Meisterschaft derselben in Zweifel zieht. Er selbst hat gefühlt, daß solch ein Ausspruch Beweise erheischt und hat einige Sätze zusammengeschleppt. Aber welche! Er giebt zunächst einen kunsthistorischen Rückblick, spricht über Cornelius, Overbeck, W. v. Schadow, Schnorr, Veit, Steinle, Kaulbach u. A. m. und ergeht sich zuletzt in folgenden Sätzen: 1) Sie sind keine Maler, denn sie können nicht malen; sie verstehen sich weder auf Zeichnung noch auf Farbe. 2) Ein paar unmittelbare Schüler abgerechnet, sind sie unfähig gewesen, eine eigentliche Schule zu stiften. 3) Europa hat gegen sie entschieden, denn — Europa kennt sie nicht. Jeder einzelne dieser Sätze ist ein starkes Stück, und da die Kreuzzeitung (und wäre es auch nur in einem Dutzend Exemplaren) hier in London gelesen wird, so empfind ich es wie eine Pflicht, gegen solchen Nonsens, der die Dinge auf den Kopf stellt, zu protestiren.

Die Times meint: „Die Deutschen gingen von dem Grundirrthum aus, daß es in der Kunst ausschließlich auf den Gedanken ankäme, und daß neben der gedanklichen Bedeutendheit das Zeichnen- und Malen-können Nebensache sei." Der Berichterstatter befindet sich da seinerseits einfach in einem Irrthum. Man weiß in Deutschland so gut wie irgendwo, daß das Wesen der bildenden Kunst eben im Bilden und Gestalten besteht. Dies ist selbstverständlich, ist unumgäng-

bestehende landwirthschaftliche Verein in
blut. hielt gestern seine 4. Sitzung in
erfolgte Berichterstattung über das dies
Fest am 10. Juni. Die Frage: Bei w
das Querpflügen dem Ruhren vorzuziehe
wortet, daß in den meisten Fällen das
sei, indem dadurch die Cultur des B
würde: das Querpflügen muß aber mi
Wendepfluge geschehen. Die zweite Fra
Maßstabe zeigt sich gegenwärtig die Ka
welchem Boden und bei welchen Sorten
weniger wahrzunehmen? Beantwortun
Trockenheit hat sich die Kartoffel besser
Herausnehmen derselben ist nicht zu emp
schwerem Boden giebt es mehr kranke,
liche, in lehmigem weniger, in sandigem
weißen Frühsorten und auch die blauen
meisten unterworfen; am besten hat sich
Kartoffel, namentlich die rothe, gehalten
ger Gegend ist zum größten Theil leh
tritt die Kartoffelkrankheit in geringerem

B. n. L. **Aus dem Sternberg**
toffelernte auf hiesigem Höheboden hat
nals begonnen, und wenn die Knollen
mehlreich sind, so hat die letzte anha
nachtheilig auf deren quantitativen E
dieselbe kaum höher als eine gewöhnli
chen werden darf. Dagegen befrie
Beziehung, was auch vom Hafer ge
und Erbsen lohnen außergewöhnli
ernte litt zwar etwas durch Na
nommen, noch gut ein
als der Klee größtenthe
den hier wenig gebaut, aber auch was
Jahre gut. Die Brennereien sind ber
Ausbeute an Spiritus ist gut, aber
Ernte dürfte die Brennperiode gegen
Wochen verkürzen. Dagegen sind die
gut gerathen; wenngleich der Körnerer
Boden von den Frühsaaten befriedigt,
überall viel gewonnen. Der Anbau dieser
Jahre mehr aus und ist für hiesige Gegend
worden. — Seit der Zeit, wo der hiesige Kr
mit Frankfurt a. d. O. (bez. Berlin) ve
ziemlich mit der Einführung des Lupine
ist der Werth des Bodens bei kleineren
das Doppelte, und bei größeren um ein
gestiegen. Mehrere Güter sind in letzter
in Händen von auswärts zugezogenen v
übergegangen, und dieselben finden hier
Vergleich zu andern Kreisen hier der
billig ist. Neuerer Zeit ist auch hier
Unternehmungen die Rede und die Linie
Aussicht auf Erfolg haben, wenngleich
laut geworden ist, lieber die Richtung ve
wählen, weil hierdurch ganz Schlesien, ei
und der Mark auf nächstem Wege mit
in Verbindung gesetzt würde. Schon j
unsere Producte gesicherten Absatz und g
werden in Frankfurt bis 3 Thlr. und fi
unter dem höchsten Berliner Tagespreise
würde diesen Preisunterschied noch günsti
saat der Winterung nimmt einen günstigen
war der Vorbereitung des Ackers günsti

Vermischtes

Trebnitz, 6. September. Am
brach in Kryschanowitz ein Feuer
dortigen Freigärtnerstelle entstanden war
auf seinen Herd beschränkte. Schon gla
gefährdeten Dorfes alle Gefahr vorüber
4½ Uhr ein Orkan erhob, der die schon
wieder anfachte und sie auf die gegenü
jagte, deren leichte Schobendächer bald i
nächsten Augenblick stand das ganze Dor
war trotz der angestrengtesten Löschhülfe
thenden Element mit Nachdruck Einhalt
leider fast das ganze Dorf eingeäschert we
und die Mühle sind stehen geblieben.

Braunau (Mähren), 4. Septbr.
haben dem im Jahre 1806 auf Befehl
zösische Soldaten in Braunau erschossen
händler Johann Philipp Palm auf den
tung einen Denkstein setzen lassen,
derselben, am 26. v. M., enthüllt word
legenheit bildete sich ein Comité, welches
Palm ein größeres Monument zu setz
hierzu erlassen hat.

Aus Tirol, 2. September. An
Windisch-Matrei wieder einer der alten
Panzl. Er that sich 1809 in Pinzgau
Kühnheit hervor, und wurde von Hofer
ten ernannt. Vom Feinde zum Tode v
sich in seinem Haus, und als dieses dem
tete ihn ein Freund, indem er ihn in
deckten Korb an den feindlichen Vorposte
zeichnete er sich wieder im Pusterthal
gegen die Wälschen zu Felde.

Abb. 7: [UK, gez.: *†*] *London, 6. Septbr. 1862, Deutsche Kunst und Englische Kritik*. In: *NPZ* 211 (10.09.1862) (wiederabgedr. in: UK I, S. 263–266)

tralausschusses und seiner Vorläufer in Göttingen und Gotha dürften die Broschüre besonders pikant gestalten und Vielen im Lande die Augen über die Endzwecke und Ziele der Stimmführer öffnen. Wir versprechen uns von der moralischen Wirkung dieses Büchleins sehr viel.

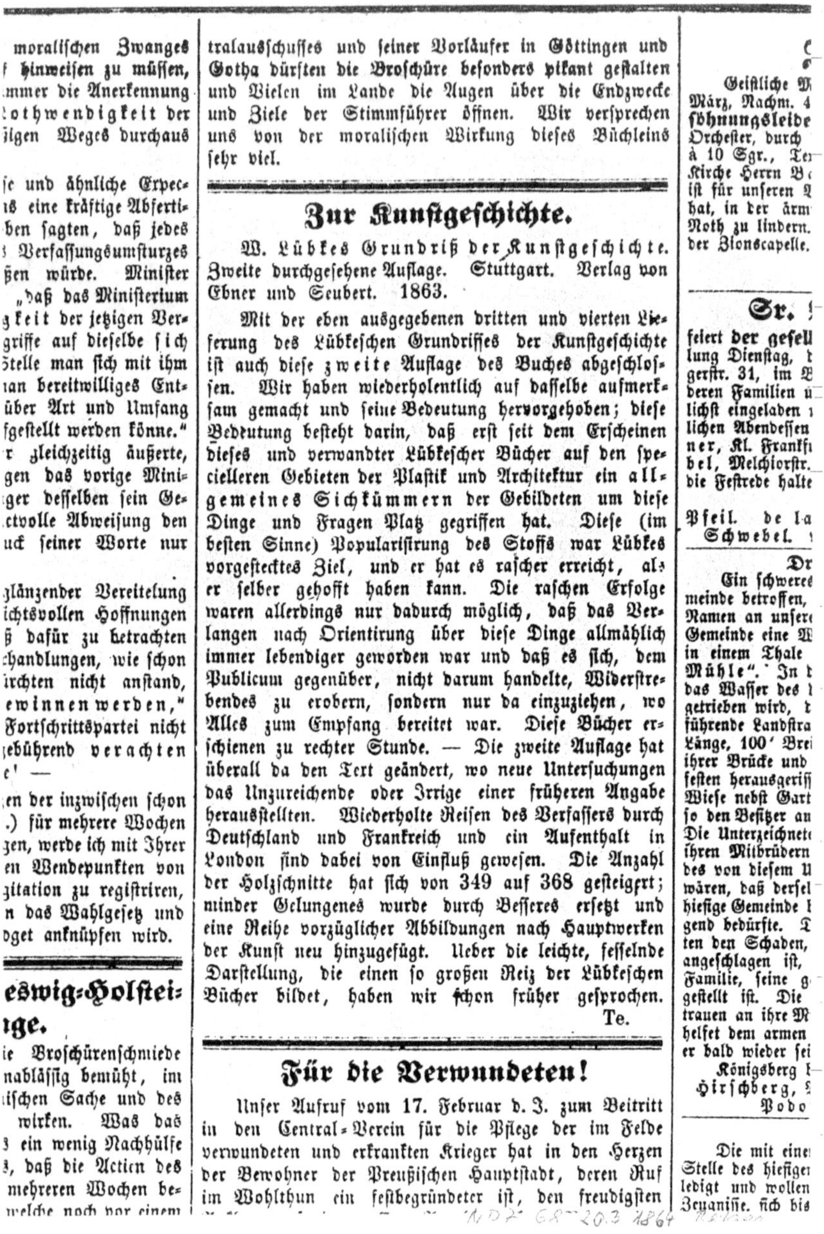

Zur Kunstgeschichte.

W. Lübkes Grundriß der Kunstgeschichte. Zweite durchgesehene Auflage. Stuttgart. Verlag von Ebner und Seubert. 1863.

Mit der eben ausgegebenen dritten und vierten Lieferung des Lübkeschen Grundrisses der Kunstgeschichte ist auch diese zweite Auflage des Buches abgeschlossen. Wir haben wiederholentlich auf dasselbe aufmerksam gemacht und seine Bedeutung hervorgehoben; diese Bedeutung besteht darin, daß erst seit dem Erscheinen dieses und verwandter Lübkescher Bücher auf den specielleren Gebieten der Plastik und Architektur ein allgemeines Sichkümmern der Gebildeten um diese Dinge und Fragen Platz gegriffen hat. Diese (im besten Sinne) Popularisirung des Stoffs war Lübkes vorgestecktes Ziel, und er hat es rascher erreicht, als er selber gehofft haben kann. Die raschen Erfolge waren allerdings nur dadurch möglich, daß das Verlangen nach Orientirung über diese Dinge allmählich immer lebendiger geworden war und daß es sich, dem Publicum gegenüber, nicht darum handelte, Widerstrebendes zu erobern, sondern nur da einzuziehen, wo Alles zum Empfang bereitet war. Diese Bücher erschienen zu rechter Stunde. — Die zweite Auflage hat überall da den Text geändert, wo neue Untersuchungen das Unzureichende oder Irrige einer früheren Angabe herausstellten. Wiederholte Reisen des Verfassers durch Deutschland und Frankreich und ein Aufenthalt in London sind dabei von Einfluß gewesen. Die Anzahl der Holzschnitte hat sich von 349 auf 368 gesteigert; minder Gelungenes wurde durch Besseres ersetzt und eine Reihe vorzüglicher Abbildungen nach Hauptwerken der Kunst neu hinzugefügt. Ueber die leichte, fesselnde Darstellung, die einen so großen Reiz der Lübkeschen Bücher bildet, haben wir schon früher gesprochen.

Te.

Für die Verwundeten!

Unser Aufruf vom 17. Februar d. J. zum Beitritt in den Central-Verein für die Pflege der im Felde verwundeten und erkrankten Krieger hat in den Herzen der Bewohner der Preußischen Hauptstadt, deren Ruf im Wohlthun ein festbegründeter ist, den freudigsten

Abb. 8: [gez.: Te.] *Zur Kunstgeschichte. W. Lübkes Grundriß der Kunstgeschichte. Zweite durchgesehene Auflage*. In: *NPZ* 68 (20.03.1864), Beilage (wiederabgedr. in: NFA XXIII/1, S. 551) © Staatsbibliothek zu Berlin – Preußischer Kulturbesitz

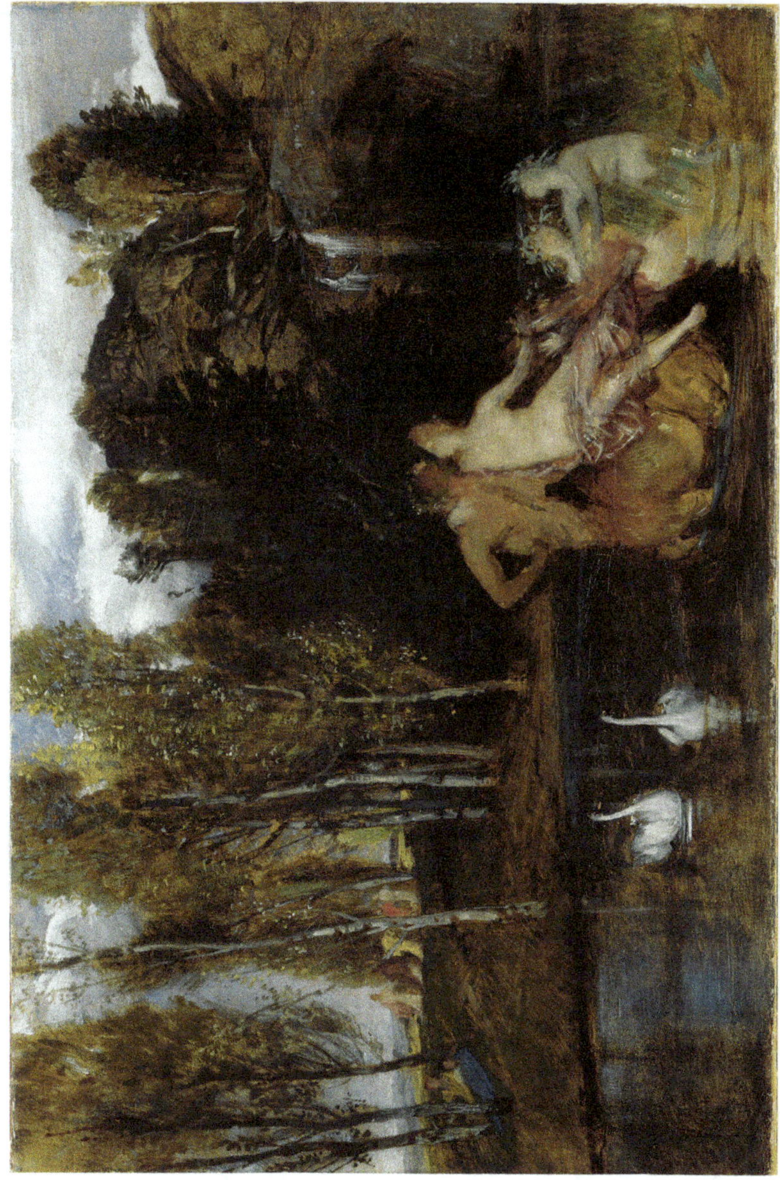

Abb. 9: Arnold Böcklin, *Die Gefilde der Seligen*, 1877, Öl auf Leinwand, 37 x 55 cm, Winterthur, Museum Oskar Reinhart am Stadtgarten © Museum Oskar Reinhart am Stadtgarten, Winterthur, Inv. Nr. 94 / SIK-ISEA Zürich / Philipp Hitz

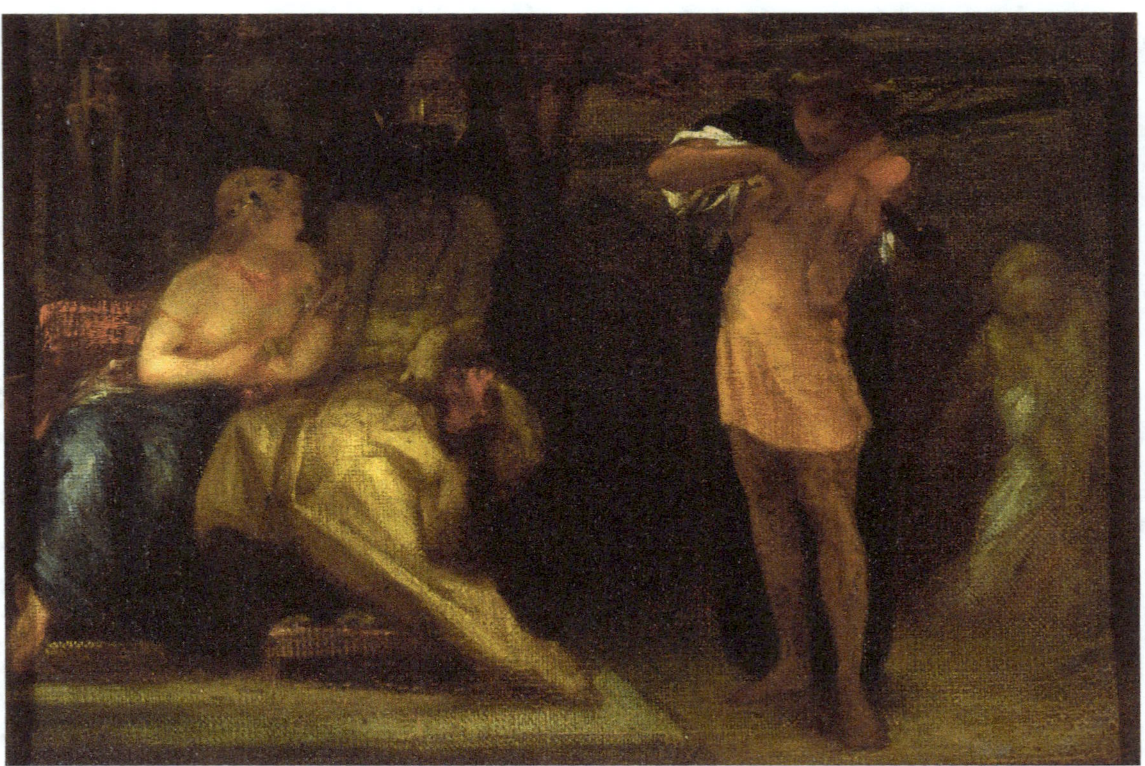

Abb. 10: Frederick L. Leighton, Lord Streeton, *The Triumph of Music. Orpheus, by the Power of his Art, Redeems his Wife from Hades*, Farbenskizze, 1855–1856, Öl auf Leinwand, 26 x 36 cm, London, The Royal Borough of Kensington and Chelsea, Leighton House Museum, Leihgabe aus Privatbesitz © Leighton House Museum, London

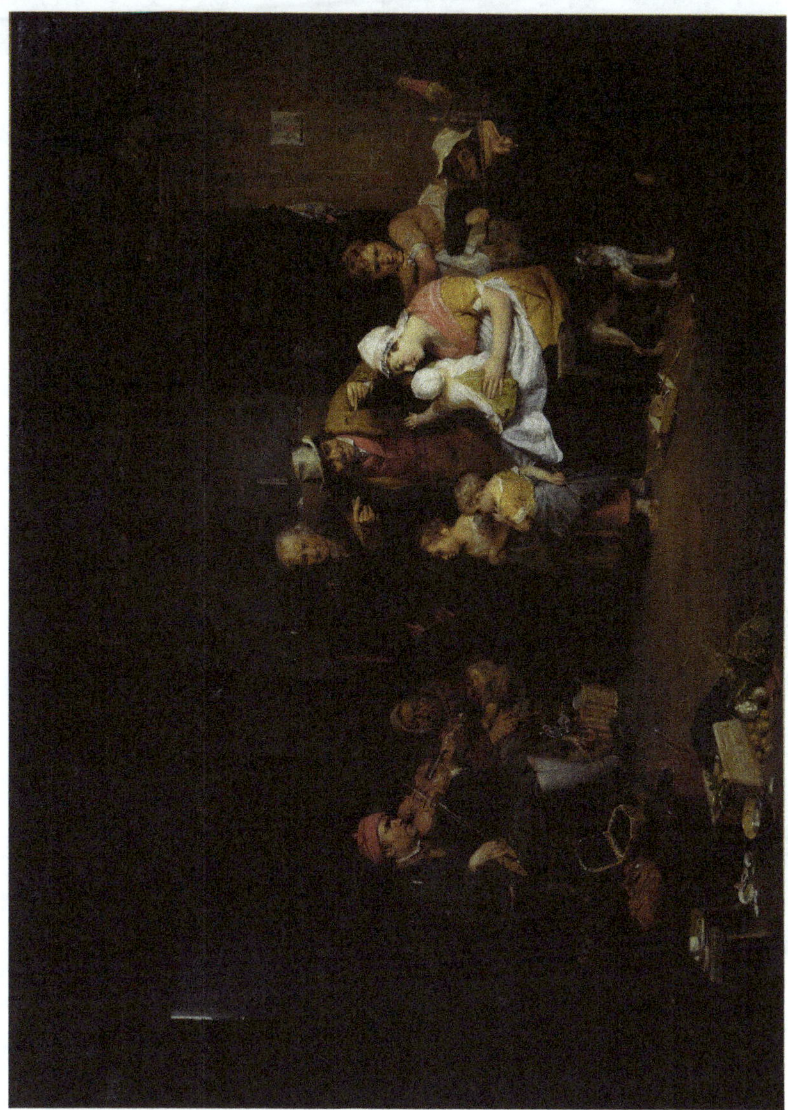

Abb. 11: David Wilkie, *The Blind Fiddler*, 1806, Öl auf Leinwand, 57.8 x 79.4 cm, London, Tate Gallery

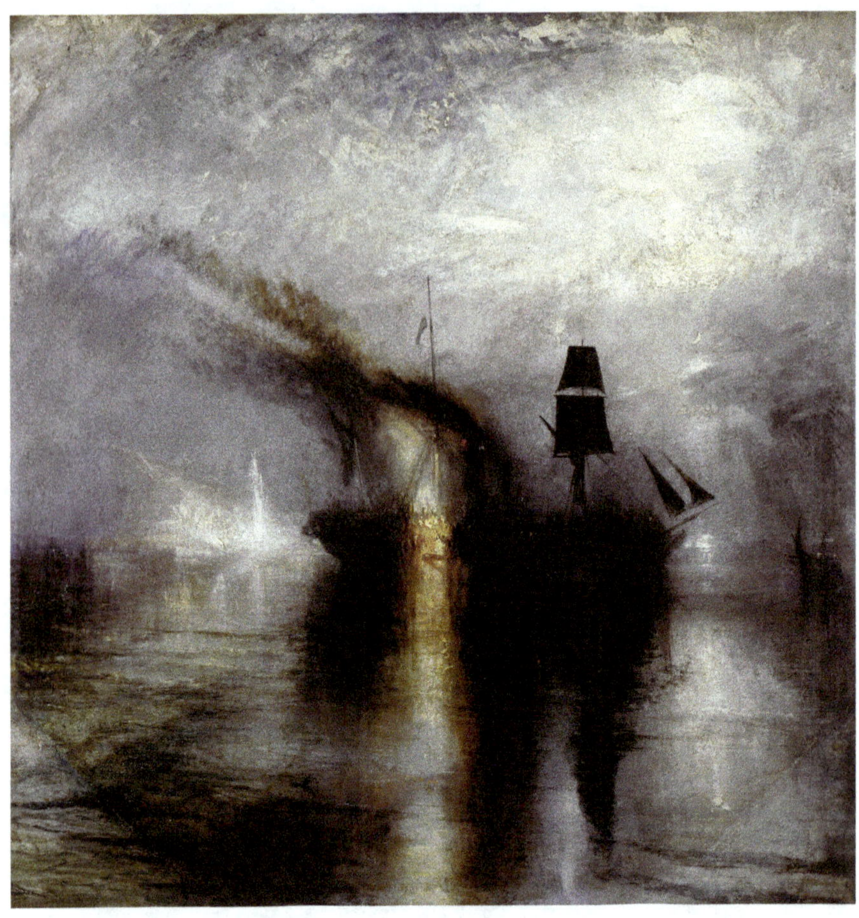

Abb. 12: William Turner, *Peace – Burial at Sea*, 1842, Öl auf Leinwand, 87 x 86.7 cm, London, Tate Gallery © Tate, London 2016

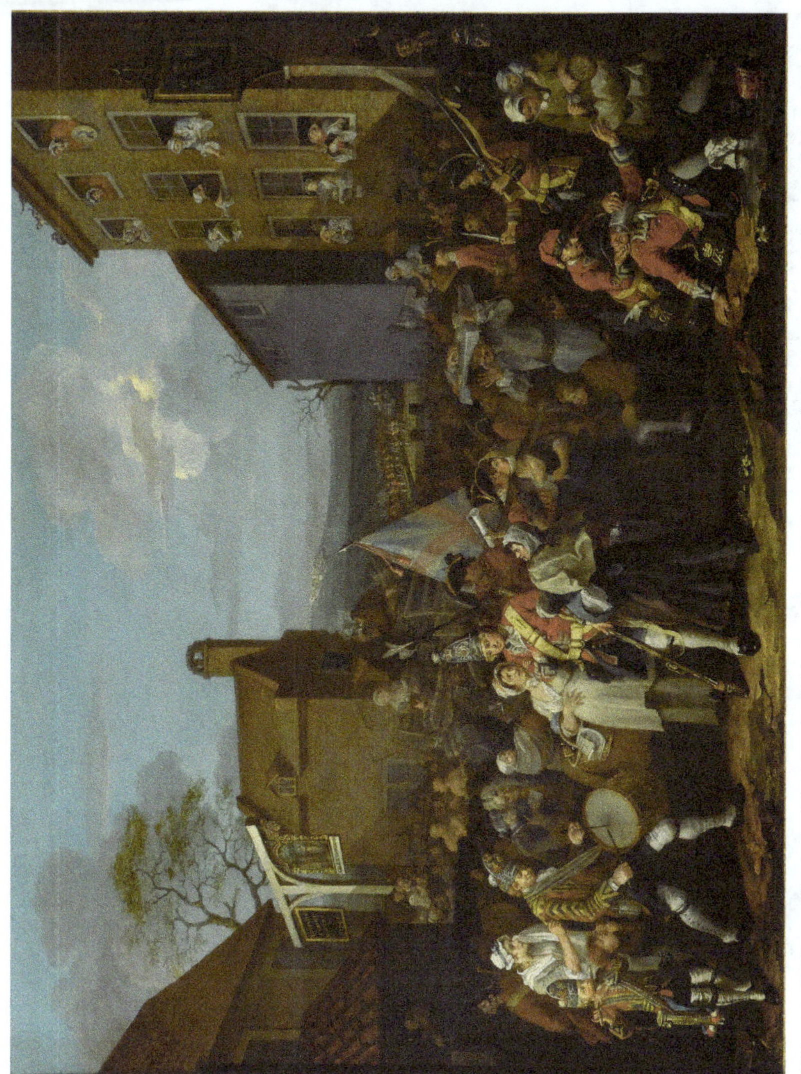

Abb. 13: William Hogarth, *The March of the Guards to Finchley*, 1750, Öl auf Leinwand, 100.3 x 133.3 cm, London, The Foundling Museum © The Foundling Museum, London

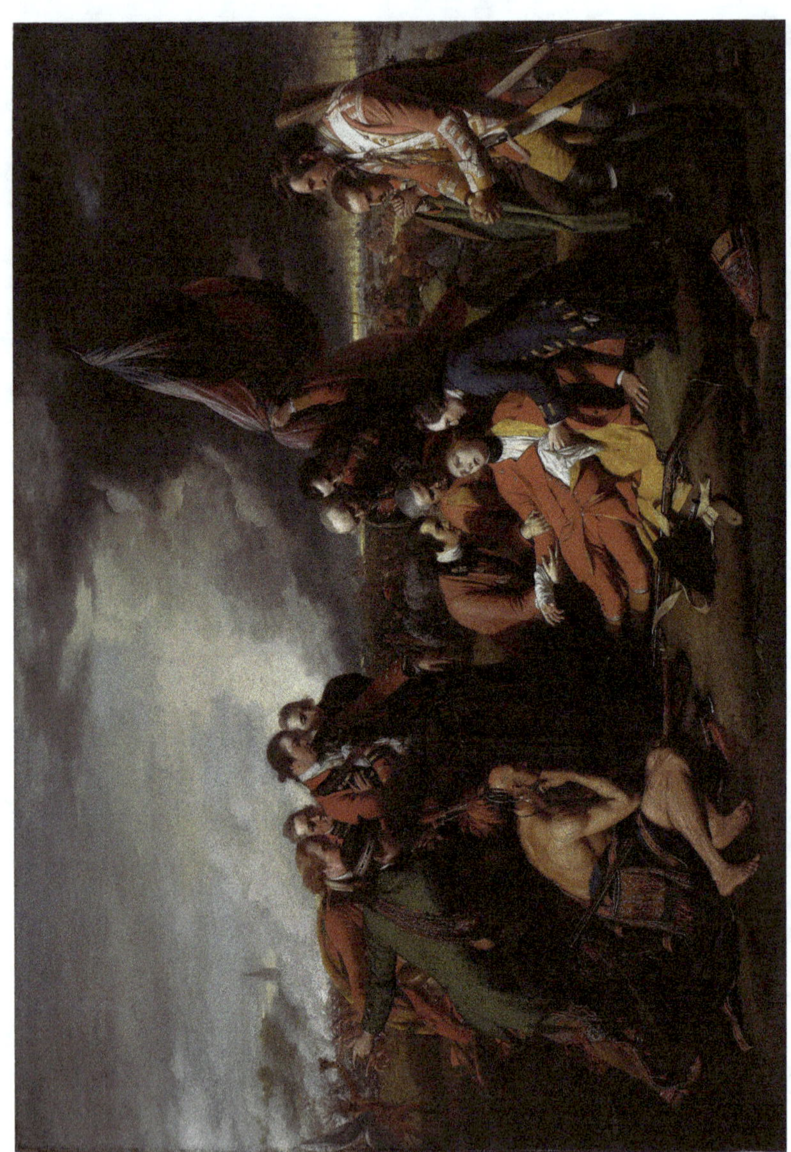

Abb. 14: Benjamin West, *The Death of General Wolfe*, 1770, Öl auf Leinwand, 152.6 x 214.5 cm, Ottawa, National Gallery of Canada © National Gallery of Canada, Ottawa / NGC

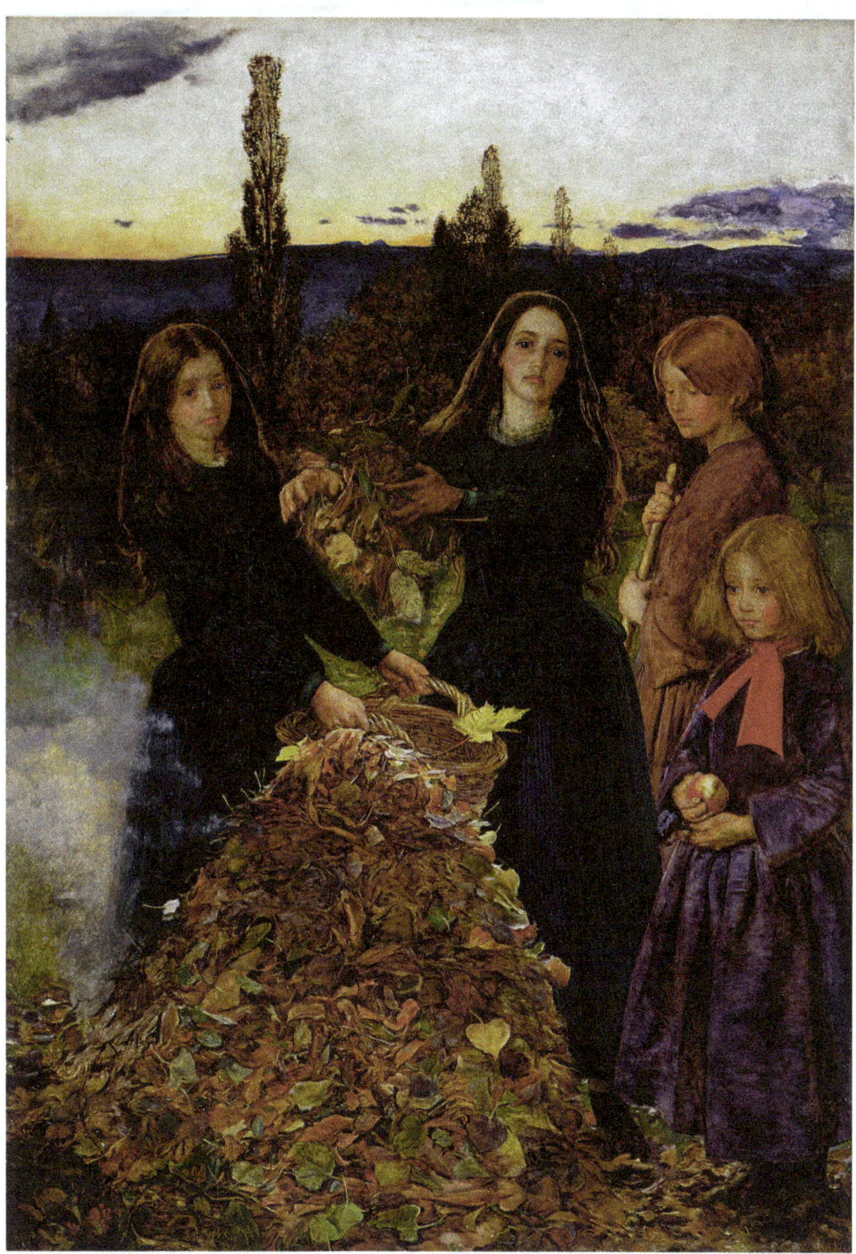

Abb. 15: John Everett Millais, *Autumn Leaves*, 1856, Öl auf Leinwand, 104 x 74 cm, Manchester, City Art Galleries © Manchester, City Art Galleries

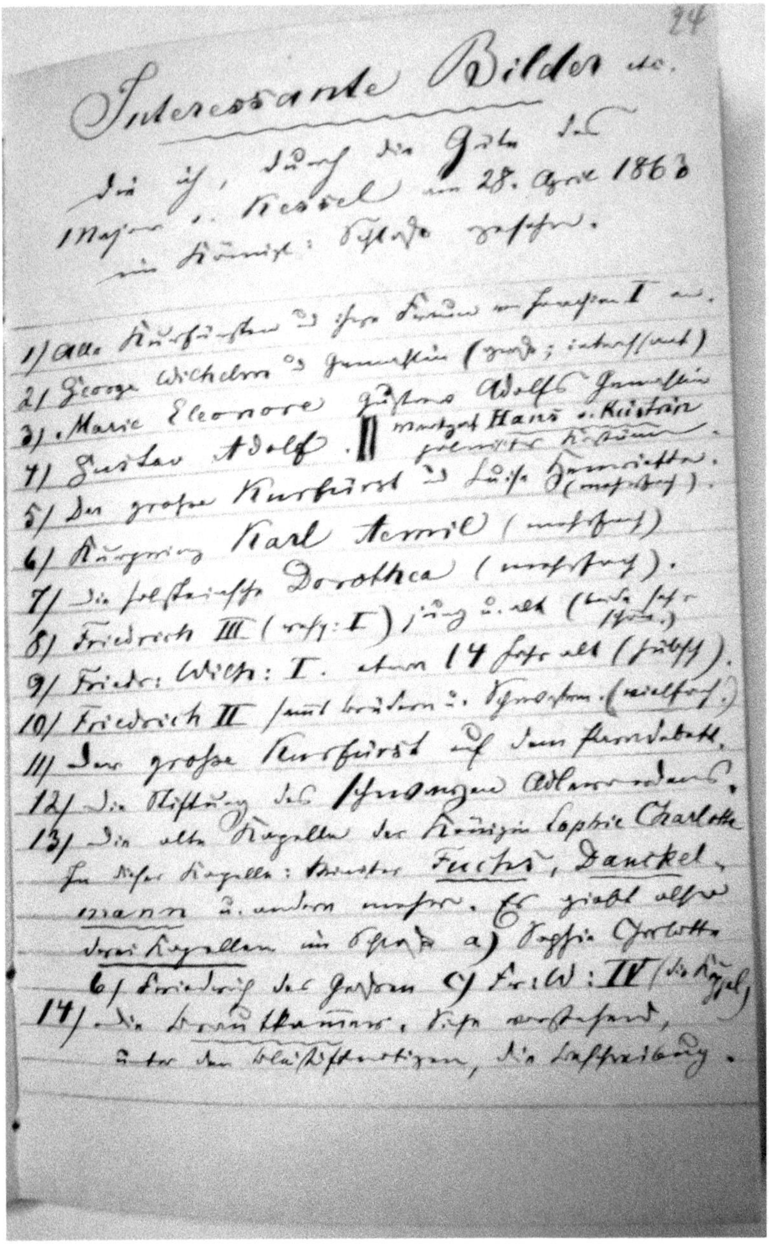

Abb. 16: Theodor Fontane, Notizbuch A7, Blatt 24r © Staatsbibliothek zu Berlin – Preußischer Kulturbesitz, Handschriftenabteilung

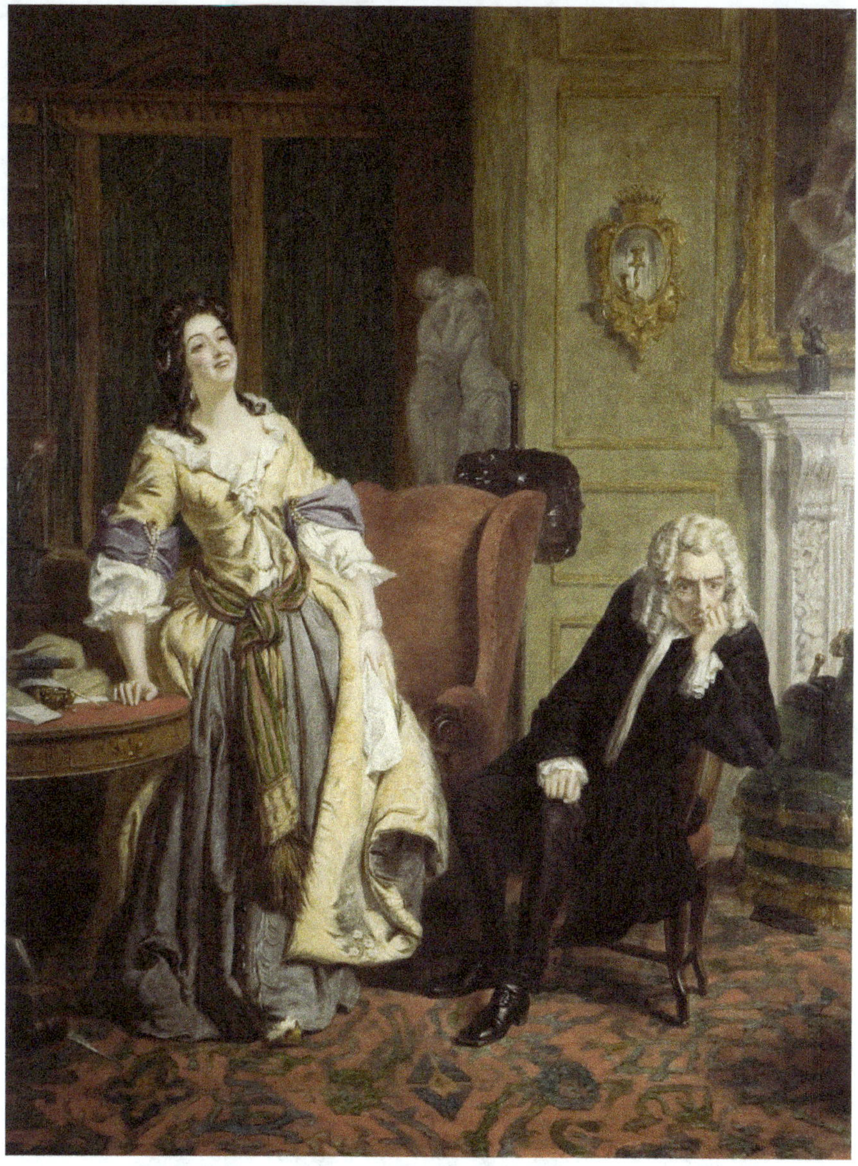

Abb. 17: William Powell Frith, *The Rejected Poet: Alexander Pope and Lady Mary Wortley Montagu*, 1863, Öl auf Leinwand, 91.5 x 71.2, West Midlands, Wolverhampton Art Gallery © Wolverhampton Art Gallery

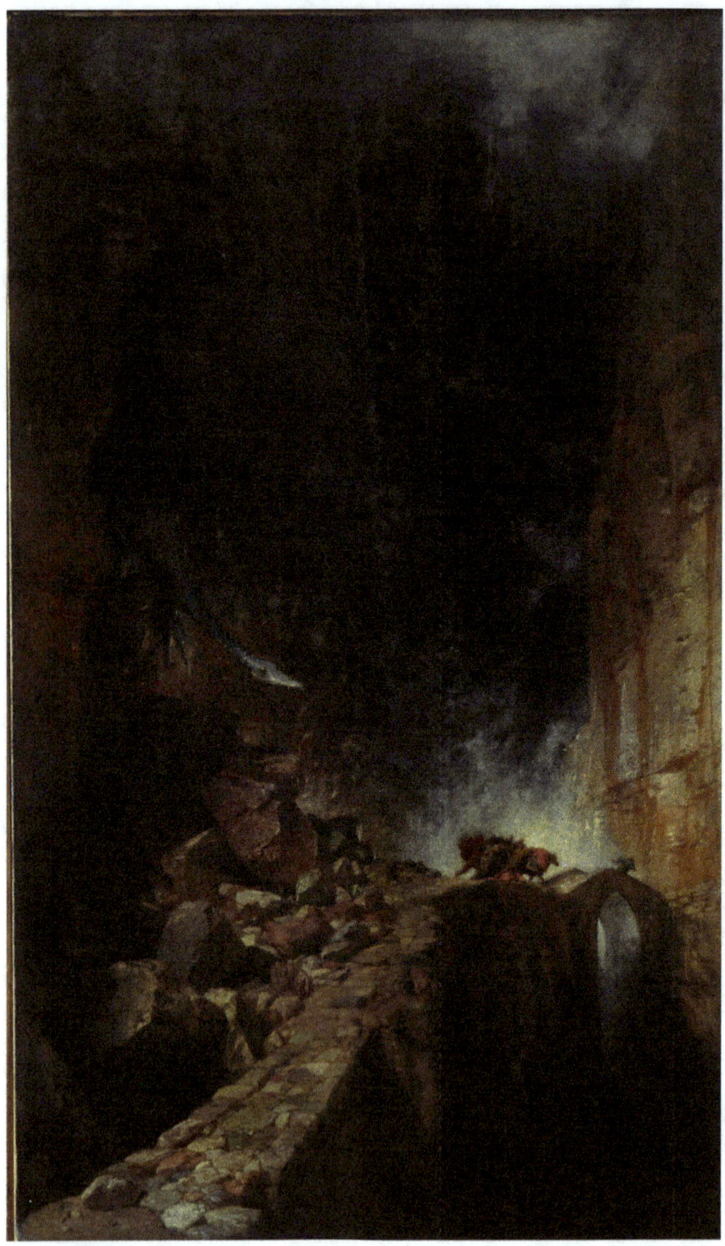

Abb. 18: Arnold Böcklin, *Drachen in einer Felsenschlucht*, 1870, Öl auf Leinwand, 152 x 92.5 cm, München, Bayerische Staatsgemäldesammlungen, Neue Pinakothek © bpk, Bayerische Staatsgemäldesammlungen

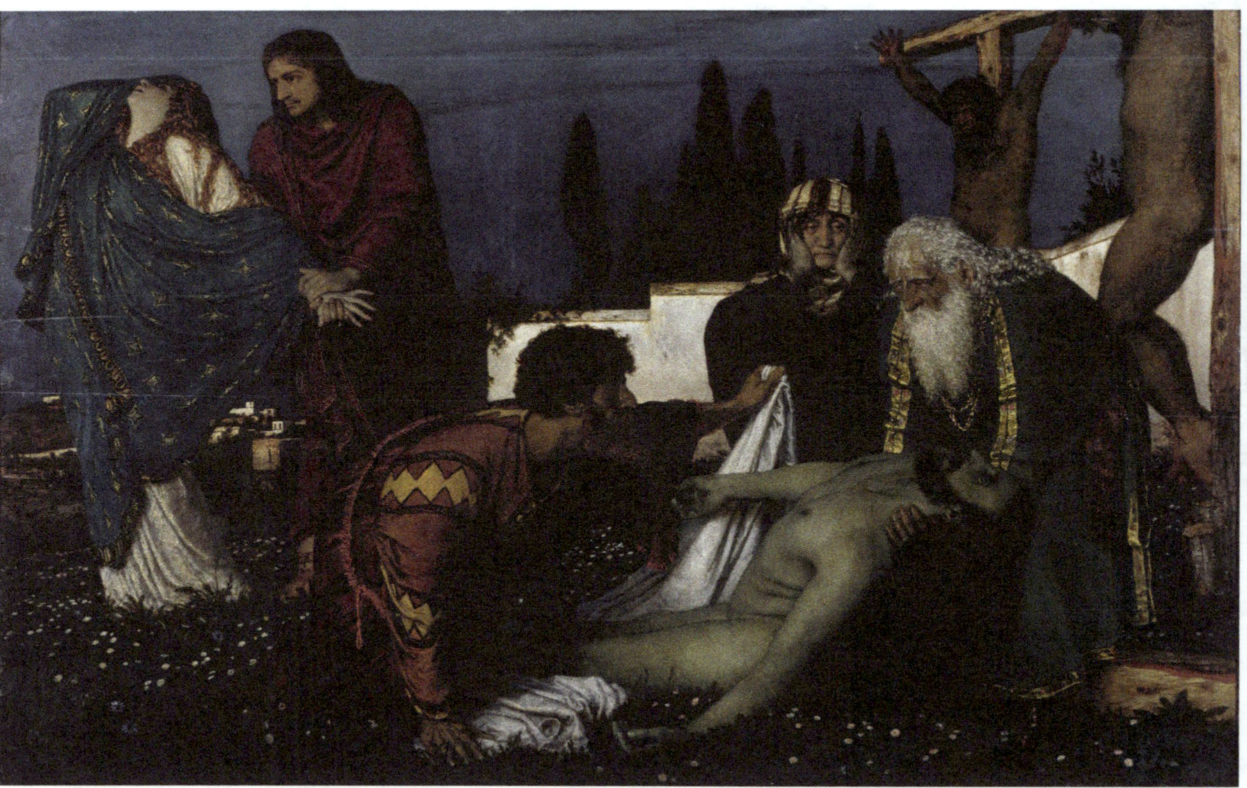

Abb. 19: Arnold Böcklin, *Beweinung unter dem Kreuz*, 1876, Tempera und Firnisfarbe auf Holz, 164 x 250 cm, Staatliche Museen zu Berlin, Nationalgalerie © bpk / Nationalgalerie, SMB / Jörg P. Anders

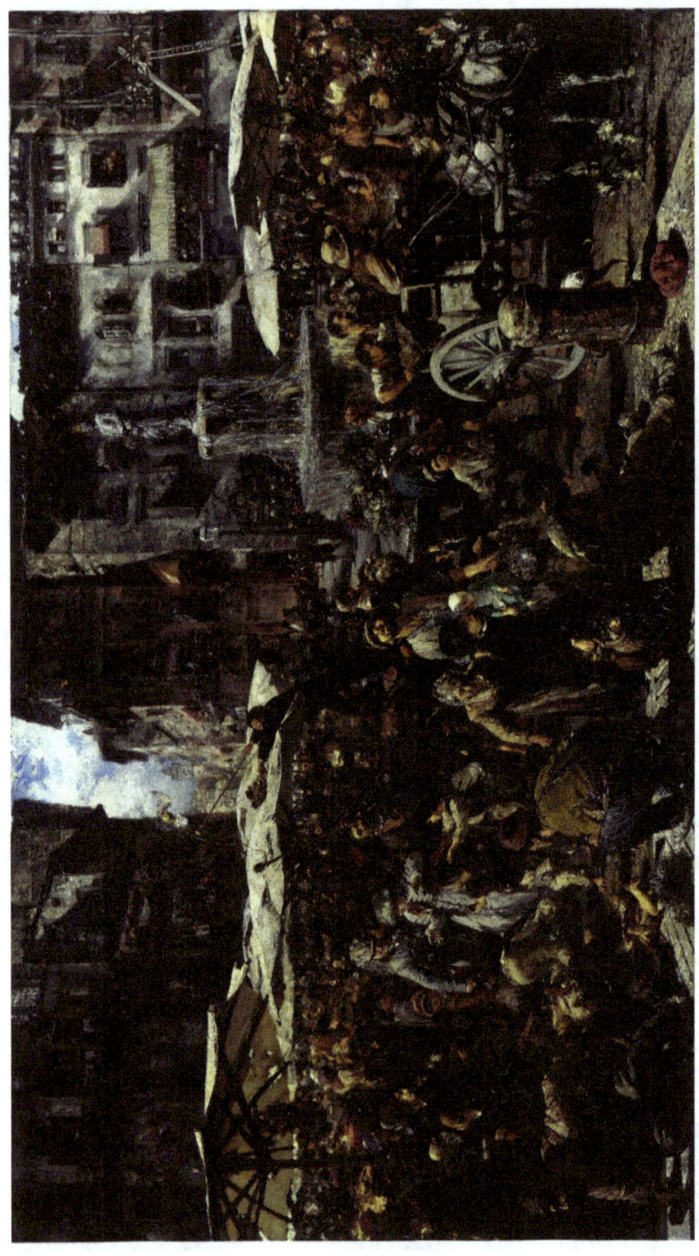

Abb. 20: Adolph von Menzel, *Piazza d'Erbe zu Verona*, 1884, Öl auf Leinwand, 73.5 x 127 cm, Dresden, Galerie Neue Meister, Gal.-Nr. 2442 © bpk / Staatliche Kunstsammlungen Dresden / Jürgen Karpinski

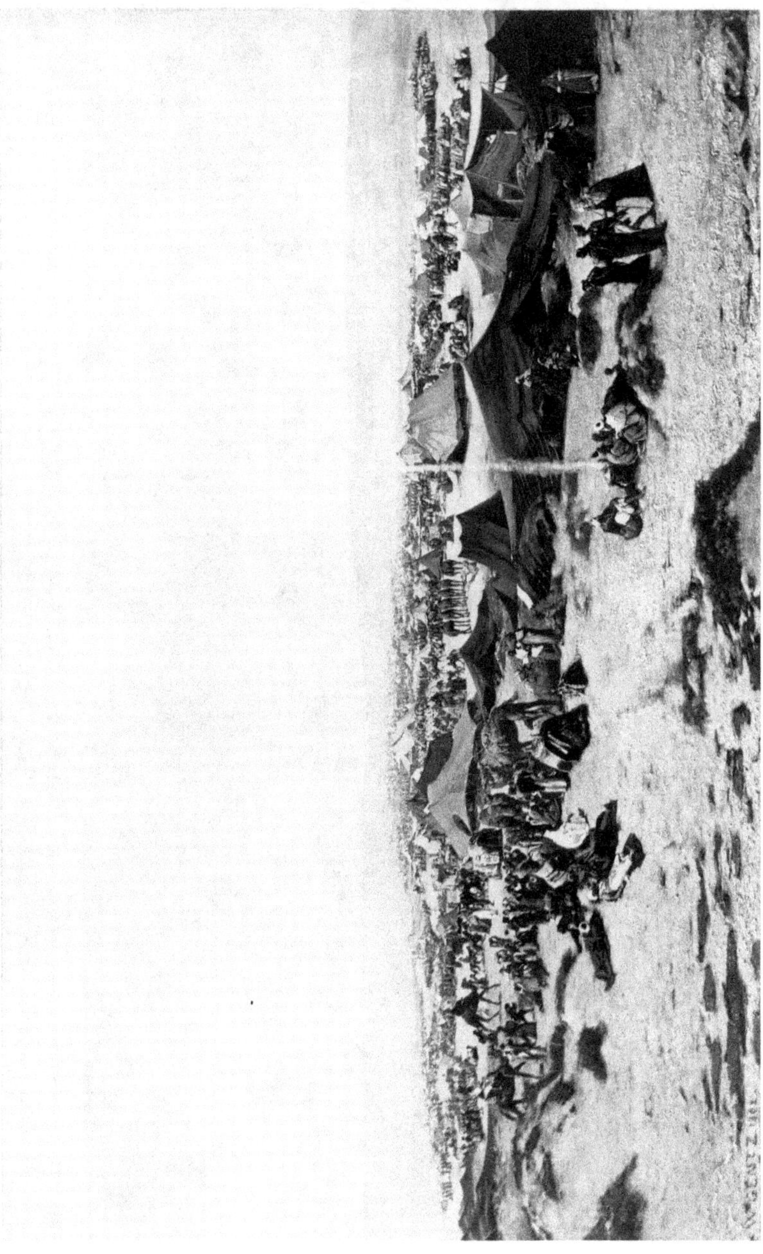

Abb. 21: Wilhelm Gentz, *Halt einer Karawane in der Wüste*, 1862, 102 x 156 cm, Reproduktion SMB, ZA, Verbleib unbekannt
© bpk / Zentralarchiv, SMB

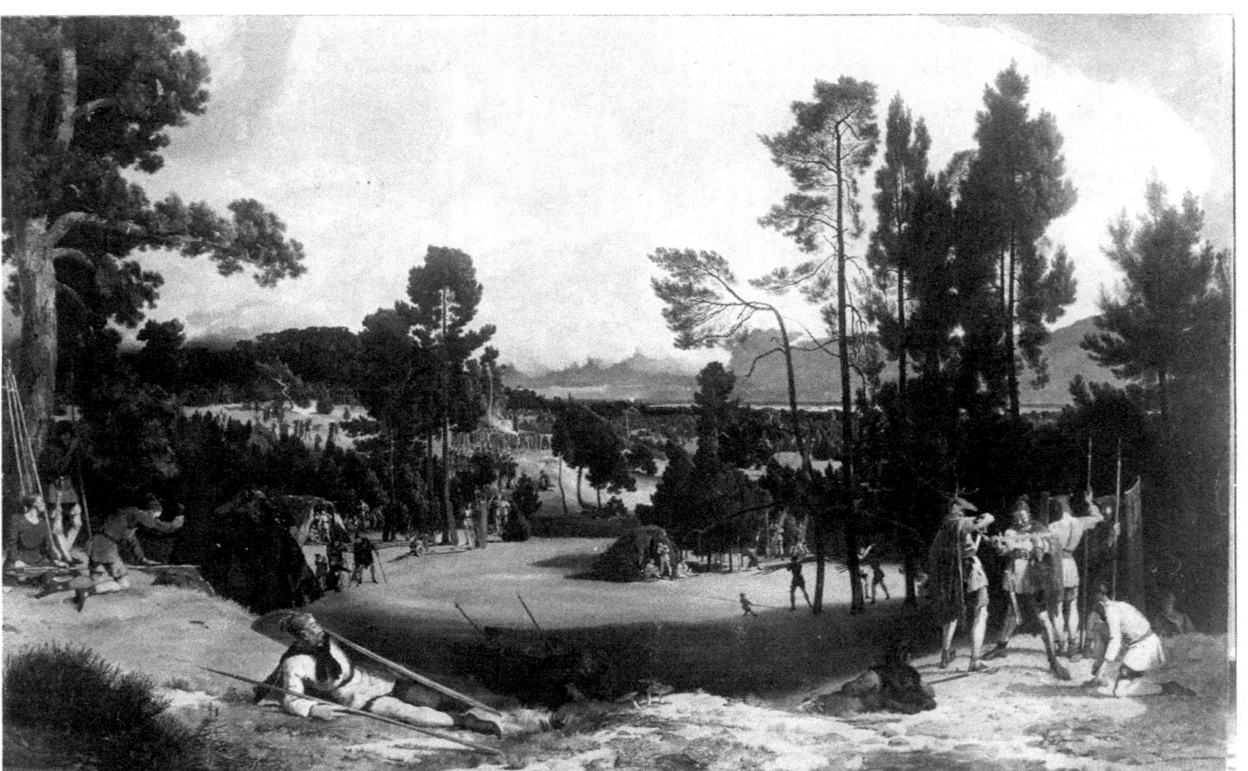

Abb. 22: Karl Blechen, *Semnonenlager in den Müggelbergen*, 1828, Öl auf Leinwand, 126 x 200 cm, ehemals Staatliche Museen zu Berlin, Alte Nationalgalerie, Kriegsverlust © bpk / Gemäldegalerie, SMB

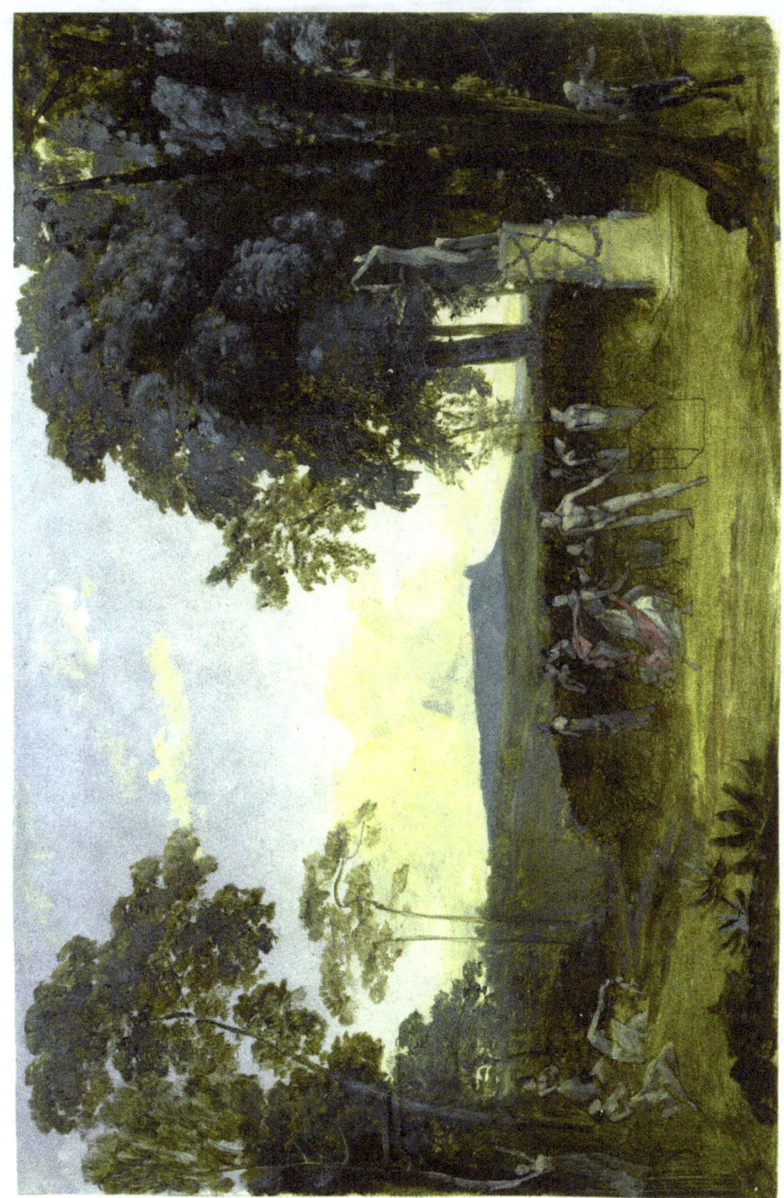

Abb. 23: Karl Blechen, *Entwurf für das „Venusfest"*, 1827, Öl auf Papier, 22.8 x 34.8 cm, Berlin, Akademie der Künste, Kunstsammlung © Akademie der Künste, Berlin, Inv.-Nr.: Blechen 100 / Roman März

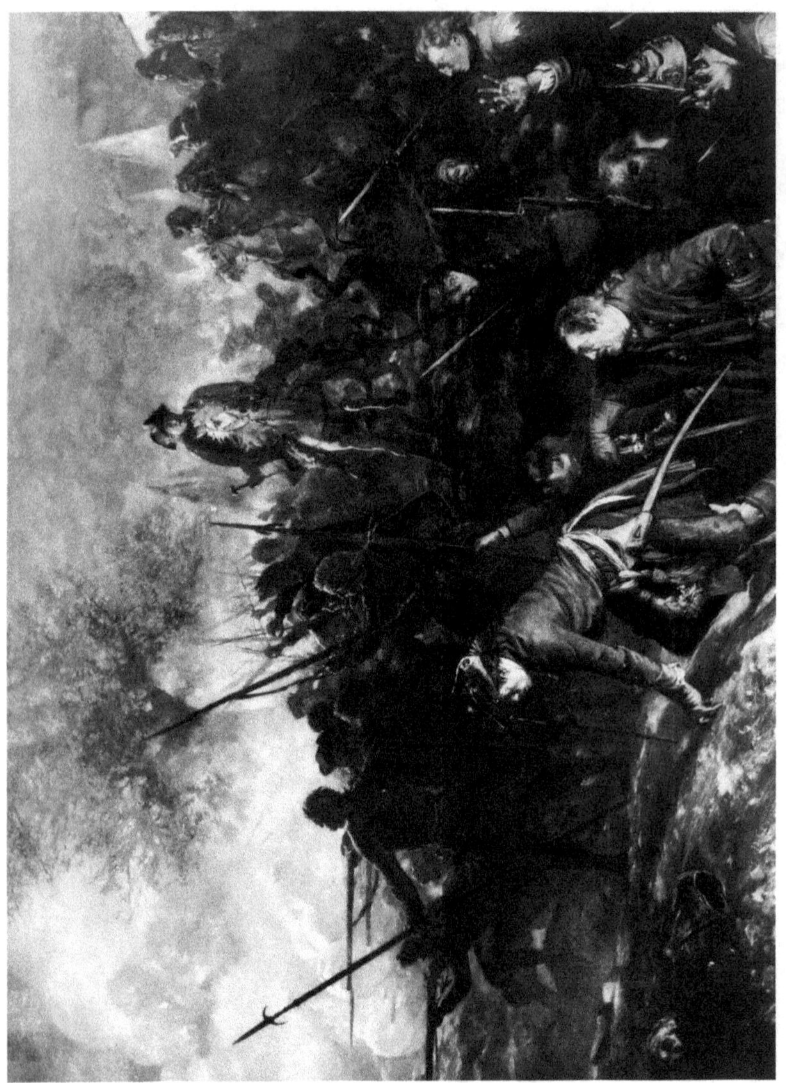

Abb. 24: Adolph Menzel, *Friedrich II. in der Schlacht von Hochkirch in Sachsen am 14.10.1758*, 1856, Öl auf Leinwand, 295 x 378 cm, ehemals Staatliche Museen zu Berlin, Alte Nationalgalerie, Kriegsverlust © bpk

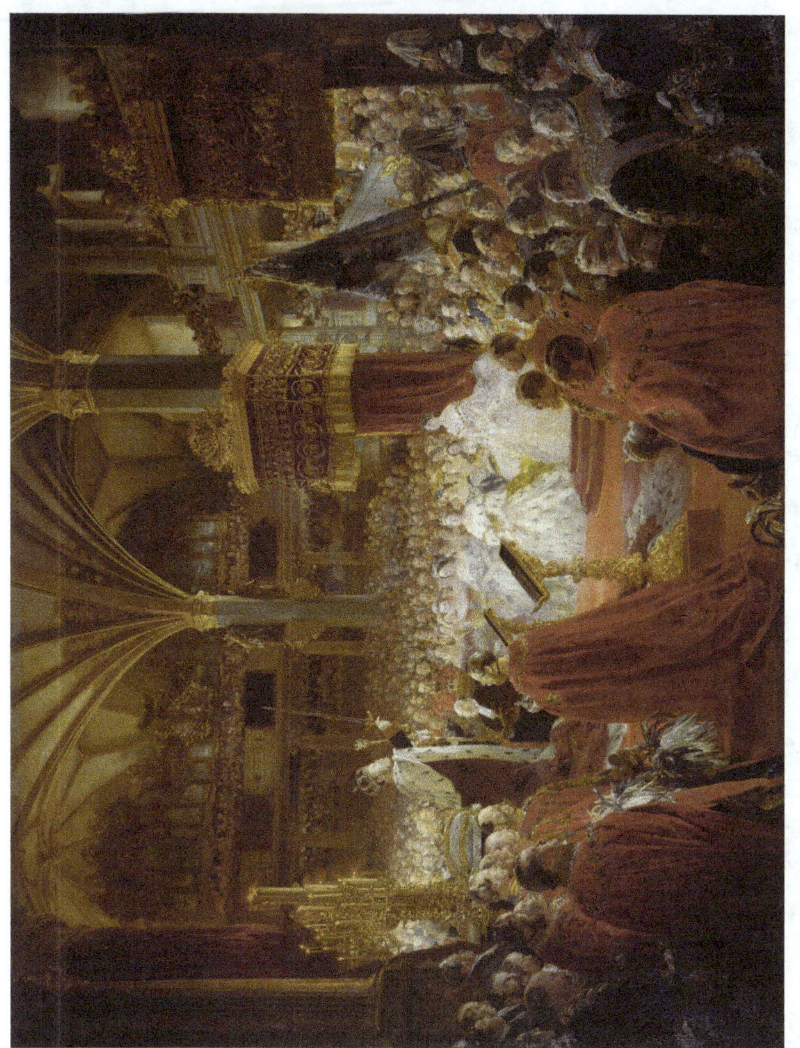

Abb. 25: Adolph Menzel, *Krönung Wilhelms I. in Königsberg 1861*, 1861/1865, Öl auf Leinwand, 295 x 378 cm, Potsdam, Schloss Sanssouci © Stiftung Preußische Schlösser und Gärten Berlin-Brandenburg / Gerhard Murza

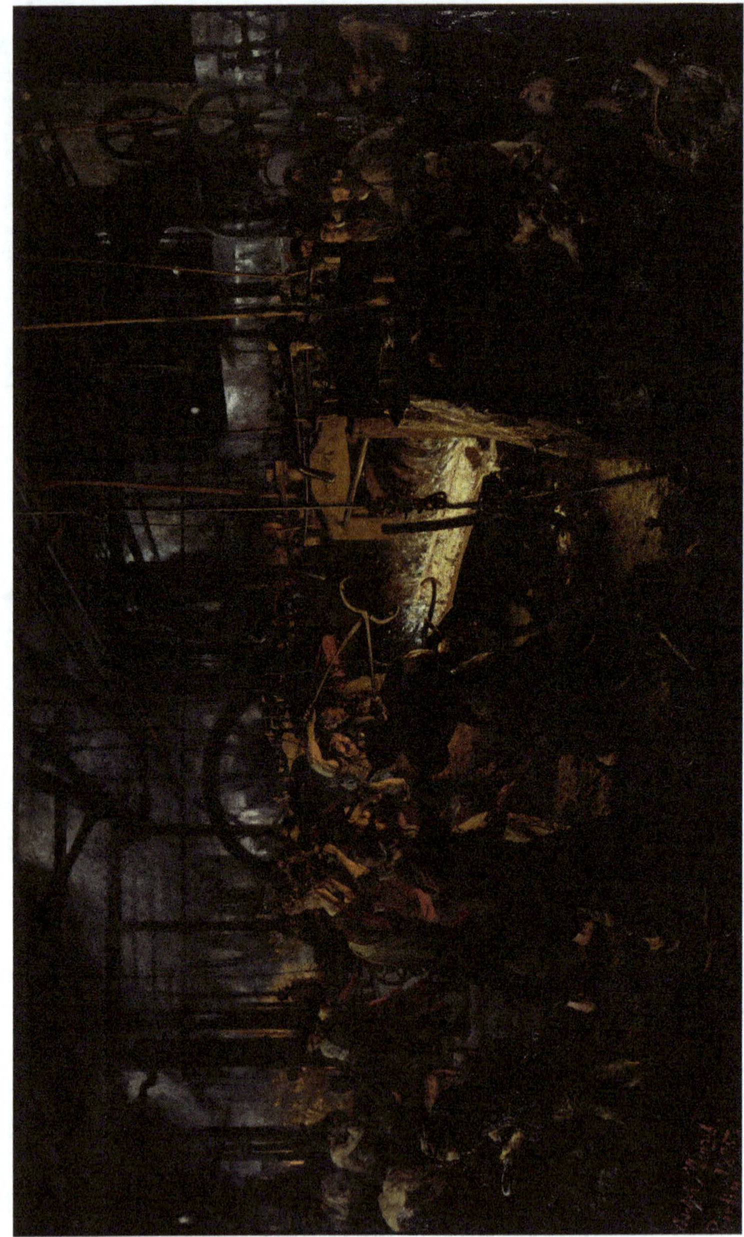

Abb. 26: Adolph Menzel, *Das Eisenwalzwerk (Moderne Cyklopen)*, 1872–1875, Öl auf Leinwand, 158 x 254 cm, Staatliche Museen zu Berlin, Nationalgalerie © bpk / Nationalgalerie, SMB / Jürgen Liepe

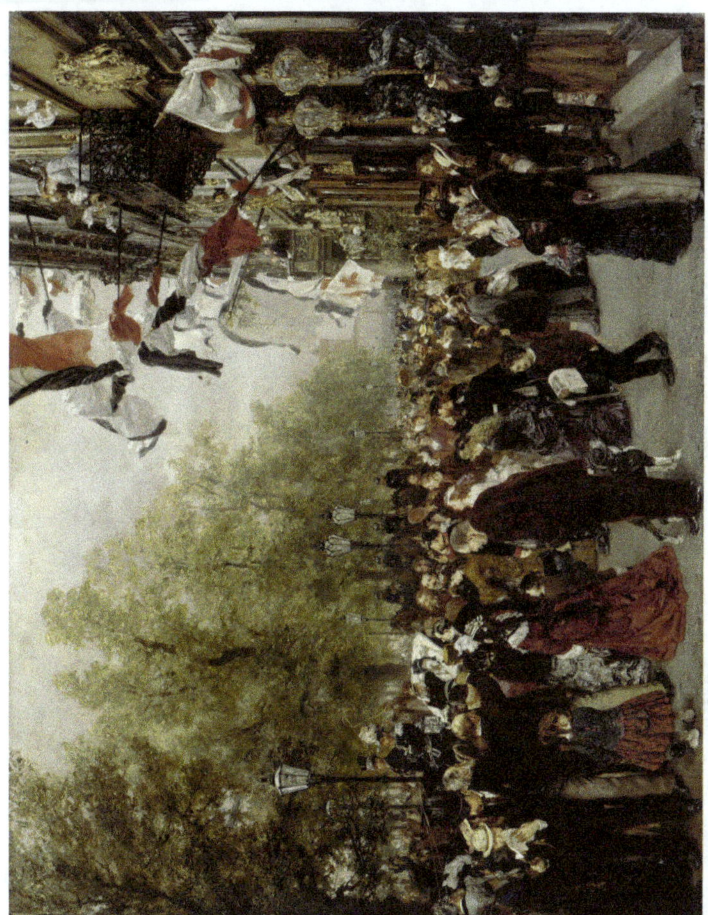

Abb. 27: Adolph Menzel, *Abreise König Wilhelms I. zur Armee am 31. Juli 1870*, 1871, Öl auf Leinwand, 63 x 78 cm, Berlin, Staatliche Museen zu Berlin, Nationalgalerie
© bpk /Nationalgalerie SMB / Jörg P. Anders

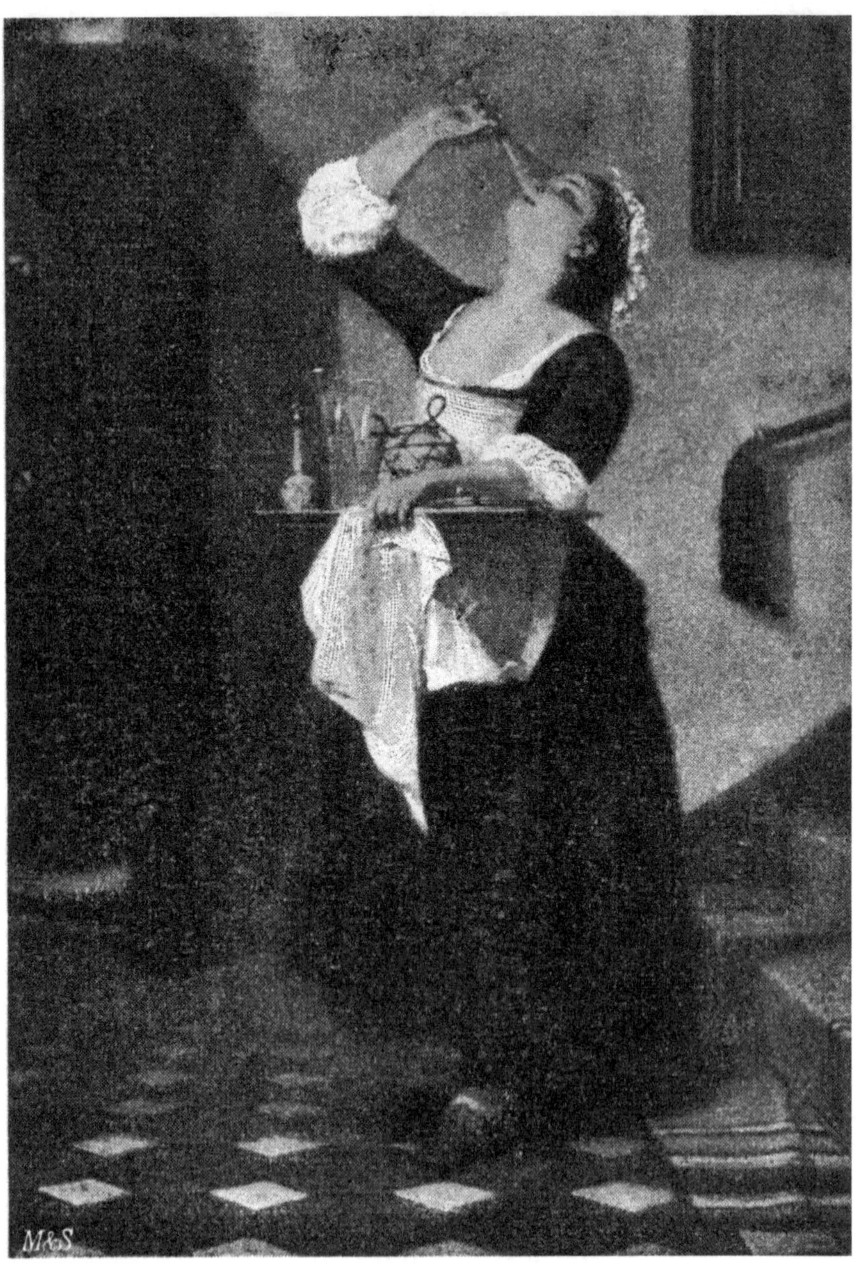

Abb. 28: Wilhelm Amberg, *Naschkätzchen* © bpk / Staatsbibliothek zu Berlin

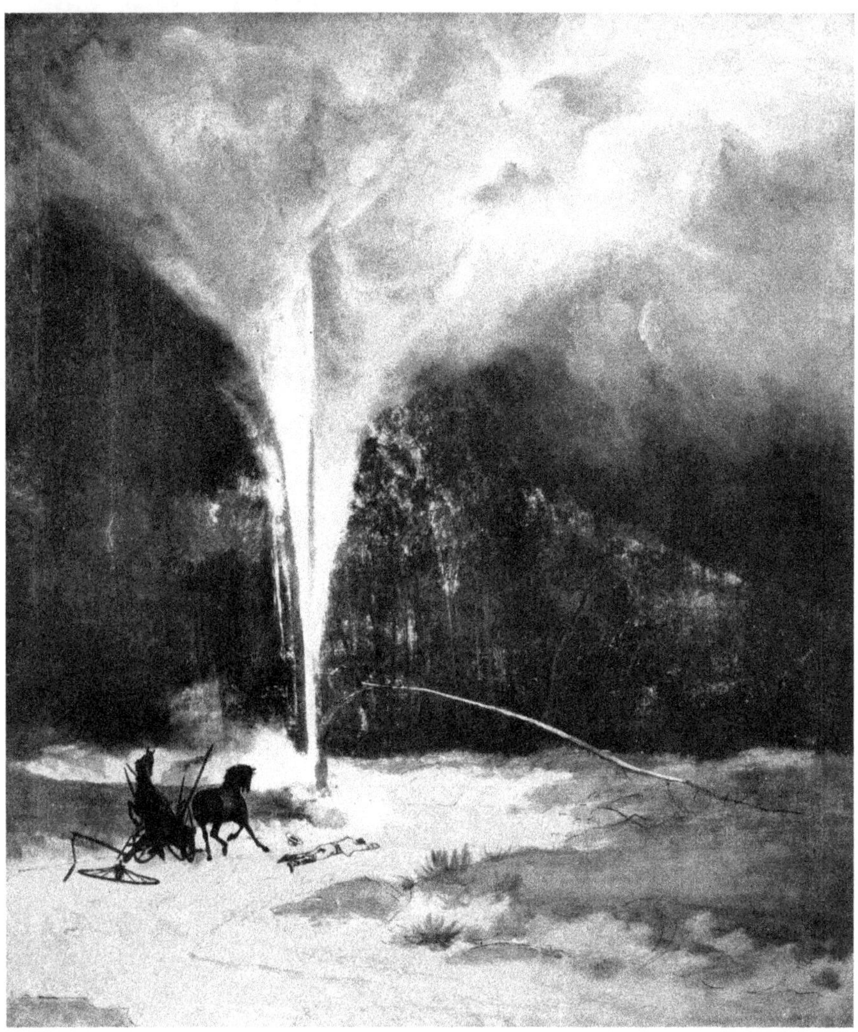

Abb. 29: Karl Blechen, *Einschlagender Blitzstrahl,* [o. J.], Öl auf Leinwand, 85 x 73 cm, verbrannt im Münchner Glaspalast 1931 © Deutscher Verein für Kunstwissenschaft

Namensregister

Die hochgestellten Ziffern hinter den Seitenzahlen weisen auf die Fußnote hin, in der das Lemma zu finden ist.

DOI 10.1515/9783110516098-007

www.ingramcontent.com/pod-product-compliance
Lightning Source LLC
LaVergne TN
LVHW010851110826
845149LV00005B/1383

* 9 7 8 3 1 1 0 6 5 2 5 9 8 *